中国财政发展协同创新中心2015年重大协同创新任务
"应对重大国家安全挑战背景下国防经费与国防经济系列理论与现实问题研究"支持项目
中国财政发展协同创新中心（应对重大国家安全挑战的国防财政经济能力建设研究团队）成果
总装备部全军装备采购管理专家咨询组2015年计划任务
中央财经大学国防经济与管理研究院学科建设专项规划项目

"十二五"国家重点图书出版规划项目

国防经济学系列丛书

精品译库

国防经济学系列丛书

编辑委员会

王树年（国家发展和改革委员会）	陈炳福（海军工程大学）
毕智勇（国家发展和改革委员会）	魏汝祥（海军工程大学）
翟　钢（财政部）	樊恭嵩（徐州空军学院）
董保同（国防科技工业局）	贾来喜（武警工程大学）
姚　斌（国防科技工业局）	雷家骕（清华大学）
邱一鸣（总参谋部）	刘涛雄（清华大学）
周代洪（总政治部）	孔昭君（北京理工大学）
周　宏（总后勤部）	陈晓和（上海财经大学）
游光荣（总装备部）	丁德科（西安财经学院）
余爱水（空军）	林　晖（国务院发展研究中心）
李　鸣（海军）	杨价佩（国防科技工业局咨询委员会）
库桂生（国防大学）	莫增斌（中国国际工程咨询公司）
姜鲁鸣（国防大学）	安伟时（中国兵器工业集团公司）
卢周来（国防大学）	赵澄谋（中国国防科技信息中心）
刘义昌（军事科学院）	张玉华（中国国防科技信息中心）
武希志（军事科学院）	杨天赐（全国高等财经教育研究会）
曾　立（国防科技大学）	李俊生（中央财经大学）
顾建一（后勤学院）	赵丽芬（中央财经大学）
郝万禄（后勤学院）	李桂君（中央财经大学）
徐　勇（军事经济学院）	邹恒甫（中央财经大学）
郭中侯（军事经济学院）	陈　波（中央财经大学）
方正起（军事经济学院）	张广通（中央财经大学）
黄瑞新（军事经济学院）	杨　静（中央财经大学）

总主编　翟　钢　陈　波

丛书联络　中央财经大学国防经济与管理研究院

"十二五"国家重点图书出版规划项目
国防经济学系列丛书·精品译库

国防预算与财政管理
Budgeting and Financial Management for National Defense

杰里·L·麦卡菲　　　　L. R. 琼斯
（Jerry L. McCaffery）　（L. R. Jones）　　著
［美］海军研究生院

陈　波　邱一鸣　主译

经济科学出版社
ECONOMIC SCIENCE PRESS

译 者

主译：

  陈 波　　邱一鸣

参译：

  侯 娜　　郝朝艳

  刘 群　　田 欣

  刘建伟　　池志培

  吴祥刚　　仰智刚

  刘 磊　　李仁义

  张 程　　葛顺堂

  刘西奎　　魏 华

  程曼莉　　位珍珍

主校：

  邱一鸣

总 序

兵者，国之大事，死生之地，存亡之道，不可不察也！国防经济学起于战争实践，又与人类的和平与发展息息相关，这些年取得了飞速发展。为全面、系统反映国防经济学发展全貌与演进，总结挖掘国防经济实践成果，展示现代国防经济学发展方向，我们组织编写了这套《国防经济学系列丛书》。

《国防经济学系列丛书》包括四个子系列：（1）国防经济学核心教材；（2）国防经济学学术文库；（3）国防经济学精品译库；（4）国防经济学博士文库。重点展示国防经济学领域学者在一般性基础理论和方法研究、国家战略层面对策研究，以及面向现实的重大应用研究等方面的研究成果。丛书选题涵盖经济与安全、战略与政治、国防与和平经济、国防财政、国防工业、国防采办、国民经济动员等相关领域，既包括国防经济学领域的基本理论和方法介绍，如《国防经济学》、《国防经济思想史》等；也包括对一些国家或领域国防经济情况的专门介绍，如《美国国防预算》、《国防财政学》等；还包括对国际国防经济学领域研究最新发展情况的介绍，如《国防经济学前沿专题》、《冲突经济学原理》等。

《国防经济学系列丛书》瞄准本领域前沿研究领域，秉承兼容并蓄之态度，建立开放性运行机制，不断补充新的选题，努力推出中国一流国防经济学者在本领域的教学、科研成果，并希望通过借鉴、学习国际国防经济学发展的先进经验和优秀成果，进一步推动我国国防经济学研究的现代化和规范化，力争在一个不太长的时间内，在研究范围、研究内容、研究方法、分析技术等方面使中国国防经济学在研究的"广度"和"深度"上都能有一个大的提升。

在"十二五"国家重点图书出版规划项目支持下，本套丛书由中央财经大学国防经济与管理研究院发起筹备并组织编辑出版，该院组成了由国内外相关高校、科研机构和实际工作部门的一流专家学者组成的编辑委员会，参与编审、写作和翻译工作的除来自中央财经大学国防经济与管理研究院、中国金融发展研究院、中国经济与管理研究院、政府管理学院、经济学院、财政学院等教学科研单位的一批优秀中青年学者外，还有来自清华大学、北京大学、中国人民大学、复旦大学、南开大学、北京理工大学、军事科学院、国防大学、国防科技大学、后勤学院、军事经济学院、海军工程大学、中国国防科技信息中心等国内国防经济与相关领域教学与研究重镇的一批优秀学者。经济科学出版社积极支持丛书的编辑出版工作，剑桥大学出版社等也积极支持并参与部分图书的出版工作。

海纳百川，有容乃大。让我们携起手来，为推动中国与国际国防经济学界的交流、对话，为推进中国国防经济学教育与研究的大发展而贡献我们的智慧、才华与不懈的努力！

是为序。

翟　钢　陈　波
2010 年 6 月于北京

荐序 1

国防预算是保障国防和军队建设的资源配置计划，是对国防财政资源进行配置的制度，这是一个很值得关注的重大战略问题。真正意义上的国防预算肇始于英国，在一个相当长的时期内，由于国防费规模较小，国防系统还不那么复杂，军队有机构成比较简单，因而国防开支较少，相应地形成了比较简单的预算方法和制度。随着国防建设日益复杂化，国防支出不断增加，亟待高效的国防财政资源配置方法以保证战略目标的实现。20世纪60年代，美国国防部推行"规划－计划－预算系统"（PPBS），强制性地在国防领域引入战略管理理念和系统分析方法，逼迫各军种把项目计划、预算与防务战略规划联系起来，要求根据总体战略需求和总预算状况，优化和权衡战备与军队建设的重大决定。21世纪初，针对该系统形式重于内容、烦琐重复，以及应对应急作战需求、科技创新响应不灵活等问题，将其调整为"规划－计划－预算与执行系统"（PPBES），从而在美军战略与预算管理创新上写下了浓重的一笔。

从"规划－计划－预算系统"（PPBS）发展到"规划－计划－预算与执行系统"（PPBES），其实质就是以国防需求为牵引，用战略来指导计划和预算；用预算来贯彻和优化战略；用计划来执行在资源保障与约束下的战略决定；用系统分析和战略评估来支持高层战略决策。这些要求是常识和理性的，是客观而普遍的，就应该这么办！否则，战略就会脱离预算，成为空想；预算就会成为会计，失去方向；而在这两者之间，项目计划则会各自为战。这个常识，熟知国防事务的领导者都清楚或应该清楚，但转化为政策工具并坚持下来并不多见，麦克纳马拉和拉姆斯菲尔德两位美国著名的国防部长以其非凡的勇气和魄力做到了这一点。

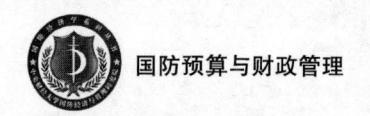

总的来看,"规划-计划-预算与执行系统"(PPBES)力图降低国防建设成本,提高国防费效益,保证战略目标的实现。它与联合作战、军事技术变革一起,被誉为推动新军事变革的一场革命。虽然是"外来"品,但其合理的内核反映了当今现代国家治理、信息社会发展、市场经济环境和新军事变革潮流等要素,代表了当今发展趋势,已为西方大多数国家采用。党的十八届三中全会明确提出要"健全军费管理制度,建立需求牵引规划、规划主导资源配置机制",为我军军费管理制度改革指明了方向、明确了目标;大数据时代,信息技术的发展,为推动战略管理创新提供了技术条件;《预算法》20年来首次大修,国家预算制度改革和依法从严治军为创新国防预算制度提供了法制基础。当前,一个伟大的新时代正向我们走来,未来发展面临新的重大战略机遇,应当把握世界军事发展新趋势,以开放的胸怀、长远的眼光、创新的精神,学习借鉴外军有益经验做法,择其适者而取之,结合实际改革我国国防预算制度。这对推进国防治理体系、治理能力现代化,努力实现党在新形势下的强军目标意义重大。须知,深化国防和军队改革的系统性协调性很强,我国国防预算改革应当以既不能孤军深入,也不能单项冒进;既要有科学方法,又要有配套的政策安排。只有翱翔的改革雁阵,才能带动各项改革的深入推进。

自20世纪80年代初"规划-计划-预算系统"(PPBS)被介绍到我国以来,逐步引起军内外关注,研究的文章不少。或许由于"规划-计划-预算与执行系统"(PPBES)复杂性,或许由于保密等原因,系统详实地描述其运行架构、要素、过程、演进和制约因素的还未曾见过。陈波博士和邱一鸣博士主持翻译的《国防预算与财政管理》,在完整和具体两个方面都属不可多得的佳作,为创新我军战略管理实践和理论抛砖引玉,善莫大焉。

刘继贤／军队战略规划咨询委员会副主任、中将

荐序 2

现代财政的功能和作用日益重要，它是"国家治理的基础和重要支柱"。国防财政是国家财政的重要组成部分，其资源配置效率关系到国家发展与安全。国防领域历来是竞争和对抗最为激烈的领域，也是最需改革创新的领域。当前，世界主要国家都在加快推进国防预算和资源管理改革，谋求以军队建设质量效益优势的国际竞争已悄然加剧。长期以来，美国利用强大的国防财政，推行全球称霸扩张战略，它的国防开支约占到全球国防开支总额的一半，相当于世界其他所有国家国防开支的总和。如此高额的国防费，其治理架构如何，预算方式怎样，管理是否高效，陈波博士和邱一鸣博士主责翻译的《国防预算与财政管理》对此进行了系统梳理。一般来说，美国国防预算主要有以下四大特征。

一、国家治理的重要内容，战略管理的重要工具

世界经济史上，始有"国防财政"一说，大概缘于战争"日费千金"之故。19世纪末，美国社会面临最深刻的危机，腐败横行、伪劣猖獗，重大灾难频发，矛盾冲突异常激烈，社会转型迫在眉睫。对此，美国政府以健全完善财政制度为核心内容和政策先导，启动了一系列深刻的制度改革（State-Building），增强国家管财用财能力，全面遏制腐败，提高政府透明度，缓解社会矛盾，国家治理结构发生了前所未有的深刻变革，国家治理能力得到迅速提升，由此开启了"进步时代"（The Progressive Era，1880～1920），为后来的罗斯福"新政"奠定了坚实基础。美国人认为，改造公共财政制度往往是政治改革的最佳切入口，其低调性，不会过分提高人们的期望值；其具体性，比抽象谈论政治民主更易操作；其务实性，在较短的时间里见得着效果。

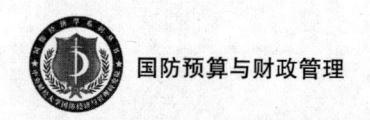

美国的国防预算制度及其管理作为美国国家财政管理的重要内容，纳入国家的宏观决策与战略管理体系，并由总统亲自挂帅通过国家安全委员会、国防部等行政立法机构，以及参谋长联席会议等制度机制统一掌控国防费投向和数量、直接配置使用资源、全程监督预算编制执行，进而成为国家治理优先运用的工具。正如书中所说，"潜在的国防投入上不封顶"。国防建设深深根植于经济社会，并引领经济社会快速发展，国防科研更是成为提升美国科学技术水平的发动机和推动国民经济发展的助力器。据统计，战后美国国防研究开发经费平均占到联邦研发总经费的65%以上，20世纪60年代甚至高达85%，长期支撑着美国庞大的科技创新体系；到90年代，国防部的战略规划以及军方的需求、资助和扶持，造就了"硅谷"成为美国新经济的象征。统计表明，国防投入养活了全美大约25%的工程师，支持了大约20%的制造业和50%的大学计算机科学研究工作。尽管战后美国国防财政政策对经济产生的负面影响颇具争议，但无人否认，正是国防的持续高投入保证了美国日益强大的军事、科技实力，成就和巩固了美国世界霸主地位。

在美国战略管理的实践中，国防预算是核心内容，发挥着关键性作用。它不是一般意义上的后勤保障，而是作为战略决策的预算表达，具有双重战略性功能：一是表明战略决策已经形成，是势必要实行的，并且是可行的。这个功能非常重要，它对美国国防体系起到指引和动员的效果，相关实体会据此先期加大投入，引导人、财、物力从事与军力发展相关的活动；二是表明战略决策的各项重大要素已经过认真分析评估，准备进入实施阶段。国防预算的制定是以战略为指导、以分析评估为基础的资源配置过程，是战略决策的优化和行动化过程。它解决的是如何把国家安全目标变成一整套资源配置上的平衡计划，并实现"国防战略——兵力水平——国防预算"转化问题，正如美国人常说的这是同一个基本决策的三个方面。正是通过国防预算，美国的国防需求、项目计划和资源配置才连成了一个有机的整体，从这个层面上看，没有国防预算的支持，就没有美国战略管理的成功实践。

二、与规划计划有机结合，与财务管理相对分离

美国国防预算编制的过程事实上是国防政策制定、战略规划、项目计划以及预算编制与执行相统一的过程。早在20世纪60年代美国就建立了以"规划－计划－预算"程序方法为主要特征的国防预算系统（PPBS），2003年在此基础上进

一步完善相关制度安排，构建了"规划－计划/预算－执行"系统（PPBE），为美国国防安全提供了战略资源配置的基本制度框架。具体而言：规划阶段，参谋长联席会议（参联会）根据国家安全和军事战略需求，牵头制定《联合战略规划文件》，将战略需求转化为军事能力需求，指导军队建设的重点和方向；国防部长办公厅根据联合规划文件制定基于国防财政约束的《防务规划指南》，为未来几年各军兵种的兵力结构调整和财政方针确定提供指导，同时制定《联合计划指南》确定今后两年国防建设重点项目和优先发展能力。计划/预算阶段，计划拟制与预算编制工作同步进行。各军种主导、国防部各业务局参与，依据《防务规划指南》编制《计划目标备忘录》，描述未来四年的战略规划、计划重点，任务优先次序，以及可供运用的资源能力。参联会审查后，各军种和相关单位计算出其中项目成本，并量化为概算指标，形成《预算估计递呈》，最后由国防部副部长审查。国防部长主持下的国防资源委员会，对上述文件审议后，发布《计划决定备忘录》，确立下一财年预算框架。在与总统管理与预算局就资源的需要与可能进行商讨，经协商无重大分歧后，发布《计划预算决议》，形成准备正式上报的国防预算方案，纳入联邦预算草案，提交国会审议，报总统签署。执行阶段，作为整个预算过程中相对独立的阶段，主要由各军种和国防部业务局组织实施。国防部发布《拨款/延续决议指南》，要求总统管理与预算局确保财政部按预算将资金及时足额拨付到军种和国防部职能部门账户。预算执行可以说是一个财务管理过程，有效的预算执行有赖于国防财会系统准确及时的核算、详细的监督，以及对开支持续的监控，国防财务与会计服务局是对此负责的职能机构。

  美国的预算管理制度与财务管理制度是规范国防财政运行的两大主体制度，两者相互关联，相对独立。按照国会授权，预算编制是国防部的文职职能，主要由国防部长办公厅预算办公室和各军种预算办公室预算分析师等技术官僚操办，主要依据是规划计划文件。财务管理由国防财务与会计服务局组织实施，外部接受国家会计总署监督，主要依据国防会计准则，监督预算执行。资金支付由国防财务与会计服务局及其下属的5个财会中心根据预算统一负责。国防财务与会计服务局按"区域"下设5个财务中心，20个出纳站，有约20000名雇员，承担世界上最大的财会工作。采购资金主要由哥伦布财务中心根据年度预算、合同和支付凭证直接支付给供应商；军人工资由各财务中心通过计算机网络，直接划入个人银行账户。以2003年为例，共为570万人进行支付，处理1120万份发票，支付3466亿美元和730万份旅行支票,记录1.24亿笔交易,管理1760亿退休基金、125亿对外军售款项。这种"分钱的不见钱,管钱的不花钱"的分离机制,其实是预算控制财务、财务监控预算执行基本原则的具体体现。根据这一原则,预算是资源配置计划,是实现军事战略的宏观政策工具;财务是依据预算实施资金支付,遵行核算、结算、决算、报销等会计准则,属于专业性很强的勤务保障工作。这样做的好处:一是让指挥官不理财,与钱不沾边,以便专注于训练打仗;二是增强财务工作独立性,强化财务监督,防止虚报冒领、贪污腐败;三是便于依托银行系统实施资金集中支付。这种财务联勤方式,增强了资金收付透明度,减少了资金供应渠道与拨付环节,可以有效防止多户头存储,降低管理成本,提高资金保障效率。近年来,美国国防资源管理问题不少,但并没有发生惊天贪腐大案,这大概与上述制度机制逐渐走向完善是有关的。

三、审查评估体系相对成熟,监控机制比较完备

在预算制度的权力结构、工作流程和技术方法三大要素中,权力结构最终决定资源配置效率。因此,对预算的审查评估就显得极其重要。随着历史的发展,美国国防预算评估逐步由概略向精细、由零散向系统、由经验向科学、由低级向高级不断发展,逐步形成了较为完善的制度机制和运作方法,构建了以国家和军队高层为主导、专职机构为骨干、协调机构为支撑和相关机构为补充,评估审计相融合、全程监控相伴随,健全完善的国防预算评估组织体系。一是领帅机关全程主导。总统、国防部长指导规划计划和国防预算的评估工作;军种部长、联合司令部司令指导本军种、所在战区或作战领域计划与预算的评估工作。国防部高级领导审查小组、联合需求监督委员会、总监察长办公室、首席管理官办公室等,在各领域各系统项目预算评估中均担负重要职能,为高层决策服务。二是专设机构主体负责。国防部费用分析与规划评估办公室负责对各部门各单位提报项目的必要性、资源需求合理性、项目优先次序和可能风险等进行评估,为制定《计划决定备忘录》和《计划预算决定》提供关键支撑。参联会资源评估部,负责重要资源配置和重大采办项目的评估并提供建议。军种参谋部(海军作战部)的资源、需求与评估部,以及6个区域性司令部的联合需求与资源评估部,负责对本军种和本作战区域的资源需求作出评估。三是智囊机构积极协助。例如兰德公司、战略和预算评估中心等,承担军方部署的大量项目预算评估任务。四是国会举行听证监督。国防预算审批阶段,美国国会参众两院由各自的军事委员会同

时主持召开国防授权法案听证会和国防拨款法案听证会，向本院预算委员会汇报听证会结果，提交国防预算评估意见，同时对总统提交的国防预算进行分析，提供可供选择的授权方式以及主要项目的优先次序。五是审计部门密切配合。国防预算进入执行阶段后，费用分析与规划评估办公室与审计部门密切配合，持续跟踪规划计划落实与国防预算执行情况。每季度，审计部门主动协调费用分析与规划评估办公室，在后者发布的《规划执行评估指南》基础上，对绩效预算达标情况，尤其是战略价值影响大、建设资源投入多、风险控制要求高的重点项目进行评估和审计，并将评估情况和审计报告递交国会预算办公室。如果一项重大军备项目采办费用超过预算15%，则必须提交国会审议，超过预算25%则应立即停止计划，重启论证评估，并由国防部长向国会作出解释，否则项目可能被取消。近5年年均抽选90个重大建设项目进行评估和审计，重点关注项目审批和建设进度、工程质量和投资控制情况，根据发现的问题，及时提出优化后续年度项目计划安排的建议，作为规划调控和预算滚动编制的重要依据。

四、积极适应军事变革，不断追求自身完善

美国国防预算改革始终与美军军事变革相偕而行。第二次世界大战结束后不久，为积极适应联合作战要求，着力解决三军组织指挥体制混乱和资源配置极度分散的矛盾问题，美军先后进行了两次较大的军事变革。与此相适应，规划－计划－预算系统（PPBS）经不断改进，发展为规划－计划－预算－执行（PPBE）系统，下一步，随着国防管理进一步转型，该系统又会有新的改进。

第一次军事变革，起始于20世纪60年代，以推进机械化和联合作战为主要特征，以统一三军组织指挥领导体制和实施规划计划预算制度为主要内容。此前，美陆、海、空三军长期自成体系，缺乏集中统一。国防费分配上，由于国防建设缺乏统一规划，各军种作为一个独立的作战单元直接向国会申请经费，自行组织分配和使用，军种间相互争项目、争军费的现象非常普遍，重复建设和损失浪费十分惊人。为兼顾利益，美国国防预算部门索性根据军种部队编制情况切块平均分配经费或直接规定一个军种经费比例。例如，朝鲜战争之后几年间，为实现军队编制的调整，美国防部甚至在经费分配上，被迫将三军的军费比例分别限制在23%、28%、36%左右。但这种经费分配方式使得美国国防费结构变得越来越僵化，与军种联合作战的要求更加格格不入。正是在这一背景下，为解决作战指挥与资源分配极度分散的问题，美国对军队进行了大规模的调整改革。1958

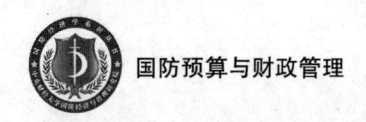

年美国出台《国防部改组法》，撤销了军种作战指挥权，增强了参联会职能作用。以此为基础，1961年国防部长麦克纳马拉主导了一场以预算改革为突破口的军事变革，核心内容是实行"规划－计划－预算"制度，将国防发展和武器装备建设纳入国防部统筹规划。1986年实施《戈德华特—尼科尔斯国防部改组法》后，参联会的作用进一步加强，从而确立了联合作战司令部作为资源需求方的地位，国防资源进一步向作战需要聚焦。经过这一系统制度变革，军种"山头主义"被打破，不同军种的预算案被整合成"一揽子"计划，预算统筹力度大大加强。

第二次军事变革，发端于20世纪80年代，"9.11"事件后进入加速期，以信息化为主要特征，以推进"基于能力"的战略调整和实施规划计划预算与执行制度为主要内容。为缩短资源输入到军事能力输出过程，提高输入输出之间的效率，美军着眼统筹考虑解决战略规划、预算分配与绩效管理等基本问题，更加注重规划、计划与能力需求的结合，并于2003年实施了新的"规划－计划－预算－执行"制度，确立了"基于能力"的战略管理理念，形成了由"联合战略规划系统（JSPS）"、"规划－计划－预算－执行系统（PPBES）"、"国防采办系统（DAMS）"和"联合作战规划系统（JOPS）"共同构成的战略规划和资源配置体系。在这一体系中，通过"联合战略规划系统（JSPS）"明确军事能力需求与国防发展的总体方向；通过"规划－计划－预算－执行系统（PPBES）"将能力需求转变为项目计划，最终落实到预算分配经费；通过"国防采办系统（DAMS）"按照联合作战理论要求对各军种预研、采办、列装武器装备项目进行审查把关，实现国防费到军事能力的有效转化，这种"三位一体"的战略规划与资源配置体系在资源输入向军事能力输出之间架起了"桥梁"。

事实上，规划计划预算系统也是一直在不断完善的。麦克纳马拉在国防领域引入系统分析和战略管理，强制性地推行"规划－计划－预算系统"，但这并非"凭空"设计，而是以美国国防管理体制为基本条件，并在平时运转实践和全球军事行动中不断"磨合"。21世纪初，针对"规划－计划－预算系统"在实际运行中存在的形式重于内容、烦琐重复等问题，以及对应急作战需求、对科技创新响应不灵活和支持不得力等问题，将其调整为"规划－计划－预算－执行系统"。其实，美军远未充分发挥"规划－计划－预算－执行系统"的潜力。美苏"冷战"结束至今，美国陆、海、空军的总体架构和预算分配没有大的改变，对此，2008年，美军"军队转型办公室"改为"军队转型与资源管理办公室"，2014年，10家美国知名防务智库发表致美国总统、国防部长、国会领导人及公众的公开信，呼吁进行国防管理改革。然而，美军2014年战略评估的结果表明，它们还是大失所望。同年11月，时任美国防部长哈格尔提出以第三次"抵消战略"为内涵的"国防创新"倡议，其中重要的一条就是创新国防管理，在国防预算削减的情况下，改进使用多年的"规划-计划-预算-执行系统"，更加注重战略规划与优化资源配置，力求实现庞大的科技创新计划，让"巧妇"做好"少米之炊"。这也表明，美军从来没有、今后也不会垄断对国防战略管理问题及其最佳解决办法的探索。

世界各国的预算制度及其管理都在创新发展。美国国防预算与财政管理就其不断创新这一点而言，值得我们研究与思考，这也是为我的学生邱一鸣博士和陈波博士等翻译此书作序的本意。

项怀诚／财政部原部长

目 录

总　序	I
荐序 1	I
荐序 2	I
致　谢	1
1　国防政策和资源决策：独一无二的挑战	1
2　联邦政府预算过程	19
3　国防预算：复杂但可行	43
4　规划 – 计划 – 预算 – 执行系统	78
5　国会和国防预算：从冷战到反恐战争	124
6　国防追加拨款	164
7　国防预算执行	184
8　预算过程参与者：五角大楼	218
9　预算过程参与者：申请人	261
10　财务管理与国防预算	305
11　武器采办预算与管理	334
12　国防、联邦政府预算和管理改革：历史、转型及未来	365
附录：缩略语	393
参考文献	401
后记	421

图 目 录

图 1.1　联邦预算中公民权利性支出和全权预算支出　　4
图 1.2　预算授权与 2004 年支出的关系　　13
图 1.3　国防预算授权总额、支出与预算授权　　14
图 2.1　预算周期的各个阶段　　25
图 2.2　预算和拨款流程　　33
图 3.1　未来年防务规划说明式　　45
图 3.2　作战和支持部队相对规模　　47
图 3.3　功能 050 划分　　49
图 3.4　按拨款类别的国防部预算授权　　51
图 3.5　2004 财年国防部拨款份额：投资（38%）与作战（62%）　　59
图 3.6　以当前和不变价格（美元）计算的国防支出：1940～2007 年　　60
图 3.7　国防支出占 GDP 百分比　　61
图 3.8　国防支出占联邦支出百分比　　61
图 3.9　现役兵员数：1950～2003 财年　　62
图 3.10　国防支出的三种计算法　　62
图 3.11　支出可用期　　67
图 3.12　年终未支出余额：赋权和未赋权　　70
图 3.13　国防部未支出和未赋权余额：1980～2000 年　　71
图 3.14　赤字占 GDP 比重　　74
图 3.15　国防和个人权利性支出占 GDP 的比重　　76
图 4.1　2003 年规划－计划－预算－执行系统（PPBES）周期简介　　88
图 4.2　2003 年规划－计划－预算－执行系统（PPBES）周期四年循环日历　　89
图 4.3　从国家安全战略到预算执行（以海军为例）　　90

图4.4	一体化作战架构	108
图4.5	N8 组织	111
图4.6	N7 组织	111
图4.7	2002年前的海军规划－计划－预算系统（PPBS）	114
图4.8	2002年变后的海军规划－计划－预算－执行系统（PPBES）	114
图4.9	从申请者视角的预算给出流	117
图5.1	2000年国防拨款法案——准时通过	129
图5.2	国防资金波动	138
图5.3	"政治分肥"分析：有多糟	158
图6.1	1974~1999年追加预算历史剖图	171
图7.1	国防部月度作战和维持账户（O&M）赋权率	196
图8.1	从成本中心到海军部长的海军预算过程	237
图8.2	蓝－绿拨款和保障绿色拨款的蓝色拨款	240
图8.3	海军部1996~2007年拨款资金	247
图8.4	研究、开发、试验与评估预算授权历史	257
图8.5	国防部2001财年财政指导	258
图9.1	太平洋司令部1998~2005财年（资金）资源	263
图10.1	国防部当前系统环境的复杂性	308
图11.1	各军种和国防部直属机构预算授权总额	336
图11.2	2003财年不变美元价格海军作战和维持、采办支出趋势	337
图11.3	1988~2003财年海军预算授权总额和采办费用	338
图11.4	人均作战和维持支出增长	346
图11.5	舰船期望平均使用时间	347
图11.6	国防部资源份额	348
图11.7	海军飞机平均机龄	349
图11.8	大型投资增长估计	351
图11.9	美军空军飞机的平均机龄	354

表 目 录

表 2.1	国防预算的三种视角：功能、部门和拨款案	37
表 3.1	按主要部队计划分类的国防部预算	46
表 3.2	部队结构趋势	48
表 3.3	按功能的预算授权	50
表 3.4	政治周期内拨款种类变化趋势	52
表 3.5	按法案和拨款的国防预算授权	54
表 3.6	军种部门和国防部直属部门国防部预算授权：1994~2003 财年	56
表 3.7	国防开支排名前 25 位的国家（地区）	64
表 3.8	国防账款支出率	66
表 3.9	拨款和赋权期	68
表 3.10	国防部 2002 年拨款的未赋权余额	71
表 3.11	列入未赋权支出的机构	72
表 5.1	1999 财年国防授权与拨款法案的对比：预算授权	126
表 5.2	年度授权之外的（授权）需求	128
表 5.3	对国防预算的重要投票	135
表 5.4	1980~2001 年国防拨款：总统提请、众议院、参议院、最终成法和提请变化	136
表 5.5	与前一年拨款增长的百分比：1981~2000 年	137
表 5.6	20 世纪 90 年代的《延续拨款决议》	141
表 5.7	预算决议：与 4 月 15 日最后期限相比的采纳日期	145
表 5.8	20 世纪 90 年代的预算决议资金水平	146
表 5.9	2004 财年 302b 拨款目标	147
表 5.10	国防授权和拨款时间安排对比	148
表 5.11	20 世纪 90 年代参与方对总统国防预算的改变	151

表 6.1	1974~1999 年追加拨款分析	168
表 6.2	追加拨款快速通过	172
表 6.3	作战和维持预算中的机动性：1995 财年国防部作战和维持预算	180
表 7.1	预算执行的法律基础	187
表 7.2	海军人事账户概况	189
表 7.3	海军航空兵作战和维持账户	191
表 7.4	两栖船坞登陆舰（LPD17）：舰船建造账户	194
表 7.5	1977~1990 年国防部作战和维持账户（O＆M）月均、最高、最低赋权率	195
表 7.6	1977~1990 年军种部门作战和维持账户月赋权率	197
表 8.1	海军人事账户组成部分	248
表 8.2	海军作战和维持账户组成部分	250
表 8.3	采购账户组成部分	251
表 8.4	研究、开发、试验与评估账户构成	255
表 9.1	太平洋舰队《能力规划》主题和评估出资人	270
表 9.2	太平洋舰队司令部对代表性账户的控制	279
表 9.3	太平洋舰队司令部 2002 财年年中审查递呈优先排序	280
表 9.4	太平洋舰队司令部 2002 财年国防紧急拨款和追加资金	281
表 10.1	组织战备原始数据概要	325
表 10.2	2003 年 4 月 30 日国防部系统清查：按领域的系统数量和资金费用	330
表 11.1	2002 财年实际资金、2003 财年估计资金、2004~2005 财年提请资金	343
表 11.2	列装与替换系统成本的比较	355

致　谢

我对同事和研究生对本书所做的贡献表示感谢。我的同事约翰·雷恩斯（John Raines）、理查德·多伊尔（Richard Doyle）、克林顿·迈尔斯（Clinton Miles）、保罗·蒂森（Paul Dissing）和罗伯特·克鲁琪（Robert Colucci）海军上校（退役）、约翰·缪提（John Mutty）海军上校（退役）、菲利普·坎德雷瓦（Philip Candreva）海军中校、科里-尤德（Corey Yoder）海军中校、大卫·格伦迪希（David Grundies）海军上校（退役）、格伦·马恩（Glenn Main）海军上校（退役）、罗伯特·奥斯特豪特（Robert Osterhoudt）海军上校（退役）、唐纳德·伯克比（Donald Berkebile）海军上校（退役）、大卫·瓦格纳（David Wagner）海军上校（退役）、托马斯·休斯（Thomas Hughes）海军中将（退役）、詹姆斯·西利（James Sealy）海军中将（退役）、乔治·瓦格纳（George Wagner）海军少将（退役）、理查德·米利根（Richard Milligan）海军少将（退役）、托马斯·丘奇（Thomas Church）海军少将、彼得·达利（Peter Daly）海军少将、布鲁斯·恩格尔哈特（Bruce Engelhardt）海军少将、肯尼斯·斯劳特（Kenneth Slaught）海军少将、查尔斯·内法卡斯（Charles Nemfakos）、罗伯特·潘尼克（Robert Panek）、罗恩·哈斯（Ron Haas）、肖恩·奥基夫（Sean O'Keefe）、唐纳德·夏伊科弗（Donald Shycoff）、阿尔文·塔克（Alvin Tucker）、利兹·邦塔（Liz Banta）、史蒂文·凯尔曼（Steven Kelman）、保罗·波斯纳（Paul Posner）、弗雷德·汤普森（Fred Thompson）以及艾伦·威尔达夫斯基（Aaron Wildavsky），以各种不同的方式为本书提供了帮助。为本书做出贡献的研究生有理查德·比尔（Richard Buell）、大卫·杜马（David Duma）、保罗·戈德克（Paul Godek）、伯纳德·诺克斯（Berhnard Knox）、马克·科扎（Mark Kozar）、厄尼·飞利浦（Ernie Philips）、詹姆斯·里德（James Reed）、约翰·斯卡林（John Skarin）以及布莱恩·泰勒（Brian Taylor），他们都是美国海军军官。我也想对美军主计长协会执行总监詹姆斯·F·麦克科尔（James F. McCall）中将（退役）对本书的鼓励表示感谢。

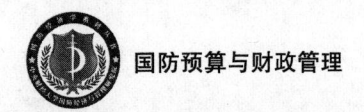

必须指出，本书中的很多信息来自与国防部官员们的持续讨论。就此，我们对美国海军太平洋舰队司令部主计长约翰·莫里斯（John Morris）上校和舰队预算和规划主管海蒂·艾伦（Heidi Allan）、埃德·布茨瑞斯（Ed Butziris）、维姬·卡顿（Vicki Catton）、布莱恩·奥弗（Brian Overby）、兰德尔·斯科特（Randall Scott）和杰瑞·哈莉宾（Geri Shishido）表示感谢。1986年到2003年，我们对海军助理部长办公室海军财政管理和预算官员、财务管理人员和主计长，包括自1986年以来各财政管理和预算局长（N82，二星级海军上将）进行了访谈。此外，我们还对国防部长办公厅各财务管理和预算官员进行访谈，包括各国防部主计长，以及美国海军陆战队财务管理处、陆军部长办公室、空军部长办公室的高级官员。同时，我们也对多个海军基地和功能司令部的主计长办公室进行了访谈。在这些访谈中，我们对官员都做了匿名承诺，因此，在本书的很多案例中我们不会提及他们的名字。

我们还要感谢数十位来自海军部、国防部和国会的联邦和国防财政管理与预算专家，过去的15年里，他们为海军研究生院授课。

另外，我们要对空间和海军作战系统司令部公共管理主席乔治·F·A·瓦格纳（George F. A. Wagner）上将所提供的研究资助和海军太平洋航空司令部的支持表示特别致谢。没有这些，这本书不可能完成。

我们诚挚地把这本书献给美国国防部过去和现在努力工作的所有主计长、财政管理、预算和会计人员。没有他们的努力和技能，没有船只能够航行，没有飞机能够起飞，没有坦克能够行驶，也没有士兵、水手和飞行员能时刻准备投入战斗。

杰里·L·麦卡菲
L. R. 琼斯

1 国防政策和资源决策：独一无二的挑战

引 言

一架 B-52 轰炸机在蓝天中划出一道优美的弧线，电视新闻主持人正在讲述新近发生在阿富汗的战争，塔利班武装已被逼入塔拉博拉（Tora Bora）附近的两个峡谷之内，联军已发出投降或死亡的最后通牒。B-52 轰炸机装载的炸弹加强了这一威慑作用，当萨达姆·侯赛因拒绝投降时，B-52 轰炸机投掷了精确制导导弹，在伊拉克"自由行动"中发挥了关键作用。B-52 轰炸机首次亮相于 20 世纪 50 年代的美苏对抗时期，基于顶尖的战争信息系统，在地面、海上舰艇人员、激光制导导弹的配合下，借助于地球同步相关系统，在卫星系统的帮助下，其可使导弹穿过云层直达目标。B-52 这种"年迈的"战略轰炸机在 21 世纪的反恐战争中也做出了巨大的贡献。尽管在阿富汗和伊拉克的反恐战争中也使用过其他型号的战机，如 B-1、B-2 轰炸机，以及抽调自美国空军和海军的短程作战飞机等，但 B-52 轰炸机的"长命"却给人们留下了极为深刻的印象。因此，美军指挥官仍需以 B-52 轰炸机为例来说明国防预算中哪些投入是正确的，哪些投入则是令人担心的。

高技术战机、舰艇、坦克、智能武器，高素质的海员和飞行员、电子化的步兵、尖端的信息技术，这些使美军战斗力如此令人生畏的靠得住的作战要素，均源自出色的资源规划和管理流程，该流程确认美国国防部的任务需求，并为之提供资金。它就是"规划、计划和预算系统",或简称"PPBS"。该系统自20世纪60年代起在美国国防部开始投入使用,指引了冷战大部分时期、20世纪90年代和当前的恐怖主义与非对称威胁新时期的美国国防预算的制定、报告与执行。尽管如此,这个现在所称的"规划-计划-预算-执行系统"(PPBES)(E代表执行)在2001~2003年间还是进行了较大的改革。

本书详细介绍了"规划-计划-预算-执行"系统,以及相关的国防预算和资源管理、联邦政府预算、国会中的预算政治、预算执行、财务管理、国防产品、服务采办和新近的国防部转型措施。我们首先来谈谈使国防预算复杂和某种程度上难以理解的那些特点。

国防预算与众不同

国防预算是独特的,在其他联邦预算、州或地方预算过程中不存在与之类似的挑战。预算大师艾伦·威尔达夫斯基(Aaron Wildavsky)的研究和著作影响了30多年来学者和学生们对预算的看法,但他的大部分著作中却显然忽略了国防预算。在《预算过程中的政治》这部开创性的著作里,威尔达夫斯基提出了预算为渐进行为的著名理论(Wildavsky,1964,13~16),但在这本书中却没有关于国防预算的章节。威尔达夫斯基并不是唯一忽略国防预算的学者。许多关于公共部门预算的文献都忽略了国防预算,尽管国防领域的支出占了联邦政府全权预算①(Discretionary Budget)的很大一部分。许多著作都在分析每年拨给社会福利部门的500亿美元,却忽视了国防部门每年4000亿美元的投入。正是意识到这个不足,威尔达夫斯基在把其1964年的经典著作修订为《预算过程中的新政治学》(Wildavsky,1988,348~395)中,专门增加了国防预算章节。威尔达夫斯基终于意识到国防预算与其他联邦预算的区别,其原因我们将在本章讨论。

---

① 美国联邦财政预算支出主要包括全权预算支出(又称"自主拨款",它是指拨款法案中提供的预算资源(资助法定支出计划的除外))和法定支出(又称"直接支出"或"强制性支出",它是指除拨款法案之外的法律控制的支出以及食品券计划支出)两部分。——译者注

1 国防政策和资源决策：独一无二的挑战

总体开支含义非凡

国防预算和非国防预算存在重大区别。国防预算是对外政策的工具，其他国家会对美国国防预算的投入水平和重点做出反应。美国国防预算也会对敌对国家和盟友国家的国防支出做出反应。当其他国家的国防支出发生变化，如国防支出占国内生产总值的百分比发生变化，那么美国的决策者们必须分析这些变化会对美国国防支出造成哪些影响。我们是否拥有足够受训的军事人员、舰艇、战机、零部件、维修能力以及其他有利于建立和保持战备的能力，以应对威胁的变化。能力是用钱买来的，越有能力意味着在消除威胁或摧毁对手方面的本领就越强，否则对方将通过自我加强或寻求战略联盟来使我方的威慑失效。其他国家不会在意美国在教育和医疗上的支出总量，就算它们在意的话，其关注程度也不会像对国防预算那样强烈。国防预算是为了遏制或打击已存在或将来出现的威胁，资金投入的变化是一种预警：威胁场景发生了变化，对策也必须变化。因此，威尔达夫斯基发现，国防预算和非国防预算之间存在的区别之一，在于国防部门的总支出对别国有潜在含义，其每年数量上的变化也被严密关注，他国会从中寻找美国未来行为的动向。

认识到国防预算的这一重要性可能是罗纳德·里根（Ronald Reagan）总统任内最有意义和最有远见的事情，正是因为里根总统和国会适度的国防投入水平，才促成了苏联的解体和冷战的结束。从这个意义上看，美国在整个冷战期间的全部国防支出代表了部分美国民众及其领导人在这方面的意愿，即进行必要的投入以应对他们所视为的来自苏联的不断加大的威胁，冷战结束后，布什总统、克林顿总统和国会在到底该给国防多少投入上争论不休。"9·11"恐怖袭击迫使美国不得不应对前所未有的威胁，其结果是国防预算的增加以及21世纪第一个10年或更长时期内规划的国防支出的激增。乔治·W·布什（George W. Bush）阐述了美利坚合众国的决心——"无论什么都值得"，这句话在反恐战争中到处流行。很大程度上，美国民众开始支持这种观点：我们应该花费一切必要的投入，来打击比历史任何时期都不易判别的威胁。

国防预算提供了回报选民的机会

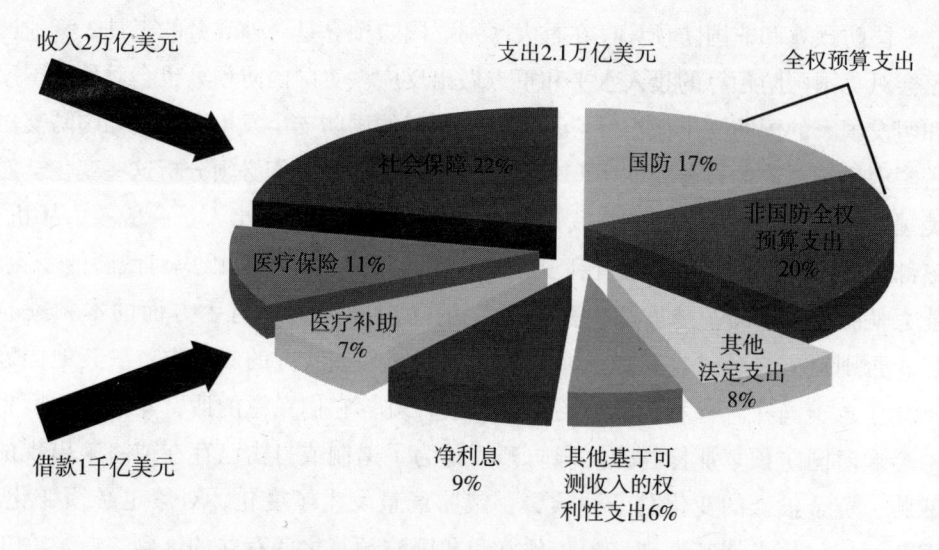

收入2万亿美元
支出2.1万亿美元
全权预算支出
社会保障 22%
国防 17%
非国防全权预算支出 20%
医疗保险 11%
医疗补助 7%
其他法定支出 8%
借款1千亿美元
净利息 9%
其他基于可测收入的权利性支出 6%

图 1.1　联邦预算中公民权利性支出和全权预算支出（2003 财年）

注：＊基于可测收入的权利性支出是那些基于收入多少确定支出规模的支出。

资料来源：Office of Management and Budget，2002b。

如图 1.1 所示，2003 年国防预算占联邦政府全权预算支出的 46%。其原因是，联邦总支出中有很大一部分不得不投入到公民权利性账户（Entitlement Account）①（如社会保障、医疗保险、医疗补助），而这些科目是永久授权的，无需按年度拨款。国防预算是可以让国会议员们自主寻找可拨至其他项目的为数不多的几个科目之一。此外，因为国防拨款不会轻易被否决（里根政府曾经否决过一次，那是由于国会提供给次年的资金实在太少了），所以国会往往会试图把一些不相关的开支项列到国防拨款案下。例如，1994 财年，联邦预算就把一个乳腺癌研究项目，还有博物馆和纪念碑的（建设）项目列入国防预算下。支付 2003 年伊拉克战争所花的追加拨款（Supplemental Appropriation）②的参议院预算案包括有香普兰

---

① 对公民基本权利保障方面的支出。公民权利性支出包括公共医疗补助、补充保障收入，对有未成年子女家庭的资助以及对复员军人的补贴等。——译者注

② 追加拨款是在原来对项目或活动所需要的拨款估计数之外增加的预算授权（包括对院拨款法案公布之后新批项目的拨款）。——译者注

湖渔场管理、鲶鱼渔民补贴、爱荷华州和南极的研究设施、佛蒙特州大坝整修、给阿拉斯加三文鱼进行"绿色食品"标记，以及参议员联系其选民的邮资补贴等。国防拨款比其他拨款案要大得多，且有迹象表明，国会越来越多地把一些不相关的项目列入国防拨款案。因此国防拨款有时候被戏称为"圣诞树"，因为它看上去使每个人都有机会获得一些东西。

与管理与预算局的独特关系

比起其他部门和机构，国防部（DOD）与总统预算办公室——管理与预算局（OMB）之间的关系非同寻常。管理与预算局在审查国防预算时，不像在审查农业、教育及其他国内项目预算时那样挑剔。管理与预算局与国防部长办公厅（OSD）在五角大楼内共同审查国防预算；而其他部门则需提交其预算供管理与预算局审查，当预算被削减时，这些部门只有求助于总统。但在国防预算审查上却倒过来，如果管理与预算局想削减国防预算，他们必须首先与国防部长办公厅的官员进行谈判。然后，对于大的支出争议，管理与预算局只能把国防部长没有认可的决定报告总统。根据威尔达夫斯基和凯顿（Caiden, 1997, 234）的研究，这种做法可追溯至肯尼迪（Kennedy）政府时期。

报告总统后，总统不见得一定支持国防部或管理与预算局的主张，这取决于总统的工作重点，例如，里根政府时期的管理与预算局局长大卫·斯托克曼（Stockman, 1986）说他总是告诉总统，除非增加年度预算赤字，否则无法满足国防支出的增加，所以斯托克曼经常与国防部长卡斯珀·温伯格（Caspar Weinburger）在总统面前争吵，而且斯托克曼经常被告知要重新调整数据，使国防支出增加不致于在总统预算中引起太大的赤字变动，斯托克曼也只能返回办公室发发牢骚。这表明，总统对国防和国家安全的重视程序决定着管理与预算局和国防部之间的关系。关于国防，有一点很明确，那就是政治决定预算，而不是其他，但在其他领域的预算就不是这样。政治的重要性在2001年"9·11"恐怖袭击以来这几年变得更为明显：国防预算不断增加以进行反恐战争。

管理与预算局在审查其他部门预算时所拥有的单独决定的权力，不适用于国防部，它只能在国防部长办公厅这个层级与国防部协调做出决策。管理与预算局和国防部之间的伙伴关系不同于它与其他内阁部门之间的关系。管理与预算局工作人员在五角大楼办公，他们不仅参与审查预算案，还在"规划－计划－预算－

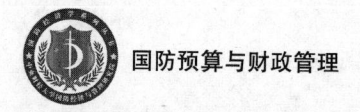

执行系统"（PPBES）过程的《计划目标备忘录》(POM) 阶段参与计划结构的审查。在该阶段，资源规划人员为应对威胁变化，决定哪种计划结构需要保持、加强、创建或取消。蒂什凯奇、达格特（Tyszkiewicz & Daggett，1998，28）说："国防预算的特殊性在某种程度上和管理与预算局直接全程参与预算过程有关。"在一定程度上，这是由于国防与其他联邦部门不同，国防拨款比其他联邦部门拨款多；国防部门雇用更多雇员，其人员和资本设备的投入组合也与众不同，国防部门提供训练有素的人员和装备来保卫美国未来几十年的安全；国防所关注的重点也有所不同，它时刻准备应对国家面临的威胁，而不仅是对上年度往事的反应。更重要的是，管理与预算局无力独自审查庞大的国防预算，它也不会把他的全部人员都放到这个庞大且耗时的工作上。

潜在国防支出上不封顶

国防预算的另一个独特之处在于，国防部用来识别威胁、制定计划和预算以应对威胁的规划－计划－预算－执行系统（PPBES）在确定需求的初始阶段并未设定上限。不过，在每年的预算周期中，总统、国防部和国会都会先后引入预算限额。历史上，这个限额在总统预算中被定为绝对量或占国内生产总值（GDP）百分比、联邦预算百分比，以及5年期实际货币总量（剔除通货膨胀因素）的百分比。管理与预算局在把预算提交给国会之前，会根据总统的重点与国防部协商，确定总体国防支出。

周期与直线增长

国防支出拥有不同于其他预算账户的长周期特征。例如，人力资本投入自20世纪50年代开始几乎直线上升，但总体国防投入却经历了一个波动起伏的过程，这里面有7个资金不足的年份和7个资金充裕的年份。该特征在1950～1980年间的朝鲜战争和越南战争的投入变化中得到体现，里根政府时期加大了国防投入，而老布什政府和克林顿政府时期则削减了国防开支。随着柏林墙倒塌和冷战结束，20世纪90年代中期，国防预算曾一度削减近1/3，且几乎将这样的预算水平保持到20世纪末。2000年，为补偿由于通货膨胀所造成的实际收入下降，提高人员待遇，解决军队中的超期服役问题，国防预算开始增长。反恐战争开始

后，国防支出又开始了新一轮攀升。

在国防应花多少钱上还不存在共识

经济学家把国防预算描述为"黄油"和"大炮"之间的经费之争。在确定充足的国防支出方面有为数不多的几个里程碑，20世纪60年代及80年代，媒体通常把国防支出描述为拿"穷人"的钱（人力资源开支）去做"浪费之事"（防务）。威尔达夫斯基发现了这样的趋势，即国防政策和预算目标之间越来越难取得一致。自第二次世界大战开始到20世纪50年代末，国防预算一直是在两党一致同意之下制定的，但20世纪50年代由共识决定国防预算在60年代却变成了争论的焦点。这一时期，虽然在预算政策的其他方面形成了广泛共识，但有限的资源、日益增长的国债、冷战的结束、膨胀的人口以及不断攀升的卫生保健成本，导致了分歧的出现和扩大。于是，之前一致同意的政策现在却成了政治意见分歧的焦点。这种分歧的结果就是每年的预算案都要经过几轮讨论，几在最后关头才能定案。另外，某些项目和计划支出的部分价格条款往往会使特定地区比其他地区获益更多。例如，20世纪90年代，国防部实施的许多项目都可起到稳定当地就业的作用，这种作用有时被称作"维持国防工业基础"。在其他情况下，甚至被简单地称作"政治分肥"①。观察家也建议国防部门对政治压力做出反应，在尽可能多的州和地区开展项目，以增强它在国会中的政治基础（Smith，1988）。2001年9月11日，针对美国的恐怖袭击以及随后的反恐战争，增加国防支出的需求又得到一致同意。2001年及之后，国防支出显著增加，国防和国土安全利益主导的大额追加拨款案也总能快速通过。

国防预算和决策过程出现更多参与者

林赛（Lindsay）、威尔达夫斯基、琼斯（Jones）、比克斯勒（Bixler）和其他学者指出，20世纪60年代起，国防预算已从内部博弈变成了外部博弈（Jones & Bixler，1992；Lindsay，1987；Wildavsky，1988）。20世纪50年代，只有少数国会议员在拨款小组委员会工作并指导决策，在非国防预算中也是这种情况。但

---

① 指分取利益（一般指不正当的）。——译者注

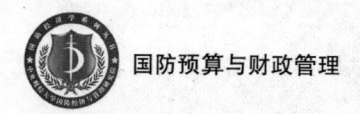

自20世纪60年代末开始，资深、选区稳定、可以自如进行奖惩的该委员会主席的权力有所削弱。在某种程度上，预算决策的稳定性被遮遮掩掩的精英决策所代替。

用来选举委员会主席和成员的资历制度依然重要，但成员职位也可通过秘密选举而得到。通过该选举程序，可以推翻和处罚强势的委员会主席。政党加强投票环节的传统权力由于议员超党派联盟的形成而被弱化，这些议员试图联合起来支持超越政党界限的特定利益群体。因此，委员会和其小组委员会主席们的权力被削弱或中和。另外，当民主党或共和党通过秘密投票来挑选委员会成员时，新成员获得投票的机会和老成员获得投票的机会均等。而且，随着其他预算对本地选民有利的资助项目机会的减少，他们开始更努力地去寻求参与和影响国防预算。

20世纪50年代，国防预算的合成和审查由大约6个委员会完成，20世纪60年代中期，这一数字已扩大为10个（Wildavsky, 1988）。自那时起，参与国防决策和国防预算的委员会数目开始激增。目前，国防政策和国防预算听证会大约在28个不同的委员会和小组委员会中进行，这包括高级别的拨款委员会和5个小组委员会（军队建设、国防、能源和水、住房和城市发展及独立机构，以及商务、司法和国务）、预算委员会、军事委员会、商务委员会、能源委员会、政府事务委员会、情报特委会、小企业委员会以及退伍军人事务委员会或各议院中的类似机构。会计总署（GAO）估计在1982~1986年间，有1306名国防部证人分别在84个委员会或小组委员会前作证，时间总计达1420小时，证词多达11246页（Wildavsky & Caiden, 1997, 243），琼斯、比克斯勒发现国防授权法案从1963年的1页变成了1991年的371页（Jones & Bixler, 1992, 49）。同一时期，拨款案也从18页增加到59页，与预算有关的委员会报告长度也有类似的增加。他们也发现众议院用来辩论授权法案的天数在1961~1986年间增长了10倍。同时，提出的修正案数量也从1961年的1件增加到1986年的140件（Jones & Bixler, 1992, 68~69）。另外，国会向国防部发出的有关国防预算的指令也从1970年的100个激增到1991年的1084个（Jones & Bixler, 1992, 78）。20世纪50年代，国防部每年向国会提交的关于预算的情况介绍不足10份，但至21世纪初，这一数字超过了100份。

还有一点应当指出的是，国防部有数目可观的"黑"或秘密预算，一次无意泄露给新闻界的消息显示这一预算超过300亿美元。威尔达夫斯基、凯顿

(1997，234）断言，秘密预算已从 1981 财年的大约 55 亿美元增长至 1994 年的 280 亿美元，大约有一半的证词被归为秘密，而且都秘密进行。不过，即使公众无法获取这些证词，国会议员却有权查看。

委员会数量的增加意味着要在更多地方做出国防决策，意味着"局外人"有更多的机会影响国会席，他们的影响可能被平衡（考虑），同时也意味着必须在"一人一票"的基础上协调最终决策。这些委员会要求国防部提供大量证词，以帮助他们制定和监督预算。另外，在各委员会之间，诸如授权委员会和拨款委员会之间的权力争夺战必须在大量的参与者间谈判协商，有时这种对话甚至需要在整个众议院和参议院进行，由此，圈外人可以在国防授权、拨款、军队建设法案及其修正案通过投票显示自己的话语权。

总之，国防政策和预算舞台的"玩家"数量已从几人扩大至成百上千人，每个人后面都有个人或委员会工作人员的支持。因此，国防预算制定已从内部博弈变为外部博弈，而他们在国防政策优先次序上存有巨大分歧。2001 年的恐怖袭击使公众对国防似乎有了重新认识，然而即使在"伊拉克自由行动"不断推进，美国和联军部队在浴血奋战时，反战游行也进行得如火如荼，国防支出的规模和方向依然是个争论不休的政治话题。

预算基础和威胁评估的作用

每年的国防预算争论大多集中在预算基础的变化上，如新计划、新项目及活动上，这些是可能为选民争取到利益的地方。因此大多数国会委员会经常就变化的增量部分进行讨论。在大多数情况下，仅仅是变化的强弱，都会招来质疑。大体上，该进程是渐进的、历史的和反应性的。国防预算规模巨大且相当复杂，制定国防预算的程序也是如此，规模和复杂性决定了不可能每年都审查全部国防预算。

国防预算中最主要的驱动力是总统的政策重点，这是总统综合规划－计划－预算系统（PPBS）过程对美国远期威胁性质、美国对外政策方向和需要关注点、世界范围内现存军事联盟的特征、盟友和其他国家的军事部署、行动及其军事能力进行评估后得出的。通过这些评估，构建（未来）场景，就好似描述不远未来世界的一幅"巨大壁画"。在该场景中，不是所有细节都被填充，也不是所有细节都能清晰看到。这些情形在 5 年内甚至未来依然存在，国

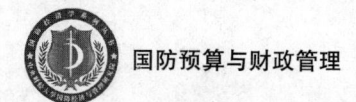

防规划、计划和预算系统（PPBS）迭代的周期性特点使它每年都发挥作用并有所调整。该场景描述对美国内外利益的威胁，各年度预算充实细节，但也仅是针对某一时点上的最重要部分。国防部及其他国家安全部门，从不同层面对该场景进行不间断评估，持续的预算过程试图明确该场景的近期要求。

规划-计划-预算-执行系统（PPBES）的优点在于据称可以保持国防规划和预算的长期稳定。然而，自相矛盾的政治优先次序、复杂的国会预算过程以及年度国防拨款审批的时滞，使国防部难以在任一时刻把它管理的多个年份的预算与总统递交给国会的年度资金方案联系起来。这种情况不断折磨国防部领导人，国防部长（SECDEF）唐纳德·拉姆斯菲尔德（Donald Rumsfeld）认为规划-计划-预算-执行系统（PPBES）周期过长、过于烦琐，于是在2001~2003年间，采取措施缩短这一过程，以便能更及时地做出决策（详见第4章）。

总之，威胁驱动预算，但前提是对外交政策和威胁的界定。好的外交政策可通过协议和联盟使威胁减少或消失，但外交官也清楚没有威慑力量和军事保卫能力的外交是无用的。国防部提供威慑力量，外交政策决定哪里需要威慑力量，风险评估决定通过预算采购多少军力。

防务领导人在使用武装力量时其实是使用其前任建设的装备和人员，即利用其他人建立的军力进行战斗。真正的挑战在于组建一个可满足继任者未来5~10年后需要的军力。关于预算应该购买什么的问题，军方应该做到在使用过去形成的战斗力的同时建设未来的军力。这里的将来可能是5年以后，也可能是在潜在对手引进新技术之时，如朝鲜的核力量。对预算工作来说，国防部领导人面对的最重要的问题首先是"威胁是什么？"，接着是"与去年相比有什么变化？"，尔后，是"依据这些变化，我们需要怎样调整军力结构，这一调整将花费多少？"，接下来的当务之急是多少经费能被分配用于国防。国防部门领导人总是感到不管分配多少，总是不能满足需要，所以他们不断与浪费行为做斗争，以确保没有资金被浪费。国防部经常在资金不足的情况下编制预算。在每年的预算编制过程中国防部经常面对的不仅是要读懂未来，还要理解过去，而其他部门则一般没有这些负担。

尽管如此复杂，但在国防预算编制中也有一些简化程序存在。威慑措施年复一年地进行微调，从根本上说是个渐进过程。事实上在国防方面许多情况要比非国防方面稳定得多。例如条约中承诺的义务是长期的，具约束力的协定也影响国防结构。国防硬件、武器、战机、舰艇、坦克及其他类似的采购，均系长期承

诺。一旦做出决定要购买航空母舰、轰炸机或先进潜艇，就确定了未来20～30年或更长时间的防务能力态势，B-52轰炸机就是这样。

当发生根本性变化如冷战结束，这时该怎么办呢？这时要重新评估所有的威胁相关能力，这需要用比一个预算周期更长的时间。有观点认为，长远规划系统如规划－计划－预算－执行系统（PPBES）不能很好地应对革命性变化。"冷战"结束后，相当大一部分防务量随之消失了，1991年"海湾战争"加速了"冷战"和计划思维的转型。然而，需要用10余年时间和恐怖主义新威胁的出现，才使美军防务力量规划走出"冷战"思维。然而，甚至在2005年前后，一些国防预算依然受"冷战"的影响，军力结构中许多资产还都是当初为了应对"冷战"威胁而设计的，如何更新这些老化过时的资产已成为国防部的重大预算难题。

国防资源配置过程与不断变化的对外政策密不可分地交织在一起。新威胁和与之相应的政策也可能重新确定军事力量的需求。通过选择不同的方式应对威胁，国防能力需求的重点也在变化。最近的例子是决定与伊拉克开战，却与拥有威胁的朝鲜进行谈判。要害在于，在国防资源配置过程中可能面临被强加或拿走的巨大负担，而这在其他联邦政府部门是不能想象的。规划－计划－预算－执行系统（PPBES）和作为一个整体的国防部在应对革命性变革时存在很多难题，这些难题不仅表现在决定如何应对新威胁问题上，还因为其资本资产基础（训练有素的人员、战机、舰艇、武器系统）一旦采购和部署，就需要花费大量时间来重新设计和建设以应对新出现的威胁。

与联邦预算动态过程的区别

联邦预算过程使得制定和改革国防政策与预算编制方向非常困难，预算过程无尽头，这是在五角大楼和国会听到的有关资源分配过程的感叹。规划－计划－预算－执行系统（PPBES）是个循环往复的过程，因此，它要在年度基础上重新制定和调整威胁判断和场景。此外，由于大部分国防预算是用来购置军事硬件的，这意味着这些项目总是面临取消、修正、延误、超期（采购武器用了比原先预定更长时间）以及对国会有政治吸引力的其他变化的风险。对采购项目主管来说，其项目经常处于审查之下，最终决定很难得到。在某年达成的协议可能在稍后被取消或被修改，这主要是由于被授权的非国防预算比例高所导致的。因此，国防预算制定者知道，在产生总统预算或得到拨款案通过

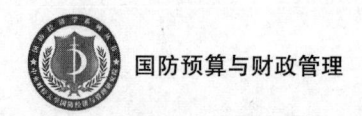

前，各预算过程还有最后一次博弈。但是，他们也清楚一旦做出决定，下一个预算周期将充斥很多关于最后期限、危机、计划问题，以及那些看似已解决、但却必须重新考查的问题。因此，用"没有第九局"这句谚语来形容国防预算再恰当不过了。

对很多国内计划，年度预算进程节奏相当稳定。另外，对许多国内机构，20世纪80年代初以来资金增加趋势已减缓不少，或者说预算保持稳定。与此相比，尽管大部分国防预算每年被授权，国防预算的大部分也是每年拨付和预留，但国防预算不是真正的年度预算。更准确地说，国防预算可被看作决策和资源的组合，其任务就是维持一定的军力以保卫未来，一旦需要随时能投入使用。

自20世纪60年代初起，国防资金经历了一个增长、迅速下降、显著增长、再下降，以及新近增长的这样一个周期。国防资金水平上的这些波动源于越南战争开支的暴增，越战后开支的削减造成了所谓的"武力空心化"、里根时期的国防建设、冷战"和平红利"的减少，以及为打赢反恐战争国防资金新的增加。20世纪80年代后期，参议院军事委员会建议两年制定一次国防预算，以增加稳定性，同时扩大决策的时间跨度。但拨款委员会却始终没有采纳这一建议。在很大程度上，尽管大部分国防投入在每年拨款案中提供，但由于规划－计划－预算－执行系统（PPBES）这一制度设计，自20世纪60年代起，国防资源的规划人员都是在两年多的时间段内运转的。

短期和长期支出账户

在国防预算中，拨款立法最终由总统签署生效，从而产生计划、规划、行动（PPA），并提供预算授权（Budget Authority，BA）。预算授权是为项目全程拨款的承诺，但并非为采购和项目提供资金的所有预算授权都在某一财年里给予。图1.2显示了2004年制定的新预算授权的总量，以及其中要在2004年提供的比例（大约80%）。2004年支出中的其余19%（约4210亿美元）来自前一年的预算授权，但要在2004年支出。所以总的来说，美国计划在2004年支出22290亿美元，其余大约4360亿美元要在以后的年份中投入，而无论将来是否有拨款授权。

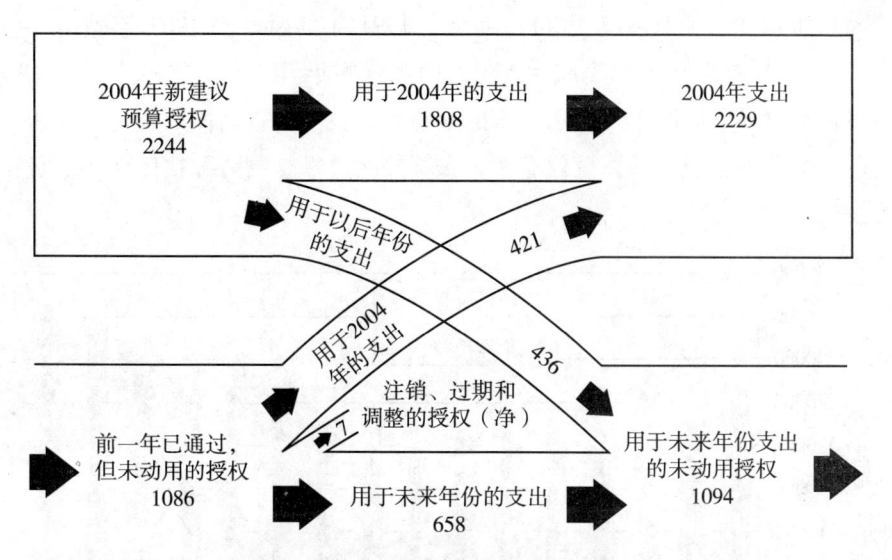

1 国防政策和资源决策：独一无二的挑战

```
2004年新建议           用于2004年的支出          2004年支出
预算授权                  1808                  2229
2244
            用于以后年份
              的支出        421
         用于2004
         年的支出                      436
                    注销、过期和
                    调整的授权（净）
前一年已通过，              7                  用于未来年份支出
但未动用的授权                               的未动用授权
1086           用于未来年份的支出              1094
                    658
```

图 1.2　预算授权与 2004 年支出的关系（单位：十亿美元）

资料来源：Office of Management and Budget，2003a，*Budget of the United States Government*，*FY2004 Analytical Perspectives*，Chart 19.1，389。

预算授权总额

在国防部，当年的预算授权是和其他年份产生但能在本年度使用的预算授权混在一起的，这被称为"预算授权总额"①（Total Obligational Authority，TOA），它是某一财年中可以使用的全部资金的总和。在那一财年的末期，只要该项授权没有到期，未用完的资金将滚动累积。图 1.3 描述了提供给国防的预算授权总额、支出与当年预算授权间的关系（2000 年后数据系估算）。当前一年未用完的预算授权累积到其他年份时，预算授权总额可能会超过支出及当年的预算授权，如 1991 年。当年预算授权也可能在某一年份超过预算授权总额，因为预算授权是为当年及以后各年服务的。因此，当年预算授权在 1990 年比预算授权总额多，1991 年比预算授权总额少，1998 年则和预算授权总额大体相当。在执行赋权时，支出以商品和劳务的形式进行。支出也可能比预算授权总额和

---

①　预算授权总额包括为给定财年提供的预算授权、以前年度结转的仍可继续使用的余额授权，以及被指定为本财年的专用资金或专用账户上的资金，包括资金或账户之间的转移支付额的授权。——译者注

预算授权多或少。从图 1.3 中可以看到，1991 年的赋权在 1991 年做出，但在 1992 年到 1995 年间才得以完成和支付，因此这些年份的支出比预算授权总额和预算授权都要多。该图中未显示出来的是赋权，我们会在后面谈到这个问题，赋权应该永远都不会超过预算授权总额，预算授权总额是国防部在任何年份赋权使用的授权积累。

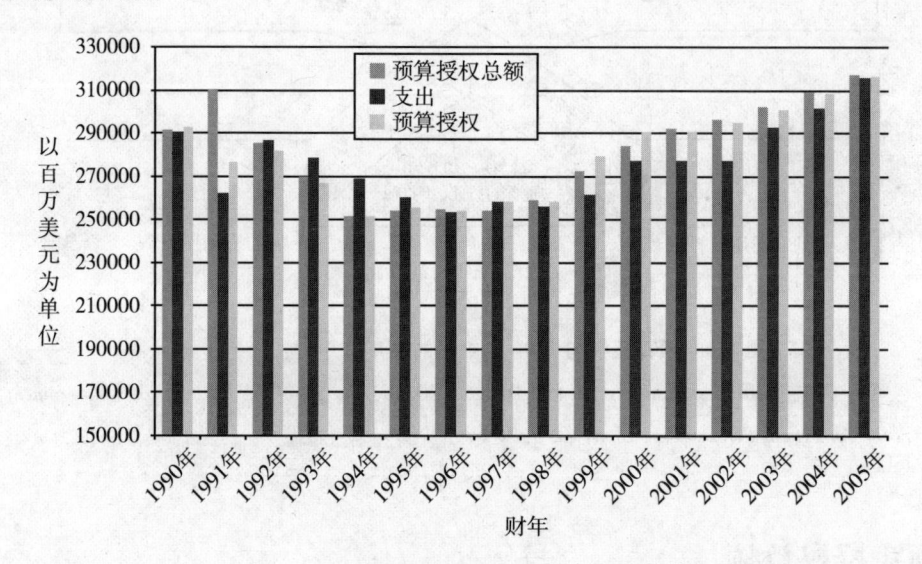

图 1.3 国防预算授权总额、支出与预算授权

资料来源：Duma, 2001, Data from National Defense Budget Estimates for FY2001 Budget, *the Green Book*, 62~145。

赋权[①]与支出率

国防预算账户有不同的支出或"花出"速率，如在某一财年人事账户大约花出 96% 左右，作战和维持（O&M）账户在第一年花掉 82%。尽管有 5 年的支出期，但至第三年年末，全部资金的 99.8% 已被花完。重点项目的采购支出可能要延续 5~10 年以上，例如，战机采购就有 3 年的赋权期、另 5 年的支出期。海军战机采购（APN）账户在其预算年获得 78% 的赋权，支出 16%；舰艇建造

---

① 赋权（Obligation）：能导致现在或未来支出的捆绑协议，在合法产生赋权之前，必须有可用的预算资源。——译者注

则在第一年获63%的赋权，支出7%；军队建设拨款则可能要用20年时间才能花光。因此，承诺只在理论中存在，一系列预算是国会审查和批准的，计划会变动，预算授权也会随之进行调整，这属国防预算过程中正常的扰动。

跨年管理与单年管理

国防预算管理者们在执行预算过程中要监督和控制多个年度预算，执行中存在的问题和困难还在于不同类型拨款账户出现的情况各不相同。五角大楼人力资源分析师可能仅面对当年的账目，如仅2004财年军人人事（MILPERS）账目。海军舰队主计长则可能既面对当前财年账目，还要面对以前两个财年中投入到作战与维持（O&M）方面的账目，这些经费用于支付消耗的燃料、船舶维修、行驶和飞行等。再或者，负责武器系统建设的采购计划管理者可能已花了3年时间，而且还要再需5~7年来完成海军战机采购（APN）或海军舰船建造建设（SCN）采购计划。相比而言，非国防联邦预算制定者基本上都是在一年的时间段内运行的，预算授权的确定、赋权以及资金支出都在该财年进行。

支出与赋权管理

1986年至20世纪90年代，运用支出限制来控制联邦赤字的努力使支出变得比预算授权更重要，从而使国防预算更为复杂。此前，国防预算分析人员并不很关注支出，他们考虑的是预算授权。至20世纪80年代后期，支出成了控制年度预算赤字的关键目标，这使得跨年账户管理模式比单年支出管理更困难。目前，这部分可能占到国防预算的40%左右。

当由于开支目标而被迫削减支出时，也即意味着花费快的账户（如人员及作战、维护）将首先被砍减，这是由于预算授权中的1美元比预算年份开支中的1美元离目标更近些。国防预算在支出驱动下的时间替代价值在一定程度上并不适于非国防领域。例如，资金限制可能要求从预算中削减船只购买计划，但它第一年的花费率可能仅有5%。因此，为了达到节约开支的目标，就必须少购置10艘舰船。然后，这些削减就可能出现在人事费用中，因为这个账户中98%的支出都可以立即实现。无论何时要削减国防开支，这种情况都会经常出现在年度支出比率高的项目上，不论这会对整体军事实力产生怎样的影响。因为相比4年

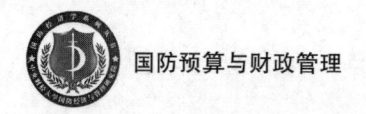

内短期年度联邦预算盈余，当预计未来 10 年联邦预算处于赤字状态时，对未来国防预算，争取支出额度的博弈会变得更为重要。

在预算账户管理中保持平衡

在国防领域，由于系统临界值的存在，平衡是非常重要的概念。当调整预算科目或调整计划或计划的一部分时，其他部分也要重新调整，这样才能保证防务计划中的每一部分如战机、飞行员、教练员、维修保养手册、武器系统、电子设备和备件都能在事先设定好的时点上全部到位。平衡一直备受关注，非国防领域通常没有这种临界性，不需要为保持平衡而不停地关注各个方面。

采购/采办和研究、开发、试验与评估（RDT&E）这些预算账户占到国防预算的近 40%，这样的账户也要被国会重点审查。要保持这些预算不被国会在年度预算审查中削减，账户管理中的平衡非常关键。另外，在国防部内，要保持作为单独拨款案的军队建设与国防部主要拨款法案间的平衡，因为一方的变化会影响到另一方，预算分析人员的任务就是做相应改变以保持计划平衡。

概述：政策和与国会的预算协商

当国防部预算的增减由行政部门与国会谈判确定时，涉及的利益极其重大，因为国防开支在联邦预算中占有很大比重。选民利益团体的成功游说对就业、收入以及国防工业基础的稳定都有很大的影响。就算某种情况大幅度改变了国防预算，如 20 世纪 90 年代初为获取"和平红利"而削减国防预算和为应对 2001 年恐怖袭击又大幅提高了国防预算，选举政治的需要仍然会与国防利益不完全一致。

国会对防务计划和预算的审查和立法需要 6 个核心委员会、其他委员会以及属于它们的小组委员会共同完成。此外国会、参议院众议院两院联席委员会（Conference Committee）的调和否决都需要投票通过，以保证授权机构（武装机构）获得合法授权与拨款委员会批准。考虑到分权及国会资源决策的无序，所以无须惊讶国防部也与其他联邦部门一样，在一定程度上参与防务计划与预算的战略重整。国会与国防部都试图在预算中满足选民的要求，毕竟，"政治分肥"政治和民主政治在实际中相差无几，尽管这是以军事效率的损失为代价的。

1 国防政策和资源决策：独一无二的挑战

国防规划和预算是由国防部长办公厅、军种部门和建制部门（Uniformed Services）在计划的基础上，按国会所要求划分的 11 个计划类别来准备。这种计划结构贯穿于拨款、功能、次级功能、支出目的以及其他一些由国防部提出、由国会审查的预算形式。虽然由国防部来准备计划预算，但国会并不直接在国防部的计划基础上审查或执行预算，而是由与国防预算有关的 6 个独立的主要委员会（众议院与参议院预算、军事与拨款委员会）通过授权与拨款程序来进行政策、计划和预算决策，它们进行协商谈判并使之成为法律，这与其他的联邦预算一样。国会审查、协商和执行大多数国防部预算案都以项目和支出目标为基础。同时，与其他联邦政府机构和部门预算审查相类似，在国防部以外对国防预算最详细的分析在国会小组委员会层面上进行。

国会要求国防部以多种形式尽可能详尽地提交预算。例如，拨款委员会得到大量的 R-1 和 P-1 计划电子清单，它们以条款的形式显示了国防预算中的每个研发或采购计划的建议支出。国会要求国防部报告指出所有的类目、采购数量及国防部每次采购的建议费用，同时还包括前一次采购和产品供应商的信息资料。

在这种详尽程度下，小组委员会的成员以及工作人员可能试图全面操控国防部的预算请求，既满足国家安全需求，又满足高度分权的国会决策过程中由游说者所代表的各种选民利益。所谓的"附加项"和"增加项"，是为国防部未要求的计划提供资金支持，或增加国防部提议的开支，这在国会预算中很正常。然而，尽管国会小组委员会在预算上的能力及影响参差不齐，但是小组委员会做出的决定并非最终决定。全委会、国会或参、众两院联席委员会协商中，都有机会通过调节法令、特别峰会，以及对已成案预算进行重新计划或改变，使计划或资金的增减存有较大的空间。对国防部请求的追加预算的审查，为国会操作计划、预算和政策方向提供了另外一个机会。

我们注意到，从来没有最终的国防预算——预算一直在协商中进行。尽管从短期来看，1 年的预算谈判后形成的计划表面上似乎或有价值或不那么完美，但那些似乎已被"枪毙"的计划遇有新机会又会浮上台面。从另一方面看，那些看来有幸得到"永久生存权"的计划，在国会年度预算所特有的 9~11 个月决策周期以及持续 2 年左右，包括准备、协商、立法、执行的整个预算周期中，却要面对随时被削减或取消的风险。如果再加上审计和评估阶段，全部预算周期要持续3~4 年或更久，这正好是一届总统的任期，或众议院议员 2 年任期的 2 倍。

在与国会的资源谈判中，国防部在无数公开或半公开讨论中努力巩固它的地

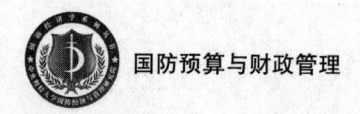

位。自20世纪70年代起,有关国防预算的正式委员会或小组委员会的听证会数量大幅上升。尽管国防部宣称国会所进行的"微观管理"已经达到令人难以接受的地步,但国防部也针对国会预算政治制定和实施了相应策略,许多观察家对此不以为然。就像其他联邦部门一样,为应对国会趋于微观管理,国防部也得"玩政治"(关于国会国防预算的细节将在第5章进行详述)。

小　结

美国年度国防开支的规模超过了大多数国家的政府预算。本章回顾了美国国防预算与其他公共部门以及其他国家之间的区别,包括国会如何决定国防开支。在以后几章,我们将要详细分析国防预算和资源管理中的各个部分。为了深入理解国防预算和财务管理,我们分析联邦预算中的不同程序如何运作,以及年度国防财政政策如何制定和实施。随后,我们深入研究规划－计划－预算－执行系统(PPBES)的程序运行以及较为复杂的国会国防预算和追加拨款、国防部预算执行、国防预算进程中五角大楼及其他参与者的作用、国防资源管理和决策者面临的财政管理问题、武器采购预算以及最近开始的国防预算和国防部改革等,我们现在转向对这些主题的讨论。

2 联邦政府预算过程

引言：作为多目标工具的预算

　　殖民时期有一种传言，说的是美国人可以在储藏室中存放来复枪用于自卫，并能在紧急情况下拿起来复枪参加战斗。遗憾的是，国防并非如此简单。实际上美国独立战争时期，国防事务就很复杂。人们都知道，乔治·华盛顿将军为建立常备性军队、后勤保障组织争取国会提供资金进行了不断努力。国防需要提前规划和配置资源，在危机发生时再做反应就太晚了。另外，防务产品的生产需要很长的提前量，其生产决策后果会持续几十年，包括挑选和训练人员，设计、购买和部署各种地面武器、舰艇、战机及其他武器装备。购买主要防务资产的决策可能会启动持续几十年的决策链。例如，购买一艘售价50亿美元的航空母舰，意味着要购买补给舰、护卫舰、舰载飞机以及训练飞行员和舰上工作人员——这需要额外再花费500亿美元甚至更多资金。而且，一艘航空母舰和航母战斗群中的其他舰艇服役40年或更长时间很普遍。这样的决策源于预算程序——既有规划但又有不确定性的系统。正是通过该系统来决定如何进行稀缺资源配置，以便更容易获得国会和总统的批准。本章我们将研究预算的理论和实践，让大家对政策制定过程有一个概括性了解，并对联邦政府资源管理系统的最为重要的那些特征进行分析。

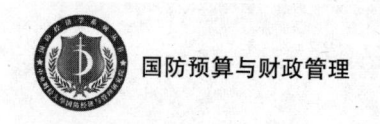

预算编制和预算定义

1921年，在向国会提议建立行政预算制度时，塔夫脱（Taft）总统指出："根据宪法，预算的目的就是使政府能对公众的意见及时做出回应并对它的所作所为负责"（Burkhead，1955，19）。在该份提议中，我们发现预算要为多个目标，包括从国会行动文件，到总统控制和管理手段，再到相关机构和部门的管理准则服务。我们注意到了预算的多重目标，但还没人比艾伦·威尔达夫斯基更清晰地描述过预算的复杂性。威尔达夫斯基在他1964年的经典著作《预算过程的政治学》（第1~4页）中，把预算解释为：

1. "关注财政资源向民众所用的转化。"

2. 在备选开支方案中做出选择的机制……**规划**。如果该**规划**提供了详细的信息，它将成为管理者的工作**规划**。

3. 当强调以最小的成本达到预期目标时，它就是**提高效率**的工具。

4. 关于应提供"何种资金"，以及为"何种目标"提供资金的**契约**，契约双方可能是：

- 国会与总统
- 国会和相关部门
- 相关部门与其下属机构

这些"契约"具有法律和社会双重属性。资金提供者期望结果，资金获取者期望资金能按时到位，以高效实施其计划。在这样的契约下，上级和下级都有权利和期望，同时也有对彼此的责任。

5. 在机构提交的**预算建议**中**包含一系列的期望**和愿望。相关部门希望得到资金，但它们可能希望得到更多，超过能够得到的数额，预算过程一般也允许它们提出希望的要求。获得的资金充分显示了对该部门预算的重视程度，这也是下一个预算周期非常重要的信息。

6. **先例**：以前获得资金的项目很有可能再次获得资金（这被称作预算渐进主义）。

7. **协调和控制**工具：用来协调各种各样的行为以使其互相补充，从而控制和管理下级单位。例如，限制已列入预算的开支或对受宠的政治项目提供或断供

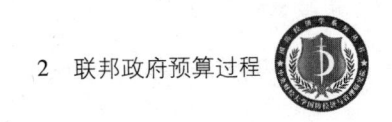

资金。

8. 采取行动的**信号**，当某个机构所辖计划的资金不足或被其他计划取代时，动员力量支持这个机构。

9. "政府行为的货币表现形式……"

根据宪法，美国实行行政、立法和司法三权分立，预算过程从政府行政部门开始，在这里制定出预算规划；然后传递给立法部门，在立法部门中，预算被重新审查、重新计算（有时甚至是全部否决）、修订、通过。该过程通常在行政部门结束，总统作为行政部门首长（武装部队总司令）签署预算法案并使之成法。在联邦层次，总统可以否决他不赞成的预算法案，但他最终必须签署某种折中的法案。相比而言，大部分的州长拥有"择项否决"（Item Veto）权，可以籍此修改法案。如在加州，州长可能使用择项否决权来削减立法机关批准的计划拨款额度，但却不能通过择项否决权来增加资金额度。

尽管宪法明确规定"财权"由国会掌握，但由于权力分立相互制衡，所以预算权力也分散在不同的部门。美国宪法第一章第九节第七条规定："除了法律规定的拨款，不得从国库中抽调一分钱，必须定期公布所有公共资金的收支情况。"该条款源自第一章第八节授予国会的基本"财权"——国会"为美国的国防和社会福利清偿债务并提供资金"。财政部第一任部长亚历山大·汉密尔顿（Alexander Hamilton）说过："众议院不能只是拒绝，但可以独立建议，这是获得政府支持所必需的。总而言之，他们控制着财权，而财权实际上可被看作最完善最有效的武器，拥有这个武器，任何法律都可以直接武装公众代表"（McCaffery & Jones, 2001）。

在《邦联和永久联合条例》（通称《邦联条例》）中，国会曾尝试自己组织和管理政府，但遭到了巨大失败。1790～1921年的美国历史显示，在1921年《预算和会计法案》指导下，预算管理的行政能力和力量在稳步提高。《预算和会计法案》指导总统提交年度预算法案并给他配备了专门机构（联邦预算局）和相关人员来协助他工作。因此，总统每年都根据需要提交预算，但国会仍掌握财权并能够随意在预算中施加其影响。国会也清楚宪法赋予自己的责任，必须严格执行和监管计划的管理情况，这是预算责任的组成部分。为此，国会采用的手段是在拨款过程中实施预算计划授权和计划审查。

在总量上，国会可能不会对总统的预算做出很大改动。一般来说，国会是总统预算的次要修改者，但国会在关于机构和计划的问题上，与总统起着截然

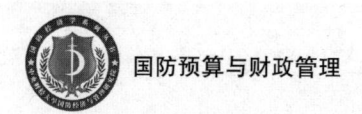

不同的作用，特别是在国会和总统分别被两党控制时。尽管如此，最终的资金数额相差并不大。当一党掌控行政机构而另一党掌控联邦立法机构中的参议院或众议院甚至是参众两院时，可能会发生激烈争论，预算过程也会因此被迫延长。20世纪80年代，有几个总统预算一提交给国会就被否决掉了，这是因为国会甚至不把它当协商开支的基础看，这会引起不信任投票和议会系统"普选"。然而，它促成了随后的拨款法案，促成了行政机构领导人和立法机构领导人间的高层会议，但在进行了预算过程改革后，在某种程度上有时还会造成政策僵局。

一旦总统签署了拨款案，对已通过的（而非提交的）预算案的执行就成了行政部门的职能。但这并不象看起来那么简单，不断变化的情况可能会使行政部门推迟支出或取消计划，有时又会因应紧急情况（如自然灾害或军事行动）紧急追加拨款。资金的重新计划（在拨款内调整资金）和转移（在拨款案间调整资金）不断发生，有一些是有关部门可以自己做主的，还有一些必须由国会批准。简而言之，预算的编制过程似乎永无停止，在实施本年度预算的同时，下年的预算方案也在立法机关审议，而后几年的预算也已由行政部门开始准备了。一些改革者建议联邦政府推行两年期预算过程，这样可以每两年编制一次预算，以便更好地安排和分析预算过程，这种预算模式曾在20世纪90年代美国的19个州实施过。

从本质上说，预算过程就是规划过程。它关系到未来会发生的事。对非防务部门来说，该规划过程可能包括对下一年服务量和服务对象的评定。对收入保障和社会福利计划来说，规划可能就是评估如何为穷人提供适当标准的生活保障。对防务部门，规划即评估美国外交政策承诺和国防资源安排的后果，其依据是对威胁的反应能力、威胁管理以及威慑必需的配套资源和人员状况。尽管数字和定量评估给了预算文件准确的轮廓，但它仍是个规划。这在预算实施中看得最清楚，即尽管预算执行环境已不同于预算制定环境，但相关部门却依然努力按照环境变化前制定的预算进行支出。因之，所有的预算系统都提供了一些可在预算实施过程中修改预算的能力，例如资金转移、重新规划、紧急法案以及追加新资金等。

最后，认识到预算并非由处于真空中的政府制定出来非常重要。不管在预算制定还是实施过程中，都会有各种各样的政府外部利益相关者试图去影响预算决策及结果。在国防领域，利益相关者包括从事国防相关业务的公司以及这些公司

所在的州和地方政府。在这些地方，这些公司雇用当地人，购买当地的商品，并缴纳税收。此外，国防领域的利益相关者还包括雇员和工会、游说者、代表更普遍利益的立法者，还有那些希望能在国防经费中分点"饼"或想削减国防开支以增加其他政策领域投资的人们。看来，每一个政策领域都有很多参与者。在国防领域，主要的参与者是国防部和军种部门、国会国防授权委员会和拨款委员会及其所属的小组委员会。计划提出者们主要关注关键参与者，他们清楚地提出其要求以及对这些要求的支持。一个只有很少人支持的"好主意"是没有机会获得政策制定部门通过的，而一个拥有广泛支持的"普通"观点就很可能被制定为政策。选民、市民、游说者以及政治行动委员会（PAC）都帮忙去表达各方的要求并争取人们的支持。各种新闻媒体在对事件的把握以及帮助公众理解"什么是利害攸关事情方面"上都非常重要，尽管有时，相比重要但难于理解的事，他们更喜欢那些不是很重要但却能激起公众兴趣的事。

大部分美国预算系统的评论家认为事无定论，因此，关于现有政策结果的信息可能很快被反馈给政策制定机构，以帮助修正当前政策中的不当之处。这说起来容易，但做起来难。另外，有些事情看来的确是不可改变的，补贴计划和公民权利性支出就很难改变。税法尤其是在增税时这种情况更明显，通常只有在税法中写明其是在很远的将来才实行，这样税法才有可能获得必要的支持，这是因为大部分的潜在纳税人认为可以通过调整其业务而免受该税法影响。所以不合适的政策可能持续下去并很难改变，特别是当存在人数不多但能强烈表达其想法，且偏好现行制度安排的群体存在的情况下。从历史上看，一些引人注目的制度安排得到了发展，在那种情况下，特定公司或委托人、执行机构、国会委员会联手利用这些制度安排获利，维持有利于这些特定（利益）团体的政策，可能以牺牲公众利益为代价。一定程度上，在所有的政策领域都存在这种情况，这种关系通常称为"铁三角"，以表示其力量。

联邦政府预算过程周期概述

政府预算是一个这样的过程：利用一种有组织的重复循环方式来合理配置资源，以满足集体选择所需的资金支持。该过程的产物就是预算文件，它详细列举并有计划地评估某一时期政府部门的预期收入和运作成本。编制预算是个制定规划并付诸实施的过程。财年一开始,预算就形成了跟踪和管理税收、收费及其他收入的规划,并按规划分配这些收入以达到预算赋权的目标。各种财务管理职能贯穿于整个财年,与税收和支出一道协调政府的财政活动,并确保公共资金收支中的受托责任①(Accountability)、安全性、合法性与规范性。年末,按照预算程序要求编制报告,把政府取得的成效与预算通过时做出的承诺进行比较。在民主体制下,这些承诺反映了预算过程政治中的民意。

预算编制和财政管理并不是在真空中完成的,它们是公共政策实施过程的组成部分,在该过程中:(a)公共政策服务需求和偏好得以表达;(b)由民选官员通过执行公共政策对这些需求和偏好做出响应;(c)资源被集中并被分配以满足各种公共和私人目的;(d)制定计划及其执行策略并切实实施;(e)提供服务、实现利益产生开支;(f)政策和计划结果被上报并详细分析。民众获得这些信息,并对提供服务的方式和数量做出反应,而后再次由其在政府中的代表表达他们对服务的需求和偏好。在民主政治体制下,政府作用的很大一部分表现为以国民经济状况可承受的资源来满足公众的需求和偏好,以促进社会公平、经济效益以及社会和经济稳定。

这种情况下的公众政策包括一系列的目的或目标、实现这些目标的战略策略、资源的合理配置、以战略为基础并受资源条件限制的执行规划,对目标的完成程度及其他成果进行衡量、报告、评估的方法。如果公共政策缺乏这些基本组成部分,那么政策的制定就有问题。遗憾的是,政策分析中经常发现这些重要的组成部分在政府政策制定和执行过程中经常被遗漏。对政策效果的分析可以显示政府在某些服务上产出大于投入。然而,在某些情况下,成本可能超过收益,那是由于政府活动产生了净负收益。这种情况出现时,政策及服务的效率可能就会受到质疑。民主体制下,这样的问题一般在公共预算过程中表达。

可以将预算过程理解为两个关键阶段:制定和实施。图2.1中出现的预算过程模式对理解主要的预算活动很有帮助。

---

① 受托责任是指资源直接管理者(受托者)对资源所有者托付的资源承担、有效管理的责任,即资源的受托者负有对资源的委托者解释、说明其活动及结果(受托财产的保值及有效增值)的义务。——译者注

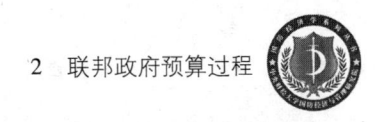

> Ⅰ. 预算制定
>   A. 评估准备（行政部门）
>   B. 谈判
>   （1）行政机构：部门、机构、预算办公室
>   （2）立法机构：预算、授权和拨款委员会分析、听证、修正和表决
>   C. 制定
>   （1）立法机构：争论、修正、两院协商委员会、例行和延续拨款表决
>   （2）行政机构：游说、签署和否决拨款
> Ⅱ. 预算执行（行政部门）
>   A. 拨款、分派到部门和机构、机构内配给和支出
>   B. 监测和支出控制
>   C. 年末会计与拨款调节
>   D. 财务审计、管理审计、计划评估和政策分析

图 2.1 预算周期的各个阶段

资料来源：改编自 McCaffery & Jones（2001），第 3 页。

因为图 2.1 是线性的，读者们必须了解在任一时期，至少有 3 个年份的预算在进行之中。当部门主管开始准备评估某一年的预算时，例如，在 2003 年夏季评估 2005 财年预算（ⅠA 上）时，他们同时在执行当年的预算（ⅡA 到 C），并在国会为 2004 财年预算作证（ⅠB）。在划拨、赋权、转移和重新计划资金时，对管理与预算局、国会正在实施的预算方案（2003 财年）有不同的报告期、截止期、季度规划和报告。在国会审查的预算是许多委员会和其小组委员会听证的关注点，这些委员会包括两院的预算委员会、授权委员会和拨款委员会。在某种程度上，当开始准备来年预算时，有关部门必须考虑这些委员会的成员对审查中的预算提案的看法。听证会通常在 2 月开始，一直持续至 5 月，这也应被视为预算协商过程的一部分。随着拨款方案在国会通过，有关部门和机构开始着手准备 8 月中旬要提交给管理与预算局的初始赋权（OBLIGATION）计划，并准备 10 月 1 日之前或拨款法案通过 10 日内必须提交的最终方案。部门内的有关机构要为本部门预算办公室准备下一财年的财务和人员配备方案。次二财年（BY+1-2005）的预算准备过程、当年（CY-2003）的预算执行和来年（BY-2004）的预算举证同时进行。

在国防领域，预算的时间范围更宽一些。例如，国防规划－计划－预算－执行（PPBE）系统关注的是《未来年防务规划》（FYDP）中的预算数据，显示的是当年、预算年和未来5年的情况。《未来年防务规划》允许防务规划者在更长的时间范围内检查资源规划状态。必须严密跟踪可能对未来产生影响的预算变化，并按照《未来年防务规划》的方法进行适当调整。熟悉国防部预算编制的内部人员认为《未来年防务规划》前两年还有点"预算的味道"，但后两三年仅是支出，似乎没了"预算的味道"。尽管如此，仍要将其作为目标规划来评估。

总统预算

管理与预算局在每年冬末发出一份指导性信函，此后，预算准备工作便开始了，接着就是春季审查阶段，在这个阶段内阁部门和管理与预算局可能就某些问题进行争论，最后按照管理与预算局A-11文件（预算准备文件）规定的预算准备程序完成预算准备。1999年，A-11在7月12日发布，包含580多页的解释、定义和说明。1999年和2002年，有关人员尽量用简单明了的语言重新编写A-11文件，以便相关部门和机构使用。这在很大程度上取得了成功，但预算过程仍十分复杂，显然也存在大量混乱和亟须协调的问题。在必要时，需要对当年的A-11做进一步修正和澄清。

行政机构预算过程时间表有以下5个明确的阶段：

4~6月：有关机构开始依据上一年的计划、问题和新动议来确立当年的预算提请，在管理与预算局的协助下，总统审查当年预算并确定预算指导政策，这些可能会在春季审查或通过预算指令反馈给有关部门。

7~8月：管理与预算局向相关部门提出政策方向，并为这些部门的正式预算决定提供指导。这些机构通常要准备并提交预算方案供本机构预算审查用。对大型机构这可能需要经过几个层级才能完成，其中包含各种听证和协商过程。最终，就争议之处还要由部门主管做出最后决定，从而形成机构最后准备的预算。

初秋：有关机构向管理与预算局提交预算提请。在国防领域，军种部门要在夏季经过正式的预算准备过程，包括听证、削减和申诉等，达成最终的预算方案，然后在初秋把它提交给国防部，由国防部来认真审查。不

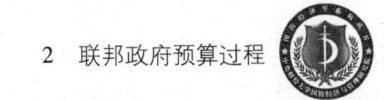

管是在军种部门还是国防部层面，许多争议可由分析师来谈判和解决，但一些关键争议点只能由国防部长来处理。国防预算随后提交至管理与预算局。

11～12月：管理与预算局和总统共同审查这些部门的要求，做出决策，并把他们的决定反馈给这些部门。这些部门随后据此修改其预算，将其纳入总统预算。如果通过预算分析师不能协商得到满意的解决方案时，这些部门可能把分析师的意见上报到管理与预算局局长甚至总统那里，（当然）只有重要的争议才会被提交给总统。当主要部门（如国防部）将争议诉诸于总统时，他们希望通过把事情摆上桌面以得到最后解决。

1～2月初：管理与预算局与总统继续就预算做出决策。法律要求总统必须在2月的第一个周一之前把预算提交给国会，在此之前，还必须给打印装订留出时间。之后，锁定预算数据，装订预算方案，呈送国会。

每个新总统上台，都需要个程序比较特殊的过渡年份。如2000年，有关机构准备当年的机构预算（政策变化很小或根本没有变化），直到米切尔·丹尼尔斯（Mitchell Daniels，乔治·W·布什政府的管理与预算局局长）签发早期A-11修正案。2001年2月14日，丹尼尔斯命令这些部门继续执行《政府绩效和结果法案》（GPRA）的要求，并突出布什政府优先考虑的问题，现将这封转送函部分摘录如下：

> 去年秋天大部分机构把他们2002财年绩效规划的初始版本提交给管理与预算局，这些初始计划的绩效目标建立在当前服务的资助水平上，未能预期到新政府的政策和新的决策。应立即着手对2002财年的绩效目标做必要的修改，要反映出部门的首要职责、适用政策和初步决策。要把部门的首要职责转化为不同目标层次的单个计划和行动，2002财年的绩效计划和预算材料应注重将绩效信息和预算资源相结合。这些规划应在送交国会前至少两周先递交给管理与预算局，以保证能够恰当地反映总统的决定、政策和指令。（Daniels, 2001）

我们应该注意到，这封2001年2月发出的信件意欲影响国会在2001年夏季通过的拨款案，根据该案，相关部门自2001年10月（2002财年）开始就可以获得拨款，这显示了新政府急于尽快在预算案上体现其重点。

一般来说，对美国联邦政府，每年最初提出的预算周期中的计划和开支首先由有关部门负责详细准备和审查，再由本部门预算工作人员做进一步准备和检查。这些预算是按照行政部门的要求编制的，所以各部门对其申请资金总额有些

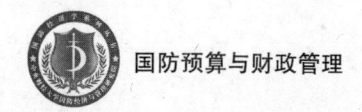

打算。这样,预算案将由管理与预算局在春季预审,并进行中期审查。行政命令包括对预算形式和制式的政策指南和方向。过去,联邦预算过程并非总是按这种自上而下的方式运行,但自20世纪80年代初就开始按这种方式运行了。经过审查后,预算案提交给管理与预算局,由管理与预算局召开听证会、做出决定、反馈给相关部门,并受理申诉。整个12月都用来准备总统预算案中包括的多项内容,更新并锁定电子数据库,以及准备国会的质询。即便在普通年份,该过程也将持续至1月底。

按法律规定,总统必须在2月的第一个周一之前,把下一财年预算案提交给国会。作为所提交材料的一部分,他必须提交大量的证据、表格、图表以及上千页的文档来说明收入来自哪里,以及打算把这些收入花在哪些计划上。如2002财年的联邦预算由四部分组成,分别是:美国政府预算案(2002财年)、分析展望、历史表格和公民预算指南。这些均被呈交给国会,并通过媒体广泛传播,以让普通民众了解通过联邦预算积聚并分配大量资金这一情况。遗憾的是,由于数据的复杂性及普通民众对预算的确定过程和政府如何处理资金缺乏必要的知识和兴趣,该目标能在多大程度上得以实现还值得怀疑。

国会预算过程

国会从来不会严格按照总统提出的预算案来拨款,了解这一点很重要。这是因为根据宪法,有权批准税收法案和预算案的是国会,而非总统。关于预算,一句老话说得好:"谋事在总统,成事在国会。"国会每年要用8个月或更长的时间在很多委员会和其小组委员会中详细审查总统预算案,讨论这些委员会提出的替代方案和修正案,询问他们传唤的证人,听取总统行政部门和预算听证会上其他倡议者和利益群体游说者的证词。国会随后分别起草授权案和拨款案——这些法案可能对总统提案有实质性的改动,然后投票通过这些数量不少的提案(一般而言,仅单独的拨款案就有13个之多),最后,把这些法案提交给总统供签署或否决。

除了拨款案,国会可能还要通过其他法规来完善预算规划,例如修改现行税法、制定新的税法或为公民权利性拨款修改福利结构,如社会保障等。

影响预算的立法产物有以下几种:

共同预算决议(The Concurrent Resolution on the Budget) 预算决议设定

了总开支和税收总额，估计了可能发生的赤字或盈余。它还按功能领域（如国防、交通等）设定了开支总额。预算决议就是规划，该决议一旦正式通过，国会将努力通过一个"记分卡"机制来坚持该决议。拨款委员会汇总预算决议中分配给他们的数目，并把他们分摊给起草拨款法案的各小组委员会。随着这些提案通过国会审查，预算委员会成员在国会预算局的协助下持续评分和确保职能部门的总支出不超过预算决议确定的数目。国会要求参议院预算委员会在 **4 月 1 日**前报告预算决议，两院要在 **4 月 15 日**前**通过该决议**，不过，这很少能做到。预算决议通常为预算年和未来几年（通常是 3~4 年）设定目标，但现在已经扩展达 7 年之久，以便与某些主要选举安排在时间上保持一致。

协调法案（Reconciliation Bill）预算决议中可能被增加协调指令，来影响税收或者法定支出变化。这种情况下，在预算委员会指导下由各委员会起草协调法案，并由预算委员会提交国会。自 1981 年里根减税开始，20 年来，几乎所有的重大预算和税收变化都是协调法案作用的结果。通常，协调法案针对的是税收和公民权利性支出，对国防没有影响。

拨款法案（Appropriation Bill）联邦政府的全权支出由 13 个年度拨款法案来提供，包括国防拨款法案和军队建设法案。预算决议首先出炉，一旦决议通过，将对各拨款法案起重要作用。该过程的主导者是负责诸如国防、交通、农业等的拨款委员会中的小组委员会。他们召开听证会、询问证人、审查部门要求、听取工作人员意见并对其主席的点评（建议更改的项目清单）做出反应。如果主席做出了点评，委员会一般将予以支持，毕竟主席处于主导地位，因为主席所在的政党控制着委员会的主要否决权。接着，拨款法案将面临全委会全面而仔细的审查，在审议发言、争论和修正后通过。当两院都各自通过其法案版本后，将指定两院联席委员会来协商解决两院版本间的差异。按照编写准则要求，拨款法案应在 6 月底通过众议院审议，在新财年开始前颁布。一般说来，众议院通常能在 6 月底前结束法案审议，但拨款法案却很少能在 10 月 1 日前通过。

《延续拨款决议》（Continuing Resolution Appropriation，CRA）当新财年即将开始而没有新的拨款法案通过时，国会通过《延续拨款决议》来弥补该缺口。《延续拨款决议》给有关部门预算授权以供临时之需。可能按现行比例或按国会或国会委员会所通过法案确定的数目来提供资金。这种拨款决议通常是按现行的运行水平或比例来确定，这意味着不雇用新人、不开始新计划，也不采购新设备等。延续拨款决议并无意引起争论，也不是处罚有关部门，确切地说，这只是在国会和总统不能就新财年拨款达成一致的情况下，相关部门不得不接受的"不雇用新人或不开始新计划"政策。《延续拨款决议》的拨款期（一个早晨、一天、一周、一个月或任何必要的期限）由国会选定。从选择的期限大致可以看出国会领导层认为需要多久来达成折中方案并通过拨款法案。在某些年份，折中方案很难达成，于是，可能会通过包括所有剩余拨款法案的综合（Omnibus）延续拨款决议来应付相应财年剩余时间（的运行）。

授权法案（Authorization Bill）授权法案确立程序，它设立部门、确定部门任务及其变动。国防有年度授权周期，而其他政策领域可能有不同的授权程序周期，从3～5年授权到永久授权。在国防领域，年度授权法案可以对拨款人就授权法案所确定的计划拨款设限，但拨款人并不一定要遵守这些授权规定。授权法案并不能实际得到资金，只有拨款法案才能做到这一点。国防授权委员会认为自己是帮助拨款人确知重大问题，因此，他们尽力使授权法案早于国会周期中的拨款法案，或至少与其保持同步，但这并非总能奏效。有时，当涉及美国军队以及其他有争议问题时，授权者会被牵涉进条约、核武器禁试限制等事项中，结果授权法案晚于拨款法案获得通过。当发生这种情况时，最好注意是拨款法案提供了资金。近年来，授权法案解决了军人的薪水、个人福利及其他有关生活质量等问题，而且一直吸引防务承包商和武器系统供应商的兴趣，他们希望得到更多的武器系统采购授权。

追加拨款（Supplemental）当自然灾害发生或国防需要时，就需要用追加拨款来应付紧急状况，如在2001年9月11日之后批准的480亿美元的追加拨款。在国防方面，通常会提供追加资金来填补账户，因为从账户提取了部分资金用于完成总统安排的特别任务，如从国外撤回美国公民、外交人员或为国外在地震、洪水等自然灾害中的受害者提供救援等，而这是年度预算中所未预料到的。

尽管立法会议各不相同，但还是有一定的标准。建议按照下面的关键日期来考察立法预算和拨款程序：

2 联邦政府预算过程

2月的第一个周一：总统把预算案提交给国会；

4月1日：参议院预算委员会报告预算决议案；

4月15日：两院联席委员会关于预算决议的报告在两院通过；

6月30日：众议院通过所有拨款法案；

10月1日：所有拨款法案通过；

任何时候：国防授权法案先于国防拨款法案通过；

8月中旬：国防追加拨款案通过（如果有的话）。如果在这之后通过，追加拨款案就可能卷入财年末的政治纷争中。

国会中协调各法案的最后办法是任命由两院领导人组成的两院联席委员会，以满足与协调各法案的不同条款。当一个法案在众议院或参议院通过后，不同的选民导致法案中出现不同的条款，因此，两院联席委员会的工作就是消除这些差异并达成能获得两院支持的统一版本。两院联席委员会仅是为了能达成获两院支持的折中方案而临时组建的。对国防拨款法案，两院联席委员会包括拨款小组委员会主席、副主席（来自另一党派的委员会高级成员）以及两院国防拨款小组委员会中的其他成员，再加上授权委员会或预算委员会的主要政党领袖或党派领导，参议院和众议院都有各自的代表参与。有意思的是，两院联席委员会不一定受任何以前通过法案的限制，如果决议采纳了法案中没有的意见或建议，那么两院联席委员会可以在它的报告中将其添加进去。两院联席委员会是游说者关注的焦点，依照法律规定，当众议院和参议院的国防部拨款法案不同时，国防部可以给两院联席委员会呈交一份报告，说明它喜欢的方案。这可能如愿，也可能无法完全满足国防部的意愿。如在2000年，众议院把国防部要求购买DD-21级驱逐舰的3050亿美元削减了480亿美元，而两院联席委员会最终也只批了2920亿美元。其他的利益群体也会来游说两院联席委员会，2000年的另一个例子是，总统本来做出的是购买4架C-130运输机的预算，结果众议院和参议院批准了5架，而两院联席委员会则批准了6架（Congressional Quarterly Almanac, 2000, 第2~51页），两院联席委员会报告必须在"极端"投票（全部通过或全部否决）间获得大多数支持。虽然联席委员会权力很大，但当它们在做联席委员会报告投票时要受到全体议员的制约。

图2.2描述了预算和拨款过程。一般来说，预算委员会要在拨款委员会之前完成他们的工作。拨款委员会和授权委员会都可以向预算委员会提交各自的观点及评论文件，以帮助预算委员会决定在其职权范围内能为相应的计划分配多少资

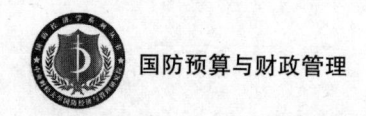

金。《预算决议会报》包括拨款委员会的 302a 分配额。当这些独立法案（国防、农业）在拨款小组委员会通过时，就变成了 302b 分配目标（参议院拨款委员会在 2003 年 7 月 19 日的一则新闻公告中发布了表 5.9 显示的信息，它包括拨款法案的 302b 分配额，综合考虑了前一年执行和当年总统提出的议案）。

如果预算决议需要进行协调，《预算决议会报》还应包含授权委员会的协调说明，建议每个委员会拿出在其负责审查的计划中其能省出多少资金以满足协调改变的需要。如果总统没有签署预算决议，它就不能成为法律，协调法案要成为法律也必须由总统签署。

这是无法改变的事实，因为国会很少在一财年开始前通过预算，有关部门在每一财年开始时，经常要依靠《延续拨款决议》。

37 预算执行

在预算法案获得通过并经总统签署后，就开始了向有关部门提供支出授权的程序。管理与预算局把资金拨付给相关部门，由这些部门向其下属机构划拨资金。随后每个部门主管使用他们得到的份额来对下级授权，产生特定的赋权额，这些分配额可被进一步分到更低的管理层。在这些划拨和分配完成后，只有待工作、服务完成或设备交付使用后，才能被赋权（如契约交付）或支出。

当按季度、按月或按管理层次支出资金时，拨款、划拨和分配过程实际上就是**规划**过程。该过程需要有关部门把他们的预算再次递交管理与预算局审批，并指出实际拨款（而不是总统预算提请）的支付方式。由财政供养的部门或机构在获得资金或获得赋权前，其申请必须通过管理与预算局、财政部的联合批准。事实上，拨款/划拨程序在行政范围内表示单独的小型预算周期，不过它主要关注的是资金在财年中的支出时间及在更小范围内，即在拨款法案批准的范围内，可以支配的部分。

一旦拨款划拨完，有关部门就把其预算分配给下属机构的预算工作人员。随后，其下属机构预算工作人员开始针对各计划组成部分准备、发布支出授权和指导，这些计划组成部分产生支出赋权、服务提供和资源消耗。有一点很重要：有些机构很庞大，预算也很庞大。在国防部，国防部长办公厅和国防部主计长负责接收和分配由国会拨付的国防预算。获得资金授权的机构有：陆军部、海军部和空军部，各部每年获得的资金超过 750 亿美元。

2 联邦政府预算过程

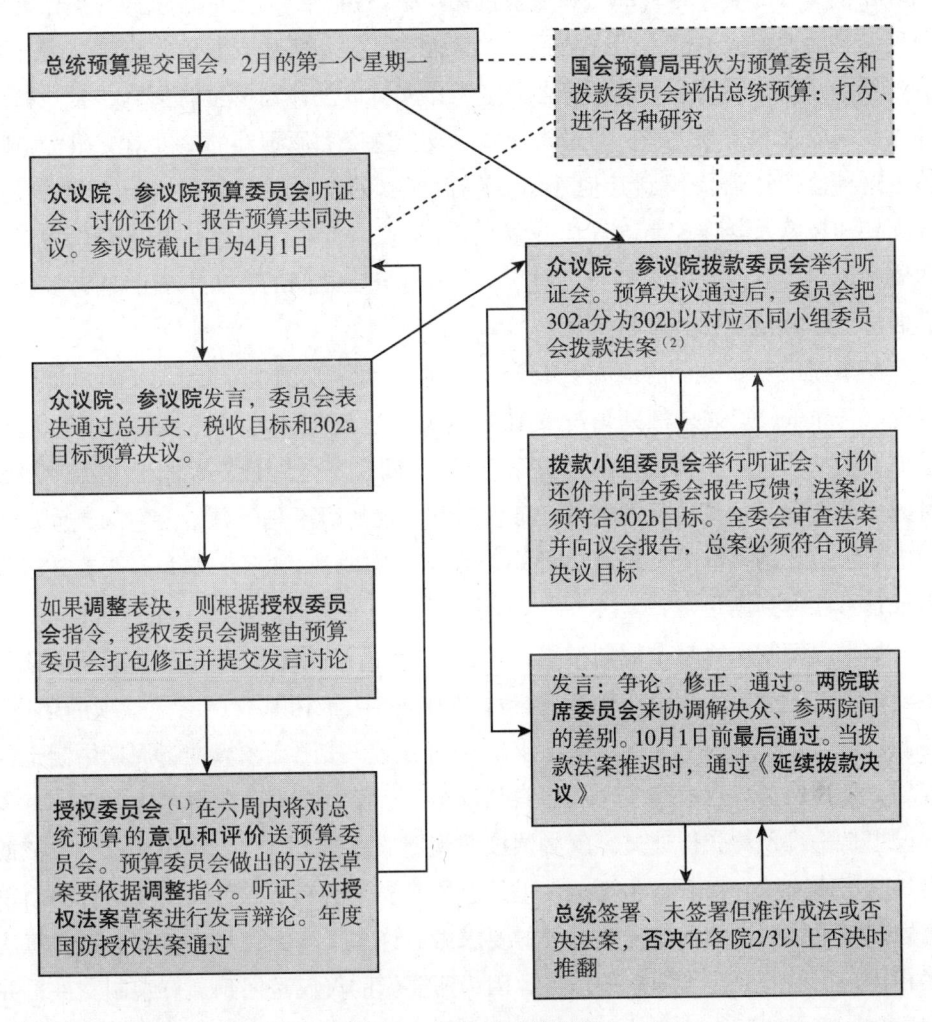

```
┌─────────────────────────────┐          ┌─────────────────────────────┐
│ 总统预算提交国会，2月的第一个星期一 │- - - - →│ 国会预算局再次为预算委员会和  │
└─────────────────────────────┘          │ 拨款委员会评估总统预算：打分、 │
         │                               │ 进行各种研究                 │
         ↓                               └─────────────────────────────┘
┌─────────────────────────────┐                      │
│ 众议院、参议院预算委员会听证   │←- - - - - - - - - - ┘
│ 会、讨价还价、报告预算共同决   │
│ 议。参议院截止日为4月1日      │          ┌─────────────────────────────┐
└─────────────────────────────┘         →│ 众议院、参议院拨款委员会举行听 │
         │                               │ 证会。预算决议通过后，委员会把 │
         ↓                               │ 302a分为302b以对应不同小组委员 │
┌─────────────────────────────┐          │ 会拨款法案(2)                │
│ 众议院、参议院发言，委员会表   │          └─────────────────────────────┘
│ 决通过总开支、税收目标和302a  │                      │
│ 目标预算决议。               │                      ↓
└─────────────────────────────┘          ┌─────────────────────────────┐
         │                               │ 拨款小组委员会举行听证会、讨价 │
         ↓                               │ 还价并向全委会报告反馈；法案必 │
┌─────────────────────────────┐          │ 须符合302b目标。全委会审查法案 │
│ 如果调整表决，则根据授权委员   │          │ 并向议会报告，总案必须符合预算 │
│ 会指令，授权委员会调整由预算   │          │ 决议目标                    │
│ 委员会打包修正并提交发言讨论   │          └─────────────────────────────┘
└─────────────────────────────┘                      │
         │                                          ↓
         ↓                               ┌─────────────────────────────┐
┌─────────────────────────────┐          │ 发言：争论、修正、通过。两院联 │
│ 授权委员会(1)在六周内将对总    │          │ 席委员会来协调解决众、参两院间 │
│ 统预算的意见和评价送预算委员   │          │ 的差别。10月1日前最后通过。当拨│
│ 会。预算委员会做出的立法草     │          │ 款法案推迟时，通过《延续拨款决 │
│ 案要依据调整指令。听证、对授   │          │ 议》                       │
│ 权法案草案进行发言辩论。年度   │          └─────────────────────────────┘
│ 国防授权法案通过             │                      │
└─────────────────────────────┘                      ↓
                                         ┌─────────────────────────────┐
                                         │ 总统签署、未签署但准许成法或否 │
                                         │ 决法案，否决在各院2/3以上否决时│
                                         │ 推翻                       │
                                         └─────────────────────────────┘
```

图 2.2　预算和拨款流程

（1）众议院授权委员会：农业，银行与金融服务，住房和城市事务，商业、经济与教育机会，政府改革与监督，众议院监督，国际关系，司法，国家安全，资源，科学，情报特委会，小企业，运输和基础设施，退伍军人事务。参议院授权委员会：农业、营养和林业，军事，金融、住房和城市事务，商业、科学与交通，能源和自然资源，环境和市政工程，财政，外交关系，政府事务，印第安事务，司法，劳动与人力资源，规则与行政，情报特委会，小企业，老年人，退伍军人事务。

（2）众议院和参议院拨款法案：农业与农村发展，商务、司法与国务，司法，哥伦比亚特区，能源和水资源开发，援外事务管理，国土安全，内务，劳工、卫生和福利、教育，立法，军队建设，国防，运输与财政，退伍军人管理，住房和城市发展及独立机构。

资料来源：U. S. Senate, *Budget Committee*, 1998.

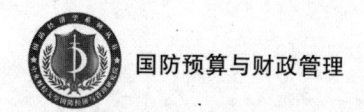

在预算分配中，尽管部门和大型机构的中央预算工作人员希望拥有预算资金分配的灵活性，但他们不能完全不受约束地在计划和资金方面偏向自己部门。恰恰相反，开支始终处于中央预算办公室工作人员以及计划单位的预算、会计和审计人员的监视和控制之下。通过对比实际支出速度和原预计的速度对支出实施监控，这种监控还需要用到其他变量，包括开支的合法性和目的（最重要的是，开支要和拨款及其他控制语言相一致）、日程表、节奏、位置、生产措施、产品的质和量以及其他变量。监控计划开支和实际开支之间的差异本质上是为了在随后通过管理和控制使其调整。

如果在最需要资金的地方没有资金，那么就需要调整（Reprogramming）或改变（Transfer）。如果额外情况（如自然灾害）资金用尽了，就要给国会提交追加资金请求，并由国会批准（见第5章）。调动资金到最需要的地方和使用拨付的全部款项是预算执行的关键任务。通常认为执行不是问题，但它却是预算周期中非常重要的一部分，预算执行关系到能够提供什么服务、服务是否有效以及需求是否能得到满足。

如果说编制预算是个规划过程，那么预算执行就是个管理过程，后面的章节还要详细讲述这一过程。在预算执行过程中，有关机构赋权（某笔款项的用途）或调拨资金，都是为了完成其所追求的计划目标。按照在预算准备周期中制定的规划，选择雇员或承包商、购买原料和供给品、签订合同，购置基本设备。基本的设想是一旦预算获得通过，就必须按照规划的那样去执行。在司法权中，该概念具有法律支持，出现在预算文件里的总数代表了所有子数目。预算执行的简单意思即完全按照详细的电子数据表的要求做。许多人认为，与准备和通过预算法案相比，执行阶段是很简单的任务，因为所要做的仅仅是回到预算编制文件，并按拨款法案最终版本确定的规划来执行，但实际管理情况却并非如此。

预算执行的大部分内容要求必须制订详细的规划，以应对没有预见到的事情和紧急情况，以及其他未知的偶发事件。在一财年即将结束时，从总量和平均来看，预算执行看起来是财务控制程序的例行公事而已，但对相关部门的预算官员及其下属，或对执行该计划的管理者而言，却未必如此简单。就大部分预算年份而言，确实都是按规划行事，但对于小部分预算的执行来说却需要花费大量精力来管理和领导。所有的管辖权都设置了规则和流程，通过预算执行过程为有关部门提供指导。该过程中的压力主要来自控制问题、灵活性以及公共资金的合理使用等。

2 联邦政府预算过程

预算过程的最后阶段是审计和评估。在这个阶段,通过仔细核查公共资金的支出来满足官方和公众的需求。首先,要检查资金的使用是否符合立法意图,有没有被非法使用或被人"中饱私囊";其次,公共部门是否以最有效的方式按照法律和制度的规定来实施计划和开展活动。

第一种审计叫"财务"审计,它集中审查财务文件,以确保产品和服务按约定提供,还要保证支付准确、及时,没有资金被抽调用于私人目的,所有交易都符合法律条款和管辖规定。这种审计由机构本身的审计部门以外的机构来执行或管理,包括会计总署、联邦层面的部门监察长,以及内部核查机构(如海军审计局)和从各地私立会计师事务所选拔或指派的州审计员。一些支出出现在各级政府之间,例如联邦政府审计联邦资金在州及地方项目上的使用情况,州政府审计地方上的某些财务行为。

财务审计可以评估资金运行的合理性和正确性。随着第二次世界大战后政府职能的扩大,人们更加注重对政府运作效率和效益的评判。于是,各级政府开展了绩效预算实践甚至绩效审计。在这种情况下,审计人员就是要保证相关部门依法实施计划,在资源利用中采取明智行动以达到计划目标。审计人员基本上要判断计划中资源使用的效率,审计结果能帮助政策制定者提高计划成效,同时实现计划运行所需资源的最小化。通常,负责财务审计的机构也做计划审计,但由于审计的重点不同,需要不同技能的工作人员协助。编制相应的审计报告经常成为预算过程的一部分,尤其是在立法阶段。有些审计报告还可能引起计划相关法律法规的改变和计划管理机构管理方式的变化。

审计检查也可能通过不直接参与预算程序的监管委员会召开的特别听证会进行。监管委员会要确保相关机构对工作是认真负责的。一般情况下,这些审计结果会被公之于众,保证公众对此有所了解。无论财务审计还是绩效审计都有助于确保来自税收的每一分钱都得到最大限度的利用,这也有助于保持人们对政府的信任以及对那些负责资金分配以及计划确立和管理机构的信任。一般来说,负责规范审计的部门也可做绩效审计,这些机构包括联邦层面上的会计总署(GAO)和州层面上的立法审计机构。管理与预算局也拥有州和地方层面上的管理审查人员,预算机构通常需要预算分析师把预算分析和管理分析结合在一起。

在财年末,所有的这些活动都结束了,各种账户也都封闭起来,以防止增加新的赋权(支出)。这之后,由相关部门审计人员、总监察长、会计总署和其他审计机构对预算账户实施内部和外部审查。在有些情况下,部分甚至全部审计工作都可由私人审计事务所完成。在审计后或审计的同时，通过评估判断计划在多大程度上达到其当初对国会和行政部门许下的目标和做出的承诺，还要分析其政策价值。在这个周期中得出的所有信息都会对将来预算准备有帮助，因为预算周期是连续不断的。

最后需要考虑的是预算在财政收入方面的情况。他们根据国会通过的拨款对来年收入和支出进行加总。这项工作仅限于国会、预算委员会、国会预算局、管理与预算局等的高级别预算工作人员。同时，当总统和国会提出并制定来年开支计划时，各行政部门和机构中仍大量存在属当年预算控制和管理的活动，各部门及其下属机构为获得资金也在相互竞争。通常情况下，相关部门和机构并不关心其财政收入，而只关心在当年或未来几年预算中允许他们持有的资金，以及其他可通过自我运行而获取的资金，如国家公园门票收入或联邦许可费。

大部分情况下，相关部门和机构会因总税入中自己的分成比例而相互竞争。例如，国防部、卫生和公众服务部并不很关注政府的一般税收政策与收入来源，相反，他们通过国会和总统了解当年和下预算年财政收入能否满足其需求。

预算形式

联邦政府预算——实际上所有的政府预算，都具有多种形式。我们可以简单地将其看作一条带有标志（如机构名称）和资金建议或支配支出的线条，或把它看得如我们想象得一样复杂，包括各种计划的，甚至与绩效有关的信息和相关资金。重要的是，预算中唯一恒定不变的资金（在美国是美元）是以面值表示的，也就是说它不随时间贬值。

所有不同的预算格式都有它们特定的用途，就如开支计划和规划所显示的五花八门方式那样。如防务功能下所显示的预算还包括其他部门与国防有关的开支预算，比如能源部与国防有关的支出、联邦紧急事务管理署（FEMA）的民防计划，与征兵相关的《选征兵役计划》以及其他部门（包括海岸警卫队和联邦调查局）与国防相关的支出预算。《2002财年国防拨款》显示的是拨款委员会按预算委员会给定的目标给国防小组委员会的，2002年各部门相关预算总和就是2002财年总统提请的国防预算数目，其数目各有不同，这是因为它们衡量的对

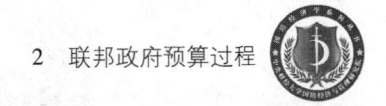

象不同（职能与部门），或预算程序中相同事情的不同侧面（总统的预算提请或国会预算决议中国防拨款案的总额）。

表 2.1　　　　　　　国防预算的三种视角：功能、部门和拨款案

	2002 年估计
防务功能	3190 亿美元
防务部门	310 亿美元
国防拨款案（众议院 302b）	300 亿美元

　　说预算的形式取决于它的用途一点也不令人感到奇怪，令人吃惊的是预算竟然可以用在这么多不同的地方和环境下。为了明白个中缘由，我们需要对决定和管理资源配置的决策过程有深入了解。

　　为什么联邦预算有这么多种形式呢？从技术上讲，预算的基本任务是预测未来和评估过去。对未来的预测是非常复杂的，因为要区分未来各种不同的情形，要探讨当前对未来可能带来的后果。由于政府是一种强制性制度安排，它可从国民那里汲取资金和时间，并可不公平地分配物品和服务。例如，它可以多分配一些资金给那些在游说和立法上成功的人，因此预算的制定逐渐就成了因循守旧的过程。在该过程中，参与者极其详尽地检查已做出决定的依据，以及即将做出的决定信息。因而，预算制定过程中存在的最大问题就是信息过多，改革者已试图使用多种方法来解决该问题，实行预算改革、成立中央预算局和立法工作机构、召开公开的听证会以及公开预算文件。他们所做的努力大部分都包含这样的理性意识，即较好的预算流程来源于优质信息。

　　改革者也曾试图通过建立更好的预算系统来解决信息过多问题。历史地看，基本预算编制系统已是支出系统的目标，这一以目标为特征的支出以包含支出名称和建议支出等项在内的表格形式罗列出来，因此才有了"条目预算"（Line-Item Budget）这样的名字。这里的条款通常是人事开支和配套费，诸如旅游、电话和办公用品之类的开支。在其早期形式中，这种预算形式与会计系统非常接近，因此对它的实施和审计相对较简便。在政府管辖范围较小，政府职能不多或有限、基本同质的情况下，这种类型的预算较容易制定、审查、执行和审计。

　　条目预算表达的形式包括条目列表，该列表列出了前一年各类成本及其在当年的授权水平，以及预算年度资金需求的数目。如果这是两年制预算，它将显示

两个预算年的相关信息。通常，这些文件也会列示从当年到预算年份变化的比例，因此使审查者能迅速浏览预算，并选择对象进行审查（例如增长最快的部分）。相比管理或计划，这种预算注重的是控制和财政问责（Schick，1966）。通常情况下，预算文件包含该部分目的的介绍性说明，其每年的变化很小，几乎可以说是"样板文件"。预算官员一旦觉得他们是对的，他们需要做的就只是根据当年的重点对这些预算做些微调。大部分（但并非全部）条目预算系统也会解释一些变化，但往往写得非常简要且极为谨慎。书写者知道读者不会读很长的解释和说明，但他们也知道解释和说明的重点应聚焦于如何理解预算请求。在许多预算部门中，都是由缺乏经验的预算分析师撰写"样板文件"，而由专家起草解释和说明部分。

在部门层次上，条目预算显示形式通常会包含该单位全部雇员及其工资开支列表清单。这在预算表格中以个人服务项显示，次要支出科目也会在预算表格中以条款表示，如邮资、差旅费和办公用品等，也会做一份小型基本投入支出（如桌、椅）清单。这可能（也可能不）和预算保持一致，但部门预算分析师会利用该列表监控该机构在该预算年份的采购情况。很容易看出这种类型的预算形式着眼于控制目的，同时也兼顾了会计和管理控制。

预算类型

预算可分为三种基本类型：运营预算、资本预算和现金预算。运营预算包含短期供消耗的开支，包括人员工资和保持政府机关日常运作的物品和服务；资本预算用于计划购买长期资产，如公园用地、建筑用地；现金预算用于管理政府或政府部门的现金流。

运营预算

运营预算包括雇员的工资和福利、公共事业经费、垃圾处理合同的资金、维修和耗材所需经费、场地租用和分租支出，以及钢笔、铅笔、复印纸等支出。通常情况下，员工工资和福利是运营预算中花费最多的项目，占整个支出的60%~90%。人员通常按职位、类别、级别或资历进行列表，包含一定比例的额外补贴支

出，包括旅行津贴、病假补贴、健康、人寿和伤残保险以及养老金。

运营预算为辖区内每年的运作需求提供支持，从道路维护到公园和娱乐管理、税收筹集、教育、社会保障、公共安全以及国防。在州和地方层次上，运营预算资金的开支时间期限通常为1年。在联邦层次上，赋权期根据拨款类型各不相同。

运营预算通常包括为办公桌、办公设备等诸如此类东西所提供的小额资本支出，这些支出都低于一个特定限额（如1万美元）。消耗品项目的范围较广，包括计算机零件、电话设备和铅笔。在条目预算中，包括条款名称、当年预算数和来年所需预算数，许多情况下还包括前一年该条款的开支。我们可以将收入来源详细划分，这些来源不仅包括普通税（如销售税、财产税和所得税），还涵盖各种收费和其他各种各样来源的收入，包括停车罚款、养狗许可费、自行车许可费和二手交易许可费等。当条目重组成计划时，预算关注的是计划的完成情况，故这种预算被称作计划预算①。绩效预算改变了这种组合，其把被消耗的物品和完成的工作，以及完成每个工作的成本联系了起来，如修建一英里公路的成本或收集一吨垃圾的成本。相同的预算可能以不同的方式表现出来，国防预算通常表示为为实现国会目的、武装力量结构和国防部使命所需要的拨款。

资本预算

资本预算包含购置长期使用的有形资产，诸如建筑物、桥梁、公园用地以及飞机、轮船等高成本设备的资金。美国许多但并非所有的州政府和其他司法管辖区都有独立的资本预算和运营预算。联邦政府没有单独的资本预算，但它拥有专门的资本账户，其中许多都被用来支付国防部门购置军事硬件所产生的费用。资本预算通常用于长期投资类型功能，包括购买停车场、修建楼房、桥梁和道路，用于这些方面的消耗通常会持续数年或数十年。因此，资本预算是在多年基础上拨款或投资的。在州政府和地方政府，资本项目通常以发行债券的方式支付，这些债券的负责人为资本预算项目提供资金。这些债券一般会在接近资产消耗年限的时间内偿付（如30年）。相反，联邦政府会为超出年度运营预算的固定资产

---

① 计划预算的基本观念是，预算决策应按产出分类为基础（如目的或产品），而非投入（如人事与设备成本）。

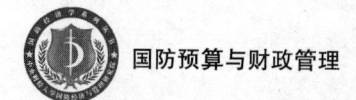

消耗拨付款项，并在项目实施的多年内赋权和支付，州际公路在20世纪五六十年代就是以这种方式投资修建起来的。在防务领域，像航空母舰和特殊战斗机之类的武器系统，由于高标准的初始设计和持续不断的改进程序，他们的寿命一般都是以几十年来衡量的，而无论是购置初始设计还是随后的改进程序所需费用都是由年度拨款法案提供的。

我们也必须看到，资本预算和运营预算必须联合起来提供服务。在由资本预算支付一栋办公楼建设费用的同时，运营预算会支付添置办公家具和设备所需费用以使办公楼投入使用，运营预算还会支付大楼内外的日常维护费。这种情况在国防部门和非国防部门都是真实存在的。在国防领域，一种新式战斗机需要配备飞行员，因此需要有飞行员训练计划，还有武器、飞机库以及备用的零件，所有这些都是由年度运营预算来提供资金的。在非国防领域，资本预算会为一个项目做好准备，而该项目是由运营预算负责接管或运营，包括维修人员、喷漆和其他维护工作以及其他情况（如清理高速公路积雪）。一个好的预算分析通常意味着需要通过检查来确保既定的资本项目与运营资本配合运行。

现金预算

现金预算用于应对每天、每周、每月和每年运作所需的现金流。现金预算的目的是保证政府及其部门的流动性和偿付能力。流动性可定义为持有现金及可随时转换为现金的资产，可用于为政府支付账单，也就是短期负债。相对而言，支付能力是指政府保持长期（超过一年）运作的能力。一般来说，现金预算的管理是与财政部或其他现金管理实体（如主计长或金融部门）的投资职能相一致的。合适的现金管理目标是拥有足够的现金以支付当期债务，但这些现金不能太多，不然就浪费了将多余的现金用于投资并赚取利润的机会。在私营部门，所谓的"速动比率"（Quick Ratio）是用来衡量现金流管理的标准，手中所持现金与负债比在1.1或1.2左右是比较合适的。若二者比例低于这一比值，则会危害赋权支付能力；而如高于这一比值，则会浪费投资机会。

小　结

　　政治学和公共管理领域的学者在考察预算时往往关注以下方面：谁得到什么？为什么以及处于什么情况下。公共管理领域的学者主要关注的是预算如何提出和决定，公共服务如何产生以及预算信息如何表现和分析。他们对政府的内部工作和治理非常感兴趣，这也是公共管理产生的根源和其与政治学的共同属性。从这个角度，政策情况和规划效益是首要考虑。公共管理试图通过提高治理响应性和政府工作效率等方法来改善国民的社会福利。通常，他们提高效率的方法包括雇用更多人员、花更多的钱去实现明确合理且可取的目标。

　　对公共管理在预算方面的批评是它过于注重过程，过于关注职能、产出和结果，而且因为受到国会、总统和部门决策以及提供服务细节的困扰，所以鲜有成效。尽管如此，需要指出的是在过去100年左右，使治理变得更具响应性，使政府更有效率的改革应全部或部分归因于公共管理领域学者的改良主义努力。

　　另一方面，经济学家往往从公平（谁掏钱谁受益，这也是税收和分配决策的分配结果）、分配效率和稳定方面来考察预算。一般来说，我们对这个观点的解释是，它认为政府的作用是评估并确定各个申请人（Claimant）在公共资金所享份额要求方面的合法性，也就是确保实施分配过程的公平性。预算中的公平和如何定义"公平"在民主国家通常是个有争议的问题，而且资源一定程度的竞争在任何社会经济体制下都是不可避免的，这是因为需求总是超过供给。我们如何定义公平随着时间而变动，而且通常也是众多政策决策中首先要考虑的问题。

　　对一些人来说，分配公平是这样的政策：通过税收政策、支出及其他政府活动，把收入从民众的某些群体转移给另一些群体。其他人则强烈反对这个观点且不同意政府的再分配角色。很明显，民主国家对公平的定义事实上很容易抓住，即公平就是一个改变人们及其所选代表政治意愿的工作。我们很容易认识到公平有时被定义为平等，当然并不总是。但是，因为需求、收入、健康和其他变量上存在的分歧，在"全部平等"规则基础上的支出分配在很多情况下被认为是不公平的。

　　对经济学家而言，效率是指政府的决策如何影响私营部门和整个经济产出。

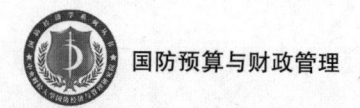

这种情况下的效率并不关心政府的内部运行是否以有效率的管理方式在运转。相反，在本质上，效率是由关于该生产什么、怎样生产以及由谁生产的经济决策决定的。生产方式和生产什么，哪些商品和服务应该由政府提供，哪些最好由私营部门提供，这些都是由公共和私营经济部门的相互影响决定的。某些人把政府看作私营经济的净拖累，认为它在追求公平的过程中牺牲了效率。从该观点出发，最好的政府是那些管得最少的政府。另外一些人则认为政府角色的本质是提供公平，这不可能也绝不会是以追求效率为目标的私营部门所能提供的。在美国盛行的资本主义—社会主义混合经济形式就体现了这些对立观念的折中。正因为如此，公平与效率之间的较量使政府预算充满竞争。

从经济学的观点来看，稳定是指通过预算政策，同时结合政府财政和金融政策以及私营部门的行为和生产力来稳定经济。稳定可用价格、就业、国内生产总值增加和其他指标来衡量。就像公平和效率间的权衡一样，在某些情况下，公平、效率与稳定之间也需要权衡。平衡这些变量是政府预算周期和财政管理过程中所做决策结果的一部分。

我们赞同这些政治学、公共管理和经济学方面的观点。我们总体上试图用一种跨学科的方法来描述各种观点，也就是说没有观点是错误的，只是它们强调的是预算和支出结果的不同方面和不同方式而已。本章目的在于提供对联邦政府预算、预算过程和周期的基本认识。我们理解预算是具经济后果的政府财政政策工具。另外，我们也了解了如何定义预算，以及在公共部门范畴预算如何组成。对预算周期过程的概述是通过预算过程模型来进行的。总统预算的基本内容要由国会来审查、分析和拨款执行。我们认识到预算的制定只是预算过程的一半，预算必须在成法之后才能执行。对预算形式的回顾在于说明预算数可能会有不同的表示方式。最后，我们考察了运营、资本和现金预算类型的不同。下一章我们将详细考察国防预算是怎样提出、成法和实施的。

3 国防预算：复杂但可行

2002年6月4日，在就"政府改革"问题在众议院小组委员会作证时，防务官员富兰克林·斯平尼（Franklin Spinney）把国防预算规划比喻成"一锅沸腾的项目汤，其中'虚报低价'的成本估算就像癌细胞一样扩散"，不准确的数字"掩盖了当前决策的未来后果，太多计划塞满了长期预算规划"。斯平尼补充道，这形成了这样一种情况：资金不能满足预算需要、成本增长和采购不断扩张的恶性循环，使得现代化武器占有率降低，武器老化、军力缩减，而且还不得不从战备账户占用大量有限资源来应对现代化建设所面对的持续压力（Grossman，2002）。

很明显，形势是严峻的，但国防预算过程太复杂，术语也难以理解，让决策者不但有时难以判定什么是紧急的，可能还不知道某个单词的含义。当然，那些不熟悉国防的人根本难以理解上面这些。本章我们为那些想理解国防预算的人提供一些向导，从国防资源配置过程中的基本规则和基本概念出发，以便更好地理解国防财政管理的复杂性及其缘由。由于资本预算和运营预算在不同规划层级的混合，以及不同机构不同层级的审查，导致该过程非常复杂。我们希望通过不同的侧面透视国防预算，以加深对国防预算的理解。

首先应明确国防预算复杂性的许多原因。例如，斯平尼注意到他在听证时所提问题都开始于五角大楼，但他又补充道："我们从国会得到很大帮助。"此外，国防部人员轮换周期也引起很多混乱。对大部分军方官员，五角大楼的标准轮换期是3年或更短，由于他们在短期内不断轮换，因此直到离开也未能理解相关的大背景。另外，适用于解决某类问题的单一目标系统不仅未摒弃，反而随时间推移更频繁使用，这就使系统整合更难，结果严重增加了预算的复杂性。

例如，斯平尼参加举证的那场国会听证会以一幅描述五角大楼使用的1000多个会计系统图表开始（Grossman，2002）。斯平尼指出，这些系统中有很多都以特有的方式收集数据,而且不能和其他数据库交换数据,而这是12年前《首席财务官法案》(CFOA)要求进行系统整合和财务审计之后的事。每个人都清楚这是个严重问题,丹尼斯·库钦奇(Dennis Kucinich,2002)众议员提出,在8-10年之内五角大楼依然不能进行清晰的审计,认为国防部领导人在不了解过去支出的情况下,很难对当年和未来年国防支出做出内行的决定(Grossman,2002)。

每个人都很清楚,大量资金由于低效使用而被大量浪费。例如,国防部长拉姆斯菲尔德(Rumsfeld)称一旦实施有效的财政管理,五角大楼每年将节省180亿美元,其他人估计甚至认为可节省300亿美元。国防领域庞大而复杂,攸关国家安全。在该领域10亿美元的浪费与避险救灾时的浪费可能完全不是一回事。

国防部预算结构

在国防部,预算账户是在规划-计划-预算-执行系统(PPBES)框架内,按计划组成集成打包的,该计划组成是武器、人员和辅助设备的集合体。该军力组合包随后被归为《主要部队计划》。把组合包划分为不同的账户类型有助于国防规划者统筹考虑那些是必须由军方和其辅助支持者共同完成的多样化使命。《未来年防务规划》(FYDP)数据库罗列了主要部队计划。该重要数据库按类别总结了各种资源,包括预算授权总额(TOA):可能花费的人力(含军人和文职人员)、部队计划等的总资金。在该数据库中有6个财年的信息按财年排列,且每年更新3次。这些更新与预算周期中的重要时段保持一致——2月总统预算案提交国会,5~6月的规划周期结束,9月30日联邦政府财年结束。

目前,《未来年防务规划》显示了11个主要军力计划(*代表作战部队计划):

1. 战略部队*;
2. 常规部队*;
3. 指挥、控制、通信、情报和空间*;
4. 机动部队*;
5. 警卫队和预备役部队*;
6. 研究与发展;
7. 基本供应与维护;

8. 训练、医疗和其他一般人员活动；

9. 管理及相关活动；

10. 其他国家援助；

11. 特种作战部队*。

在规划 – 计划 – 预算 – 执行系统（PPBES）框架下，《未来年防务规划》的目的是用资金表示主要部队计划所获得的资源，并以二维表格方式呈现出来。《未来年防务规划》包括6个战斗部队计划和5个保障计划。计划是构成战斗或保障任务所需计划元素的集合，包含完成规划所需的资源。预算被分为11个主要部队计划，它们由成千上万个计划元素组成（Hleba，2002）。

《未来年防务规划》显示了由国会拨给各主要部队计划的资金，包括人员（军人和全时文职人员）和部队（如战斗部队单元），还如导弹、战机等计划项。包括上年、当年、两个预算年和四个"后续年"的资金，除了第2个预算年外显示7个更多年份的资金情况。

1988年，参议院军事委员会要求国防部提交一个两年份的预算。这就是预算年再加一年（BY+1）和显示两年预算的原因之一，国防部仍把它的预算以两年的形式提交给批准防务计划的国会授权委员会，但除了参议院和众议院各自的军事委员会外，这种预算形式并未被国会其他委员会大量使用。在大多数规划中，前两个预算年度要求"预算质量"，意味着资金数目要尽可能准确。但"后续年"则是"没有质量的预算"，也就是说这些都是推算，一切取决于将来的情况。这是一种看待规划情况的理性方式，因为一切并非一成不变。

《未来年防务规划》（FYDP）说明式 = PY + CY + (BY1 + BY2) + BY3 + BY4 + BY5 + BY6

图3.1　未来年防务规划说明式

图3.1中，PY是指从上个9月30日结束的那一年，CY是指正执行年，BY1是指预算年或预算第一年，BY2是指预算第二年，这是由授权委员会要求的。随后，自BY3到BY6是增加的显示年份，其中BY5和BY6一般称为后续年，所有年均指财年。部队结构显示除预算第二年外的7年。按图3.1的《未来年防务规划》记法，在2003年9月30日前为：2002(PY)+2003(CY)+2004(BY1)+2005(BY2)+2006(BY3)+2007(BY4)+2008(BY5)+2009(BY6)。这本书中许多描述国防资金动向的图表都是以《未来年防务规划》为基础的，因此也在2009年结

束。2003年10月1日,所有年份向前滚动一年,上年(PY)变为2003年,而不再是2002年。从此可以看出,《未来年防务规划》是跟踪国防部内近期资源情况的重要工具。

表3.1按过去两年、当年和预算第一年的情况列出了主要部队的计划情况。按典型的预算记法,应被写为PY-1、PY、CY和BY1。我们的兴趣主要集中在主要部队计划的形式上,可以看到常规部队是迄今为止最大的,而两个关键计划——战略部队和特种作战部队则很小。

表3.1 按主要部队计划分类的国防部预算(预算总授权,当年百万美元)

主要部队计划	1996财年(实际)	1997财年(实际)	1998财年(估计)	1999财年(要求)
1. 战略部队	7456	6141	6718	6708
2. 常规部队	88234	88981	91189	92748
3. 指挥、控制、通信、情报和空间	30083	29970	30357	31523
4. 机动部队	10314	10556	10304	10944
5. 海岸警卫队和预备役	21085	20934	20945	20792
6. 研究和发展	25874	26026	26258	25103
7. 基本供应、辅助和维护	16728	16397	16234	16119
8. 训练、医疗和一般人事	44181	43713	43166	42992
9. 管理与相关活动	6879	7331	7279	7330
10. 支持其他国家	890	999	900	874
11. 特种作战部队	3197	3197	3411	3374
未分配				1
总 计	254919	254224	256760	258610

资料来源:Tyszkiewicz & Daggett,1998,20。

部队计划组合包在很大程度上是无须加以说明的,但两种情况例外。首先,认为战略部队计划包含所有的核力量是不准确的。发展战略核武器的预算在研究与发展中,战役或战术核武器的资金在常规部队预算中。此外,开发核弹头的资金被列入能源部、而非国防部的预算中。其次,应关注的是支持性部队计划。在以上列表中,主要部队计划7、8、9中:基本供应与维护、训练、医疗和其他常规性活动,以及管理与相关活动——给作战部队提供支持。改革者称这些成本支出应列入作战部队预算,以更好显示作战部队的真实成本。如上表显示,用于常规部队的建设支出比战略部

的建设支出多14倍。从分析的角度看，计划8（训练、医疗和一般人事）对各计划的作用提供了重要信息。战略部队占了该类预算的1/14，这是它应得的份额吗？或者是其引起辅助支出增加吗？与此类似，如果计划1拿走计划8一半的资金，把剩下的均匀分给其他的计划，那么计划1的规模就不会像开始那样少了。因此，我们可能希望重新设计计划组合以度量每个计划的真实成本。按照这种逻辑，考虑到对辅助成本决策过程的重视，辅助成本最好也单独显示，如果把它们放在作战部队建设计划下，则可能被忽略，得不到足够预算。

历史上，美国军方一直很擅长于后勤、运输规划和资源分配，但最近有趋向显示，如果有人提供需要的辅助人员、通讯、后勤和运输，军方将首先把支出用在人员和武器系统上。可是历史告诉我们这并不总是对的，部队如果得不到充足的支持人员和物资，他们在战场的表现就不会好。第二次世界大战期间，德国军队准备靠土地与俄罗斯交战，并以此为基础发动侵略，然而当俄国人采取了焦土政策之后，严冬中饥寒交迫的德国人下场并不好。

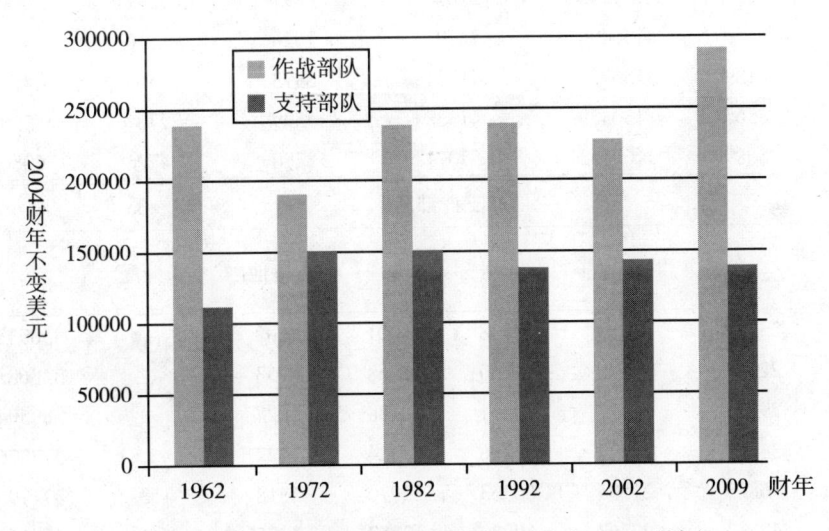

图3.2 作战和支持部队相对规模（1962~2009财年）

资料来源：Department of Defense，2003c，*Greenbook*：*National Defense Budget Estimates for FY2004*（按计划的国防部预算授权总额，2004财年不变美元）。

从历史上看，作战和辅助部队结构似乎显示了长时间的稳定性。一段时期内，作战部队平均占到整个部队结构的63%。更详细观察，会发现自1962年起情况有所变化，将来也会变化。例如，可以发现自1992年起战略部队支出开始下降，

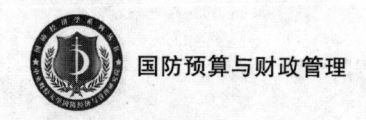

这是冷战"和平红利"的另一种表现形式,更准确地说表示出现了和平红利。常规部队支出在20世纪90年代有所下降,但反恐战争则使其从2009年又开始增加。另外,我们还要注意到在太空、机动部队、海岸警卫队、预备役和特种作战力量方面资金的增加。在支持性领域,自1992年起,研究、开发、试验与评估资金增加,供应和维护资金下降,训练和医疗支出则保持稳定。2002~2009年的数据是国防部预测的,聪明的读者可以对发展趋势做出自己的判断,但该范围是防务政策制定者认可的,并已使用了40年。

表3.2　　　　　　　　　部队结构趋势（1962~2009年）

			战斗部队			
年份	战略部队	常规部队	指挥、控制、情报通信和太空	机动部队	海岸警卫队和预备役	特种作战部队
1962年	72996	122910	20779	7446	15261	
1972年	31355	111243	23678	6877	17291	
1982年	27170	158490	24791	7520	21210	
1992年	20189	136725	41231	8973	28503	4409
2002年	8565	130479	41338	14599	27767	5258
2009年	8089	167152	57071	18270	34706	6080

			支持部队			
年份	研究、开发、试验与评估	供应/维护	训练/医疗	管理	支持他国	未分配	总计
1962年	23239	30381	49328	8001	602		350943
1972年	22927	36830	71960	7768	10753		340682
1982年	29113	33422	79261	6988	1628		389594
1992年	34387	31727	61286	8424	1422		377276
2002年	36883	21505	60363	22970	1318	153	371198
2009年	42733	22763	59080	12857	1325	41	430169

资料来源：来自Department of Defense, 2003c, Greenbook: National Defense Budget Estimates for FY2004（按计划的国防部预算授权总额,2004财年不变价值,以百万美元为单位）。

这些部队计划可能以不同的形式表现出来,并非不可更改。国防部内的预算程序运作由复杂的规划、计划和预算机制决定,其数据被用在各种各样的长短期规划文件和实践中。考虑到国会因素,情况会更复杂,理解国防预算过程也更困难。

在总统预算案中，国防预算较好地应用由总统管理与预算局制订的适用于所有联邦政府的标准、统一的《预算功能分类代码》。国防预算功能分类代码是050，该功能下又被分为若干子功能模块，如图3.3所示：

功能 051	国防部，军事
功能 053	原子能防务（有关）活动
功能 054	其他机构与防务有关活动

图 3.3　功能 050 划分

功能 050 整体显示了一种测算国防支出的方法，并可与总统预算和国会预算决议中的《标准预算列表》下的 16 种预算功能类别（见表 3.3）相对应。这种功能列示可用来比较国防支出和其他功能支出规模，且能显示资金随时间的变化。例如，2002～2008 财年的功能列示说明了当局当前的估计是：国防（功能 050）将增加约 32.8%、医疗健康（功能 550）将增加约 63%、社区及地区发展（功能 450）将减少约 35.5%。读者应该记住这些都是"估计"，2004 年后不同的优先事项发展会改变这些趋势。就如后面所解释的，要提供国防类别所需的资源，需要大量由国会通过的独立拨款案。对国防部感兴趣的人不得不把注意力集中在 051 类目和年度国防授权与拨款立法上。

国会的国防预算形式

国会对国防拨款案的审查和拨款，包括以下部分：

军事人力　包括支付给军人的住房和服装津贴、奖金，军人退休基金，驻地永久性改变的搬迁费，以及国家警卫队和预备役人员的操练和培训费用。该条款下包含了军官和士兵的全部直接支出。

作战和维持　包括军事设备运行资金和大部分的国防部年度运行费用。

采购　购置军事重武器的资产，包括飞机、舰艇、坦克和武器系统的资金。采购案由国会分成更细的军事重武器特别类型拨款，如空军战机采购、海军战机采购（APN）等。

研究、开发、试验与评估　包括国防部研究、开发、试验以及军事武器和系统评估方面的大部分资金。

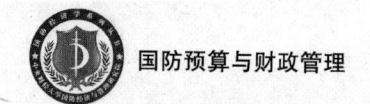

家庭住房 包括为在美国本土及海外服役的军人建设住房方面的资金。

周转和管理资金 包括国防部支持的半自治运作实体的基本资金,这些实体包括海军船坞、国防部后勤运营和其他使用军队资金补偿的实体运行资金。

表3.3　　　　　　　　　　按功能的预算授权　　　　　　　　单位:十亿美元

功能		2002财年	2003财年	2004财年	2005财年	2006财年	2007财年	2008财年
050	国防	362.1	382.7	399.7	420.0	440.0	460.3	480.7
150	国际事务	25.1	20.5	23.8	28.0	30.6	32.1	33.3
250	常规科学、太空和技术	22.0	22.4	23.5	24.3	25.1	26.0	26.7
270	能源	0.4	0.7	0.9	1.7	1.8	1.3	2.2
300	自然资源和环境	31.1	29.4	30.4	31.4	32.1	32.8	33.5
350	农业	23.8	20.1	21.1	24.3	23.0	23.0	21.5
370	商业和住房信贷	11.3	8.5	9.6	9.5	9.6	11.6	11.3
400	交通	68.9	63.6	63.8	65.1	66.9	68.4	70.0
450	社区及地区发展	23.1	15.4	13.6	13.9	14.2	14.5	14.9
500	教育、培训、就业和社会服务	79.9	88.5	86.0	86.1	87.5	89.3	91.5
550	健康	206.1	228.6	247.3	267.4	292.0	313.2	336.2
570	医疗	234.4	245.0	258.6	275.9	305.3	327.2	349.4
600	收入保障	309.7	326.5	322.9	337.7	346.2	354.0	369.9
650	社会保障	462.4	479.9	498.8	517.5	539.4	565.5	594.6
700	退伍军人福利和服务	52.1	57.7	61.6	64.8	66.9	69.0	71.3
750	司法行政	36.2	36.0	38.8	37.0	37.7	38.5	39.4
800	一般政务	18.4	18.3	20.2	22.1	20.7	21.2	21.6
900	净利	170.9	161.4	176.4	204.0	224.5	239.8	254.1
920	津贴	0.0	-0.4	-0.3	-0.3	-0.3	-0.3	-0.3
950	未分配	-17.8	-50.3	-53.7	-67.6	-68.3	-66.0	-68.5
	总计	2090.1	2154.4	2243.0	2363.3	2496.2	2621.6	2753.3

注:2002财年是实际值,2003财年是当前拨款,2004财年是总统预算请求,2005~2008财年是估计数。

资料来源:DOD,2003c,*Greenbook FY2004*,DOD Comptroller,March 2003,Exhibit 1-7,10。

2002财年预算中,人事、作战和维持、采购和研究、发展、试验与评估方面的资金占到全部国防部拨款的96.5%。这些支出的历史情况可在图3.4中看

到，图 3.4 采用 2003 财年不变美元价格表示，这样可以排除通货膨胀因素，考虑长期变化趋势。注意采购支出预算减少的情况，其在 20 世纪 90 年代有所下降，在 21 世纪中期又开始上升。但记住这只是 2003 财年的预算，而 2003 年以后的预算则是推测或期望。

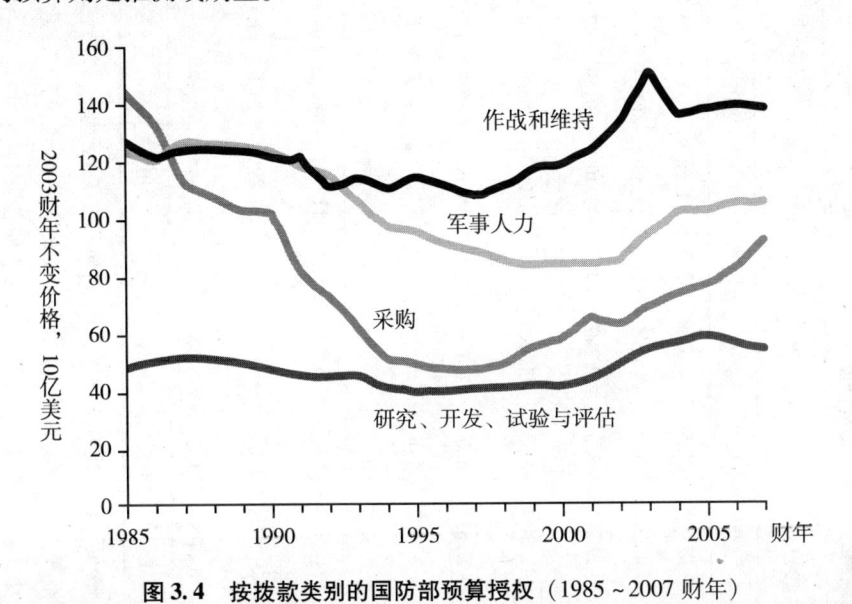

图 3.4　按拨款类别的国防部预算授权（1985～2007 财年）

资料来源：Daggett and Belasco, 2002, *Defense Budget for FY 2003: Data Summary*, March 29, Congressional Research Service.

在表 3.4 中，我们把拨款种类和政治周期联系在一起。1976～1980 年卡特总统任内，越南战争结束后的拨款下降了。这种下降在军事人力方面最明显，作战、维持和采购方面则有所增加。1980～1985 年显示了里根政府的建设雄心，因此采购方面增长了 106%，但人员方面仅增加大约 11%。里根政府的军备建设很明显是采购建设。随后 1985～1990 年的《格兰姆－拉德曼－霍林斯法案》（Gramm-Rudman-Hollings）通过时期，巨大的赤字限制了国防支出的增加，该时期采购方面下降 29% 多。随冷战结束，国防支出骤然下降。1990～1998 财年，人事方面支出减少了 31% 多，采购方面支出下降了 52% 多。尽管人事方面支出在 1999 财年又有轻微下降，但 1998 财年才是该周期的最低点。1998～2001 年，国防支出在经历了 13 年下降后，又有了周期性反弹：人员支出仍稍下降，但采购方面增长却超过了 33%。随后，随 2001 年 9 月 11 日恐怖袭击，国防支出又开始陡然增加。

国防预算与财政管理

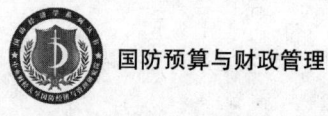

表 3.4　　政治周期内拨款种类变化趋势

	卡特下降期 1976~1980年			里根重建期 1980~1985年			赤字限制期 1985~1990年			冷战结束 1990~1998年			盈余年代 1998~2001年			反恐战争 2001~2007年（预计）			1976~2007年 总变化
	1976年	1980年	变化	1985年	变化		1990年	变化		1998年	变化		2001年	变化		2007年	变化		
军队人事	111.9	111.0	-5.6%	123.4	10.87%		123.2	-0.16%		84.8	-31.17%		83.9	-1.06%		104.0	23.84%		-11.87%
作战和维持	85.3	94.4	10.67%	126.9	34.43%		121.5	-4.26%		110.5	-9.05%		123.3	11.58%		140.0	13.38&		63.89%
采购	61.0	69.7	14.26%	144.0	106.60%		101.8	-29.31%		48.5	-52.36%		64.7	33.40%		91.9	42.04%		50.66%
研究、发展、试验与评估	26.7	26.7	0.00%	47.8	79.03%		46.7	-2.30%		40.3	-13.70%		43.2	7.20%		53.7	24.31%		101.12%
军队建设	6.2	4.3	-30.65%	8.4	95.35%		6.5	-22.62%		6.0	-7.69%		5.7	-5.00%		12.7	122.81%		104.84%
家庭住房	3.6	3.0	-16.67%	4.3	43.33%		4.0	-6.98%		4.1	2.50%		3.8	-7.32%		4.5	18.42%		25.00%
其他	-0.5	1.1		7.0			-1.0			0.4	50.00%		5.0			2.5			
国防部小计	300.2	311.0	3.46%	461.7	48.65%		402.6	-12.80%		294.6	-26.83%		329.6	11.88%		409.0	24.09%		36.24%
能源部防务相关	5.3	6.6	24.53%	11.8	78.79%		13.4	13.56%		13.3	-0.75%		15.2	14.29%		15.5	1.97%		192.45%
其他防务相关	0.5	0.5	0.00%	0.8	60.00%		0.8	0.00%		1.2	50.00%		1.7	41.67%		1.6	-5.88%		220.00%
国防总计	306.0	318.0	3.79%	474.3	49.34%		416.8	-12.12%		309.1	-25.84%		346.5	12.10%		426	22.97%		39.25%

资料来源：数据来自 Daggett & Belasco, 2002, 图示 6, 12~13页。百分比变化基于 2003 财年不变美元计算。2002 财年是估计值，2003~2007 财年是预计值（2003 财年不变美元，单位：亿）。其他方面的国防支出由于百分数太小，在此表中不便显示故未列出（国防部、能源部的预算拨款授权，以及其他的国防预算拨款授权的更多细节见表 3.3）。

拨款账户结构

这些拨款类别被分成拨款账户，并被进一步分成预算活动、条目以及计划单位。在拨款术语中，计划单位仅用来指研究、发展、试验和评估账户中的计划。例如，海军研制高精度舰艇雷达天线的资金。在其他账户中，拨款被分到预算活动中，随后分到条目。例如，对空军战机采购、海军战机采购（APN）的拨款账户被分配到5个预算活动中，包括战斗机、教练机、战机改造、战机零件以及战机支持活动。各个科目然后组成条目，例如F/A-18战机（海军一般战机采购中一种战斗机型号）。国会召开听证会讨论投资数额，决定允许海军采购F/A-18战斗机的数量，如果是多年购置合同，还要决定在哪年购买。我们应该注意到，在关系到重要的购置计划时，国会不一定总能提供足够信息以清楚地阐明它的投资方向。而在其他情况下，国会则会详细规定它的支出规模和支出方向。

例如，在20世纪90年代，国会为空军B-2战略轰炸机项目投入的资金量，可用来购买少量几架新型战机或用来维持现有机群的日常需要。国会表面上没有拒绝五角大楼希望采购的全新战机，但并没有直说。而事实上，他们清楚划拨的那些钱只够现有机群的日常维护。因此，由于政治原因，这种情况下国会采取了比平常更模糊难测的拨款，故意增加了国防预算过程的复杂性。

各个条目下拨款水平都不尽相同。在军队建设，采购，研究、开发、试验与评估方面，拨款案罗列了成千上万的单个武器和军队建设计划。人事和作战维持账户则很少进行条款描述。20世纪90年代开始，由于战备水平引起更多关注，国会开始跟踪作战维持账户更多的独立账户，以便对那些直接与战备联系的账户进行更深入的分析，这种趋势自1993年开始出现（Tyszkiewicz & Daggett，1998）。表3.5列示了国防功能（050）分类中子功能（051，053，054）的拨款案和拨款情况。从该表中我们知道，军队建设案被分为军队建设拨款和家庭住房拨款。如上讨论，它们被进一步细分。

国防预算与财政管理

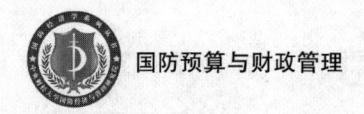

表3.5　　　　按法案和拨款的国防预算授权（百万美元）

	2002 财年	2003 财年	2004 财年	2005 财年
军队人事	86957	93489	98956	103109
作战和维持	116091	113767	117202	121911
采购	61626	69953	72747	77187
研究、开发、试验与评估	48718	56800	61827	67103
周转和管理金	4389	3075	2712	1347
其他国防部计划	18874	17272	17900	18840
国防部法案	**336655**	**354356**	**371344**	**389497**
军队建设	6631	6288	5020	6093
家庭住房	4048	4208	4017	4772
军队建设法案	**10679**	**10496**	**9037**	**10865**
国防部补偿收入（净）和其他	-1703	-879	-750	-730
国防部总计—051	**345631**	**363972**	**379630**	**399631**
管理与预算局（四舍五入/得分差）	-647	-4	-3	-38
国防部—051—管理与预算局总计	**344984**	**363968**	**379627**	**399593**
与国防相关活动法案				
053—能源和水法案				
原子能防卫活动	14910	15582	16604	17062
国土安全	109	95	92	94
职业病赔偿资金	157	756	440	331
前址补救行动	140	140	140	143
核设施安全委员会	18	19	20	20
**　053 国防相关总计**	**15334**	**16592**	**17296**	**17650**
054—退伍军人事务—住房与城市发展—独立机构				
美国南极登陆支持法案（国家自然科学基金会）	70	68	68	69
选征兵役系统	25	26	28	29
小计	**95**	**94**	**96**	**98**
054—国防部拨款法案				
社区管理职员	118	126	125	127
中央情报局退休和残疾人资金	212	223	226	239
小计	**330**	**349**	**351**	**366**

续表

	2002 财年	2003 财年	2004 财年	2005 财年
054—国土安全				
海岸警卫队（与国防相关）	440	340	340	346
应急准备与响应	50	50	51	52
研发、采购和运营	0	420	420	428
信息分析与基础设施保护	96	115	763	777
国土安全（与国防相关）	0	0	1	1
小计	586	925	1575	1604
054—商务—司法—国务院				
辐射外泄	2	2	0	0
辐射外泄补偿信托	172	143	107	65
司法部（与国防相关）	45	34	34	35
联邦调查局（与国防相关）	459	475	490	499
小计	678	654	631	599
054—劳动—卫生与公众服务部—教育				
国家安全教育信托基金	0	0	8	8
跨库独立机构				
海上安全/快速反应部队	99	99	99	101
054—国防相关总计	1788	2121	2760	2776
053/054—国防相关总计	17122	18713	20056	20426
国防总计	362106	382681	399683	420019

资料来源：DOD, 2003c, Greenbook, *National Defense Budget Estimates for FY2004*, 6。

国防部内部预算形式

国会通过拨款科目（Appropriation Title）（诸如军队人事）来使国防预算成法，国防部自己把国防预算组织为军力计划，如战略力量计划。从公众的观点看，国防部通常以组织单位，如空军或海军的形式出现。表 3.6 中，我们可以看到陆军部门资金从 1996～1998 年有所下降，但海军、空军和国防直属（Defense-Wide）账户的资金却有所增加。

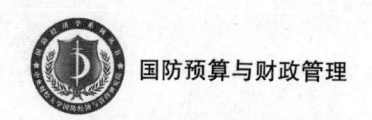

表 3.6　军种部门和国防部直属部门国防部预算授权：1994~2003 财年（当前美元）

	实际值						估计值	预计值
	1995年	1996年	1997年	1998年	1999年	2000年	2001年	2002年	2003年
陆军								
预算（10亿美元）	63.3	64.5	64.4	64.0	68.4	73.2	77.0	80.8	90.8
占国防部百分比	24.8	25.4	25.0	24.8	24.5	25.2	24.9	24.5	24.0
海军/海军陆战队								
预算（10亿美元）	76.9	80.0	79.5	80.7	84.0	88.8	95.5	98.6	108.2
占国防部百分比	30.1	31.4	30.8	31.2	30.2	30.6	30.8	29.9	28.6
空军								
预算（10亿美元）	73.9	73.0	73.2	76.3	81.9	83.1	89.5	94.2	106.9
占国防部百分比	28.9	28.7	28.4	29.5	29.4	28.6	28.9	28.6	28.2
国防部直属								
预算（10亿美元）	41.6	37.0	40.8	37.6	44.3	45.5	47.9	56.2	72.7
占国防部百分比	16.3	14.5	15.8	14.5	15.9	15.7	15.4	17.0	19.2
国防部总计	**255.7**	**254.4**	**258.0**	**258.6**	**278.6**	**290.5**	**309.9**	**329.9**	**378.6**

资料来源：Daggett and Belasco，2002，9。

军种部门国防预算

对于军种预算问题，除非同时提供各个军种部门的任务信息，否则这些资金数字没什么特殊用处。例如，预算列示告诉我们说陆军需要更多的经费，这本身没有什么意义（即便也许是对的）。也可能陆军的部分任务已移至海军陆战队，或者原本使用陆军预算的后勤和支持活动，现在由国防部直属机构做了，所以考虑任务，陆军就不需要那么多资金了。因此，如果没有任务信息，那么军种部门的资金和服务的列表就意义不大。当然，这些信息可以说明各军种经费规模的对比，以及随时间变化的情况。

按拨款科目来列示财政信息，将关注焦点放在买了什么。按主要军力计划列示数据有利于显示花费支出的目的。按部门组成列示有利于清楚显示谁使用了经费。

国防直属类目描述那些在国防部层面上开展的活动。一些专家观察到，如果完全交给军种负责，各军种有可能向核心任务过度投资，如给陆军的火炮、坦克和步兵；给海军的航空母舰、战术航空（系统）和潜艇；以及给空军的战略和歼击机。在1986年《戈德华特－尼科尔斯国防部改组法》强调联合规划和联合作战之前，这可能意味着后勤和通讯功能供应不足，同时各个机构的职能支持互相交叉重叠。例如，空军对海军或海军陆战队的支持，陆军在保卫空军基地方面的贡献。《戈德华特－尼科尔斯国防部改组法》通过增加了联席会主席的权力，强调联合作战能力，注重发挥联合作战司令部司令在资源规划中的作用。尽管如此，仍然有许多功能要在国防部层面集中开展。

1998年，国防预算中国防部直属机构包括14个直属局和7个国防部现场活动机构，包括如国防补给局、国防高级研究计划局、国防合同审计局、国防财务会计局、国防信息系统局、国防情报局、国防后勤局、国防安全援助局，以及国家安全局（Tyszkiewicz & Daggett，1998，21），这些职能部门中有一些由周转金提供资金。

周转金

周转金是国防部为消费者"出售"服务后获得的资金。该资金在初始资助后，可通过向其覆盖领域的消费者收费维持其自身每年运行。随后，他们用销售得到的收入来支付运转费用（修船厂工资、公共事业）和购买新存货（纸张、钢制品、螺丝和螺钉）。理论上，周转金的全部收入都来自于它的运作，并能通过正在进行的活动进行融资。周转金活动从消费者那里收到订单，在工作完成时收取费用，同时用过去的资金积累来为目前的工作垫付资金。由于其特定性质，周转金运作不受财年周期限制，不需要为第四季度的资金发愁，因此它们可以设法满足其顾客的需要。国防部使用的周转金包括存量基金和工业基金。存量基金提供的项目主要有：燃料、建筑、服装、医疗、飞机消耗品和导弹零件、军火维修零部件，等等。工业基金提供如设备检修、船坞服务、印刷服务、营房修缮、公共事业维护以及交通服务之类的服务项目。

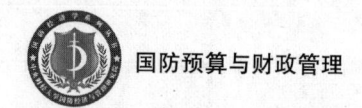

在防务领域，周转金有着悠久的历史，自19世纪后期就开始在海军使用（Hleba，2002），1949年《国家安全法修正案》为在国防部所有部门中设立周转金创造了条件。这些资金运作得不错，国防部也在尝试各种创新以使它们更有效率。1992年，国防部把5个生产周转金、4个存量周转金和几个辅助活动拨款金整合在一起，组成了一个超级周转金，被称为防务商业运营基金（DBOF），国防部主计长负责这个基金的现金平衡。虽然希望能对其采取节约措施，但一直未能实现。例如，费率设置一直是个难题，而且情况还在恶化。未来费率以过去发生的事件为基础，这看起来似乎合理，但如修船厂的检修工作比预期的少（也就是说一两艘船漏掉了检修）怎么样呢？这样第二年的费率就会上升，顾客觉得新费率超出了他的预算，就不会像过去一样做船舶检修，因为他们觉得太贵。假使他们取消了维修，费率设置程序将会使新的费率再创新高，这样当支出呈螺旋上升时，除了用拨款补充周转金外就别无他法。

诸如这些及其他问题使国防部在1997年不得不放弃防务商业运营基金，以支持4个周转基金，并把现金管理的职责归还给各个军种部门（Tyszkiewicz & Daggett，1998）。这方面的麻烦事并没有结束，担忧仅从对一个大基金管理转向1998年国防补给局创立的5个规模较小的基金，每个都有一系列复杂的规则和程序。这些周转金的底线是它们必须维持正的现金平衡（无赤字），否则其领导人可能面临违反《反赤字法》的指控。这些基金通过高效的运作来控制成本，并用从其顾客那里获得的收入来支付这些工作的成本。这些不是简单的工作，管理者必须协调人员和存货，预测未来对服务和劳动力的需求，并以更能反映组成部分成本，顾客愿意且能够从拨款预算资金中支付这些成本（的办法）来设置费率。

周转金通过一个叫做"本金"的拨款来获得最初的启动资金，之后从顾客那里收取费用维持下来。以供给为导向的基金通过收取附加费来补偿订单、库存、财产以及提供产品等项目的管理成本；以非供给为导向的基金，如夕阳产业基金，以工作成本加上间接成本为基础来收费。这两种基金的费率设置都很复杂，对保持正的现金平衡很重要。周转基金消费者使用该费率寻求预算拨款，或通过它来进行生产或购买资产。如果拨款低于需要，消费者将会少买些。如果有足够多的消费者这么做，就可能影响到费率设定程序，例如下一年会设置更高的费率，可能导致顾客量更少，费率更高等。周转金的存在是个事实，不管对国防部还是军种层面管理者的挑战，都是能否通过使用现代管理技术，来设置合适的费率和提供良好的服务,从而保证一般管理任务的成本效益原则和实现对纳税人的成本节约。2001年,大约有18%的国防部直接拨款是通过周转金来进行管理的,雇用了20万人(Hleba,2002)。

国防预算分析

决定国防支出规模一直是个难题,这已经引发人们找到观察国防支出的一些标准方式。年度预算的饼状图告诉我们当年预算是如何分配的,第1章中的联邦预算饼状图告诉我们支出比收入稍稍多一点(借款1000亿美元)的情况,它还区分开了全权预算资金和法定资金,以及与防务资金的区别,这是个很有用的开始。图3.5中的饼状图显示了2004财年的预算授权总额(TOA)。

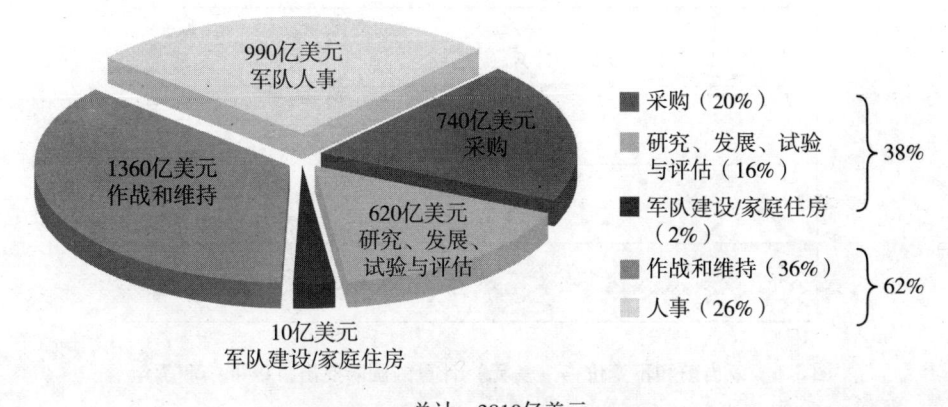

图3.5 2004财年国防部拨款份额:投资(38%)与作战(62%)

资料来源:Department of the Navy, 2002c.

早期,我们只观察军种部门的国防支出,但这只能看出各军种之间获得资金的比例大小。即使我们在这里加上历史趋势线,也不能解决这个问题。因此,历史分析通常与标准方法结合使用。

一个普遍的衡量方法是把实际价格转化成"不变价格",这样使通货膨胀的影响标准化,分析者也能看到项目的长期成本情况。如图3.6所示,用当前美元除GDP平减指数,即以不变价格来表示。该图给出了趋势线以使战时和战后情

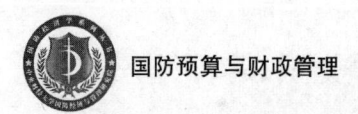

况更清楚：自 1940 年开始持续到 1945 年第二次世界大战，第二次世界大战后、朝鲜战争，随后是冷战、越南战争及其和平红利，再之后是里根时期的重建、柏林墙倒塌、20 世纪 90 年代的和平红利以及最后因反恐战争而迅速飙升的国防预算。如果用"实际价格"看国防支出似乎稳步增长，用"不变价格"校正通货膨胀影响后，图 3.6 中可发现国防支出的周期性特征。国防支出有应对危机的功能，该图也显示当国防支出低于 4000 亿美元不变价格线时，就会有"坏事"发生，尽管这个发现很有意思，但它对政策指导用处不大。

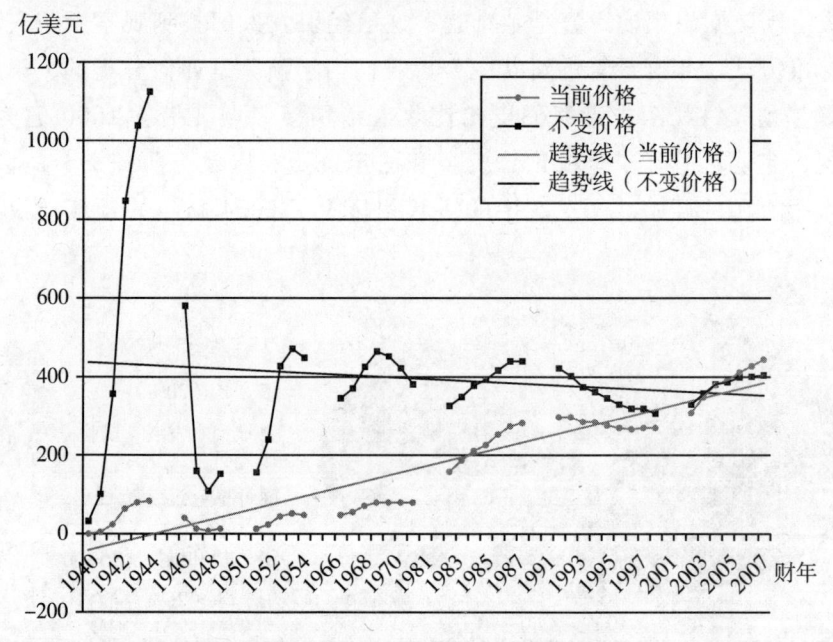

图 3.6　以当前和不变价格（美元）计算的国防支出：1940～2007 年

资料来源：数据来自 Daggett & Belasco，2002，表 10。

另一种用来衡量国防支出规模的方法是计算国防支出占 GDP 的比例，这是用购买力来进行衡量的方法。

作为联邦支出一部分的国防支出把国防与其他联邦职能上的支出联系在一起。这种方法关注的是国防和其他联邦职能是否被平等看待，并把它与一些历史趋势联系在一起。然而，这里最主要的是必须依据各职能的需求来确定支出份额，国防支出占联邦支出达 20% 以上才能保证国防资金充足；否则，在威胁出现变化时，就会出现资金严重不足的情况。

3　国防预算：复杂但可行

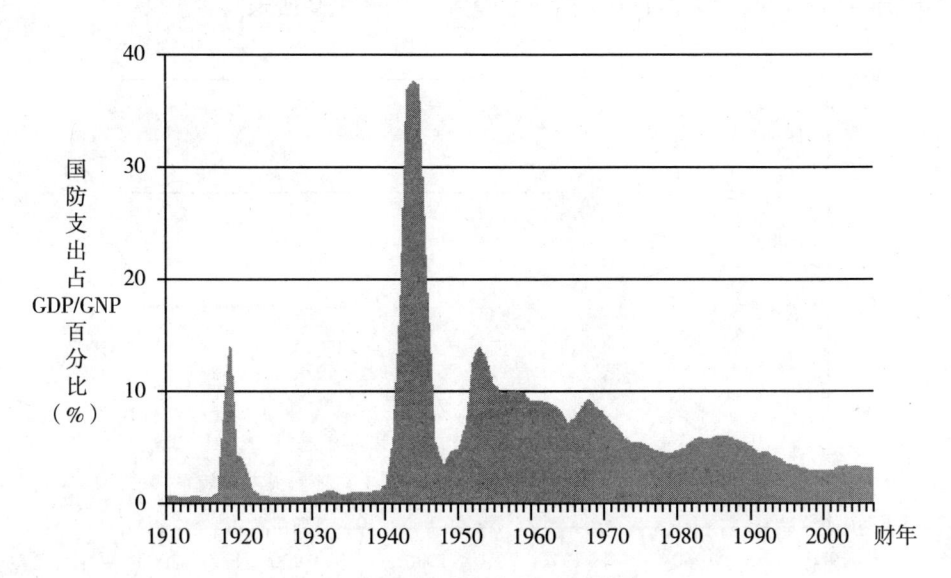

图 3.7　国防支出占 GDP 百分比

资料来源：Daggett & Belasco，2002，23。

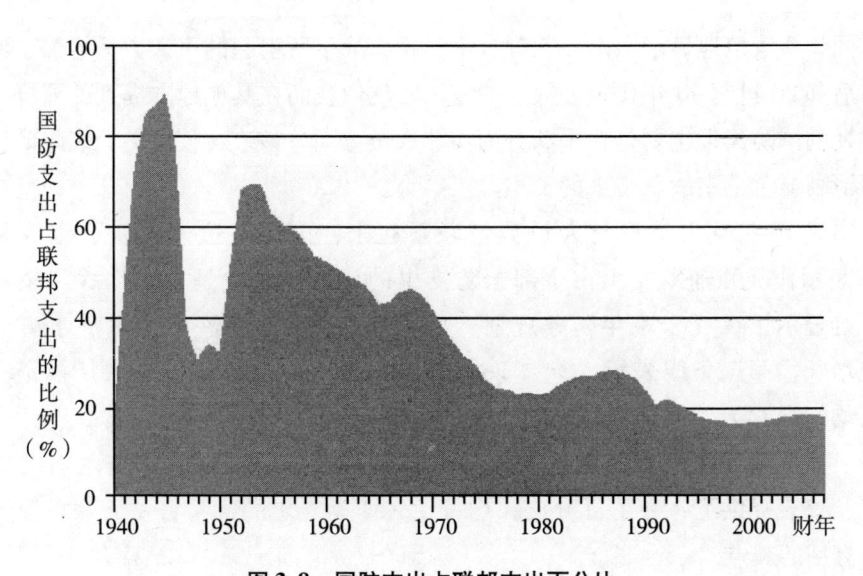

图 3.8　国防支出占联邦支出百分比

资料来源：Daggett & Belasco，2002，28。

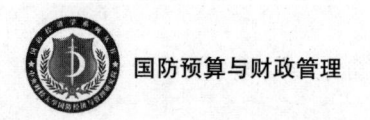

另一种看国防的方法是比较军人的数量，如图3.9所示。

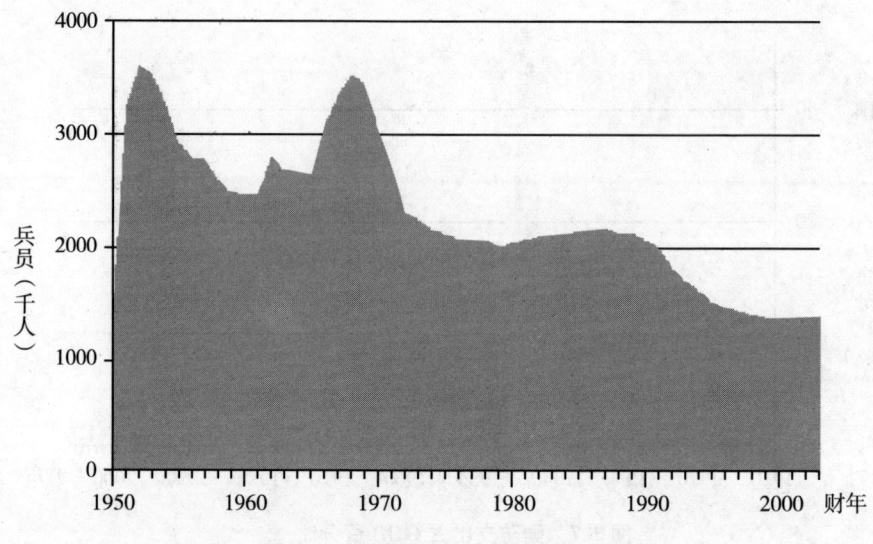

图 3.9　现役兵员数：1950~2003 财年

资料来源：Daggett & Belasco, 2002, 28。

图3.9清楚地显示了由于朝鲜战争和越南战争所引起的军人数量增加、冷战结束后和20世纪90年代军人数量的缩减。就像我们在其他地方提到的那样，里根时期的国防建设主要是在采购方面而非人员方面。该表比仅以美元表示的图表能更清晰显示越南战争带来的负担。

图3.10把支出类型与人员数量联系起来，该图左边（人员、作战及维持）表示作战和辅助支出占全部国防支出的比重，右边是人均作战和辅助支出，这显示了在《未来年防务规划》期间和之外，关于军人辅助支出方面的稳定增长。第三条线表示人均（采购和研究、发展、试验与评估）投资，显示人均情况：人均支出在《未来年防务规划》期间增加、达到最高点，然后减少。我们认为在《未来年防务规划》期间的国防趋势表示了资本对劳动的替代，该表提供了一种用百分比和均量比较两类支出的衡量方法，这可以得出比较有用的观点。

不存在衡量国防支出的最好办法，通常在饼状图中列出不同功能的名义支出，显示各相关功能之间支出规模的比较，这回答了在特定年哪一功能获得较多或较少资金的问题，这也可用百分比表示。当涉及GDP占比时，这种方法回答了我们希望支付多少；或者如果我们必须支付的话，我们能够支付多少的问题。

3 国防预算：复杂但可行

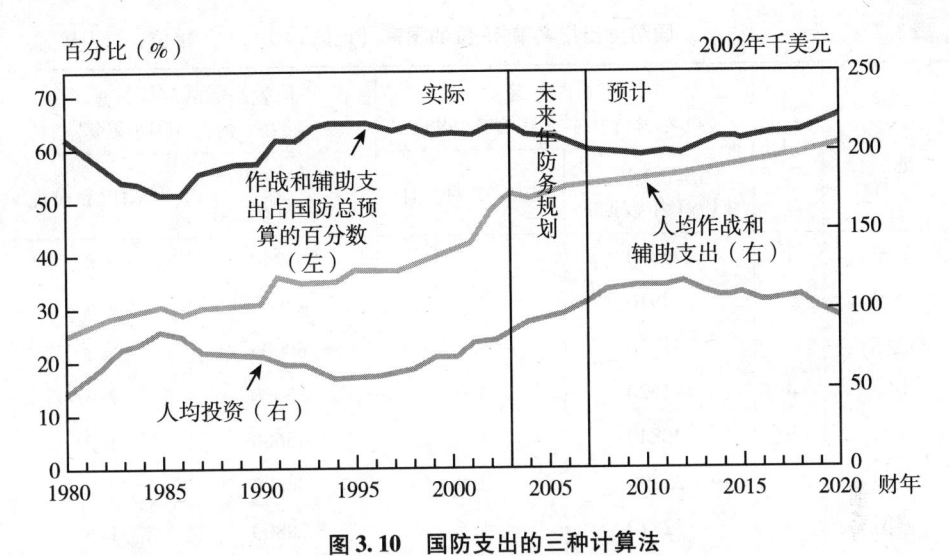

图 3.10 国防支出的三种计算法

资料来源：Congressional Budget Office，2003，图 2.2，第 18 页。

如 1989 年国防支出占 GDP 的 2.9%，而在 1944 年则占 37%。不变价格和当前价格的使用回答了考虑通货膨胀时国防拨款适度规模的问题。当使用美国预算的历史数据和用不变价格表示的国防产品数据缩减时，从名义支出向不变支出转换并不困难（防务产品比非防务产品不易受通货膨胀影响）。用 GDP 平减指数对当前价格或名义价格数据进行处理就得到了一年或几年不变价格的量，美国预算中许多时候就是这样计算的。这在考虑通货膨胀情况下，衡量较长历史时期为一项服务或功能支出规模时非常有用。

以上所述都很有用，但其最终必须与威胁联系起来。冷战时期，通常把对苏联国防支出的估计与美国国防支出相比较，结果证明美国对苏联国防支出的估计很不准确，且一般都有所夸大。甚至连苏联的预算官员也没有准确的数目，无法确切知道到底花了多少钱。2000 年，尽管国防支出还在继续下降，美国国防支出还是达到美国潜在的前 5 个或 6 个敌对国国防支出的总和。表 3.7 以美元和其 GDP 占比对（世界上）国防支出最多的前 25 个国家和地区进行了估计。

— 63 —

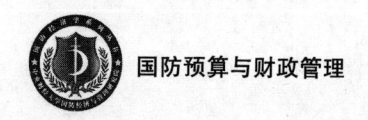

表 3.7　　　　　　　国防支出排名前 25 位的国家（地区）　　　　单位：百万美元

国家（地区）	排序	美国国务院《世界军费和军火转移：1998》国防支出（1997年数据）	占 GDP 百分比	伦敦国际战略研究所《军力平衡：2001~2002》国防支出（2000年数据）	占 GDP 百分比
美国	1	276330	3.3	291220	3.0
中国	2	74910	2.2	42000	5.4
俄罗斯	3	41730	5.8	60000	5.0
法国	4	41520	3.0	35000	2.6
日本	5	40840	1.0	45600	1.0
英国	6	35290	2.8	34600	2.4
德国	7	32870	1.6	28800	1.6
意大利	8	22720	2.0	21000	2.0
沙特阿拉伯	9	21150	14.4	18700	10.1
韩国	10	15020	3.4	12800	2.8
巴西	11	14150	1.8	17900	2.8
中国台湾	12	13060	4.6	17600	5.6
印度	13	10850	2.8	14700	3.1
以色列	14	9335	9.7	9500	8.9
澳大利亚	15	8463	2.2	7100	1.9
加拿大	16	7800	1.3	8100	1.2
土耳其	17	7792	4.0	10800	5.2
西班牙	18	7670	1.5	7200	1.3
荷兰	19	6839	1.9	6500	1.9
朝鲜	20	6000	27.5	2100	13.9
新加坡	21	5661	5.7	4800	4.9
波兰	22	5598	2.3	3300	2.0
瑞典	23	5550	2.5	5300	2.2
希腊	24	5533	4.6	5600	4.9
印度尼西亚	25	4812	2.3	1500	1.0

资料来源：Daggett & Belasco, 2002, 图示 15, 第 28 页。

从该分析来看，美国在国防支出方面占据绝对优势地位，然而在2001年世界贸易中心遇袭之后，这似乎并没有多少用处。拥有充足资金的恐怖组织不需要潜艇、洲际导弹、坦克以及航空母舰就能使美国遭受实质性破坏。但这些方法仍是观察和考虑国防预算规模的标准方法。在大部分情况下，趋势仍是观察（国防支出）的最重要因素。

资金流：预算授权、赋权和支出

国防经费是由国会通过预算授权来提供的，预算授权允许机构由于通过雇佣、下订单、签合同、贷款、提供补助等（31 USC 1501）方式提供商品和服务而产生赋责。随着为合同、采购、人员服务、贷款、提供补助等支付就产生支出。支出意味着已通过现金、支票或电子资金转账等形式把资金支付给了那些向政府提供产品或服务的人，或那些人已从政府获得了补助、贷款或其他支持经费。

预算授权显示了政府的开支意愿，支出（Outlay）表示实际进行了开支。下一财年预算账户（Budget Account）既包括预算授权，也包括对该年支出的估计。当这成为拨款法案后，预算授权就是在y职能上花费x美元的承诺：不能多，也可能不少。预算支出数是估计的，它是根据该职能上资金支出速度的历史数据估算出来的。例如，如果这是新职能，就必须雇人、装备、培训，然而即使已得到承诺或赋权，也不一定在第一年花掉所有的钱。如果这是个建设项目，最终不得不满足合同规定，第一年实际支出的资金可能会更少。预算授权的这种模式对所有联邦机构都一样，当年的拨款法案产生针对未来几年的预算授权，当年支出是过去几年预算授权的累积。

通常通过历史经验和趋势曲线形成的预算授权量来计算支出率，但这一计算不准确，不同专家估计的也不同。例如，1997年就关于1998财年新预算授权的2653亿美元国防拨款支出进行提案时，管理与预算局（OMB）估计的支出数是2594亿美元，而国会预算局的估计数则是2650亿美元，两者相差56亿美元（Tyszkiewicz & Daggett, 1998）。为满足国会预算局的支出要求，预算决议案就要进行调整。在格莱姆-鲁德曼（Gramm-Rudman）时期（1986～1990年），当支出存在控制限额时，专家所估计的50亿美元差异将（已经）导致预算过程的严重混乱。

支出率

国防支出节奏要考虑国防拨款以前的支出率。拨款通常有不同的法定赋权期，在赋权确定后，所有账户都有一个5年的资金可用期，在此期间支出或花掉已赋权的资金（Hleba，2002）。由于一些项目可能需要数年完成，赋权资金可能需要好几年才能消费完。历史记录显示军队人事资金在财年末基本全部花光（95%），而海军舰船建造项目在第一年仅花掉它全部账款的10%左右。表3.8中我们挑选了一些国防部预算账户，指出它们的法定支出期，并比较了国防部从历史情况中计算出的赋权率和支出率。

表3.8　　　　　　　　　　国防账款支出率

		代表性项目赋权率和支出率（百分比）							
		财年	财年+1	财年+2	财年+3	财年+4	财年+5	财年+6	总计
军队人事（全部）一年*	赋权率	100.00							100.00
	支出率	94.95	4.24	0.021	0.08				99.29
作战和维持（陆军）（一年）	赋权率	100.00							100.00
	支出率	68.80	24.40	4.100	1.50	0.50	0.20		99.50
研究、开发、试验与评估（国防部综合）（两年）	赋权率	90.22	9.78						100.00
	支出率	54.64	37.10	7.210	1.38	0.38	0.13	0.09	100.93
采购（海军陆战队）（三年）	赋权率	81.00	11.00	8.000					100.00
	支出率	30.00	42.00	16.000	8.60	1.50	1.00	0.40	99.50
飞机采购（海军）（三年）	赋权率	84.00	12.00	4.000					100.00
	支出率	18.00	42.00	14.000	4.20	1.50	1.00	0.60	81.30
舰船建造（海军）（五年）	赋权率	67.00	16.00	7.000	5.50	4.50			100.00
	支出率	9.63	17.27	20.840	19.73	10.21	7.79	2.56	88.03
军队建设（陆军）（五年）	赋权率	84.00	8.00	4.000	2.00	2.00			100.00
	支出率	4.10	37.10	35.600	13.30	3.80	3.00	2.60	99.50
基地关闭（基地重组和关闭委员会）（无限期）	赋权率	77.56	12.62	5.030	2.56	2.23			100.00
	支出率	12.45	42.18	28.510	9.32	3.42	2.10	1.38	99.36

*表示法定赋权期。

资料来源：DOD Greenbook，2003c，FY2004/2005 Budget，FY2004 DOD Obligation and Outlay Rates，February 2003。由于四舍五入，总计可能不是100。

3 国防预算：复杂但可行

人事费用有 1 年的赋权期和 5 年的支出期，大部分人员费用在 1 年之内赋权，在第 2 年年底全部支出。舰船建造和军队建设账款有 5 年的赋权期，可在 5 年或更多年支出。理论上，来自这些账户的钱在 10 年后仍可使用。所以，财务主管有可能接手一个问题账户，该账户中存在许多他到任之前很多年就存在的问题，尤其是当他在部队进行 3 年 1 次的随机轮岗时。

图 3.11 表示代表性拨款和它们的赋权及可用支出期，该例中，军队建设账款可有 10 年的合法支出期。

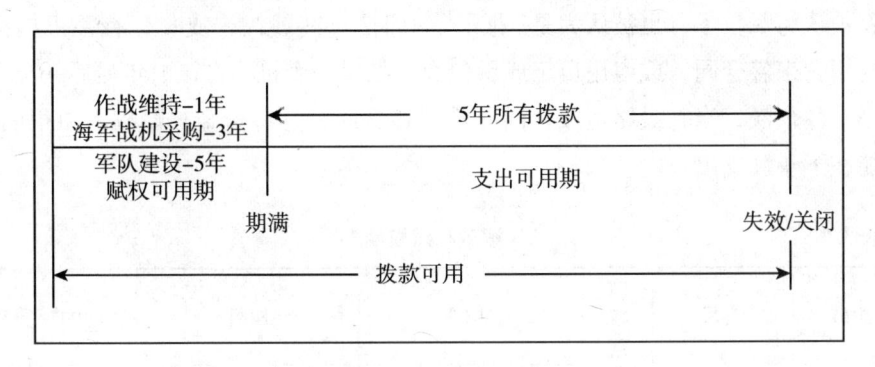

图 3.11 支出可用期

资料来源：Hleba，2001，22。

支出率不同对那些监控预算发展和进行拨款管理的人有影响。例如，如果预算分析师面对一个第 1 年只花拨款 20% 的计划，他的第一想法就是该计划可能被超额投入了，于是调整部分经费投入其他项目或计划，但这个结论显然是错的。那个分析师也许已经研究了计划的整体情况并比较了其计划执行和实际执行情况，分析支出是否以正确的速度向前进行。分析师和计划管理者实际上要做的就是度量赋权率以保证所有拨付的款项能够及时赋权支出。实际支出率并不能完全预测，未来发生的事可能会打断计划的实施，而且尽管经费已经赋权，但实际支出可能很慢。

在联邦政府中，只有国防部使用预算授权总额（TOA）这个概念，它是一个财年国防计划上可得的全部支出总量。预算授权总额（TOA）是国会许可的全部预算授权，加上从其他授权转到特定账户上的资金量，加上赋权仍可用的之前年未赋权余额。

如在 1998 财年，预算授权是 2549 亿美元，而预算授权总额（TOA）是 2568 亿美元，多出了 18 亿美元，多出的部分来自往年的预算授权。在总量上，

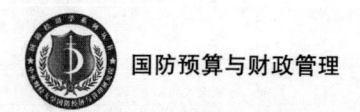

预算授权（BA）和预算授权总额（TOA）之间的差异非常小，但它还是会带来很大混乱。如1999财年，国防部估计约有67%的支出来自1999财年国防拨款案中所提供的预算授权，而该财年33%的支出来自以前年拨款案中所提供的预算授权（Tyszkiewicz & Daggett，1998），这个百分比随采购账户如舰船、战机、导弹、坦克及其他硬件的波动而变化。

按国会要求，拨付资金一般必须在第一年赋权，否则就过期了。当正式承诺后赋权就产生了。这可能发生在财年的第一天或最后一天，但被承诺后，这些资金就被认为赋权了，也被认为是"花了"。即使这些钱尚未支付，有关机构都不能再用它来签合同，或雇用员工或承包商。如果一个机构在该财年最后一天账户上还有些余额，当它最终达成合同并希望签署时，这些资金被赋权，但很明显，只能在下年度支出。

表3.9　　　　　　　　　　　　　拨款和赋权期

拨款	缩写	赋权期	实例	属性	资助的预算活动
作战与维持	O&MN, O&MMC, O&MA, O&MAF	一年	管理费、劳务费、文职和军人小额差旅费	用于日常运行和花费，50万美元内的小型建设费	军队作战、训和征兵、管理和支持活动
军队人事	MPN, RPN, MPMC, MPMCR	一年	军官和义务兵薪水	用于工资、培训、奖励、驻地永久变动补贴、津贴	官员工资、士兵工资、津贴、基地永久变动差旅费、海军官校学生
研究、开发、训练与工程	RDT&EN	二年	开发新技术费	用于开发新的或增进能力，直到可以投入使用	先进技术、战略计划、技术基础、战术计划
其他采购	OPN	三年	超过100000美元的装备采购或进行现代化改造	用于不被作战和维持资金提供资助的装备采购	船舶装备、常规装备、电子辅助装备、备件和维修部件
海军陆战队采购	PMC	三年	超过100000美元的装备采购、武器和弹药	用于不被作战和维持资金提供资助的装备采购	弹药、车辆、备件和维修部件

续表

拨款	缩写	赋权期	实例	属性	资助的预算活动
飞机采购	APN，APAF	三年	40F/A-18采购	用于初期采购或额外飞机和相关设备采购	歼击、教练机、飞机备件或维修零件
武器采购	WPN	三年	战斧式导弹采购	用于初期采购或购买其他武器	导弹、鱼雷、弹药、备件或维修零件
军队建设	MCON	五年	基地设施或建设土地获取	用于建造、购置或永久性公共设施建设	大型建设（大于150万美元）、小型建设（150万美元之内）、规划历史项目
家庭住房运营	FHOPS	一年	家庭宿舍维护	营房运行、租赁和维修	运营、租赁、维修、利息支付、保险费
家庭住房建设	FHCON	五年	家庭宿舍建设	营房建造、修缮现有营房	新的建设、改进和设计
造船和改造	SCN	五年	船、潜艇和其他船只建造	新船只建造、现有船舶改建	FBM级舰船、两栖舰艇、水雷战舰艇、其他船舶
基地调整和关闭	BRAC	无年限限制	路上设施关闭或调整	一次性、非常规运行和关闭或调整的投资费用	微核、家庭住房、环境、运营和维护、军人、对房主援助

资料来源：Hleba, 2001, 22。

国会在每年拨款立法中详细说明资金可能被持有或待赋权的期限。通常，国会规定作战和维持资金在1年内赋权可用、研究和开发资金在2年内赋权可用、采购资金在3年内赋权可用、军队建设资金则在5年内赋权可用。国会为舰船建设资金设定了一个特别科目，其赋权期也为5年。一旦资金被赋权，它们将根据合同确定的付款进程或作为薪水被支付出去。

未支出余额

未支出余额（Unexpended Balances）是用来跟踪国防部和联邦政府总支出赋权和支出的典型管理措施，包括所有已拨付但尚未支出的资金。未支出余额由保留和未赋权资金构成，保留资金意指已达成承诺，联邦政府将在工作、服务提供或项目移交后完成支付；未赋权资金则意指资金已拨付，但是政府尚未达成承诺使其运行：没有雇用雇员、没有签订合同，也没有供货订单。政府在资本购置和政府间支出的复杂性意味着未赋权余额将永远不会归零，好的财务管理需要跟踪这些科目资金。毕竟，如果资金未在该财年花掉，那么随后会带来影响，不能对它置之不理。在赤字时，也就是最近50年中的大部分时期，财政部将不需要发行数以亿计的国库券，而纳税人也不必支付额外的费用。因此，跟踪未支出余额和未赋权余额是明智的选择。

管理与预算局（OMB）对2004财年超过1万亿美元未赋权余额的研究显示，70%的资金会在年底赋权，30%的资金将不会被赋权。我们可能会注意到该数字差不多是联邦预算的一半，其在该财年可能被支出也可能不支出。

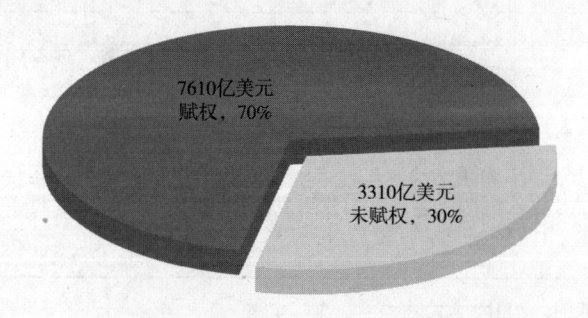

图 3.12　年终未支出余额：赋权和未赋权

资料来源：Office of Management and Budget, 2003, 2。

管理与预算局（OMB）估计大约有30%（也就是3000亿美元）将不会被赋权，因此不可能支出。联邦资金（国防部、财政部等）占到未赋权余额的79%，剩下的来自信托基金。在联邦基金中，68%的未赋权余额将作为财政储备、其余的20%将用于资本投资（OMB，2003b，第1.2.3节），国防部的情况与此稍有不同。对2002年国防部未赋权余额的研究发现，如表3.10所示，采购和军队建设资金占了总数的46%。采购、军队建设和研究、开发、训练和工程方面的资

金总计占到国防部未赋权余额的61%。最大的单个账户是海军舰艇建造账户，2002年该账户的未赋权余额有56亿美元，这也可看出前面对资金支出率讨论的另一个侧面。

表3.10　　　　　　　　　国防部2002年拨款的未赋权余额

	美元（以10亿美元计）	百分比（%）
采购与军队建设	17.000	46.23
周转金	9.200	25.02
研究、开发、训练与工程	5.600	15.23
其他	4.300	11.69
临界财政储备	0.669	1.82
合计	36.769	

资料来源：OMB, 2003a, *Balances of Budget Authority FY2004*, 图5, *Federal Funds End of Year Unobligated Balances by Agency and Program*, 33－34。

图3.13显示了国防部未支出余额和未赋权余额的规模和持续情况。

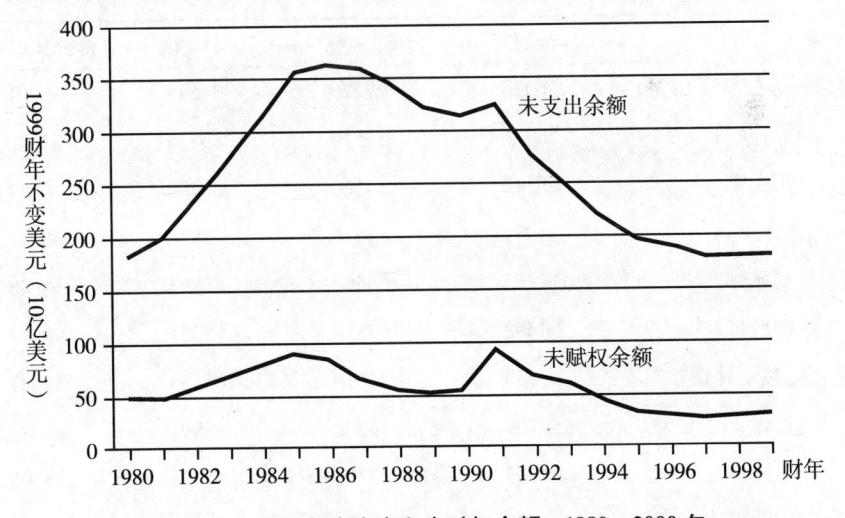

图3.13　国防部未支出和未赋权余额：1980~2000年

资料来源：Tyszkiewicz & Daggett, 1998, 10。

从历史上看，我们可以看到20世纪80年代国防建设的重点主要在国防采购，所以人们更多地关注未赋权余额。在造船账户中，资金未赋权是个普遍问

题，但也意味着这是个难题。国防部的习惯则是尽可能100%赋权，但预算的复杂过程往往使其落空。另外，通货膨胀率的改变可能影响未赋权余额。如果通货膨胀率比预期低，可能只需较少的资金。美国也在国外为军队人事和采购支出。如果美元升值的话，就可以用更少的美元来购买更多的东西，因此所需美元也会比预算得要少。作为一个实际问题，国会也关注未赋权余额，20世纪90年代末国会把它看作可抵消追加费用的资金来源。

历史模式显示相对较高但持续的未赋权余额，尤其是当国防部大部分管理人员知道不在第一财年内保留资金是很大错误时，当年的预算会自动削减，来年也可能削减，同时也是对管理者所管理其他计划的一个潜在警告。逻辑如下：一些人努力使资金投入到《计划目标备忘录》（POM）、国防预算、拨款建议案并争取在国会获得通过，但现在它们却没有被保留支出，五角大楼和国会的审查者们就想知道为什么没有被赋权？特别是当这些资金被拨向其他计划时。

国防部并不是唯一跟踪未赋权余额的部门。表3.11给出了对2002年未赋权余额的研究。

表3.11　　　　列入未赋权支出的机构（2002年实际支出）　　单位：十亿美元

	赋权	未赋权	未支出	百分比（%）
人事管理办公室（OPM）	6925	27720	34645	80.01
其他工业机构	26716	56519	83235	67.90
劳工部	9142	14160	23302	60.77
工兵部队	1071	1611	2682	60.07
财政部	17393	24502	41895	58.48
内政部	4498	3853	8351	46.14
国际援助计划	63939	41516	105455	39.37
运输部	59709	36282	95991	37.80
国务院	4743	2780	7523	36.95
农业部	19604	9229	28833	32.01
国土安全部	10491	4498	14989	30.01
住房和城市发展部	93957	37356	131313	28.45
退伍军人事务部	7475	2840	10315	27.53

续表

	赋权	未赋权	未支出	百分比（%）
国防部	158108	39128	197236	19.84
商业部	4341	1017	5358	18.98
环保局	11480	2472	13952	17.72
能源部	10453	1800	12253	14.69
教育部	30501	4822	35323	13.65
司法部	13891	2081	15972	13.03
社会保障部	50038	3017	53055	5.69
卫生部	70842	2443	73285	3.33
总计	675317	319646	994963	32.13

资料来源：数据来自 OMB，2003c，图2，第18页。

尽管国防部与大部分未赋权余额脱不了干系，但从占比看它的排名在这些部门（表中有21个机构）中排名却很靠后。然而，未赋权余额是联邦财政管理中确实存在的事实，最好予以严密监控。

赤字背景

就算不考虑其他因素，国防预算过程已经足够复杂了，但最好要记住，"预算剧"是在稀缺资源背景下"上演"的。图3.14提醒我们，预算通常是在赤字时做出的，在1998年到2001年短暂的盈余预算之后，联邦在21世纪初重新出现赤字。在该图中，2003年及其后几年是估计的，它取决于政策选择和经济发展情况。该图也显示了20世纪30年代的大萧条、第二次世界大战的影响以及里根时期的国防建设、税收减免和20世纪80年代初的经济衰落，那时，赤字占GDP的比重在1983年上升并超过6%。得益于美国经济增长，用了大约15年时间，政府才把这一赤字降低到可控范围，并在1998年首次出现了盈余。

2003年2月，总统预算报告预言说在2013年年末，赤字占GDP的比重将降至2%以下。2003年7月的中期审查修改了这一预言，估计赤字将从2003年的4550亿美元上升到2004年的4750亿美元，但指出："作为经济一部分，这两年

图 3.14　赤字占 GDP 比重

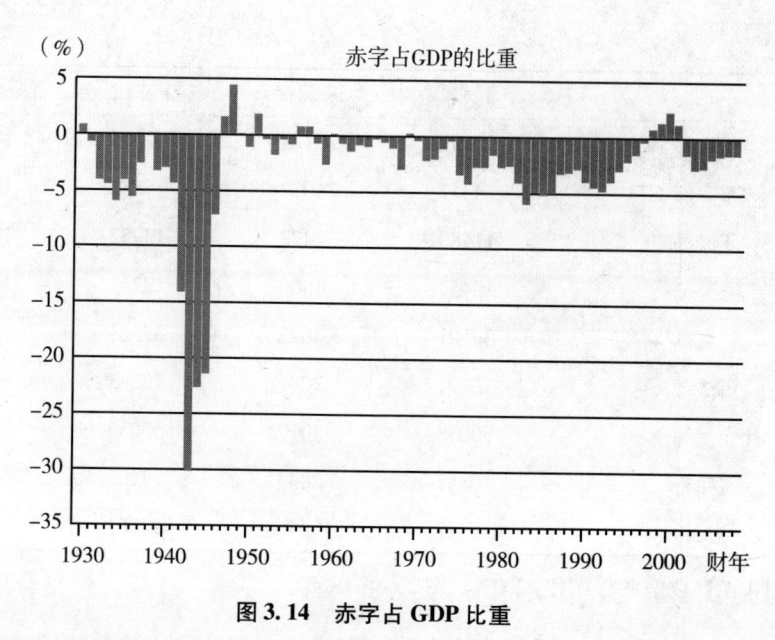

资料来源：OMB, 2003, Historical Tables, *Budget of the United States*, *FY*2004，表 1.2，23。

的高赤字率保持稳定，占国内生产总值（GDP）的 4.2%。该赤字水平低于战后在 1983 年出现的赤字高峰 6.0%，这一赤字水平也低于近 20 年中 6 年的赤字水平。"管理与预算局（OMB）补充指出："更重要的是，2004 年后，由于经济回到健康、稳定的增长，赤字也逐步降低。到 2006 年，赤字会降低一半，自 2003 年起，赤字会从 2004 年占 GDP 的 4.2% 下降到 2008 年占 1.7%。"管理与预算局警告说赤字反映了"从衰退中开始复苏的经济，由于反恐战争和国家安全需要而增加的支出，以及由此而来的个人收入所得税的激增"。管理与预算局承认"名义上赤字很多，并受到广泛关注"，但结论称"如果我们继续推行促进增长的经济政策，并实施严格的支出纪律，赤字是可控的"（OMB，2003c）。

与里根时期一样，管理与预算局（OMB）赤字方案的可信度很低。通常，国会预算局对赤字的估计更准确些，部分原因是国会预算局是个无党派机构，它为国会所有政党领导人服务。而与此有别的是，管理与预算局仅为一个政党和一个主人——总统服务。因此，如果总统希望得到较低的赤字预测，他可能简单地命令管理与预算局做出这样一些数字（他们也会这样做）。这就是为什么 20 世纪 80 年代管理与预算局的赤字估计完全不可信。

严格的支出纪律意味着在为预算案投票时，必须考虑赤字因素，但这反会在

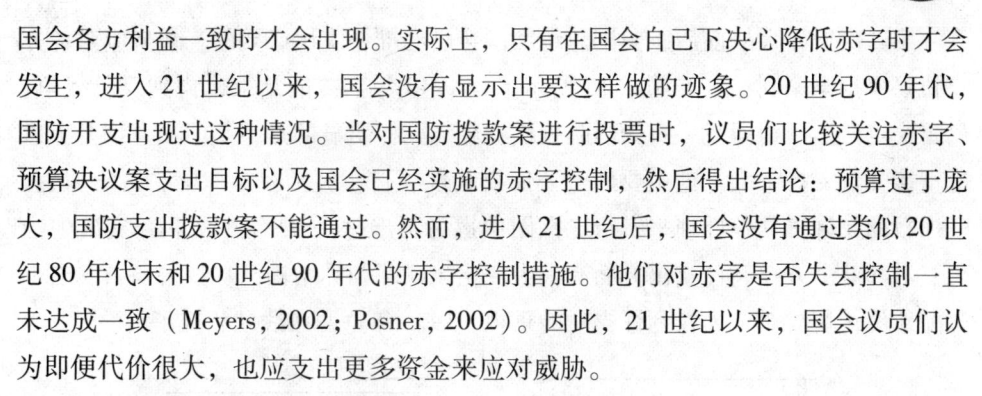

国会各方利益一致时才会出现。实际上，只有在国会自己下决心降低赤字时才会发生，进入 21 世纪以来，国会没有显示出要这样做的迹象。20 世纪 90 年代，国防开支出现过这种情况。当对国防拨款案进行投票时，议员们比较关注赤字、预算决议案支出目标以及国会已经实施的赤字控制，然后得出结论：预算过于庞大，国防支出拨款案不能通过。然而，进入 21 世纪后，国会没有通过类似 20 世纪 80 年代末和 20 世纪 90 年代的赤字控制措施。他们对赤字是否失去控制一直未达成一致（Meyers, 2002; Posner, 2002）。因此，21 世纪以来，国会议员们认为即便代价很大，也应支出更多资金来应对威胁。

历史的教训并不总是容易理解，但从 20 世纪 40 年代初至今这段历史来看，美国政府和纳税人愿为国防建设提供充足资金，不论在赤字时期还是非赤字时期，也不论国防支出是否由借款来支持。最有说服力的决定，往往来自国防支出占 GDP 的比重其威胁情况。历史表明，美国会倾其所有来应对威胁。

小　结

在第 1 章中，我们指出国防支出与财政政策和经济状况息息相关，本章我们补充另外的证据来支持这个结论。国防每年支出 4000 亿美元，无论如何这在联邦预算中都是个大"饼"。而且，国防预算由于混乱的威胁定义、极端暴力的可能、军队训练的需要、武器系统的需求和为保证人员和武器随时可投入战斗的维护和补给系统的需求而变得更为复杂。这是很难办的事情，我们不能期望完美地完成保卫美国本土及海外利益的任务，但我们应致力于在国防政策和预算，以及在战斗部队中，每个人都努力使所有的事情沿着正确的轨道运行。

如本章所述，国防预算非常重要，这包括数据如何被用来决策，或用国防费购买什么、国防部和国会如何核算支出。理解国防部和国会在预算分析和政策决策时为何会出现差异很重要。尽管如此，本章希望能更明确地指出，除了国防支出对经济的影响，经济情况和国家总体债务情况也影响年度国防预算。

国防部的支出对地方、州以及地区甚至国外的经济都有着重要的刺激作用。正如我们所看到的，在任何经济状况下，美国的倾向是为战争融资和作好战争准备，在第二次世界大战前和第二次世界大战中进行的动员和筹资就是最好的例子。

第二次世界大战前后，美国总统和国会已经准备支出必要的一切来应对各方威胁以保护国家利益。如图3.15所示，自1940年到冷战结束，再到反恐战争，只要决定做出后美国就一直为国防提供资金。同样明显的是，美国一直致力于通过直接支付支持个人，这主要通过公民权利性项目，包括社会保障、医疗卫生、医疗救助及许多其他计划来实行。该图中也可看出过去60年中，联邦支出中国防支出和对个人权利性支出方面有很大变化，联邦预算结构已从过去国防支出占支配地位转变为对个人权利性支付的重视，1971年这两条线就相交了。

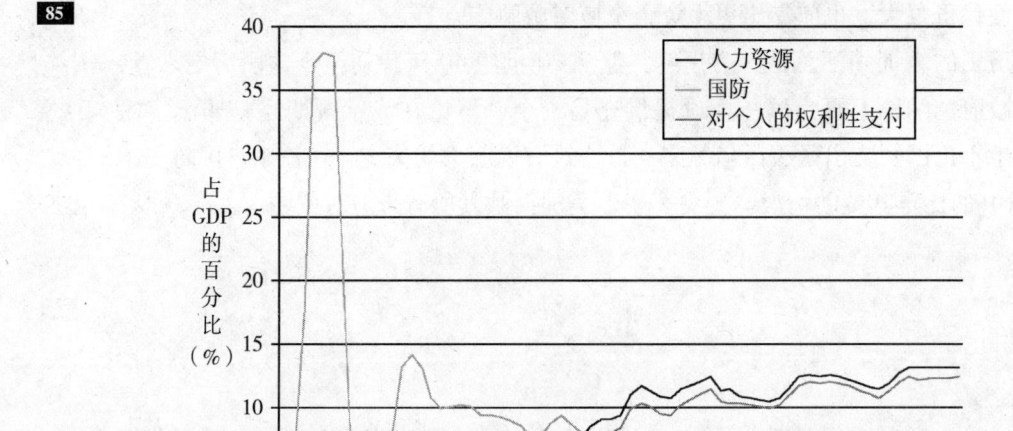

图3.15 国防和个人权利性支出占GDP的比重

注：国防和个人权利性支出占GDP百分比来自表6.1（支出结构：1940～2008年），人力资源支出来自表3.1（超功能和功能支出：1940～2008年）。人力资源支出包括教育、培训、就业、社会服务、健康、医疗、收入保障、社会保障、退休福利和服务等。个人权利性支出是此类支出的重点，包括直接支付给社保账户、医疗保险、退休福利和其他方面的支出。1940年后，这两类费用支出不断接近，这方面更多的支出流入州和地方政府。

资料来源：OMB, 2003, Historical Tables, *Budget of the United States*, FY2004.

显然在第二次世界大战期间并一直持续到20世纪90年代和冷战末期，国防支出是国家的"包袱"，美国为此付出了数以亿计的国防支出。如果世界更和谐、更和平，那么如此巨额的国防支出可能就不必要了。毕竟，美国在第二次世界大战后的第一件事就是裁军。到1947年6月为止，美国的武装力量从1200万人削

减至大约 150 万，陆军变为拥有 683000 志愿兵的地面部队。冷战改变了其后 40 多年的一切，在许多方面，国防是强加给美国的额外支出；选择创建社会保障系统，而后增加医疗保健权利性支出，这些都是国内决策，与通胀相关。这也为将来支出设定了稳步上升的赋责，这一影响在图 3.15 中可以看得很清楚。由此可见，决策和预算选择都有长期影响，而且一些选择也会影响决策者。任何年做出的决策，其影响力都可能需要许多年来消除，就算这些决策带来的影响能够消除，也需要几十年的高税收付出。

例如，1981 年总统和国会选择大幅度削减税收，并增加国防支出，这些决定有长期影响。随着权利性项目支出的大幅增加，这些决策导致了随后和平时期的长期赤字记录。这里所传达的信息是，财政政策决策很重要，也很困难，重要决策都有长期的影响和后果。尽管我们希望政治系统能够提供反馈，决策者在决策和重新决策时能对反馈做出反应，但实际上许多财政政策决定一旦造成影响就不可能消除。柏林墙倒塌后，之所以对新的军事战略调整有所犹豫，就在于认识到如果做出错误决定就会带来长远影响。因此，在 20 世纪 90 年代，虽然军事学说不断推进，但却未打造成新的作战力量。在这个时代，常规战争转化为恐怖主义的广泛威胁，我们被迫重新承担起全新的、不同寻常的国防负担，这种必要性很大程度上就是驱动国防转型的原因。转型慢主要是因为我们希望能做出正确决策，因为错误决策的代价太大了。尽管国防支出占 GDP 的百分比从历史水平上降下来了，但每年还是要开销数千亿美元。为美国国防花钱的意愿并不是现在才出现的；相反，它已变成美国财政公理和重要政策，盟友已逐渐参与进来，美国的敌人应该为此感到害怕。

4 规划-计划-预算-执行系统

引 言

国防的政策制定、资源规划和预算过程，极具复杂性和多样性。国防部使用规划-计划-预算系统（PPBS）来准备其规划和预算。2003年，通过改革增加了"E"表示执行（Execution），重新命名为规划-计划-预算-执行系统。本章对现在所称的规划-计划-预算-执行系统（PPBES）的变迁进行回顾和评价，并评估国防部所采用的其他资源决策系统改革。

本章也评价了国会与国防部之间在制定政策规划和资源配置决策与监管上的关系，然而，重点是国防部政策和资源规划的制度与政治动力。

虽然总体上规划-计划-预算系统（PPBS）早在30多年前就被联邦政府放弃了，但仍被国防部所采用，因为它符合政策制定和多军种预算的多方需求，同时也提供了关于规划和支出的长期观念。尽管国防部负责管理其内部的资源管理系统，但这要在国会的监督下完成。因此，在资源规划、预算准备及执行上，国防部不断寻求国会的更大授权，以获得在管理上更多的自主权，从而提高工作效率和增强应付突发事件的能力。2003年国防部向国会提交了一个旨在增加授权的《国防转型法案》，本章将对此进行讨论。

每年有大量有关国防规划及预算的一系列问题，困扰着国防部和国会决策者。其中包括如何有效进行可靠的对威胁评估，以及对于评估效果好坏的估计。另一问题是在国防上应该花多少钱，这很大程度上取决于对威胁的认知。对于威胁的认知同样需要用国防预算的政治动力学来解释。许多因素影响着公众看待威

胁和支出的观点，对国防预算的讨论和建议也是美国民主政治传统的一部分。由于自相矛盾的政治观点和信息，以及需要鉴别和评估威胁以及选择相应的预算，不可避免地加剧了"国防预算"的复杂程度。在开放的政治系统中，倡导和推动国防需要成为国防拥护者一项不可推卸的责任。

国会依据美国宪法对国家赋税和开支拥有独一无二的权力，因此众多的政策框架和国防部的预算是由国会决定的。因此，对国防资源分配的分析不能忽视政治背景，决策就是在这样的政治背景下制定并执行的。防务政策制定和资源规划与国防预算中的美国政治密不可分。由于资源配置政策制定环境高度多元化，国家安全政策的选择和实施非常困难（Adelman & Augustine，1990；Wildavsky，1988，191~193）。然而，在一个民主国家，出现对政策和资源分配的不同意见很正常，甚至是受欢迎的。

为什么是规划-计划-预算系统？历史视角

由于国防部的性质、规模及其任务和行动差异极大的特点，国防部的政策制定、规划和资源配置决策是一项极其复杂的任务。国防部利用规划-计划-预算系统（PPBS）来规划、准备、协商并做出关于政策、计划和资源配置的决策。

在20世纪60年代肯尼迪和约翰逊总统执政期间在国防部设立规划-计划-预算系统（PPBS）最初是由国防部长罗伯特·麦克纳马拉（Robert McNamara）、查尔斯·希奇（Charles Hitch）、罗伯特·安东尼（Robert Anthony）等人推动的（Thompson & Jones，1994）。1962年以前，国防部并没有一个上下相协调的规划和预算方法（DoD/GAO PPBS联合工作组，1983年；Korb，1977；Puritano，1981）。直到此时，各军种都提出和保护各自的预算，国防部长在预算审查中的作用有限。麦克纳马拉作为福特汽车公司总裁时已开始使用规划-计划-预算-执行系统，他和他的主计长希奇坚信这一系统在国防部大规模的资源规划和分配中会很有价值，麦克纳马拉想使规划-计划-预算系统（PPBS）成为国防部主要的资源决策与分配机制。当约翰·肯尼迪总统要求他实行由国防部长（文官）对军种部门和部队进行更严格的控制时，麦克纳马拉毅然采用了这一系统。作为前国会议员，肯尼迪对军种的预算和规划十分不信任。他任命麦克纳马拉控制国防部的预算和规划，使它掌控在文职领导人的手中而远离军种部门。因此建立规划－计划－预算系统（PPBS）的最初动机，既是为制定合理的资源**规划**和预算，也是因为政治控制。1964年6月30日，规划－计划－预算（PPB）在国防部开始实行（Feltes，1976；Korb，1977；Thompson & Jones，1994）。

希奇在国防部内采用规划－计划－预算系统和系统分析，但大部分计划分析由国防部长办公厅主计长和计划分析与评估办公室的"天才少年"们进行。军种部门并不急于执行规划－计划－预算系统，但最终又不得不加入由希奇和其幕僚精心组织的新的**规划**与预算博弈中。没几年，军种部门就完全致力于学会如何在新的规划－计划－预算系统流程中竞争。然而，如上所述，规划－计划－预算系统不仅是预算改革，还是对可选计划、武器系统及最终多年计划目标的一种新的分析与竞争方法。在约翰逊执政期间，国防部又推动了规划－计划－预算系统之外的其他改革。

国防部主计长希奇的继任罗伯特·安东尼——一位来自哈佛大学商学院债务经营管理领域的教授，于1966年对国防部预算和审计提出一系列大胆的变革，这称为"精品项目"（Project Prime）。"精品项目"将国防部所有部门分成任务中心、收入中心、成本中心和服务中心，与安东尼的经营管理理念相一致，在整个国防部内部，按照权责发生制，同时要求对需要进行补偿的服务进行内部支付处理（使用协商价格或影子价格）（Thompson & Jones，1994，66~68）。安东尼所设想的是一个偿还清算账目的过程，类似于布什总统执政、迪克·切尼（Dick Cheney）任国防部长时主计长肖恩·奥基夫（Sean O'Keefe）和副主计长唐纳德·夏伊科弗（Donald Shycoff）在国防部所推行的1989~1992年《国防管理报告》所倡议的部分（Jones & Bixler，1992）。"精品项目"也包括国防部的权责发生制会计和预算编制，1990年的《首席财务官法》（Chief Financial Officers Act）要求采用权责发生制会计，而国防部还未能成功地实施。显然，安东尼关于国防部会计和预算应如何组织管理的观点在他那个时代是超前的（Thompson & Jones，1994，66~68）。

国会并不支持安东尼所建议的变革，拨款委员会的关键成员拒不同意权责发生制的变革，并否决了"精品项目"，也许他们认为这一变革将削弱他们通过预算杠杆对国防部的微观控制。反对意见如此强烈以至于有人暗示安东尼必须辞职。安东尼并没有被辞退，但是他选择回到哈佛，这项试验终止（Jones，2001b）。直到2003年国防部才向国会重新提出了一个彻底的改革法案——《国防转型法案》（Defense Transformation Act）（见第12章）。

4 规划-计划-预算-执行系统

第二次世界大战后的预算改革导致了20世纪60年代规划-计划-预算系统（PPBS）的实行，它起始于20世纪50年代的绩效预算。本质上，绩效预算（Burkhead，1959，第六章，133~181）试图将投入和产出联系在一起。20世纪50年代艾森豪威尔执政期间由总统预算局（BOB）所采用的绩效预算（PB），被描述为每单位已完成工作的成本费用，他所关注的是对工作量的衡量而非产出和结果。绩效预算的历史包括成立于1912年的塔夫脱委员会（Taft Commission），这使得绩效预算于1934年被农业部采用，于20世纪30年代末被田纳西流域管理局（Tennessee Valley Authority）所采用，继而在1949年被胡佛委员会（Hoover Commission）强烈推荐使用（McCaffery & Jones，2001，69）。

1949年，国会要求国防部的预算评估也应在绩效范畴内提出。绩效预算是行政预算管理工具，20世纪50年代，在预算局长莫里斯·斯坦斯（Maurice Stans）等人领导期间，绩效方法被引入预算，预算管理改革多少有些激进。其中很多措施已被用了几十年，促进并简化了行政当局与国会之间的谈判磋商。然而，在绩效预算的第一次浪潮中（第二次浪潮于20世纪90年代发生），人们对探索绩效预算的方法以及将这些方法运用到拨款与支出上，仍进行了艰苦的努力。实际上，这一时期探索的很多措施并没有衡量出绩效，反而，可能是为其更容易（也可能是唯一的可行方法），用工作量和投入成本代替了真正的绩效预算方法。然而，这一时期的预算与以前简单的条项（Line-Item）预算形式离得越来越远。在拟议支出和行动之间的公式和比率被整合进执行预算外，还有解释说明以及如何提出正当的理由以获得额外资源的方法（McCaffery & Jones，2001，69）。

20世纪60年代早期，预算改革的重点转到了所谓的"计划预算"（Program budgeting）上。计划预算（Mosher，1954；Novick，1969）过去和现在都是从绩效预算发展而来的，预算中的信息是从计划类别中整理而来的，没有绩效预算结构的烦琐细节，这些支出类别与要完成的具体目标紧密关联。业务由部门、机构、任务目标，有时还含为期5年的功能或预测所组成。威尔达夫斯基、哈曼（Wildavsky & Hammann，1962）称，计划预算首先于20世纪60年代早期在农业部试用。1966年根据约翰逊总统的行政命令，计划预算在整个联邦政府被采用。

规划-计划-预算系统（Hinricks & Taylor，1969；Lee & Johnson，1983，第五章；McCaffery & Jones，2001，70；Merewitz & Sosnick，1972；Schick，

1966，1973）旨在成为全面的分析规划系统，纳入多套计划和规划。在国防部长麦克纳马拉和国防部主计长查尔斯·希奇的主导下，规划－计划－预算系统（PPBS）利用经济学、系统分析、战略规划、控制论及公共管理等多个学科方法，来规划并分析可供选择的计划途径和目标，然后推算出性价比，得出要选择的手段和结果。在这一系统下，预算成为计算所选目标成本这样简单的事情。

理论上，由规划－计划－预算系统（PPBS）发展而来的计划预算为国会和行政机构提供有关联邦政府在特定领域，如卫生、教育、公共安全等所有部门和机构的支出信息。计划预算可更好地理解为：计划类别作为一轴，部门作为另一轴的矩阵。因此，在这一完全清晰的计划预算中，国会可以决定在卫生、教育等各部门应投入多少资金，这样也能帮助人们考虑预算是否充足、多了还是少了？

约翰逊总统认为规划－计划－预算系统（PPBS）在国防部是如此成功，以至于1966年签署了一项命令决定在整个联邦政府系统内采用此预算方法。然而令人遗憾的是，虽然各行政部门精心准备了计划预算并将开支与目标相挂钩，但在很大程度上国会忽略了它们所提交的东西，而更喜欢坚持传统分析和执行预算的拨款框架（Schick，1973）。这一问题的原因是什么？一方面可能是计划预算提出了太多有待国会同意和理解的信息。另一方面或许是国会意识到计划预算将减少拨款委员会成员的权力，因为在这一形式下的预算很大程度上是由公式决定的，这会减少国会政治上的参与（Jones & Bixler，1992）。政府范围内的规划－计划－预算系统（PPBS）试验在1969年被理查德·尼克松总统叫停，当然这是因为政治而非效率原因。尽管在行政部门和国会中，规划－计划－预算系统（PPBS）被认为工作量大且消耗员工过多时间来准备和分析（Schick，1973），但该系统仍被国防部采用，部分原因是国防部购买了大量长期资本资产，而规划－计划－预算（PPB）将长期规划作为其第一要素，满足了国防部的需求。

因此，尽管有批评说规划－计划－预算系统（PPBS）在联邦政府是失败的，但该过程仍被国防部采用并已逐渐修改得更有效，当然也还存在瑕疵（McCaffery & Jones，2001；Puritano，1981；Wildavsky，1988，186~202）。在不同的总统和国防部长任内，尽管规划－计划－预算系统（PPBS）的操作方法几经改变，但该系统的基本特征已保持了40多年。在此期间，莱尔德（Laird）改革、《戈

德华特-尼科尔斯国防部改组法》、2001~2003年拉姆斯菲尔德的国防转型等三次重要的改革深深影响了规划-计划-预算系统（PPBS）。

莱尔德改革

1969年，理查德·尼克松总统任命梅尔文·莱尔德（Melvin Laird）为国防部长，接替麦克纳马拉。莱尔德给国防部带来了一种完全不同的管理方式，保持了其历来的行事风格，强调权力下放，强调军种部门的重要性。如果说麦克纳马拉在五角大楼增加了科学决策，那么他也推行了中央集权的管理方法。系统分析、从上至下的规划和成本收益分析被用来支持中央集权管理。政策分析办公室成为中枢，利用上面所提到的工具帮助麦克纳马拉将决策权集中到国防部长办公厅（Thompson & Jones，1994，68~73）。莱尔德的方式则与此相反，他强调参与管理以及权力下放。自1969年开始，莱尔德将决策权从国防部工作人员手中移交给军种部门的官员，因为有"很多事情的决定应由各军种部长做出，而各军种部长也有责任管好他们自己的计划。因为一艘驱逐舰上应该配备多少20毫米步枪与我没关系，这是海军部长的事，我必须给各军种更大的权力"（Feltes，1976）。莱尔德同时推动参与性管理过程，希望得到军方领导人的合作以减少国防预算和军队规模。

在莱尔德的4年任期内，美国在越南的部队从1969年的549500人降到1972年5月的69000人（Laird，2003）。他专注于从越南撤军，但也介入了一些其他事情，如与其他国家的成本分担，保持技术领先（如B-1型炸弹、三叉式潜艇），提高采购效率，增强战备，战略充足①，以及核建设限制（Armed Forces Management，1969；Laird，1976）。他于1973年1月**完成**了选征兵役（Selective Service）（制）草案，并不遗余力地致力于美国战俘的释放工作。

莱尔德用大量时间准备和在国会举证，改善国防部与国会之间的关系。在管理方面，莱尔德使各军种部长和参谋长联席会议主席在预算制定及军力规模上发

---

① 战略充足（Strategic Sufficiency）：尼克松时期于1969年6月24日在《国家安全决策第16号备忘录》中提出，该原则对美国长期坚持的"确保摧毁"战略进行了部分修改，认为也应包含某些灵活反应的因素。——译者注

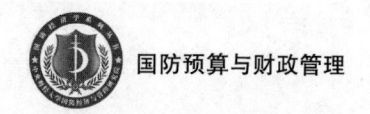

挥更大作用，但他也重新采用了军种计划和预算上限（固定比例），并要求各军种在此限度内进行计划。这一"天花板"或上限（预算）的概念持续了近40年，并一直影响到今天国防部的预算请求。各军种都期待在规划和预算各阶段中，它们的计划和预算平衡与预算授权总额（TOA）保持一致。

通过给各军种及参谋长联席会议主席提供更好更早的战略与财政指导，莱尔德试图更好地平衡军方与文职官员在有关决策过程中的判断。费尔茨认为，莱尔德强调分权管理的结果使军队规划的责任和权力重新回到了军种部门手中，国防部长办公厅系统分析的作用被削弱。虽然没有出现转折性调整，但莱尔德时期还是持续不断地打上从麦克纳马拉式的国防部长集权决策转向分权管理的印记。（Armed Forces Management，1969；Feltes，1976）。

1986年《戈德华特－尼科尔斯国防部改组法》

一般认为，1947~1949年国防部并未达到集中统管的目的，各军种仍然自行其是，直到60年代初的改革，以及在某种程度上，直到1986年《戈德华特－尼科尔斯国防部改组法》（Goldwater-Nichols Act）的实施（Thompson & Jones，1994，78~72、469）。20世纪50年代，杜鲁门和艾森豪威尔总统试图加强参谋长联席会及其主席的的作用，但都失败了。

1981年，参谋长联席会议主席、美国海军陆战队上将大卫·琼斯（David Jones）认为该系统已经崩溃，要求国会对其进行整顿（Jones，1982）。作为参联会主席，琼斯将军发声批评这件事本身就有非常重要的意义（Chiarelli，1993，71）。1981年，琼斯指出，在军种部门利益的驱使下，资源分配过程分散破碎，导致项目总是比预案多；焦点总是在军种计划上；导致变化总是很微小，而更好的分析本应带来更大的变化；导致不可能聚焦于关键的跨军种需求，导致军种需求在参联会层次居主导地位。

琼斯将军称，由于给参谋长联席会议主席配备的人员不足，因此他能关注的问题很少，这样的后果就是国防预算由各军种的意愿决定（一般都是争取更多的计划和经费），而非由很好整合的参谋长联席会议规划决定。此外，他指出所有这些不仅削弱了参谋长联席会议的权威，而且削弱了根据1958年《国防改组法案》（Defense Reorganization Act）建立的整个统一指挥结构的权威（Thompson & Jones，1994，51~53）。琼斯将军注意到：这一点在采购方面尤

为明显，武器系统的采购需要花费 70% 的时间来满足性能目标的要求，而只用 15% 的时间来满足进度目标，用 10% 的时间来满足成本目标。琼斯将军解释道：

> 预算系统缺乏纪律妨碍了做出什么和不干什么这样的艰难选择。相反，五角大楼、国会和工业部门的各种势力都强烈支持个别项目，而总体国防效率和效益的需要却未得到足够重视。(1996 年，27)

1986 年国会通过了一项彻底的改革计划，通常被称作《戈德华特－尼科尔斯国防部改组法》（以国会该提案的发起人命名），该法案的通过压制了五角大楼中众多强烈的反对意见，这其中包括国防部长卡斯珀·温伯格（Locher，1996，2002），他认为它将"肢解"国防部管理系统。该法案太复杂，很难在此评说清楚，但另一方面，它加强了参谋长联席会议主席作为总统和国防部首席军事顾问和发言人的权力，给参谋长联席会议主席增加了足够的工作人员，赋予参谋长联席会议主席权力，在规划－计划－预算系统（PPBS）重要阶段提出背景需求和审查其他参与者提交的规划。该法案建立了由总统到国防部长再到联合（作战司令部）司令（CINC）的国家指挥权[①]，增加了联合作战指挥官的权力。这样，除了在其防区内使用军种允许他们使用的军力外，联合（作战司令部）司令还有作战及指挥的职责，军种部门为它提供必要的资金（Thompson & Jones，1994，51~53、79、223~224）。这一规定明确了军种承担训练和为防区内联合司令部司令统一指挥作战提供人员和装备。《戈德华特－尼科尔斯国防部改组法》创设了参谋长联席会议副主席这一职位，通常情况下就职于该职位的官员都是积极的改革者，他们通过各种委员会组织，对国防部内的资源规划过程发挥影响。

---

① 《戈德华特－尼科尔斯国防部改组法》对美军指挥链进行了重大调整，同时加强了参谋长联席会议主席的地位。该法正式确定了美军指挥链：总统→国防部长→各联合作战司令部首长。规定参谋长联席会议主席作为总统、国防部长、国家安全委员会的军事顾问，军种参谋首长权职降低，只作为所在军种部部长的军事顾问。该法还规定设立参谋长联席会议副主席一职，作为主席副手。参谋长联席会议加大了对美军全体政策制定协调权力，但排除任何作战指挥权力。该法还确定了军种部与联合作战司令部的权职分配，军种部及其下属单位承担队组织、训练、装备，以确保战斗力。联合作战司令部则是部队的战时使用者，平时，军种下属司令部司令向军种参谋首长负责，战时这些司令部直接受联合司令部指挥。2002 年 10 月，联合作战司令部首长的头衔从"总司令"（commander-in-chief）改为"作战司令"（combatant commander）和"司令"（commander），战区性质的联合作战司令部如美国中央司令部首长采用"作战司令"称谓，功能性质的联合作战司令部如美国战略司令部首长采用"司令"称谓，这样一来，美军"总司令"称谓只有总统可以担当，符合美国宪法原则。——译者注

国防预算与财政管理

《戈德华特－尼科尔斯国防部改组法》同样重视联合指挥岗位的意义。在该法出台之前，到参谋长联席会议和联合岗位任职几乎被看作职业生涯的尽头，因此最优秀的指挥官都唯恐逃之不及。参谋长联席会议主席琼斯注意到，具有联合岗位任职经历的军官在升迁上确实不如没有联合经历的军官（Jones, 1996, 28）。尽管法案的实施是个渐进过程，但《戈德华特－尼科尔斯国防部改组法》实现了改变——联合岗位现在也许对晋升有利。该法案同样要求所有军官都要具有一定级别的联合岗位经历，想得到晋升的军官现在认为联合经历是必需的。

最重要的是，《戈德华特－尼科尔斯国防部改组法》改变了参谋长联席会议给总统及国防部长提供咨询意见的方式。前参谋长联席会议主席、陆军将军沙利卡什维利（Shalikashvili）称赞说："把我们从'共识困局'中解脱出来。"（Roberts, 1996, 1）。沙利卡什维利指出，参谋长联席会议在**规划**和预算循环中的作用，以及对联合岗位军官的管理中仍有可改进之处，但《戈德华特－尼科尔斯国防部改组法》仍是成功的。1995年国防部长佩里（Perry）指出，"该法案通过精简指挥过程，加强参联会主席及联合指挥官的权力，显著增强了美军的作战（能力）。这些变化在'沙漠风暴'、海地和波斯尼亚……都得到了印证"（Locher, 1996, 15）。

在资源分配方面，《戈德华特－尼科尔斯国防部改组法》设立了两种组织机构，一种是联合司令部司令统一指挥下的战斗人员；一种是为战斗人员提供支持的军种部门。军种部长掌握着国防部预算的大部分权力，军种（作战司令部）司令则在计划上扮演重要角色，但在预算方面的影响较小。绝大部分作战部队、联合（作战司令部）司令都没有自己的预算（幕僚人员除外），更确切地说，他们只是使用军种部门提供的人员和武器。然而，在通过预算指挥链向五角大楼上交预算之前，军种（作战司令部）司令必须将预算需求提交给联合司令部司令。20世纪90年代中期前，由联合司令部工作人员进行的审查只是"形式上的"，但如今在很多联合司令部已成为"实质性"的审查，如太平洋司令部司令（CINCPAC）审查太平洋舰队司令（CINCPACFLT）的预算提案。总部在佛罗里达麦克迪尔（McDill）空军基地的特种作战司令部，有其相当大（且在逐步增加）的预算，但特种作战部队的预算与军种部门的预算相比还是很小。

联合（司令部）司令在规划－计划－预算－执行系统（PPBES）中也有机

会确认其要求，参联会主席有责任向国防部长说明这些要求的价值，以及军种部门的预算如何满足联合司令官的要求。参谋长联席会议主席也有责任帮助国防部长证明这些要求的正确性，以及（协调）军种部门安排预算以满足联合（司令部）司令（CINC）的需求。参联会主席也可给国防部长（SECDEF）递交可选择的建议满足联合（司令部）司令（CINC）在预算上的需求。在这个问题上，国防部长是军种部门预算的最后仲裁者。联合和军种（司令部）司令（CINC）在规划－计划－预算－执行系统（PPBES）规划阶段的国家军事战略形成过程和《防务指南》的最终草案中都有机会给参联会主席提出意见，该《指南》影响《计划目标备忘录》（POM）的制定。在《计划目标备忘录》制定过程中，军种（司令部）司令（CINC）通过提供其"综合优先事项清单"（Integrated Priority Lists, IPL）来表明他们的最高作战需求［这对参联会和联合（司令部）司令都是非常重要的信息］。军种（司令部）司令（CINC）可能指出计划存在的缺点，并向参联会和军种首长提供修正缺陷的建议。综合优先事项清单（IPL）是计划与预算过程的一部分，国防部长办公厅和军种部门要在几个环节正式予以考虑。详见本章后续部分。

显然，尚未解决的问题是，联合和军种（司令部）司令（CINC）都已被批评为有时只关注于短期的作战需求、战斗问题，作战与维持账目也仅关注近期战备问题。与此同时，军种部门不仅要把注意力集中在短期和紧急的项目与问题上，还要致力于解决武器采购与资本结构调整问题，如采购新型飞机与战舰。参与规划－计划－预算－执行系统（PPBES）过程的一些人认为近期与长远需求之间的冲突是有益的，另一些人则担心一些紧急问题或长期需求被忽略。目前国防部正处于另一项重要变革中，拉姆斯菲尔德在推动军事和国防管理本身转型的同时，还在积极部署一些作战部队进行战斗。这一改革在某种程度上是向集权管理的回归，详见第12章。

规划－计划－预算－执行系统过程总览

规划－计划－预算－执行系统（PPBES）的目的是为美国的国家安全战略资源分配提供系统和结构方法。整个规划－计划－预算－执行系统（PPBES）过程的最终目标，是为武装部队总司令提供资源约束下的人力、装备和保障的最佳组

合。在深入探讨复杂的规划-计划-预算-执行系统（PPBES）之前，有必要对该系统作个总揽。理解了规划-计划-预算-执行系统（PPBES）的总体运作过程后，我们再讨论2001年和2003年将规划-计划-预算系统（PPBS）修改为现在所谓的"规划-计划-预算-执行系统"（PPBES）——小布什总统执政期间由国防部长拉姆斯菲尔德发起的重大改革结果。在我们了解了这些变化之后，再来看该过程在细节上如何运行。图4.1和图4.2显示了新的规划-计划-预算-执行系统（PPBES）决策周期概况。

第一年：审查和细化	第三年：《指南》执行
● （初）国家安全战略	—
● 受约束的财政指导	● 受约束的财政指导
● 满足要求的来年《防务规划指南》（DPG）（表明政府新的优先级的任务研究，采办变化的实际整合、完成的《计划决定备忘录》研究和国会变化）	● 满足要求的来年《防务规划指南》（DPG）（任务研究，采办变化的实际整合、《计划决定备忘录》研究和国会变化）
● 基本计划的有限变化	● 基本计划的有限变化
● 按照往年《防务规划指南》（DPG）对计划-预算-执行进行审查	● 按照往年《防务规划指南》（DPG）对计划-预算-执行进行审查
● 总统预算和国会辩论	● 总统预算和国会辩论
第二年：全PPBE周期——确定程序	第四年：全PPBE周期——确保传统
● 四年防务审查	—
● 财年指南发布	● 财年指南发布
● 往年《防务规划指南》（四年防务审查实施）	● 往年《防务规划指南》（战略和计划的细化调准）
● 《计划目标备忘录》（POM）/《预算估计提呈》（BES）呈报	● 《计划目标备忘录》（POM）/《预算估计提呈》（BES）呈报
● 计划-预算-执行审查	● 计划-预算-执行审查
● 总统预算和国会辩论	● 总统预算和国会辩论

图4.1　2003年规划-计划-预算-执行系统（PPBES）周期简介

资料来源：Secretary of Defense, *Management Initiative Decision* 913, 2003, 3。

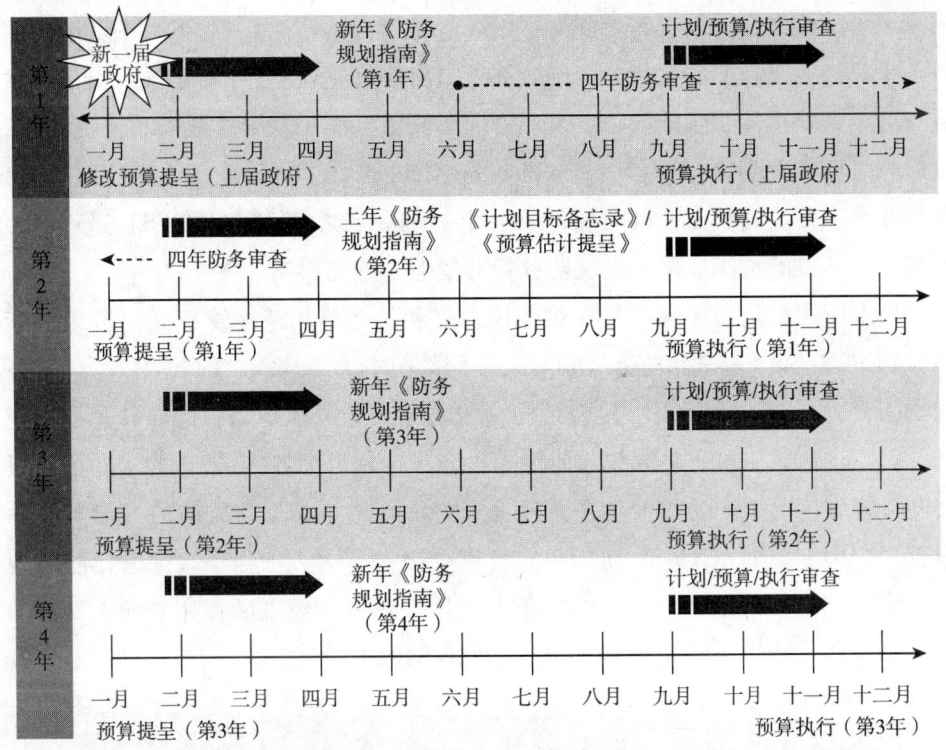

图 4.2 2003 年规划 – 计划 – 预算 – 执行系统（PPBES）周期四年循环日历

资料来源：Secretary of Defense, *Management Initiative Decision* 913, 2003, 4。

规划 – 计划 – 预算 – 执行系统（PPBES）有四个明显的阶段，每个阶段都是相互交叠的（Jones & Bixler, 1992, 19~31）。例如，规划与评估相互关联，且所有参与者都清楚在这些过程中所作的决定将影响其他阶段。因为相互之间关系如此复杂，所以每个阶段的参与者都试图搞清其所在阶段和影响他们的其他阶段情况。然而，国防部的（庞大）规模加上规划 – 计划 – 预算 – 执行系统（PPBES）过程的复杂性使得该想法事实上是不可能的。对军种参与者来说，掌握自身（预算）过程的最新情况已很困难，更不用说了解其他军种的情况了。

规划阶段 在行政方面，该阶段开始于由国家安全委员会制定的总统《国家安全战略》（NSS）。《国家安全战略》从多个联邦机构（包括国务院、中情局和其他情报机构）获得情报来判别美国面临的威胁，以形成应对这些威胁的国家整体战略规划，为国防战略提供指南。接下来，参谋长联席会议提出不考虑财政限制的《国家军事战略文件》（NMSD）。《国家军事战略文件》包含遵循《国家安全战略》指南的战略规划建议，以及支持这些目标的军事能力建议。作为

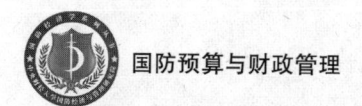

国家军事战略文件的后续，参联会主席在《主席计划建议》（CPR）中就国防部各军事机构应具备的联合能力向国防部长提出建议。《主席计划建议》属于参联会主席个人就提升联合战备、学说、培训以及更好满足联合作战需求所提建议，以影响《防务规划指南》（Defense Planning Guidance）的形成。《主席计划建议》是参联会主席及其参谋人员向规划－计划－预算－执行系统（PPBES）过程的关键输入。其目的是在战略上对《防务规划指南》施加影响。

以上所述都是为国防部长提供建议，以利其起草和最终发布《防务规划指南》（DPG）和《未来年防务规划》——跨部门军力结构需求的"预测"。《防务规划指南》是对各军种关于兵力结构和财政方针的正式指南，指导各军种在规划－计划－预算－执行系统的计划阶段制定《计划目标备忘录》。为了向国会报告防务规划情况，国防部要准备并递交一份综合性报告，即所谓的《四年防务审查》（QDR）。过去10年，《四年防务审查报告》大大增强了《未来年防务规划》和《防务规划指南》对国防部长办公厅（OSD）规划的作用。图4.3显示了海军规划－计划－预算－执行系统（PPBES）的阶段链接。

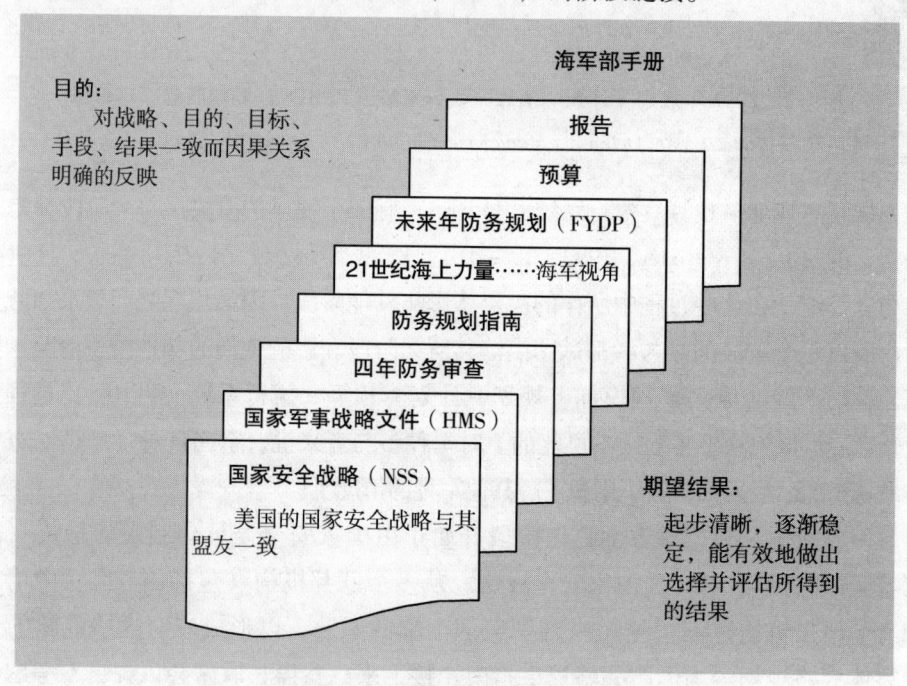

图4.3　从国家安全战略到预算执行（以海军为例）

资料来源：Department of the Navy，2003c.

4 规划－计划－预算－执行系统

计划阶段 该阶段的目的在于为每个军种单位编制出一份《计划目标备忘录》(POM)，以表明它们将在未来 6 年期内如何分配资源。《计划目标备忘录》的制定要求各军种考虑众多问题，包括在制定过程中必须重视的作战指挥官(CINC)在不考虑财政约束下提交的综合优先事项清单（IPL）中约定的计划。《计划目标备忘录》也必须服从《防务规划指南》的指导，并在发布的财政约束（如每年军种部门的预算授权总额）下运作。《计划目标备忘录》一般在偶数年制定，在接下来的奇数年审查。

《计划目标备忘录》包括出资方（如主要司令部、系统司令部和国防部直属局）制定的《出资方计划建议》（Sponsor Program Proposal，SPP），明确军种部的目标和（作战）司令的优先项。《出资方计划建议》（SPP）必须在军种预算授权总额（TOA）范围内制定，预算授权总额是在给定年内可供支出的全部资金，其中包括新的预算授权总额和上一年未花的资金。

军种《计划目标备忘录》由参谋长联席会议审查，以确保其与《国家军事战略文件》（NMSD）、《防务规划指南》、对军力水平、平衡和能力的评估相一致。在审查之后，参谋长联席会议主席发布《主席计划评估》（CPA），以影响国防部长在《计划决定备忘录》（PDM）中的决定，这标志着计划阶段结束。主席计划评估是另一重要手段，主席利用它对各军种和直属机构的《计划目标备忘录》(POM) 存在的不足和风险给出自己的评估。他也会在国防部长发布《计划决定备忘录》之前，提出可选择的计划和预算建议，供国防部长考虑。国防部长办公厅发布的《计划决定备忘录》认可或调整每个《计划目标备忘录》里的计划。已由《计划决定备忘录》（PDM）修正后的《计划目标备忘录》(POM) 给军种提供了一条被认可的基线以便它们提交预算投入。20 世纪 60 年代到 21 世纪早期，规划－计划－预算－执行系统（PPBES）的计划阶段都作为独立的周期运作。2001 年 8 月，国防部长拉姆斯菲尔德将《计划目标备忘录》和预算审查周期融合，如本章后半部分所述。

在采购问题上，联合资源监督委员会（JROC）对（参谋长）联席会议主席提供支持。该委员会由参联会副主席领导并由各军种副司令组成，委员会审查所有联合采办计划和互通性明显的共性计划，然后才能做出有关优先采办事项的建议。这是源于《戈德华特－尼科尔斯国防部改组法》的另一变化，也是源于格林纳达（Grenada）行动（的教训），在该行动中陆军和海军陆战队的地面部队因无线电系统不兼容而不能相互沟通。联合资源监督委员会（JROC）批准军种

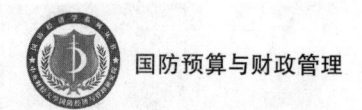

的任务需求并分析采购计划如何更好地满足这些需求。向联合资源监督委员会（JROC）决策层提交建议案的过程包括由多个委员的评估和分析，最终以参谋长联席会议"将级"分析结束，这大概需要用 4～5 个月的时间。符合联合需求的成功计划在联合资源监督委员会层面成为重点，然后进入《计划目标备忘录》及其后的资金预算。

2003 年改革的一部分就是试图加快并改进采办过程。2002 年 4 月，《防务规划指南》20 号研究（SECDEF, 2002b）指出，资源需求过程经常产生"烟囱（Stovepiped）"系统，既非基于所要求的能力，也没纳入单个军种视角的决策。研究发现，采办没有充分考虑联合部队如何作战的背景；相反，需求往往更聚焦于军种考虑。在较小和不那么显眼的采购计划中，重复很常见。研究发现，当前的做法是以 100%（完全）解决问题为目标，从而导致武器装备研发时间冗长的问题。除此之外，发现该过程仍缺少联合作战需求的优先级划分问题（的解决）。正在进行的改革导致重塑联合资源监督委员会的过程，以便联合资源监督委员通过两个下属监督委员会的决定更好地做出决策。这两个委员会由将级军官领导，专注各自的职能范围。这是正在进行的 2003 年改革的一部分，也体现了国防部长拉姆斯菲尔德对联合运营、联合作战和更快采办过程的兴趣。

预算阶段 该阶段开始于各军种《计划目标备忘录》获得批准。各军种单位计算出支持其年度《计划目标备忘录》项目的成本，并提交本军种预算作为《预算估计提呈》（BES）。偶数年《计划目标备忘录》的《预算估计提呈》是个两年期的递呈，以《计划决定备忘录》前两年的《计划目标备忘录》作为调整的基础。《预算估计提呈》由各军种在《计划目标备忘录》发生最近的奇数年修改，并仅涵盖 1 年。每个《预算估计提呈》由军种部在军种部长的授权下进行审查，因为按照 20 世纪 70 年代国会的任务授权，预算是国防部的文官职能。军种部长的预算，经国防部主计长、其他国防部长办公厅官员、参谋长联席会议审查后，最终由国防部副部长仔细审查。

正如第 1 章所述，该审查由国防部长办公厅与总统管理与预算局合作进行，审查试图确保其与《防务规划指南》、《计划决定备忘录》及总统的国家安全战略相一致。国防部长的幕僚可进行改变并以《计划预算决定》（Program Budget Decision, PBD）的形式提供改变的理由。在纳入总统预算前，要求其不晚于每年 2 月的第 1 个星期提交国会。《计划预算决定》（PBD）允许军种部长和预算官员就开支问题削减向国防部长和国防部长办公厅主计长进行反馈申诉。一旦主

要的预算问题得到解决，最终的国防预算将发送到管理与预算局，成为总统预算的一部分。这一步结束了预算提案并进入规划－计划－预算系统（PPBS）的审查阶段。然而，如下所述，预算执行是规划－计划－预算系统（PPBS）中的关键部分，对该系统的分析却往往被忽略了。

预算执行 该阶段首先要通过一个单独的与分配过程有关的预算提交过程，来获得国会对拨款支出的批准。在分配审查中，国防部必须按每季、每月以及多年期拨款的各年，说明如何花费拨款项。这与总统预算中建议的数额有些差别，因为现在的拨款必须分配到计划，并按指定（通常按季）分配到月。从管理与预算局和财政部得到分配批准后，国防部开始分发国防部预算到军种和其他司令部或机构。当获得支出分配授权后，这些资源申请人开始"支出"权力，并通过资金支出"变现"权力。在这一过程中，主计人员和国防部各层次的预算官员监督并控制计划和资金执行。在支出年度中期，军种要进行年中审查以利于将资金转入最需要的地方。在财年末（9月），国防部所有账户都必须与拨款和支出对账，在封账进行进一步赋权和支出之前，必须给予交代。财务管理审计由军种审计机构负责，国防部检察长、会计总署及其他机构实体密切注意执行及报告结果。

2003年规划－计划－预算－执行系统改革

2003年，国防部宣布对规划－计划－预算（PPB）系统进行重大改革，将其更名为规划－计划－预算－执行系统，或简称PPBES（SECDEF，2003a）。尽管规划－计划－预算系统（PPBS）的基本结构得到保留，但仍从三个重要方面做了改变。首先，此次改革将单个的计划与预算审查融入单一的审查周期中；其次，整合了两年一次的预算过程；最后，改变了国防部长办公厅向军种提供规划信息的周期。以前每年发布的《防务规划指南》现在变成两年发布一次。国防部长办公厅也不再向军种和其他防务机构提供每年的机密规划文件以帮助它们制定来年的预算和计划提请。作为向两年期预算周期转变的一部分，国防部长办公厅不再制定每年居于顶层的《防务规划指南》。国防部长办公厅可能准备来年指导文件，反映轻微的战略变化，其依据是国防部副部长保罗·沃尔福威茨（Paul Wolfowitz）2003年5月22日发布的《管理倡议决定第913号》（Management Initiative Decision）（SECDEF，2003a）。

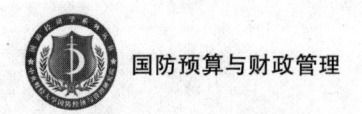

此次改革的本质是在总统四年任期内，将《防务规划指南》文件改为每两年发布一次，总统在四年内也要制定国防目标和国防战略。过去有一系列文件指导着这一过程，包括每年的《防务规划指南》、《未来年防务规划》，历届新总统颁布的国家安全战略，以及为方便国防部使用并向国会报告的《四年防务审查》。《四年防务审查》包括对军队战备、能力及军力结构的综合分析，这些有助于提供报告框架来方便新政府制定支出计划和预算。早在20世纪90年代初期，《四年防务审查》就成为国防部长重要的对外和主要对内政策文件之一。

2003年2月3日，国防部主计长达夫·扎赫姆（Dov Zakheim）正式提交了新的国防部两年期预算部分改革，与布什总统发布的2004财年国防预算要求相一致。扎赫姆指出国防部将会利用"小年"（Off Years）（不准备预算）全面检查国防部计划和资金的执行情况（SECDEF，2003a）。扎赫姆注意到相比该预算（2004财年），2005财年是一个"小年"，因此，国会只要求进行少量的预算修改。这意味着在2003年夏、秋进行的2005财年预算将发生重大改变。例如，国防部将不再为2005财年准备《计划目标备忘录》或预算估算。相反，国防部长办公厅将在2004财年预算估计及《未来年防务规划》（涵盖2004~2009财年）的基础上，使用2005财年估计。这是给"小年"，如2005财年创立的最新机制。

军种部门和（司令部）司令（CINC）可以通过创建《计划变更建议》（PCP），根据新的预算需要影响《计划目标备忘录》（POM）和《预算变更建议》（BCP）。《计划变更建议》允许考虑前几年《计划目标备忘录》的实际变化，这意味着会有数量不大而规模相对较大的变化。2003年《指南》指出，《计划变更建议》必须达到一定资金数额或具有重大政策和计划意义。例如，2003年海军仅提交了3项《计划变更建议》，其中1项价值10亿美元，包括了450个条目（line items）。整个国防部门《计划变更建议》的数量估计有120个。对作战指挥官（CINC）来说，《计划变更建议》是在规划-计划-预算-执行（PPBE）过程中给他们提供的新工具，但正如军种部门一样，这些计划变更需要转移消化。例如，如果一个司令想花费一定资金来增加某一地区的武装保护，他就不得不减少另一地区的武装保护，以抵消增加的资金，这就是所谓的零和博弈，变更不得不与调整或补偿相伴。在此消彼长的过程中，提交《计划变更建议》或《预算变更建议》的申请人存在着这样的风险，即他们的建议可能被接受，但有可能得不到相应的资金支持。在这种情况下，一些优先性较低的资金可

以用于其他领域。人们期望预算变更建议数额较大而不是较小,大就表示更大的变化(如成本增加、进度延期、新的国会指令)以及必须通过抵消支付。虽然《预算变更建议》并不需要抵消,但由军种部门提出的抵消组合却必须进行抵消,以保持总量平衡。2006财年预算将完全重新编制,新的两年周期内制定首份两年一度的《计划目标备忘录》和预算。国防部长办公厅将准备《防务规划指南》以指导2006财年(预算编制)过程。

2003年4月国防部长拉姆斯菲尔德取消了2005年《防务规划指南》,2月扎赫姆宣布了预算过程的变化,五角大楼资源分析集中于搞掉萨达姆·侯赛因之后以及反恐战争的进展是否会引起布什政府国防战略的另外变化。此外,在国防部长办公厅如何认识未来几年军费支出的优先级问题上,《防务规划指南》特别要求对最重要问题做详细分析,并指出要采取的新战略。拉姆斯菲尔德的这种做法没有违背任何法律,因为并没有法律要求国防部长每年制定《防务规划指南》。

规划-计划-预算-执行系统:第一年

《管理倡议决定第913号》提出了一个2年期预算和以总统执政4年期框架内的规划周期。第一年要求对总统前一个战略和规划,包括计划和预算的有限变化、以前的国家安全战略和"小年"的《防务规划指南》进行"审查和细化"。如《管理倡议决定第913号》所述:"'小年'《防务规划指南》的制定在国防部长的慎重考虑下进行……,'小年'《防务规划指南》不引入防务计划的重大变化,除非有国防部长或副部长的特别指示。然而,一些小而不连续的计划变化将反映现实世界的变化,并作为使国防计划与国防战略相一致的持续需要的一部分。"(SECDEF, 2003a, 5)"小年"《指南》的一个主要目标就是提供规划及必要的分析,以便确定下个《防务规划指南》的主要计划问题。新的4年一循环的好处之一是使规划-计划-预算(PPB)过程符合选举周期。即将上台的政府在第一年为了奋力争取民众支持,往往难以做出重大防务政策调整。新的周期认识到了这个现实,在第一年确实有很多重大事件发生,《国家安全战略》大约在年中发布,《四年防务审查》随后开始并在第二年开始颁布,这些都是防务战略和资源分配的重要指南。

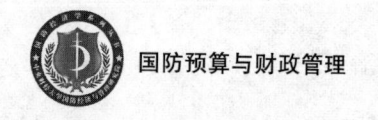

规划-计划-预算-执行系统：第二年

四年工作框架中的第二年更为紧张，因为军种部门和国防部长办公厅要进行完整的规划、计划、预算和执行审查，以正式确立总统的防务态势和战略，包括战略资源分配。除了该年早些时候发布的《四年防务审查》，该年还将制定全面的"大年"《防务规划指南》，该《指南》在5月发布以贯彻《四年防务审查》的结果。以前，《四年防务审查》在总统任期的第一年9月30日发布，然而在《2003财年国防授权法案》中，国会改变了《四年防务审查》的报告要求，将其改到第二年以给新国防部领导层更多时间分析和准备。高级防务官员曾与国会争论，认为对总统新任命的国防部和军种部门领导人来说，第一年即要求新一届政府提交《四年防务审查》报告实在勉为其难，因为新总统任命的国防部新领导人要经过国会的审批，这个过程有时会冗长复杂，得到国会批准后国防部新领导层没多少时间来准备《审查》。第二年会有完整的《计划目标备忘录》和全面的预算，也就有了全面的《未来年防务规划》。

规划-计划-预算-执行系统：第三年

新的规划和预算过程具体指明了第三年在总统防务规划和预算议程中是"执行"，执行内容已由《四年防务审查》和以前年份的《防务规划指南》所规定。2005财年对应的就是预算周期的第三年，如国防部希望，可以包括一个"小年"《防务规划指南》。"小年"《指南》可提出新研究任务，或把成本增加、延期以及国会要求的变化等实际变化整合进采办计划中。2003年5月，扎赫姆指出，布什政府和拉姆斯菲尔德部长不准备2005财年《防务规划指南》。然而，2004年总统大选可能改变这个规划。第三年是目标和标准完善阶段，原则上只有最重要的计划或预算变更建议才会被考虑。

国防部对规划和资金执行的认真检查是这个新规划和预算过程的关键部分。传统上，预算执行主要留给军种部门。然而，修改后的程序为国防部长办公厅提供了更多检查评估军种预算执行情况的机会。扎赫姆于2月报告了在国防部内广泛认同的一致意见，即不回到年度综合预算和计划审查，而是在执行审查中，利用"小年"的数据来衡量支出比率。最后，主计长认为这一审查将包括询问支出

情况、是否挪用到其他地区或其他账户，以及执行结果。

2003年2月最初由布什政府宣布、接下来又由国防部主计长宣布一项重要的预算改革，即实施"基于绩效预算"，更加关注实现预期军事和计划结果所需的成本，而非对计划管理和生产细节的预算审查。基于绩效预算（PBB）背后的军事观念是"基于效果的能力"作战概念。基于效果的观念关注军事行动的最后结果而非军事行动本身。在这一概念下，军事指挥官细化结果，诸如抓住恐怖分子，以及实现这一结果所需的武装人员数量和类型。

规划－计划－预算－执行系统：第四年

预算和计划周期中第四年，在《管理倡议决定第913号》文件中被描述为总统四年任期成果的评估点。这一年包括准备完整的《防务规划指南》，以建立总统战略与国防部计划和预算之间的联系。通常，《防务规划指南》将启动并指导军种部门的《计划目标备忘录》以及预算准备、审查和提交（2006财年）的周期。这样，下一个完整的规划－计划－预算－执行系统（PPBES）周期将涵盖2006财年到2011财年。

自该系统于20世纪60年代初设立以来，布什政府在2003年采用的规划－计划－预算－执行系统（PPBES）及预算改革是最全面的。本章后续部分探讨驱使系统更完整的那些因素。简言之，多年来规划－计划－预算系统（PPBS）过程一直被批评为过于烦琐复杂，浪费参谋人员的时间和精力（Jones & Bixler, 1992; Puritano, 1981）。1990～1991年乔治·H·W·布什执政期间（1988～1992年），在防务管理倡议报告中认真考虑过规划－计划－预算系统（PPBS）改革，但冷战结束造成的国防战略调整以及混乱的总体局面压倒了对该系统进行改革的必要性。10年之后，在另一任总统任内，才又回到规划－计划－预算系统改革问题。本书12章将深入探究基于绩效预算（PBB）的合理性及其运作。

规划－计划－预算－执行系统细节：政策制定和规划阶段

在评估防务政策及规划时，理解以下这一点很重要，国防部的使命和任务并非由规划－计划－预算－执行系统（PPBES）进行周密考虑和专门设定。政策指南来自总统、国务院、国家安全委员会以及其他行政机构和国会。在美国这样一个权力分散的政治系统中，国会一向拥有独立于行政机构的确定政策优先级的权力。

条约、国际承诺、协议以及对 20 世纪特别是第二次世界大战后决策者对美国防务责任的理解，是影响政策及规划－计划－预算－执行系统（PPBES）规划阶段的系列因素。对政策及规划制定起决定作用的因素是在世界范围内对美国及盟国利益威胁评估，通常由各情报机构不间断地予以监控。此外，由总统及其顾问制定的广泛防务政策及计划目标，如在战备、维持、军力结构及现代化等方面，都是驱动规划－计划－预算－执行系统（PPBES）的重要因素。

国防部政策制定及规划可区分为三个半独立的系统：一个是宏观国际安全规划，另一个是作战规划，第三个是国防资源规划。此外，可以认为国防部由两或三个相互独立的管理控制系统构成：一是军事行动，二是公共管理，三是财政管理与预算。使这三个半独立系统步调一致一直是国防部的难题。国防部长办公厅和军种部门已尝试更紧密的联系、网络和协调来使之步调一致，包括更好利用始于 20 世纪 90 年代末的运营管理改革及相应的军事转型。

在规划－计划－预算－执行系统（PPBES）中，威胁和承诺的评估，以及在"可接受的"风险水平内履行承诺所需资源的估计，分别由参谋长联席会议主席在其《联合战略规划文件》中以及各军种和国防部长办公厅确定。这些独立的评估由国防部长办公厅综合在一起，制定出《防务规划指南》，该《指南》说明每年为满足美国国家安全义务所需的资产、军力及其他资源。《防务规划指南》涵盖了威胁与机会、政策、战略、军力规划、资源规划和财政指导，并包括主要政策问题提要。《防务规划指南》为随后的军种及国防部长办公厅计划和预算提供基础。

政策及资源规划在规划－计划－预算－执行系统（PPBES）的计划结构框架下完成，由 11 个计划构成：对外国援助、战略力量、常规力量、情报和通信、空运及海运、警卫队及后备役部队、研究与开发、集中供给及维持、训练及人事管理、特种作战部队。《未来年防务规划》整合并报告这些信息，它是一个 6 年期军力结构需求的推算。接下来的部分会对《未来年防务规划》有更多讨论。在规划－计划－预算－执行系统（PPBES）计划框架中的主要计划应与以下因素相统一：国会对国防部预算所采用的拨款形式；作战规划；军种计划；预算控制结构；特定战区内将陆、海、空、海军陆战队及特种部队有机结合的联合和特种

司令部结构。下面将谈到，为了向国会报告防务规划，国防部采用了综合报告——《四年防务审查》。

连续不断地进行政策制定和规划表明，计划和预算或许是短期行为。实际上，在规划－计划－预算－执行系统（PPBES）中，政策及项目规划针对未来10～20年甚至更长时期，而计划仅关注6年，预算也如此。在实践上，即使在计划和预算当中存在多年期项目，计划也往往只关注2年，而大部分预算逐年决定。

大部分美国防务政策和军力结构规划是第二次世界大战后发展起来的，20世纪60年代后按照规划－计划－预算系统（PPBS）的要求编写，到2001～2003年才有轻微改变。20世纪70年代越南战争后、实行了志愿兵役制，其后90年代柏林墙倒塌后军力结构进行了削减。然而，即使军队裁员或扩编，如20世纪80年代，相关的军力结构组成还是相当稳定的。当然，军力结构中的主战装备不断变化，例如，海军和海军陆战队的军舰、飞机的数量、型号，陆军及空军的飞机等。对军力结构计划最严重的挑战发生于20世纪70年代越南战争后期、1989年冷战结束、1991～2000年前后人员和武器削减，以及2001年反恐战争。

由于规划－计划－预算－执行系统（PPBES）中的政策规划是长期性的，因此，关于防务政策规划没有考虑世界形势飞速变化的某些批评或许不得要领。政策和资源规划通常不能预计短期意外事件和风险，而各类组织在战时必须适应这些意外和风险。此外，即使被国防部通过分析精确预计到意外事件，甚至有信心预测出这种可能性的大小，但在面对资源需求超出可得、承诺过于广泛的情况下，也无法解决资源分配和协调的问题。

政策制定和规划也不能确保在美国不在短时间内付出巨大努力的情况下，盟国能够信守联合应对某些威胁的承诺。1987年年初的波斯湾海上护航，1990年夏秋对伊拉克禁运以及随后反对伊拉克入侵科威特的第一次海湾战争，都出现了这种情况。2001～2003年针对阿富汗、伊拉克恐怖分子所进行的反恐作战准备和行动中，这成了重要问题。在2003年"伊拉克自由行动"中，美国与冷战时期两个长期盟友（法国和德国）之间，存在严重分歧。

考虑这些和其他一些约束，长期政策规划不可避免无法预测某些威胁，它也不能事先确定如何协调各军种部门对各种危机做出反应这类高度复杂的问题。这在作战行动由不同军种和不同国家承担时尤为严重，它需要对动员行动进行艰苦的协调。

在试图预计军队未来所需资源时，规划－计划－预算－执行系统（PPBES）

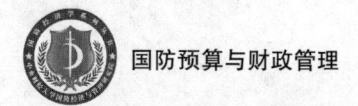

中的计划仅在很有限的意义上受资源的约束。例如，在海军战略背景下，在对所有威胁进行防务规划时，可能意味着需要12个或更多航母战斗群（CVBG）。然而，在新规划-计划-预算-执行系统（PPBES）周期内，在各种可能情况下进入计划和给予预算的航母战斗群数量，要少于应对可能的威胁所需要的数量。假设在独立于资源约束的情况下，规划活动能够阐明将威胁降低到最小程度所需要的资源数量，有助于在规划-计划-预算执行系统的计划和预算阶段更好地认清各种选择的风险，从而更好地在部队结构-威胁反应（各种强度）各选项中做出选择。规划-计划-预算-执行系统可视为某种上窄下宽"防务漏斗"，下层是各种政策和计划选择，越往上资源基础越窄，使资源的可能性和可行性收缩在总统预算准备和国会授权拨款的范围之内。一些专家也把这称作"风险楔形"，因为对预算过程的财政约束逐渐增加了风险、没有处理的威胁以及应对成功可能性很低的威胁的数量。

20世纪90年代中期国会采取行动，要求国防部每4年在《四年防务审查》中向国会报告潜在的威胁、军力结构规划、现代化、人力、资产采办规划、军队战备以及其他事项。准备该报告是不同的任务，但与国防部《防务规划指南》与6年《未来年防务规划》相关。

《四年防务审查》是满足国会报告要求的机制，它代替了国会在20世纪80年代末要求国防部提供的《未来年防务规划》。之前，国防部拒绝给国会《未来年防务规划》是怕情报泄露使苏联受益。可以看到，《四年防务审查》包括很多与《防务规划指南》和《未来年防务规划》中相同的数据，加强了国会所希望的军备评估，从而有助于对国家军备投入规模和投入目的做出决定。《四年防务审查》充当了对外宣示国防战略与政策的主要途径。国防部将《四年防务审查》公开宣传为"国防部为整合并影响所有内部决策过程的唯一环节"（SECDEF, 2003a, 15）。然而，除了对国防部长办公厅中的一些工作人员，实际上《四年防务审查》并没有达到这一目的。这与其说是影响决策的文件，还不如说只不过是一份报告——国防部又不能这样直白地告诉国会以免刺激那些想知道国防部规划、预算和管理每个细节的议员们的神经。因此，国防部把《四年防务审查》说成了它所不是的东西——一个管理系统（对于国防部长办公厅这在一定程度上成立），以满足资源规划和预算制定过程中的政治需要。然而，在国防部长拉姆斯菲尔德领导下，国防部长办公厅施加压力使《四年防务审查》成为一个管理系统，从而减少了《四年防务审查》在呈报国会时所具有的两面性。

4 规划-计划-预算-执行系统

《四年防务审查》能否成为国防部长拉姆斯菲尔德和国防部长办公厅成员用于国防部所有（机构），尤其是军种部门的集中统一的规划和管理机制尚待观察。应该指出，《公法》107-314中的第922部分、《2003财年国防授权法案》、《美国法典》第10章第118节修正部分等使《四年防务审查》所提交的数据与总统执政第二年总统预算相一致，就似我们以上所解释的那样。

规划-计划-预算-执行系统中的计划

正如我们指出的，刻意设置了过程的交叠，把规划-计划-预算-执行系统（PPBES）中单独各个阶段用层次而非顺次的活动联系起来。规划-计划-预算-执行系统（PPBES）的计划阶段由《未来年防务规划》指导，后者汇总并转化为计划元素（PE），把预期的防务资产需求变成规划-计划-预算-执行系统（PPBES）框架内军力计划的基本建设单元。由国会授权并首先由国防部于1988～1989财年实行两年预算过程，《未来年防务规划》期又被延长为6年。20世纪90年代，尽管授权委员会认可并将之用于防务计划的审查，但两年期的预算过程并未被国会预算拨款委员会所接受。不过如前所述，2003年国防部又重归两年预算过程。

《未来年防务规划》提供实现军力结构、军备、维持及现代化目标要求与可替代的概要，每年更新3次：1月、5月及9月。1月与总统预算相一致，5月的《未来年防务规划》常与为下财年预算做准备的《计划目标备忘录》过程最新变化有关，9月的《未来年防务规划》与预算过程高度相关，其修改反映了国防部的计划决定，为决定计划需求及预算提供数据基础。法律规定，1月的规划更新与总统预算建议一起提交给国会（始于1989年）。

作为规划-计划-预算-执行系统（PPBES）的第二阶段，计划阶段的任务是阐明并确定6年期（两个周期滚动循环）国防资源需求的优先顺序。计划阶段将各军种所有军事单元能力整合起来，形成一揽子的能力组合包（Coherent Package），该结果被纳入各军种部所准备的《计划目标备忘录》当中。《计划目标备忘录》融合了来自参谋长联席会议对风险的观点和《联合计划评估备忘录》中所阐述的军事能力，在国防资源委员会（DRB）做出计划决策之前，国防部长办公厅人员会做详细分析。

国防预算与财政管理

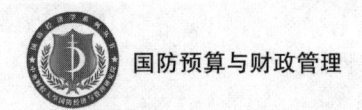

国防资源委员会（DRB）是国防部长办公厅中计划资源分配的最终决策者，它由国防部长主持（但绝大部分时候是副国防部长执行）。成员包括参联会主席（有时也包括副主席及其他成员）、各军种部长，国防部负责采办、运输和后勤的副部长，有时也挑选其他国防高级官员。各成员在国防资源委员会当面陈述立场，通常不会有其他工作人员在场，他们对各自领域的计划非常了解。一旦国防资源委员会颁布了《计划决定备忘录》，计划就确定了，从而建立下一财年的预算框架。

尽管军种部门编制计划是个复杂的过程，在不同军种（陆、海、空军和海军陆战队）之间也各不相同，但通常由三个阶段构成：计划规划及评价、计划制订、计划决策及申诉。计划很大程度上比规划更受成本约束，但仍将关注点集中在维护和平和作战所需的技术性能力上。这个过程的信息及理由输入来自各联合与特种作战司令部司令（CINC）、军种司令部和作为武装力量计划出资人的五角大楼。在军种部长做出最终计划决定之前，军种部内高级军官委员会推敲并向军种部门军事和文职行政长官提出建议。

军种间计划存在差异，海军系统在筛选计划建议上权力更为分散，海军作战部长和海军部长分别进行独立交叉审查。海军计划、计划评估和预算依然由不同人员执行。一直以来空军的计划和预算更为集权化，独立审查相对较少，人员职能及预算和计划之间责任交叠更多。陆军与海军的机制类似，拥有单独的计划和预算人员。然而自2002年起，所有军种部门需同时进行《计划目标备忘录》编制和预算审查（与准备不同）。

规划-计划-预算-执行系统中的预算

规划-计划-预算-执行系统（PPBES）中的预算主要是在军种部门内或跨部门配给资源，它与规划和计划相协调一致。预算制定要求颁布准备指南、收集计划和成本数据、在听证会上提供计划理由、从财政和政策指南两方面对提案进行分析，并在两年期预算过程中，在预算授权的约束范围内，进行下两个财年以及连续四年有关计划优先级的协商。预算编制活动会尽力对国际环境和国会、总统、国防部长，也包括参谋长联席会议的新政策倡议变化所引起的短期意外事件做出回应。参谋长联席会议也会增加进来，这是因为不同的国防部长与参谋长联

席会议和军种之间有着不同的关系。一些国防部长过分依赖参谋长联席会议及其主席，如1989~1998年间，国防部长切尼非常依赖当时的参谋长联席会议主席克林·鲍威尔（Colin Powell）将军。与此相反，拉姆斯菲尔德部长则把军队及参谋长联席会议的角色限制在政策及资源决策上。例如，与以前军种部门首长和参联会成员向国防部长作简报不同，拉姆斯菲尔德会更喜欢只和参谋长联席会议主席会晤。如上所述，各国防部长拥有各自的管理风格。一些人喜欢合作，另一些人则缺少合作，一些人看起来似乎缺乏组织性，例如克林顿执政之初的莱斯·阿斯平（Les Aspin）部长。

以资源可承受性和政治可行性为标准，在测定评价计划可行性时，预算编制是高度受限的活动。各个军种在总统管理与预算局、国防部长办公厅主计长和军种主计长的指导下，准备各自的预算申请。军种部门的预算申请使指挥链上移，该链从各领域的现场行动司令部层级的主计长和预算办公室，再到五角大楼的中央主计长办公室。军事及文职预算官员要对来自各作战和系统司令部以及各军种计划的出资人代表等所提供的情况进行分析，举行预算听证会，拟定内部标记（削减额），以及在军种部长最终决定将正式预算建议提交国防部长办公厅之前，对资源出资人的诉求做出回应。

有必要重申，军种部门预算人员和主计长根据自己对需求、成本和价格的估算，实施它们各自的重点及《计划目标备忘录》决定。与此同时，国防部长办公厅和参谋长联席会议也准备它们的防务计划和预算。国防部长办公厅主计长及其预算人员编纂军种预算提请并会同总统管理与预算局防务审查官共同进行分析。管理与预算局与国防部人员采取与其他职能部门审查有别的方式（部内预算由管理与预算局分析）从内部审查其预算。国防部长办公厅主计长发出对军种部门的（预算减少）标记，新一轮申诉在军种部门主计长层面进行，调整后的预算请求再返回国防部长办公厅以做最后决定。

国防部长办公厅成员有责任就参谋长联席会议、独立军种部门和联合与特种司令部的众多预算问题和需求进行大量协调和沟通，准备材料，告知国防资源委员会进行审议。一旦国防资源委员会层面对政策和计划问题的争论得到协商解决，国防资源委员会的建议便以《计划预算决议》的形式发布出来。一旦国防部长就最突出的问题做出最终决定，《计划预算决议》就成为准备国防部正式预算的基础。

总统预算中的国防军事组成部分，一般都在每年的12月由国防部长办公厅主计长和管理与预算局公布，随后也成为总统提交国会的联邦预算的一部分。《计划预算决议》和最终的国防部长预算决定指导着国防预算测算准备，它每年春天由国防部长办公厅主计长发布，并最终成为《四年防务审查》的一部分。

国防部购买重要资产（如导弹、武器系统、军舰、飞机、坦克等）时，预算选择和决定会在准独立运行于国防作战预算的采办预算过程中进行审议和分析。采办预算在主管采购、科技和后勤的国防部副部长授权下，由军种部门与国防部其他预算整合在一起。1986年《国防授权法》（《戈德华特－尼科尔斯国防部改组法》）规定，国会指导国防部长办公厅关注并更好地协调采办过程，随后国防部长切尼在1989年布什政府时期将它作为国防部最优先的任务。从那时起，国防部长办公厅及军种部门一直在为采办决策适应新机制进行调整。采办改革的细节将在第11章讨论。

1989年7月起，在切尼以及后来的科恩、拉姆斯菲尔德等国防部长主持下，采办预算编制和管理过程发生了一系列变化，有些改革是在国会指导下进行的。1992年由国会通过的《防务采办人员增强法》（Defense Acquisition Workforce Improvement Act，DAWIA）是其中一项引人注目的改革。该法案要求大幅提高采办及合约（管理）人员的教育和训练水平，在过去十年中，该法案的执行非常成功。然而，最主要的采办改革是在国防部内进行的（作为指导国防部采办政策和程序步骤管理法律——国防部5000系列条例的一部分）。

防务资本资产预算案在由国防资源委员会将资本和运营预算案整合进总统预算之前，先由国防部负责采购、运输及后勤的国防部副部长（也称国防采购执行官，DAE）和国防部长办公厅层级的参谋长联席会议副主席主持的国防采办委员会（DAB）进行审查。负责采购、运输和后勤的国防部副部长和国防采办委员会，与国防部长办公厅主计长、军种部长、军种主计官员一道，通过单独的军种系统司令部和计划办公室，负责计划预算执行，并负责监督各军种司令部和计划办公室的武器与系统采购。其次，军种部长及主管采办（不管什么称谓）的助理部长和军种参谋长，在其五角大楼职员、作战司令及其参谋人员、军种系统司令部（如海军航空系统司令部、太空与海战系统司令部）官员和预算主计人员的协助下，负责采办预算执行、协调采办计划和计划管理这些复杂且技术难度很大的任务。由于各军种部门计划管理性质的高度差异，以及在采办领域预算责任的广泛重叠，高度的机构复杂性是系统采办、采购和签约过程最为突出的特征。

规划-计划-预算-执行系统的执行过程

规划-计划-预算系统（PPBS）可能仅被看作用于规划计划和预算准备。而事实上，规划-计划-预算系统（PPBS）一直都包括预算的执行。该阶段很重要，陆军长期以来就将其称作规划-计划-预算-执行系统（PPBES）。2003年在拉姆斯菲尔德任内，该系统更名为规划-计划-预算-执行系统（PPBES），进一步更巩固了该认识。我们将在第7章详细讨论预算执行，在此仅做简要介绍。

预算执行机制要求管理与预算局（OMB）的分配能保证从财政部到国防部长办公厅拨款账户的资金发放。国防部长办公厅主计长按照国会拨款和由三个军种部门独立提交给国防部长办公厅的分配请求，将预算资金分配到军种部门和国防部职能部门。军种部门主计长再把这些资金分配到预算申请者和管理办公室手中，即作战司令部和系统司令部，按照指挥链发放到三个军种分支司令部司令（CINC），支持五角大楼和其他部门运行。

国防部长办公厅和军种部门主计长通常颁布拨款/延续决议指南，并在国会最终批准预算合理的削减、增加或其他执行计划前，预先告知管理与预算局（申请人或执行人）。管理与预算局与财政部的拨款每季公布一次。年中预算审查由各军种以多种形式进行，进行监督和调整以应对突发事件开支，并使支出更有效。在预算执行中常见的是，有时为应对难以预测的事件，有必要将资金从计划和活动中流入或流出。表面上看，这种流入流出的方式与预算提交、授权、拨款的方式相冲突。简言之，预算执行是整个预算过程独立的子循环，它有别于预算形成的自身特点。

有效的预算执行有赖于准确而及时的核算、仔细的监督及对开支持续的监控，以使未利用的资金能被调配到最需要的领域。国防部各级主计长试图在整个财年创造并保持资金储备。然而，在预算被削减的情况下，各司令部并没有多余的资金来进行储备。年终必须将预算资金花完，否则预算余额必须归还给国防部长办公厅或财政部，这在国防部及其他联邦部门是众所周知的事实。账目审计在全年按照日常规定进行，并在财年结束时关闭年度拨款账户（财年后5年），并准备多年账户的财务状况声明，如研究、开发、试验与评估（RDT&E）、采购与

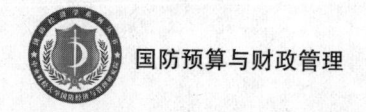

建设（报告）。

　　管理审查由国防部长办公厅和军种部门审计员和评估人员以及国防部各层级指挥链上（如军种分支机构、各军种和国防部长办公厅总检察长办公室）的审查员进行，也由外部机构如会计总署（GAO）实施。国防部的管理审查持续不断进行，由各种内部和外部机构进行审计，其范围和数量使得一些司令部和五角大楼的官员抱怨说几乎被"审到死"。国会监督委员会给国防部施加广泛的审查压力以保证国防部的受托责任，鉴于国防部在开支和签约方面的规模非常大、也非常复杂，这是一项艰巨的任务。国会和公众感觉国防部缺乏效率，有时在预算执行过程中存在浪费，从而导致大量审计。很多情况下，国会指导的审查，看起来似乎更多是关心选举人的利益，而非清除低效率。在实践上，过多的审计活动互不协调，导致审计妨碍而不是促进国防管理的效率和效益。没有人认为审查没有必要，但审查最好针对高回报领域，而且应通过协调大大减少重复劳动。

　　预算执行涉及国防部大量的例行工作。然而，预算执行在具有管理性的同时，也不可避免具有政治性。在权力高度分散和开放的国会预算过程中，战略预算行为的动机带来行政部门可预测的反应。执行部门试图获得并保持在预算执行过程中的自由裁量权和灵活性。获得不受国会预算监督而独立执行预算的能力的一种方法，就是对支持这项自由裁量权的国会成员给予回报。例如，通过与"政治分肥"预算进行的合作。用开支重点来换取更大的自主性，仅是使预算过程具有竞争性的诸多方法之一，有时国防部关注效率较少，而在意某个计划较多。由于国防预算协商的党派政治问题，国防部拨款几乎很难在财年开始前得到国会批准，国防开支的批评者也总能举出具体事例来说明国防资源采办管理中存在的浪费和错误。

　　国防部试图通过在资本资产采办或多年运营预算中，获得最大程度的授权委托、优先和全额资金，来增加预算执行的灵活性。灵活性也通过资金转移，计划重组及追加预算要求来体现。然而，从国防部的角度，关键是能够在意外环境下保证预算执行的效率，而非前面说的灵活性。尽管国防部一再呼吁国会增加多年预算中用于国防的资金数额，国防部在两年预算方案中并没有得到所要的结果。一直以来，国会都按年度进行国防预算拨款和监督，因此国防部试图在预算执行中获得更多灵活性的努力往往是枉费心机。应国会授权委员会的要求，国防部在20世纪80年代末推动实施两年期预算，这对于国防部主计长来说是一件痛苦的事。

4 规划-计划-预算-执行系统

国防部的资金转移提供了另一种增加效率及应对意外事件的方式。资金转移由法案支配，因为这些都涉及以前制定的授权法案及拨款法案的变化。关于资金调动，当局允许资金在拨款账户间流动，由国会提供给国防部长办公厅而非提供给单个军种部门。军种部门都想争取国防部资金调配的授权份额，这些调配授权要由国防部长办公厅向国会提出请求。计划重组允许国防部和军种部门在拨款账户科目间调配资金。这只是在科目差异性限制下为国防部提供非法定和负担得起的更多灵活性。所谓"低于临界值的计划重组"，允许军种部门根据需要做出调整并报告国会。相反，"超出临界值或需事先审批的计划重组"必须经参、众两院授权和拨款委员会议员们（或其助手）批准。

国会每年都会制定并修改临界标准。通常，列出在什么样的预算授权水平之下，可以不事前通知；但新计划启动时均要求事先通知。有可能对特定的拨款账户制定另外的计划标准。例如，在法案或报告中明言禁止计划重组挪用单个采购项目的资金。像新拨款法案一样，除非国会无争议支持该申请（实际上并不常见），请求国会追加拨款在审批前后都会被紧盯着。我们将在第6章详述追加预算问题。

海军规划-计划-预算-执行系统过程

为了说明军种部门如何参与规划-计划-预算-执行系统（PPBES）的改革过程，我们看一下海军部的案例。如前所述，过去，海军和陆军采用差别很大的规划-计划-预算系统（PPBS）过程，空军则采用综合的规划-计划-预算系统（PPBS）过程。如此处及第12章所述，海军的发展趋势是加强整合。在2001年8月及2003年5月修改规划-计划-预算-执行系统（PPBES）后，陆军也在加强整合。

规划阶段

海军规划过程协调由海军作战部长（Chief of Naval Operations，CNO）评估处（N81）牵头。海军要运行三个主要的规划子周期：

- 一体化作战架构（Integrated Warfare Architectures，IWAR）评估

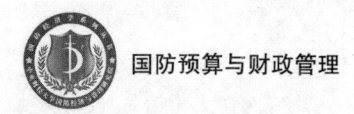

- 海军作战部长（CNO）计划评估备忘录（CPAM）
- 计划及财政指导

一体化作战架构评估

自1998年开始，海军规划工具转为一个基于广泛分析过程，包含12个一体化作战架构（IWAR）评估。一体化作战架构由5个作战和7个支持领域构成。5个作战领域包括军力投送、制海、制空、信息优势/传感器和威慑。7个作战支持领域包括：保障、基础设施、人力、战备、教育和培训、技术和军力结构（见图4.4）。

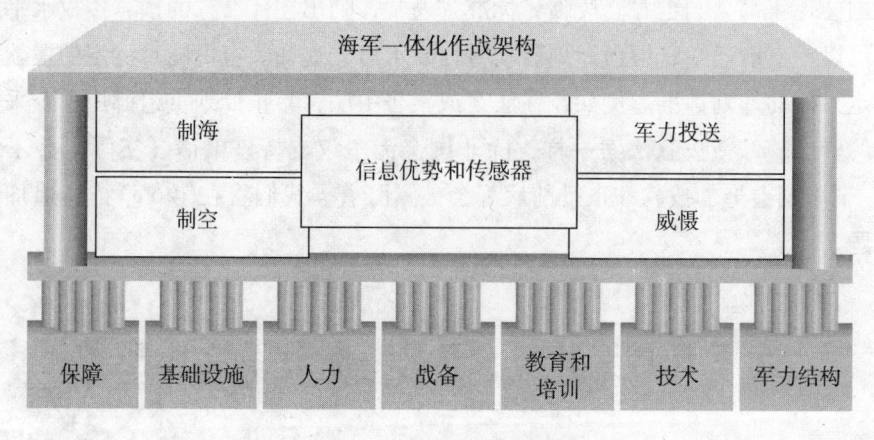

图4.4 一体化作战架构

资料来源：Reed，2002，24。

从总体任务责任和能力能否满足需要的角度，来进行这12项一体化作战架构评估。评估过程试图回答这样一个问题，即在目前和未来可能涉及的武器质量和数量，"需要多少才够？"。一体化作战架构评估由"一体化产品小组"（Integrated Product Team，IPT）负责进行，该小组由海军部长、资源出资人、申请人和海军舰队的代表组成。一体化作战架构意在：

- 通过对作战及支持领域实行点对点的能力分析，为海军高层领导提供资源决策基础。
- 在海军战略构想、威胁评估、资源计划之间建立联系。
- 分析现在及已定计划，确定能力不足还是过剩。
- 确定实现近期、中期及远期作战能力替代方案的影响。

4 规划-计划-预算-执行系统

海军作战部长计划评估备忘录

由一体化作战架构（IWAR）过程产生的分析直接呈报进入海军作战部长（CNO）计划评估备忘录（CPAM）。以一体化作战架构（IWAR）分析为基础，海军作战部长计划评估备忘录（CPAM）设计形成平衡的计划，以支持海军目标。每个一体化作战架构都产生一个独立的海军作战部长计划评估备忘录（CPAM）。这些海军作战部长计划评估备忘录（CPAM）随后被合并为完整的海军作战部长计划评估备忘录（CPAM）指要，作为海军作战部长计划处（N80）计划及财政指导的基础。海军作战部长计划处（N80）与《防务规划指南》（DPG）一道成为制定《海军计划目标备忘录》的基础，海军作战部长计划评估备忘录（CPAM）意在：

- 建立连接作战和支持能力的平衡计划，使两个领域的能力保持平衡。
- 为海军高层领导提供计划和财政指导基础。
- 评估一体化作战架构对近、中、长期作战及支持领域能力的影响。
- 基于能力替代方案、备选方案，提出特定的计划调整建议。

海军计划及财政指南

海军计划及财政指导为海军资源出资人提供来自海军作战部长层级的总体和具体指南，指导其制定《出资方计划建议》。该指南以一体化作战架构/海军作战部长计划评估备忘录分析为基础制定，在发布首个计划目标备忘录时发布，使相关工作进入海军规划-计划-预算-执行系统（PPBES）的计划阶段。

计划阶段

早在 2001 年以前，计划阶段的产品即《计划目标备忘录》构成了规划-计划-预算系统（PPBS）周期预算阶段的基础。2001 年 8 月 2 日，拉姆斯菲尔德部长签署了一份改变规划-计划-预算系统（PPBS）过程的备忘录，该备忘录即《并行防务计划与预算审查》，分发给军种部长、参谋长联席会议主席和其他军事首长、司令及副部长，该备忘录声明：

今年及以后，我们将实施并行计划和预算审查，今年的审查（2001）将考虑所有计划和预算问题，并将成为解决产生于《四年防务审查》的全部计划与预算问题的主要工具。该审查用来确认由各部门提请的计划能否在已建立的财政指导内实施,并关注在执行期间和其他实际变化时所产生的问题。以前由国防部长或国防部副部长解决的问题不必再审核。并行审查提交的截止日为2001年10月1日。我们目前处在为审查制定总体指导的过程中,包括所要求的具体表格。所有细节完成后,国防副部长将尽快给你们提供其他信息。(Rumsfeld,2001)

该备忘录给规划-计划-预算系统(PPBS)过程带来了根本性变化。2001年8月以前,军种部门在5月制定并向国防部长办公厅提交《计划目标备忘录》供审查,各军种随后以《计划目标备忘录》为基础构建其《预算估计递呈》(BES)。2001年后,要求军种部门在8月下旬同时向国防部长办公厅提交《预算估计递呈》和《计划目标备忘录》。海军《预算估计递呈》以5月底发布的《临时计划目标备忘录》(T-POM)限额为基础制定。负责协调和管理海军计划的机构是海军作战部长计划处(N80),海军作战部长计划处(N80)编列《计划目标备忘录》系列,该系列包括计划指令以及对资源出资人、评估出资人、主要申请人以及其参与者的财政指导。海军作战部长执行链上的其他参谋官员在该过程中也有责任。海军作战部长评估处(N81)根据计划和财政指导进行能力计划评估,"需求验证和(司令部)司令联络"(N83)确认舰队需求和计划输入。海军作战部长计划处(N80)如果发现资源出资人没有遵守财政或计划指导,将指示其遵守。

早在海军2002年实行重组以前,海军作战资源出资人是负责作战需求的海军作战副部长(N8)所辖机构的一部分。作为重组的结果,资源出资人被划入作战需求与计划(N7),转由海军作战副部长负责作战需求和计划,从而更清晰地掌握作战计划、训练和教育。作战资源出资人现在拥有与负责作战需求的海军作战副部长(N8)相当的中将建议权。作战需求与计划(N7)现在将《出资人计划建议》合并为《一体化出资人计划建议》(ISPP),该《建议》平衡管理资源,在经确认的舰队需求基础上在各战争领域公正分配资源,以确保财政和计划指南的贯彻。负责作战需求的海军作战副部长(N8)现在按下述方式组织:

负责作战需求与计划的海军作战副部长—N8

资源、需求与评估(N8)计划—N80

评估—N81

财政管理—N82

需求验证与(司令部)司令联络—N83

4 规划－计划－预算－执行系统

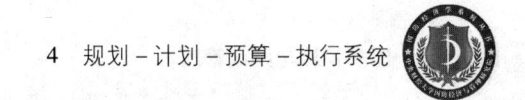

特殊计划—N89

四年防务审查—N8C

```
                资源、需求和评估（N8）
                        │
                海军作战副部长（DCNO）N8
                        VADM
                        │
        ┌───────────────┼───────────────┐
     计划                             评估
     N80                              N81

     财政管理                     需求验证和司令联络
     N82                              N83

     特殊计划                       四年防务审查
     N89                              N8C
```

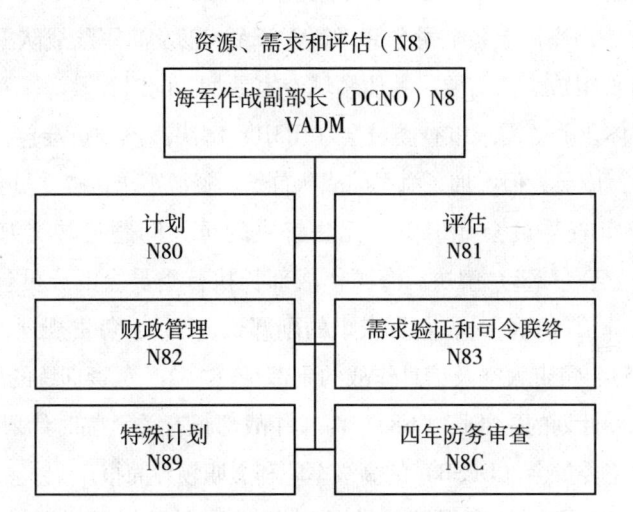

图 4.5　N8 组织

资料来源：Reed，2002，28。

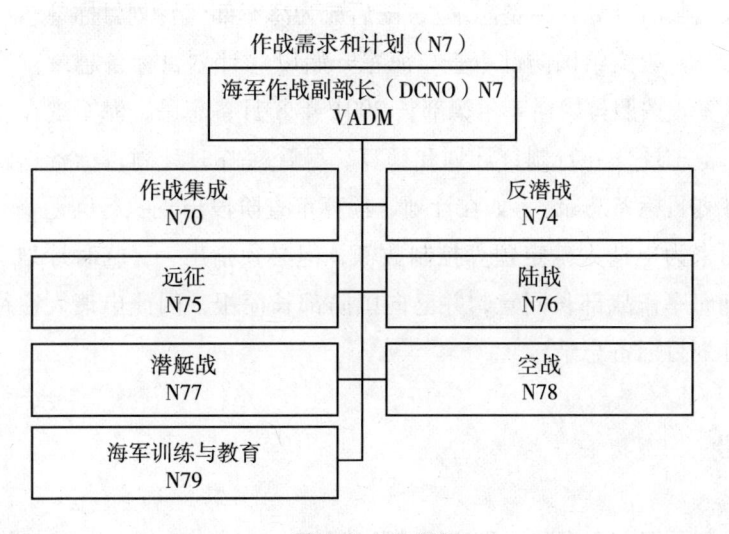

```
                作战需求和计划（N7）
                        │
                海军作战副部长（DCNO）N7
                        VADM
                        │
        ┌───────────────┼───────────────┐
     作战集成                          反潜战
     N70                               N74

     远征                               陆战
     N75                               N76

     潜艇战                             空战
     N77                               N78

     海军训练与教育
     N79
```

图 4.6　N7 组织

资料来源：Reed，2002，28。

海军计划形成之后，由资源需求审查委员会（Resource Requirements Review Board，R3B）仔细审查，该委员会是海军决定作战需求和资源计划问题的主要场所。该委员会由负责作战需求的海军作战副部长（N8）负责，并由来自 N1（人事）、

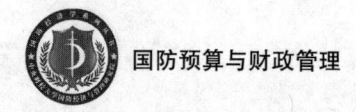

N3/5（规划、政策和作战）、N4（后勤）、N6（太空及信息作战）、N7（训练）、N09G（海军总监察长）、N093（海军医疗）、N095（海军预备役）、海军航空系统司令部（NAVAIR）、海军海上系统司令部（NAVSEA）以及海军陆战队副参谋长（计划和资源）的首长组成。依需要，其他领域专家参加。同时涉及海军和海军陆战队的重点项目由一体化资源需求审查委员会（IR3B）解决。该委员会包括资源需求审查委员会（R3B）成员，但增加了海军陆战队首长。资源需求审查委员会（R3B）和一体化资源需求审查委员会（IR3B）无法解决的重大问题将转交海军作战部长（CNO）执行委员会（CEB）解决。海军作战部长执行委员会的成员包括作战部长（CNO），副作战部长（VCNO），负责人事的副部长（N1），负责规划、政策和作战的副部长（N3/5）、负责太空及信息作战的副部长（N6）、负责训练的副部长（N7）和负责作战需求和计划的副部长（N8）。海军作战部长有关《临时计划目标备忘录》的决定向海军战略委员会（DPSB）的高级军职和文职领导简报。

早在2001年，海军及海军陆战队的《临时计划目标备忘录》就合并到一起，向海军部长（SECNAV）简报。海军部长有关《临时计划目标备忘录》的决定将纳入《临时计划目标备忘录》，随后成为海军部《计划目标备忘录》。《计划目标备忘录》提交给国防部审查，海军开始以《计划目标备忘录》为基础制定自己的预算。按照拉姆斯菲尔德部长2001年8月备忘录，海军现在利用《临时计划目标备忘录》并行制订计划和预算。尽管《临时计划目标备忘录》不是最终的《计划目标备忘录》，如在计划、预算审查阶段出现执行问题仍有可能改变，它也用来为申请人确定预算控制数额，但必须指出，《临时计划目标备忘录》已得到海军作战部长同意，并已向国防部长简报，因此申请人往往将其视为最终《计划目标备忘录》。

预算阶段

海军编制预算有3个独立且连续的阶段：

1. 预算递交办公室（BSO）向海军财政管理和预算（FMB）办公室提交预算
2. 海军预算呈报国防部长办公厅
3. 国防部长办公厅（进行）预算审查，明确具体计划削减（标记）和（接受）申诉（复审）

— 112 —

4 规划-计划-预算-执行系统

在3月财政管理和预算办公室发布其初始《预算指导备忘录》后，海军预算过程开始。该《预算指导备忘录》是在整个财年编写的一个系列，在需要时发布。如2002财年，最初的备忘录BG02-1发布于3月29日，而系列的最后一个备忘录BG02-1K则发布于7月17日。备忘录BG02-1向预算递交办公室（BSO）提供海军部（DON）计划/预算日历、用于准备预算递呈的价格因素、预算列示要求以及对海军预算指导手册的补充。发布首个《预算指导备忘录》不久，海军预算办公室（FMB）根据预算递交办公室（BSO）用以制定其预算递呈的《临时计划目标备忘录》运营账户，发布预算控制额（预算上限）。以控制限额为基础，预算递交办公室准备并提交估算，并以《预算指导备忘录》所提指导为基础的预算格式提交海军预算办公室（FMB）。备忘录BG2002-1指导预算递交办公室在5月31日前提交2002财年至2005财年的运营账户预算表。所需数据包括当年（2002财年）、预算年（2003财年）和两个《计划目标备忘录》年（2004财年、2005财年）的预算数字。

在以《临时计划目标备忘录》限额为基础的预算提交至海军预算办公室（FMB）后，海军对其进行并行计划/预算审查。并行计划/预算审查过程是联合、交互、而非连续的过程。并行计划/预算审查的原理如下：

- 它包含对计划、预算形成和执行的共同展望。
- 它在《计划目标备忘录》结束前提供对定价/可执行性的全面审查。
- 在预算审议阶段可持续进行不连续的计划调整。
- 它允许持续的计划改进。

2001年以前，一旦确定了《计划目标备忘录》并设定了（预算）限额，计划就被锁定且不能做任何重要调整，除非来年在《计划目标备忘录》或计划审查（PR）阶段，经由国防部长办公厅《计划决定备忘录》授权。需注意的是，在海军重新调整和并行计划/预算过程中，出资人建议已纳入审查计划中，以妥善分配并遵从指导原则，并将这种整合作为负责训练的副部长（N7）方案输入。因此，预算建立在《临时计划目标备忘录》控制、最终《计划目标备忘录》或计划审查基础上，并同时提呈国防部长办公厅。拉姆斯菲尔德想法实现了，计划阶段与预算阶段的明显划分已经消失。计划变化可随预算变化同时做出，对资源、需求与评估计划（N80）、海军预算办公室和预算提交办公室的输入做出回应，以确保该计划如预算一样可执行。图4.7和图4.8分别表示2001年8月之前和之后的规划-计划-预算系统（PPBS）周期。

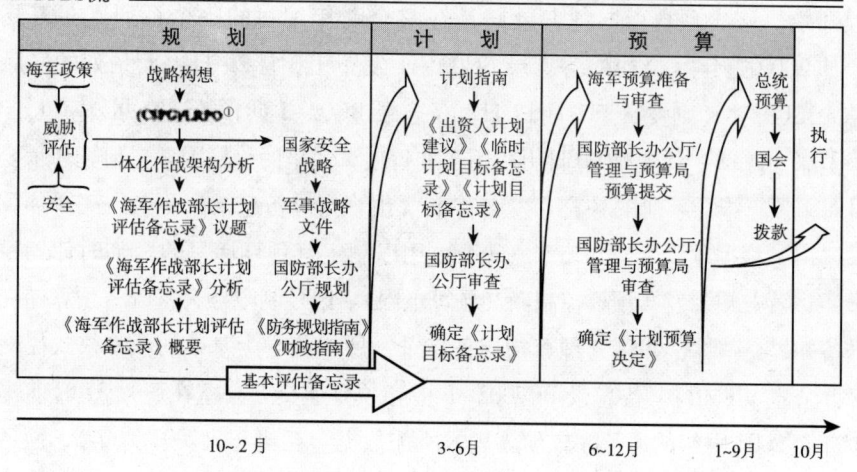

图 4.7　2002 年前的海军规划－计划－预算系统（PPBS）

资料来源：Pacific Fleet，2002d.

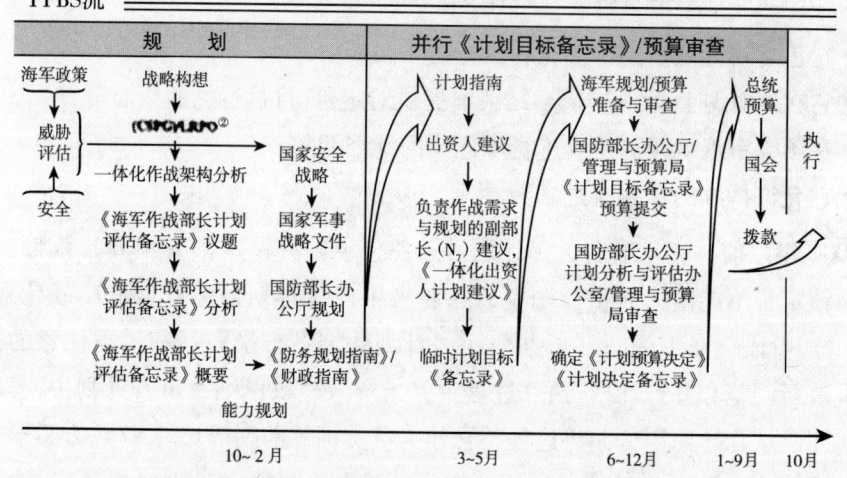

图 4.8　2002 年变后的海军规划－计划－预算－执行系统（PPBES）

资料来源：Pacific Fleet，2002d.

并行计划/预算审查使预算递交办公室的预算提交机制发生了变化。以前，海军预算办公室质疑预算递交办公室的机制称做"标记"（Mark）。"标记"是海军

---

①②　原稿不清。——译者注

预算办公室分析员准备的对预算递交办公室所提交预算估计的调整（通常为负）。作为对"标记"的回应，预算递交办公室有权申诉（重审）。重审使预算递交办公室有机会对海军预算办公室"标记"所作的调整进行回应，以要回被削减的资金。如果提交重审的是个具体"标记"，则该"标记"被认为是暂时决定，直到该"标记"问题得到最终解决。解决"标记"重审的方法是先由海军预算办公室分析人员开始，通过部门领导和处室主管进行。没有解决的"标记"成为重大预算问题会议要解决的主要议题，如果在这次会后没有对"标记"进行复原，就必须向海军部长再提交一份决定。

到2002年夏，旧的重审过程已转变成一系列议题文书（Issue Paper）可选方案。预算分析人员和申请者，其他指挥人员如装备或人员使用者，以及承包商或工业界都可提出相关方案。一旦启动，这些问题将在最低层面解决。议题文书将张贴在海军预算办公室（FMB）网站上，其复印件将送到所有相关办公室。所涉议题计划变更的原因可能包括：能力重估及新优先项、国会议案、合同延误、工业基础问题、计划延误、计划成本增加或采办管理问题。经常用来决定整个变化的标准包括成本—收益分析、运营账户的长期积极影响以及对能力的可取性和可支付性的共识。

议题文书程序较之以前的"标记"、重审方法更有活力。"标记"关注那些预算递交办公室（BSO）准备重审的具体问题，它在海军预算办公室（FMB）层级上产生且被分配到各个预算递交办公室。议题文书机制则使所有利益相关者在适当水平上提出问题或考虑重要问题，亦或评价影响他们的问题。尽管议题可能并非具体针对某一特定预算递交办公室或活动，但任何利益相关者都可就某一问题自由提交评论，以强化预算递交办公室对某个问题的基本立场。

可以信息技术资金为例来说明这一过程如何运作。显然，信息技术在《计划目标备忘录》中资金不足，会影响海军所有的指挥、设施和活动。对于在其地区、舰队或功能司令部（Type Command，TYCOM）内会受议题影响的分项活动的具体需求，（在与预算递交办公室协商后）可自由发表评论。这是因为，信息技术资金问题并不限于太平洋舰队申请者（CPF），而是从总体上影响海军，不仅太平洋舰队的业务可自由评论，其他该问题的申请者也可自由评论。尽管不止一个申请者可就某一议题自由发表评论，但必须指出这并非"混战"，特定申请者就议题发表评论前必须认真考虑。

当议题生成后，它们会被发布到海军总部预算系统（NHBS）网站上。该网站为相关各方提供了一个途径，来发布议题文书，将其提交海军预算办公室（FMB），发表评论以及评议别人的评论。如果议题得不到解决（如在海军预算办公室、海军作战部长计划处分析人员、部门领导和处室主管之间），它们将递交给计划预算协调小组（Program Budget Coordination Groups, PBCG）。该小组由来自海军预算办公室、海军作战部长计划处（N80）、负责训练的副部长（N7）、舰队司令部司令和舰队战备（N43）等部门的代表组成。计划预算协调小组（PBCG）的审议与重大预算问题会议的审议类似，在预算转呈海军作战部长和海军部长之前，他们提出问题的最后解决方案。

重大预算问题会议仅解决预算问题，计划预算协调小组（PBCG）则可能既解决计划也解决预算问题。尽管计划和预算问题可能会被提出，但计划预算协调小组主要是提请海军预算办公室讨论。计划预算问题小组在预算领域讨论的议题有：文职人员、军事人力、基地运行、飞机运行、军舰运行等。计划预算问题小组的日程表发布在海军总部预算系统（NHBS）的网站上。在海军部长审查后，计划（现已成为计划目标备忘录）和预算一并提交国防部长办公厅主计长。

国防部长办公厅调整军种部门（预算）提交，发布《计划预算决定》（Program Budget Decision, PBD）。虽然机会有限，但海军仍有机会对《计划预算决定》（PBD）中的削减进行申诉。这是国防部长办公厅为限制军种部门推翻《计划预算决定》而采用的策略，这一策略往往很奏效。当《计划预算决定》问题在军种部门解决后，预算转呈管理与预算局，成为递交国会的总统预算中海军和国防部的部分（预算）。

海军规划－计划－预算－执行系统（PPBES）过程产生《计划目标备忘录》、满足《计划目标备忘录》和偶数年的预算、计划审查和奇数年预算。因此，在 2002 财年，海军准备《2004 年计划目标备忘录》以及 2004 财年、2005 财年预算。尔后，海军在 2003 财年对 2005 财年进行计划审查，并细化 2005 财年预算，但只考虑《计划变更建议》对《计划目标备忘录》的变更和《预算变更建议》对预算的变更。必须记住，在制定该预算的同时，下财年的总统预算也在编制并在国会通过，而本财年预算正在被执行。因此，如图 4.9 中所述，在任何一年，必须同时管理和应付三个预算过程。当年的追加拨款或国会是否为下

财年拨款，会对正在准备的下财年预算产生影响。

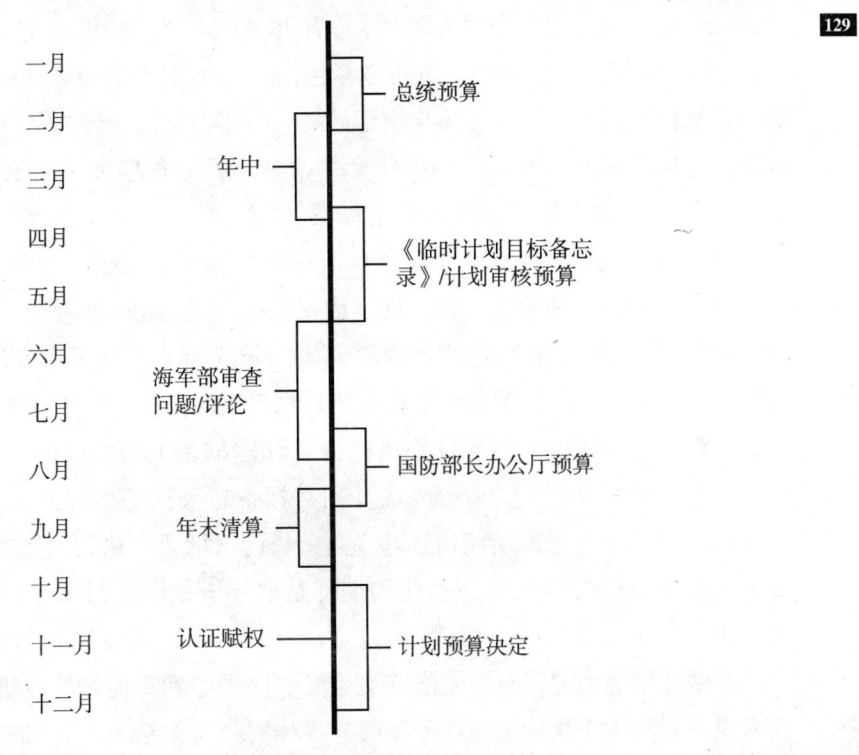

月份	阶段	事项
一月		总统预算
二月		
三月	年中	
四月		《临时计划目标备忘录》/计划审核预算
五月		
六月		
七月	海军部审查问题/评论	
八月		国防部长办公厅预算
九月	年末清算	
十月		
十一月	认证赋权	计划预算决定
十二月		

图 4.9 从申请者视角的预算给出流

资料来源：Reed, 2002, 49。

因此，在本年度（CY）海军工作人员（以及预算递交办公室）进行 3 个独立的预算：执行 2003 财年预算、为 2004 财年提交的总统预算举证、准备 2005 财年计划/预算。本年执行推动来年的预算和计划决定，产生连锁反应。在预算递交办公室层级上，计划者、预算者和执行人员都在积极地同时应付 3 个年度的预算。

规划–计划–预算–执行系统改革：问题与结果

我们已解释过，国防部一直在进行规划–计划–预算–执行系统（PPBES）的改革，最近的一次在 2001 年。国防部长拉姆斯菲尔德于 2001 年 8 月改变了这个过程，并任命一个委员会考虑进一步改进。而改变规划–计划–预算（PPB）

系统并非新想法。十多年来，规划-计划-预算系统（PPBS）观察家所建议的改进已简化了该过程（国防部/会计总署 PPBS 联合工作组，1983；Jones & Bixler, 1992；Puritano, 1981）。其他选择包括：增加用于威胁评估的资产和时间，提高威胁信息整合的质量，减少用于计划的时间，从而使该周期只涉及实质性的计划阶段结果和多年预算。2001年合并《计划目标备忘录》和预算审查值得称道，但2001~2003年的改变则更为彻底。

合并《计划目标备忘录》和预算审查的原因在于把过多时间放在《计划目标备忘录》的准备和批准上，将更多重点放在计划结论上似乎是个好主意。"终结游戏"做出主要决定的是计划阶段，如关于武器系统的采办和军力结构的调整。有人给拉姆斯菲尔德研究委员会建议取消费时的《计划目标备忘录》准备。过去不仅大量时间投入到《计划目标备忘录》准备上，而且批评者也感到这些时间基本上都浪费了，因为构成《计划目标备忘录》的大部分信息与以前提交的《计划目标备忘录》所用信息基本是一样的。批评者认为，像零基预算一样，每个《计划目标备忘录》的创建周期都从底层开始，这带来了巨大的工作量，而对决策者并没有产生更多新作用。

有效计划的关键，在于做出有关主要资产采办和军力结构改进的正确决定。其他由计划阶段完成的主要任务是调整各种资产（包括人力），使其以协调的方式形成预算，使资产共同生成可得资产集合，在作战需要时可以使用。2002年，计划的这个重要部分实际上是与规划-计划-预算-执行系统（PPBES）的预算审查阶段融合在一起，使预算成为一个更长的过程，更多地聚焦于多年周期而不是国会所使用的相当没有效率的一年期预算。

转向两年期预算并不代表国防部的根本转变，有两个原因：第一，如我们在本章所解释的，国防部及军种部门已能同时应对至少三年预算。第二，因为很多国防预算账户已以多年资助为基础（如研究、开发、试验与评估账户以及武器采办账户），将它们转向国防部的多年期结构并不要求国防预算方式做重大改变，国会要求的改变则是另一回事。尽管使国会转向多年期防务预算过程是最理想的，但这并非国防部转向规划-计划-预算-执行系统（PPBES）的必要条件。国防部可以转向多年期预算，国会也可按从国防部收到的多年期预算的各年比例来进行拨款。关键在于，国防部能够且已经决定改革规划-计划-预算-执行系统（PPBES），接着试图通过展示这些改革能产生更好的决策并降低决策成本，获得国会对这些变化的支持和批准。

4 规划-计划-预算-执行系统

为什么规划-计划-预算系统改革持续如此之久？

预算博弈策略是国会以审查或其他方式高度参与防务规划不可避免的结果。为降低预算博弈的烈度，建立对预算主张的更大信任，国会似乎应考虑改革自身的预算制定规则和监督程序。

关于2001年和2002年规划-计划-预算系统（PPBS）改革，拉姆斯菲尔德的特设研究委员会和国防部高层人员得出了类似结论。对该系统的改革不得不在2002年和2003年早期搁置，因为此时的当务之急是打赢伊拉克战争。然而，那些为拉姆斯菲尔德研究规划-计划-预算系统（PPBS）的人员，认为该系统步骤冗赘、程序过于复杂、涉及人员太多。然而，直至2002~2003年，改革这个系统的努力似乎与培育和保护规划-计划-预算系统（PPBS）免于激进转型的努力背道而驰。规划-计划-预算系统（PPBS）过程自20世纪60年代开始持续扩展，在计划和预算决策上出现更多参与者，因为资源竞争是政治过程的关键所在。这样，越来越多的人员能够成功找到自己的角色，为预算行动展开竞争，如同国会预算过程的情况一样（Art, 1985; Lindsay, 1987）。具有讽刺意味的是，国防部改革中的不利因素似乎与国会一样。

规划-计划-预算系统（PPBS）之所以能为国防部资源决策的政策制定及规划需求服务如此之久，而在其他联邦机构却难以为继的原因，就在于该系统是专为防务设计的。在这里，许多计划和预算决议是在评估了各种选择之后制定的，且大量数据可以使用，并经得起经济成本-收益分析、系统分析、运筹学和其他复杂分析方法的考验。比之民用计划，防务计划的量化计量更难，许多防务投入和产出受各种约束，影响更好地进行定量估算。另一方面，国防部规划-计划-预算系统（PPBS）只做了很小和渐进的修改就存在了这么长时间，因为改用其他系统的代价更大，或是由于国防部长办公厅和军种部门之间的政治竞争，而不是分析评估的原因。然而，如前所述，2003年拉姆斯菲尔德部长授权进行了规划-计划-预算系统（PPBS）的全面改革。

尽管以任何有意义的方式评价2003年规划-计划-预算-执行系统（PPBES）改革的结果都为时过早，但我们可以看到，很多已进行的改革都与我们在本章和其他地方所主张的改革议程一致（Jones & Bixler, 1992）。对任何改

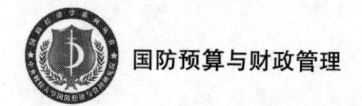

革，国防部都要花费时间在程序上将改进内化到整个军种部门。当然，国防部长办公厅层次上的改变更容易完成。然而，我们预期即便不是全部，许多改革最终都将实行，因为它们极大地有助于各军种部门和整个国防部减少不必要和重复的劳动。

小　结

自 20 世纪 60 年代以来，规划-计划-预算系统（PPBS）都为总统行政部门的历届国防部长所采用，包括 60 年代的麦克纳马拉、70 年代的莱尔德到 80 年代的卡斯珀·温伯格、弗兰克·卡卢奇（Frank Carlucci）到 90 年代的切尼、莱斯·阿斯平、威廉·佩里、威廉·科恩（William Cohen）和拉姆斯菲尔德，并进入新千年。在保持其基本结构相对稳定的同时，国防部实现了规划-计划-预算系统（PPBS）的不断演进。在拉姆斯菲尔德任内，其演进的步伐加快了。

2003 年 2 月、5 月，防务官员宣布改进规划-计划-预算系统（PPBS），新系统被定义为规划-计划-预算-执行系统（PPBES），宣称"改革"国防部计划和预算，提高效率，对预算及计划执行给予额外重视（SECDEF，2003a）。据称，多年来陆军一直使用规划-计划-预算-执行系统（PPBES），强调执行。

规划-计划-预算-执行系统（PPBES）改进，据称源于国防部副部长保罗·沃尔福威茨，他指示（国防部）高级执行理事会研究并提出改进整个国防部决策过程的建议，并批准了管理倡议决定，建议对规划-计划-预算系统（PPBS）进行改革。但是，国防部未要求立法改变，国会仍将继续看到与以前一样的预算和《四年防务审查》。

如本章前述，2003 年改革要求国防部从年度计划目标备忘录及预算估计递呈（BES）周期转向 2 年期，自 2005 财年起简化审查和调整周期。在修订过程中，国防部会形成 2 年期预算并利用"小年"关注财政执行和计划绩效。设计 2 年期计划和预算周期，是为了指导国防部战略制定、军事能力需求确认、计划规划、资源估计与分配、采购和其他决策过程。这些变化意在使国防部内部的规划-计划-预算-执行系统（PPBES）周期与外部的法律法规和管理政策要求，包括《四年防务审查》保持一致。

在新系统下，《四年防务审查》继续作为国防部的主要战略与政策宣示。这

4 规划-计划-预算-执行系统

一区分值得重视，因为它反映了 20 世纪 90 年代末开始并延续到 21 世纪的国防部管理运营变革行动。从国防部长办公厅的角度看，《四年防务审查》也构成整合与影响所有内部决策过程的唯一工具，如《未来年防务规划》和《防务规划指南》的准备工作。如上所述，《公法 107-314》第 922 部分《2003 财年鲍勃·斯坦博国防部授权法案》①、修正后的《美国法典》第十篇第 118 部分，调整了《四年防务审查》的提交日期，使其与总统预算的提交日期保持一致，都在任期的第二年。

作为 2003 年改革的结果，"小年"是否发布《防务规划指南》将由国防部长决定。除非有国防部长或国防部副部长的特别指示，"小年"《防务规划指南》将不再包括计划的重大变化。如前所述，国防部宣布 2003 年不再发布 2005 财年《防务规划指南》。

此外，根据这一改革，国防部将利用计划改进建议，而不是在"小年"准备计划目标备忘录来适应实际变化，并把它作为防务计划与防务战略保持一致这一持续需求的一部分。在"小年"，国防部利用《预算改进建议》（BCP）代替《预算评估递呈》（BES）。预算改进建议将适应现实变化，包括成本增加、进程延期、管理改革节约、工作量改变以及国会行为引起的变化。2005 财年的执行审查会为现在和以前的资源分配评估提供机会，并评估国防部的规划绩效目标完成度。绩效指标，包括 21 世纪初用于布什执政期间管理与预算局的"计划评估评级工具"（PART），提供分析基础以判明资源拨款分配是否存在于当前预算中。如果现有计划的某些目标难以达到，则提供可替代的解决方案供选择，或进行拨款资金调整来改正资源分配不平衡。此次改革显示了国防部将如何遵守 1993 年《政府绩效和结果法案》要求（如由管理与预算局强制执行）。"计划评估评级工具"的评级和把《四年防务审查》递交国会都意在满足《政府绩效和结果法案》对国防部的要求。

在第 1 章中我们做出过这样的评论，没有哪位国防部长能独自管理像国防部这样复杂的单位。事实上有必要指出，无论过去还是现在，国防部对计划和预算投入的决定是由国防部副部长及其手下批准的，该职位实际上承担着管理国防部的大部分责任。此外，国防部副主计长，负责采购、运输和后勤的副部长以及负责国防部其他职能领域的助理部长，包括计划分析与评估、政策、军事人力管

---

① 鲍勃·斯坦博为原美国共和党议员，其英文名为 Bob Stump。——译者注

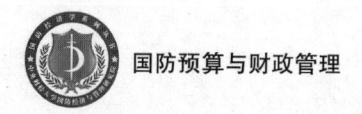

理、法律事务、卫生、预备役事务及其他助理部长，都提供意见和分析以指导计划和预算决策。

尽管拉姆斯菲尔德部长及其幕僚和军种部长对规划－计划－预算－执行系统（PPBES）做了重要改进，但该过程的大部分仍按以前的管理运行。因为2003年授权的新过程仍在实施当中，我们需要时间来确定最新一轮改革该被称为全面改革还是如以前不同行政部门都有所实施的渐进式改革。

此外，我们已经说过国防预算部分具有管理性、部分具有政治性，尽管一些观察家可能不这样认为。从我们的角度看，没有哪个预算过程或规划－计划－预算－执行系统（PPBES）改革能够调和不同的价值系统，能够消除对立党派在国家安全和军事重点上的分歧，也不能消除特殊利益政治对预算的影响。20世纪80年代初价值冲突明显，公众的支持、总统的强烈意愿和成功的预算策略，使国防预算在和平时期有了前所未有的增长。尽管自1985年开始实行赤字控制改革，但选民和特殊利益压力使国会和国防部很难重新安排防务预算。尽管我们为2001～2003年间的改进叫好，但防务预算改革并不意味在政治上未来国防预算生成会比其过去更容易。正如我们所说，对威胁的看法和政治，而非预算过程本身驱动着防务预算。我们在第5章将集中讨论防务预算中的政治。

我们可能观察到，20世纪初期、中期国防预算的一系列增加并未使国防部预算的大部分账户宽松；同时，反恐战争的要求加剧了国防部资产的使用和军事作战的成本。因为对主要防务资产更新的需要已被无限期推迟，新拨款将主要用于采办新武器系统，以及反恐战争需要。这意味着，用于武装力量作战和维持的账户将继续受到压力，预算不稳定和约束将仍是国防部的梦魇。这对规划－计划－预算－执行系统（PPBES）过程、国防部决策者、分析员和其他所有参与者构成巨大压力，在防务预算和资源管理的所有阶段实现（预算）平衡远非易事。

至于规划－计划－预算－执行系统（PPBES）的未来，尽管在应用中有一些明显瑕疵，但鉴于2001～2003年的改革承诺，该系统将继续按照固定和可靠的时间表产生防务需求。它将继续为各军种部门和国防部长办公厅的政策协商和决策提供结构化背景。这将为整合参谋长联席会议和各军种部门观点提供一个框架，并为与其他防务和安全机构相比较提供了模板，这些部门包括国家安全委员会、国务院、中情局、国防情报局和其他机构。对规划－计划－预算－执行系统（PPBES）运行方式的分析，提供了防务政策制定和预算/资源管理那些批评的模板，也提供了评估对政策和过程改革建议那些批评的模板，21世纪初小布什政府实施了这些建议。

我们可能会问，最近实施的改革是否会持久，是否会被继任总统所采用，它们是否以及在多大程度上改进了计划和预算，规划－计划－预算－执行系统（PPBES）下一步改革会是什么？答案可能在2004年总统及国会选举后产生。任何在2005年及以后的政府都应对此有信心，国防部采用的防务资源决策系统能够适应环境的要求，继续进行长期的反恐战争，同时能够应对国防资源规划和预算所不可避免要应对的突发事件。

5 国会和国防预算：从冷战到反恐战争

引 言

在前面几章，我们提供了联邦和国防预算过程的模板并做了详细分析。这一章的主要目的是紧接以上各章，分析国会如何通过预算过程中的审议和决策来影响国防政策和资源管理。本章聚焦1989年到21世纪初这段时期的政策环境和预算。在这段时间，国防政策和预算的调整出乎所有人意料。

国防政策和预算策略由于两次历史性事件影响而受到冲击，这两次事件分别发生在1989年5月1日和2001年9月11日。第一次是苏联解体和冷战两极格局结束，这一时期重在核威慑战略、战略空军和海军力量、前沿部署包围敌人以及为对抗一个强大敌手而进行采购、驻防以及训练。随着威胁的消失，所需国防支出也就减少了。至20世纪90年代中期，国防预算较冷战最高水平时相比削减了约1/3，战略家们努力希望找到超越自第二次世界大战结束"铁幕"开始到柏林墙倒塌，已主导美国防务态势40余年的军事学说和军力结构。

21世纪初，防务规划者继续努力寻找作为世界主要军力的意义所在。20世纪90年代末期达到政治共识，认为军力结构中某些部分资金不足，冷战结束后削减过多。乔治·W·布什当选总统后，防务支出规划开始有了缓慢但引人注目的增长。然而，2001年9月11日恐怖分子袭击美国后，新敌人的出现使威胁场景发生了根本变化，防务支出开始加速。

本章我们按时间叙述防务政策与预算对话，从20世纪90年代的削减与缓和，到新世纪初由反恐战争而产生的扩展，以在世界范围内应对更大的威胁。我

们的目的不是简单描述国防支出增减，而是借助著名预算权威艾伦·希克（Allen Schick）的理论假设，审视该时期的预算。希克的论文认为在政策不确定情况下，国会的预算符合即兴（Improvisation）模型。相对于我们先前遵循威尔达夫斯基的理论信条将预算过程定义为渐进型（Incremental），希克的假说提供了国会界定和形成预算以及预算过程本身的另一种视角。即兴理论与渐进主义理论相背离吗？一个假说为研究另一个假说提供了更好的模型吗？或者，能将两种假说结合提供更完整的权变（Contingency）预算理论吗？首先，我们必须详细研究相关论据。其次，我们可以在评估基础上得出结论。我们从回顾防务预算的立法过程开始。

国会预算过程和国防部

防务预算作为行政部门酝酿的结果开始，并列示在总统每年提交国会的联邦预算中。而后国会审查这些提案并决定如何拨款。宪法规定国会拥有唯一征税和（决定）支出的权力，行政部门没有这样的权力。

国会每年批准国防部计划并为实施这些计划提供资金。总统预算仅是起点，在国会审议和批准过程中，很多决策点吸引（人们的）注意，有时会为新闻媒体和公众所搅乱，基本上，每年的国会预算过程可分为三个阶段：通过预算决议案（不是法律）、通过国防授权法（法律），以及通过国防拨款法（法律）。

预算决议案

预算决议案（BR）是国会的预算规划，最近媒体开始把此称为预算，但只有拨款法案才提供实际上可供支出的资金。预算决议是国会对其自身在即将到来的拨款过程中征税规模和支出规模的承诺。它是一项决议而非法律，用作指导国会预算协商和法规制定的工具。预算决议案提供了当年和未来几年国防如何支出的前瞻性限制。1995年以来，为避免赤字战略，以5~7年指导的方式对国会预算决议案构成约束。尽管考虑未来年份的情况很少能像原来所设想的那样，但聪明的消费者能看清趋势并得出自己的结论。

例如，1997年预算决议案包括对1998年（1999财年）防务开支的下降，

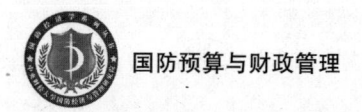

尽管这是国会1997年的判断,但成熟的观察者会带着怀疑的眼光来看预算减少,因为考虑20世纪90年代早期的预算紧缩和90年代中期的预算平稳,那么国防部在其后要达到战备目标就(存在)困难。因此,虽然预算决议案提供了有用的信息,但预算决议并非防务预算。预算决议案标志当年防务支出可能的最高限,预算决议案表明国会如何看待未来年份防务支出的前景。

按照1974年修正的《国会截留和控制法》所确定的指导方针,预算决议案应在4月15日前通过,但国会很少能在这一时限前完成。国会通常会在6月或7月之前通过预算决议案,该案为所有的财政委员会和小组委员会提出税收和支出目标。当预算决议案通过时,媒体往往将其批准的数字当作"国防预算"。现实情况是,在预算决议案通过后,人们的注意力又开始转向国防授权法案。

国防授权法和国防拨款法:冲突与妥协

为国防授权的委员会是参、众议院的军事委员会(HASC 和 ASSC)。授权法案很重要,因为它批准防务计划,特别是拟议新计划。尽管预算决议案的意图为联邦总体和防务支出提出指导,但授权者关注的是具体计划。授权法案可以包括针对国防部的一系列货币和非货币政策指导。例如,授权法案可能包括每年的军事开支增长、授权开发新武器系统,或授权新的军队建设工程,例如营房或家庭住房。它也可能对总统关于条约、武器限制、核武器研制和美国军队使用等情况提出建议。在无授权下,即便已在国防拨款法案中为其提供了资金,也不允许国防部对新的或已存在的计划投入资金。要开始一个新计划,国防部既需要授权,也需要拨款。表5.1说明了1999财年国防授权法案与拨款法案的区别。

表5.1　　　1999财年国防授权与拨款法案的对比:预算授权　　单位:十亿美元

标　题	授权	拨款
军队人事	70.6	70.6
作战和维持	93.5[a]	84.0
采购	49.5[b]	48.6
研究、开发、试验与评估	36.0	36.8

续表

标　　题	授权	拨款
军队建设[c]	4.9	NA
家庭住房[c]	3.5	NA
周转资金	1.5	0.8
其他防务计划	NA	11.8[a,b,d]
相关机构	NA	0.4[e]
其他防务相关	1.0[f]	NA
一般供应	NA	−2.4
记分	NA	0.0
信托基金	0.3	NA
收款/其他	−2.3	NA
原子能防务活动[g]	12.0	NA
国防部总计	270.5	250.5

a. 作战和维持（O&M）授权与拨款间数据存在差异的原因是：在国防授权法案中将防务卫生与禁毒纳入了作战和维持账户，但在拨款法案中却放在"其他防务计划"下。

b. 化学剂及弹药销毁在国防授权法案中列入采购条目，但在拨款法案中却放在"其他防务计划"下。

c. 由《军队建设拨款法案》提供资金。

d. 也包括总检察长办公室。

e. 包括中情局退休金和残疾系统基金、情报系统管理账户、国家安全教育信托基金，以及支付给卡霍奥拉韦（Kaho'olawe）岛的资金。

f. 包括选征兵役系统（Selective Service System）和联邦紧急管理署（FEMA）国防相关的民防活动，由《住房和城市发展部独立机构（拨款）法案》（VA-HUD-Independent Agencies Bill）提供资金。

g. 由《能源部拨款法案》提供资金。

注：拨款者并非完全按授权拨付资金。显然，在1999年比授权批准了更多的研究、开发、试验与评估（RDT&E）资金，拨款法案更多突出例子参见图3.9。

资料来源：Tyszkiewicz & Daggett, 1998, 42。

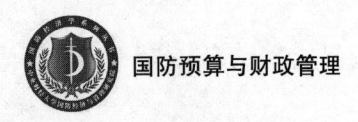

为了维护其监管和领导角色，授权委员会在逐渐扩大其授权范围，这在表5.2中很明显，该表显示每年授权需求的扩大。

表 5.2　　　　　　　　　年度授权之外的（授权）需求

年　份	公　法	增加的计划
1959	86～149	飞机、导弹和海军舰艇采购
1962	87～436	飞机、导弹和海军舰艇的研究、开发、试验与评估
1963	88～174	履带式战车采购
1967	90～168	各选征预备役人员加强
1969	91～121	其他武器采购
1970	91～441	水雷和相关辅助设备采购：各武装力量组成部分服役军人加强
1973	92～436	各武装力量单元平均学生军训负担
1975	94～106	军火工厂军事建设
1977	95～91	能源部防务计划
1980	96～342	国防部及其所组成部分的作战和维持
1982	97～86	军火采购和"其他"采购
1983	98～94	周转金

资料来源：Tyszkiewicz & Daggett，1998，第36页，来自参议院军事委员会，《防务组织》，S. Prt. 99～86，1985，第575页。

国会预算过程的第三步是拨款，这是由众议院及参议院拨款委员会和负责国防的小组委员会来完成的。如上所述，拨款委员会评估、批准计划的开支都是以拨款的名义。通常，防务拨款预算授权（BA）给国防部具体拨款账户一整笔款，如用于海军飞机采购的6535444000美元。在与拨款法相关的委员会报告中，可以发现更详细的分类，这里条项数量很具体。如果拨款报告没有特别改变国防部的预算请求，则国防部提出的各种计划、账户、条款材料即为正当，且具约束力，国会认为国防部将按它所提的计划进行（Tyszkiewicz & Daggett，1998，40）。绝大多数国防部实际资金都在国防拨款法案和军队建设法案中

5 国会和国防预算：从冷战到反恐战争

提供。

2000年国防拨款法案准时通过，如图5.1所示，它是由国会各院小组委员会通过口头表决（vv）批准的，参、众两院拨款委员会通过口头表决一致通过。绝大多数情况下该法案6月初在各议院通过。两院联席委员会（Conference Committee）报告在1个月后，即7月17日颁布，并于10日内在各议院通过，总统于2000年8月9日签署该法案使之成法。该法案之所以较早通过是因为在国防支出方面存在很多共识，预算处于盈余状况，而且总统选举将在秋天举行。由于规模大，国防拨款法案常常在最后被考虑，也经常推迟。1970～2000年，国防拨款法案在财年开始前准时或提前签署的仅有6次，即在1976年、1977年、1988年、1994年、1996年和2000年（Reynolds，2000，11）。

	众议院	参议院
法案号（防务）	H. R. 4576	S. 2593
小组委员会审批	2000年5月11日 （口头表决）	2000年5月17日 （口头表决）
（拨款）委员会审批	2000年5月25日 （口头表决） 众议院报告 106－144	2000年5月18日 （28－0） 参议院报告 106－298
通过	2000年6月7日 （367－58）	2000年6月13日 （95－3）
（协商）委员会报告		2000年7月17日 众议院报告 106－754
协商委员会报告审批	2000年7月19日 （367－58）	2000年7月27日 （91－9）
公法		2000年8月9日 P. L. 106－259

图5.1　2000年国防拨款法案——准时通过

资料来源：Library of Congress，2000.

没有拨款，就几乎什么事也做不成。因此，每年的拨款法才是真正的国防预算，它包含人员、武器和辅助支出的资金。授权法案和拨款法案都可能包含防务计划的金额，但拨款法案才拥有真正资金，授权法案的数字仅被看做计划的上

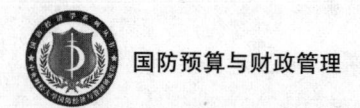

限，除非超过拨款法案批准的数额。不过，拨款法还不足以启动支出，拨款还必须与国防部在总统预算上所要求的相匹配。此外，必须通过仔细阅读同预算拨款法同步的两院联席委员会报告，搜集国会意图的重要信息。有时在法案中插入（法定）语言说明资金如何支出，这更经常出现在联席委员会的报告中，有时这些线索则不那么明显。

如2000年，两院联席委员会从G-17计划中拿走资金并将其放入周转金，这样空军就不能用于战斗机支出了。两院联席委员会还从LPD-17两栖船坞登陆舰建设计划中削减10亿美元，但在报告中允许海军部长可从其他预算账户拿3亿美元来弥补此工程中非预期支出的增加（Congressional Quarterly Almanac, 2000, 2~51）。更细微的线索也可能直接来自听证会，听证会上立法者会指出他们认为国防部应该怎样做。

法定语言就是法律，必须遵守。报告语言没有法律效力，但当国防部没有听从非法定报告的指令时，一些官员不可避免地就会被召去在委员会前做出解释。国会成员及其幕僚在听证会中所提的问题和建议并不具约束力，当它们与军队需求相背离时，国防部并不需要完全执行。无视国会"建议"可能导致听证上冗长的讯问，要求（提交）报告；而且，若国会对国防部的管理工作失去信任，还会导致在预算执行中计划重组资金的临界值收紧。当国防部背离委员会明确建议时，必须向国会证明其行为的正当性。即使议员忘记了，他们的幕僚却不会忘记。这是委员会成员工作的重要部分，也就是"帮助"和控制国防部管理来符合选举人的利益。

因此，必须考虑多重因素以理解国防预算，包括与国防授权法和拨款法同步的两院联席委员会报告。国防部人员通常例行公事地按照国会的行动和指示处理"篱笆、地板、天花板"，意指国会已在总体拨款中为特定计划专门规定了资金量（篱笆），花费的资金不得超过x（天花板），不能少于y（地板）。国防部的管理者会认真对待那些所谓的"国会利益项"，因为他们知道如果不这样做，整个组织将会为其失误"埋单"。

并非所有国防支出都来自国防拨款

在任一特定年份，《国防拨款法》提供了国防部执行任务所需的大部分资金，如90%左右（具体因年而异）。其他防务资金在《军队建设拨款法》、《能

源、水力开发和拨款法》（主要针对核武活动和基地关闭）、《住房、城市发展与独立机构拨款法》（主要针对联邦紧急管理署、南极的国家科学基金后勤支持、选征兵役系统）、《商业、司法和州拨款法》（主要针对联邦调查局相关的防务活动和海事安全计划）中拨款。此外，如我们在第 6 章分析的，这些拨款可通过追加预算拨款得到加强。此外，国土安全部的成立已将一些国防资金转入国土安全拨款（见第 12 章）。

预算拨款法案一经批准，显然国会就已完成它在预算上的工作，除非它不得不再对总统选举做出反应。所以至此可以说，我们已有了预算。然而如下所述，事实并非完全如此。在国防部开始支出前，授权法和拨款法的差异必须调和好。有的授权法案在拨款法案后通过，这给国会增加了混乱，但这并非有意为之，拨款但未授权的计划不可能被执行。

直到 20 世纪 80 年代中期，如果计划得到拨款，但并未被授权，人们通常会认为拨款隐含着授权的意思。事实上，逻辑上讲那些同意给计划拨款的人也就是同意给计划授权的人，否则不会拨款，因此拨款隐含着授权。但从严格法律意义上来说，该解析有缺陷，可能更应从（预算）项的规模、数量来考虑国防授权法案和拨款法案。

稍加观察便知，并非所有国会议员都知道国防授权法案和国防拨款法案的一切条款。而且，考虑到授权委员会和国防拨款小组委员会间人员很少交叉，很难断定拨款法案的进行隐含授权委员会的意愿。即便他们投票反对，法案仍可通过。法律是很清楚的，美国法典第 10 篇，管理军种部门和国防部的法体，即第 114 部分，都规定资金在支出之前，必须经过授权。

此外，众议院和参议院均禁止拨款给未授权的计划（Tyszkiewicz & Daggett, 1998, 44）。然而，当拨款"经常提供的资金总量比授权法案的多"，对在授权法案及与之同步的报告中均未提及的活动，以及法律意见书持续支持拨款法案对特定计划提供的资金与授权法案出现偏离时，这项明晰的规定在实际操作中经常被淡化（Tyszkiewicz & Daggett, 1998, 44）。会计总署（GAO）认为最近通过的法案要胜于以前的（拨款法案通常如此，但并非总是如此），专门条款胜于非专门条款（GAO, 1971）。

整个系统要正常运行，需要法律本身与同条款或问题不相冲突，这是因为总的授权和拨款法案比零星的条款更全面。与法案同步的报告书阐明了细节，明晰在总目录中计划和单位资助的金额，而非在法庭上举证，其内容取决于预算立法

国防预算与财政管理

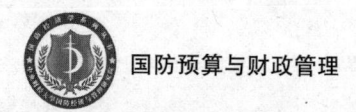

过程中国会议员及其工作人员与国防部代表之间的博弈结果。

1998年,由于对国防授权法案产生异常激烈的争论,来自新罕布什尔州的参议员罗伯特·史密斯(Robert Smith)发了一封信,信中解释了没有通过国防授权法案的原因(Congressional Record, 1997, S11817-8)。史密斯评论了一系列会妨碍国防部和防务计划管理的条款,从家庭住房和其他军队建设项目的延期,到无授权就扩大南部及中部的反毒品计划,无授权就加速推进先进采购计划,无授权就增加军人留任奖金等。授权和拨款法案不匹配,在采购领域所带来的威胁主要是缺乏支持新计划启动的资金、扩大或减少旧项目资助。虽然在很多例子中这些资金数量很小,但这些微不足道的资金,足以阻碍新想法的实施和好计划的扩大,已被减少或取消资助计划则无以为继。

授权委员会给国防部提供说话的地方。这些委员会从宏观和微观上审视防务需求、检查防务力量结构、监督国防部运行、寻找有利于选举人的项目资助方式。"从幕僚角度看授权周期"专栏是基于与参议院军事委员会工作人员的对话,它描述了国防授权法案通过轨迹。这可能不针对所有议员、所有年份和所有工作人员,但它确实提供了一个(预算)过程中从未有过的视角。

从幕僚角度看授权周期

该周期始于国情咨文,听证会的第一轮很简短干脆,每年相同的参与者出现在委员会面前:国防部长、参联会主席、陆军、海军、空军部长等。

小组委员会听证会每年都不一样,根据议题而定。工作人员的工作是作为调解人,叫五六个人询问某些特定问题看他们怎样问答,然后决定用谁形成举证小组和听证会脚本,这样使所有问题都能够被提及,所有的细节都能被显示。工作人员向议员建议要问的问题及答案,以突出预期的议题。

听证会是有价值的,它在复杂议题上培训了参议员,使他们学会了什么时候能够得到真相,什么时候会被蒙蔽。听证会对采取新的行动建立记录,这对监督也有用:机构是否把去年要求做的做完了?听证会包括阅报稿、议员或证人陈述、提问和回答,大多数时候工作人员要想与参议员讨论10分钟都很难,因此靠两小时听证会的简报会用以回顾议题的细节,使参议员能够记起该议题以准备做出决定,或在该议题首次考虑时,通过参考听证会上的讨论还原当时的场景。

听证会后的审定(markup)。这常在6月由小组委员会和全委会进行,小组委员会要完成其上级委员会主席交代的一系列任务。工作人员就坐在证人坐的地方,回答问题,给出

建议，议员做出决定。这大概要持续20分钟到四五个小时，工作人员必须同意其审定和做出的决定。在周四晚上晚些时候，要将报告、法案放在一起，由议员和工作人员核对，然后送至政府印刷办公室，并将文件送议员办公处，工作人员的责任是当法案从委员会出来时无需修订就是完美的。但事实上总是需修订，因为参议员不得不留些记录以竞选连任。工作人员的想法是尽量不做修改，将这些文字放在报告里，或某种意义的参议院决议里，或承诺将其带到会上。通常在开始几天会提出很多修改意见，之后是激烈的争吵，议员或工作人员试图使其在萌芽状态就消灭。工作人员四处讨论，试图找到谁在提出修正，却不给他们提供任何建议。

法案的议会辩论通常在8月休会前排定，否则将在秋季来讨论防务议题。军事方面的法案一般都会通过，所以人们都试图附加修正案。参议员想要让修正案得到接受有三个机会：接受提案时进行讨论、法案通过时以及送交众议院会议时，这三个不同的时间都有机会进行讨论。

在议会辩论通过后，法案就提交众议院会议，议员吩咐工作人员对90%的议题协商出可能的解决方案，然后将其返回给议员。众议院都是很专业的，所以给参议员安排谁是专家是困难的。当得到一致意见时，工作人员就会说："我们认为，协议是……"以确保在所协商的问题上都能够取得一致。在会议过程中必须有充足的时间让人能讨论、沟通，但时间也不会太长。在这点上拨款法案刚好是紧跟授权法案的，这就好像议会之间通过墙洞来传递纸条。如果授权者按照拨款者的意思给一个计划太多资金，授权者就会改变一下计划以求花费更少。

大的议题主导会议，其他议题中的绝大多数（80%~90%）都可被工作人员或议员解决。两院联席委员会工作的精确性非常重要。当法案还在听证阶段时，错误可在议会辩论中改正（或有"坏"条款加入），议会辩论后的错误可在两院联席委员会和众议院的工作中解决，但会议产物就成了法律，其必须完美，语言要清晰、准确、正确。要修改它就需要通过其他法律来解决。下一步，法案和联席委员会报告返回参议院，联席委员会报告不可修正，只能是要么赞成，要么否决。

我的工作是让参议员满意。我可能会说"这里有正、反意见，如果你问我，我会给你建议"。苏联威胁解除后，"政治分肥"拨款和指定用途的专款都有增加的趋势。

国防授权法案是参议院军事委员会的"产品"，感觉法案通过是非常重要的成就，就像赢得"超级杯"一样。

资料来源：McCaffery & Jones, 2001, 116~118.

20世纪90年代后期，参议员约翰·沃纳（John Warner）当选参议院军事委员会主席，他在启动军人工资、津贴提高改革方面成效尤为显著，他缓解了克林顿政府时期国防预算短缺的后果。对男、女军人，授权委员会首次给出其生活质

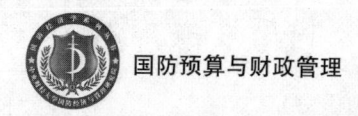

量，如工作、收益和家庭住房方面的问题。承包商和厂商对授权委员会的工作也非常感兴趣，因为它们可很早知道某项计划或武器合同是否会有变化，以及会有多大的变化。

尽管防务方面的大多数计划每年都被授权，但雇用军人的数目每年却不同。常设人员规模被授权后，拨款者需提供资金来支持被授权的雇用水平。在国防部和行政机构建议的基础上，兵员规模根据授权需要不时由授权者增加或减少。拨款者必须在年度拨款法案中给这些授权提供资金，授权者可能也会批准每年的工资增长，但有时拨款过程只给国防部支付上涨工资一半的新经费，并要求从经常账户找到法案的"埋单者"以支持上涨工资的另一半。

影响国防支出分配的其他机会

国会成员有很多机会投票支持或反对国防支出，有防务立法权的联络人员在国会有许多点可以发力。蒂什凯奇、达格特（Tyszkiewicz & Daggett, 1998, 31）发现在国会有22个可对国防预算部分投票的地方，包括小组委员会和委员会对各法案报告的投票（两议院各5个）、最终法案的议会投票、最终两院联席委员会关于法案报告的投票（两议院各6个）。其他包含国防资金的拨款法案也增加了投票的机会，如军队建设法案或能源法案，在表5.3中我们标出了这方面的不同信息。国防部具有立法权的联络人团体在整个立法年度从预算委员会行动开始，接着是授权委员会（军事）和拨款委员会，总共监测到多达38处投票。国防部常担心补充法案，因为国会常不能准时完成拨款，各阶段常出现一个或多个《延续拨款决议》，所有这些对国防计划都是非常关键的，虽在很多情况下会有请求和游说，但必须监督。在立法方面，只有委员会成员在委员会投票（小组委员会也是），但所有议员对议会最终行动和是否接受两院联席委员会的报告投票。因此，每个国会议员都至少有10次对普通国防法案投票的机会，当存在追加法案或一个甚至更多延续拨款决议（CRA）增加时，该机会将增加至13次或更多。

表 5.3 对国防预算的重要投票

	国防投票机会						
	预算决议	军事	国防部拨款	军队建设拨款	能源部拨款	国防部追加	延续拨款决议
小组委员会		众议院、参议院	众议院、参议院	众议院、参议院	众议院、参议院		
全体委员会	众议院、参议院	众议院、参议院	众议院、参议院	众议院、参议院	众议院、参议院		
院会	众议院、参议院	众议院、参议院	众议院、参议院	众议院、参议院	众议院、参议院	众议院、参议院	众议院、参议院
协商委员会报告批准	众议院、参议院	众议院、参议院	众议院、参议院	众议院、参议院	众议院、参议院	众议院、参议院	

2001 年 4~12 月，参议员黛安·范斯坦（Diane Feinstein）在参议院进行了 15 次防务议题的重要唱名表决，这些罗列在她的个人网页上，包括 2 个预算决议表决、1 个与防务削减联系的再调和表决、4 个追加拨款表决、2 个关于军队建设拨款的表决、5 个授权表决和 1 个拨款法案唱名表决（Feinstein, 2003）。参议员并没有列出实际所有的唱名表决，而只列出最后的行动，所有（表决）清单亦可在其网页上看到，以使她的选举人能看到她对重要防务议题是怎样表决的。如果观察者走进各阶段，并以个人表决为基础计数，当考虑法案的修正案或在小组委员会或全委会审定过程中分条表决时，则立法者的表决机会将显著增加。此外，如能成功通过法案的修正案，并能与主法案的表决结合在一起，法案的关键表决可能产生很多修正案。尽管我们在表 5.3 中只列出了 3 个，但跟踪国会整个国防预算，包括跟踪 5 个拨款法案及其预算决议还是有用的。此外，因为当年的追加（拨款）可能在某些方面对来年的计划影响更大，追加拨款也是可能的改变途径。

国会拨款模式

艾伦·威尔达夫斯基的渐增模型包含这样一个观点，各机构都会提出更多的预算请求，结果行政部门汇总（预算）后，会比往年多，国会会削减预算请求（Wildavsky, 1964, 13~35、63~84）。此外，也有人辩称，国会（只）是细微的调节者，会减少一些预算要求，但总起来不会很多。勒娄普（Leloup）、莫兰

德（Moreland）在农业部的预算工作证明这是对的，1946~1971年，他们发现国会平均每年减少2%的预算请求。1980~1989年，国会平均改变农业部预算请求5.9%或更多，但仍可被看做细微改变（McCaffery & Jones，2001，132）。表5.4包括1980~2000年的国防拨款法案，20年里国会减少了其中16年的（预算）请求。注意参议院和众议院在防务（预算）方面从未达到相同的数额，因此两院联席委员会一直是必要的。即使两院在这方面数目相近，两议院在防务配置资金方面也有显著区别。

表 5.4　　　　1980~2001年国防拨款：总统提请、众议院、
　　　　　　　参议院、最终成法和提请变化

财年	提请	众议院	参议院	成法	提请变化
1980	132321	129524	131661	130981	-1339
1981	154496	157211	160848	159739	+5242
1982	200878	197443	208676	199691	-1187
1983	249550	230216	233389	231496	-18054
1984	260840	246505	252101	248852	-11988
1985	292101	268172	277980	274278	-17823
1986	303830	268727	282584	281038	-22792
1987	298883	264957	276883	273801	-25082
1988	291216	268131	277886	278825	-12391
1989	283159	282603	282572	282412	-747
1990	288237	286476	288217	286025	-2211
1991	287283	267824	268378	268188	-19095
1992	270936	270566	270258	269911	-1025
1993	261134	251867	250686	253789	-7345
1994	241082	239602	239178	240570	-512
1995	244450	243573	243628	243628	-822
1996	236344	243998	242684	243251	+6907
1997	234678	245217	244897	243947	+9268
1998	243924	248335	247185	247709	+3785

续表

财年	提请	众议院	参议院	成法	提请变化
1999	250999	250727	250518	250511	-488
2000	263266	267900	263932	267795	+4529
2001	284501	288513	287631	287806	+3305

资料来源：Reynolds，2000。摘自 *Congressional Action on Annual Department of Defense Appropriationals Requests*：FY1950~2001，表4，第23~24页（新的预算授权以当年百万美元为单位），国会研究服务处（CRS）。

表5.5　　　　与前一年拨款增长的百分比：1980~2000年　　　　单位：百万美元

财年	提请	最终拨款	当年提请/前一年拨款	国会改变量	总改变
1980	132321	130981			
1981	154496	159739	17.95%	3.28%	21.24%
1982	200878	199691	25.75%	-0.59%	25.16%
1983	249550	231496	24.97%	-7.80%	17.17%
1984	260840	248852	12.68%	-1.82%	7.86%
1985	292101	274278	17.38%	-6.50%	10.88%
1986	303830	281038	10.77%	-8.11%	2.66%
1987	298883	273801	6.35%	-9.16%	-2.81%
1988	291216	278825	6.36%	-4.44%	1.92%
1989	283159	282412	1.55%	-0.26%	1.29%
1990	288237	286025	2.06%	-0.77%	1.29%
1991	287283	268188	0.44%	-7.12%	-6.68%
1992	270936	269911	1.02%	-0.38%	0.64%
1993	261134	253789	-3.25%	-2.89%	-6.15%
1994	241082	240570	-5.01%	-0.21%	-5.22%
1995	244450	243628	1.61%	-0.34%	1.28%
1996	236344	243251	-2.99%	2.84%	-0.15%
1997	234678	243927	-3.52%	3.79%	0.27%
1998	243924	247709	0.00%	1.53%	1.53%
1999	250999	250511	1.33%	-0.19%	1.13%
2000	263266	267795	5.09%	1.69%	6.78%
		平均改变	6.03%	-2.02%	4.00%

平均来说，这些年总统年均要求增加 6.03% 的国防投入，国会则年均削减此请求 2.02%。结果是与前一年相比，平均改变 4%。然而这些平均值掩盖了里根总统在 20 世纪 80 年代初的增长。当时里根要求比前一年拨款增加 27.5%。这种增长要求在 1981 年和 1982 年得到了国会的支持，后来被急剧削减，但结果增加的部分仍很大。国防缩减始于 1987 年，拨款比前一年低 2%。随总统 1993 年、1994 年、1996 年和 1997 年请求削减，20 世纪 90 年代国防拨款有了明显削减。国会支持总统，在 1993 年和 1994 年削减更多（使削减幅度更大），但在 1996 年和 1997 年又反过来增加了防务预算（减少了总统削减）。仅显示这段时期总统要求平均 6% 的增加、国会平均 2% 的削减，并不足以表明这一过程的复杂性，也不足以描述这段时期的资金波动。图 5.2 可清楚地看到该波动，20 世纪 90 年代国防紧缩明显。1993 年、1994 年，国会拨款比前一年低，总统预算提请亦如此，1995～1998 年拨款不变或稍高于该基数。尽管在这些年中，我们能看到国会为国防增加了经费，而总统则希望增加更多。

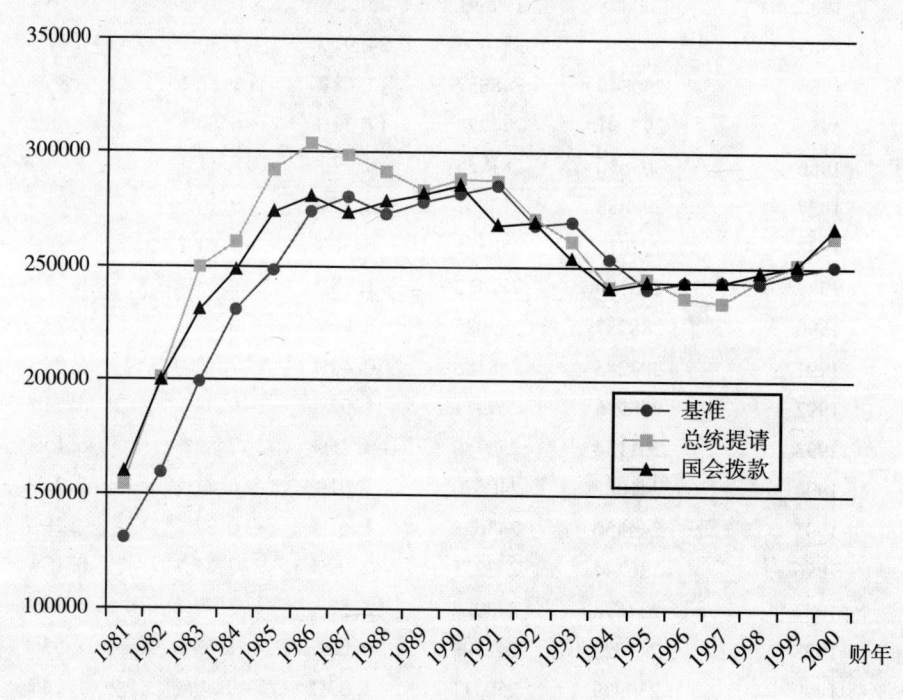

图 5.2 国防资金波动

5 国会和国防预算：从冷战到反恐战争

历史背景：20世纪80年代的国会预算

艾伦·希克（Allen Schick, 1990, 159~196）认为20世纪80年代的联邦预算过程最好被视为即兴预算（Improvisational Budgeting）的例子，每年预算过程的特性都不可预测。按希克的观点，国会和行政部门领导人在20世纪80年代采纳了所有他认为必需的战略和过程步骤来批准每年的拨款法案。在很多年份，拨款法案通过得很晚，《延续拨款决议》经常发生，一些年内由综合（Omnibus）延续决议提供资金。1980~1989年10年里的5年中，有一半多的拨款法案由《延续拨款决议》提供整年资金，其中包括1987年和1988年的所有13个拨款法案。10年里，潜存的130法案中有63个在整年中都由《延续拨款决议》提供资金（Schick, 1990, 181）。总统主要顾问和国会领导人参加的高峰会议，结果不定，有些成功了有些则没有。总的来说，希克认为，这些高峰会议的成果很小，高峰会议后预算制定者下一年所面临的问题与高峰会议前所面临的问题几乎一样。

在这种环境中，预算"花招"就十分流行，这种欺骗手段从国防部简单改动支付日期以满足支出上限，到对国民生产总值（GNP）和财政收入的过度乐观估计。由于《国会预算决议》通过得晚，预算过程通常开始得非常缓慢，1980~1989年平均推迟53天（作者2003年基于希克1990年第174页的研究推算）。很多拨款博弈最终有意进入新的财政年度，该年财政紧迫感有助于决策者们达成妥协。在这种动荡的环境中，希克研究发现为延续现有运行水平提供资金的《延续拨款决议》（CRA）实际上给各机构比前一年更多的经费，比总统预算要求的资金也更多（Schick, 1990, 181），它们成了真正的拨款法案而非占位者。

另一个重大变化与总统预算有关，在希克看来，它已失去总统认为需为行政部门提供资金权威性表述的地位。相反，按照希克的观点，总统预算已成为某种形式扩展预算"拍卖"的底价，在那里很难观察到真正的需求和动机，所有这些都有助于促进在剩下的时间里就关键计划进行讨价还价。因此，并不奇怪，时效性是即兴预算的牺牲品。随预算决议延迟，未能及时获取授权法案和拨款法案，预算过程开始得也晚。在一些年份中拨款案先于授权案，这使得授权案的指导作用被打上了问号。

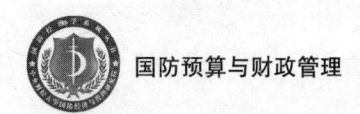

认为总统预算对国会来说仅是开始或多余的观点与那些把预算当作主要文件,认为在预算过程中总统有机会陈述其政策和计划优先性的观点有争论——这在拥有很多议员的国会中是不可避免的(McCaffery & Jones, 2001, 97~108)。

从1990年到新千年国会预算:主题再现和趋势

尽管希克的分析针对20世纪80年代,但国防预算过程观察者发现这同样适用于90年代的情况。20世纪90年代,预算决议常被延期,而且在一些年份,预算决议未被通过。国会参众两院都会选取某个决议,而无视其他议院的做法。拨款不仅被延期,而且国防拨款法案有时晚于国防授权法案。党派纷争有所增加,尤其是在这10年中的中间几年,国会中的共和党人决心通过其《与美国有约》(Contract with America)①。1994年、1996年,预算过程是准时的,但这是由于更大的政策失效所致。1994年,克林顿政府的保健计划未能得到及时的预算过程所允许的认真审议;1996年预算过程准时是由于国会领导人被1995年的斗争耗得筋疲力尽,同时还要面对愤怒的公众指责,要求两党对现代史上最冗长的预算做出解释。

预算无力:《延续拨款决议》中的混乱

20世纪90年代立法动荡最明显的标志就是《延续拨款决议》的通过。当国会在财年开始前没有通过拨款案时,必须颁布延续拨款决议来为机构提供资金,直到全部拨款都通过。资金水平可设定为上年的标准,或是国会希望的标准,这些总会很快通过而无异议。该决议常排除新计划或新行动。在防务领域,有时候会惩罚延期开工的采办项目,从而导致合同执行延期,成本超支。

除了1994年和1996年外,每年的《延续拨款决议》都是必要的。1990年

---

① 1994年期中选举,共和党提出包括当时众议员纽特·金里奇起草的财政责任在内的政纲,称为"与美国有约"(Contract with America),主张预算平衡、给予总统择项否决权(line-item veto)和福利改革。——译者注

到 1999 年，通过了 39 个《延续拨款决议》，历时 524 天，等于 10 年中 14% 的天数。1995 年，《延续拨款决议》与 219 天密切相关，直到 1996 年 4 月才结束。1994 年和 1996 年的预算过程不需要《延续拨款决议》。但 1996 年 1~4 月通过的《延续拨款决议》结束了 1995 年的预算过程。预算过程没有变得更糟或更好，相反，非常好的年份紧随着非常坏的年份，1993~1997 年由好至坏、循环波动。这是总统和国会很多回合惨烈政治斗争的反映，并非只针对国防。

表 5.6　　　　　　20 世纪 90 年代的《延续拨款决议》

年份	延续性拨款决议（个）	延续性拨款决议涵盖的天数（天）	总涵盖天数（天）
1990	5	3~10	35
1991	2	28	65
1992	1	22	22
1993	3	8~21	60
1994	0	0	0
1995	10	1~67	219
1996	0	0	0
1997	6	1~23	48
1998	5	2~9	16
1999	7	1~21	59
总计	39		524 天或 10 年天数的 14.35%

资料来源：Buell，2002，53。

预算决议混乱

预算动荡和即兴预算的第二个指标可在预算决议（BR）的处理中找到，该决议由众议院、参议院预算委员会提出，并开启国会的预算过程。预算决议的建立先于授权法案和拨款法案，它在总额和职能领域上为支出设定限制，该限制每年由两院联席委员会以总统预算为起点，连同国会预算局（CBO）对国内生产总值（GDP）、通货膨涨、失业、税收和支出预估，以及通过各种行政官员，如

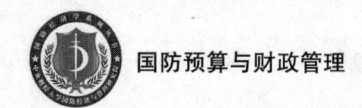

管理与预算局（OMB）局长、财政部长，以及其他机构官员（如国防部长）等呈递给预算委员会的证词编制而成。预算决议对国会来说是个咨议性指导意见，并无法律效力，但当拨款案超出预算决议所限时，全体议员就会进行质询。在这种情况下，需要60%的多数投票来推翻这一质询。实际上，预算决议一旦设立，预算决议目标就成为预算过程的实质性指导，也为预算过程提供原则。拨款者必须符合每个支出案的预算决议目标。在全体议员的讨论和修改中，可能会对目标之外的特别法案修改进行质询。尽管该质询可能被推翻，但至少60%的投票通过并非易事。

在考虑所有因素之后，可以认为，预算决议起重要起点和持续的参考评估功能。尽管它很重要，在20世纪90年代，预算决议就像预算过程的其他部分一样，也遭受了同样的动荡。它经常被延期，与预算也存在明显的差额。它在1999年曾是准时的，1993年因为民主党急于使他们的总统出人头地而有过一次提前，1998年则没有预算决议被通过。1990年"被推迟"在春天通过的决议，由于两议院不同意，在秋天才通过官方预算决议。预算决议不是法律，相反，它是国会同意限制其支出趋势的合约，在给定的数量内给其自由，但超出该范围则会被惩罚。

由于这些动荡，存在贬低预算决议重要性的诱惑，但这可能还为时过早。1995年和1997年的预算决议有非常重要的标志意义，因为它们为到2002年的平衡预算铺平了道路。尤其是1997年，国会共和党对让路给平衡预算表示不妥协，这迫使克林顿总统在他的预算估计中做了一些改变，以达到同样的目标。1993年，国会中的民主党人认为他们做了一个重要声明：他们已对新世纪的预算业务准备就绪。1998年预算决议根本没有完成，因为一些参与者认为1997年提出的指导意见已足够好了，也因为众议院和参议院的共和党人不能就政治方向达成一致。这仍是一个激烈而漫长的战役，同时也表明预算决议对参与者来说，除了在数额上不能达成一致外，还有别的意义。因此可以认为出现于20世纪90年代的预算决议是个重要而有用的预算机制。

20世纪90年代初期，预算决议的价值仍不清晰。1990年，参议院没能通过预算决议，这为动荡和激烈的预算过程埋下了伏笔。1991年春天，国会讨论了预算决议的价值，一位老资格的预算委员会议员告诉同事，实际上预算委员会做的任何事情都是毫无意义的。他补充道，拨款者"甚至不知道我们在干什么"（Hagar, 1991a, 962）。另外，与1990年《预算强制法》（Budget Enforcement

5 国会和国防预算：从冷战到反恐战争

Act）一起实施的 5 年支出规划似乎限制了预算决议过程的效用。然而立法委员注意到预算决议作为咨询是有用的，即仍需要根据支出优先级来做出决策，如果大多数人都支持这一支出指导，它就可能成为政策，即便使其发生的机制间链接不顺畅。或许作为该争论的结果，黑格（Hagar，1996）稍后在 5 月报告说对预算决议和众议院拨款委员会行为的研究表明，拨款在预算决议目标的 1%～2% 偏差范围内波动。这似乎强化了这样一种观点，即预算决议已成有用、在某种程度上精确的工具。这部分可能是对 1990 年事件的回应，那年春天没有任何预算决议被提出，总统在历史上首次否决了延续拨款决议，部分原因是国会没有及时地提出合适的预算规划。

黑格（1991，1360）也注意到了在预算决议和拨款案之间不断的摩擦，摩擦发生的原因是由于预算决议没有指出拨款案总额。被分配撰写拨款案的 13 个小组委员会不得不根据预算决议功能领域的目标来做出委员会的决定。信息由委员会成员所把持，尽管如此，预算决议仍被视为整个众议院在设置预算优先级时唯一的筹码，观察家认为这一共识制约着拨款者。尽管有些观察者认为拨款法案与预算决议的紧密结合只是正常的预算渐增主义，该过程仅增加少量的资金，其他人则指出 1991 年的关键因素是众议院预算决议在走出预算委员会前先被大量的重量级民主党人熟知，并被众议院民主党团审核。因此，党派原则可被视为作用于预算委员会和拨款者达到目标的潜在力量（Hagar，1991b，1360～1362）。

另外，在众议院 4 月 17 日通过众议院版预算决议后，在两院联席委员会报告完成前，众议院拨款小组委员会主席为协商其支出决定进行了专门努力。这些协商随 5 月 14 日的闭门会议而结束，预算决议会议报告在那个周末完成。这里的会议报告是小组委员会主席在最后投票的《共同预算决议（CBR）报告》之前就设定了总目标。尽管结果在预算决议指南的 1%～2% 之内，但一些国会议员指出，即使小百分比也包括大量偏差。例如，1991 财年《劳工、卫生和公众服务法》被削减 2.4%，它就造成了 5000 万美元的削减，尽管在价值 24 亿美元的"头脑启动计划"背景下只占一小部分，但这意味着近 19000 名孩子不能享受服务。该故事的另一面包含这一事实，即这些是来自非官方渠道的秘密、没有记录的计算，因为对外人来说很难去比较预算决议功能总量和拨款案目标之别。

1998 年没有通过预算决议，预算过程也很不正常，这是自 1974 年《国会预算改革法》通过生效以来，国会第一次未通过预算决议。1997 年参议院通过了一个坚持平衡预算的协议，但由共和党主席约翰·卡西奇（John Kasich）所主导

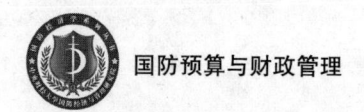

的众议院预算委员会追求追加预算和税收削减。开明的民主党和保守的共和党都发现法案中很多不合适的地方,而且当众议院最终通过法案时,参议院无视众议院的努力,也未发布两院联席委员会报告。预算过程沦为被弹劾弱化的总统和不能控制支出欲的国会之间的斗争。结果是在13个常规拨款案中,有8个是综合拨款法案,涉及总额5200亿美元、16英寸厚、40磅重、近4000页长,里面充斥着细枝末节,以及数百个家乡"受宠"项目(Congressional Quarterly Weekly,受宠项目,1998,2888),以及数十个更小的举措。国会和白宫在正常立法过程中很难提出这些法案和举措(Congressional Quarterly Weekly,1998,1453)。

综合拨款法的"一揽子"性剥夺了总统否决权,尽管立法者必须投票支持或反对,但有时并不完全清楚它里面的内容。总统和国会议员都倾向于认为坏中有好,因为担心下一版本会更糟。1998年,当国会为各种问题争议未达到一致时,为保持政府运转,用了5个延续拨款决议,结果在这一年形成大量盈余。

有两个评论看来是相关的。第一,进展不是直线的。虽然渐进主义(Incrementalism)可能表示预算相比前一年的基础仅有相当小的百分比变化,但预算过程本身是不可预知的,导致"好"或"坏"的预算年原因并不易看清楚。围绕预算决议的"激烈争论"确实提供了暗示,但只是暗示什么会来。共识和分歧依然被计算在内,当共识存在时,预算年度是平稳的,分歧则会使预算过程充满争议。分歧有时出现在总统和国会之间,有时出现在议院的两个党派之间,有时出现在国会的两个议院之间,有时出现在一个议院内部。第二,存在分歧,会有盈余,但不多。1998年是盈余的一年,但对预算过程也是灾难性的一年。

表5.7使以下事实更清楚,即在4月15日最后期限或之前通过预算决议比较困难,国会在20世纪90年代的10年里只做到了两次。去掉1990年和1998年,国会未能在预算决议上达成一致意见,预算决议通过大约延期1个月(33天)。预算决议确定支出水平的延期,似将不可避免引起拨款案的延期。然而,延迟的国防拨款案并不总由于延迟的预算决议而产生,延迟的国防拨款案在两个财年中并不紧随预算决议的批准而及时批准,如1993年和1999年。

表 5.7　　　　预算决议：与 4 月 15 日最后期限相比的采纳日期

年份	采纳日期	最后期限后的天数
1990	无	延迟国防拨款（DNA）
1991	5 月 22 日	36
1992	5 月 21 日	35
1993	4 月 1 日	−15
1994	5 月 12 日	26
1995	6 月 29 日	74
1996	6 月 13 日	58*
1997	6 月 5 日	50
1998	无	延迟国防拨款（DNA）
1999	4 月 15 日	0

注：＊为1996财年拨款法案于1996年5月14日提交，但批准较晚。

资料来源：Buell, 2002, 55。

记住这一点是重要的，即预算决议由预算功能组成，其数字是对国防总支出的指导或限制，即总统预算中的050功能。因此，预算决议并不直接对应于国防拨款法案。对2002财年来说，防务功能事实上由8个不同的拨款法案提供资金，尽管其绝大部分（99.9%）来自国防拨款法案（92.8%）、军队建设法案（2.9%）以及能源部法案（4.2%用于与国防相关的原子能目的）。然而，预算决议让我们看到多少支出被规划用于总的防务功能。这可与联邦预算的功能显示相比较，对预算决议影响预算过程的程度提供一个大体判断。我们已在20世纪90年代做过这样的工作，并发现在1993年和1996年，总统预算和国会预算决议是一致的。

这两个例子基本上都是党派问题。1993年民主党控制着国会和总统职位，并想通过更好的表现来迎接克林顿时代，因此出现了总统预算和预算决议的一致。1996年，两党由于1995年的争论都疲惫了，主要是金里奇（Gingrich）领导的众议院共和党多数与总统之间的争斗，仅是为了赢得秋天的下一次选举。这是因为各有更大的打算所带来的一致。

第二步，我们来看看预算决议对国会有多大约束。我们来比较一下预算决议和国防授权法案。在1992年、1995年、1997年和1999年这4年，预算决议和国防授权法案结果高度契合，但与总统提请不同，这意味着控制国会的政党坚守自己的原则。1994 年，民主党为民主党总统在国会中团结一致，1993 年也可以说足够紧密，可被称为契合，这些是从白宫到国会严格政党纪律的一些例子。1990 年、1998 年，预算决议过程夭折，没有通过预算决议。1990 年国会党派间出现分裂，1998 年共和党内出现分歧，1998 年没有通过预算决议，而 1990 年年末被提交通过的预算决议有粉饰太平之嫌。为对预算过程有用，预算决议必须在其预定期限前后发生。

对 20 世纪 90 年代来说，预算决议似乎被作为有效的国会工具来用。在 10 年中的 6 年间，它与最终的国防授权总额很相近；10 年中有 4 年，预算决议和授权法案间可找到很多比总统预算和授权法案间更契合的地方，这 10 年的案例似乎表明预算决议的重要性增加。反过来，授权法案中有 3 年超过预算决议，在另外 2 年预算过程完全夭折。我们已解释过，这是一个动荡、变化，以及即兴预算路径的时期。预算决议的历史也显示了这一点。

表 5.8　　　　　　　　　20 世纪 90 年代的预算决议资金水平

年份	总统预算	预算决议	授权
1990	306.0	无	288.3
1991	291.0	290.8	291.0
1992	280.5	277.4	274.3
1993	263.4	263.4	261.0
1994	263.7	263.8	263.8
1995	257.8	264.7	265.3
1996	254.4	254.4	266.0
1997	265.3	269.0	268.3
1998	271.8	无	271.5
1999	280.8	288.8	288.8

资料来源：数据来自 *Congressional Quarterly Almanac*，1990～1999。

预算决议在成为拨款过程好的指导之前需进一步解释，这必须由众议院和参议院中的拨款委员会来完成。预算决议给这些委员会总的全权预算权，从 13 个拨款法案中分配也是其工作。独立法案目标被称为 302b 目标，302a 数量是预算

决议中提供给拨款委员会的总量。表5.9是由参议院预算委员会发布的报道，其中显示了议院的拨款案目标、2003财年颁布的拨款，以及2004财年的总统预算提请。在预算过程末，拨款案应正好或低于该目标。尽管看来将会更公开和更频繁地公布这些数据，但并不总能及时获得这些公开数据。

表5.9　　　　　　　　　　2004财年302b拨款目标

	2003财年颁布拨款	2004财年总统提请	众议院302（b）资金分配[c]	参议院302（b）资金分配[c]
农业	18096	16981	17005	17005
商业、司法、国务	39201	37673	37914	36989
国防	364243	371819	368662	368637
哥伦比亚特区	509	421	466	545
能源和水开发	25856	26801	27080	27313
海外业务	16227	18889	17120	18093
国土安全	21267	27482	29411	28521
内政	19463	19555	19627	19627
劳工、卫生和人类服务、教育	132069	137558	138046	137601
立法	3343	3804	3512	3612
军队建设	10546	9115	9196	1196
交通、财政	27259	27462	27502	27502
退伍军人管理、住房和城市发展、独立机构	86717	89481	90034	90034
总计	765796	787071	785565	784675

[a] 总全权支出是一般目的、公共交通和高速公路类目的总和。

[b] 2003财年颁布的数字不包括当年紧急战时追加拨款。

[c] 众议院及参议院的302（b）分配列反映了预算授权（BA）。

资料来源：*U. S. Senate Committee on Appropriations*，2003，2004财年302b分配。

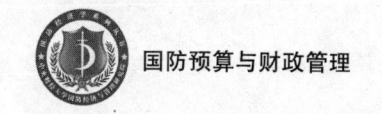

授权委员会和拨款委员会间的混乱

观察国会如何对其各组成部分进行协调和控制的另一个方法是检查授权和拨款法案的时效性。传统上，至少在授权者眼中，授权法案为拨款者提供了重要指导，尤其是对于预算中的宏观条目。例如，军队的规模应为多大，海军应有多少艘航母，战略和战术空军的最佳平衡点是什么，支出和收益系统足够用来为军人提供报酬吗，退休系统完善吗？

表 5.10　　　　　　　　　国防授权和拨款时间安排对比

年份	国防部授权	国防部拨款	授权准时吗？	拨款准时吗？	授权先于拨款吗？
1990	11月5日	11月5日	N	N	同时
1991	12月5日	11月26日	N	N	N
1992	10月23日	10月6日	N	N	N
1993	11月30日	11月11日	N	N	N
1994	10月5日	9月30日	N	Y	N
1995	1996年2月10日	12月1日	N	N	N
1996	9月23日	9月30日	Y	Y	Y
1997	11月18日	10月8日	N	N	N
1998	10月17日	10月17日	N	N	同时
1999	10月5日	10月25日	N	N	Y

资料来源：Buell, 2002, 52。

当授权法案迟于拨款法案通过时，这些指导的时效性就削弱了，这种情况在20世纪90年代这10年中发生了6次。10年中，国防授权法案只有两次（即1996财年和1999财年）完全是在拨款法案前通过。1990年和1998年，授权法案和拨款法案在同一天通过，这一同步性使得授权法案在防务政策问题上为拨款者提供了及时指导。尽管如此，似乎不能奢望授权者为拨款者提供及时的指导。在某种程度上，这一失败是由于授权者认为要在条约、战略威慑、维和行动，以及当美国军队出动之前通知国会等事务上为总统提供指导。一些年份，授权法案会由于与总统的分歧而延长档期，因此有时候授权者陷于对拨款者的内部指导和

对总统的外部指导（困惑）中。结果一般很难解释，但应记住，对某年棘手事件的成功指导可能会持续影响很多年。

然而，即使授权法案有理由延期，对可能指望授权者指导的拨款者和想让拨款者关注其指导的授权者可能仍是混乱之源。总之，希克发现20世纪80年代的混乱在90年代继续存在，且变得更糟。

21世纪的国防预算工作

由于恐怖分子于2001年9月11日袭击了世界贸易中心和五角大楼，20世纪90年代的混乱迅速转变为共识。随着乔治·W·布什在2000年当选总统，众议院和参议院选举使共和党在众、参议两院都成为多数党，防务政策和预算中共识增加的条件成熟了。预算盈余和对90年代防务被削减太多的看法，为大额税收削减和防务（预算）增加提供了理由。然而，"9·11"攻击使全国进入对恐怖主义的新战争，这引起国防拨款和支出的显著增加。

众议院2000年选举之后，众议院共和党多数地位优势更强，参议院的两党议员数量差距拉小，驱使防务支出增加的力量更大。然而，2001年共和党内国防支持者被税收削减支持者所击败，布什总统将政策优先级放在税收削减上。影响减税规模和时序的争论，在上半年使政策决策空间和资金都从潜在的防务资本重整中拿走。尽管总统在2000年竞选活动期间已建议增加480亿美元的国防预算（Congressional Quarterly Weekly，2001年2月10日，第337页），在4月又应国防部长拉姆斯菲尔德的防务审查需求提交了一份国防预算补缺，在6月又提请更多国防预算，但多数是作战费用而非资本重整费用。随着减税争论继续，国会推迟了全盘防务（预算）改革（CQA，2001，7.4），拉姆斯菲尔德说行政部门计划坚持克林顿2002财年的3100亿美元的预算，试图将五角大楼引入新世纪，这惹怒了军方首脑及国会中的一些人，因为他推行转型计划的重点集中在科技而不是常规武器（CQA，2001，7.4）。结果2002财年预算是总统提请的3195亿美元，国防拨款3176亿美元，比2001财年的2985亿美元增加了10.7%，大多数增加到作战账户而非资本重整账户上。

在2002财年国防法案执行前，恐怖分子袭击了纽约和华盛顿，造成了灾难性后果。总统和国会反应迅速且目的明确，包括异乎寻常的紧急追加400亿美元，在9月14日提出并于9月18日通过，布什总统发誓采取一切必要手段应对恐怖主义威胁，直到找到并惩处对此次袭击负责的恐怖分子。国会的反应是全力支持防务支出增加以应对恐怖分子威胁。20世纪90年代的分歧被迅速替代，在有限时间内，有了毫无异议的政策和预算方向。当总统动员部队对阿富汗塔利班政权发动战争时共识进一步扩大，总统提请和国会给国防预算和预算追加拨款，为（后来证明是胜利的）阿富汗战争提供经费。塔利班政权被连根拔起，由一个对西方友好的政权所取代，结束了该国及国外的恐怖主义。

恐怖分子在撞向世界贸易中心的同时也撞向五角大楼，导致了100多人伤亡和大楼一侧的大面积毁坏。那一天出现了很多英雄，在纽约、在宾夕法尼亚乘客与恐怖分子——劫机者进行斗争，献出了他们的生命。在五角大楼，国防部长拉姆斯菲尔德本人听说爆炸后，跑到事发地点帮助五角大楼的伤亡者。8月底，开始有谣言说拉姆斯菲尔德在转型中陷入困境，已失去国会和军方首脑的信任，将是第一个引退的内阁成员。"9·11"之后，在"9·11"恢复期和阿富汗及伊拉克战争中，拉姆斯菲尔德部长从普通的国防部长成为伟大的战争部长。他的电视直播记者招待会成了媒体大事。阿富汗战争胜利后是漫长的重建，针对伊拉克萨达姆·侯赛因（Saddam Hussein）政权的战争既是外交的又是军事的。这一时期，对总统政策的一致支持变弱了，但并未完全停止。尽管攻打伊拉克在政治上不受国际社会欢迎，美国国内也有很多不同意见，这反映在国会上的严重分歧和争执，但最终国会对这场战争的支持没有动摇。一项760亿美元的国防追加拨款于2003年4月通过，用于国防部支付把萨达姆·侯赛因从权力宝座赶下来的费用。2001年秋天当国家为战争进行准备时，用于国防的资金从各种渠道源源不断涌来，这里有正常的拨款法案和几个追加拨款，包括2001年7月24日（67.4亿美元）、2001年9月18日（34亿美元）、2002年5月21日（140亿美元）及2003年4月（626亿美元）。此外，2003年9月8日，布什总统为反恐战争和伊拉克重建又提请了870亿美元。

总统布什为保护国家反对恐怖主义采取的措施之一，就是请求国会创建一个新的联邦政府内阁部门——国土安全部（DHS）。尽管国会对新部门的大小、范围、权责的争论非常激烈，但国土安全部还是成立了（关于国土安全部更详细的情况参见第12章），这对国防部来说喜忧参半。一方面，新部门将承担许多国防部不进行重大调整就无法完成的任务；另一方面，新部门的部分资金将潜在来自国防预算的重新定向。具体如何运转，尚待观察。

增量模型与即兴模型间的差别

预算过程的简单增量模型（Incremental Model）包括咄咄逼人的政府机构为其计划要求更多的资金，管理与预算局对此进行削减，在可获得资源内将所有重点项目包括进来，国会只作微小调整。在美国预算的经典时期，这可能意味着众议院是细节的掌控者和忠诚的"钱袋子"守护者，而参议院是上诉的法官，恢复被众议院所削减的部分，但非全部。结果表明总统的预算提请是该斗争结果的最好预测，这一图景在20世纪90年代有所改变。

表 5.11　20世纪90年代参与方对总统国防预算的改变

总统预算的 国防授权改变	年份数	众议院之委员会改变的平均百分比	参议院之委员会改变的平均百分比	众议院改变的平均百分比	参议院改变的平均百分比	拨款改变的平均百分比
减少	4	(2.90%)	(2.46%)	(3.24%)	(2.29%)	(2.55%)
（>100亿美元）	1	(7.79%)	(5.83%)	(7.79%)	(5.83%)	(6.06%)
（20亿~80亿美元）	2	(1.39%)	(1.56%)	(2.13%)	(1.82%)	(1.78%)
（<10亿美元）	1	(0.37%)	(0.44%)	(0.29%)	0.8%	(0.11%)
增加	4	3.05%	2.87%	3.05%	2.78%	2.78%
（>100亿美元）	1	4.72%	4.83%	4.72%	4.22%	4.22%
（20亿~80亿美元）	3	2.51%	2.24%	2.51%	2.31%	2.31%
（<20亿美元）	0	—	—	—	—	—
相同或无变化	2	—	—	—	—	—

资料来源：Buell, 2002.

20世纪90年代的预算过程以即兴预算（Improvisational Budget）过程路径为特征，包括提供了大量的《延续拨款决议》、在授权法案之前通过拨款法案、高峰会议及政府关门等。这种"即兴"有些可从资金结果中看出，这10年中有6年签署成为法律的国防部拨款少于总统预算提请（PB），削减范围自1990年的190亿美元到1998年的4.88亿美元。10年中的其余4年，颁发的国防部拨款超过总统预算提请，增加量是：1995年69亿美元，1996年92亿美元，1997年37亿美元，1999年

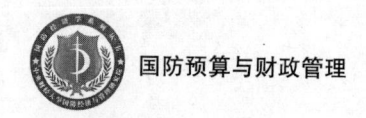

45亿美元。

这10年开始打上了冷战结束和苏联解体影响的标记。1990～1994年，总统预算提请都比前一年少。相反，为了改变军队超负荷运转和资金不足，1995～1999年，出现了增加开支的模式，各年总统提请都比前一年更多。除了更大的提请外，国会自1995～1999年，除1998年总统提请被削减3亿美元外，其余每年都对总统预算提请有所添加。

在这10年中的后几年，早期的政治变革和互联网经济为联邦预算产生了盈余，但这些年的预算斗争使我们清晰地看到通过盈余积累并不能使预算过程和谐。

预算战争中的"政治分肥"

每年拨款法案都在政治说客、国家和地方政府及一些从联邦支出中获利的承包商的要求下，为目的不明的项目提供资金。这些项目往往地区特征非常醒目，在非国防领域，它们以法院大楼、高速公路、机场及类似的形式出现，传统上把这称为"政治分肥"。当一个项目被插进拨款法案，为特定条目进行调整，也可被称为"专项拨款"。这里的"政治分肥"，按韦氏词典（Webster）的解释是政府"专门迎合立法者及其选民"为当地改善而拨款提供的资金（Utt，1999，1）。一些现实主义者认为"政治分肥"是民主特点的行为，"政治分肥"项目是法案通过的部分代价。为法案投赞成票是通过加入有利于特定成员或集团的利益条款"买来的"。这样，大多数人的利益得到保护，而这种保护是通过对少数成员支付一定报酬，以使他们提供必要的选票以通过意义更大的措施。

厄特、萨默斯（Utt & Summers，2002）发现，政治分肥"实际上完全是选举的不安全性与努力用美国纳税人辛苦赚来的钱买得友谊和公众好感"，他们担心"政治分肥"已成为"说客"昂贵的特权，这些说客说服国家和当地政府雇用他们以在联邦预算中加入某些项目，但这些得到资金的项目未必与国家和当地政府的优先级相匹配，于是这些说客把自己标榜为比国家和当地政府或联邦立法人员更懂得当地偏好，通过追求如何可以得到的资金完全扭曲了重点事宜。厄特（1999）认为这些扭曲可在1999财年预算的交通经费中找到，该年一半的高速公路专项拨款在实际运行中经费不足，因为当地政府拒绝为其提供一定份额的匹配资金。

5 国会和国防预算：从冷战到反恐战争

"政治分肥"很容易识别。2003 财年，联邦资金被用在夏威夷的僧侣海豹（8.25 万美元）、北加利福尼亚的废物管理（48.9 万美元）、阿拉斯加的陆地鱼调查（66.1 万美元）、爱荷华州的铁谷仓（22.5 万美元），以及沃拉沃拉（Walla Walla）盆地栖息地（75 万美元）上。2002 财年，一些资金用来帮助蓝泉、密苏里、青少年对抗的哥特式文化（27.3 万美元）上，为伯明翰阿拉巴马提供火神雕像（150 万美元），资助在圣·路易斯·奥比斯波县、加利福尼亚建立纹身清除工作室（5 万美元），以及研究美国人如何彻底地冲洗盘子（2.6 万美元）。(Riedl, 2003)

防务预算也有一定份额的"政治分肥"（Pork-Barrel）项目。有时这些款项直接与防务相关，有时却并非如此。此外，认识到很多"政治分肥"开支来自国防部和承包商的请求是非常重要的，而且大量的"政治分肥"资金发生在防务之外。施莱希塔（Schlecht, 2002）在 2002 财年的国防拨款中找到了这些非防务的"政治分肥"开支：

13 亿美元用于环境修复

700 万美元用于非洲艾滋病（HIV）预防

1.5 亿美元用于军队乳腺癌研究计划

8000 万美元用于军队前列腺癌研究计划

1900 万美元用于国际体育竞赛

300 万美元用于帮助残疾儿童

100 万美元用于数学老师的领导力培养

450 万美元用于癌症研究中心

260 万美元用于太平洋的边缘侵蚀项目

200 万美元用于地球科学中心

施莱希塔（2002）承认其中的一些计划值得提供资金，但几乎没有一个可说与防务的"现代战争中国土或士兵安全"直接相关，并发现"这些开支浪费了纳税人数十亿美元，并削弱了军队的战斗效率"。与两万亿美元预算相比，以上数量可能看起来微不足道，但这些钱积累起来也有数十亿美元，我们后面还要指出，这些被滥用了或没有很好地用于优先（项）上。

浪费开支的监视机构之一，是以华盛顿为基地的公民反政府浪费联盟（CAGW）。该组织 1984 年由卡特总统的成本控制委员会［格雷斯委员会（Grace Commission）］

主席彼得·J·格雷斯（Peter J. Grace）和新闻专栏作家杰克·安德森（Jack Anderson）创办，目前已有超过 100 万的成员。该组织自称其为反政府浪费的公众利益游说者，每年它都发布一个"政治分肥"项目概要，称为《猪书》（Pigbook）[①]，自 1996 年开始就可在线访问。2003 财年公民反政府浪费联盟（CAGW）的报告如下：

- 拨款者在 13 个拨款法案中批准了 9362 个项目，较前一年的 8341 个增加了 12%。
- 2002～2003 财年，项目总数增长了 48%。
- 2003 财年这些项目成本增加 12%，达到 225 亿美元。
- 自 2001 财年以来，"政治分肥"拨款总成本增加了 22%。
- 自 1991 年起，由公民反政府浪费联盟证实的总"政治分肥"拨款累加达 1620 亿美元。（CAGW，2003）

公民反政府浪费联盟发现，从人均"政治分肥"拨款看，阿拉斯加人均 611 美元（总额 3.93 亿美元），是全国"政治分肥"拨款平均数 34 美元的 18 倍；位居第二的夏威夷人均 283 美元（总额 3.53 亿美元），哥伦比亚人均 262 美元（总额 1.49 亿美元）。公民反政府浪费联盟发现最多两个州的共同之处是它们有强力的参议员和拨款者代表，如参议院拨款委员会副主席特德·史蒂文斯（Ted Stevens）和前参议院拨款委员会主席丹尼尔·井上（Daniel Inouye）。

除了按州和立法者分析外，公民反政府浪费联盟也对各政治领域提供概要。对防务，公民反政府浪费联盟发现总"政治分肥"拨款 2003 财年比 2002 财年增长了 25%，从 88 亿美元到 110 亿美元。项目数量增长了 22%，从 1404 项到 1711 项（CAGW，2003）。毫无疑问，这些项目对一些人有价值，也可能对所有人都有一定价值，但问题在于要为被替换项目、无资金项目以及将税款留在纳税人手上的价值承担机会成本。很明显，其总额会导致一定后果。

"政治分肥"定义

公民反政府浪费联盟（CAGW）采用过程方法来定义"政治分肥"："所有《国会"猪书"概要》项至少满足公民反政府浪费联盟七个标准中的一个，但大部

[①] 指美国（联邦预算）《政治分肥报告书》，也可以直观地翻译成《猪书》。——译者注

分满足至少两个：

- 仅由国会的一个议院请求的；
- 无特别授权的；
- 无竞争获得的；
- 未经总统提请的；
- 大大超过总统预算请求或前一年资金的；
- 非国会听证会的主题；
- 仅为某地区或特殊利益服务的。（CAGW，2003）

对公民反政府浪费联盟来说，过程非常重要。项目如果是由总统提请，受国会听证，或特别授权和拨款，为公众利益服务，竞争性获得，就可能免予贴上"政治分肥"标签。

"政治分肥"资金

这些"政治分肥"项目的钱从哪儿来？当然最终来自纳税人，但在中间过程国会找到其他方式（为某些项目）提供资金，有时甚至是无中生有。惠勒（Wheeler，2002）关于2002财年军队建设法案的研究发现，众议院和参议院拨款委员会的军队建设小组委员会用两个"噱头"为博物馆、体育馆、仓库、水塔、看护中心等项目提供资金。首先，他们认为美元对外币会升值，因此在外国做更便宜，大概节约6000万美元。其次，他们在军队建设（MILCON）法案中写进所有项目成本全面降低1.127%，这样似能节省1.40亿美元，可为额外项目提供资金空间，同时保持至少有105亿美元由参议院及众议院拨款委员会主席划拨。惠勒发现加利福尼亚是这些策略的第一受益者，其从总统未提请的8个增加项目中获得2500万美元，其次是得克萨斯和西弗吉尼亚。惠勒指出"增加的军队建设项目的前11个受益者，完全由众议院或参议院的高级民主党和共和党人所组成，他们'碰巧'是拨款委员会和军事委员会或处理国防部和其军队建设预算的小组委员会的主席或少数党领袖（Ranking Minority Members）"。

"9·11"恐怖袭击后，2001年秋、冬季，惠勒（2002）写道，"政治分肥"支出会把应满足必需国防项目的资金转移走。他同样研究了2002财年的国防拨款法案，发现国会采取"花招"减少了作战和维持（O&M）资金，从而为他们心仪

国防预算与财政管理

的项目提供可行空间。例如，惠勒援引的插入 2002 财年拨款法案的以下部分，很大部分是虚假的，国会承诺其将发生或试图使其发生，但拨款委员会成员"绝对清楚"它不会发生，因为他们已被国防部和管理与预算局（OMB）告知不会发生。这些条文是：

- 法案总则下的 8095 款，削减作战和维持（O&M）资金 2.4 亿美元，以"反映从优厚的外汇通胀中得到的收益"。
- 8102 款拿掉 2.62 亿美元以限制国防部人员旅行。
- 8135 款提取 1.05 亿美元以"反映公用设施成本的实际变化"。
- 8146 款拿走 1 亿美元"提高政府信用卡使用中的监督和管理"。
- 8123 款是"鼻祖"，其减少作战和维持（O&M）资金 16.5 亿美元，以用于"商业实践改革、管理效率、行政采购和管理支持"。

惠勒（2002）并说，"这些已获授权的减少包括对国防部能力（和意愿）在当前财年采取管理改革的不现实假定。他们做出外币交易汇率的不合理经济假定；认为在战争时期国防部将减少差旅成本，臆测尽管数十年来存在对全面开放竞争的阻碍，但防务承包商有能力和意愿采取有效率的商业实践。"

有关减少预期的准确性，管理与预算局的警告意味深长：首先，11 月 28 日管理与预算局官员写道：

> 这些削减量是以不现实的 2002 财年节省假定为基础——主要来自顾问机构、司令部幕僚以及 A-76 研制费削减。众议院对作战和维持（O&M）深度削减的真正影响，是削弱了总统用于军事战备和竞争性资源规划的资金，减少了可用于军事作战与保障的资金。(OMB, 2001a, 4)

随后在 12 月 6 日，管理与预算局又指出：

> 对顾问服务、外币通胀账户余额和差旅的削减能节省多少开支？基于该不现实假定，委员会已对作战和维持（O&M）项目进行了削减。这些削减将削弱国防部为训练、作战、维护、保障和其他必要行动提供充足资金的能力。这将严重损坏我军战备并削弱其作战能力，包括反恐战争能力。(OMB, 2001b, 3)

国会行使其宪法规定的特权，遵守法案中的条款及项目。

"政治分肥"支出也表明在某些武器系统上的过度投资，一般都由握有实权的委员会主席、议会领导人或国防授权委员会和拨款委员会的长期成员所在的州进行生产。这里，"政治分肥"包括导弹、飞机或其他任何武器的过度生产，它

们是有明显的国防效益,但买得太多了,这就使它成为"政治分肥"。20世纪90年代"政治分肥"的案例多得不胜枚举。比尔（Buell，2000）的研究发现,许多"玩家"在保卫"政治分肥"的斗争中脱颖而出。如1994年,参议员伯德（Byrd）成功地加上2150万美元,以增强其所在州国民警卫队C-130中队的实力,该增加并不在总统提请的预算内。20世纪90年代参议员井上（Inouye）几乎每年都能加上数百万美元到国防授权和拨款法案中,这其中一部分用来帮助清理卡胡拉韦（Kahoolawe）未爆炸的水雷和爆炸物,卡胡拉韦是个小岛,被海军用作轰炸区已有50多年。井上于1997年也成功为夏威夷（Hawaiian）巡洋舰加上了25万美元以沿海岸线运送部队,加上1900万美元的两艘预备役载人两栖运输舰给珍珠港的航天部队,以用于夏威夷岛上陆上训练。

参议员特伦特·洛特（Trent Lott）成功地在帕斯卡古拉（Pascagoula）造船厂增加了额外的船舶建造,包括1995年和1997年增加的宙斯盾驱逐舰（Aegis Destroyer）、1999年的直升机航母和两栖攻击舰,以及1995年和1998年的两栖攻击舰LHD-7。洛特并非是国会中从增加的军舰中受益的唯一议员,共和党利文斯顿（Livingston）1995年为在他所在的州建造两栖船坞登陆舰LPD-17加上了9.74亿美元,参议员科恩（Cohen）为在缅因州（Maine）巴斯（Bath）建造两艘新阿利·伯克级驱逐舰（Arleigh Burke destroyers）加上了21.6亿美元,1997年共和党议员纽特·金里奇（Newt Gingrich）把空军提请的1架C-130J运输机增加到9架,增加预算5.29亿美元。在这10年中配备的36架C-130运输机中,仅有5架是国防部在预算中提请的（Buell，2000）。

1993年有很多经典的"政治分肥"例子,无提请情况下增加了10架新阿帕奇直升机（2.73亿美元）,开始订购的"大黄蜂"直升机航母5000万美元也不在提请之列。为新的陆军预置部队增加的高速货船资金从2.91亿美元增加到15亿美元,以在陆军战略转型中为其寻找新的使命。同样,1990年陆军在预算中对该计划不再提请资金后,又在国防法案中为生产更多M1坦克增加10亿美元。

有时"政治分肥"之争并非关于武器系统,而是关于这些武器该在哪儿建。也就是说,谁将成为受益者。例如,1995年争执源于谁将建造新潜艇。竞争者是在康涅狄格州（Connecticut）格罗顿（Groton）正建造的"海狼"（Seawolf）级潜艇和正在弗吉尼亚纽波特纽斯（Newport News）建造的"新弗吉尼亚"级潜艇。争执也同样发生在为哪些计划提供资金上,是为路易斯安那州的两栖船坞登陆舰LPD-17或为在密西西比的两栖攻击舰LHD-7提供资金？还是为曼彻斯特或密

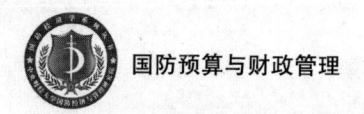

西西比另外的宙斯盾驱逐舰（DDG）提供资金？

其他类型的"政治分肥"出现在预算过程中，如以 1999 年为代表的综合《延续拨款决议》，这其中充满了诸如针对农村地区的卫星电视、峡谷渡轮水库以及针对中西部州的乳制品政策等的额外资金。1995 财年，国会为布雷默顿（Bremerton）新的物理培训中心增加了 1040 万美元，为北岛（North Island）的海军靠泊码头增加了 9900 万美元（尽管轮船能利用长滩的码头），并增加 3.7 亿美元用于研究俄罗斯的核削减项目。这一年在国防法案中也有个更引人注目的"政治分肥"增加，即夹杂 1600 万美元以支持 1990 年佐治亚州亚特兰大奥运会。

怎样证实是"政治分肥"呢？除了公民反政府浪费联盟（CAGW）过程工具外，我们提供一个工具来辨别"政治分肥"。即根据其成本，在哪里花费，谁受益？以及所提供物品的公共程度以及能否由私人部门提供。图 5.3 列出了一些范围标准，即如果大量钱都为局部且只是该区域受益，物品从本质上说是私人的，则在很大程度上属于"政治分肥"范围。"政治分肥"最本质的问题在于其资金来自全国范围内征集的税款，却投入价值遭疑或低优先级的项目，受益者可能只是当地。在一些情况下，这些项目替代了本应私人部门能做的事。许多防务职能更接近于纯公共物品，只能由政府提供，其他则不尽然。每年的防务资金呈现为高价值的真正公共物品和支持地方利益的无太大价值项目的混合，"政治分肥"现实存在，确实耗资数十亿美元，但终结它的机会几乎为零。

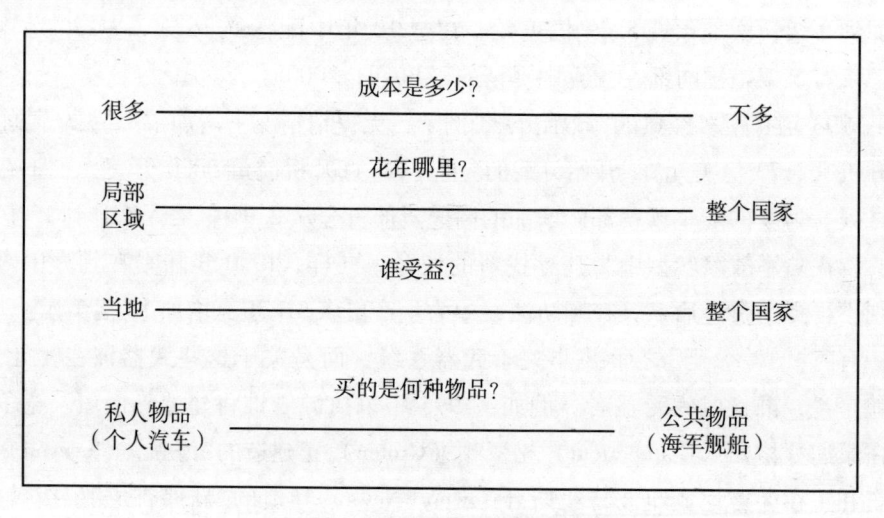

图 5.3　"政治分肥"分析：有多糟

总之，正如我们在其他地方已观察到的，"政治分肥"就像一枚硬币的两面，一面它浪费开支，另一面是促进当地经济发展。"政治分肥"的定义清楚地表明"屁股决定脑袋"（Jones & Bixler, 1992, 11~12；亦可参见 Wildavsky, 1988, 42）。

国防部内的山头之争

军种部门之间为任务相互竞争，这导致了国防部和国会之间的公开"拌嘴"。竞争的源头是任务责任。拥有该使命的军种得到这笔钱，可能就意味着在以后的十多年对这一任务以及为达此任务所使用武器的控制。例如，空军的核心任务涉及战术战斗机和战略轰炸机，海军的核心任务涉及航母编队、海军陆战队及弹道导弹潜艇，陆军的核心任务则离不开步兵、炮兵、直升机和装甲车辆。20世纪90年代，山头之争主要发生在阿帕奇还是科曼奇直升机、M-1艾布兰坦克还是战区高空区域防御（THAAD）导弹拨款之间的斗争上。空军的焦点集中在B-1还是B-2轰炸机、F-15"鹰"、F-16"猎鹰"以及F-22"猛禽"战斗机和C-17货运飞机上，而以两栖作战能力著称的美国海军陆战队，其斗争焦点则集中于两栖攻击舰LHD-7和两栖船坞登陆舰LPD-17，以及两栖突击车（AAAV）和布雷德利（Bradley）突击车上。

山头之争源于一个军种在无论外围任务还是核心任务上面临另一军种的挑战。例如，20世纪90年代争论的主题是如V-22鱼鹰（Osprey）、战略防御计划（SDI）、B-2轰炸机、海狼级潜艇、航空母舰、坦克生产、F-18E/F（神鹰/猎鹰）等重大项目以及其他成本不菲武器计划。这些武器系统界定了军种的某个部门，取消任何一个能带来大钱的计划，都会使拥有该计划的军种部门存在的价值受到质疑。

军种之间就主要武器计划资金的争论是对军种荣誉、战备以及竞争结果对选区就业影响等激烈讨论的根源。走向联合武器系统的发展趋势是各军种间武器系统得到广泛支持的自然结果。由于其在各军种和各州间都得到广泛支持，所以不易被削减预算，从而产生一个更稳定、更坚实的平台。

1999年的地盘争斗发生在为美国海军F/A-18E/F超级大黄蜂和空军F-22猛禽提供资金上，双方都提出几十亿美元潜在的新购买资金申请，并陈述了各军种的未来战略需求。既然双方都为各自的军种提出申请，就都获得了资金，其中

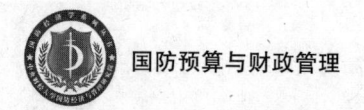

超级大黄蜂从13.5亿美元增加到21亿美元，猛禽得到3.31亿美元的预算增加。

由于国会计划支持者和白宫反对继续生产之间的持续斗争，围绕B-2轰炸机资金的争斗持续了10年之久。克林顿总统威胁否决有关B-2继续生产的国防法案。尽管这看起来似乎是冷战遗产，但它界定了空军的使命能力，并意味着数十亿美元的政府资金要给保障其继续生产的各个州。因此，政府仍为B-2生产提供资金，且成为这10年中经典的地盘争斗案例。

1993年，美陆军试图为12艘预置舰引入资金以重塑其使命，与美海军陆战队的两栖角色产生矛盾。尽管该立场遭到海军陆战队的反对，但最终还是获得了资金，但海军陆战队为其胡蜂（Wasp）直升机航母获得了5000万美元的补偿。1993年，美海军内部进行了一次地盘争夺战，此次面对的是取消其A/F-X隐形攻击机以支持美国空军的F-22"猛禽"战斗机，该战斗机据说能在航空母舰上起降。尽管还不能确认"猛禽"的适航性，海军已因给其超级大黄蜂增加14.7亿美元资金而得到安抚。

在国防预算中，谚语"种瓜得瓜种豆得豆"似乎在很大程度上总能适用。我们可能会问，这是新问题吗？回答当然是："不。"18世纪90年代，国会议员总抱怨在没有问责机制的情况下制订一揽子拨款方案，所谓的问责制就是拨款法案中条文指明将钱花在什么具体项目或位置上（McCaffery & Jones，2001，54～55）。国会议员被其选区选民选举的部分原因是要"养活家庭，凯旋而归"。在此背景下，国防拨款给其提供了很大机会。"政治分肥"支出和地盘保护是民主政治系统中资源竞争的标准要素。只要特定选区想要在联邦预算和国防预算分配中分一杯羹，这样的过程就将是国防预算博弈的重要部分。正如我们在其他地方所述，在这样的背景下，预算中某种程度的战略失实就在所难免（Jones & Euske，1991）。我们需要考虑预算准则、价值和历史，否则就太幼稚了。

小 结

20世纪90年代，预算过程的常态复杂性隐藏在参与者的即兴行为里，这就很难发现每年预算的相似之处。尽管"生产"的"产品"相同，最终都包括预算决议、国防授权法案、国防拨款法案，但产生这些的过程却每年都大不相同。总统通常处于主导地位，但有时国会也奏不同的旋律。这就像一个固执的舞伴倒向相

反的方向，结果即成了即兴预算。

这在下述事例中都是显然的。1990 年、1995 年政府关门，1990 年和 1997 年的预算峰会，1996 年、1998 年和 1999 年的综合拨款法案。除两年外所有年份的《延续拨款决议》，这在 2000 年就有 21 项。平均 1 年 7 次否决权的广泛应用，包括 1992 年的 21 次和 1995 年的 11 次，以及 1990 年对《延续拨款决议》的否决和 1997 年择项否决权的第一次使用。有时似乎唯一值得做的强制决策机制就是结束财年，讨价还价者似乎更在意他们所获的预算。而且，开支和税收决策是高度可视的决策，它会成为再次选举的基础，这意味着立法者必须在相关选民前确保他们的立场。它同样意味一些仅关于资金的争论还容易妥协（如陆军石油产品费用），而其他议题则引起很大的观念问题，不易解决。这些议题包括如核裁军、空基武器、战区级反导系统和战略轰炸机等。这些引起了美国防务框架的严重问题，而且经常引起激烈和长期争论。对于此类复杂和昂贵系统，传统预算妥协很难达到。

此处的总结将考虑国会预算过程影响的所有好或坏消息：

好消息

- 1994 年，自 1948 年以来国会第一次在 10 月 1 日前理清了所有 13 个拨款案。
- 1997 年，克林顿执政以来联邦政府年度预算首次出现盈余，而且在接下来的 4 年中一直保持预算盈余。
- 1996 年，3 年中第二次所有法案都按时通过，但仅因 1995 年预算过程在 1996 年 4 月结束，没有哪个政党能经受起预算崩溃，尤其是在大选年。
- 2001 年末到 2003 年，国会支持总统反恐战争行动，在年度国防拨款法中通过了国防开支的大幅增加和巨额的追加拨款。

坏消息

- 1998 年，自 1974 年现代预算过程建立起，国会第一次在众议院和参议院不能达成一致的开支计划时，做出预算决议。

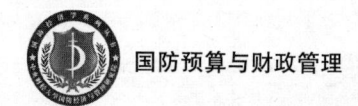

- 1973年，通过将财年自7月1日延后到10月1日，尽管想努力结束《延续拨款决议》，但20世纪90年代10年间仍能看到大量延续拨款决议，除了1994年外，每年都在用。
- 20世纪90年代，国防授权法案仅有两次先于国防拨款法案签署，因此很难说明授权法案指导拨款法案。
- 预算最严重的败笔发生在1995年，那时总统和国会不能就预算优先级达成一致，最终导致政府两次关闭，共长达28天之久。
- 除了1998年没有就预算决议达成统一意见外，预算决议通过的平均时间是4月15日最后期限后的37天半，延期范围0~74天。《延续拨款决议》在整个10年中跨度为524天，这表示整个10年中有14%的时间都在商议延迟拨款。
- 作为税收削减和经济衰退的结果，2001年又出现了赤字，国防拨款法案在2001年和2002年又滞后了。

从以上事件总结中，显然可看到当国防政策定义路径不明确时，即兴预算是必然结果。然而，即兴并非仅来自无共识，它也可来自一致决策。在2001年9月11日恐怖袭击后，即兴预算也发生了，而且国会显示出快速反应能力，同意批准增加防务支出支持布什总统进行反恐战争和在阿富汗及伊拉克的战争。

2001年以后的几年里，好消息是一致同意有必要在个别战场如阿富汗、伊拉克进行反恐战争，美军全球的反恐军事行动更多，战争更经常化。这期间的坏消息是2002年形势开始恶化，因为总统和国会选举在2004年前后进行。这之前由两党联合处理国防问题的方式开始变得日益政治化，民主党与共和党产生分裂。好消息是即使有党派分割，但对国防和反恐战争的整体支持一直在持续。坏消息是在21世纪最初的防务支出增加后，在为老旧军事武器平台替换提供资金上分歧依旧。尽管通过为新的F-22空军战斗机和联合攻击战斗机（JSF）提供资金，各军种都配备不同配置的这些战机，使21世纪所需要的战术飞机得到重视。尽管海军得到资金完成新航母及战术潜艇建设，但在整个军备中替代过时的资产，包括军舰、坦克及其他常规武器、轰炸机或其他可替代的运输系统，含无人和空基武器的缺口仍然非常大。

国会所用来决定国防政策及预算的过程极其分散、不连续、充满争议、竞争激烈且缺乏效率。国家利益和地方利益相竞争，在很多情况下，两者妥协不能达到对稀缺资源的最佳分配。然而，正如本章和"9·11"事件之后所显示的，国会

也能以相当快的方式对突发事件做出反应,尽管很大程度上存在不十分明显的功能紊乱。我们发现这一功能紊乱是民主政治系统中,政策和预算讨价还价达成一致所必须付出的代价。

最后,对可选择的预算理论,我们能得出什么结论呢?希克的即兴主义比威尔达夫斯基的增量主义是更好解释20世纪90年代到21世纪初国会预算的更好模型吗?希克的主张具有相当大的优点,公正地说,希克没有明说自己的理论比威尔达夫斯基更好。这些可选模型间的竞争是我们将要评述的。

1998~2004年这15年,联邦政府整体预算以相当少的增量持续增加,很明显这支持威尔达夫斯基模型。此外,尽管在这一时期国防开支并无稳定增加,但国防预算的增减相对特定年份的规模也没有太大变化。1990~1998年的减少累积和其后1998~2003年的增加累积不少,但此时期的国防(及联邦)预算似乎符合威尔达夫斯基模型。这一时期的政策决定和支出决定都是在该基础上微调。因此,似乎可发现存在相当多的证据支持威尔达夫斯基理论。然而,在该时期国会的预算过程及预算行为却明显是即兴的,这样看希克理论似乎也正确。该时期的过程创新不是增量的。它们背离了这一基础,即该时期的预算过程如何反映国防政策与预算的更大共识。例如,在20世纪50年代,或在更充满争议和通胀困扰的70年代。

我们如何来调和这两位学者的视点?我们的看法是两位学者都是正确的。支持该判断的关键在于对实质与过程之间关注的差异。威尔达夫斯基的理论以预算数量和预算中的计划由国会在年度预算审议中按照原来基础进行增量修改这一证据为基础。另一方面,希克观察整个国会预算过程长达10年之久,并发现其严重背离标准实践和过程。我们对国会预算的审视支持希克的主张,即为了容纳意见分歧(威尔达夫斯基用来描述预算争论的术语),一种重要的即兴(预算)和创新出现了。然而,我们的分析与希克理论一致。我们推断自20世纪80年代起,为应对突发事件,不管国防预算份额增加还是减少,年度预算赤字还是盈余,国会预算一直是即兴式的。因此,我们得出结论,增量主义和即兴主义理论的结合,使我们能够更深入地理解联邦和防务政策制定与预算。

6 国防追加拨款

引 言

　　追加拨款是对当年拨款的紧急调整,一般是对国防紧急事态和自然灾害的拨款。追加拨款近年来对国防部一直极其重要,如为阿富汗和伊拉克战争的支出。追加拨款在过去年份也已采取了一些与常规拨款程序一样复杂的拨款程序,例如总统和国会可能提出追加拨款适用的紧急情况,支出限制和何时必须补偿。一些追加拨款已用于非紧急活动,其他一些已引起资金减少,也仍有一些导致来年支出继续。与正常拨款相比,追加拨款通常会被迅速通过。一般来讲,防务追加拨款往往估计得比较精确,而灾害追加拨款则往往按一揽子估计。

　　20世纪90年代,追加拨款主要关注来自灾害和防务方面的需要,因为当预算年启动时,不可预见的事情也接连发生。有一些可通过对已拨付资金的转移或重新安排来满足,但另一些却只能通过额外预算来满足,追加拨款满足了这种需求。本章描述追加拨款的复杂性。追加拨款是个老工具,但始于1990年《预算实施法》的赤字限制程序已改变了追加拨款的用途(Doyle,1991,1992)。我们通过聚焦防务追加拨款来审视这些变化,检视部门管理与追加拨款间的关系,数据源自对国防部、海军部预算分析人员和主计长的访问和国会记录。

6 国防追加拨款

追加拨款的目的

追加拨款可为各州、地区或直接针对个人提供对如暴风雪、洪水、干旱、火灾和飓风等自然灾害的救助。追加拨款对 1978 年的东北暴风雪、1980 年的圣·海伦斯（Mount St. Helens）火山爆发、1989 年的雨果（Hugo）飓风和洛马·普列塔（Loma Prieta）地震、1992 年的安德鲁（Andrew）和伊尼基（Iniki）飓风、芝加哥洪水以及洛杉矶暴动、1994 年的诺思里奇（Northridge）地震以及 1998 年的达科他（Dakotas）洪灾都提供了救助。

追加拨款满足了始于 1991 年海湾战争后 20 世纪 90 年代紧急军事行动的需要，包括 1996 年的波斯尼亚战争及其后的一些战争。除了军事行动外，国防部还有对受灾国及时提供援助的任务。如自 1990~1997 年，美国海军力量参与了 50 次大的救灾行动，其中 12 次任务持续了两年以上时间。平均每年难民救助行动超过 3.6 起，而高峰时的 1994 年同时承担了 8 次行动，1990~1993 年承担了 17 次自然灾害（救助）行动，1993~1997 年进行了 15 次维和行动。20 世纪 90 年代期间，海军（帮助）进行了利比亚、索马里、乍得等国大使馆的人员撤离，援助了来自伊拉克、古巴、巴拿马和卢旺达的难民。帮助委内瑞拉战胜疾病，帮助受暴风雨袭击的安提瓜（Antigua）、菲律宾、关岛（Guam）、孟加拉国（Bangladesh）和巴哈马等国人民灾后重建。给菲律宾和关岛提供地震救助，帮助索马里和密克罗尼西亚（Micronesia）抗击旱灾，应对意大利和菲律宾的火山喷发，以及参加波黑、索马里、利比亚、厄瓜多尔（Ecuador）和海地的维和行动（McGrady，1999，1555~1556），追加拨款为这些行动提供必要的帮助资金。那些小范围的预算则纳入国防部预算，尽管不是很多，但在 20 世纪 90 年代，国防部成为一支（重要的）应急反应力量，在总统需要并经国会同意的情况下，承担各种治安、火灾和紧急营救职能。

除国防部，其他机构也经常在国际计划中应用追加拨款，如由于 1999 年 11 月的"米奇"飓风，美国国际开发总署（USAID）为洪都拉斯（honduras）的水和环境卫生项目、危地马拉（Guatemala）的道路和桥梁修复、多米尼加共和国的房屋重建以及尼加拉瓜的水和环境卫生项目提供了大约 5.87 亿美元价值的救援追加拨款。美国国际开发总署总检察长办公室监督这些项目能否按时按预算完成，防止欺诈和

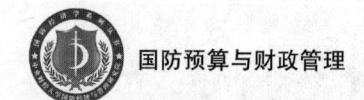

滥用，确认东道国政府是否在招标和合同管理中按照美国国际开发总署的要求实现竞争。按美国国际开发总署检察长埃弗里特·莫斯利（Everett Mosley）的说法，他的审计人员帮助订约人和受让人建立和重新校正工作规划，创建资金会计系统（Mosley，2001）。这是一个旨在减灾，附带进行技术、价值系统能力建设和技术援助以使其如期工作，而不是把资金浪费在腐败、欺诈和滥用上的追加拨款例子。因此，作为决策者对突然来袭事件的反应，追加资金已被广泛用于美国国内外，以提供直接援助或帮助他国建设未来受益的技术能力。

追加拨款过程

在 1974 年《国会预算暨截留改革法》之前，联邦政府通常运用追加拨款来为联邦机构的日常运行提供资金，如联邦雇员薪水上涨等，但最近这些年追加拨款已主要用于"为未预计到的花费提供资金——尽管有时会对是否预计到该项需求产生争论"（Tyszkiewicz Daggett，1998，42~43）。1974 年《国会预算暨截留改革法》试图通过将可预见的追加拨款纳入总统预算，以及在预算决议案中为可预期的追加拨款留一席之地来控制追加拨款使用。1990 年的《预算实施法》在联邦支出中强制设置支出上限，这意味着超出上限的追加拨款仅在与其他支出减少或财政收入增加相匹配，或被视为严重突发事件时才会进行。这些情况可超赤字支出提供资金。

20 世纪 90 年代，国会和总统试图通过废止或撤销那些在之前拨款案里尚未赋权或被视为无必要的预算授权，来弥补追加拨款。20 世纪 90 年代一项研究指出废止对追加拨款有影响，但仅 1995 年废止才大到足以弥补追加拨款。事实上，该年要求废止的拨款额超出追加拨款额，1995 年制定的追加拨款是 64.2 亿美元，废止拨款额是 189.4 亿美元（CBO，2001，10）。1990~1999 年各年废止的拨款额为 519.7 亿美元，追加拨款额为 1379.9 亿美元，因此近 10 年来的净追加拨款为 860 亿美元（CBO，2001，10）。因为废止拨款额不能满足所有的追加拨款，严重突发事件追加拨款这一条也一直在用。20 世纪 90 年代，严重突发事件名义下的大多数追加拨款都通过了，因此避免了支出上限束缚。1990 年前没有例外事项，但在 1991~1999 年各年中，部分甚或所有的追加拨款都是通过突发情况的方式通过的。

行政部门控制着追加拨款呈递国会的时间及其初始规模。总统可能会建议

"埋单者"（bill-payers）（应对突发情况，而非严重突发情况）或寻求严重突发事件的"名义"，国会必须同意。突发情况的认定也是权力分享，国会为追加拨款和常规拨款增加项目和资金，并提出突发情况认定的建议。国会已在20世纪90年代的10年间例行公事般做这些工作。大约有33%的（追加）资金来自紧急情况名义（CBO，1999，4）。在资金被赋权前，总统不得不正式接受国会以紧急情况名义所做的资金（安排）。

1993~1995年间，国会不愿给予总统所要求的全部追加拨款额。1996年后，国会通常提供比总统要求多的追加拨款额。在20世纪90年代国会全部追加拨款（1379.9亿美元）略多于总统提请（1316亿美元）的同时，国会也愿意提出比总统提请更多的（授权）废止拨款：国会所制定的废止额几乎是总统提请的3倍，前者是520亿美元，后者是180亿美元。

1974~1999年的26年间，共发布了61个追加拨款，总金额超过4300亿美元。① 每个追加拨款平均为70.5亿美元，每年追加拨款平均为165亿美元。金额最大的紧急追加拨款针对1991年的海湾战争，总计达426亿美元。另两个其他追加拨款也在该年通过，总共仅超10亿美元（Godek，2000，36）。相反，1974年通过的追加拨款是47.5亿美元。两个更小的追加拨款是在1974年通过的，一个是877万美元，另一个是866万美元（Godek，2000，36）。1974~1979年，通过了20个追加拨款，包括1975年单独通过的5项。近年来更多的基本上是试图控制支出以遏制赤字。或许因为更少的自然灾害，各年仅有少量的（追加拨款）法案通过。如1995年、1996年、1997年和1999年，每年仅有一个追加拨款案通过。始于海湾战争，紧急军事行动的追加拨款使防务成为追加拨款的重要政策争议点，大量争论不仅集中在资金上，也集中在介入某个维和行动前总统告知国会的义务上。1991年、1992年、1999年（和2000年）防务需要（的追加拨款）占整个追加拨款案的一半还多。在过去26年追加拨款中，海湾战争是61个追加拨款案中唯一全部用于防务的（追加拨款）案。61个追加拨款案中有20个部分资金用于防务。在过去26年间防务追加拨款额占总追加拨款支出的比例超过19.1%；如果不算海湾战争的追加拨款，该比例也达到6.5%。与1974~1999年累积的国防支出总额比，累积的防务追加支出总额微不足道，在过去26

---

① 分析数据来自各年《国会季刊年鉴》，1974~1999年，第30~54卷以及戈德克（Godek），《追加拨款》，1974~1999年，表4.1，2000年。

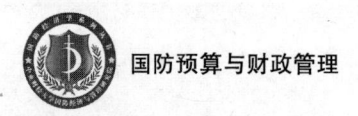

年防务支出总额中，大约只占 1.38%（Godek，2000，37）。

表 6.1　　　　　　　　1974~1999 年追加拨款分析　　　　　　　单位：百万美元

财年	追加 （拨款）额	国防部 追加拨款	国防部 预算	国防部追加拨款占 总追加拨款的百分比	国防追加拨款 占国防部预算的百分比
1974	179		82600	0.000%	0.000%
1974	4.75			0.000%	0.000%
1974	8.77	2.14		24.401%	0.003%
1974	8.66			0.000%	0.000%
1975	638		90500	0.000%	0.000%
1975	143.20			0.000%	0.000%
1975	15070	256.30		1.701%	0.283%
1975	10300			0.000%	0.000%
1976	18000		97567	0.000%	0.000%
1976	9400			0.000%	0.000%
1976	872			0.000%	0.000%
1976	2140			0.000%	0.000%
1977	200		110362	0.000%	0.000%
1977	28900	101.10		0.350%	0.092%
1978	6800	514.80	117349	7.571%	0.439%
1978	80.50			0.000%	0.000%
1978	250.20			0.000%	0.000%
1978	300			0.000%	0.000%
1978	7800	423.80		5.433%	0.361%
1979	13800	2900	126880	21.014%	2.286%
1980	40		144502	0.000%	0.000%
1980	7.60			0.000%	0.000%
1980	3800			0.000%	0.000%
1980	16900			0.000%	0.000%
1981	20900	6900	180443	33.014%	3.824%
1981	11800			0.000%	0.000%
1982	2300			0.000%	

6 国防追加拨款

续表

财年	追加（拨款）额	国防部追加拨款	国防部预算	国防部追加拨款占总追加拨款的百分比	国防追加拨款占国防部预算的百分比
1982	5000		217179	0.000%	0.000%
1982	14200	435		3.063%	0.200%
1982	5400			0.000%	0.00%
1983	24300		244972	0.000%	0.000%
1983	7000	469.80		6.711%	0.192%
1983	4600			0.000%	0.000%
1984	290		265584	0.000%	0.000%
1984	6180	332		5.372%	0.125%
1984	1150			0.000%	0.000%
1985	13020		294853	0.000%	0.000%
1985	784			0.000%	
1986	1500		289625	0.000%	0.000%
1986	5300			0.000%	
1986	1700			0.000%	
1987	9400	720	287960	7.660%	0.250%
1988	672		292497	0.000%	0.000%
1988	709			0.000%	
1989	3300	2400	300067	72.727%	0.800%
1990	4300		303946	0.000%	0.000%
1991	42600	42600	332228	100.000%	12.823%
1991	3700			0.000%	
1991	6900			0.000%	
1992	1100		299115	0.000%	0.000%
1992	11100	4100		36.937%	1.371%

续表

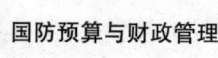

财年	追加（拨款）额	国防部追加拨款	国防部预算	国防部追加拨款占总追加拨款的百分比	国防追加拨款占国防部预算的百分比
1993	4000		276109	0.000%	0.000%
1993	3500			0.000%	
1993	5700			0.000%	
1994	13855	1497	262246	10.805%	0.571%
1995	3100		262862	0.000%	0.000%
1996	5051	982	265014	19.442%	0.371%
1997	8900	2100	266217	23.596%	0.789%
1998	6100	2800	272370	45.902%	1.028%
1998	20800	1859		8.938%	0.683%
1999	14500	10900	288117	75.172%	3.783%
合计	430354	82293	5971164	19.122%	1.378%

追加拨款快速通过

追加拨款表明联邦政府愿意并能够对国内外的紧急需求做出回应，有快速反应能力。这是对常规拨款过程的有用矫正，常规拨款过程经常处于瘫痪状态，拨款法案经常推迟。追加拨款有很强的"季节性"分布。在大多数年份里，国会在4个月中提出并通过追加拨款，通常是在晚冬或春天（Godek，2000，47）。1974～1999年，61个追加拨款案中有38个在此期间通过，它们分别在2月（12个）、3月（13个）、5月（13个）提出。8个拨款案在8月到1月间提出，这些持续至1983年。自那之后，除2001年9月11日因恐怖主义对美袭击所引起的追加拨款外，再无追加拨款在8月到1月时间区间提出并通过。

6 国防追加拨款

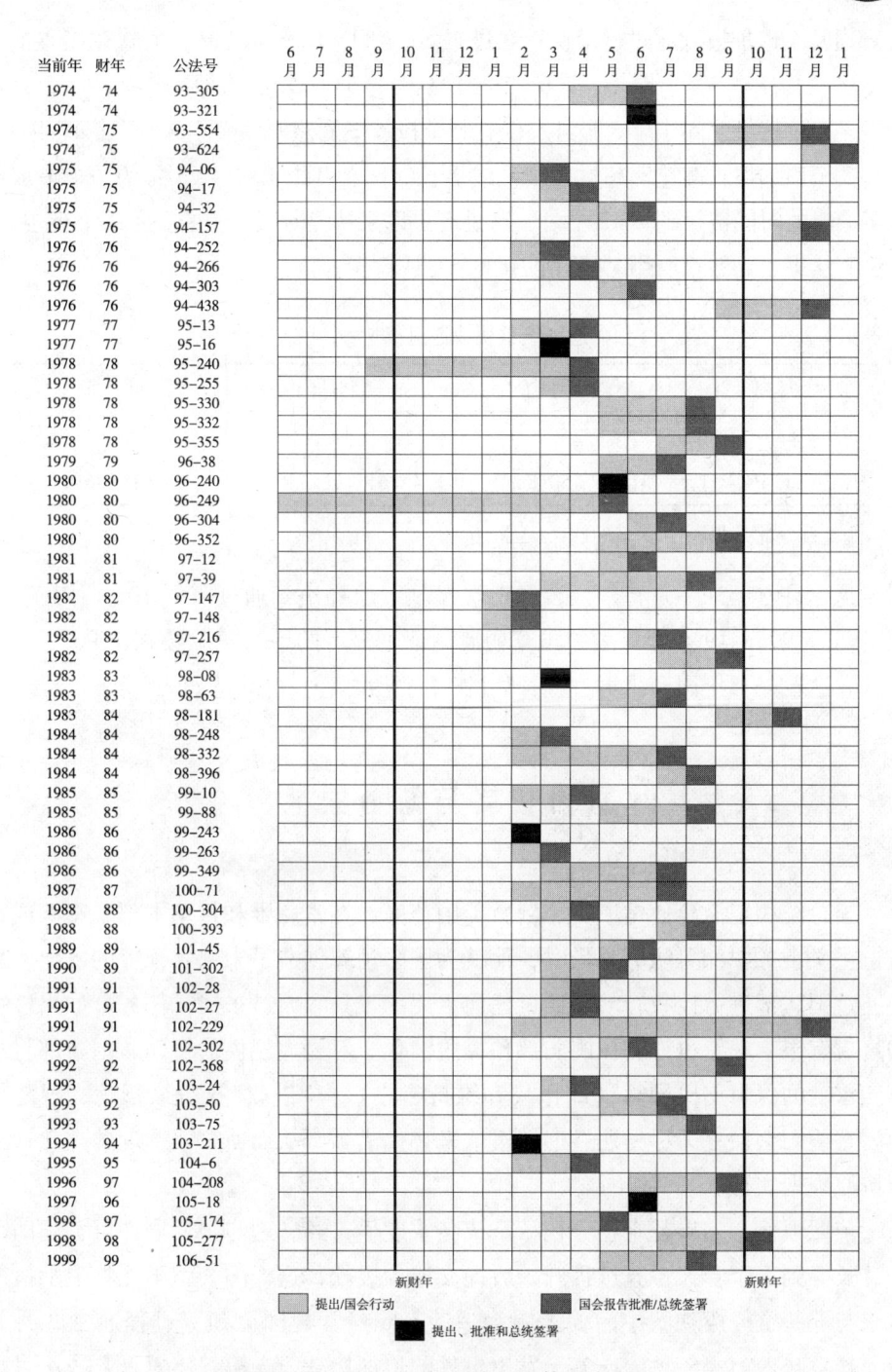

图 6.1 1974~1999 年追加预算历史剖图

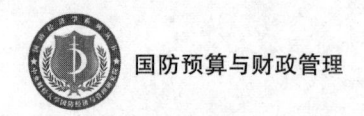

通常，追加拨款通过得很快：在过去 26 年间，50.8% 的追加拨款案在 2 个月内提出、通过并签署，86.8%（61 个拨款案中的 53 个）的追加拨款案在 4 个月内通过，平均持续时间小于 3 个月，仅有 8 个拨款案通过时间多于 4 个月。26 年间，只有 3 个追加拨款案花费超过 8 个月或更长时间，其中 1980 年 5 月的一个追加拨款案通过的时间甚至超过 12 个月，这是有史以来持续时间最长的。另一个极端，7 个法案从提出到签署所用时间（仅）1 个月或更少。

表 6.2　　　　　　　　追加拨款快速通过（N=61）

一个月内	二个月内	三个月内	四个月内
7	24	14	8
7/61（11.4%）	31/61（50.8%）	45/61（73.7%）	53/61（86.8%）

注：百分比是累积的。

这也许看起来不是特别快，但正常拨款案从提出到通过需要 10 个月甚至更长时间。1995～1996 年巨大的预算崩溃见证了最后的综合拨款案在 1996 年 4 月通过，这已是那年国会预算过程开始的 14 个月之后，也已进入新财年 7 个月。

追加拨款与防务职能

当总统决定撤离使馆职员、营救美国公民、在紧急维和行动中部署军队或在人道主义事务中部署防务力量时，他就为国防预算创造了未列入预算的支出。总统通过国防部进行授权行动，通过任何可用的工具和人员来执行任务。如果该行动规模有限，花费也许会在国防部预算内消化。对更大规模的行动，国防部将从第四季度的保障支出预算（即作战和维持账户）中"借款"执行该行动，国防部随后寄望国会在夏天尽早通过追加拨款来替代借款，从而使第四季度的支出计划能按原规划实行。

依照惯例，如果特定任务在秋季或冬季发生，经管理与预算局许可，国防部主计长等到下个春天预算过程开始后提交追加拨款，这样国会就不能将追加拨款需求与那些常规拨款案中的要求混为一谈。既然常规国会预算过程通常 2 月开始，这意味着前一年秋天或冬天发生事件的追加拨款要在第二年 3 月末或 4 月才能提交。

国防部和增量支出

在1990年《预算执行法》中，国防部仅需直接报告开展突发或紧急行动所需的增量支出。这在1995年作了进一步规定，2001年2月扩展至"培训和人力成本基准线上"的增量支出（《国防部财政管理条例》，第12卷，第23~26页）。因此，军种部门会分辨出与军人和文职人员工资、服装和装备、预备役启用、行动培训、给养和设备、设施和基础保障以及空运、水运和陆上运输有关的增量支出。在该详细指导前，各军种在增量支出形成方面有较大的回旋余地。

历史上看，国防部往往在内部消化了非常小的任务成本，增量成本学说已强化了这种趋势，因此一些任务的增量支出法案可能在规定之中，但国防部决定内部消化它，因为有些任务的支出很小，内部消化不会严重伤害到最初国防预算已规划好的防务计划实施。在很多情况下，为很小、短期的营救行动而培训训练的人员和船只转移不会花费很多，而且实际行动也许更接近训练任务，带来训练收益。总统不会提请、国会也不会同意为这么小的任务提供资金。对那些更大、更复杂的维和与人道主义行动，增量支出是值得的，管理与预算局主计长实际上是将这些法案提交给国会作为每年追加拨款提请的一部分。我们非常清楚地看到，增量定价的要求已使国防追加拨款变得愈加精确。国防部内部消化了小的增量支出，而不要求补偿，尤其是小的行动可被视为与基本训练相似，也会引起（追加拨款）总支出的略微下降。

国防部追加拨款：现收现付和严重紧急情况状态

国防部追加拨款受1990年《预算实施法》（BEA）"现收现付"（Pay-as-you-go）条款和随后几个法案的影响。《预算实施法》要求在赤字中性情况下在可允许的支出上限内支出，意指必须找到收入来源或从另外的撤销计划中找到资金，该被撤销计划就成为"埋单者"。总统也可以将其归为严重紧急情况，如果国会同意，就会提供"埋单"所需的追加拨款额。结果，可支出上限就提高了。另外，自1991年开始，常规拨款案中的一些资金也使用了紧急情况的"名义"。

因此，在最后这10年里，这样做的结果是出现相当大的追加拨款案，包括紧急或非紧急资金，以及包含紧急情况资金的常规拨款。部分追加拨款以紧急情

况的名义，以及将紧急情况资金包含在常规拨款案中使情况更为复杂。更有甚者，有时紧急情况资金持续超过1年以上，因此包含紧急资金的追加拨款不仅影响当年，也影响来年。事实上，这在1999年已经发生了，该年5月21日实施的紧急追加拨款所用资金不仅用于1999年，也用于2000年。2000年近20亿美元大部分是用来作为军人工资和退休金的（CBO，1999，2）。这些项目似乎更适合常规拨款案。而且，与一次性紧急资金不同，它也是持续支出，是预算基础部分，以这种方式使用紧急追加拨款，往往使原本就已复杂的预算过程变得更为混乱。

批评者提出，明摆着的解决办法是将第二年的紧急（追加）资金放在常规拨款案中。其他人观察到当支出上限被设置到很不现实的低水平时，使用紧急支出仅是为了绕开预算上限，更现实的预算上限会引起更少或更小的追加拨款，以及更少的紧急支出。利用紧急支出的"名义"绕开"上限"的例子发生在1999年。该年214亿美元的紧急支出放在常规拨款中，过程更为混乱。20世纪90年代的预算政治是一段预算上限的历史，按1990年《预算执行法》，1990～1995年，预算上限被首次强制引入，1993～1997年又进一步扩展，直到2002年又保持了5年。这些预算上限的净效果是将预算中的全权（预算）部分置于非常严格的约束下，从而使大多数机构的预算增长不高于通货膨胀。

1995～1996年，全权预算授权下降了120亿美元，1997年的预算决议对至2002年的最高限额设置得很严（CBO，2001，12）。除非联邦政府削减任务。否则，这些严格的预算上限相当于公然鼓励追加拨款以避免麻烦而严格的限制。最高上限在1998年小有盈余；2000年，为了赢得选举出现大量追加拨款，1999年为133亿美元，2000年为220亿美元。

对一般的追加拨款，不能视为"严重"紧急情况。总统和国会必须寻求资金来源来"埋单"，这可能意味着国防预算内外的资金来源。国防预算之外的一个"埋单者"称，食品券账户盈余资金意味着可在国防预算之外寻求追加拨款（来源）。有时国防部会被要求从国防部预算资金中弥补部分追加拨款。例如，一些年中，国会授权增加工资，但仅提供增加工资所需的一半资金，而让国防部去寻找余下的资金。

海军预算中，这些补偿一般来自推迟物业维修或船舶检修与翻修，这些类别的支出可能被推迟至下一财年，不会对计划执行有大的破坏。注意在这些情况下，国防部和国会事实上共同承担了追加支出。国会用这种办法降低追加拨款支

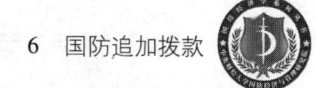

出。因此，即使能够精确计算追加拨款，国会也会拒绝全部"埋单"并要求国防部做部分"贡献"。而国防部则不得不通过推迟已列入预算资金的未来建设或维护计划来"借以"支付今天的计划。这些项目通过行政预算过程和国会赢得批准，但现在可能需要重新竞争以获批准。实际上，追加拨款使它们被迫削减最近批准的计划，使其重新处于危险之中。对国防部而言，分担支出解决了现时问题，但却留下了未来预算需求。

国会有一系列选择，即（提供）全部资金还是（进行）支出分担、通过废止寻找"埋单者"，或宣称所有或部分议案为"严重紧急事件"，有可能找到将这些结合在一起的方式。比如，1999年的追加拨款就是混合型的，它得到了17亿美元，主要来自食品券账户，其余的150亿美元则以"严重紧急情况"的名义求款。

一般认为，追加拨款案仅适用于严重紧急情况，但这是不正确的。为了逃避支出上限限制，1991年通过的所有追加拨款几乎都被"冠以"严重紧急事件支出，仅有另外10亿美元被归为常规拨款。利用严重紧急事件"名义"来规避常规拨款上限的限制在近10年开创了先例，使用严重紧急事件"名义"申请常规拨款每年都在发生，从1992年的3.14亿美元到1997年的21亿美元（CBO，1999，2）。尤其因其数额通常仅占总预算的很小一部分，它可被视为对预算规则的逃避或一个安全阀门。不论其是否公正，自从这种机制出现后，国会就打算应用它了。

1999年，常规拨款案中有214亿美元被"冠以"严重紧急支出，这在相当程度上打破了预算规则，这是由于预算盈余和更紧张的支出上限。该年追加拨款案中另外129亿美元被"冠以"紧急情况支出。但有人认为这是恰当的，因为追加拨款的主要目的就是为紧急情况提供资金。

逻辑上，将紧急支出资金包含在常规拨款案中是不恰当的，毕竟常规拨款案是针对下个财年的。既然大多数拨款在财年开始后都通过了，国会的确有机会在当前拨款案中强调紧急事件需要。这也有助于解释为什么会出现这种情况以及为什么追加拨款通常发生在春季和夏季。

紧急预算加起来与总预算相比非常少，紧急情况这一工具被拨款小组委员会和机构拨款案广泛使用。例如，1999年，尽管国防是紧急情况（拨款的）最大受益者，但12个拨款小组委员会在他们的职权范围内拥有一些紧急情况资金（仅哥伦比亚特区未受益），18个内阁级机构通过紧急名义来获取资金。国家航空航天局（NASA）、退伍军人事务部和教育部的紧急拨款则可以忽略不计。国

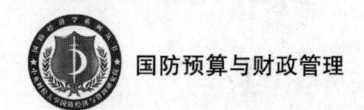

家航空航天局是20世纪90年代唯一未以紧急情况名义获取资金的机构（CBO，1999，3），这种趋势如何发展的确需要监控。

1991~2000年，总统和国会创立紧急名义资金。在此期间，在追加拨款和常规拨款中大约有1460亿美元被"冠以"紧急情况资金。总统最先在1991~1995年间开始寻求紧急情况资金，在此期间申请了大约81%的紧急资金，国会1996~2000年开始寻求这种资金，提供了56%的紧急事件资金（计算自CBO，1999，第10页，表2），这可被看做这10年后期共和党控制的国会和克林顿总统之间预算斗争的一个反映。

这种情况说明在过去10年间，总统和国会都学会了如何通过将常规拨款案中的一些资金作为紧急情况资金来规避预算支出上限限制。事实上在1991年有10亿美元常规拨款资金被作为紧急情况资金，因此，总统和国会在1991年就理解了这种机制并开始使用它。

另外，必须注意，追加拨款在与会期较早通过（其大多数均如此），国会直至8月、9月或更晚才会严肃对待预算工作，在常规拨款案中为紧急目的用途安排资金提供了一个方便的安全阀门。然而，当在常规拨款案中出现紧急情况资金和在追加拨款案中出现非紧急事件资金时，我们对追加拨款过程的理解就更复杂化了（如维修、零件以及1998年和1999年国防追加拨款中的家庭住房资金），这也妨碍了预算过程的透明度。

追加拨款历史

追加拨款的支出案并非新事物，利用追加拨款的情况始于1790年首届国会第二次会议，并在19世纪得以继续（CBO，2001，1）。他们经常为拨款超支的机构加入一些额外拨款，如此逐渐被人们当做弥补亏绌拨款。这种情况后来越来越常见，以至于众议院拨款委员会将其分为普通弥补亏绌拨款案和紧急弥补亏绌拨款案。19世纪70年代反赤字法案通过后，该过程的批评者谴责国会以公共资金节俭管家的面目出现，对常规拨款案的资金拨款不足，然后"当选举结束，通过弥补亏绌拨款案来补上必要的资金额"（CBO，2001，1）。

1905年的《反赤字法》试图通过给财政部分配各机构资金的权力来减少对追加拨款的需求，从而控制赤字支出。该权利通过1921年的《预算和会计法》

和1950年的《反赤字法》而进一步细化,这鼓励机构留出用于紧急突发事件的预备金,并在总统预算提交后和在出现涉及生命与财产保护的紧急情况时,通过立法限制追加拨款(CBO,2001,2)。然而,由于围绕追加拨款的争议接连不断,1966年,国会组织联合委员会重拾该问题,国会议员为树立节俭形象,不给常规拨款案足够资金,但他们心里很清楚,随后会在追加法案中把经费给足(CBO,2001,2)。

20世纪70年代,追加拨款主要影响如失业救济金等法定账户和增加食品券资金。1977年,全权计划被追加了95亿美元用于就业培训,从而抵消1973~1975年经济萧条的影响。20世纪70年代的其他大多数追加拨款都是因为联邦薪水上涨、拨款案通过后的授权计划,以及与自然灾害诸如暴风雪、洪水、干旱和森林大火相关的花费。20世纪80年代追加拨款有所下降,1988年下降到仅占预算授权的0.1%,其中大多数是作为反赤字以及对追加拨款支付需求的补偿。法定支出再次占据高位:这10年2/3的追加拨款是法定支付,主要是为了支持由于农业商品市场低于预期的农产品计划。追加拨款也用于食品券计划、失业保险以及各种高等教育计划。

20世纪90年代,仅有6.3%的追加拨款进入法定账户(CBO,2001,10)。1991年大多数全权追加拨款被用在"沙漠风暴"和"沙漠盾牌"等军事行动,1993~1998年主要用于国内事务支出,但在1999年和2000年,由于波黑和科索沃的维和行动,国防支出重新成为追加拨款的最大科目。

追加拨款的学术研究仍然非常少。艾伦·威尔达夫斯基在其经典的《预算过程的政治学》一书以及在随后的修订中提及追加拨款,认为"由于建议大幅度削减预算资金,国会议员上了头版头条,但他们一般不会坚持到底,这是因为他们知道预算资金数量会通过追加拨款恢复至原来水平"(1984,第23页;1997,第50页)。威尔达夫斯基观察到拨款委员会成员甚至可以告诉机构官员他们可在哪些领域缩减开支并可在随后通过追加拨款来恢复,但他并未对此进行更深入探究。然而,克里斯托弗·弗勒森(Christopher Wlezien)却做到了,他依据1950~1985年的数据来检验了(正常)拨款和追加拨款过程之间的关系。弗勒森发现常规拨款和追加拨款之间通过两阶段过程相联系,即常规拨款案中对某个账户的拨款资金不足,通过追加拨款过程补充。在研究期间,弗勒森将这些结果与政党身份联系在一起,发现共和党总统更可能采用低预算、后追加的策略。

弗勒森称,他所发现的1950~1985年拨款过程的两阶段,在20世纪90年

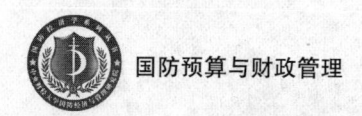

代早期变成一个阶段，国会和总统之间政治博弈"大大约束了常规拨款"（1996，第62页），主要是预算过程改变的结果。观察2000年和2001年的追加拨款可以看到，追加拨款和主要的拨款案似乎都是制度性讨价还价的竞技场。有关追加拨款的博弈集中在规模、紧急事件说辞、寻找"埋单者"以及"政治分肥"等问题上。追加拨款也成了有关对行政权力限制的讨价还价场所，国会主张在维和行动前总统必须事先从国会获得批准，并在其后向国会提交事后账单。

这些都是未来研究的主题，我们同意弗勒森的观点，即老的两阶段过程已大幅度消失但还未完全消失。20世纪90年代最近几年国防支出的追加拨款应获得更多重视。显然一些资助项目需持续支出，该模式有助于国会和总统保持"收紧"的国防支出上限，并在其后通过紧急追加拨款过程增加资金——此即传统的两阶段过程。

非国防追加拨款

20世纪90年代，在国防部之后，联邦能源管理署（FEMA）成为第二大全权追加拨款的接受者，除1991年外，这10年每年接受大量追加拨款预算授权，总共达221亿美元。该数额主要指对联邦能源管理署灾害救助账户的拨款，从而为诸如飓风、洪水、地震和旱灾的恢复进行支付。自1992年开始，小企业管理局（Small Business Administration）也接受用于灾难借贷的资金，就像商品信贷公司（Commodity Credit Corporation）对农民农作物损失的救助一样。1999年，资金也通过对特定商品的价格扶持来对农民进行补偿（CBO，2001，17）。

因为灾难援助牵涉长期救助，如信贷、信贷担保或其他形式的财政援助而非直接的联邦紧急救助，追加拨款通过的时间会较长，它也反映了不同政党对什么是应对长期灾难救助最好方式的看法。除了与总预算支出相比数额很少，还因为是意外事件，因此，对追加拨款的总结比较困难。它们具有高度的象征意义。2001年9月11日恐怖袭击后，我们可清晰地感受到美国人民期望政府的保护并进行灾难救助，9月世界贸易中心灾难后4天内，400亿美元的援助追加拨款很快通过，2003年伊拉克自由行动650亿美元的追加拨款较快通过，都体现了这一点。

非紧急情况追加拨款与补偿

当国防部必须为非紧急情况追加拨款提供补偿时，通常做法是与军种部门共同承担，每个部门拿出 1/3 的补偿。如果行动的成本相等则对任何一方都是公平的。但军种部门的结构不同，联合行动中可能某个军种比其他军种更轻而易举地进行补偿。如果都要求平均补偿的话，就会出现一个军种部门为其他军种部门支出"埋单"的情况。

例如，海军如果展开部署，其成本会比空军和陆军费用小，但如果必须平均提供 1/3 补偿，结果可能是海军的资金会支付空军和陆军的账单。假设总共的追加支出是 60 亿美元，海军增量支出 4 亿美元，陆军和空军各支 28 亿美元。如果国会决定国防部补偿这些开销成本，国防部主计长要求各军种各提供 20 亿美元用于补偿，海军会从追加拨款中获得 4 亿美元，但要贡献 20 亿美元来补偿追加拨款。这样海军必须减少它第四个季度的运行频率——飞行和出航小时数，陆军和空军方可在第四季度获得充足资金来满足补偿需求。这些都取决于国防部的领导们，包括主计长，来决定（如何）分担成本。例如，必须做出均分成本的决定或施行不一样的强制成本分担方式，因为预算执行报告指出，由于计划执行不充分，预算中的自由散漫是明显的，某个军种的负担会比其他军种更重。

当增量支出很小的时候，把增量支出追回有时候非常困难。例如，因为增量支出与紧急情况有关，如果海军的飞行时间在正常年份的基础上增加 3%，国防部主计长往往督促这些部门自我消化，因为其规模非常小。当对紧急行动增量维护成本时，这种情况更为明显。正如一份原始资料所说："如果飞行时间由于突发行动一年达到 3 万小时，这与 1 万小时的飞行计划相比是个小数字。因为我们将来会降低飞行和航行时间，很难去讨论这么小比例的费用增加。"他补充说，对那些已部署的船只来说自己消化成本是正确举措，但那些尚未部署的单位会得不到足够的训练经费以达到战备级别，除非紧急行动所增支出列入预算。

尽管紧急事件的工作成本与总国防预算相比只占很小比率，但仍占预算账户支付账单的很大比率。这通常出现在第四季度作战和维持（O&M）账户中，这里有机会改变支出的节奏。例如，1995 年国会争论一个 25 亿美元的追加拨款时，海军主计长办公室计算出这将是国防部预算的 1%、国防部作战和维持预算

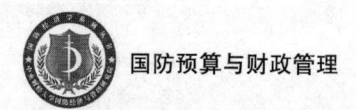

的 3%，通常都是这个账户为新紧急军事行动"埋单"；而这笔资金占该年机动作战和维持费用的 10%、第四季度机动作战和维持费用的 40%。这意味着这部分资金如果没有被补足，一些已规划或预算好的计划就无法得到执行，其中多数作战用于武力作战和直接保障。

每个季度作战和维持账户中，契约或半契约性的法定支出必须支付，而且这些不能随意取消，这些资金用来支付部队必须进行的训练和演习任务。资金不能简单地从这些账户中"剥夺"（可以借，但必须在同财年偿还）。

表 6.3　　　作战和维持预算中的机动性：1995 财年国防部作战
　　　　　　和维持预算（910 亿美元）

无机动性	440 亿美元	无限机动性	200 亿美元	机动	270 亿美元
文职人员薪金/补贴	230	国民警卫队/后备	60	运行频率*	100
健康计划	100	合同服务	50	仓库维修	50
环境支出	40	禁毒	10	保障/交通	120
公用设备/租赁	30	征兵/培训	30		
动员/其他	40	保障行动	50		

＊运行频率（OPTEMPO）指一系列提供直接行动（如飞行和出海时间）资金的账户。

1995 年，机动账户包括总额达 910 亿美元作战和维持预算中的 270 亿美元，如果这些平均分在四个季度内，国防部则在第四季度要支出 67.5 亿美元。25 亿美元的追加拨款构成该账户的 37%，在这些账户可机动的地方，军种部门在更早季度使用资金，应在第四季度及时归还，从而保证按原规划的执行。

但实际情况却往往与此有别。1998 年追加拨款案在春天就早早通过了，但国防部长办公厅只允许先分给海军部 2/3 的资金，并通过一个重新预算过程来看海军是否真的需要余下的 1/3。1999 年，为了帮助预算执行，国防部建立了周转金制度为紧急行动支付资金。这看起来有价值，但在正确估计返还资金和及时获得返还上还面临诸多问题。

小　结

追加拨款与其他拨款案不同。拨款案是对未来发生事件的预测，是对完成 x

6 国防追加拨款

单位工作、人员和保障支出 y 元资金的承诺。然而，无论预算审查者怎样仔细地努力计量数据，预算仍是预测，相关的拨款同样也不精确。与国防和灾害相关的追加拨款就不同了。聚焦灾害的追加拨款不像常规拨款案，因为它们基本上是一揽子拨款且源于一个目的：灾难修复。一旦预见到巨大灾难，这种资金就像以前应对类似灾难时所作的那样，或先进行部分资助，随后提供更多资金。另外，政府对这种危机反应的象征意义非常重要，提供的资金对任务也许足够也许不够，它主要是用来在当前财年迅速对出现的问题给予援助。做粗略的估计是必要的，但对灾难的追加拨款不可能像拨款提请那样有准确预算数字。

有关国防的追加拨款与（正常）拨款案和与灾难有关的追加拨款都不同。国防追加拨款与拨款提请并不一样，因为国防追加拨款是对军种实际消耗的弥补，往往比较精确，比拨款案能达到的精确程度更高，即使最好的拨款估计也不会有国防追加拨款的精度。毕竟，一个是预测，另一个是军种提供的增量支出账单。一些国防追加拨款已对在整个财年或更长时间内持续的军事活动提供了资金。在该期限内这更像一个拨款案，但在精确方面却比拨款案好得多。另外，逐项定价和注重增量成本的国防追加拨款与一揽子灾难追加拨款规模处于两个方向，前者为已完成的工作进行支付，后者为预期的灾难提供救助。

20世纪90年代的《预算实施法》通过所要求的增量支出和包括支出上限、埋单者和/或严重紧急事件认定的强制赤字控制措施，改变了追加拨款过程，这些改变看上去已使追加拨款的性质和过程发生了改变。从传统的两步过程看，预算上限为某个年度各领域预算封了顶，因而先不给足，然后心照不宣地用追加方式补足，这纯粹是浪费时间。与此同时，某项计划也可能用完上限内的（资金）空间，随后打破预算上限的拨款可能被封存。

由于1991年4月10日通过的追加拨款（PL 102-27），国会下令进行全面削减，并于1991年4月25日开始实施，裁减掉所有非豁免的账户（大约0.0013%）。当年7月1日前通过追加拨款以及突破支出上限会导致立即封存，7月1日后通过的追加拨款会导致下年度支出上限的自动削减。1991年4月的追加拨款是20世纪90年代唯一突破支出上限的追加拨款（CBO，2001，5）。因此，《预算实施法》加强了1990年后未被定为"严重紧急事件"追加拨款的"现收现付"惩戒，追加拨款成为关注焦点，强制赤字策略如果不是完全行不通，也是不太可能奏效的。

追加拨款是由未预算和未预计到的严重事件导致的,它们与总预算支出相比很少,但它为国防领域支出并在国防和灾难救助方面有巨大的象征性价值。2001年9月11日恐怖袭击后,可清楚地看到美国人民期望政府保护他们,帮助他们从灾难中走出。政府可学到的一种方式是通过追加拨款,这在2001年9月1日世贸中心灾难后4天内快速通过400亿美元紧急拨款体现得最为明显。最近几年的事件只会使追加拨款的全权使用变得更为复杂,就像我们在第5章中所讨论的那样,国防部自2001年起已在常规拨款案和追加拨款流中获得资金,包括2001年7月24日(90亿美元中的67.4亿美元)、2001年9月18日(200亿美元中的34亿美元)、2002年5月21日(210亿美元中的140亿美元)、2003年4月(750亿美元中的626亿美元)。所有这些款项并非完全用于防务,但都有一些国防资金。2001年7月通过的是"常规"的追加拨款,其余的是对战时紧急事件的反应,包括2003年4月追加的战争支出。

1990年《预算实施法》包括(预算)上限、埋单者以及增量支出条款,使得追加拨款过程更严格。然而,《预算实施法》已到期,而国会对此漠不关心。此外,一些由《预算实施法》导致的负面结果也出现了。例如,紧急情况认定程序已导致一些紧急情况支出混入常规拨款案,非紧急支出却混进了追加拨款案中,这削弱了预算过程的透明度。当追加拨款并不是因为严重的紧急情况时,情况更为复杂。在这种情况下,一些部门和计划会被作为"埋单者"并发现其计划被削减,而不是追加拨款。如果资金来自采购结余或法定账户,并因工资增长进入津贴账户,不仅来年工资账户会增加,原来采购或法定计划账户的资金也会恢复原状,这在未来几年的净效应可能会一直增加。

总之,必须考虑追加拨款的一些新方面。第一,与常规预算过程相比,追加拨款通常通过得非常迅速。第二,与通常的理解相反,追加拨款过程并不经常引起(资金)增加。事实上,由于补偿原因,追加拨款也许会导致总预算的净减少。第三,一些追加拨款案也可能补充未来年份预算,该做法普遍被认为是未来一年拨款案的节省。第四,追加拨款通常被认为是行政部门工具,行政部门利用追加预算授权满足当年需求。但实际上,国会可能大幅增加追加拨款案的规模、范围并带头推动追加拨款。第五,虽然追加拨款通常被认为用于当年紧急事件资金补充,但一些追加拨款却用于了非紧急事件。第六,当追加拨款被"冠以"严重紧急案时,它们就脱离了预算上限约束。国会和总统已发现该机制方便好用,于是像"常规拨款"一样使用它。第七,与常规拨款案相比虽规模很小,但追加拨款特别是国防领域的追加拨款，对需求 100% 提供资金，这使它成为一个非常有用的工具。第八，追加拨款有非常重要的象征性意义，它显示政府对当年危机的快速反应。看来，追加拨款并不只是预算过程的有用工具，这方面值得更多关注。

7 国防预算执行

导 论

国防预算管理者在推动预算执行时,面临着文化和法律标准的冲突。习惯告诉他们要花完手中的资金,但不能超支,否则他们可能毁了自己的工作,还有可能锒铛入狱。此外,他们的努力受法律的种种约束(花完,但不超支),法律控制着可被支出的各项拨款。国防管理者必须完全弄清楚一大堆法律、法规、标准和文化。为认识国防部以及它面临的问题,我们先从预算执行的一些基本概念着手,然后转向国防财政管理者们面临的一些问题和争议。

资 金 流

一旦总统签署拨款案使其成为法律,在财年开始后,财政部将颁布拨款授权令给管理与预算局,该授权令将为来自财政部账户的各支出法案建立授权资金额。军队建设拨款案和主要的国防拨款案将产生该授权令,当法案涉及不同机构时,管理与预算局必须为涉及的机构恰当地分配资金数额。例如,拨款案涉及国务院、商务部和司法部时,就必须为以上三个机构分别拨款。

拨款分配

各机构随后将授权资金分配给国防部的各下属组成部门（如陆军、海军、空军），授权产生具体的赋权额。在国防部，这一工作在国防部副部长（主计长）的监督下，由国防部主计长办公室完成。得到授权的各办公室有责任监督拨款的执行，如军种部门的主计长办公室。在这里拨款将进一步分配至有关预算的递交办公室和申请者，这些单位进一步划分资金，直到每部分拨款都进入最基层的指挥单位，然后被授权的主计人员划拨资金并开始支付。例如，该分配链可能从国防部主计长开始，到海军主计长，到太平洋舰队，再到控制空军基地的功能司令部，再到美国本土或海外某地的空军基地主计长手中。

随着资金的分配，指挥链的责任就是符合《反赤字法》（美国法典31号第1341条、第1517条）条款的要求和避免超支。这一职责不能以任何形式强加于最基层部队，上级办公室可能持有责任。相关办公室随后被告知担负预算运营责任，其下级办公室受规划目标指导，如运营目标、津贴、支出限制等。为了不使小的预算持有者超出控制或采用他们管理权限之外的支出方式，军种部门应在《反赤字法》要求下有适当的灵活性。

在海军部，通过计划预算会计系统（PBAS）这一途径来掌管和控制资金，最终资金授权文件被传送至海军部各办公室电脑中。在这一配给和分配过程中，形成要约（招标），产生合同（合约批出），以及工作、服务完成或设备到达时的支付费用。当资金被支出时，这些配置和分配过程形成了以季度或月份、管理层次以及支出种类划分的规划过程。这些规划以精心制定的法律、法规为指导。

年中审查

在年中，预算办公室会对预算资金的主要申请者进行一次年中审查。该审查监控计划和预算绩效，而非预算过程中形成的、构成分配提请基础的赋权和支出规划。赋权率将根据所余时间进行仔细计量，资金将从执行不足的账户中抽走，给予那些因遇到意外困难需要用钱的账户，只有最迫切需求才会得到资金支持。一般说来，这些必须是最新出现的紧急情况，毕竟，如果它们属于重点项目，就应被列入预算，因此它们的重要性比预算中的任何项目都低。年中审查的时间大

国防预算与财政管理

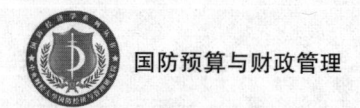

体上正是部队预备金刚开始发放至还没有落实资金需求时。持有预备金是部队和主计长们的习惯；有时候他们会承认，只有谨慎地获取预备金才有助于解决未预料到的问题；有时他们会争辩说他们没有预备金并进行解释。他们所做的不代表他们在需要额外资金时，非常清楚从哪个账户获得资金。如果不具备这些知识，国防部一级司令部的主计长将很难做到称职。年中审查也是部门预算办公室开始夏季预算过程做准备的时机。

财年收尾

财年末对国防部意义重大。每年的预算赋权必须在9月30日之前全部落实。就像我们稍后要讨论的，预算是国防部一项很重要的责任，未赋权的资金将会失去。此外，未执行资金将可能引起下个财年预算的缩减。至少，预算执行得不彻底会导致预算资金削减，或被标记，这样部队必须对此做出回应才能重获资金。在每年的最后2个月里，将进行高强度的工作以控制未赋权资金，并将它们提供给需要但缺乏资金的地方。这在从最基层部队到五角大楼的主计长办公室都非常普遍，预备金将全部放出并被赋权。随着财年结束，在不同的节点可看到何时做出采购决定以及大量采购了什么。规则和程序会阻止年末的突击采购，但他们所做似乎就是设置额外的障碍。新财年从10月1日开始，但通常情况下不会马上有新拨款案。

延续拨款决议

当新的财年开始，尚无拨款法案通过时，国防部将在《延续拨款决议》下行使职责。它将为连续运作提供资金，直至新财年拨款法案通过。国会在《延续拨款决议》中指出在这段时间内国防部可获得的支出率，通常是在由参议院和众议院通过的法案中设置最低水平的支出比例，这是国会的选择，尽管总统有能力且确实曾否决过《延续拨款决议》，但通常这是没有争议的。

对国防部来说，《延续拨款决议》意味着它将以与所结束财年相同的步伐继续运行，但将无新的计划开始、无新的采购，也无新的雇用。当然，国会另有明确指示的除外。对一些计划和账户来说，《延续拨款决议》不是问题，在华盛顿的文职人员或太平洋舰队军舰上的海军陆战队员几乎不注意它。对期待一份联邦

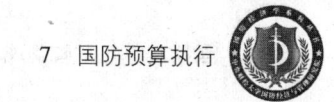

政府工作的人或等待一份采购或采购赋权的承包商来说，《延续拨款决议》会给他们带来很大困难。持续至9月底或10月初的《延续拨款决议》可能严重影响该年剩余时间管理计划的执行。无论如何，对联邦财政管理者们而言，《延续拨款决议》的存在是事实。

表7.1　　　　　　　　　　预算执行的法律基础

1. 美国《宪法》第9节第1款规定，"除法律规定的拨款外，不得从国库中取走任何资金"，并基于分配和国库支付令。
2. 美国法典第31章第1301节《拨款用途》限定了资金必须花到其拨款的目的上。
3. 美国法典第31章第1341节、1342节《反赤字法》规定：任何联邦官员或雇员都不能批准政府赋责，也不得批准提前支付或过度拨款，除非法律中有特定的授权；任何联邦官员或雇员也不得接受志愿服务，除非有法律授权。
4. 美国法典第31章第1512节《分配和预备金》提供了按照需求提请资金分配过程的法律基础，所有拨款和赋权资金除另有方式提供外，都得按计划分配。
5. 美国法典第31章第1514节《分配的行政划分》要求针对拨款、分配的资金量或再分配设定赋责限制，建立对资金的行政控制，机构首脑对任何超额分配或再分配承担责任。
6. 美国法典第31章第1517节《禁止赋权和支出》中，禁止以第1514节条款中规定外的方式产生、授权超额支出或资金赋权，并要求将违犯情况报告给总统和国会。
7. 1950年《预算和会计程序法》确定了财政部长颁布拨款令的法律基础，财政部长总体上对政府中央会计和财务报告制度负责。
8. 1974年《国会预算和截留控制法》规定财年从10月1日开始（美国法典第31章第1102节），并规定了撤销和延期拨款的程序（美国法典第2章第681~688节）。
9. 美国法典第31章第1535节《机构协议》（通常作为《经济法》被提及）授权联邦机构与其他机构就工作或服务安排达成协议。
10. 作为公法93-438的修改，1974年《能源重组法案》第111节对运营支出、设备和主要装备支出、新项目开始以及资金的合并使用，引入了合适的条款和限制。
11. 1977年《能源部组织法》（公法95-91）第659节规定当任一财年拨款法被批准，在本财年拨款增加或减少的幅度低于5%的情况下，部长可将资金由一个项目挪到另一个项目。
12. 年度授权和拨款法案可能包含对部门资金的特别指导，以及对重新编程、重组和拨款转移行动的限制。
13. 管理与预算局通令No. A-34，1994年10月18日颁布的《预算执行指示》提供了对预算执行的指示，包括分配、再分配、延期、计划和执行的撤销、资金的管理系统、分配以及预算执行报告。
14. 《国库财年需求手册》第1卷第2040节规定了颁布国库拨款令应遵循的程序。
15. 《政府对联邦机构会计办公室政策和程序指导手册》第7章5-18-93《财政程序》提供了关于机构财政过程和财务系统方面的指导。

资料来源：能源部，1996。

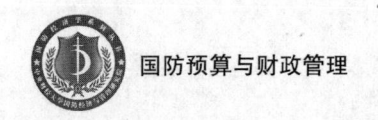

法律框架

公共预算的执行发生在一个基于规则的环境中。管理者必须保证公共资金的使用遵守规则，并确保资金用于预期目的，避免欺诈、浪费和滥用。表7.1列出了美国能源部预算执行的法律基础。除第15条外，它也适用于国防部。该表也说明了预算执行的复杂性。

对几乎所有预算管理者来说，这一法律体系包含了一整套指导其日常工作行为的规则。例如，他们知道不能在获得拨款前承诺资金，不能超出拨款额支出资金，他们只能将拨款用在拨款规定的项目。违反这些规则将会导致罚单，甚至监禁以及职业生涯的终结。

预算执行模式

现在我们转向对国防预算管理人员预算执行模式的审视，我们考察国防拨款账户的特性。

海军军人人事账户

我们关注的第一个账户是军队人事账户，该类拨款以部门授权认可的全部兵员数为基础，并由拨款案提供资金。开明的观察者认为对军队人事的预算拨款将非常稳定，这是有道理的。教科书的记述指出，国会通过拨款法案，在正常分配程序落实后，海军资金管理者们知道该年中他们拥有的用于支付人事账户的资金数。账户结构本身并不简单，它为国会授权的人员数提供包括以下名目的资金：基本工资、住房津贴、退休金、危险工作津贴、基本生活津贴、入伍奖金以及服装津贴。

表7.2是1999年9月至2000年10月海军部人事账户总表（MPN）。第二列标题为"本年迄今拨款（APPN YTD）"，包括本年内迄今为止因赋权而由国会给予国防部的拨款；第三列标题为"本年迄今赋权（OBLIG YTD）"，是本年内迄今为止国防部官员已赋权额，该额度与政府未来支出合同法定绑定，如征募新兵情

况；第四列标题为"本年迄今拨付（DISB YTD）"，是在某一财年中，国库在执行赋权支出过程中的总支付；第五列标题是"赋权百分比"，指本月新赋权占财年全部赋权的百分比；最后一列"月拨付百分比"是指每月实际拨付资金的百分比。

表7.2　　　　　　　　　　海军人事账户概况　　　　　　　　单位：千美元

日期	本年迄今拨款	本年迄今赋权	本年迄今拨付	赋权百分比（%）	月拨付百分比（%）
1999年9月	16909133	16903230	15681715		
1999年10月	16814377	1530961	1450599	8.76	8.30
1999年11月	16831427	2889514	2825433	7.77	7.87
1999年12月	17290760	4315097	4153254	8.16	7.60
2000年1月	17310972	5712740	4875431	8.00	4.13
2000年2月	17330725	7151770	6253722	8.24	7.89
2000年3月	17362469	8603070	8381684	8.31	12.18
2000年4月	17379878	10053077	9099385	8.29	4.11
2000年5月	17397810	11517176	10534485	8.38	8.21
2000年6月	17418949	13012091	12699296	8.56	12.39
2000年7月	17392367	14510662	13406883	8.58	4.05
2000年8月	17420989	16102110	14948983	9.11	8.83
2000年9月	17472900	17434859	17172535	7.63	12.73
2000年10月	17728554	1669236	798025		
2002财年总计				99.78	98.49

资料来源：Skarin, 2002, 12。

首先，在年末，人员拨款的99.78%被赋权支出，拨付98.49%。不管按月还是按年，赋权从不会超过拨款额。（国库）拨付个别月份可能会超过赋权额，这主要出现在季度的最后一个月，尽管月度可能有一些变化，但拨付从不会超过累积的总赋权额。如果该账户没有波动，月赋权率应为8.333%（100/12），但没有一个月是这样的。相反，赋权率在9.11%（2000年8月）和7.63%（2000年9月）间变动。除此之外，人员拨款的月实际资金拨付率在4.05%（2000年7月）和12.73%（2000年9月）间变动。另外，在整个财年内，拨款从1999年10月的168亿美元增加至2000年9月的174亿美元，有些波动是由迟到的拨款案引起的。

国防部的《延续拨款决议》一直延续到1999年10月25日，2000财年拨款法案签署。就10月来看，2000财年该月的拨款少于1999财年该月的拨款（见1999年9月）。但是，它同样显示支出一直按照《延续拨款决议》的支出率持续至11月，然而即使这样，人员拨款自1999年12月到2000年9月也一直在增长。该拨款是迄今为止海军预算管理者需监督的最稳定和最简单的账户，尽管其管理者肯定依照法律不进行赋权外的拨款，但账户也显示明显的波动，而最令人吃惊的是拨款本身的规模。事实上，拨款自6月到7月有所下降。

这些数据显然支持这种情况，即没有哪个月份和其他月份的支出率完全相同，而且预算中的22%从未成为赋权（人事拨款有一年的赋权期）。预算管理者花完拨款，但他们不超支，因为他们必须遵从国防部预算的两条关键强制令：(1) 花完，但 (2) 不超支。很难期望他们比管理99.78%的拨款做得更好，但他们仍留下3800余万美元拨款未用。如能得到法律许可，他们可以把这笔资金转移到采办账户中去，他们能再购买1架F/A-18战斗机。然而，底线是很难看到资金管理者能比使用99.78%的拨款做得更好。

航空兵作战和维持账户

标明为"AG 1A"的账户是海军航空兵作战和维持账户，该账户的条款包括任务和其他飞行作业、舰队飞行训练、战机机库维护与安全保障。该账户已成为产生许多预算争论的一个科目，因为庞大的战机维护支出相对降低了飞行员能力维护支出的重要性。在资金紧缺时，资金有时会从某个账户抽出用以保障飞行作业的更高优先级项，如高战备状态的飞行小时数。当资金充足时就会重新返回该账户，所以该账户的特点是波动。

表7.3显示了2000财年以及进入和走出2000财年过渡月份的AG 1A账户，即从1999年9月到2000年10月的情况。与先前描述的海军部人事账户总表（MPN）的不同可在名为"修正"和"'拨款'与'修正'"两列看到。"修正"列含拨出资金，也包括那些重设、追加或（和）撤销的款项。"重设"在资金从国防部预算内一个计划转到另一个计划时出现。例如，国会已授权工资增长，但未能提供所需的所有资金，这时国防部就不得不从其他计划中重新调整资金以确保工资增长。最近，国会已授权国防部每年可从账户间转移20亿美元的资金。国防部有权在规定"门槛"下转移一定数额的资金，无须通知国会。一旦转移数超过该

"门槛"，国防部必须在行动后通知国会，或者事前寻求各议院授权委员会和拨款委员会的批准。任何一名参议员或众议员的反对都会使该行动"毙命"。"追加拨款"是向国会的单独预算提请，它通常与未料到的情况（如救灾资金）有关。"撤销"为改变优先权提供了空间，它出现在预算授权同时被总统和国会批准取消时。当这些影响到该账户时，"累积修正"列累加这些变动。"月间修正"列表明各月在上月基础上的修正。最后四列表明累积的资金授权、拨付，以及月赋权、拨付占总数的百分比。

表7.3　　　　　　　　　海军航空兵作战和维持账户　　　　　　单位：千美元

日期	拨款	修正后	累积修正	月修正	资金赋权	资金拨付	累积百分比赋权	累积百分比拨付
1999年9月	3741527	4163821	11.29%		4160307	3070814	99.92%	73.81%
1999年10月	3402490	3402490	0.00%	-18.28%	345635	167538	10.16%	48.47%
1999年11月	3402490	3895179	14.48%	14.48%	794859	367754	20.41%	46.27%
1999年12月	3402490	3814776	12.12%	-2.06%	1095921	696639	28.73%	63.57%
2000年1月	3402490	3922129	15.27%	2.81%	1498939	986682	38.22%	65.83%
2000年2月	3402490	4036298	18.63%	2.91%	1800733	1374413	44.61%	76.33%
2000年3月	3402490	4040249	18.74%	0.10%	2137559	1820672	52.91%	85.18%
2000年4月	3402490	4043529	18.84%	0.08%	2637064	2316700	65.22%	87.85%
2000年5月	3402490	4037861	18.67%	-0.14%	2905024	2771119	71.94%	95.39%
2000年6月	3402490	4064057	19.44%	0.65%	3160359	2664554	77.76%	84.31%
2000年7月	3402490	4151047	22.00%	2.14%	3625119	2945082	87.33%	81.24%
2000年8月	3402490	4149634	21.96%	-0.03%	3902857	3268183	94.05%	83.74%
2000年9月	3402490	4144233	21.80%	-0.13%	4136944	3635864	99.82%	87.89%
2000年10月	4275064	4263635	-0.27%	2.88%				

AG1A 空中行动（以千美元为单位）
1999 财年 11.29% 的累积修正率
2000 财年至 2001 财年增长 25.65%
2000 财年 21.80% 的累积修正率
月均 0.21%

资料来源：DON FMB.

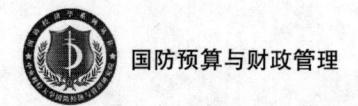

与海军部人事账户（MPN）不同，航空兵作战和维持账户在整个财年内的拨款保持稳定，拨款数在财年过程中从无变化。然而，修正后的拨款水平则变动明显，幅度从1999年12月的12.12%到2000年8月的21.96%。因此，海军部预算管理者们必须想办法给账户增补资金，以保证飞行小时计划能使舰载机飞行员和飞机处于适当战备水平，这一账户似乎资金严重不足。

表7.3表明了该账户的波动。首先，拨款有波动。甚至在1999年账户被修正上调（11.29%）时，预算决策者还大幅削减了拨款，自1999年的37亿美元削减至2000年的34亿美元，虽然1999年实际执行了41.6亿美元的拨款。2000财年开始在1999财年的低基础上削减，计划拨款水平在1999年9月执行数上削减了18.28%。账户修正得如此迅速并不奇怪，1999年11月，即2000财年第二个月，账户修正上调了14.48%，是该年最大的修正幅度。随后，每月都显示了一定幅度的修正。1999财年，几乎100%（99.92%）的拨款被赋权，因此波动并不能阻止管理者确定赋权。在赋权资金中，大约74%（73.81%）在该财年中拨付。因为所有资金都有5年的可用期，其余拨付可在下个5年发生，这些数据在作战和维持（O&M）账户允许的正常范围内（见表3.7）。

这一情况同样出现在2000财年，几乎100%的可得资金被赋权（99.82%），87.89%的赋权被拨付。这说明无论波动与否，国防部财务管理者都要确认其账户资金的赋权。尽管如此，处于这种波动中的该账户也是个有趣的例子。首先，该账户1999财年到2000财年的拨款被削减18%多。作为对削减的回应，在财年第二个月该账户被修正上调了14.48%。账户管理者可以通过在第三、第四季度压缩削减并等待救济款到来处理这种情况，事实上他们也是这样做的。如此该年中每个月都会有变化，其中5个月份是到下月减少，3个月份增长超2%。对该账户的管理者来说，波动是习以为常的事，每个月账户都会有变化。到了年末，如果严格控制了年末支出，账户则显示出一定的稳定性，8月和9月仅有非常小的变化。取财年12个月的平均数，显示变化率为0.21%（12个月变化的平均数）。然而，这一平均数掩盖了真实的波动情况：临界范围从+14.48%到-2.06%，年初达到-18%；此外，在通过批准的前提下，年末账户管理者实际执行的资金数比拨款案提供的多了21.8%。

也许是对2000财年明显的反应，该账户2001财年的预算过程进展较好，比2000财年的拨款增长了25.65%，即便账户管理者可能认为账户资金还远远不够。自然，在新财年的第一个月做了修正——小的负调整（0.27%）。然而，这仍比账户管理者上月的实际执行数高了2.88%。这样尽管拨款被轻微下调，账户管理者的拨付却在财年开始时有了实质性增长。

我们注意到在2000财年，99.82%的修正后拨款被赋权（第一原则：花光），赋权也从未超过拨款，因为账户管理者遵守了国防预算执行的两条基本原则：（1）花光；（2）不超支。

船舶建造：两栖船坞登陆舰（LPD17）——高级采购账户

我们研究的第三个账户是采购账户，或称船舶建造与改造账户（SCN），这是个周期更长且管理更复杂的账户。一旦为一艘船拨款，资金将有5年的赋权可用期，并被拨付或支出直至工作完成。这可能还要再加上5年，因为账户必须沿着5年的支出可用期运营。下文所研究的军舰是海军新一代两栖攻击舰的首舰——LPD 17"圣安东尼奥"级，该项目于1996年12月17日获国会批准。由于设计复杂和建造延期，完工日期由2002年9月推迟至2004年11月（Navsea News，2002）。

通过聚焦具体的两栖船坞登陆舰（LPD17）高级采购账户——在海军造船与改造账户中被定为99/03 1611，规划与执行不可预知预算的困难就变得很清楚。表7.4列出了自1999财年到2002财年的拨款、赋权、拨付等代表性数据，提供了该账户的长期概况。标题为"拨款与赋权"的列表显示拨款占赋权的比例，标题为"赋权与拨付"的最右边列，表示支出占赋权支出额的比例。

表7.4表明两栖船坞登陆舰（LPD17）预期在1999财年得到重要资金，但延迟导致该资金仅有56.06%赋权，拨付也是，即为所完成工作的支付同样迟缓。历史数据表明这是所有船舶建造与改造账户（SCN）支出的一般水平。平均说来，第一年船舶建造与改造账户（SCN）赋权拨款的63%，支出7.1%。在法定赋权期的5年末，船舶建造与改造账户（SCN）赋权其资金100%，但其仅拨付了67.2%。第五年的赋权可能直到该计划的第10年才进行拨付。2000财年的拨款被削减了56%，但延迟仍然存在。除非年末舰船制造取得实际进展，否则赋权和拨付不会接近拨款水平。

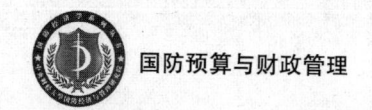

表 7.4　　　　　　　两栖船坞登陆舰（LPD17）：舰船建造账户　　　　单位：千美元

日期	财年拨款	本年迄今赋权	本年迄今拨付	拨款与赋权	赋权与拨付
1999 年 9 月	636878	357023	23404	56.06	6.56
1999 年 10 月	279855	1364	1345	0.49	98.61
1999 年 11 月	279855	4904	3513	1.75	71.64
1999 年 12 月	279855	10559	4570	3.77	43.28
2000 年 1 月	275900	13808	3607	5.00	26.12
2000 年 2 月	275900	22843	4690	8.28	20.53
2000 年 3 月	275900	25309	10868	9.17	42.94
2000 年 4 月	275900	28457	12421	10.31	43.65
2000 年 5 月	275900	38121	15203	13.82	39.88
2000 年 6 月	275900	46694	18737	16.92	40.13
2000 年 7 月	275900	49506	21662	17.94	43.76
2000 年 8 月	275900	50816	23616	18.42	46.48
2000 年 9 月	275862	53038	26172	19.23	49.35
2000 年 10 月	222824	920	2172	0.41	236.09
2000 年 12 月	222824	9346	8826	4.19	94.44
2001 年 3 月	222824	25527	19622	11.46	76.87
2001 年 6 月	222824	30453	32112	13.67	105.45
2001 年 9 月	222824	45096	55308	20.24	122.63
2001 年 12 月	177727	7609	21108	4.28	277.41
2002 年 3 月	177727	15774	46934	8.88	297.54
2002 年 6 月	177727	97186	91043	27.11	156.26
2002 年 8 月	177727	97925	107320	55.10	109.59

资料来源：Skarin, 2002, 17。

作战和维持账户管理

在早先的分析中我们了解到，国防预算管理者必须花光所持资金，但一定不

能超支。我们检查了这项原则在遍及国防部的作战和维持（O&M）账户中是如何起作用的。法律要求预算管理者们必须在财年结束前对其资金进行赋权，否则他们就会失去这些资金。表7.5 显示了国防部门作战和维持账户的赋权率，该账户类似于大部分其他预算的保障费用科目，为从巡航时间到飞行时间、从黄色便笺到黄色颜料的一切支出提供资金，但它不为人事、武器系统采购或研发提供资金。

表7.5　　　　　1977~1990 年国防部作战和维持账户（O & M）
　　　　　　　月均、最高、最低赋权率　　　　　　　　　　（%）

月份	平均	高	低
10 月**	11.235	12.30	9.83
11 月	8.018	9.73	7.03
12 月	7.346	8.18	6.47
1 月*	10.048	11.42	8.11
2 月	7.165	8.35	6.10
3 月	7.223	7.96	5.65
4 月*	9.083	10.61	8.30
5 月	6.708	7.61	6.09
6 月	6.726	7.49	5.89
7 月*	8.778	10.57	7.43
8 月	6.887	7.39	6.17
9 月	10.616	12.05	9.78
合计	99.833		

注：10 月是最高值，低是指14 年以来的最低值；** 表示财年开始，* 表示季度第1 个月。
资料来源：Kozar, 1993, 132~133。

该账户被监管得很严，因为它是为训练、战备以及国防部执行任务提供资金的主要账户。当新任务出现或必须进行预算削减时，它同样被密切关注。假如在财年内进行保障国家利益的服务，但没有预算资金时，通常意味着要到作战和维持账户中寻找资金并支出，随后在来年进行补偿。当需要快速削减预算时，作战和维持账户往往首当其冲，因为它往往在一年内赋权，资金削减意味着在一定年份削减资金。当舰船采办账户需要在计划的生活科目上削减20 美元时，当年可

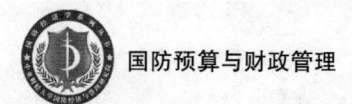

能只削减 1 美元，这是因为舰船建造是个多年账户。总而言之，作战和维持账户在 2000 财年占国防部预算授权的 34%（DOD Greenbook，2003，7），并自 1994 年以来成为最大的国防部拨款账户，它是为大量国防部日常开支提供资金的敏感而重要的账户。正因如此，它需要密切和娴熟的管理。

科扎（Kozar）对 14 个财年以上（自 1977 财年到 1990 财年）的国防部作战和维持账户进行了研究，发现作战和维持账户管理者在年末拨款期满前，对 99% 以上的资金赋权（Kozar，1993，73）。在法定约束和对超支处罚的情况下，对这些资金的管理者来说这是出色的绩效（Kozar & McCaffery，1994）。然而，在这种有序的资源承诺模式中，季度和月度明显随军种部门的不同而不同。

一般来说，财年的"第一个"月和"最后一个"月是支出最高的月份。10 月通常"冒尖"是因为签订了新合同。同财年末的夏季月份比较低，但 9 月比较高，因为管理者急于为已规划好的和新出现的需求支出手中的资金。10 月显出资金最高的赋权率，且前两个月比一年中其他任何两个月都要高。9 月的高支出率说明了年末支出的急剧上升，它是单个月份中第二高的，且相对前一个月的变化率（53.6%）超过其他任何两个月的变化。事实上 8 月是全年最低的月份也促成了这种情况。季度趋势也很明显，每季度的第一个月（1 月，4 月，7 月）是第三、第四和第五"高"月份，仅次于 10 月和 9 月（10 月"沾"了两个方面的"光"，它同为财年和第四季度的第一个月）。

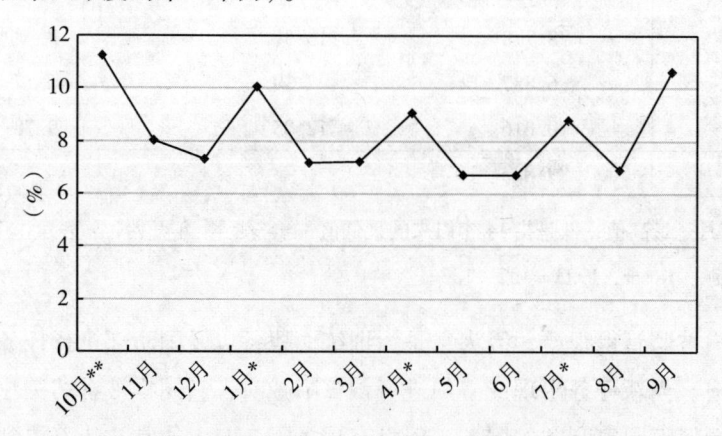

图 7.1 国防部月度作战和维持账户（O&M）赋权率

注：* 季度首月；** 财年开始。
资料来源：Kozar，1993，135。

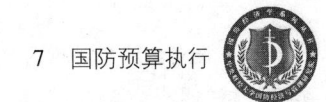

任一季度的第一个月都比较高，而接下来的两个月比较低。因而，从一个季度的最后一个月到新季度的第一个月会有很大的变化。这似乎指出了季节性分配模式的存在，或至少在各季度开始时可以获得新资金，季节性模式似乎表明各季度第一个月刻不容缓的支出需求。有趣的是，从一个财年到另一个财年不会发生大的波动，自9月到10月的变化仅为5.6%，这主要是由于9月的急剧上升。从总体看，在国防领域更多变化发生在年内而非两年间。

尽管各军种部门与国防部的总体情况变化基本相同，但不同之处也很明显，表7.6给出了各军种的数据。不仅季度和月度变化明显，而且不同军种部门的赋权支出率也有一些变化，尤其是财年的第一个月。陆军部从10月到来年9月实际有所减少，也许表明9月的支出造成需求下降，而空军支出从10月到来年9月显著增长，也许表明空军确实需要新财年的资金。这些波动的平均水平十分清楚地表明，在财年末或新财年年初没有或很少有部门间出现明显波动。

表7.6　　　　1977～1990年军种部门作战和维持账户月赋权率　　　单位:%

月份	国防部	空军	陆军	海军
10月**	11.235	14.192	9.188	11.690
11月	8.018	8.520	8.059	7.736
12月	7.346	6.815	7.968	7.212
1月*	10.048	10.526	9.117	10.814
2月	7.165	6.224	7.851	7.429
3月	7.223	6.251	7.979	7.166
4月*	9.083	9.399	8.209	9.690
5月	6.708	6.159	7.046	6.445
6月	6.726	5.881	7.141	6.490
7月*	8.778	9.324	8.113	8.525
8月	6.887	6.173	7.276	6.670
9月	10.616	10.662	12.473	9.319
合计	99.833	100.130	100.420	99.186

注释：数据中百分比超过100%是因为四舍五入；** 表示财年开始，* 表示季度首月。所研究的自1977年到1990年共14年的国防部作战和维持账户（11）的月度赋权数据由国防财务与会计服务局提供。

资料来源：数据来自 Kozar, 1993，第132～133、126～127、116～117页。

这些图表清楚地显示了赋权的周期性。财年的第一个月——10月，赋权率最高。下三个季度的首月比较高，但低于10月。随财年平均赋权率的减少，财年的最后一个月——9月，显示出急剧攀升，呈现出仅稍低于10月的赋权率。有两条法律基础支持这一模式，第一条是美国法典31章第1512节《分配和预备金》中的规定，它强调一定时期赋权的可得拨款，应防止赋权或支出的分配速度使一定时期出现盈余或赤字拨款，拨款可按月、按季度、按运行季或其他时间期进行分配。

作战和维持账户拨款由管理与预算局根据美国法典31章第1513节的授权按季分配。除非被管理与预算局重新分配，分配的款项可累积使用，款项的获得基于国防部长通过各军种部提供的信息，如同其他军种部长从其组成机构、部门和其他单位获取信息。根据美国法典31章第1514节，部长负责为管理控制颁布规则并分配拨款。设计该系统意在根据分配额限制赋权、确定违反分配的责任，并提供部队间行政划分拨款需求的简单途径。

在财年的任何时点，拨款分配都是防止过快赋权总资金支出的有效工具。然而，由于资金可累积使用，分配在财年初比财年末更适于用来防止赋权的急剧上升（Kozar & McCaffery，1994，3）。表中数据清晰表明年末支出的急剧上升，与前三个季度最后一个月的实际平均赋权率（7.098%）相比，9月的赋权率（10.616%）高出了49.6%。

这些模式的第二个法定基础是美国法典31章1502节的有关规定，它要求在一定期间内的拨款余额或赋权的可得有限资金仅可用于在可用期内合法发生支出的支付，或完成正好在可用期内签订的合同，支出赋权与该章第1501节的要求一致。根据该节的有关规定，有效期期末拨款账户仍存在的余额必须归还到国库总资金中。拨款法案总则每年都会重申并特别告知国防部和其他部："除非有明确规定，包含在该案拨款中的任何部分都不能仍用于当前财年以外的赋权。"

事实上，资金管理者的预算执行在拨款期、拨款规模，以及对"超支"或支付不足连在一起的处罚这些制约下运行。第一季度的急剧上升是因为年度服务合同的授予，该服务合同为全财年服务，资金必须到位，但直到新财年资金拨款和分配，合同才能被授予。第二、第三季度资金都从"急剧上升"开始，因为季度首月收到季度分配款。然而，在资金必须满足全财年需要的情况下，整个支出被调和（使用），一些资金被储备起来以防不测。例如，海军预算办公室会评估各

作战和维持账户，预留大概占总计划值1%的资金建立海军作战部长（CNO）预备金，用来应付该年出现的财政紧急情况（如维修一艘搁浅的军舰）和为在年中审查中发现的未拨款需求提供资金。国防部长办公厅经常基于对计划执行阶段的评估，从采购账户中扣留一些资金。国防部长办公厅扣留的资金可能（也可能不）返还给计划，这取决于各阶段的发展。海军作战部长（CNO）预备金将在年末支出，通常但也不总是在第四季度。它用于突发事件，或者更可能被用于该年更早时被推迟的需求。总之，钱会被花掉。

作战和维持账户在财年末拨款期满前，除少量例外，未明确赋权的资金将会失去。这就强烈激励管理者花光所有可得资金，进行99%的支出赋权以及9月支出率的急剧上升。赋权率数据表明，如同其他部门一样，国防部管理者非常精于财年末前的资金赋权。尽管有为防止这一行为而设立的大量法律条款，例如防止资金的滥用，但它们仍能在9月快速承付大量资金。联邦资金管理者必须在剩余赋权期满前找出当年财年的正当需求，以支持资金赋权的合法性。

毫无疑问，一些发生于9月的购买有助于满足新财年的需求，这样，通过支持超过本财年需求的购买，下财年的资金就可余出来，这发生在离下个财年不到30天的9月。但拨款法规定用当年资金满足来年需求是不合法的，资金必须赋权用于满足当年出现的需求，所以实际支出可能发生在来年。例如，1984年会计总署发现国防部工业基金非法将作战和维持账户资金结转到下个财年。会计总署在向议院拨款委员会主席的报告中写道，通过不正确地使用工业基金，6个国防部工业基金行动1982财年向1983财年结转了大约3570万美元，延长了原本一年到期的拨款。不正确结转资金的最初原因是缺乏对产品和服务的适时、合法的需要，或是财年末开始的工业活动的失败，这些行为违反了美国法典31章第1502节和《国防部拨款法》总则的规定（GAO，1984）。

作战和维持账户的管理者清楚他们在管理一个多年的资源流。管理者可能在当财年末赋权支出，以满足他在下财年肯定会碰到的财政负担。例如，更换存货，对舰船、飞机的大修。作战和维持账户不是处于一个整齐和有序的世界，价格和通货膨胀率改变、物价波动、预料外的运行节奏变化，使得资金管理者们必须根据这些变化做出相应调整。这说明他们必须支付那些必须支付的账单，比如年初和每季度首月到期的服务合同，然后扣除一小部分资金放在能够推迟的其他科目中，直到年末。

这一模式从预算管理者的角度看是可以理解的。装备购买科类构成了灵活性

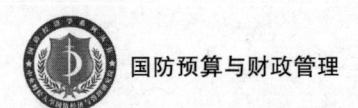

的来源，如果被安排替换的一部分设备仍处于运营中，那么这一部件可能被推迟替换直到接近财年末。然后如果没有更高的优先级出现，可能会购买这一先前预算好的项目。通过接纳不确定的和推迟特定的购买，给予财政管理者一定的灵活性，这可能有助于减轻突发事件的冲击。随着财年末的到来，预算管理者也通过审查他们可以采取的能满足下年负担的行动，以在新财年处于更主动的地位。

执行过程和问题

转移

自第二次世界大战后联邦支出持续增长以来，国会官方承认了机构对预算执行的自由裁量权需求。琼斯、比克斯勒（1992，第 58~60 页）认为 1956 年的《国防拨款法案》所表述的国会的重新计划政策依然有效。附属报告法案表明，在运行条件和环境未预见到的变化通常发生在制定、提出和执行预算的间隙。这些变化可能包括运行条件的变化、价格估计的修正、工资率调整等。因而，僵硬地坚持最初预算可能会妨碍已规划好的计划的有效完成。报告告诫道，在没有得到委员会事先告知和同意的情况下，国会不会让军种部门随便重新计划，或允许从一个科类或目的向另一个科类或目的不受限制地自由转移资金。

自 1959 年开始，国会强调了在一定的转移之前，强调了一定的门槛要求和就国会特别关注的问题向国会定期报告等。1974 年，国会增加了一条限制，即禁止国防部通过转移资金以"复活"被国会明确否决的预算条款。

每年国防部的拨款法包含这样的表述：如果国防部长在管理与预算局许可下，授权在当财年拨款或资金间转移资金，则必须告知国会。每年《拨款法》中都会设置资金限制。近几年，每年已经达到 20 亿美元。有时对特定目的的转移也能获得额外资金（Tyszkiewicz & Daggett，1998，48）。一般说来，转移的账款应进入更高优先级的条款中，这些条款的成本增长超出估算（例如燃油成本），而且不会进入国会明令禁止的条款。从技术上说，转移是从一个计划到另一个计划不同账户间的转移，而重新计划是从一个计划到相同账户另一个计划上的转移。记住这一条是有用的：国防部预算授权总额（TOA）包含一些在过去财年建立但在本年支出的预算授权，所以转移和重新计划也可包括当事财年的变化。

重新计划应是比转移更简单的行为，它是账户内而非账户间的调整。但两者都包含对计划的（资金）转移，且每个计划都有其支持者。如果那些拥护者在国会，一个看上去不起眼的重新计划就可能"搅动"国会利益的"涟漪"，如从同一计划下某个城市的码头维修到普通的能源账户的转移，但它们有不同的地域，国会决策的结果也不一样。通常，这一转移不易观察到。因而，对重新计划和转移的规则通常包含资金门槛、无新计划、避免或非常仔细地处理国会感兴趣的条款，以及向国会告知。

国防部中的重新计划

琼斯、比克斯勒（1992）发现国防部将重新计划行动分为以下四类：

1. 事先批准的重新计划。出现在当国防部不考虑资金量而想要增加购买量时，如增加导弹或飞机购买的数量。
2. 向国会告知的重新计划。当提出的重新计划大大超出一定资金限额，或为新计划或项目可能导致显著后续支出时，国防部要告知国会。
3. 内部重新计划。这包括拨款账户之内或之间的变化，但不包括在一年一度预算过程中经国会批准的计划中的（资金）使用变化。
4. 低于门槛的重新计划。出现在资金低于国会设立的门槛情况下，由各军种部门协调，并每半年向国会提交一次报告（DON Budget Manual，2002d，第61章）。

国会利益可能导致复杂的指导。1997年，国会对国防部的重新计划强加了更多的限制性指导。对海军部来说，这意味着对舰船、飞机或中级维护变动的事前告知门槛从2000万美元降至1500万美元，而且1500万美元也被设为门槛，从飞行小时、舰船运行频率和不动产维护科类中转移的资金在超过该门槛时，必须得到批准。这些门槛每年变化，许多时候是部门和国会间信任关系的产物。20世纪80年代这一门槛被设为1000万美元，在部门和国会间关系经过一段和谐期后，这一数字在20世纪90年代上升至2000万美元。

20世纪90年代中期，这些门槛被再次改变，以防特定账户为其他账户"埋单"。国会对此表现出兴趣，并试图控制这些账户。因此，在执行前如没有得到

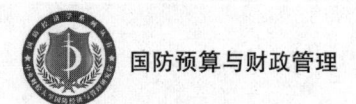

国会批准，海军部就不能从这些账户中转出资金为其他账户"埋单"。在实践中，这意味着海军部的资金变化必须首先得到国防部层级，然后是管理与预算局，再是众、参议两院拨款委员会和授权委员会的批准。如果资金转移涉及情报问题，那么与情报问题有关的众议院和参议院委员会也必须批准该转移。用来阻止资金转移的就是委员会手中的否决票。在部门内，为这些事前批准设置更具限制性的门槛，意味着内部控制系统被更严密地监督。例如，当两或三个单位转移了飞行小时资金并使其满足改变的要求，它们的单个改变可能低于门槛，但加总后超过了门槛。

总之，一些重新计划需国防部长或其代理人的具体书面批准，其他需要一个或更多国会委员会的事前批准或及时告知，仍有一些需要在稍晚的半年报告中告知国会。

这一过程的复杂性使之看起来似乎国防预算的大部分都被重新计划，其实不然。琼斯、比克斯勒（1992，第60页）注意到，每年国防预算被重新计划的只是其中相对非常小的一部分。1980～1990年，重新计划后平均支出的变化率（0.8%）低于国防预算的1%，幅度从1988年的高点1.2%到1981年、1986年的0.5%。琼斯、比克斯勒推断，这是因为多层次的审查和协调，以及国会工作人员把重新计划作为重要的微观管理工具，过程难以操作，所以国防部和其他部门避免用重新计划作为主要的政策工具。低于门槛重新计划的半年度报告要求，也提供了对重新计划中资金不合理使用的审查。

低于门槛的重新计划

在低于国会设定的门槛下，部门在移动小额资金以应付紧急情况和有效管理计划上就有了很大的灵活性，这通常被称为"低于门槛的重新计划"，且无须事先递交国会或国防部长，它可以由军种部门自己决定。

例如，伴随《国防拨款法》的年度报告包含了这样的描述，如果该决定必须且符合国家利益，给国防部长授权，使其和管理与预算局一起，同意在当前财年的拨款或资金间转移资金，这些转移是基于"不可预见的军事需求"和"比最初优先级更高项目"的拨款。在预算过程中，它们无论如何不能给国会已明确否决的项目提供资金。转移授权的资金总额经常被设为财年内"不可超越"的目标，一旦这些转移做出，国防部长必须将所有（资金）转移告知国会（DON，

2002d，第3章）。

一般来说，低于门槛重新计划的指导原则包括通过不使用（或创建和使用）临时性的盈余来建立长期赋权支出，从而符合立法者意图。例如，假定机构已为巨大的资本支出项制定预算（中央办公室重新调整），在安全检查中突然出现紧急情况，需要更多的时间和员工来满足需要，如果没有资本支出项，那么可以请求由装备向人员转移资金，否则该机构就只能等到下一财年再说。

如果机构要求从一次性支出转向每年支出，那么预算分析者如何看待这一请求呢？如果提请被批准，新职位或现有职位将被列入人员基数，并在随后几年中被提供资金，因而建立一个大于本年支出的大量持续支出。预算分析者称其为"骆驼的鼻子"，这是他们乐于寻找、揭露和否定的支出。可能该转移有巨大的政治诉求（例如，在健康和安全需求的增加上，议会通常比行政系统更慷慨），如的确如此，则可能是不可阻挡的，尽管预算分析者会问为什么不把它们放入来年的预算中。

在这个例子中，该机构会冒着长期改变而失去资金的风险。毕竟，重新计划意味着改变的确实不是该机构最高优先级的，而且在该机构再向审查者提出和预期得到资助之间还会有一些时间。

国会特别关注项

并非所有的预算调整都是国防部内部行为的结果，也并非所有的预算增长都是有益的。国会频繁地在部门预算中增加"特别关注"项，它们可能通过特定语言塞进拨款案中，造成限定、最高额和最低额。最高额是资金限制，高于它的资金不能被支出。最低额是底限，表明 x 量的资金必须用于特定项目或服务的支出。限定则是简单地圈定或作为专项资金，并规定它不能用于其他地方。对"门外汉"来说，这些特别关注项对部门来说是真正的"恩赐"。例如，国会在若干年里增加资金为空军追加购买 C-130 运输机，尽管事实上空军没有该飞机提请，在其当前清单中也无提请。

1997 年，在空军预算仅提请购买 4 架的基础上，3 架额外增加的 C-130J 运输机的采购使空军预算又增加了 1.422 亿美元。参议院授权委员会报告承认空军没有需求，但国会却不这么认为，结果，国会仍为国防预算增加 1.422 亿美元用于增购飞机。反而，国防部被要求从当前预算中寻找资金。这就意味着一个或更多个国防部已提请或真正需要的计划或无资金或资金不足。另外，这些飞机需要相应的后勤（支持），包括保障装备、维护人员、燃料和油料以及飞行机组人员，这些项目都未得到资金，这意味着甚至会有更多的计划资金不足。每架飞机的服务寿命是 20～30 年，因此，1997 年这项 1.42 亿美元的"礼物"在这些飞机的寿命期内，将导致国防部内的预算扰动（McCaffery & Mutty，1999）。

反赤字控制点

还应关注的一点是国会和总统管理与预算局对整个组织构建控制点的能力。预算在不同层次的详尽程度上被批准，但它们总比拨款案所显示的最终数字更详细。一般认为，预算按其编制的那种方式来管理。如果通过计算 5 名新员工的支出及其保障费用来得到预算数据，一般认为机构将会按计划使用拨款资金，减去审查者削减的任何数额。通常，中央预算办公室会在立法机构批准预算时对各机构所提请的预算变动情况进行反馈。由于掌管着计划，机构对其下属部门的壁垒点设置有一定余地。

例如，中央当局可能仅要求机构控制人员和保障费用的总量，但机构自己可能选择要求下级管理者报告更多细节。例如，组成主要支付种类的科目，如人员、差旅、计算机供应、计算机维护、办公用品、公用事业成本、租金以及资金支出。通过提供支出数据，提供给管理者一些必要信息来建立预算，并留给他们根据预算编制执行预算的模板。因为机构是总量控制，因而它在保持人员和保障费用总量的情况下，在科目间和子计划间转移资金具有一定的灵活性。

在联邦政府内，部门也可以选择它们想要的尺度去设置违反反赤字要求的责任。尺度越宽松，管理者就有越大的灵活性去转移手头的资金。当管理者得知该单位处于困难年时，他可能在组织中对反赤字责任设置一个较宽松的水平，从而可为防止亏空，给予其从别的单位向此单位转移资金的能力，以避免该单位受到预算超支的法律指控。因为仍在部门内控制，所以预算数字并未超，但给下级管理者提供了一些解脱。

相反，管理者可能希望对下级管理者进行惩罚或强行实行审慎的支出模式，他可通过在组织中对他想控制的管理者强加反赤字责任以达到目的。而后任何亏空都将成为法律问题，希望法律制裁的威胁会带来更审慎的管理。如果管理者没有控制动荡环境的能力，该策略就会运作不畅。法律框架并不总能产生可预期行为，这在联邦政府为抗击财年中第四季度（特别是最后一个月）"全部花完"心态而进行的持续斗争中可以发现。在下一节，我们转向"第四季度"现象。

规则、文化及其影响

该讨论有一定的技术性，尽管它描述了国防财政管理的复杂性，但它并未对国防部财政管理者们面临的真实情况给出评判。这些情况已导致一些非正式的行为模式，对冷静的观察者来说这可能有也可能没有意义。然而，这是国防部内部和联邦政府其他部门无法改变的事实，我们讨论其中的一部分。

原则1：全部花完

在《重塑政府》序言中，盖布勒、奥斯本（Gaebler & Osborne, 1993, 3）指责联邦预算系统怂恿管理者浪费资金：

> 如果他们不在财年末支出所有预算，将发生三件事：他们失去节约下来的资金；下一年得到得更少；预算主管苛责其上年提请太多。因此在财年末人们就会快速支出所有资金。

这一结果产生于法律和文化动机的双重结合。法律规定作战和维持账户拨款仅可用于首年赋权，这种要求导致这样一种文化：好管理者会花完手中所有的钱。结果，国防预算管理者参与到年末的突击花钱中。他们必须在财年末之前赋权所有资金支出，否则将失去它。他们不仅仅感到这方面的压力，他们同样感到持有剩余的资金会被上级视为犯罪。他们还感到上级会处罚他们，因为没有把所有的预算赋权，而且打上该烙印官员的流言会在低级职员中流传，说他们之所以不称职是因为他们没有把所有的预算赋权。没有人知道这会发生在谁身上，但所有人都发誓他们知道这已经在一些人身上发生。最重要的是，他们不想它发生在自己身上。

因此，空军部队在临近年末时飞行时间更长，甚至到财年的最后一天。地面部队安排更多时间的训练并投入更多为秋季训练做准备（好的安排会事半功倍），军舰在年末会装满新装备。夏威夷的一名国防主计长说："这就是现实，每年我一直都在那儿，直到财年末最后一天下午5点，我还在接电话，问我能否花掉一些钱。我把能够处理钱的一些事情记在清单上，放在办公桌抽屉里，我只是按清单来做。这在每年都会发生，我想我们是东半球下班最晚的主计长办公室。"

若干年以前，我们为一个州政府的税收部门做绩效审计。该部门的领导据说是国内最好的税收管理者，在该州政府层面理所当然被所有人看作如此。我们知道他谨慎地驾驶着航船，因为其职员保存着物资发放的记录，小到最后一支黄铅笔。稍后，在审计过程中，我们比较了他的预算和预算执行模式，发现他一贯执行大约95%~96%的预算，然后将剩下的归还到赋权用途的资金中去，我们很惊讶因为这不符合实行严格纪律的概念。之后，我们就该问题向他提问，他告诉我们在不超支的前提下他尽量好地去完成工作。他并不在意低于预算几个百分点："人员在我的机构中是很大的组成部分"，他说，"但是你甚至不能公开宣布。你可以保持它不受改变，但是你甚至也不能公开宣布。事情发生在人身上。我支出所有安排的资金购买资本设备，并让我的人看到我们在支持消费领域上没有改变。我甚至很担心这些被宣布。"联邦政府的文化禁止联邦和国防预算管理者们有这种想法：担心当前预算的宽松会威胁到下个预算的成功，有人会拿走他们的份额，老板会因为没有完全执行预算生气并处罚他们。

对于完全支出是好还是坏可能有争论，而这正是国会想要的。毕竟，它当时通过了拨款。此外，在国防中也有争论，规划-计划-预算（PPB）系统描绘了一幅应付威胁的复杂图景，每个预算持有人通过百分之百支出预算使这幅图景变为现实，同时所有部分合为一个整体。显然，这种看法夸大了国会和规划-计划-预算系统人员的预见能力，认为他们能清楚知道花多少钱可以达成预期效果；同时显著忽视了各管理者的作用，他们能够以9-18个月前预计的更小代价带来过得去的成就。

原则2：不得超支

为避免使这条原则看上去像废话，我们可以加上强有力的法规，同时鼓励防务管理者采用合法的策略。通称《反赤字法》的31章第1341节、1349节、1350节、1512~1514节、1517~1519节防止管理者赋权比可得资金更多的支出。因此，进取的管理者即使作为领导凡事都做对了，但如他在预算上超支一点点，就会陷入严重的麻烦中，足以结束他的军人生涯。很少有官员想在预算方面冒职业生涯的风险。然而，国防部的会计系统如此复杂，而且防范超支有时间滞后，预算管理者们有可能出乎意料地有大笔钱没花。《反赤字法》同样要求除非通过延续决议，否则管理者不能在拨款（案）颁布前赋权资金支出。第 31 章第 1341 节就包含了对支出和资金赋权的限制，同时指出美国政府官员或雇员不能超出支出或赋权拨款的可用额度，进行授权支出或赋权，或在拨款前使政府涉入有资金支付的合同或支出赋权，除非有法律授权。

美国法典中《反赤字法》的基本条款在 31 章第 1517（a）节，它告诫官员："你不能支出你没有的东西，你不能过量请托、过量赋权或对拨款或拨款的任何子部分过量支出……这是即时违反，而非月末或季度末监控之后才有的违法"（Hleba，1999，21）。

有时候事情的发生似乎非人为可以控制。例如，价值 7900 美元部件的定购，库存中没有该部件，处于缺货状态，在等待交付的过程中，暂时的办法是使用备件。当订购的部件到后，再归还备件。不幸的是，替换件 3 年才到，那时交付价已涨至 57000 美元。足量的未赋权资金不能用于弥补前几年已预定部件的差额，由于缺乏适当的追踪系统，这导致对《反赤字法》的违背。

在另一个例子中，专用账户资金购买各种名目的设备。这些设备不能独立运转。可是，当与其他已购买的设备组合到一起，或加到现存系统中时，他们创造出一个完整运转的系统。在资金拨款财年期间，新建造或加入到系统后，所有项设备的总成本超过了支出或投资标准。首先，这违反了第 1301 节的要求，因为这属于从错误的拨款中购买。其次，这也违反了第 1517 节的要求，因为"对的"拨款账户没有提供已批准项充足的资金。

原则 3：花对

管理者们也熟知"金钱本色"条款。美国法典 31 章第 1301（a）节要求国会拨付的资金只能用于拨款圈定的目的。例如，用于作战和维持的支出不能用于投资，用于公用事业和垃圾清运账户的资金不能用于购买比 10 万美元更多的局域网络系统，或为医院购买价值不菲的医疗设备（如磁共振成像扫描仪）。也不能将投资账户的钱用作运营支出（DON Financial Guidebook，1998，Ⅳ-1）。这对仅有一种类型的账户（如作战和维持账户或采购账户）的预算管理者来说是简

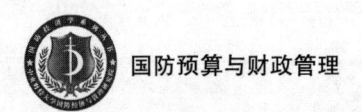

单的,但(问题是)很多预算管理者控制着几种拨款账户。看上去层级越高,得到的预算越多,管理的拨款也越多,每项拨款都有不同的可用赋权和资金转移门槛,其账户在数年中赋权和管理的可能性就越大。

切尼(Chenny,2002,29)发现这些处在更复杂水平上的管理者们更易犯《反赤字法》。海军航空系统司令部就是其中一例。它有近120亿美元(1998财年)的拨款资金,在6个不同的拨款账户管理资金,包括赋权期为1年的作战和维持账户。其他例如飞机(APN)和武器采办(WPN)都有多年赋权期。由于这些复杂性,就有必要注意有多少次违反规则的情况发生。切尼调查研究了10年间60起违反规则的情况,估算出年均发生率为6起。显然,法律已成为管理文化的(组成)部分,这或许是因为对违法的处罚非常重。在《反赤字法》31章第1349节到第1350节关于处罚的规定,从行政惩戒到刑事起诉都有,包括停职停薪、免职、上限5000美元的罚款、2年或更长时间的监禁等。同样的处罚也用于超授权分配、超配发或在预算运行中实际犯错的官员,对故意犯错行为的处罚比对那些无意、疏忽犯错的处罚要严重得多。

一般来说,通过伪造账簿试图规避法律的故意行为违反了该法31章第1301节的规定,该节限定资金支出必须在拨款目的的范围内。在海军部,许多海军官员把在预算和财务管理各职位间的轮换视为次于作战专长的责任。他们在一个职位上待2~3年,小心翼翼避免在与战争专长无关的预算或财务事情上犯下导致职业生涯结束的失误。面对激烈的晋升竞争,即便预算或财务管理工作考评报告中一点坏记录都可能关上提升的"大门"。这往往使管理者趋于保守,关注规则。但在花光全部资金、但又不得超支时,规则就是互相矛盾的,所以管理者们必须小心翼翼走好自己的路。

原则4:不要弄混

历史告诉人们,事情连带发生。同样,对一项法规的违犯也会引起对其他法规的违犯,如同银行劫匪为逃避犯罪会超速驾驶逃跑一样。当预算持有人错用不该花的钱买了东西(例如,在维持项中用了采办款),对资金原来用途的违犯(1301a节)也引起对《反赤字法》的违犯(1517a节)。当账户被调整正确后,他会发现采办账户资金不足,没有足够资金来支付原本计划的购买。由此对资金原本用途法的违犯变成对反赤字法的违犯。

7 国防预算执行

例如，作战和维持资金可能被用于小的建设，但因为最高50万美元的限制，想通过每阶段低于50万美元（如3个20万美元的合同）分段购买该工程，绕过限制是不合法的。当某人因做这件事被抓，将会被执行拨款纪律，而且整个工程（60万美元）必须从军队建设资金中支出，包括规划和设计费用（也许又是60~100000美元）。如果军队建设账户没有足够资金支付该工程，将会违犯反赤字法，会被施加进一步制裁。

最近一些对《反赤字法》的违犯包括这样的情况，有人在对废弃仓储设施进行改建时，所使用的作战和维持资金超过了法定的小规模建设限制。另有管理者为来年的租赁合同赋权超过该年资金，并在拨款可用前进行了承诺。还有人对可用的资金进行了超额拨付：让下属部队花了超过可得的资金，所以即便其他各部队花的都比可得的资金少，但在其上级层面的总数却超过了限额（Hleba, 1999, 23）。

切尼对10年间海军部《反赤字法》调查的研究（2002，第24~25页）发现，其中87%是对第1517节的违犯，即赋权大于分配或配发额；13%是对第1341节的违犯，即赋权多于拨款。切尼随后按目的、时间和数额分析了这些违规情况，发现53%的违规是因为资金被用在错误的目的上，31%的违规是因超过拨款额，16%的违规是因超过拨款的时段。

切尼（2002）推断出现"数额"违规是因糟糕的会计工作，部队没有及时公布赋权和支出，因此导致管理者以为他们可用的资金比实际多，由此他们超额赋权。切尼认为"时间"违规是部队允许复杂合同的结果，不知不觉在拨款前建立责任，或因为指挥链条中的交流错误，如不能在管理单位之间及时提供信息。切尼认为"目的"违规是因为管理者搞混了拨款资金能用的目的和能用的门槛。因而，当应该使用其他海军资金（OPN）时，他们往往使用作战和维持资金。换句话说，他们在区分支出账户（工资、补给、作战和维持账户中的差旅）和投资账户（计算机、硬件和在其他采购和海军资金账户中对计算机网络的扩建）方面存在麻烦。结果，部队超出作战和维持拨款中与支出账户联系在一起的门槛使用资金，并可能已从投资账户，如其他采购、海军资金（OPN）或军队建设资金中支出资金。

管理者们以资金门槛作为指导。例如，低于10万美元的装备支出可从作战和维持账户中购买，高于该门槛的装备支出归投资账户支付。投资有未来的收益，归入采购和军队建设账户中的采购账户。

军队建设账户中，门槛是不同的，低于 75 万美元的小型建设项目归作战和维持账户支出，高于该门槛的项目归投资账户支付。切尼举例说，"例如，如果某部队购买了一台想接入已存局域网（LAN）系统的计算机终端，那么这台计算机终端必须用投资类型的资金购买，即便它的成本低于投资/支出门槛，因为它是对已完成项目或已存在系统的扩建，该项目或系统的总值超过投资/支出门槛"（2002，第 24~25 页）。切尼在研究中观察到这些情况：部队试图通过购买"建筑的一部分"，其价格在那时低于存在的门槛，来绕过门槛限制，但调查显示已完工建筑的总值超越了门槛。购买部分建筑是试图绕过拨款法，领导者及其工作人员将因违犯《反赤字法》而被起诉。计算机和电器也经常发生这样的问题，当部队单独购买几项时，低于既定门槛，但当各个部分合在一起成为系统时，其总成本就超过了门槛。该研究推断，当管理者们掌管作战和维持账户时，回避其他采购、海军资金（OPN）账户。在 65% 的违规中，作战和维持账户被不适当使用。对《反赤字法》的违犯会遭到从惩戒到解雇等多种处罚。在切尼研究的 62 个案例中，只有两个是管理者知道并故意犯的错，其他 60 个案例经审理，管理者不知道该用哪个账户，或对他手中有多少钱或资金未到位、不能用来赋权缺乏准确认识。对司令部复杂性的审查，有助于理解这些违规如何发生。复杂性越大，违规就越多。

海军有 5 支部队，被称为系统司令部，它主管舰艇、飞机以及海军所用的作战武器。舰队负责操作装备，但系统司令部，包括海军海上系统司令部（NAVSEA）、海军航空系统司令部（NAVAIR）以及海军空间和海上作战系统司令部（SPAWAR）提供海军舰队所用的军舰、飞机及技术。系统司令部负责管理舰船和飞机，使海军拥有现代化的系统去作战。这些司令部负责通过采购和建设过程把军舰、飞机投入部署进战场，并在其服役生涯中进行改进。它们的整体预算通常超过海军总预算的 1/3，其运行都很复杂，但有些天生就比其他更复杂。例如，海军海上系统司令部每年管理着 1400 个海外军售案，约 167 亿美元，涉及 80 个国家（Chenny，2002，29）。一些部队仅有少量拨款，这些系统司令部却有好几个拨款账户。例如，海军航空系统司令部管理者可从 6 个不同的拨款账户中支出资金：飞机采购，武器采购，研究、开发、试验和评估，作战和维持以及其他。此外，这些投资账户中的大部分可有比一年期更长的赋权期限，因而，其他采购、海军资金（OPN）账户能超 3 年赋权，而支出可比 3 年更多，在 5 年以上用完。

切尼（2002）发现这些系统司令部中38%的违规由多年赋权期内资金的误处理造成。尽管这一复杂性看起来不可避免，但底线是在11年时间内仅发生了62起违犯《反赤字法》的案例，且只有2起被判定为故意犯错。在有数十亿美元资金拨款和支付，存在成百上千笔交易的情况下，这并不算差。

执行中的其他因素

有多种因素使国防部日常工作复杂化，其中包括减少管理者拨款预算的预备金、延迟拨款、减少灵活性的专项预算和绩效要求，以及糟糕的信息系统。

灵活扣留资金

在预算控制的几乎所有水平上，资金管理者都倾向于节省或设置其管理的资金"超出顶部一点"，以应付已知或预期的突发事件。建立预备金的法定授权在美国法典31章第1512节《分配与储备》中可以找到。第1512节规定在分配或再分配拨款时，仅在下列情况下可建立预备金：（a）为突发事件提供资金；（b）通过需求变化或更高的运营效率，实现节省；（c）通过法律特别提供。在这些情况下建立的预备金可根据需要做出改变，以执行拨款关心的范围和目的。

这些预备费"扣留"的资金，范围从国会强加的（比如1997财年，海军部的所有采办、研究和发展计划资金被削减2%，以支付国防业务运营资金的不足），到扣除海军部1%～2%的资金给所有的作战和维持账户，再到基层指挥官从其运营资金中保留一小部分预备金直至财年末。尽管所有这些行为可能在财年中早就为人所知，但所有都需要调整到预算计划阶段的适当支出水平。科扎、迈卡菲发现3个军种部门不同的实践。20世纪90年代初，海军作战部长在年初扣留2%作为预备费是个惯例；陆军参谋长有相似的应急政策，扣除其作战和维持账户的0.5%或1亿美元；但与陆军和海军的做法不同，空军参谋长不从该账户扣除资金建立预备金。通常这些预备金在年中预算审查中会基于新需求归还给下属部队。同时，对预算执行不足的部队可能将其资金转给那些

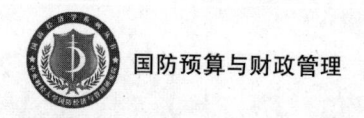

有更多需求的部队，或他们可能被告知要跟上执行的进度（Kozar & McCaffery，1994，10）。

因为拨款法未正式允许为突发事件编制预算，而且预算递呈会被严格检查以消除"过量"（被证明不佳）资金方案。按定义看，扣留，意味着由于国会拨款的结果，更低层级单位获得的资金比预期要少。另外，如果"突发事件"没有发生，被搁置一旁的资金很可能在财年晚些时候被释放出来，从而需要正在执行的已被修改的计划另作调整。

合时

很难有准时出现的第一步，后续步也不会及时出现。1948年、1976年、1988年、1994年和1996年所有拨款案及时通过。在科扎研究的那个时间段，1976年、1977年和1988年国防部拨款及时通过。当拨款延迟时，必须对基于预算的规划进行调整。在《延续授权决议》情况下，国会不仅（规定）赋权水平，也强加其他限制，如不为新计划支出。支出水平通常情况被限制在前一年的比率，或低于参议院或众议院拨款限制（两院议员协商会未举行时）。对新计划来说，回归与前一年相匹配的支出等级，可能需要裁减员工、推迟测试，以及延误合同授予。

在财年过程中，新计划将肯定追加雇用人员、开始测试，并在其他领域增加支出率。如果因为《延续授权决议》、无效率、额外的启动成本，以及其他成本造成不可避免的结果，需要计划重组或增加资金，则该计划必须回到先前支出的预扩张水平。每当收到的资金与预期不符时，预算执行就受到影响。甚至些微的拨款延迟也可能对项目产生重大影响："如果冬春两季的天气阻碍了户外项目的进行，那么财年第一季度资金和随后的合同延迟，在短期资金立法范围内，一些项目延迟的时间会比预计的更长。"同一位管理者还说，延迟拨款对其管理的其他账户和计划不是问题，除非计划增长幅度是规划好的。因而，这些话反映了预算执行困境的实质：一些事情按规划滚动，而其他则不是（Kozar & McCaffery，1994，12）。

特定种类：上限、下限及范围

特定种类的拨款表述或与支出法报告里的表述都有特定的规则或限制。拨款的种类限定了预算可能被执行的方式。尽管所有资金都是一样的，但使用这些资金的限制就如不同色彩一样，五彩斑斓。例如，在国防部，作战和维持拨款为1年期，并为连续的运营成本提供资助（如基础运营、文职人员薪水、资产维护、训练等）；飞机采购为3年期，并为飞机采购和相关保障计划提供资助；军队建设为5年期，为土地和设施建设购买提供资金。

对每个拨款的限制都创建了法定界限，将预算管理者置于"盒子"中，难以打破。从一个账户至另一个账户转移资金通常越过了低层次资金管理者的控制能力。如果一个账户或次级账户资金太少，而另一个账户资金太多，那就不是从一个账户到另一个账户转移资金这类简单的问题。这只能通过诸如重新计划、转移、追加拨款，以及相应的缓慢批准程序等机制，首先在行政部门，随后通过国会的一些灵活措施，在限定的范围内完成。

政治

如果国会根据《总统预算提请》为国防部增加采购3架C-130运输机，C-130计划的管理者必须在所有方面为增加的飞机做出调整，包括从训练设备的数量到需要的保障器材量。另外，预算的其他一些部分必须减少，以支付增加采购的飞机和保障设备，这会引起与C-130计划无关的其他计划的混乱。这是特别项增加带来的"双刃剑"，或者用国会语言来说属于"副产品"。这一支出不但重新安排了支出和机构的重点，同时造成了新的财政负担，却没有新资金，必须从现有计划的保障基础中拿走一部分资金。

灵活性

预算执行过程中的灵活性意味着在已分配资源中做出调整的能力。如前所述，一般来说，组织中的管理层级越高灵活度就越大。然而，对具体单位而言，维护与维修资金一般不与特定的建筑或工程相绑定。具体单位的管理者能决定使

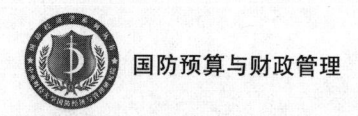

用资金去修理漏水的屋顶或粉刷建筑。如果拨款建造一座新建筑，单体单位的管理者除了建设它之外基本没有选择，即使对另一座建筑的维修会更加经济有效。所以灵活度取决于可使用的资金总量，以及资金授权和拨付的特定性。甚至"常识性"决定有时也会受到制约。比如，1988年，导弹计划的管理者谈了一份合同，这份合同可以让他用相同的资金多买8枚导弹。但是，没有国会的预先批准，他就不能签订该合同。因为导弹按条项拨款，并有具体的数量限制。即使在这种情形下购买额外资产是人之常情，国会议员还是会反对，理由是最初确定的导弹数目已满足需要，任何节省下来的钱都应用于其他地方（McCaffery & Mutty, 1999）。

管理信息系统

联邦政府的预算主计人员通常会受到管理信息系统，尤其会计系统的摆布。他们竭力提供可用资金的细节、资金赋权、资金支出，以及层出不穷的各种特殊报告的准备工作。其中的一些交付期很短，比如只有几小时或者1~2天。

由于手工分类账表劳动强度大，也不灵活，所以已经很久不用了（只在一些小型办公室，记账人还会保留并行的手工记录以确保账目的准确性）。但是拥有速度和通用性优点的自动化系统同样有其问题。对任何系统，输入质量直接影响输出质量。如果账户和子账户种类的定义不准确或难以理解，而且如果工作人员没有经过培训或对于交易源的数据记录敷衍了事，那么输入错误就在所难免。预算官员们也可能不知道如何简化和厘清数据输入指令。一般而言，预算主计长对数据输入很少或没有控制，对会计人员的培训也缺少资源，许多人都是低薪聘请来的。数据输入可能在遥远的活动现场或承包商的工厂里完成。更有甚者，根本没做输入。一些会计系统也难以避免与其他单位的系统不兼容，结果，人工干预带来的错误风险接踵而至，改编数据在所难免，最终导致在不同系统里"创造性"地编制信息。

1993年，国防部拥有270个财务管理信息系统，但仍有240亿美元无法同拨付相匹配（Perry, 1996, 107）。也就是说，在已支出的账单里，由谁支出以及支付给了哪个账户不得而知。承包商们没有追要款项，所以假设他们都已收到账款也合乎逻辑。但是，这是如何支付的，支付了多少依旧是个谜。错误从简单的数字换位（当手工输入的数字或字符16位或更长时，这并不奇怪）到用错拨款支付，或错年支付，不一而足。局部的预算执行文件和记录往往不能与总部的执行文件和记录相匹配。当不能精确掌握资金和账户现状时，即使经验最老到的预算主计人员也会感到紧张。在联邦政府的预算办公室里，普遍存在对违反《反赤字法》和毁掉审计的恐惧。

小　结

如果说预算准备是个规划过程，那么预算执行就是个管理过程。预算准备涉及政策规划，而预算执行涉及为政策实施管理预算计划。伯纳德·皮特斯瓦德（Bernard Pitsvada）解释预算执行是"预算周期的阶段，在该阶段机构真正为达成计划目标赋权或承付资金"（Bernard Pitsvada，1983，87），在预算准备周期制定规划后，进行雇员、确定承包商、购买材料和给养、确认合同并购买资产设备。

预算执行的日常工作往往不是媒体和公众关注的焦点，不同于受到追捧的政治秀。预算决定可能是重大决定，如政府承诺的高尚目的，就像送人到月球上，征服脊髓灰质炎、癌症、艾滋病等疾病，或通过社会保障计划使人生免受贫穷和病魔的摧残。预算执行决策在法律和财政约束下履行这些政策承诺。管理者的自由裁量和决定是重要的，但很少有执行决定能改变历史进程。

国会在预算执行中也有一定作用。在其经典的预算教科书中，杰西·伯克黑德（Jesse burkhead）认为预算执行是行政机构的责任（1959，340）。然而国会的干涉会修改其先前做出的决定，影响其管理行为，干预对特定交易的独立检查（burkhead，1959，341）。伯纳德·皮特斯瓦德补充道，一般来说，仅在行政机构"惹国会不高兴"的情况下，国会才会介入，规定特别的约束（Pitsvada，1983，86）。皮特斯瓦德警告，在预算执行中存在着悖论，涉及其中的机构认为必须有更多的灵活性以适应变化的需求，而国会则认为除非对预算执行施加必要的控制，否则它就没有履行好宪法赋予它的最重要权力，看好"荷包"。

预算执行中合适的数额控制和灵活性之间的矛盾依然存在。最近，观察家认为，控制太多或错误控制太多，削弱了计划的效率（Jones & Thompson，1994，155~193），但随着联邦预算规模的增长，小比例错误转变为大比例错误，通过

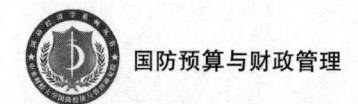

控制保证财政正确就有了强大的实际和象征价值。管理者可能偏爱更多的灵活性，但国会坚持维护好公共资金，即使这可能引起不必要的控制。

预算管理者已掌握一些方法来应对预算执行中面临的不确定性。这些不是最佳模式，但它接近最佳的估计，可以提供次优解决方案，也考虑了随时间的持续修正。这显著区别于所谓基于完全信息、理性决策机制和彻底解决的理性、最优方案。

大部分预算参与者认为，预算将按照批准的计划执行，他们同样认为这与预算准备和获得授权相比是个相对简单的任务，但预算管理者知道事实不是这样。尽管大部分事情的确按计划展开，但预算管理者还要花相当多的时间从种种不可预见的突发情况中挽救他们精心设计的计划。

许多这类事情可能涉及相对小额的资金，但是需要消耗不相称的大量时间与精力。在年末，在总数和平均水平上，预算执行可能显示为一种无聊的例行公事，被晦涩难懂的规则和程序强制执行，被财务控制机制、灵巧资金管理和会计活动所控制。对部门预算官员及其员工，或负责执行计划的管理者来说，它实际上未必如此平淡。然而，这种情况也表明，大部分预算管理者完全自信他们有能力解决这些问题。他们了解大部分前任所做的，并通常知道必须做什么。另外，如果老的办法不能实施，他们知道上哪儿寻找帮助——法律、规则和咨询人员（McCaffery & Jones, 2001, 150）。

尽管乐观看待预算执行管理不是坏事，但了解这项工作的难度和经常出错也是必要的。当这些错误在联邦和国防预算账户出现时，会导致大额资金出入，外部观察者会问它为何发生，而内部管理者想知道它如何发生。也许，会问为什么它会再次发生。

在讨论联邦和国防预算执行时，一个必须反复提出的问题是，为什么在联邦政府和国防部资金被控制得如此严格？通常的答案是在国会和行政机构间缺乏信任，以及防止欺诈、浪费和滥用纳税人钱的合法要求。然而，如在别处所观察到的（Jones & Bixler, 1992），国会的趋向是控制与实现政治目标有关的行政机构，再加上事实上国会的一些议员及其职员曾经或现在是律师。与不具体的规则相比，律师更偏爱具体的规则，或使用其他控制工具，而经济学家更喜欢用激励。

在行政部门中，部门和机构内的控制（以及过度控制的趋势）可被解释为倾向于：（a）避免可能会被国会及其执法机构——总会计办公室制裁的行动；

或（b）由过度复杂的、持久的联邦拨款法，以及由国会和管理与预算局所建立的年度拨款控制所引起的处罚。与其他层级的政府部门相比，联邦政府在从"管理到审计"上做过了，无视控制成本常超过收益这个事实（Jones & Thompson, 1985; Thompson & Jones, 1999）。

8 预算过程参与者：五角大楼

导 论

历史学家们曾断言，国防部长在部门里通常会像委员会中一个懦弱的主席那样工作，国防部庞大而复杂，"难以管理"，这也许还低估了真实情况。国防部长面对着三个庞大的军种部，在任何时间它们之间的关系特点都可概括为既竞争、又合作。尽管五角大楼的其他决策过程也显示出竞争性，但也许没有一个像预算过程那样既需要军种部门间合作共事，同时又试图从国防部长那里获得比其他部门多一点的资源。五角大楼的高级领导人知道预算就是"一切"。也就是说，没有足够的资金，很多事情就没办法按要求的水平，通过合适的途径，有计划地完成。在特定年份缺乏预算不仅意味着推迟至来年，也意味着部门的关键计划可能推迟5～10年。结果，高级领导人最终不得不长时间卷入预算问题的协商处理。

在本章中，我们描述五角大楼中制订和处理预算的人员是如何工作的。首先，我们深入探讨军种部门所采用的预算策略，以及预算官员和分析者的行为模式；其次，我们描述军种部门的预算机构如何组织和运转；再次，我们分析三个军种部门以及美国海军陆战队的预算过程。在这部分，我们从海军部和海军陆战队许多复杂决策案例以及军种部在国防部预算中的资源提请等角度，详细考察预算；最后，简要审视国防部长办公厅的预算职能。

8　预算过程参与者：五角大楼

军种部门预算策略和行为

在国防部内，一级司令部（Major Commands）和系统司令部申请人的预算递交至办公室，与军种部门的中央主计办公室和国防部长办公厅的预算审查者进行预算博弈。资源的争夺非常激烈，参与各方以在资源生成过程中的能力赢得"声望"。从竞争策略看，整个军种部门以其行为方式而具有某种特征。例如，军种部门偶尔会被国防部级别的预算知情者贴上"愚蠢、目中无人、狡猾"的标签。其中无一赞美之词，这些看法自有其道理。

通常，陆军被描述为"愚蠢"，因为经常观察到他们不愿提交完整的预算给国防部长办公厅。一位国防部长办公厅的主计人员叹道，"我们告诉他们（陆军）我们想要什么，但他们拿不出来"（SECDEF，1990）。然而，基于我们的研究，更可能的解释是策略。陆军已知无法提交提请预算数据给国防部长办公厅。因此，在国防部预算中国防部长办公厅时常被迫为陆军"编凑"数据。该策略使陆军在国会被问到时，对其真实性进行抵赖，支持于己有利的那部分国防部预算，这就像父母经常说的"像狐狸一样愚蠢"的简单游戏。

另一方面，海军被抹黑为"目中无人"。在采访国防部长办公厅主计人员时他们告诉我们："海军经常我行我素，我们让他们做某些事，他们直接就拒绝了。这通常是他们的第一反应，然后依照我们的请求，他们（海军）才告诉我们想做什么。这种事发生得太多，我们只好等"（SECDEF，1990）。我们可能会问，他们到底要做什么？对海军主计人员的采访证实国防部长办公厅说的是事实。海军主计办公室甚至无人否认这种策略。我们被告知："他们（国防部长办公厅）想要的通常是错的，因为他们不了解海军和我们的预算。我们给他们各机构最简洁最精确的预算，因为我们的预算经过了比任何其他机构更全面的审查过程。因此，我们信任自己的，而不是他们（国防部长办公厅）的数据"（Secretary of the Navy，1990）。在这种情况下，如果国会问起国防部预算时，海军可以提供自己的数据作为补充或替代国防部长办公厅的数据。

这里描述的陆军和海军策略在预算中是典型的，这种策略简称为"迂回战术"（Wildavsky，1984）。这两种方法都使其各自的军种支持国防部和总统的预算案，一旦国防部长把其预算案提交给总统管理与预算局后，也就提供了在国会

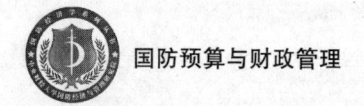

前背离它的机会。这就引出我们的第三个描述——"狡猾"。国防部长办公厅的预算分析人员经常使用这个说法。"空军经常把最好的一面展示给我们,尤其是在国会,他们是'高技术'人员,他们提供所有类型的图表,并盛赞所有在场的人。这样他们(美国空军)常常会得到想要的东西。可当他们离开后,我们都会问'他们说了些什么?',你弄不清楚。他们提供的数据漏洞百出,但(国会委员会)议员和职员并不介意。空军有他们自己的策略——迷惑他们,获得批准,然后做想做的事"(Secretary of Defense,1990)。

空军采取的方法以很明显的优势在预算竞争中首先获胜,而后,在管理其所获资金时又得到最大限度的灵活性。尽管该灵活性在众所关注情况下甚至是滥用(例如,B-1轰炸机计划中的成本超支和资金管理噩梦)。但如果不给美国空军想要的,很可能会更乱。既然这样,为什么会坚持这一方法?我的观点是,就策略而言,军种部门在与国防部长办公厅和国会一年一度的预算大战中,可采用许多种方式来获得他们的资金份额。

申请人和分析师的行为策略

在复杂的预算世界里,参与者通常采用简化其参与成本的策略,提高获胜机会,或将损失降至最小。海军部主计人员和预算分析人员与我们谈了对过去10年预算过程的看法。一个舰队主计人员解释说,"(海军)所有财务管理都来自书本。如果你错过了最后期限,就不再能参与,就要放弃对自己命运的控制。"因为分析人员的作用是寻找能削减的资金,如果机构错过最后期限,没有按时提交一些东西,会招致预算削减。规则就是即使并不完美也要按最后期限,尽力做到最好。接着,这名主计人员强调,"你必须给他们想要的结果。如果要求你为资金补偿提供5种方案,那么你提供的109个方案中,104个都会被砍掉。如果剩下的5个方案没有涉及补偿,也一样被砍掉。"我再次申明,其原因在于所有人都在为其他计划寻找资金,并使用一切借口来寻找。在这种情况下,这仍属对申请方预算分析人员的管理问题。时间通常紧迫,所以不能在要丢弃的方案上浪费时间,把时间用于其他问题更好。

最后,这名主计人员介绍了一些简化了的假设:

我假定你(预算递交办公室的计划出资人)了解你的计划,你告诉我如果我出

错，你会在24小时内做处理……实际上90%的时间人们并没有准备做这样的工作。如果没有上诉或上诉不及时，那么标记（削减）就是好的。我们分析人员认为好标记的证据就是作为回应，申请人没有削减核心职能中的任何重要部分。如果作为标记的结果，他们没有削减飞行小时或航行小时数，那么标记就是对的。

一个主计人员说他让所有分析师绘出他们的账户图，以便他们能看到过去和将来的趋势线。然后取图表上的最低点作为标记起点，"不管你过去的计划起点最低是多少，它都是个有效的基础，因为你的预算幸存下来了，除非你能解释它为什么如此之低。"这一评论仅适合于作战和维持账户，此处以战备为主，对投资账户不太适合。

海军预算办公室（FMB）的一位分析师解释了为什么一些人不愿到五角大楼轮班："华盛顿和舰队不同。我刚刚完成执行官（XO）的工作，我手下有300人，所有我必须说的只是'马上开始'，然后事情就会完成。这里我送出的每个备忘录上有16个戳（不同的签名或放行证），（在船上）我真正做的是文书工作，按船长的旨意签名。这里我对好多钱负责，但无授权……在无授权的情况下打赢战争需要更多时间。劝说是你最重要的工作，但你没有时间去为所有的事情打仗。"这名官员作为预算分析师在海军预算办公室工作，而其上司和同事都认为他的工作做得非常好。他继续说，"我像苦力一样工作……这听起来（舰队预算介绍）像是做秀，所有细节都通过像我这样的分析师解决，我们进行所有的技术性工作，它到达国防部长办公厅时变得有点政治性，到国会后它完全变成了政治，人们削减或改变他们不喜欢的东西，而非基于技术层面。"他接着说，"当政治决定做出时，像我这样的小人物不得不从计划中拿出5000万美元，有时候我们仅有一天或几小时就要完成，所以我们做出削减并说'告诉我们这将对你们的计划产生什么影响。'在这儿（预算办公室）你必须准备成为最坏的家伙。"

在五角大楼工作的分析人员，从中尉到将军军衔，经常会淡化他们在资金分配过程中的作用。他们把自己看做"工蜂"，"以挣多少钱干多少事"的态度做出决定。他们承认，他们知道做出的决定是如何被修改以及如何实施的。毕竟，这符合"工蜂"的身份。

国防预算与财政管理

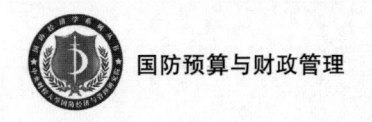

计划与预算

《计划目标备忘录》瑕疵

预算分析师一般通过《计划目标备忘录》(POM)和计划过程来找出问题。这已纳入2001~2003年改革的目标，计划和预算分析过程已经合并。例如，一位预算分析师评论说，"计划是对时间的权衡，《未来年防务规划》(FYDP)有比我们能支付的多得多的计划。所以每个人都在寻求减少他人的计划。在国会中自始至终有人在寻找机会偷你的钱，放入另一计划中。"另外有人补充说"一些计划在《计划目标备忘录》中觉得很好，但在进入预算时却完蛋了。例如，设想军队建设资金（MILCON）没有进入军队建设拨款，你就不能建造大楼，而作战和维持账户分析人员会从你的行动预算中拿走维持和作战资金，并告诉你来年再试。"另一人评论说"《计划目标备忘录》经常拿回你在先前预算过程中丢失的。"

《计划目标备忘录》是这么个东西，在每个杯子中都放入点东西来满足每个人的需求。一名主计人员说，20世纪90年代早期，《计划目标备忘录》会按平均"1美元削减20美分的原则来减少资金"。他又补充道，在物资稀缺时，领导们应尽可能对计划做出纵向削减，而非全面的横向削减，以使由纵向削减带来的宽松可用来为缺钱时做准备。虽然这听起来是很好的建议，但并不容易得到兑现。领导者更愿选择在计划不减少的情况下，让计划资金多少有所缩减，如同高尔夫选手拒绝放弃他的短铁头球棒游戏，因为即使在低水平上他也可保持技术水平，一旦需要就能迅速让它起死回生。

一个"菜鸟"申请分析师在华盛顿的第一年获得一笔交易，即如果他愿意让他的计划在中间年（资金）为零的话，其计划可从《计划目标备忘录》的连续几年〔BY（预算年）+4和5〕中获取更多资金。这似乎与派人去拿"左旋活动扳手"一样，资金为零的计划被削减，它不再存在于《计划目标备忘录》中，而且为了回来，它还必须与其他先前没有列入《计划目标备忘录》的计划进行竞争，成功的机会并不大。而且，所有人都知道，连续年承诺从未兑现，虽然每个人对连续年的承诺都很好，但也是廉价的承诺，因为即使"耳根最软"的计划管

理者也知道，预算年后4、5年距当前年还太远，他们几乎不用考虑。因此，有经验的参与者相对连续年的"大"承诺，更愿在当年拿走所有资金。即使连续年的承诺有兑现的可能，也很遥远。某种程度上，参与者通过其他参与者对连续年申请的反映来判断其复杂性，老练的参与者往往优雅地表示不同意见，而我们的"菜鸟"朋友则拒绝这笔交易，使他的计划保留下来。

预算过程瑕疵

如果预算分析师们嘲讽《计划目标备忘录》的一些方面，那么他们在预算过程中找到了漏洞。海军预算办公室（FMB）的退休主管说，"这是绿眼幽灵（预算分析师、主计人员）的目的，他们想为海军作战部长（CNO）想做的事寻找闲散资金。"为此，他建议申请人"让你们的数据准确无误并有正当理由……这样你们就不会铩羽而归。"他补充道，"当你向老板报告支出数字时，不要回避回答问题。反而要说，'上次我检查时没有注意，是我的错；如果是错的，会议一结束我立刻纠正。'这样至少不会被骂'没用的笨蛋'。"

另外一位海军预算办公室（FMB）主管建议申请人不要"把不可取的东西放入预算，那样你不仅会失去你申请的资金，而且人们还会怀疑你其余预算的可行性。"不可取的事是指未获足够支持的预算项目，申请者必须"到处打听"以了解此类项目是否会得到支持。例如，在资金紧张的年份，全权委托项目提升就是不可取的事。他告诫说一些项目看起来总是不可取的。例如，员工出游或一些看起来很好但并不重要的事情。如果失去无关紧要事项的资金，失去的资金就会流入其他申请人的手中，并可能威胁到自己预算中的其他计划资金。在海军部层面，资金可能流入到其他军种部门，因此可能增加其未来的预算基数。民用部门可能会在预算过程中做出"如果有会更好"这样"优雅"的表述，但军事预算者采取这种策略却可能使其项目走入死胡同。在某种程度上，在授权委员会讨论部队角色和任务、军力结构、核武器政策、条约规定等有争议的项目时，经常会导致激烈争论，授权案推迟，但未威胁到资金。

在投资账户中，正确估计成本是个难题。一名海军预算办公室领导指出，"承包商、计划管理者、海军预算办公室和国防部长，每人都有数据。分析师会选取最低的数据，所以你必须确定你能区分你的数据与最低数据之间的差别。"另一名分析师补充道，"你可以通过'四处打电话'、'运作'、'喝杯咖啡顺便走

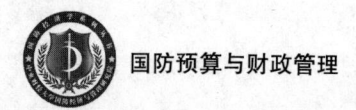

访'等方式来了解其他参与者的数据。"一位退休的海军预算办公室主管评论说，分析师应该"知道老板在想什么……努力从他的观点出发找到问题的答案。"他建议在听证会前，通过给海军将领做简报的职员打电话，为听证会做准备。一名海军将官评论道："一些人告诉他将听什么。一定要与准备简报的人聊聊，你可以说，'我能帮你准备你给老板的简报吗？'然后对比并解释那些数据。尽量避免意外。"

一位退役的高级海军将领解释说，"没有人喜欢意外，尤其是涉及很多钱时。为了观察计划的增长，现场活动通常最先被关注……按指挥链对计划进行追踪。对主要管理者来说，很难处理计划开支出乎意料的增加。"既然他们适应这些还有困难，那么第一反应是否决或砍掉它。海军将领同样告诫，"小的变化意味着很多事。"他指出直升飞机上一些电子齿轮的小变化"，但它最终会引起训练、修理手册甚至飞机结构等非常昂贵的计划变化，小变化引起计划成本的大变化"。另外，他也提醒说优先级随时都在变，当申请人在其预算中失去计划或项目时，可能是因为别处的新技术，或者是机密预算中一些项目需求。另外，条约会通过改变职责、任务及其保障成本，带来预算执行波动，所以申请人应准备好应对环境波动。

即使在拨款法通过后，申请人也要小心。一名分析师告诫说，"如果你管理资源，你应知道你的资金在哪儿出现？作战和维持资金？其他采购、海军资金（OPN）还是军队建设资金？因为它们有不同的法律要求。你应知道它是否有特别要求，如环境影响声明，或你花资金时国会是否有特别条款。"

分析师和申请人这样适应预算环境：通过预先培训，通过在预算部门中连续工作承担更大的责任，通过在五角大楼这个角逐中心寻求预算或资源分配，通过培养良好的人际技巧在指挥链中有效地与各层级交流，并与影响预算过程的其他参与者横向交流。例如，拿走他们可能赢得的资金，或是因为不成熟的预算行为失去资金。保持灵活性，面对现实，"苦中做乐进行竞争"。为了解这是如何发生的，以及在何种组织形式下发生，我们对军种部门的预算办公室进行研究。

军种部门预算办公室的组织与职责

海军部预算办公室

海军预算办公室，官方正式称财政管理和预算（FMB）办公室，是海军部的中央预算办公室，它承担为海军和海军陆战队准备预算的职责。海军预算办公室（FMB）的目标是将两个兵种的战略需求与国防部长战略规划和指导融合在一起，产生《海军部长预算递呈》（BES），送交国防部长办公厅，由国防部长办公厅主计长代表。

海军预算办公室是海军助理部长、财务管理和主计长（ASN/FM&C）办公室的一部分。海军助理部长、财务管理官（ASN/FM）由文职总统任命，海军主计长最初依 1949 年《国家安全法修正案》第Ⅳ章条款规定设立，该法正式确立了国防部长领导下的国防部体制。分配给海军主计长办公室的任务是执行原则、政策、程序和制度，以有效控制海军部财务问题。海军主计长由国会要求按照 20 世纪 70 年代颁布的法律准备预算，国会要求预算为国防部的文职职能，以使军种部门预算在军种部长，而非军事首长（如海军作战部长）的授权下颁发。主计长有广泛的预算责任，这些几乎由海军预算办公室（FMB）独家履行。尽管该办公室设有各种信息和保障单位，但对海军预算负责的两个主要分析部门是运营局（处理人员和其保障费用）和投资与采办局（处理舰船、飞机和武器采购）。海军预算办公室的领导称为主任，通常为海军少将。这一职位是唯一的，其主任（N-82）直接向海军作战部长和海军部长报告（即该职位是"双重身份"）。该专业团队由军官和文职人员组成，其中有近一半军官，他们通过轮岗任职做预算分析师。还有一半的文职人员，他们是职业的文职雇员。海军预算办公室的文职行政人员为高级行政职位（SES）雇员，他们有特别的职业身份，这使他们不仅对海军部长和国防部长负责，也对国会负责（有一年众议院拨款委员会被海军部海军预算办公室的高级行政职位人员所冒犯，所以在拨款案中对他们进行了缩减，参议院通过商谈给予恢复。要知道被国会注意有时喜忧参半）。

《海军预算指导手册》说明，"海军主计长的预算职能贯穿于预算周期的所有阶段，包括制订、呈送以及执行"（Secretary of the Navy，2002f）。预算办公室

履行的职责包括:

1. 建立控制海军部预算准备、呈送以及管理的一般原则、政策和程序。
2. 建立预算准备和正当理由的拨款结构。
3. 监督海军部预算估计的分析和审查,呈交并与国防部长、管理与预算局以及国会就预算进行协商。
4. 监督国防部或国会对拨款的任何改变。
5. 就海军部预算问题与相关机构和其他军种提供联系的渠道。

海军是唯一拥有两个兵种(海军和海军陆战队)的军种部,每个兵种都独立准备预算,然后合二为一。海军预算办公室已经开发了独特的结构以实现该过程。如同我们注意的,海军预算办公室作为财政管理部门(N82)对主计长(ASN/FM&C)和海军作战部长负责。尽管海军预算办公室(FMB)和海军财务管理(N82)办公室是一个机构,但两个机构的问责结构却不同。作为海军作战部长(CNO)海军作战架构(OPNAV)的组成部分,该办公室被称为海军财政管理(N82)办公室,它被授权承担预算准备和执行之责,尽管该职责服从海军部长授权。对主计长来说,海军预算办公室(FMB)有责任监督海军和海军陆战队整个的预算准备和执行。历史上看,该办公室负责管理"蓝元",即仅保障海军的资金;负责管理"绿元",即仅保障海军陆战队的资金。"蓝-绿"资金结合保障海军、海军陆战队行使职能。如同后面要说的,海军陆战队有自己的预算和主计职能,与大型海军舰队申请人有些相像。

海军预算办公室(FMB)由六个部门组成:拨款事务局(FMBE)、作战局(FMB1)、投资和发展局(FMB2)、规划/预算协调局(FMB3)、商业与民用资源局(FMB4)和预算与程序局(FMB5)。各部门都在海军预算形成和执行中扮演必不可少的角色,以下是《预算指导手册》中详细列出的各局职责概要。

拨款事务局(FMBE):联络职责

该局负有保持与国会拨款委员会、立法事务办公室、国会国防部长联络办公室、国防部长、陆军部长、空军部长等联络的责任,以行使与国会听证和国会所有监督委员会幕僚事务有关的职责。该局协调所有与海军部在众议院和参议院拨款委员会前参与听证有关的事务,并保证海军预算办公室及其下属部门对国会行动和拨款提请的当前状况提出建议。它提供委员会听证的时间表、整理海军部证词、协调回顾听证的谈话内容、协调对委员会提问的回应,向委员会议员及其幕

僚作简报，以及进行与这些委员会有关的其他联络行为。

作战局（FMB1）：人事、作战和维持

作战局（FMB1）负责对人事（现役和预备役力量）、作战和维持（现役和预备役）拨款以及海军和海军陆战队的其他资金进行审查、提出建议和修订估算。它为计划管理者（PM）的提议和将其转化为预算寻找合适的定价。它保证主要的战备账户资金供给合理，这些账户为舰船、飞机的正常运行和仓库维修提供足额的基本保障资金，提供适当的工资和津贴资金。它开发并使用作战成本模型对诸如飞行小时、航行小时这样的计划进行成本估算，对人员支出使用平均成本率，并对作战和维持（O&M）账户的合理性及其估算进行检查。如需要，该局也负责在国防部长办公厅、管理与预算局（OSD/OMB）和国会前，在对计划执行进行持续审查，以及提出分配调整建议时，协助证明预算估计的正确性。在国防部长办公厅、管理与预算局（OSD/OMB）审查时，作战局分析师作为海军部主要的接触人直接与国防部长办公厅、管理与预算局（OSD/OMB）团队分析师接触。对听证会时间、参加听证会以及协调和明确所有额外信息需求的回应负责。他们同样对要求的《计划预算决定》审查和《主要预算问题》的"问题"做准备。最后，他们对保证国防部长办公厅决议记录系统的准确性和最新海军部跟踪系统负责。对国会审查，作战局分析师负责准备和整理提供给国会用以支持人事、作战和维持拨款的资料，这可能包括预算证明材料、申明、听证会谈话记录、对提问的回答、备位或问题记录，以及授权申请和拨款报告。作战局的代表可作为备位或支持证人参加听证会。

投资和发展局（FMB2）：投资和发展

投资和发展局（FMB2）对投资和发展拨款估算的审查、建议及修改等负责，包括采购、研究与发展、建设、家庭住房以及基地的关闭和重组。该局也负责协助向国防部长办公厅、管理与预算局（OSD/OMB）和国会说明预算估计的正确性，对预算执行的持续审查，在需要时提出分配调整建议，并向国会报告有代表性的采办成本和数据。最大的关注点可能在成本，包括合适的定价以及与先前年份一致的定价。实地检查项目进行的各个阶段，以确认合同日期和交付日期是否一致，并检查发展和采购"里程碑"，以确定它们是否被合理分段。该局寻求合理的资金配置进度，避免资金流突然升降。他们也检查以往年度的执行绩

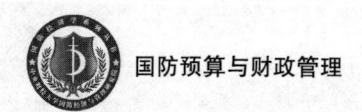

效，以确定合同是否切实执行，以及赋权支出是否达到赋权支出率目标。

例如，在舰船建造项目中，前一年仅有 10% 的拨款被赋权支出，它将检查是否全部的 10% 已赋权支出。如果仅有 7% 的拨款被赋权支出，则表明该计划可能有问题并会对预算年资金造成影响。这些账户的关键指标包括生产时间表的时间段、生产率、产品设计至实际投产的时间、对生产时间表的延误以及国会对生产的批准。对投资账户来说，关注点在成本，（最好记住的箴言）是在好的执行绩效基础上，为现阶段计划提供合理的资金。

对国防部长办公厅、管理与预算局（OSD/OMB）的审查，投资和发展局分析师作为海军部的主要人员直接与国防部长办公厅、管理与预算局（OSD/OMB）的分析师接触。他们负责公布听证会日程，参加听证，协调并回应所有额外信息需求。他们同样要准备和审查对《计划预算决定》的意见和"主要预算问题"会议所涉及的主题。分析师或分析师的上司不能解决的问题可能升级为大的预算"问题"，由国防部长解决。每年都会有 5~10 个这样的"问题"，通常军种部门需要提出建议解决方案。例如，在自己的权限内通过削减 Y 来为 X 提供资金。尽管国防部长想这么做，海军当然会认为很好，但通过削减陆军 Y 来为海军 X 提供资金，这看起来是不公平的。大的预算"问题"会带来大量文字工作，有时为一个"问题"会准备装满好几个 3 英寸厚文件夹的文件。最后，投资和发展局负责保证国防部长办公厅决议记录系统的准确性和更新海军部跟踪系统。

对国会审查，投资和发展局分析师负责准备、整理支持投资和发展拨款的预算材料，并提供给国会。这可能包括预算证明材料、申明、听证会谈话记录、对提问的回答、备份或问题记录，以及授权申请和拨款报告。投资和发展局的代表可作为后援人员或助手参加听证会。

规划、预算协调局（FMB3）：预算指导和程序协调

该局负责海军部预算编制的指导和程序准备、指标控制和协调预算提交，按国防部长要求起草《计划预算决定》，清理预算中的所有计划项目，协调海军部参与向国会的申诉，开发和运行数据处理（ADP）系统以支持海军部的预算形成，管理财务控制系统，并为拨款准备资金授权文件。

该部门同样负责部门预算问题的审查和建议，并对预算系统的效率进行评价。另外，规划、预算协调局就国防部长办公厅、管理与预算局（OSD/OMB）一级的审查情况向海军部准备报告，协调海军部参与《主要预算问题》会议，

监控国防部长办公厅自动决定记录系统,并运行海军部记录所有决定的系统。规划、预算协调局同样协调海军部进入总统预算、财务或其他概要预算文件的准备工作,并准备预算办公室申明。该部门负责准备给国会的预算材料。规划、预算协调局准备法案摘要和国会行动跟踪系统一览表,该表主要记录授权和拨款委员会在总统预算行动各阶段采取的与海军部预算有关的行动。该部门也负责评估国会在拨款责任审查中可能出现的任何问题,以及可能影响预算的立法建议。

商业与民用资源局(FMB4):周转金

商业与民用资源局(FMB4)负责对预算中的"海军周转金"(NWCF)和预算中列入的文职人员经费进行审查、提出建议、修正,并向国防部长办公厅、管理与预算局(OSD/OMB)和国会证明这些估算的准确性。该部门同样审查和确认周转金预算的资金估计,以确保"海军周转金"(NWCF)"提供者"与海军部拨款"客户"间的合理平衡。对国防部长办公厅、管理与预算局(OSD/OMB)的审查中,商业与民用资源局分析师作为海军部的主要人员直接与国防部长办公厅、管理与预算局(OSD/OMB)分析师打交道。他们负责制订听证会时间表、参加听证会以及协调和回应所有额外要求信息。他们负责准备《计划预算决定》审查和"主要预算问题"会议的"问题"。最后,他们负责确保国防部长办公厅决定记录系统的准确性。

对国会的审查,商业与民用资源局分析师负责准备和整理向国会提供的支持"海军周转金"行动和文职人员账户的预算材料。这可能包括预算证明材料、申明、听证会谈话记录,对提问的回答、备份或问题记录,以及授权申请和拨款报告。商业与民用资源局的代表可作为备位或助手参加听证会。

预算与程序局(FMB5):预算政策与指导

预算与程序局(FMB5)负责为整个海军部拨款、提供资金和组织制定、协调和颁布预算及资金政策和程序指导。包括颁布预算制订所需的海军部政策指导,审查和评估预算政策、程序及其在海军部的实施;改进与预算和资金有关的机构职责和工作界面;对财务管理系统适当性和有效性进行持续评价,以保证与预算政策一致;审计报告的决议或判决,以及包含预算政策和程序事务的检验调查结果;分析审计结果对海军部财政管理的影响;分析立法建议对预算政策的影响;明确和澄清有关海军部预算政策和程序的国会指南;制定审计组织的职能标

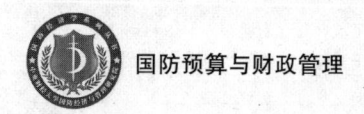

准并进行评估。该局还负责决定诸如此类的问题：例如，当美国副总统造访一艘军舰发表演讲时，如他授予奖章并表彰这艘军舰，用政府资金支持，这是合法的；但当他授予奖章并发表竞选演讲时，这就是不合法的。

空军部预算办公室

空军预算办公室的建立是协助空军助理部长（财务管理和主计长——SAF/FM）制定《空军预算估计递呈》（Department of the Air Foorce，2002a）。其目标是，通过将计划需求转化为批准的预算估计，获得资金保障空军使命任务。空军预算办公室由5个局组成，包括预算投资局（FMBI）、预算和拨款联络局（FMBL）、预算管理和执行局（FMBM）、作战预算局（FMBO）以及和预算计划局（FMBP）。空军预算办公室依靠这些局来帮助制订和执行预算估计。以下为各局任务：

预算投资局（FMBI）：估算和执行

预算投资局（FMBI）制订预算估计并跟踪飞机、导弹、军需品及其他采购的财务执行。它同样协助进行研究、开发、试验和评估（RDT&E），军队建设（MilCon）、军人家庭住房（MFH）、基地重组和关闭（BRAC）以及安全援助行动账户的设立和执行。该局由5个处组成，即军队建设、计划支持、安全援助，导弹、军需品、太空和其他采购，以及飞机和技术。

预算和拨款联络局（FMBL）：国会联络

预算和拨款联络局（FMBL）是空军与国会预算和拨款委员会以及国会预算局的联络者。它的工作是制定和实施（一定的）策略以确保国会清楚与空军预算相关的定位和问题。另外，它负责跟踪国会行动，保证空军官员及时了解国会针对空军预算采取的行动。此外，它是空军接待众议院拨款委员会抽查和调查的联络人。

预算管理和执行局（FMBM）：政策和程序

预算管理和执行局（FMBM）制定财务政策和程序。它对空军商业运营资金活动进行监督，管理空军财务数据系统，先前年份的财务调整和下属活动的拨款拨付过程。预算管理和执行局（FMBM）审查和确认空军所有向财政部的提请，

以及提交国防部长办公厅（主计长）的分配和再分配时间表。

作战预算局（FMBO）：人事、作战和维持

作战预算局（FMBO）负责处理作战和维持账户以及军队人事账户拨款预算的计划、编制、整合、保护和执行等事务。这两个账户支持已获批准的计划和重点任务。

预算计划局（FMBP）：规划－计划－预算－执行系统和预算协调

预算计划局（FMBP）将空军预算整合进规划－计划－预算－执行系统，在《总统预算递呈》前协调空军完成《预算估计递呈》和"预算审查过程"。预算计划局（FMBP）管理空军军力、《财务规划》和所有财务控制调整数据库。此外，它是下述领导者的主要顾问：负责空军财政管理和主计的助理部长；负责总体空军主计以及空军现役、预备役和国民警卫队间问题的助理部长帮办。这些都是空军预算的核心所在。

陆军预算办公室

陆军预算办公室是陆军部（DOA）负责陆军预算制订和维护的领导机构。它在预算过程中通过为陆军部长和陆军组成机构之间提供联系，直接协助陆军助理部长（财务管理和主计长［ASA（FM&C）］）。负责预算的陆军助理部长帮办（DASA）是陆军预算办公室的首长。陆军预算办公室由四个局组成，包括管理和控制局（BUC）、作战与保障局（BUO）、投资局（BUI）以及商业资源局（BUR）。

除了这些单位外，陆军预算办公室也有一个国会预算联络（CBL）办公室，协助处理出现与国会层面有关的预算问题。陆军预算办公室的各个部门都有明确的任务。各部门必须确保由陆军部呈送国防部长的预算估计必须考虑到陆军自下而上的所有机构。以下是从陆军助理部长（财务管理和主计长）组织和职能手册中摘出来的关于各局职责的概要。

管理和控制局（BUC）：预算制订和执行指导

管理和控制局（BUC）负责陆军预算编制和确认过程，颁布陆军范围内的

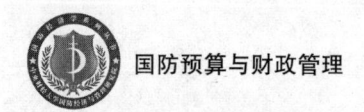

预算编制和执行指导。另外，负责分析陆军预算过程中编制、确认和执行阶段的变化对陆军预算的影响。管理和控制局由3个处组成：预算编制，预算执行、政策及资金控制，预算整合与评估处。

作战与保障局（BUO）：人事、作战和维持

作战与保障局（BUO）负责作战和维持、陆军和人事账户以及陆军拨款的编制、提交、维护和管理，该局协调从计划开发完成到预算执行完成拨款的预算工作。该局以功能委员会成员身份参与计划开发过程，该委员会负责协调在预算周期中已给予资源的计划或正在执行的计划。此外，该局负责陆军各主要司令部与总部之间在作战预算问题上的联络。运营与保障局由3个处组成：当前运营处、军人处和作战部队处。

投资局（BUI）：研究、开发、训练与工程，采购与军队建设

投资局（BUI）负责陆军采办拨款，陆军研究、开发、训练与工程拨款，陆军军队建设、家庭住房、化武剂和弹药销毁拨款以及国防部家庭自住房补助计划等的财务管理运营、预算和执行。该局作为陆军助理部长（财务管理和主计长）的代表，参加陆军系统采办审查委员会。该局作为主要部门，在军队建设投资、多年度拨款事务上与国防部副部长（主计长）办公室联络。该局由武器系统、采办与整合、设施以及陆军其他采购4个处组成。

商务资源局（BUR）：周转金、对外军售、信息技术与规划－计划－预算－执行系统

商务资源局（BUR）负责编制陆军周转金（AWCF）、对外军售（FMS）和信息技术系统预算（ITSB），提交给国防部长办公厅、预算与管理局和国会，并在这些预算受质疑时进行辩护。它制订和颁布商业资源政策，并负责陆军与其他军种、国防部及非国防部政府机构的联络。它向负责预算的陆军助理部长帮办（DASA［B］）和陆军助理部长（财务管理和主计长［ASA（FM&C）］）提供有关所有其他周转金问题的建议，是陆军周转金、对外军售和信息技术预算与规划－计划－预算－执行系统（PPBES）各方的联络人。该局由4个处组成：给养管理处，仓库维护、军械、信息服务处，商务整合处以及特别商务行动处。

总之，我们看到各军种部对其预算办公室的组织架构设置都不同，但在履行职能和责任上却具有共同点。与所有公共机构的预算办公室类似，这些预算办公室都负有"守门员"的职能，一个部门的所有组成部分必须通过预算办公室获得资金。所有预算办公室必须在部门指导和已确立的程序下，编制、分析、提出以及执行预算。所有预算办公室都要维护向国防部长办公厅和国会提交的预算。最后，国防部所有预算办公室都得按拨款法执行预算和预算政策，从而达成一个不可逾越的目标，即它们的所做所为必须合法且可审计。

我们对军种部长领导下的军种预算办公室如何设置已有所了解。下面我们转向对军种部预算过程的说明。

军 种 部 预 算 过 程

尽管各军种部的预算目标相同，但所用的方法不同。

海军部预算过程

在制订预算时，海军部采用权力下放的预算制订过程，由自下而上的反映和自上而下的控制来驱动。在海军部，规划 – 计划 – 预算系统（PPBS）的预算过程部分由四阶段组成，包括预算办公室（FMB）审查、国防部长办公厅和管理与预算局审查、国会审查以及拨款成法与执行。

阶段 I　海军预算办公室审查

在海军部预算过程的第一阶段，预算递交办公室（BSO）为其所代表的机构提交预算估计给预算办公室（FMB）。预算递交办公室是主申请人。在海军部大约有24个主申请人提交预算，包括大西洋和太平洋舰队、医药局、海军人事局、海军教育和训练局、海军海上司令部、海军航空系统司令部、预备役部队（NAVERSFOR）等，海军陆战队司令（CMC）也作为一个主申请人列入。

主申请人根据最低水平的预算估计编制提交书，通常被称为成本中心估算（Cost Center Estimate）。这些成本中心在海军财务管理链上处于最低层。例如，太平洋舰队的空军驻地。它们提交估算给活动主计官（activity comptroller），这

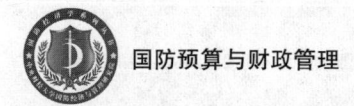

些主计官依次审查、修正并合并为成本中心估算，制定活动预算（activity budget）。例如，负责太平洋舰队航空作战的职能司令部要汇集所有空军驻站（以及所有航空母舰）的预算。之后这一综合预算会转给主申请人，它们要确保其合理性。然后主申请人活动预算合并成《主申请人预算提交书》，如同接下来要讨论的，太平洋舰队申请人会提交一个预算，该预算合并了空中、水面和水下的作战及其保障费用，然后通过海军预算办公室（FMB）提交给海军助理部长（财务管理和主计长）。海军陆战队有其内部的规划、计划和预算（PPB）过程，同样其预算也提交海军助理部长，这样的组织过程使文职主计长能在军队指挥链外核定海军和海军陆战队的需求。

该过程自冬季末开始，发布预算通告，申请人准备预算，该预算基于上一年预算的控制数字和本单位的新需求。在该过程中，如果《计划目标备忘录》及时订立，则申请人也会包括《计划目标备忘录》中的项目；如果没有，则海军预算办公室在夏季将调整其预算以包括《计划目标备忘录》项目。6月，这些预算被提交给海军预算办公室，在那里分析师会审查提交的材料，包括官方递呈、概要和支持数据。分析师通过电话讯问申请人一些问题，申请人尽力"推销"预算，分析师尽力使预算保持在财政指导下。一些问题可能以书面形式发送到申请人手中，要求提交一份书面声明来支持或阐明最初提交的主张。

在从主申请人那里收到预算递呈后，海军预算办公室就对估算进行审查。如果海军预算办公室官员认为某些提交的估算需要修正，他们会做出"标记"。"标记"对主申请人基本是个警示，提示他们的《预算估计递呈》会被修改。此时，允许（要求）主申请人提交上诉书阐明其立场。只有在该阶段，海军部内的主申请人才有机会阐明在可执行预算背景下的目标和资源优先级。6月初，召开主申请人预算听证会并讨论有争议的问题。听证会后，"标记"以海军主计长的名义分发给申请人。这些"标记"通常会通过调整、修正或否定对申请人提请的资金做出削减。向申请人提出各个"标记"的原因，通常与不正确的估价，财年期对计划可执行性的困难有关，由此可能导致资金减少，或因为对其提请年是否需要这些资金产生怀疑。

对申请人来说，接下来的一步是申请复议或对标记上诉。在一些年份，一些申请人对所有标记上诉；在另一些年份，仅对一部分标记上诉。一般来说，海军预算办公室把标记看做最后决定，除非提供新的证据，才会给分析师进行新分析的理由。海军预算办公室的立场是，最初的标记是慎重理性的决定，而非突发奇

想或偶然想法，因而对标记的上诉是对分析师良好判断的质疑。因此，为达成上诉同时保全面子，申请人需要提供新信息，以使分析师不因为他最初的决定把自己给"卖"了。如同一个海军预算办公室主任所言，"申请复议是为了那些已失去的资金，它们需要得到新的技术信息支持。"申请复议有5%~10%的成功就算不错了，因为分析师完全不希望有任何重新复议项。

尽管申请人可以隐瞒一些信息并对所有标记上诉，在稍后的关口提交新信息，但这终究不好。国防是有资源约束的，一个申请人得到的更多，另一些人得到的就更少。申请人一年可上诉很多项，但在随后的年份，其可信度将受到怀疑。申请复议的解决过程出现在预算办公室主任的层次上，参与者包括主任、申请人和分析师。有些难题具有很高的能见度，所以申请人共同体可能诉诸达海军部长层级。每年都有很多这样的事，但大多数都在分析师层级上解决掉。申请人和分析师都知道预算中大多数问题的"点"在什么地方，申请人通常在将预算提交海军预算办公室前不久，通过考虑其分析师的改动和有关潜在需求来解决这些问题。

海军预算办公室预算分析师以先入为主的削减倾向来看待最初的预算估算。他们认为从申请人最初预算提请中要削减一部分，理由是申请人在该年很早时就要开始做预算，某些项目、计划的准确成本或经济趋势都还不清楚。因此，分析师认为计划官员往往高估总计划成本来弥补这些不确定因素。所有预算审查者都按这种逻辑工作，海军预算办公室分析师并无不同。复议审查是该过程的最后一步，会为调整决议提供一个论坛，其目的是预防专断或对预算提交办公室的预算做出不正确的调整。通常，复议在标记4天后到期，随后会召开审查会使问题得到最终解决。

这一过程结果用来产生准确、按期的预算，考虑所有已知的延迟和中断（譬如，如果仅有10个月的执行时间，不要去提请12个月的资金）、包含基于执行经验（如最近航行时间的估算）和最新成本因素（如本地劳动率）的当前成本价格估计，预算应是可执行的，要避免预算资源和计划需求的不匹配。

预算往往会被称为与作为时机、定价和可执行性有关的活动，这样该财年的计划需求及其保障资金才相互匹配。历史上看，这些因素如何在海军预算账户管理使用，有迹可循。斯马特、舒马克（Smart & Shumaker, 1986）研究了海军采购账户，发现可执行性问题（27%）、价格问题（19%）、以前年履行缺陷（10%）和国会行为（22%）总共占分析师在这些账户中做出标记的78%。

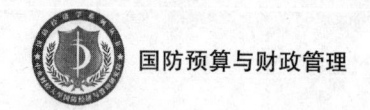

马克斯（1989）研究了 1988~1989 年对海军作战和维持账户的标记，以及在 1988~1994 年《未来年防务规划》上的标记。在对四个大申请人的详细评价中，马克斯统计了预算变化数和由预算变化引起的资金变化。他发现海军预算办公室 75% 的标记涉及价格变化，8.5% 的削减与时间变化有关，其他为计划决定的变化。马克斯发现计划变化引起了大约 47% 的资金变化，尽管它们在数额上比价格变化少。马克斯也提到，在申请复议阶段海军预算办公室返还了几乎所有被削减的资金，但这些资金并不一定返给被削减的计划。他还指出，国防部长办公厅的审查对资金影响不大，在其研究的账户中平均为 1.36%，一些账户被削减 11%，另一些账户增加 6%。马克斯发现，一般来说，不论在预算的最初提交还是上诉阶段，积极的申请人"混得"更好。然而，最好记住这些是不完全的、过时的研究（它们仅覆盖了一些年的一些账户）。最新的海军预算手册说，做出标记有各种各样的原因，包括价格、国会兴趣、计划出现延误等。在预算过程的最后，海军预算办公室致力于建立以最好的价格（如果不是最低，也是最准确）完成任务的预算：最好的日程安排、最合理的预算、明晰的资金和人力平衡、及时地执行规划，以及清晰的财年所需资金清单。有关怎样准备预算的《海军预算指导手册》可在 http：//dbweb. secnav. navy. mil/guidance/bgm 在线找到。

2002 年，预算过程改变了，问题文件替代了标记－复议过程。所提削减将作为问题文件发布在海军预算办公室网站上，同时用电子邮件告知受此问题影响的其他官员和申请人。如果该问题影响了他们，他们可就该问题文件写份书面回应支持或反对海军预算办公室的立场。一旦海军预算办公室对海军部的预算估计满意，他们将呈报海军部长来求得最终的批准。2003 年，"标记"和"申请复议"从海军预算领域的词汇中被废弃。一位预算官员说，"再也没有标记了，仅关注兴趣领域，对评审（结果）任何人都可以提出争议"（Secretary of the Navy, 2003）。他认为该过程更具协作性，但仍不容易。

标记和申请复议过程在海军中有长期传统，这是取悦其客户的服务。另外，组建预算办公室，很大程度上是因为没人想提出那些困难的小问题，如通货膨胀率和工作量，或误事的采购计划或排序混乱的舰船维修和过分的基地整修，而预算分析师拿工资就是要提出和关注这些小问题。长期以来，预算办公室早就是"坏小子"了，他们的工作就是说"你不能做（这件事）因为你没有钱"或"国会只给我们这些钱"，或"国会没给我们任何资金"。预算办公室履行经济原则，在下章我们描述年中审查过程。我们对预算审查过程研究表明，必须得找到替代标

8 预算过程参与者：五角大楼

记——申请复议过程的东西，原因很简单，这是必须具备的功能。当前还不清楚，能否通过问题-回应的网络系统，将预算审查过程委托他人进行。

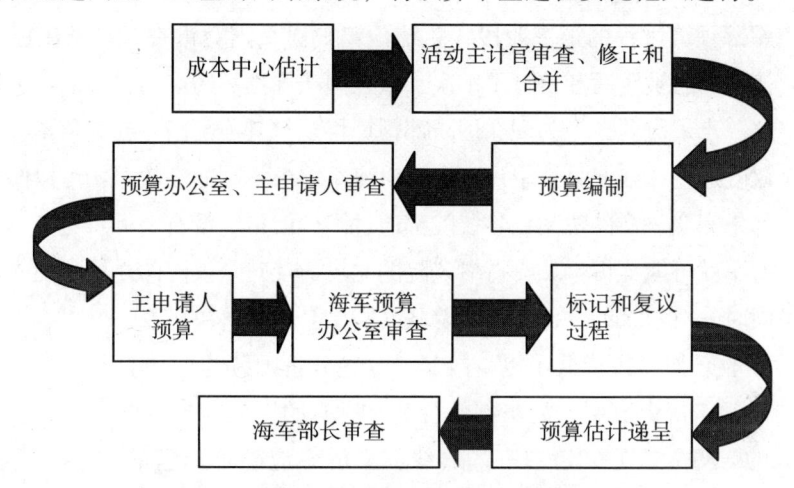

图 8.1 从成本中心到海军部长的海军预算过程

资料来源：Taylor，2002，36。

阶段Ⅱ：与国防部长办公厅、管理与预算局的协商

一旦海军部长批准，估算将呈递给国防部长办公厅、管理与预算局，这就开启了海军部预算过程的第二个阶段。国防部长办公厅、管理与预算局对海军部预算过程进行联合审查以确保海军部预算估计的合理性。在该阶段中，制订《计划预算决定》（PBD）。该《计划预算决定》就如海军部预算过程第一阶段海军预算办公室发布的标记一样，是按要求调整的。这些要求被发送给各部门作为对其估算的回应，最初发布的《计划预算决定》考虑到各部门的申请复议。一些《计划预算决定》非常简单。例如，由于通货膨胀或货币汇率变化。另外还可能包括复杂的武器采办策略，包括进行跨数年的购买或考虑从单一来源到多来源的采办。一旦对《计划预算决定》所有的申请复议审查完毕并修改完，就形成了最后的《计划预算决定》，颁布各部门执行。

在根据《计划预算决定》要求做出变化后，各单位将再次提交《预算估计递呈》给国防部长办公厅、管理与预算局以制订国防部预算，国防部预算随后会作为总统预算并提交国会，这标志着海军部预算过程第二阶段的结束。

阶段Ⅲ：与国会的协商

在海军部预算过程的第三阶段，总统预算被提交国会审查。当预算提交国会审查时，该预算已被重写和修订了多次，以在国防部预算约束内，准确反映海军部的需求。这一点很重要，因为现在国防部预算将要与其他部门一起竞争资金。当法案在一个议院通过，或在另一个议院中有对海军需求不利的条款时，可以向国会提出上诉。如果完全一样的法案在各议院都通过了，就可能没有上诉。然而，当法案不同时，海军就可能上诉。如支持参议院的立场，反对众议院的立场。当两个版本的法案不同时，对争议的上诉将由两院联席委员会负责解决。

上诉一般必须保持或低于更高数额，一些分析师认为成功的上诉源于它稍低于更高的数额。常识表明，海军部不会针对所有的不同提出上诉，因为它不想消耗（别人的）好感，它知道白宫的底线，上诉不应超过白宫的数字。还有一种情况，即海军部想去上诉，但国防部（国防部长）更喜欢不上诉。通常海军部必须支持总统预算的主张，但可以与国防部主计长协商与其主张保持距离。海军部和其他部门进行该上诉过程，是因为国会两院由于不同的理念或选区问题，对争议的处理不同，结果可能对海军计划不利。例如，削减多年度采购计划，使承包商无法进行特定的招标定价。

考虑到所有情况后，立法过程甚至比其看上去更为复杂。有人可能认为两院联席委员会程序会被限定在立法者范围内，但行政机关甚至在该程序后期就能对其进行上诉。另外，有时候两院联席委员会对争议的最终解决方式对正在进行中的国防部预算过程产生影响。例如，2003年，海军部想知道2004财年拨款案中的争议，并考虑其影响以最终确定2005财年总统预算的相关问题，五角大楼也在同时考虑同样的问题。不管国防部做什么，如果它在两院联席委员会对2004财年拨款案采取行动之前就开始有关行动，它将对2005财年预算中的某些计划进行削减，或对另外一些计划作更多削减，甚至削减国会可能不会削减的计划。

当拨款案推迟时（这是常事），这种依赖性尤其让人烦恼。当这种情况发生后，国防部推迟其决定并把它们放到11~12月最终拨款案通过之后决定。这类问题通常（但不总是）数量很少，主要涉及武器系统采购，如采购的绝对数量或未来几年的采购秩序。这就是为什么决定会被搁置，它们对未来年的影响大于对目前或预算年的影响。

阶段Ⅳ：执行

海军部预算过程的第四阶段即最后阶段，以国会使国防部拨款案成法为标志。该法案一旦被总统签署，就允许海军部开始支出赋权并从国库支付。对海军预算执行过程的详细描述和分析见第9章。

上一节强调了军种部门预算过程间的相似性。然而，相比陆军和空军，我们研究海军部是因为海军预算过程更复杂，部分上是由于它为两个兵种（海军和海军陆战队）做预算。海军陆战队在司令官下有其自己的财务管理办公室，它准备、审查并执行美国海军陆战队（USMC）预算。美国海军陆战队财务管理官（文职主计长与预算主官）与海军助理部长、财务管理官（ASN/FM）具有相似地位。由于国防部长办公厅发布的财政指导通过其办公厅而非军种发给军种部预算办公室，因此就必须在海军部内实行另外的计算，从而分开海军和海军陆战队的资金。海军助理部长，主计长（总统任命的文职人员）与海军陆战队财务管理官密切配合，在海军和海军陆战队之间的预算协调发挥重要作用。下节，我们分析海军陆战队预算组织、预算过程和预算账户，并把重点放在海军与海军陆战队在账户与管理领域的相互依存关系。

美国海军陆战队－海军预算过程

在决定如何在海军和海军陆战队之间分配资金时，海军部依靠人们所熟知的"蓝－绿分割"程序。25年前海军和海军陆战队在一份协议中确定了该程序的基础。尽管资金分配有惯例，但资金总数并不固定，而且在不同财年可被海军部长大幅改变，这种改变有利于某个兵种。一般来说，海军部将年度拨款大约86%的资金分配给海军，14%分配给海军陆战队。

海军陆战队拨款

花在海军陆战队身上或以海军陆战队名义的海军部资金主要集中在两笔拨款上：第一笔被称为"绿色"拨款；第二笔被称为保障"绿色"的"蓝色"拨款。绿色拨款是由海军陆战队司令直接控制的资金组成。包括海军陆战队人事、预备役人员、作战和维持、海军陆战队预备役的作战、维持以及海军陆战队的采购资金。

第二笔拨款，即保障"绿色"的"蓝色"拨款，由海军和海军陆战队共同控制。

这些包括部队建设，预备役部队建设，家庭住房，研究、开发、训练与工程，弹药采购，这些账户由海军提供的"直接"和"间接"保障海军陆战队的资金构成。直接保障资金由海军预算直接提供，该科类提供海军陆战队飞机采购、作战和维持等需求的资金。"保障绿色的蓝色拨款"间接保障部分是指海军在即使海军陆战队不存在的情况下也不得不支出的资金，保障绿色的蓝色预算拨款包括两栖战舰及其设备、海上火力保障、医护兵和牧师等支出。图 8.2 显示了海军部 2000 财年的资金分配。

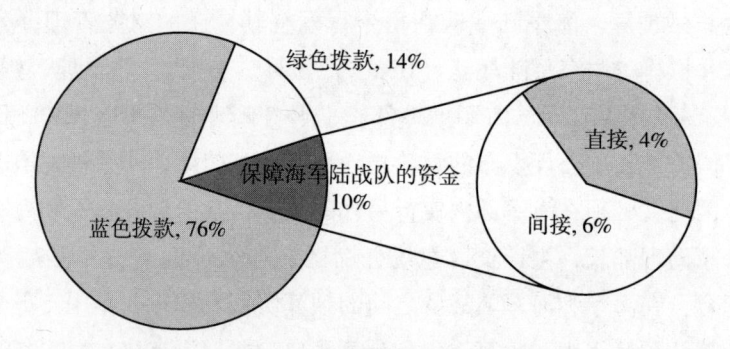

图 8.2　蓝－绿拨款和保障绿色拨款的蓝色拨款

资料来源：Taylor，2002，50。

绿色拨款

一旦蓝绿资金"分割"完成，海军陆战队便能着手建立其《计划目标备忘录》，反过来又指导预算。一旦其在海军部中的预算授权总额确定，海军陆战队财务官要做的第一件事，就是支付与绿色拨款联系在一起的账单。海军陆战队在上一年已承诺的资金必须首先留出，这些资金被作为"核心"提及。"核心"简单地讲就是海军陆战队前一年决定且不想修正的资金总和，相当于非国防部分析师所称的"基础"（Burlingham，2001，60~64）。其目的是帮助海军陆战队：

- 保护应得权利
- 保持明确界定的、执行计划的稳定性
- 确认业务成本
- 建立计划基础
- 创建计划中可自主使用的部分

"核心"按照组成绿色拨款各个账户的最低需求制订。简言之，该科类包括

部队所有的"必须资金"固定成本（海军陆战队《计划目标备忘录2004年指南》，2002年11月）。预算分析通过检查核心拨款账户基本和最低的需求，确定核心资金数额。

"绿元"核心审查

在人事和预备役人员账户，分析师决定在授权最终兵力情况下的海军陆战队维持成本。另外，这些分析师给津贴、分阶段保障以及所有必须整合在一起的事项定价，以确保全部覆盖账单。由于海军陆战队是人力密集型兵种，该账户耗费了核心资金中的大部分。哪些资金应在作战和维持账户中拨出，这对现役和预备役账户都是最难确定的。作战和维持账户被称为会计师的噩梦，因为诸多不同的人以诸多不同的方式支出这些资金（Williams，2000）。如果对组成预算核心的资金有不同意见，那么在账户中就会一直存在分歧。

在采购和弹药采购账户中，分析师基于两种程序确定最低需求。在采购中，预算分析师通过继续向已赋权计划提供资金来满足最低需求。弹药采购账户分析师通过训练和战斗需求来确定最低成本，训练需求从一年到另一年是一致的，而战斗需求仅需在使用后补充。

研究、开发、试验和评估账户列示海军陆战队稍后购买项目，以及为那些已开始投资的项目所提供的资金。同时，该账户分析师评估海军陆战队科学和技术领域的最低需求，并提供资金。这些经费用于支持海军陆战队的作战实验室以及各种各样的先进概念探索计划。

军队建设和家庭住房账户在确定最低需求额时，主要考虑海军陆战队最紧要建设（工程）开工时所需的当前库存和资源因素。该账户是核心资金中最小的账户。

一旦绿色拨款的最低需求确定，核心部分就定下来了，海军陆战队只能使用这些钱去为核心设定过程决定的需求提供资金。剩下的资金将作为"全权资金"，指挥官可利用这部分资金来满足海军陆战队作战部队和保障机构的所有需求。

"绿元"全权支出资金

海军陆战队在其规划－计划－预算系统的规划阶段确定全权资金（Discretionary Fund）。这些资金仅是"蓝－绿"分割中所获资源的一小部分，例如在2002~2007财年《计划目标备忘录》中，大约5%的海军陆战队资金被划为全权资

国防预算与财政管理

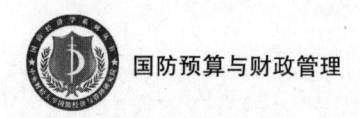

金——5 年大约有 50 亿美元。

海军陆战队的计划阶段是个内部竞争过程。鉴于规划阶段确定了全权资金额，计划阶段决定资金分到谁手中，对全权资金的提请被称为"提案"。在2002～2007 财年《计划目标备忘录》中，大约有 525 个"提案"。为了给所有提案提供资金，海军陆战队需支付 170 多亿美元，这超过了原有估计。结果，525 项提案中 3/4 以上没得到资金。海军陆战队的目标与其他三个军种一样，是得到更多的钱。为此，海军陆战队领导人必须确保获得资金的提案是最重要的。核心资金部分不会被质疑，因为在先前年度审查中已确认了其重要性。问题是从为数众多的提案中，选出对海军陆战队最有利的提案，使用十分有限的资源去资助它。

如同其他军种规划－计划－预算－执行系统（PPBES）过程的作用，海军陆战队使用了一个复杂的委员会审查机制来筛选出最好的提案。提案被分为不同的科类，并在《计划目标备忘录》过程中相互竞争，胜者在预算过程中可获得一定程度的资金支持。在《计划目标备忘录》过程中，提案首先被计划评估小组（PEG）审查。这些委员会由中校、少校以及受命实施初评的同级文职人员组成。对在《计划目标备忘录》中接受资源的提案，它首先必须在自己的计划评估小组（如投资、人力、军队建设等）中竞争胜出。计划评估小组没有财政约束，其工作是听取海军陆战队筛选出来的代表不同任务和出资人的提案简报，判断所选提案的优先级和相关利益，并考虑目标。各计划评估小组根据海军陆战队的整体使命而非成本排出提案的优先顺序，其排名列表会发送至《计划目标备忘录》工作组（PWG），进行成本－收益分析和再排序。

《计划目标备忘录》工作组将计划评估小组清单并入单一的收益表，创建包含不同计划评估组（PEG）的合并表，这样所有的提案可以互相比较评定。然后，《计划目标备忘录》工作组通过测定每个独立提案的收益值并根据其成本来细化该表。这将根据收益和成本而不仅是成本重新调整表中顺序。除该细化外，《计划目标备忘录》工作组基于组成工作组成员的专业知识、判断和经验进行进一步调整。一旦各提案被准确排序，《计划目标备忘录》工作组启动被称为"购买排序"的过程。在购买排序过程中，《计划目标备忘录》工作组从新提案排序表的最高项开始，开始"支出"全权资金，该过程一直持续至所有全权资金用完。

《计划目标备忘录》工作组的结果被提交给计划审查组（PRG），这是一个由海军陆战队最资深官员组成的委员会小组。在该组中他们结合核心资金进行最终评估。计划审查组（PRG）的目标是对战斗力进行评估，验证对（预算）指

导的遵从度，解决中间的问题，并进行相应的计划调整。一旦完成后，计划审查组随后将形成单独的《海军陆战队计划目标备忘录》，包括固定的核心资金和全权资金提案。该《计划目标备忘录》和其他需解决的主要"问题"会一并提交海军陆战队司令，以做最终调整。

在决定支持哪个提案时，计划评估组和《计划目标备忘录》工作组的成员会使用各种各样的标准。尽管每个分析人员做决定时可能有他自己的独特标准，但作为一个整体他们往往寻求共同点。在检查提案的合法性时，他们首先需要确定其提案人是否基于合理的资金估算，提出了简洁明确的财政需求表述。他们往往倾向于支持那些确定权衡、补偿和交叠的提案，避免纯索赔、口号、说教式的提案。他们更可能支持那些用简单词汇定义其计划，并清楚解释其对海军陆战队作用的提案。此外，他们往往拒绝不能确定行为、数额和年份的成本节省主张。支持信息越量化，提案排序就可能越靠前（Taylor, 2002, 59）。

空军部预算过程

空军预算办公室是规划-计划-预算-执行系统（PPBES）预算过程的领导机构。空军预算过程被描述为"规划、计划和预算系统以及空军组织架构入门"（Department of the Air Force, 2002b）。预算办公室是规划-计划-预算-执行系统（PPBES）过程中的关键参与者，其目标是在规划-计划-预算-执行系统（PPBES）规划和计划阶段所确定需求的基础上，制订、执行和控制资源的分配和使用。空军部的预算过程由三个阶段组成：投资预算和作战预算审查、预算估计递呈以及预算审查。

阶段 I：刮磨基数

第一阶段的投资预算审查（IBR）从审查和评估空军一级司令部和系统中心投资资金资助计划的执行与绩效开始。在该阶段，空军预算办公室分析师决定各计划的预期赋权和执行率，该目标被用来确认和调整赋权和执行难题。如果空军没有确认和调整这些难题，国防部长办公厅通常会在预算审查中做这些。然而，如果是国防部长办公厅对计划进行调整，节省的资金不会自动属于空军。

按照投资预算审查结果，空军预算办公室分析师在挑选出来的计划中对特定的投资账户提出具体调整建议，然后这些建议报呈投资预算审查委员会（IBRC）。

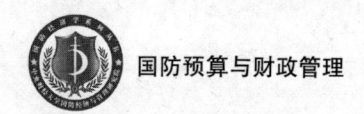

该委员会由预算投资部主管（FMB-1）任主席。投资预算审查委员会审查各个调整建议，从而确定哪个将送往空军采办职能组（AFB），该组由空军预算办公室主任任主席。该组审查投资预算审查推荐的（计划）并决定哪些将保留，哪些将被调整或删除，然后这些结果呈报空军参谋长（CSAF）和空军部长（SECAF）做最后批准。

空军预算过程第一阶段的第二个方面是作战预算审查。除了重点在作战和维持账户外，其进程与投资预算审查相似。作战预算审查组（OBRG）由作战预算作战局局长（FMB-O）任主席，审查提案并给空军采办职能组简报。和投资预算审查一样，该组评估这些提案并将结果提交空军参谋长和空军部长以达成共识。

投资和作战预算审查的主要目的是防止国防部长办公厅调整空军的预算授权总额（TOA）。通过在部内调整资金问题，空军能做出改变以产生净节余。议案在这些审查过程中产生，一旦被空军参谋长和空军部长批准，将被用于空军预算估计制定。

阶段Ⅱ：调整打磨基数以适应《计划目标备忘录》

空军预算估计制定的开始，标志着空军预算第二阶段的展开。在这一阶段，那些被批准的投资预算审查和作战预算审查建议被并入由空军预算办公室提供的《计划决定备忘录》指导，从而对《计划目标备忘录》进行再调整。以新调整的《计划目标备忘录》为指导，制订《预算估计递呈》。

《预算估计递呈》就像账单，空军部预算人员和计划人员的工作是寻找补偿、降低成本。一旦《预算估计递呈》确定，由空军采办职能组向空军理事会（AFC）、空军参谋长和空军部长简报。一旦被批准，《预算估计递呈》即呈报国防部长办公厅，从而结束空军预算过程的第二阶段。

阶段Ⅲ：与国防部长办公厅协商

国防部长办公厅收到空军预算估计后，空军预算过程的第三个也就是最后一个阶段就开始了。在该阶段，国防部长办公厅、管理与预算局对空军《预算估计递呈》进行预算联审，其目的是确定更具成本效益的价格或计划选择，这些选择在《计划预算决定备忘录》中提出。国防部长办公厅预算分析师会准备《计划预算决定备忘录》草案，提醒各军种代表某些账户将被标记（削减），空军代表积极主动参与该过程中的听证是必要的。通常如

果空军能够对国防部预算分析师关注的事解释清楚，分析师就不会将其写入《计划预算决定备忘录》草案（做出削减）。然而，如果出现了不同意见，空军有机会以发表意见或申请复议（上诉）的方式对《计划预算决定备忘录》草案提出质疑。

一旦申请复议开始，空军预算办公室任命的特别代表就会为复议作辩护。整个过程仅需几天时间，但其影响会一直持续下去。该过程完成后，不管是部分还是完全接受或驳回，空军预算办公室主管都会签署备忘录，送国防部长办公厅主计长。如果驳回，"问题"计划将升级为《主要预算问题》（MBI），由空军参谋长、空军部长与国防部长办公厅为代表组成的防务审查委员会（DRB）协商。

一旦所有的标记和申请复议结束，空军《计划预算决定备忘录》将用于调整递送国防部长办公厅的空军部《预算估计递呈》，随后空军《预算估计递呈》将与其他军种《预算估计递呈》一起并入国防部预算。这一最终行动将结束空军部预算过程。空军预算过程比其他两个军种部更为集中。

陆军部预算过程

陆军预算过程由陆军助理部长（FM&C）通过陆军助理部长帮办（预算）管理。陆军助理部长帮办通过陆军预算办公室掌管陆军规划－计划－预算－执行系统（PPBES）的预算和执行阶段。陆军预算办公室将预算过程分为三个部分，即编制、确认和执行。

预算编制

预算过程的编制阶段从陆军《预算估计递呈》的制订和批准开始。在该阶段，《计划目标备忘录》中计划的前两年被转成部门预算估计递呈，陆军预算办公室监督整个制订过程。陆军一级司令部（Army Major Commands，MACOM）和基层单位，如机场、兵营、营地、补给站及其他单位，通过《司令部预算估计》（CBE）提出预算提请，帮助制订《预算估计递呈》。在陆军部中，大约16个分布在从欧洲到太平洋和朝鲜的广泛地区，包括诸如工兵、医疗、交通管理和特种作战的陆军一级司令部提交《司令部预算估计》。

按程序这些估算归入《陆军一级司令部当前预算估计》，进一步被"计划预算委员会"和"陆军资源委员会"审查，然后纳入预算办公室主任提交的计划，一

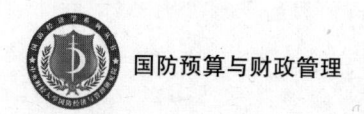

起进行修订、计划分析与评估,这些直接为陆军参谋长服务。接下来,通过陆军助理部长(FM&C)送交陆军部长、陆军参谋长进行最后批准。在所有这些阶段中都有预算决策做出。一旦被批准,陆军预算办公室的工作就是把《陆军部预算估计递呈》呈报给国防部长办公厅和管理与预算局。

国防部长办公厅和管理与预算局审查《递呈》,确保其合理性,陆军的预算估计或被批准或被调整。通常对不同意见的调整在最低层面上进行;然而,如果争论继续下去,它们会被贴上《主要预算问题》标签并被发送至"防务审查委员会"和参谋长联席会议主席审查。一旦调整完成,该结果将与其他军种的结果合在一起形成《计划预算决定》文件,该文件随之被呈送国防部副部长做最后批准。《计划预算决定》列举了要求的变化,各军种必须据此修改其预算估计,在这些修改完成后,各军种预算估计随后被纳入国防部预算和最终的总统预算,这标志着陆军部预算估计制订阶段的结束。

国会作证

陆军部预算过程的第二阶段是预算作证,这开始于总统预算提交国会审查之后。众议院预算委员会和参议院预算委员会开始国会审查,其目的是确保总统预算在1990年更新的《综合预算和解法》的全权决定支出上限内。在这一时期,国防部长和各军种代表在众、参议院军事委员会、拨款委员会前作证,向国会证明国防部预算估计的合理性。为支持国防部长和陆军部代表,陆军预算办公室提供详细的预算说明书给授权和拨款委员会,同时提供防止国会对国防部预算估计调整所需的其他一切帮助。

执行

陆军部预算过程的第三阶段也就是最后一个阶段是执行。此阶段,监督和指导国会拨款资金的财务执行是陆军助理部长(FM&C)的责任。以陆军一级司令部和基层单位提交的《司令部预算估计》为指引,陆军预算办公室代表陆军助理部长(FM&C)在预算年度内拨付批准的所有资金,并监督其执行。这幅陆军预算过程图取自"陆军助理部长帮办预算办公室(http://www.asafm.army.mil/budget/budget.asp)网页2002年8月"。注意陆军的描述,相比空军,陆军更重视国会。

国防部预算账户：资金用来买什么？

先前部分描述分析了预算办公室的组织和预算过程，也即谁来做预算，如何做预算？现在我们来研究军种部门预算账户，以海军部预算为案例来解释如何组织预算结构，各账户都用于购买什么，并研究分析师在做预算决定时面临的一些问题。海军部总共有五个主要的拨款账户为海军和海军陆战队的活动提供资金。这些拨款账户包括作战和维持（O&M），人事（MilPer），采购，研究、开发、试验与评估（RDT&E），军队建设（MILCON）。如下所述，大多数资金拨给了作战和维持、人事和采购。在下面一节中，我们讨论各账户的情况，以及它们在预算过程中如何处理。

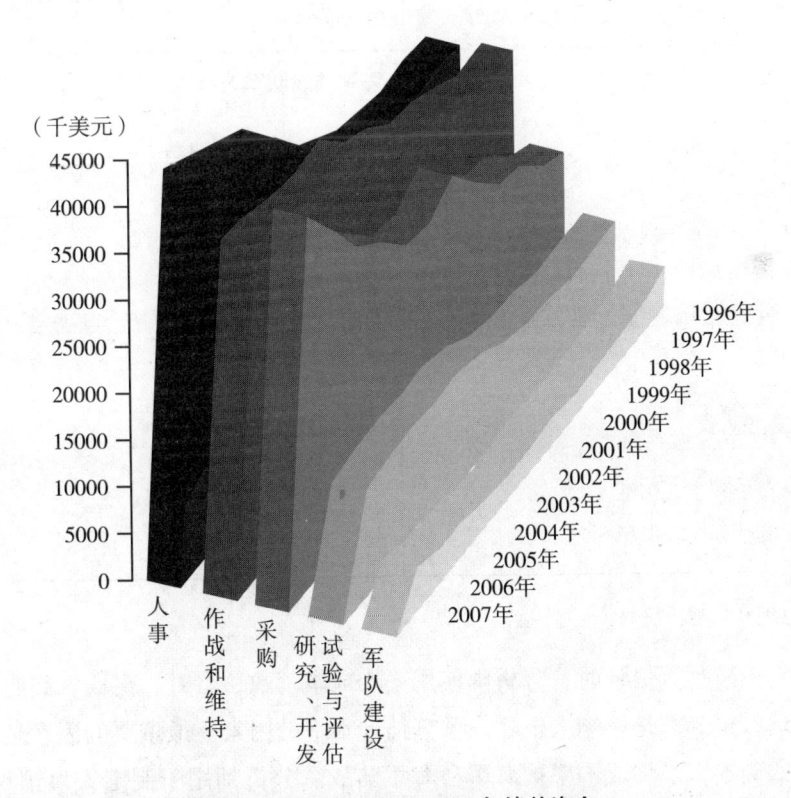

图 8.3　海军部 1996~2007 年拨款资金

资料来源：Taylor，2002，40。

人事

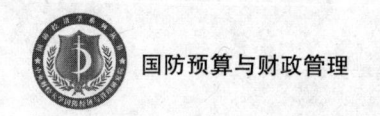

海军部人事（MilPer）拨款被划为现役和预备役两个类别，现役军人由海军军人（MPN）和海军陆战队军人（MPMC）组成，预备役军人由海军预备役人员（RPN）和海军陆战队预备役人员（RPMC）组成。

为海军军人和海军陆战队人员提供预算资金的科目包括军官的工资和津贴、士兵的工资和津贴、海军军官学校学员的工资和津贴、应征入伍人员的生活费、驻地永久调整差旅费以及其他人事支出。海军预备役人员和海军陆战队预备役人员拨款资金的预算科目包括单位和个人训练，以及其他训练和保障。表8.1显示了各类军人的拨款及其预算科目。

表8.1　　海军人事账户组成部分

海军军人	海军陆战队军人
• 军官工资津贴	• 军官工资津贴
• 士兵工资津贴	• 士兵工资津贴
• 海军军官学校学员工资津贴	• 海军军官学校学员工资津贴
• 应征入伍人员生活费	• 应征入伍人员生活费
• 驻地永久调整产生的差旅费	• 驻地永久调整产生的差旅费
• 其他人事支出	• 其他人事支出
海军预备役人员	**海军陆战队预备役人员**
• 单位和个人训练	• 单位和个人训练
• 其他训练和保障	• 其他训练和保障

资料来源：Taylor，2002，43。

确定人事预算估计时，分析师使用平均成本基数，晋升、离职、到职和已在职的人员数量，都是影响人事账户预算估计水平的因素。最重要的因素是对平均成本率的确定。平均成本率被海军和海军陆战队分析师用于制定人事预算估计。尽管军人工资和津贴等级由法律规定，但平均基本工资等级必须由这些估算确定，而平均基本工资占人事账户的最大部分。

8 预算过程参与者：五角大楼

其他影响人事账户水平估计的因素包括预期的晋升人数、增加和减员的人数，以及预算年度内累积的寿命提高。利用上面的估计，从工资最低的新兵到工资最高的长官按各工资等级计算出平均支出等级。根据同样的程序，为各个岗位的基本津贴确定出平均支出等级。人员进出率对分析师非常重要，因为进出率在工作地点、重新征募津贴、新兵服装以及退伍等方面的变化影响津贴支出。人事账户不像其他账户那么复杂。在人事账户中，从已知因素，比如具体薪水、补贴以及授权人员数额等开始，使用历史平均数确定其他因素的平均成本，但它需要大量计算。

海军人事账户可能不如其他账户复杂，但所涉及问题是重要而微妙的。在志愿兵部队中，人员的先天能力非常重要。过去 10 年，针对资源分配过程中海军人事管理者和其他人员颁布的《海军作战部长指南》强调，人是最重要的。海军人事管理者有招募及延期（服役）的标准和目标。海军人事账户为征募人员提供资金和津贴，以激励重新征募和延期，充实需要专业知识的群体，并提供宣传、长期驻地变换差旅费等保障经费，所有这些事情都很重要。例如，如果长期驻地调整差旅费得到的少，调动就常常被迫放入下个财年。这样做的结果就是延长了官员和服役人员的在岗时间，通常延长 3~4 个月。这意味着海上值班延长、重新征募下降、上岸住宿留下间隙或轮空好几个月、职业发展慢，这些（都会）直接影响士气，反过来也会严重影响延期服役和结构目标。

该账户中的部分成本以历史标准为基础来估计，另一部分受经济的反向驱动。当经济情况好转时，征募往往会下降，于是需要提供更多资金给征募者和进行必需的宣传。基本薪金也是关注点，尽管经济成本指数——在经济上度量工资成本的标准方法，在 1989~2000 年增加了 6.4%，但同期士兵工资增加了 2.8%，军官工资仅增加了 1.3%。人事管理者知道，不管你怎样强调人员的价值，你花多少钱，才能得到什么样的人。2000 财年工资和津贴改革对留住人才是重要的一步，但如许多问题一样，其影响在很长时间后才能看到。同时，分析师根据历史平均数、薪金结构、经济发展状况、竞争性劳动市场（如对飞行员）等决定花在宣传、征募活动以及奖金上的资金量。信息技术看来也是海军人事账户中一项巨大而无法满足的账单，因为涉及人员的系统包含许多不相关的系统，有大量频繁的手工数据录入需求，采用现代企业商务系统有助于管理该账户。

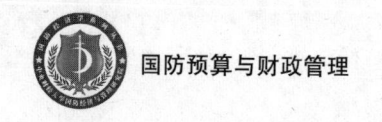

作战和维持

如人事拨款一样，海军部作战和维持拨款也分为现役和预备役。现役科类包括海军作战和维持（OMN）与海军陆战队作战和维持（OMMC）拨款。预备役科类包括海军预备役作战和维持（OMNR）和海军陆战队预备役作战和维持（OMMCR）拨款。由海军作战和维持以及海军预备役作战和维持拨款提供资金的预算活动包括对作战力量、动员、训练与征募，管理和军种范围的保障等。由海军陆战队作战和维持拨款提供资金的预算活动与海军作战和维持以及海军预备役作战和维持的拨款类似，但不包括动员。海军陆战队预备役作战和维持拨款为作战力量、管理以及军种范围的保障提供资金。

作战和维持账户是多种多样的，包括从文职人员工资到燃料、纸张和弹药——海军部作为作战实体消费的所有项，以及海军部进行作战所发生的大部分花费。说清楚什么不在该账户中要比说清楚什么在该账户容易得多。表 8.2 显示了作战和维持账户所有项下的预算活动。

表 8.2　　　　　　　　　　海军作战和维持账户组成部分

海军作战和维持（OMN）	海军陆战队作战和维持（OMMC）
• 作战部队 • 动员 • 训练和征募 • 管理和军种范围保障	• 作战部队 • 训练和征募 • 管理和军种范围保障
海军预备役作战和维持（OMNR）	海军陆战队预备役作战和维持（OMMCR）
• 作战部队 • 动员 • 训练和征募 • 管理和军种范围保障	• 作战部队 • 管理和军种范围保障

资料来源：Taylor, 2002, 44。

作战和维持账户在海军部的五个主要拨款账户中范围最广，包含为诸如飞行小时计划、舰队运行成本、文职人员薪水、基地维护和弹药、黄色便笺、铅笔，

其他管理费用以及军人和文职人员短期在岗旅行费用等提供资金——海军部作为作战实体消费的所有项目，以及海军部进行作战所发生的大部分花费。作战和维持的预算提请按照公式或历史支出平均数确定。公式确定类似于大西洋舰队航行小时数成本等科类的预算。历史支出程序通常以曾发生过的成本为基础估计预算额，如华盛顿临时雇员的平均支出、近3年中地区或办公室保障或基地维护等都按历史成本来确定。

在确定这些估算额的合理性时，分析师需依靠经验、工作衡量标准、成本会计信息、就业趋势、价格水平变化以及之前的预算执行绩效。然而，是否选择了最好的衡量工具取决于被估算的计划。例如当考察舰船和飞机大修、舰队运行、飞行侦察、医疗护理、给养分配和不动产维护时，成本和工作记录数据是最常用的。飞行小时计划和舰船航行小时计划则是以公式来计算的科目。由于其多样化因素，对该账户的审查没有标准的方法。

采购

海军部采购拨款包括若干拨款：海军飞机采购（APN）、海军武器采购（WPN）、海军舰船建造与改造（SCN）、海军其他采购（OPN）、海军陆战队采购（PMC）、海军和海军陆战队的弹药采购（PANMC）等，如表8.3所示。

表8.3　　　　　　　　　　采购账户组成部分

海军飞机采购（APN）	海军武器采购（WPN）
• 战斗机	• 弹道导弹
• 运输机	• 其他导弹
• 教练机	• 其他武器
• 其他飞机	• 鱼雷和相关装备
• 飞机的改进	• 弹药
• 飞机备用和维修部件	• 备用和维修部件
• 飞机保障装备和设备	

续表

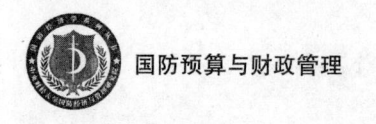

海军其他采购（OPN）	海军陆战队采购（PMC）
• 舰船保障装备 • 通讯与电子装备 • 飞机保障装备 • 军械保障装备 • 民用工程保障装备 • 给养保障装备 • 人员和部队保障装备 • 备用和维修部件	• 弹药 • 武器和战斗运载工具 • 导弹和装备 • 通信与电子装备 • 保障运载工具 • 工程与其他装备 • 备用和维修部件
海军舰船建造与改造（SCN）	海军和海军陆战队的弹药采购（PANMC）
• 舰队弹道导弹舰 • 其他军舰 • 两栖军舰 • 布雷和巡逻艇 • 辅助舰船、小型船只以及前一年度计划的成本	• 海军弹药 • 海军陆战队弹药

资料来源：Taylor, 2002, 46。

海军部计划采办周期的定价和里程碑规划取决于准确的采购拨款资金。在决定分配多少拨款预算资金时，生产时间表、库存要求、零件管理方法以及产品设计、实际投产时间等都会被考虑。然而，单位成本的准确估算对分析师来说是最重要的。采用两种方式确定单位成本估计，取决于该项目是新采办的项目还是已处在开发过程中的项目。已存在项按会计系统提供的历史成本进行成本估算，而新项的成本估算则使用工程成本估算法进行。

另外，对新采办项单位成本估算还使用如下因子：库存额，预计的耗费率，零件要求，计划研究、开发、试验和评估情况，生产时间表，生产时间延误，要求的产品设计与实际投产时间，动员基础以及对生产的批准，以帮助确定各单位的精确成本。这些采购账户是海军预算基础中尤其令人关注的部分，因为这些账户体现了资产物品项的购买，其唯一使命往往是用于战争（但并非总是——搜索、研究和通讯硬件也可用于民事）——国防部赋权的最终用途。私人公司试图对建造项的成本及其带来的收益进行估算。该账户令人关注也是因为军工企业有大量资金处

于风险中，随着老合同逐步退出，失去大合同的可能极大威胁到企业的生存。这些企业所在选区的众议员和参议员在这些事中也有明显的利害关系。有关是否上新系统，或购买更多飞机或军舰等问题，国会每次会议都有大量游说活动，尤其集中在军事委员会和拨款委员会，以确保国防部购买特定的武器系统。

国会议员对相关委员会尤其感兴趣，因为他们可以利用这些委员会为其所在的州和选区获得防务支出。来自国防支出多的州的国会议员不得不与这些委员会融洽相处，以在人力、物力资产基础等方面保护对其州的投资，保证它们得到满意的国防资金份额。

武器账户的结构同样令人关注。首先，武器系统预算由身为国防部雇员的计划管理者提出，他们通常是购买军事系统的专家。其工作是监督，尽管该过程可能需要 10~15 年或更长时间，所以很少有计划管理者从研究、开发、试验与评估（RDT&E）开始到生产线关闭，一直监督一个计划。计划管理者往往在计划中途从其他人手中接管，进入一个计划，其责任是指导克服计划在其任期中出现的关卡——如新需求、未料到的故障或财务放缓。他与生产该系统的公司紧密合作，作预算时，他和公司方一起，估算为下预算年或下几个预算年生产 x 数量导弹时的成本。直到预算建立，硬件的成本（估计）上既是合作也是对抗性关系，因为没人准确知道相关成本，直到实际建造完成。

中央预算办公室分析师行使审查职能。在履行审查职责时，可以寻找一些参照系。随着经验的积累，对这些账户的分析会形成一些与成本变化有关的假设。中央预算分析师期待在某些情况下计划单位成本会减少。其中包括：

1. 随武器建造经验的积累，这称为学习曲线。
2. 随数量增长：这是一个与数量成反比的成本，即规模效应会引起单位成本下降。
3. 重复：相同系统的重复建设会降低该系统的单位成本，这是成本曲线的另一个"翻新"，但当新要求对系统提出新要求并做出修改时，成本就被打破了。
4. 双来源：合同投标时的竞争预期会降低公司的请求价，由此可明显降低成本，降低多少通常是计划管理者和中央预算办公室分析师争论的焦点。

当一个公司决定从计划中减少利润时，成本也可能改变。动机可能一时看不

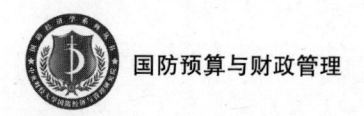

出来。例如，让它的工厂完全开工，在等待另一个合同的同时保持核心技术，或可能因为它知道一旦买卖开始，在寿命周期内当指令变化、修改武器系统时，它可能找回其利润。政府分析师在若干年后可能会用到的信息，在年度预算过程中却得不到这些信息。

推测这些成本变化会有多大幅度是重要的，因为这些武器由拨款资金购买，需要向国会提请。由于资金总是短缺，在两种武器系统性能大体相当的情况下，成本低的武器系统看起来比成本高的要受欢迎。当承包商急于获得合同，当民选代表急于让承包商得到合同，当计划管理者关注于让好的武器系统投入战场增强其改进机会，当各个等级的预算分析师关注单位成本降低时，武器系统趋向于低成本策略就并不奇怪。

有经验的观察者发现，在武器采购领域还有一种现象，通常描述为"浴盆曲线"。它描述了企业保持现金流转和期望利润的尝试。从旧计划中转出，生产线关闭，新武器合同替代（旧计划），进入新阶段。这导致了当一个系统下马，另一个正引入时，企业的利润流出现了缺口。游说努力常常集中在缺口大小，期冀减少缺口，并通过扩展现有武器系统建设，或在旧生产线关闭之前开始新系统来保持企业运行的资金流。这样在旧利润流干涸前，推动新利润流的产生。

这些账户分析师的任务非常复杂。投资审查核对清单表明，这些账户的基本问题就是要质疑所要求数量项对计划是否有意义。分析师被敦促去审查那些为需求提供依据的文件，找出库存目标及成因，审查所有军需品、备件、大修或返修日程表。然后转入预算"打磨"，如预算项是否按最可能的成本编制？计划阶段现实吗？总的计划资金投入框架合理吗？当前计划是按时间表执行的吗？为对计划定价有所帮助，他们可能要从各财年间的单位成本曲线中，发现波动，寻找鉴别非重复性成本，确认它们不会在未来年出现，确认把学习曲线用于计划定价，保证国防部长办公厅、管理与预算局的通账率只用于成本的逐步上升，并要求合同情况报告，分析它与预算提请相比在成本和日程表上的偏差。

按照计划阶段划分，分析师可能会问生产建设是否过快，审核装备交货时间表以保证资金交付期不超过12个月，并检查制约生产持续增长的因素，如测试装备、人员及原料。在资金配置上，分析师被告诫监督和避免资金滥用，以及计划配置过多造成的效率低下。调查多年合同以及"采办改善计划"在提高竞争和生产率上的可能性。

1997年，投资账户分析师使用了至少9个预算明细表，让他们交叉检查计划、数字和资金。他们可能期望看到过去年配置是否合理，哪个系统会被取代，对其他系统的影响，以及如果是这样，资金将如何提供。例如，如果一个项目涉及军队建设，是军队建设项提供资金吗？一些基本的话题存于这些问题中，没有什么比弄清过去的历史记录能够使未来配置合理更重要了。"估计的基础是什么？"以及"它与上次议定的成本比较如何？""相比上次议定的成本，变化的是什么元素？"这些都是贯穿于这些账户的问题。然而，从飞机机架到发动机、舰船、导弹、弹药等，各类型账户都有它的复杂之处。

研究、开发、试验与评估

海军部的研究、开发、试验与评估拨款包括基础研究、应用研究、先进技术开发、演示验证，以及工程和制造。表8.4清晰地显示了这些预算活动。

表8.4　　　　研究、开发、试验与评估账户构成

研究、开发、试验与评估
• 基础研究
• 应用研究
• 先进技术开发
• 演示和验证
• 工程和制造开发
• 研究、开发、试验与评估管理保障
• 作战系统开发

资料来源：Taylor，2002，48。

尽管由于预算环境变化，一些年度会有所波动，研究、开发、试验与评估拨款的预算估计往往在整个国防部中保持固定。知情者表示，当该账户超出总预算10%的时候，风险在于不是所有已启动的项目都能放入该处。当该账户低于10%时，风险在于限制了创新，即没有足够的新项目启动。管理该账户不能忽略这些不可避免的情况。

预算知情者认为，历史逻辑表明该账户中投资低于10%时，说明海军部没有投入足够的武器开发，以在长期跟上潜在竞争对手。而高于海军部预算10%

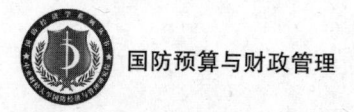

的投资会引起对能否支付得起在研系统所需人力、维护、使用的费用。尽管该衡量标准可能是针对冷战,但有见识的业内人士仍在使用。

对来自《国防部主计长绿皮书》中的图6.8,对过去的研究表明,自1981~2003财年,国防部总的研究、开发、试验与评估资金所占比例大约为12.6%,低于里根政府建设时期(主要是采购增长),高于20世纪90年代的下降年份,那时候国防部为保护其技术优势而挣扎。20世纪90年代采购出现空当,面临过时的系统(如第11章描述的)和新的对手,国防部在《未来年防务规划》进程中规划将其各年预算的15.3%分配给研究、开发、试验与评估账户,从历史来看这是个乐观的数字。

不管10%原则有多少道理,该账户分析师有一些约定俗成的惯例。每年他们审查各计划的财务平衡,以确定未赋权和未支出余额的情况。未支出和超赋权的资金自动警告分析师该计划需要审查。例如,一个低于赋权和有较高余额的计划,可能会遇到大麻烦(低于赋权是因为承包商没有让系统全部运转,因而不能满足里程碑要求,因此不能得到支付),任何增加的资金在被承兑前应进行更深入的审查。相反,超出赋权的危险计划同样处于麻烦中,因为它花费过多也应被审查。或许最初成本估算是错误的,且因已估算的价格,工程无法继续下去。如同前任海军预算办公室主管、海军上将托马斯·休斯所言,这种审查"是迄今为止确定计划执行状况的最有效途径"(Hughes,2003)。

预算办公室同样审查本账户与其他账户的平衡、支出总水平,应进一步追寻或缩减的研究领域以及科学人员和研究设备平衡的可得性。分析师将会在前一年计划的基础上,寻找不切实际的增长、未认识到的进度延误、不能达到的里程碑、没有考虑到的人员或测试装备等制约因素的变化,以及技术范畴内可能的变化。分析师在将数据提交国会期间,同样必须对国会可能制约进展和资金的行动保持敏感。当其他军种或政府机构正在开发相似项目,或其他计划满足相同的需求时,可能会导致本计划再次被削减,分析师需付出双倍的努力来避免这些问题。分析师应对预算估计检查,确保这些资金在12个月预算期内仅用于所提请计划的开展。他们可以检查承包商和军种数据以查看工作何时开始执行,检查支出数据以查看迄今为止该计划是否按预定时间表进行。检查计划表和里程碑,以确定计划仍在轨运行,并与批准的规划相比没有明显延误。

8 预算过程参与者：五角大楼

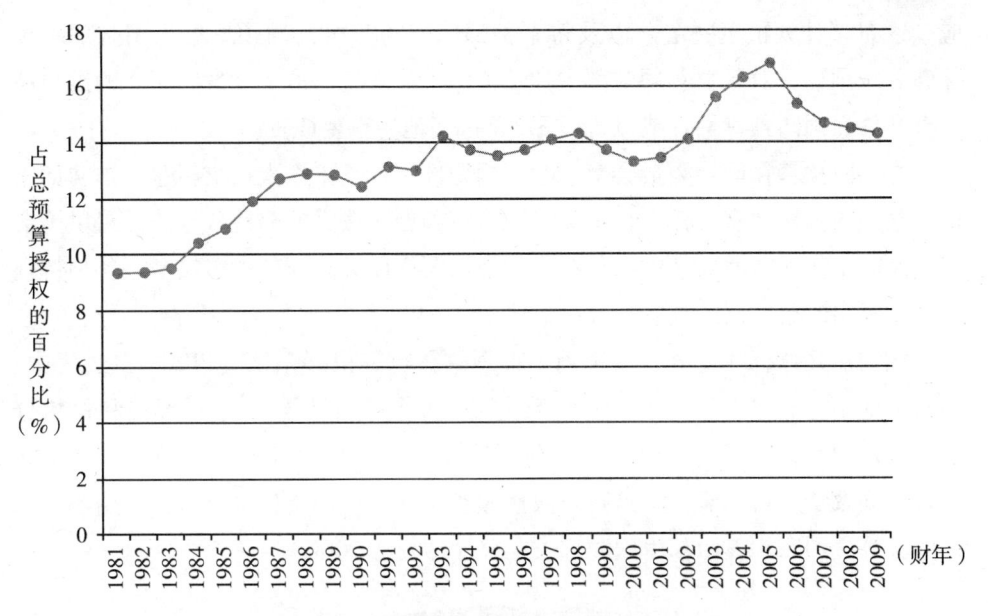

图8.4 研究、开发、试验与评估预算授权历史

（研究、开发、试验与评估授权占国防部总预算授权的百分比，年度平均值）

注：2003财年后的数据由所选时期的《未来年防务规划》平均值推算：

研究、开发、试验与评估预算授权（实际数字）：1981～2003财年为12.6%；

研究、开发、试验与评估预算授权：1981～1985财年（里根建设）为9.9%；

研究、开发、试验与评估预算授权：1991～1998财年（紧缩时期）为13.7%；

研究、开发、试验与评估预算授权：2004～2009财年（国防部《未来年防务规划》规划年）为15.3。

资料来源：DOD, 2003c, Greenbook, 表6.8。

国防部长办公厅的预算职能

国防部长办公厅的预算职能由国防部副部长（主计长）的工作人员来执行。国防部主计长的头衔一直在变，目前由国防部副部长（主计长）首席帮办和国防部副部长帮办负责财务管理改革。所有预算相关事务都置于国防部主计长的管理下，更不用说与规划有关的任务了，在此不再详述。简言之，国防部主计长在预算上的职责包括为预算准备和审查（包括证物准备）发布指导方针，审查军种部门的预算递呈，对这些预算做出预算标记，对军种部门的复议申请做出响

国防预算与财政管理

应,发布《计划预算决定》以及将军种部门和防务机构的预算编入国防部长预算和总统预算。对各财年国防部主计长工作人员来说,准备和发布正式的国防部预算文件、国防预算估计或《绿皮书》,都是他的重要职责。

当国防预算在国会委员会审查时,国防部主计长工作人员支持包括国防部主计长在内的国防部官员作证,审查建议法案和颁布法案的财政效果,并提供国会议员及其工作人员所要求的各种报告。他们同样以国防部长的名义开展各种特别研究,提出改革建议,如管理效率倡议。

如同前几章解释过的,在规划-计划-预算-执行系统(PPBES)过程中,国防部的预算制定由负责《国防财政指导》的国防部长给各军种部门和机构分发、设定预算目标"限额"开始,这包括当军种部门提出各自的资源提请时不能超过的大致资金目标额。一旦财政限额颁布,陆、海、空三军就可以开始制订它们的预算,图8.5表示了由国防部长办公厅颁发的2001财年财政指导。

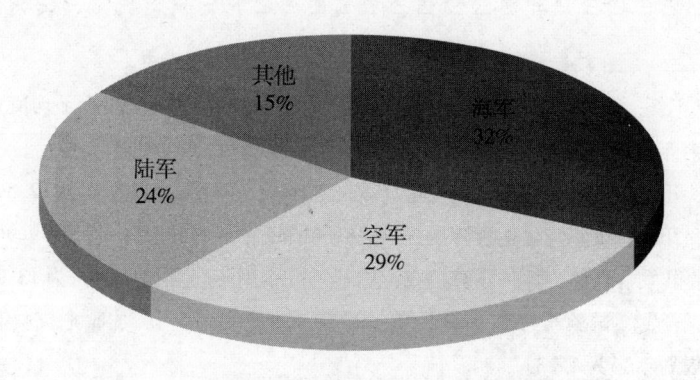

图8.5 国防部2001财年财政指导

资料来源:Taylor,2002,39。

在预算执行过程中,国防部主计长及其工作人员负责提交军种部门和直属机构的分配提请给管理与预算局,常规分配和补充拨款给相应的国防部拨款账户,并将预算拨款在军种组成部分(军种部和兵种)中分配。国防部主计长的责任同样包括当国会制订常规和《延续拨款决议》时,制订和分派支出目标和程序,监督跨国防部账户的支出模式,并对国防部长及其他负责国防支出趋势和模式的国防官员进行监督和汇报。在预算制订和执行中,国防部的官员审查账户的控制和支出活动,以确保它们遵从授权的法律和国会要求,对国会预算行动做出回应,包括那些来自国会预算局,以及来自国会各委员会和小组委员会的行动。他们负责提交国防部重新计划提请并监督重新计划过程,提交提请和追加拨款拨

— 258 —

付。他们维持年末会计协作和拨款提请的协调，对内部（总督察员）和外部（例如会计总署）审计结果和其他若干过去支出年任务进行回应。其他任务包括监督由军种部门运营和管理的周转金，提供所有类型的信息给国防部长和其他国防部官员，包括通过新闻稿发布给公众和新闻媒体的数据。这只是国防部主计长工作人员履行任务的一个概要。

国防部预算过程周期按国防部主计长建立的时间表运转，主计长同样与其他国防部高官（如负责采购、技术和后勤的国防部副部长）协调，为相关部门的管理提供必要信息。这对采办预算过程尤为重要。如同第11章所述，它是半自动管理。更多细节见本书前四章。

小　结

在本章，我们说明了在军种部门和五角大楼国防部长办公厅运行预算过程的复杂性。我们回顾了各部门预算办公室如何组织，及其在给国防部长办公厅递呈预算过程中的职责。我们解释了规划－计划－预算－执行系统（PPBES）过程已经历的一些新近修改。2002~2003年以来，合并的《计划目标备忘录》、军种部门预算和计划办公室以及国防部长办公厅主计长幕僚所执行的预算审查，决定了所期望的军力结构和财政估算。

本章我们没有深入探讨一旦军种部门给国防部长办公厅的预算递呈被国防部长和其幕僚审查和批准后将发生什么。在国防部之外的预算过程已在第2章和第5章详述。如同前面提到的那样，国防部长办公厅没有如军种部门方式运行的单独预算办公室，主计长办公室的国防部长办公厅幕僚为国防部长执行预算和分析职能。在对军种部门预算过程的分析中，我们分析了最终将国防部预算转为总统管理与预算局要求形式的《计划预算决定》和申请复议的周期过程，以及国会所使用的拨款形式。我们追踪了五角大楼预算过程的轨迹，它从体现在《未来年防务规划》和《四年防务审查》的未来年预算估计准备开始。我们注意到，这些数据并没有直接整合进预算，因为它们一般在预算过程开始之前制订，我们解释了应当多么小心以使年度预算估算更准确和精确。

各军种部门保留中央预算办公室，以协调、促进并监督该过程。这些办公室的工作是审查预算，确保其遵从国防部长办公厅和国防部主计长在预算过程之初

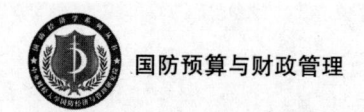

颁布的指令以及随后对这些指令的改变。最后，军种部门预算办公室必须以其部长和军种首长的名义产生预算，将国防部长先前提出的指导和他们各自部门的机构提请结合在一起。各军种部门和国防部长办公厅的预算办公室和预算过程被设计用来完成非常复杂的分配和协调任务。我们说明了各军种部门，以及在其中工作的预算官员和分析师使用他们自己独特的策略，获得并保护他们的预算和计划。

下一章我们将研究在五角大楼之外，即在大的一级司令部及所属机构上，如何准备和执行预算，这是"车轮着地"的地方。也就是说，在预算执行中，支出在哪里发生，资产在哪里消耗，以及支持军种部门和国防部预算的这些大量数据从哪里来。

9 预算过程参与者：申请人

引　言

美国太平洋舰队司令部（CPF）总部离珍珠港纪念碑不远，该舰队是24个指定的海军预算递呈办公室（BSO）之一。在预算制定程序中，太平洋舰队司令部作为资金申请人，要编制和提出其本级和所属部队的预算，并将该预算提交至海军预算办公室。这份预算作为海军预算的一部分，随后将呈送国防部，然后作为总统预算的一部分踏上国会之旅。当（在此基础上）产生的拨款案被签署后，海军预算办公室将下达太平洋舰队预算，并付诸实施。本章通过介绍太平洋舰队司令部参与海军部和国防部规划－计划－预算－执行系统（PPBES）的过程和内、外部关系情况，来描述其参与情况。尽管无论对海军还是其他军种，该舰队司令部与其他申请人相比所面临的许多问题可能有所不同，但预算的规划、计划、制定和执行过程和程序却与其他主申请人有很多的共性。

太平洋舰队这样表述其使命：

> 美国太平洋舰队的使命是为美国太平洋司令部（PACOM）的战区战略（theater strategy）提供支持，为太平洋司令部和其他美国联合作战司令部提供互相协作、训练有素和作战状态优良的海军部队。这一使命反映了自1986年国会通过《戈德华特－尼科尔斯国防部改组法》以来的变化。该法案旨在使各军种间更协作、更联合。太平洋舰队司令部的角色已由单一的作战部队转为军事力量的提供者、维持者和对联合作战指挥员的训练者。这一变化的净影响是：现在作战指挥链更短、更直接，太平洋舰队和其他军力提供者能专注于保持战备。

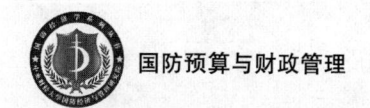

1986年《戈德华特－尼科尔斯国防部改组法》从根本上改变了军队的运作方式（Hadley，17）。该法案强化了战区联合指挥官对世界各地其辖区内的各种军力实行有效掌控。在太平洋地区，太平洋联合作战司令部（PACOM）授权指挥军种组成部队司令部（例如海军）分派的战斗部队、下属的一体化部队和联合任务部队。从运行看，太平洋舰队是美军太平洋司令部海军力量的提供者。从管理上看，作为二级指挥官，太平洋舰队直接向海军一级指挥官——海军作战部长报告，因此太平洋舰队在管理上直接向海军作战部长报告，在作战上向太平洋司令部报告。

除太平洋舰队司令，其他要向美军太平洋司令部报告的军种组成部队指挥官包括：太平洋陆军部队、太平洋陆战队和太平洋空军。作为太平洋地区海军力量组成司令部，太平洋舰队是世界上最大的海军部队，太平洋舰队责任区（AOR）涵盖整个太平洋战区，具体包括：太平洋、印度洋部分重要区域和美国陆地区域的近一半。太平洋舰队责任区从西边的近非洲海岸延伸到东边的俄克拉荷马州。太平洋舰队责任区占地球表面的一半以上，大约1.05亿平方英里，横跨16个时区，包括世界人口总数的56%。辖区内有43个国家和10个美国领地，包括或涉及世界上最大的6支武装力量：(1) 中国；(2) 美国；(3) 俄罗斯；(4) 印度；(5) 朝鲜；(6) 韩国（Pacific Command，2002，1）。

太平洋舰队司令部军力资源

为对包括世界上许多最重要军事要点的太平洋舰队所辖地域提供军力，有效履行其使命，太平洋舰队需要庞大的资源。人力资源包括19.6万名现役军人、1.3万名预备役人员和3万名文职人员。其基础设施包含20个大型军事基地、15个小型军事基地、191艘军舰和1434架飞机，这些设施和装备分别划归下属功能司令部（TYCOMS）、海岸部队或其他部队，一直从俄克拉荷马州延伸至印度洋的迪戈加西亚岛（Diego Garcia）（Pacific Command，2002）。

尽管太平洋舰队通常管理使用来自海军作战和维持账户的资金；同时，为保障多样化作战任务，也从其他拨款账户中提取资金，总预算资金超过130亿美元，然而，它支撑着舰队的作战和维持活动，这是管理的着力点，也是本章的焦点。例如，太平洋舰队2002财年估计使用海军作战和维持账户（OMN）资金总

额为75.65亿美元，考虑价格和计划增长，2003财年使用作战和维持账户资金估计为74.77亿美元。这些都是基线数字，没有包括由于反恐战争费用而得到的国会追加拨款，或舰队年中审查出现的资金短缺（不会由于国会对预算的调整而减少），2002财年收到的作战追加资金额是2.9亿美元。

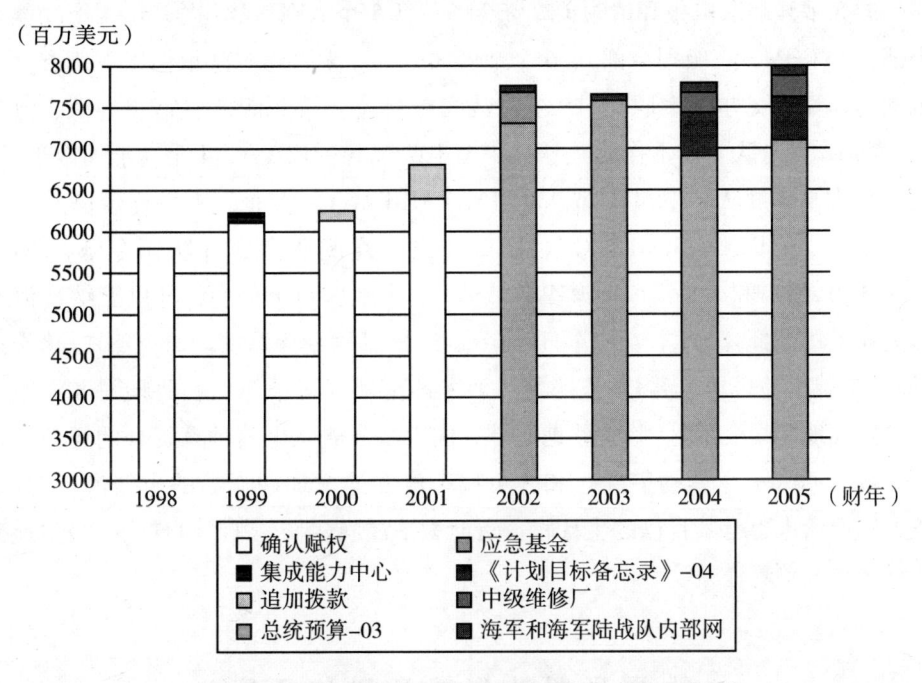

图 9.1　太平洋司令部 1998～2005 财年（资金）资源

资料来源：Pacific Command，2002.

太平洋舰队所辖地域不仅大，也十分动荡。因此，太平洋舰队经常卷入紧急作战，大多数最后都能生成追加拨款。近年来，太平洋舰队参与了伊拉克北部和南部的军事监视行动，阿富汗的"雄鹰"行动和持久自由行动，进一步扩大了世界范围内的反恐战争。太平洋舰队还作为组成部队指挥官向美国北方司令部报告，进行与国土安全有关的行动。在东帝汶和菲律宾等地区，为支持美国的全球政策提供军力，太平洋舰队所需的大部分追加资金是由于应对这些突发行动而产生的费用。

国防预算与财政管理

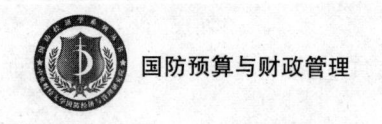

下属部队

向太平洋舰队申报和请领预算资金的包括5个海军作战司令部、4个功能司令部（TYCOM，三级司令部）、6个地区司令部。太平洋舰队承担以下所有这些机构的预算递交办公室职能。5个作战司令部是：第7舰队、第3舰队、海防区、第12突击队（海下作战）、第14突击队（导弹潜艇）；4个功能司令部是：航空（太平洋舰队航空司令部，COMNAVAIRPAC）、水面（太平洋舰队水上部队司令部，COMNAVSURFPAC）、潜艇（太平洋舰队潜艇部队司令部，COMNAVSUBPAC）和太平洋舰队海军陆战队；6个地区司令部为：马里亚纳（海军马里亚纳司令部）、日本（海军日本司令部）、韩国（海军韩国司令部）、珍珠港（海军夏威夷地区司令部）、圣迭戈（海军西南地区司令部）和西雅图（海军太平洋西北地区司令部）。除这些地区外，向太平洋舰队申请预算资金的还包括驻新加坡（西太平洋后勤集群）和驻英属印度洋迪戈加西亚岛的小型海军部队。各下属申请人也有其自己的主计官负责向太平洋舰队——其预算递交办公室递交计划估计和预算递呈。

太平洋舰队内部计划与预算

太平洋舰队内部的计划和预算组织结构近年来已发生改变，以贯彻海军部的要求。在此改变之前，太平洋舰队的计划和预算职能都在舰队主计长的直接领导下进行。最近，太平洋舰队重新组织和划分了这些职能，由主计长——一名海军上校负责主计工作，一名GS-15级文职人员负责相应的计划工作。

预算

在太平洋舰队，预算职能由主计长指挥，他负责预算的准备和执行过程，还负责监管会计人员，这些会计人员保存整个舰队赋权和支出的官方记录。主计长并不负责计划职能，只是按如海军部长指令7000.27的计划要求，在这个基础上提出舰队预算。海军部长指令7000.27规定：

  指挥官或行动负责人在接到资金分配或再分配后，按照《反赤字法》（美国法典31章第1341节或美国法典31章第1517节）的要求，应配备合适的主计长直接向他汇报工作（Secretary of the Navy, 2002b）。

主计长的职责大致描述如下：

  主计长应……对预算制定、预算执行、财政管理、管理账户计划分析和绩效评价全面负责（Secretary of the Navy, 2002a）。

  该主计长指挥各预算和会计部门。在这些部门中，预算部门为海军部准备预算递呈，该递呈由海军预算办公室审查，在与其他海军部门预算报告合并后，递交国防部长办公厅审查、修订和审批，随后成为总统预算。该办公室负责下个执行年度的资金分配，在年末通过认定的赋权与预算执行对账。为履行这些职能，该预算部门雇用大约13名预算分析人员，准备包括航空行动、舰船行动、战斗保障、舰船维护和基地作战保障等5大领域的海军作战和维持（OMN）预算。

  各财年开始，太平洋舰队的新预算通过预算执行部门实施。在主计长的指导下，执行部门的职能由海军指挥官主持完成，他负责预算年控制数的执行。其部门有5名直接对他负责的预算分析师。该部门的预算分析师负责监督下属部队的资金赋权。另外，他们还与预算分析师和计划管理者一道，有效协调资金出现的问题，实施执行调整、年中审查，以及在无资金要求基础上的追加资金提请。财年底，他们将未赋权的资金汇集起来，在各部队间重新分配，这被称为"年底扫除"。

计划

  尽管国防部长指令7000.27要求主计长直接向舰队司令（太平洋舰队）报告接收的资金分配和再分配情况，但对计划方面的领导则没有这样的相应要求，计划活动需通过副司令——海军少将，向舰队司令报告。计划活动确定舰队预算的需求，当然这些需求建立在每年资源的基础上。这些舰队需求中，代码为N8（海军作战副部长）的官员负责作战需求的计划和评估，代码为N43（舰队战备处）的官员负责舰队维护需求的计划和评估，这包括航空、水面、舰船、潜艇的维护，而代码为N46的官员负责岸防计划与评估。无须惊讶，安排所有计划管理者都冠以"N"，这被称为"N代码"结构。

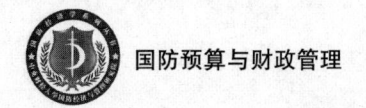

这些以字母"N"为代码的计划管理者与华盛顿的计划出资人保持紧密的联系，同样与太平洋舰队下属的各资金申请人保持紧密联系，如功能司令部，包括负责舰队作战和维持需求的太平洋舰队航空司令部（AIRPAC）、太平洋舰队水上部队司令部（SURFPAC）和负责基地作战支持（BOS）的区域总部等。他们共同合作完成用于华盛顿资源出资人计划开发所需的舰队资源评估和需求计划工作。作为规划-计划-预算-执行系统（PPBES）计划阶段的主要行动者，这些计划管理者会与整个舰队和华盛顿的资源出资人保持联系，并就有关突发（情况）预算和执行问题在太平洋舰队内充任"常驻专家"角色。

太平洋舰队资源管理协调

尽管太平洋舰队在主计长领导下有两个部门雇用分析人员，但其任务不同（预算和执行），并由不同代码的管理者提出作战需求，进行计划评估。但在舰队内部，计划、预算和执行并非在真空中进行。尽管预算分析师对投入、标记（削减）和有助于形成预算的决定十分熟悉，但在对下属部队预算递呈进行分析时，也要依靠在舰队计划和预算方面进行评估和提出需求的计划管理者。同时，计划管理人员在评估和提出需求时，也必须了解以往年度预算编制、提交和执行中产生的问题。

国防部2001年、2003年规划-计划-预算-执行系统（PPBES）过程发生的改变，迫使计划者与预算者必须加强工作上的关系。太平洋舰队作为海军预算递交办公室（BSO）所在单位之一，舰队的规划人员、计划人员和预算人员参与规划-计划-预算-执行系统（PPBES）的所有阶段。规划阶段，太平洋舰队参与一体化作战架构（IWAR）分析；计划阶段，舰队负责需求的官员提出舰队资源需求，计划管理人员基于这些需求准备要投入的能力规划（CP）；预算阶段，太平洋舰队提出行动的控制额度，并以这些控制额为基础来申请预算投入。随后合并舰队的估算估计，并向海军部预算办公室（FMB）提交支持表格。上述这些方面的内容将用于制定《海军预算估计递呈》（BES），进入五角大楼海军预算办公室的财务管理链。太平洋舰队密切关注随后的进程、及时提出反馈并调整给海军部和国防部长办公厅的预算递呈。太平洋舰队随后将与海军预算办公室一道协调其行动，执行预算。

值得注意的是，在这些预算制定的同时，下个财年的总统预算也在完善中，

而当年的预算正在执行中。正如第3章所述，实际在任一给定年，有3个预算过程在同时进行。例如，在同一时期，海军将执行2003财年预算，准备2005财年总统预算；同期，国会正在讨论和颁发2004财年国防预算，也可能颁发国防追加法案。波动的影响来自执行年发生的事，来自国会如何对待国防部拨款案和追加拨款，这些波动对随后年的预算和计划决定都有影响。在预算递交办公室层面，所有计划人员、预算人员和执行人员均积极参与所有3个预算程序，当然，一年项目或计划的决定对另两年的项目会有影响。

太平洋舰队总部的规划－计划－预算－执行系统实施

作为主要的海军预算提交办公室和二级司令部，太平洋舰队司令部参与规划－计划－预算－执行系统（PPBES）各阶段。规划阶段，通过提出一体化作战构想（IWAR）参与一体化过程小组（IPT）一体化作战构想的分析。其结果将整合进《海军作战部长计划评估备忘录》（CPAM），该备忘录是海军计划制订的基础。

计划阶段，太平洋舰队提出舰队资源需求，并在海军计划中，向资源出资人提供要投入的资金计划；预算阶段，太平洋舰队在临时《计划目标备忘录》（POM）、预算控制额的基础上，给各下级申请人下达控制额，合并下属申请人的预算递呈，向海军部预算办公室提交《预算估计递呈》。随后，太平洋舰队关注在海军部和国防部长办公厅两个层级的海军部计划、预算审查过程，确保太平洋舰队任何申请人的问题都能得到重视和解决。之所以能够这样做，是因为太平洋舰队是主预算提交办公室，而功能司令部，如海军太平洋航空司令部（AIRPAC）只能通过国防部长办公厅审查跟踪其争议问题，不能主动与国防部长办公厅协商，这些任务只能依靠太平洋舰队或海军预算办公室完成。太平洋舰队在整个过程中都在修订其预算，直到其递交的被纳入总统预算为止。

在预算执行阶段，太平洋舰队也是主要参与者。它提出执行控制额并进行活动规划，监督资金赋权率，进行年中审查，监督年末的资金"扫尾"，并分配追加资金。以下部分将从规划、一体化作战构想、计划和预算等方面，多维度分析太平洋舰队在海军规划－计划－预算－执行系统中的参与情况。

国防预算与财政管理

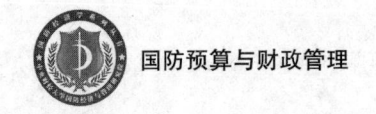

规划

太平洋舰队提出资金投入规划,包括一体化作战构想(IWAR)所关注的领域,并经由舰队司令部(USPAC 或 CFFC)司令向海军作战部长(OPNAV,N81)分析一体化作战架构(IWAR)重点领域。美国舰队司令部于2002年海军作战部长重组期建立,并与美军大西洋舰队(LANTFLT/CLF)司令部协同作战。美军舰队司令部全面负责大西洋舰队和太平洋舰队的整体协调、建设和一体化需求的实施,以及两大舰队单位相互交流训练人员、装备、训练政策的实施(FMB Presentation April 2002)。在提交海军作战部长评估处(N81)前,舰队司令部整合来自太平洋舰队和大西洋舰队的预算估计。在规划－计划－预算－执行系统(PPBES)周期的计划阶段,舰艇部队司令部也对舰队资金投入进行协调。

一体化作战架构

太平洋舰队主要是通过一体化作战架构参与规划－计划－预算－执行系统(PPBES)过程的规划阶段。5月,太平洋舰队接到来自海军作战部长幕僚[海军作战部长评估处(N81)通过美军舰队司令部]关于当年一体化作战架构(IWAR)提请优先级的数据通知。太平洋舰队基于海军作战部长(CNO)指导、战区关注点和以往的一体化作战架构,提出在一体化作战架构过程中需考虑的领域(Overby, 2002)。太平洋舰队提出的重点领域主要集中在应对威胁时能力缺失或不足之处,或者资源配置不当所引起的能力不完整之处。太平洋舰队将其希望关注的领域送交舰队司令部合并后,海军作战部长评估处(N81)审查和提出海军一体化作战架构的重点领域。2002年,太平洋舰队在5个一体化作战架构作战领域中提出的4个重点建议领域为制空权、制海权、战斗力生成、信息优势与战场感知;在7个一体化作战架构保障领域中的6个重点建议领域为:基础设施、战备、可持续发展、训练、人力/人事、训练/教育和军力结构。

6月,海军作战部长评估处(N81)在对数据收集反馈的基础上,确定海军年度一体化作战架构的重要领域。随后,太平洋舰队通过"一体化过程小组"(IPT)参与一体化作战架构分析。这个"一体化过程小组"(IPT)由来自太平洋舰队司令部(COMPACFLT)、大西洋舰队司令部(COMLANTFLT)、美军海军欧洲司令部(COMUSNAVEUR)的计划管理者、需求官员和海军作战部长评估处

— 268 —

幕僚所组成。大多数一体化作战架构交流互动有网络支持，使一体化作战架构的太平洋舰队司令部、大西洋舰队司令部、美军海军欧洲司令部幕僚可在重点领域快速互动。一体化作战架构分析工作持续到10月，太平洋舰队在一体化作战架构分析阶段，海军作战部长规划处（N80）配合太平洋舰队的互动，10月当重点领域研究结果简报给资源出资人、海军助理部长、海军部长、海军作战部长/作战副部长和舰队司令后，提出《海军作战部长计划评估备忘录》（CPAM），并整合为《海军作战部长计划评估备忘录概要》于来年2月简报舰队司令。海军随后将该《海军作战部长计划评估备忘录》纳入规划－计划－预算－执行系统（PPBES）计划阶段。

计划

太平洋舰队计划大部分都与"作战与维持"账户有关，通过提交《能力规划》（CP）的方式使计划进入海军作战部长评估处（OPNAV）。《能力规划》作为《基本评估备忘录》（BAM）为人所知。2003年10月，海军作战部长规划处N801E下发第一批《能力规划》，这使计划评估从《基本评估备忘录》变为《能力规划》。《能力规划》是对具体计划有效需求的确认和关键评估，是对百分之百实现有效需求所需资金估计的确认和关键评估，例如，为太平洋舰队"飞行小时计划"制订的《能力规划》，会提供"所需的飞行小时评估，以满足规定的战备目标和为保障这些飞行小时所必需的飞行保障时间"（OPNAV，2002b）。

太平洋舰队在《能力规划》过程初期的正式互动，是9月通过舰队司令部收到的来自海军作战部长规划处（N80）的能力规划进展备忘录草稿。2002年，太平洋舰队9月收到供审查的《基本评估备忘录》草稿，该草稿是《计划审查（PR）05》、《基本评估备忘录》指导的简单复制。太平洋舰队在必要时对草案进行更正，并将更正后的版本返回美军舰队司令部。

一旦对草稿版本的指导调整完成，真正的指导文件随后就会下发。2002年起，该指导文件会与《能力规划》一道下发，《能力规划进展备忘录》具体评估将要被实施的能力，指派评估出资人进行监督评估，为实施评估提供指导，并为《能力规划》制定界定责任。对《计划审查2005》，出资人的职责包括：

- 评估出资人：准备评估，在附件（1）和附件（2）中列出，并在2003年1月31日前将其送交海军作战部长评估处（OPNAV，N81）。采用2004

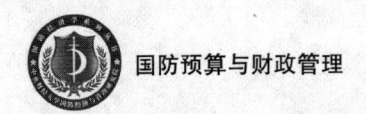

财年《海军预算估计递呈》中的资源分配额作为资源基数。
- 资源出资人（N-41）：与评估发起人密切合作制订《能力规划》，在制订《计划审查2005》"出资人计划建议"（SPP）时，尽可能满足《能力规划》需求，并对未满足需求的领域给出解释。
- 评估部门（N81）：参与《能力规划》提出，确保各需求建立在合理分析方法的基础上。
- 申请人：参与"一体化过程小组"（IPT），按照评估出资人的要求支持相应评估。
- 舰队：美军舰队司令部是各个舰队需求的集成者，也是舰队需求提交海军作战部长评估处（OPNAV）的渠道。舰队［太平洋舰队、大西洋舰队、美军海军欧洲司令部、先遣（Lead）功能司令部］和海军海上系统司令部所用（例如，作为政府所有运营商的船坞）的投入会被协调、合并，并通过美军舰队司令部《能力规划》联络人呈递项目出资人。《能力规划》进程备忘录（OPNAV，2002a）详细说明了在准备《能力规划》提交海军作战部长评估处（N81）时要考虑的因素。这份进程备忘录不会告诉评估出资人如何对其进行评估，但要求评估出资人提供实施评估方法的详细描述。这意味着没有实施《能力规划》过程的标准方法，不同计划使用不同方法进行计划资源需求的制定。《计划审查2005》的《能力规划》和评估出资人详列于表9.1。

表 9.1　　　太平洋舰队《能力规划》主题和评估出资人

《计划审查2005》之《能力规划》主题	出资人
总兵力管理	N1
海岸警备	N4
突发事件工程（海军力量建设）	N4
海上战备/维持	N4
空中战备/维持	N4
常规武器战备/维持	N4
反恐/部队保护	N3/N5
舰队战备	N6
人员培训与教育	N1

资料来源：OPNAV，2002b.

在舰队内申请人所提需求的基础上，太平洋舰队计划管理者给评估出资人提供满足百分之百有效需求的计划支出额，由评估出资人准备、由海军评估满足百分之百有效需求资金支出的《能力规划》提供给 N81（海军作战部长评估处），而后，在资源实际可行的基础上，计划会按需求的百分之百提供资金。实际计划/预算资金水平目标数在 N80（海军作战部长规划处）的计划指导中提供。

就《计划审查 2005》而言，要求评估出资人在 2003 年 1 月 31 日前，向海军作战部长评估处（OPNAV）N81 提交其《能力规划》。在《能力规划》、一体化作战架构（IWAR）和《海军作战部长计划评估备忘录》的基础上，海军作战部长计划处（N80）提出计划指导。计划指导向资源出资人制定《出资人计划建议》（SPP）提出初步建议，如果 N80（海军作战部长计划处）指导在国防部层面的《防务规划指南》之前发布，N80（海军作战部长计划处）还要根据《防务规划指南》修订其指导。在资源出资人为满足计划需要调整资金时，太平洋舰队监视计划的制订。在计划阶段，在资源出资人试图证明增加资金有道理时，太平洋舰队计划者决定是否做这种资金改变。

2001 年前，当《计划目标备忘录》即将完成时，太平洋舰队将参与"残棋阶段"。残棋阶段是《计划目标备忘录》在五角大楼海军部最终完稿（"锁定"）之前，打开的最后一扇小窗户，"锁定"后太平洋舰队重视的大项计划问题将不可能再按他们的愿望解决。舰队司令可能传递其口信甚至直接就最后的重大问题与海军作战部长接触。根据太平洋舰队主计长的说法，一般所送的口信是这样："根据《出资人计划建议》，在这方面的计划数据基础存在问题，如果不及时对这些计划进行改变，我们将无法工作，这不符合我们的要求"（Reed，43）。

2001 年前，该过程是连续的，也好理解。在"残棋阶段"后，《计划目标备忘录》被锁定，海军预算办公室也确定预算控制数，并向预算递交办公室发布。2002 年规划－计划－预算－执行系统（PPBES）周期中，要提出 2004 财年《计划目标备忘录》。由于预算准备和计划修订同时进行，2004 财年和 2005 财年预算变成了同时进行的过程。在我们写这本书的时候，预算正在实际进行。从军种部门和军种部队的观点看，他们对新规划－计划－预算－执行系统（PPBES）的实施并不满意。更多关于修订后规划－计划－预算－执行系统（PPBES）的实施情况，见本章结论部分。

国防预算与财政管理

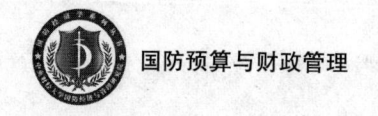

301 预算

在整个预算年，太平洋舰队预算工作人员要同时协调3个预算（海军部、国防部长办公厅、总统预算），还要协助执行当年预算。该过程可描述为提出时间表，开启《计划目标备忘录》/《计划审查》预算递呈。

预算指导

在太平洋舰队，海军部《计划目标备忘录》/《计划审查》过程，从收到国防部预算办公厅序列文件———《预算指导备忘录》（BGM）开始。序列文件一《预算指导备忘录》概述预算日程安排、要求递交的预算表格、通胀或外汇汇率的价格因子。太平洋舰队以海军预算办公室指导为基础准备其行为指导，添加一些对申请人的具体指导。随着预算办公室更多系列预算指导文件的发布，如果最新的有关规定影响其行为，太平洋舰队也会根据需要更新其指导。例如，《太平洋舰队预算指导02-01A》（首次更新）提供了用于呈报预算表格的最新通货膨胀率。

预算准备

作为其申请人的预算递交办公室，太平洋舰队在接到海军预算办公室基于《临时计划目标备忘录》（T-POM）（2001年及之后）下达的（预算）控制数后，将此控制数在其各行为体（地区司令部、功能司令部、数个舰队）间分配，各行为体运用它建立其在整个太平洋舰队预算中的份额。

太平洋舰队提出的控制数基于《临时计划目标备忘录》（海军预算办公室制定的计划控制），并与舰队内部需求、计划管理者、行为体层面预算和计划者投入相配合。控制数基于某种大型计划，如水面舰艇作战和飞行小时计划（FHP）的预算模型，其他大型计划如基地作战支持（BOS）计划也基于历史数据和赋权率，同时也根据价格和已知的新需求变化进行调整。

另外，在计划阶段，海军作战部长的目标是对舰船作战、飞行小时计划（FHP）、舰船维护和基地作战等预算阶段确认的有效需求提供100%的资金支持，提供给飞行小时计划和舰船作战计划的大块资金是"圈起来"的（受保护的），太平洋舰队如要试图修改这些计划的资金水平，必须先寻求海军预算办公

室的批准。另外一些项目，如文职人员（CIVPERS）和公用事业（基地作战支持）资金，尽管没有"圈起来"，但也不能自由决定，也必须100%满足需求。太平洋舰队必须确定那些可自由决定，没有"圈起来"也无需100%资金计划的资金水平。持续性账户、修复账户和维护账户属于可自由决定的账户。

预算审查

必要时，太平洋舰队预算分析人员与计划、需求工作人员审查其下属各单位提供的预算表，保证各单位按照有效需求准备预算。预算分析人员对其计划十分熟悉，计划管理者也一直与其舰队同行一起工作，并在预算提出的《计划目标备忘录》或《计划审查》的规划阶段和计划阶段，在全舰队保持联络。当单位提交预算表格时，预算分析人员尤其关注那些比往年资金水平呈显著增长或"暴顶"的项目。他们也要确保表格完全按整个规划阶段提出的需求调整，表格要足够详细以保障资源提请（Shishido，2002）。当出现"暴顶"或表格不够详细的情况时，分析人员会检查导致"暴顶"的原因，确定增加是否合理，或是否需要单位提供更多细节。

在分析人员审查的基础上，一旦舰队所提被接受、分析和修改，太平洋舰队将在5月底汇总各项所提，建立其预算递呈。预算递呈将与海军部预算办公室所给的控制数权衡，并使用预算指导所要求的价格因子、汇率和图表提交。一旦提交，递呈将进入并行的计划/预算审查和问题/评议阶段。

问题/评议阶段

6月，海军预算办公室分析人员审查预算递呈并形成议题文件（Issue Paper），发布在海军总部预算系统（NHBS）网站上。海军预算办公室（FMB）知会预算递交办公室（BSO）有"问题"影响其递呈，需要评议。太平洋舰队可以选择评议以尽力恢复资金、认同争议或选择不评议。如果不评议，争议就按海军预算办公室的选择来解决。如果出现评议，试图恢复或证明资源的合理性，则争议的"问题"和评议将经过海军部预算办公室分析人员、部门负责人和部处主管审查。低层次仍未解决的争议问题要在7月、8月由为主要计划/预算问题组成的计划预算协调小组（PBCG）审查解决。2001年前，这是海军部预算审查"标记/申请复议"阶段，随着海军部预算审查的进行和争议问题的解决，太平洋舰队更新其要提交给国防部长办公厅的预算表格，给国防部长办公厅的预算递呈合并了所有在海军部审查期间影响

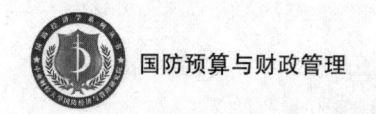

太平洋舰队资金和计划的相关问题。

预算扫尾和赋权核实

从 8 月底到 10 月，太平洋舰队预算分析人员与执行部门一起工作，帮助进行资金的"年末扫尾"，核实预算执行相应的赋权情况。年末扫尾是在财年末 9 月 30 日前，执行年资金的赋权过程。分析人员协同太平洋舰队执行人员进行，力求或（1）在财年末前，单位能执行所余运行预算，或（2）在财年末前，单位不会把运行资金花完，或（3）在财年末，有多余的运行资金。如果单位在年末有未赋权，不能执行的资金，则这些钱将会调拨给在财年末前花尽所有运行资金的其他单位。

核查赋权是对执行年内的预算和实际赋权执行的比较过程，二者之间的任何差异都要报告海军部预算办公室进行分析，并对未来财年计划和预算进行可能的调整。

国防部长办公厅审查和《计划预算决定》

9 月，国防部长办公厅计划人员和分析人员审查军种组成部队的计划和预算递呈，并发布海军部"标定"的《计划预算决定》。太平洋舰队盯着《计划预算决定》，以在必要的时候准备复议，尽力恢复资金。一些《计划预算决定》仅是信息性的，仅涉及如周转金率或外汇的调整。尽管这些比率调整可能对太平洋舰队资金水平有不利影响，但这是客观因素造成的调整，必须纳入预算。《计划预算决定》过程一直持续至 11 月底或 12 月初。与此同时，国防部因与海军部存在的争议问题或价格等问题，一些款项尚未拨付。但如果国会取消或重新调整资金，太平洋舰队就无权申请复议，必须自己消化这个损失。

总统预算和年中审查

12 月，《计划预算决定》裁定后，太平洋舰队收到新发布的控制数，该数用以制定其总统预算递呈。国防部长办公厅、管理与预算局对各组成军种的预算递呈审查完成后，总统在 2 月的第一个周一把预算提交国会。在接下来的 9 个月里，总统预算将会被仔细打磨，并作为国会授权法案和拨款法案的基础。

次年 3 月，总统预算递呈后，太平洋舰队会接到对执行年拨款年终审查的指导，年中审查指导对主申请人的表格准备和其他如当前未资助需求的递呈提供具

体指导。该指导也强调，解决年中审查所确认问题的可得资金仍然稀缺，要求申请人"精心准备那些无资金需求的递呈，仅反映那些对履行使命最关键的问题"（OPNAV，2002a）。中期审查完成后，预算周期又开始了用临时《计划目标备忘录》对下个《计划目标备忘录》/《计划审查》的全面审查周期，或对短周期的《计划目标备忘录》的审查过程。

规划－计划－预算体系（PPBS）已在国防部用了40多年，但它仍处于不断变革中（见小结和第4章）。该体系处于不断的创新和变迁中，2002年对规划－计划－预算－执行体系（PPBES）参与者尤为重要。鉴于该体系在做出决策时耗时太长，国防部长拉姆斯菲尔德在2001年发布备忘录，指导并行的计划/预算流程，这是该体系的重大变化。另外，《基本评估备忘录》（BAM）被《能力规划》取代。仍然存在年复一年出现的常规预算问题和贯穿于预算年的突发或"弹出"问题。本章我们从首席财务官的视角，讨论太平洋舰队的主要日常问题和紧急问题，以及新出现的并行计划/预算过程。这里我们首先从常规预算问题开始。

预算体系问题

参与者必须预期变化

规划－计划－预算－执行系统（PPBES）是循环的，每年总有不同的事情出现。即使2001年至2002年间流程做了改变，尽管输入非常复杂，但本质上仍在年复一年地重复着，除非发生大的改变，过程不会明显改变。即使有改变发生，在许多方面规划者、计划者和预算者已"习以为常"，习惯性等待来自五角大楼对所需投入的具体指导和时间表。他们会通过提前判断要做什么来处理复杂事务，常在接到正式指导之前，就开始做。这使他们能在限定时间内，甚至在限定时间存在自我矛盾时，拿出高质量的"产品"。比如，他们会在预算前完成《计划目标备忘录》，而历史上太平洋舰队的《计划目标备忘录》都是在其预算送交海军预算办公室之后完成的。太平洋舰队预算工作人员提前估计《计划目标备忘录》的决定情况，并在《计划目标备忘录》决定与其估计情况相冲突情况下，依靠中央预算办公室做出改变。

人们也会采取有预见性的行为来适应常规发布的指导，并协调规划－计划－

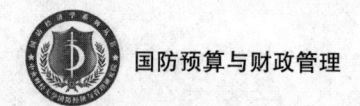

预算-执行系统（PPBES）的各种不同指令。在任何给定年份，海军发布影响规划-计划-预算-执行系统周期各个阶段的指导。规划阶段，海军作战部长评估处（OPNAV）N81基于战区关注、海军作战部长指导和以往一体化作战架构（IWAR）发布需要的一体化作战架构重点领域，制定用于分析的具体一体化作战架构。计划阶段，海军发布用于制定海军计划基本需求的《基本评估备忘录》或《能力规划》指导。规划-计划-预算-执行系统（PPBES）预算阶段以海军预算办公室预算指导开始，并根据后续一系列指导进行调整。

海军在规划-计划-预算-执行系统（PPBES）各阶段都发布实质性指导。但因过程的重复性，以及参与者对需要做什么往往能够预期，在指导发布前，《指导》所重视的许多工作或已做完，或已开始，或正在进行中。参与者这么做，是因为估计到预期结果从一年至另一年不会有太明显的变化，他们知道如果等官方指导出来再做的话，就没有足够时间满足最后期限的要求，或满足最后期限要求并使他们在计划和资金竞争中处于有利地位。例如，他们知道"不太合理"的计划或看起来不够详尽的计划会被削减，他们也知道庞大的数据征集会使分析疲于奔命，因此最好的办法就是及早预测并行动。他们也知道规划、计划和预算投入需求一年一年不会发生大的改变，不用去等指导发布。即使2001年从《基本评估备忘录》变为《能力规划》，太平洋舰队的计划管理者也已进行了所需数据的整理，供评估使用。

参与者通过预测顶住了在有限时间内完成复杂工作的压力，并自始至终与太平洋舰队规划、计划和预算工作人员进行讨论。正如太平洋舰队计划助理所言："这很典型，你在完成（关于《基本评估备忘录》/《能力规划》递呈）大部分工作后，收到指令"（Catton，2002）。

事实上，在对《计划审查2005》评估中，直到10月后期，太平洋舰队一直没有收到最终的《基本评估备忘录》指导，指导文件到达后用于《能力规划》准备而非为《基本评估备忘录》提供指导。在华盛顿高层，那些起草指导文件的官员并没有刻意压缩时间，实际上指导草案必须经不同办公室会签，然后下发至舰队。当它们最终到达舰队（预算）分析人员层级时，分析人员通常距截止期时间已很短了。因此，他们还是如以往一样进行数据收集和分析评估工作，即便名称变了。

上述由太平洋舰队计划助理所表达的观点得到太平洋舰队一体化作战架构协调人和预算部门负责人的进一步证实。关于一体化作战架构信息征询，太平洋舰

队一体化作战架构协调人说："它是标准的，所以我们在数据征询前就开始生成信息，这就好像是'半自动'的"（Reed，2002，53）。说到海军部预算办公室（FMB）的预算指导，太平洋舰队预算负责人说道："你不要去等它，加紧准备吧，我们知道他们（地区和功能司令部）近几年是怎样花钱的，除非在该地的'基地作战支持'（BOS）被压缩，否则他们是不会做大改变的。除此之外，我们知道他们会把钱花在什么地方，我们能为他们做预算"（Reed，2002，53）。

战备账户优于保障账户

在海军作战和维持（OMN）中，太平洋舰队对战备计划和保障计划都提供支持。尽管这两个方面似乎都是自主决定的，但战备账户高的优先度使它几乎成为法定账户。战备账户的重要性是通过海军部和国会递呈要求的指令来保障的。当战备账户资金不足时，保障账户最后作为"埋单者"。无论当年预算中战备账户的资金如何充足，资金的运行节奏似乎总是快于预算，战备账户的资金似乎总是不足。保障账户就要帮助"埋单"，尽管这种问题能预料到，但并不容易解决。

战备账户是这样一些账户，即在训练周期所进行的跨区部署、太平洋司令部作战保障的部署行动，以及飞行小时计划、舰船运行及舰船维护等实际保障。诸如基地作战支持（BOS）的支持计划为地区提供资源，为基地作战提供资金，为作战单位提供支持。海岸方面的基地作战支持（BOS）为舰船、航空、战斗行动和武器保障力量等行动提供资金。作战支持包括港口和机场运转、公用系统运转、公共勤务、基地管理、给养运转和基础服务，如运输、环境和危险废弃物管理、安全、人事保障职能、单身宿舍运行、士气福利、娱乐和残疾补偿。

尽管海军计划为基于100%舰队有效需求的两类计划提出需求和资源分配，但战备账户计划资金的大部分受国会强制性限制保护。如果没有国会批准，在其中动用的资金不得超过1500万美元（海军范围）。因此，可以说，这些账户的资金不能自主决定。在太平洋舰队，主要的战备账户包括飞行小时计划账户和舰船运行账户。海军作战部长对这些账户满足太平洋舰队有效需求的资金比例提出目标要求。在2003财年预算中，飞行小时账户的计划目标幅度从战术航空（TACAIR）的89%到舰队战备中队的92%，这些目标在2003财年飞行小时计划预算中达到（Department of the Navy，2002c，2~22）。2003财年，太平洋舰队执行控制数相当于飞行小时计划需求的94.1%，水面舰只运行需求的95.2%。

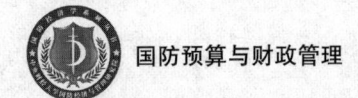

这些账户根据不同作战平台运行特点制定。例如，海军作战部评估处（OP-NAV）制定《作战规划20》（OP-20）——主要飞行小时计划（FHP）的预算说明和指导文件。为制定《作战规划20》，海军作战部评估处（OPNAV）与如太平洋舰队这样的主申请人，以及航空作战功能司令部（TYCOM）和海军太平洋空中力量司令部（CNAP/AIRPAC）进行密切协同（Department of the Navy Budget Highlight, 2002c）。

海军太平洋航空司令部（CNAP）通过向N78提供飞行小时计划成本投入情况，协助制定《作战规划20》。提供采用《飞行小时成本报告》（FHCR）的方式，该报告汇总一年中以月度为基础，由所有飞行中队和机场通过其《预算作战目标报告》（BOR）提供的飞行小时计划成本（数据）。该报告的要素包括：配置的飞机数量和类型、型号、系列，资金总赋权、月度飞行时间、每月和迄今为止财年消耗的油料型号和总数。这些来自海军太平洋航空司令部的数据被海军作战部长评估处（OPNAV）纳入其飞行小时预测系统（FHPS），该系统把年度预算的飞行小时与预期的飞行小时成本联系起来，并产生未来年的预测（Phillips, 2001）。根据战备、训练、作战能力需求、可获得资源，以及计划指导要求，海军太平洋航空司令部把飞行小时计划资金拨付给T/M/S（地区司令部、功能司令部、舰队）各部队指挥官。既然这些钱是专门用于各类飞行中队作战的，该资金也可说是封闭运行的，只能由这些中队支用。但飞行小时计划中的部分资金并没封闭，如"其他飞行小时"（FO）账户就是为临时执勤、指导性训练、保障装备等提供资金的。该账户按前三年的预算平均数确定，而不像飞行小时计划账户那样，按指标确定。实质上，它是飞行小时计划中的保障账户，因更高优先级用途可自行支取。

如"其他飞行小时"（FO）账户，许多保障账户，比如基地作战支持账户在其预算递呈中所占份额的确定就没有模型，只能依靠以前的预算资金和执行水平来定。由于不存在国会方面的制约，也由于他们不是直接用于保障战备（购买油料、飞机维修支出等），没有既定的海军作战部长资金要求，因此，这些账户本来就资金不足，而且是未提供资金的突发事件"埋单者"。海军高级领导人也知道这个问题。2002年，两个一体化作战架构的重点领域强调基地作战支持（BOS）资金，即"海岸基础设施资产重组"和"基地作战支持标准审查"。"其他飞行小时"账户也成为"埋单"账户，因为即使它属于整个"飞行小时计划"一部分，却也处于国会"围栏"外。在预算执行中，舰队主计长往往把这些账户看作

"免费资金",用以解决突发资金需要。在这种情况下,公式就优于平均数,换种方式说,按照三年历史滚动数制定法,就不如收集飞机飞行预测成本的公式有力。这些预测的成本把历史成本、工程预测和消耗品(如油料和零件)的合同价格都结合起来了。

该"埋单"问题在所有海军舰队中都是令人关注的问题。尽管基地作战支持账户是主要的"埋单者",但海军太平洋航空司令部关注的是资金被太平洋舰队从"其他飞行小时"(FO)账户拿出重新计划,保障突发需求(Phillips,2001)。举例来说,当海军开始转换公共接入卡(新的ID卡)时,海军预算办公室完全从基地作战支持账户提供转换资金。太平洋舰队关注的是,这会对基地作战支持账户产生较大影响,因此便一刀切向所有账户"征收",让它们为更换提供资金。"其他飞行小时"(FO)作为飞行小时计划中的可自主决定账户,支付其该抽取的份额(Scott,2002)。这种"征收"留给功能司令部(TYCOM),以及其他被"征收"的单位在其预算内支持另外一些无资金保障的需求。

舰队计划助理、舰队预算负责人、基地作战支持预算分析师,以及航空部队预算分析师,都把设备可持续性、修复和维护(SRM)账户看做首要"埋单者"。这从太平洋舰队司令部2003财年执行水平、年中审查提请和随后对2002财年的资金追加等可以看出。与飞行小时计划或舰船运行计划账户满足需求的94.1%和94.2%资金水平比,设备可持续性、修复和维护(SRM)账户只达到太平洋舰队司令部需求的54.8%(Pacific Fleet,2002c)。表9.2显示了2003财年(预算)执行控制情况(如战备和保障账户),表9.3显示了太平洋舰队司令部年中优先级审查和2002财年追加资金提请,表9.4是2002财年太平洋舰队实际得到的追加资金。

表9.2　　　　　　　太平洋舰队司令部对代表性账户的控制

	2003财年控制	2003财年需求	2003财年缺口	资金提供率
飞行小时	2119	2252	-133	94.1%
舰船运行	1231	1292	-61	95.3%
基地作战支持系统(OBOS)	1144	1281	-137	89.1%
设备可持续性、修复和维护	556	1015	-459	54.8%

资料来源:Pacific Fleet,2002c.

表 9.3　　　　　太平洋舰队司令部 2002 财年年中审查递呈优先排序

海军作战和维持排序号	议题标题	无资助量（$000）
1	战争成本	307238
	军力保护	11759
	设备可持续性、修复和维护计划	6665
	基地作战支持计划	10600
	舰船维护	214237
	舰船运行	53000
	战斗支持	10977
2	设备可持续性、修复和维护基本计划	55000
3	基地作战支持基本计划	13371
4	舰船维护基本计划	44348
5	战斗支持基本计划	1064
6	海上预置（PREPO）	4954
总计		425975

资料来源：Pacific Fleet, 2002c.

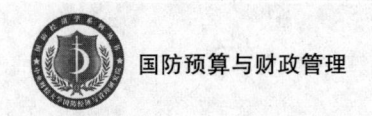

在太平洋舰队司令部的重点项目与获得的追加资金间存在差别。太平洋舰队司令部的重点是基地作战支持系统（BOS）和设备可持续性、修复和维护（SRM）账户, 2003 财年为部分需求提供了资金, 即为第一优先级提供了部分资金, 为第二和第三优先级提供了全部资金。但是, 除由于 2001 年 9 月 11 日恐怖袭击所得到的军力保护需求的追加资金外, 太平洋舰队司令部并未通过这些"埋单者"计划得到追加资金。

尽管短期内这些账户资金不足可能是安全的；但从长期看, 资金不足将不断恶化保障作战的基础设施如机场跑道、机库、码头等, 可能最终对整个舰队战备产生负面影响, 并导致严重退化设施的升级改造成本更大。

表9.4　　　太平洋舰队司令部2002财年国防紧急拨款和追加资金

科　类	国防紧急拨款（DERF）资金	追加资金
强化军力保护	36	—
反恐/军力保护/特种力量搜寻	14	—
反恐/军力保护/军力支持现代化的基地作战资金	22	—
增加在全球范围的力量	327	250
飞行时间增加	17	143
舰船航行时间增加	108	48
军力作战支持	24	3
通信	5	2
舰船和航空队维护	173	54
初始危机反应	7	—
网络中心战	7	—
合计	370	250

资料来源：Pacific Fleet, 2002c.

并行计划和预算审查是新鲜事

　　2002年度规划－计划－预算－执行系统（PPBES）过程有所改变，计划与预算审查同时进行。2001年8月前，军种部门和军种部队在5月制定其《计划目标备忘录》，并提交国防部长办公厅审查，随后各军种根据《计划目标备忘录》制定其《预算估计递呈》。但至2002年，军兵种部门被要求在8月下旬同时向国防部长办公厅提交其《预算估计递呈》和《计划目标备忘录》。因为这种改变，海军预算递呈是根据5月底下发的《临时计划目标备忘录》控制数做出的。我们可从太平洋舰队司令部具体业务人员的视角来看这种变化。

　　一名太平洋舰队司令部官员这样解释变化带来的好处：

　　　　这种变化消除了工作上不必要的重复。在变化之前，《计划目标备忘录》会在

5月完成后，准备预算供国防部审查。在制定预算时，出现的问题可能让各军种去调整计划……而要将新出现的预算问题纳入，各军种就需要更长时间完成《计划目标备忘录》。各军种能根据预算问题重新修订计划……在变化前，海军作战部长评估处（OPNAV）N80在完成计划后，该计划就"跳出他们的手心"……新过程使计划人员和预算人员间合作更密切……我认为（新过程）让申请人更多投入计划（工作）中……利用信息技术——如果很多申请人对资金安排有争议，就会变成重要问题。现在你能再次修订《计划目标备忘录》，而以前你无法办到。申请人也可以说，他们无法执行计划，因为资金被控制了。（Reed，2002，61~62）

当（预算）过程连续进行时，协作就更困难。如果太平洋舰队司令部已完成预算（编制），而《计划目标备忘录》还没有完成，那么《计划目标备忘录》如何能指导和控制预算？不管是海军作战部长评估处（N80），还是其他任何能"强制执行"《计划目标备忘录》数字的人。预算工作人员相信，《计划目标备忘录》过程是有缺陷的，因为它们对重要性不同的事项实行"公平份额"原则。他们对《计划目标备忘录》的过程不太自信，因为该过程似乎是"给每个人分一杯羹"。预算工作人员在预算中，至少在预算年不得不"盯"紧《计划目标备忘录》，这样就出现对未来《计划目标备忘录》计划人员经常反对的情况，因为他们不支持由预算驱动的《计划目标备忘录》，尤其是在1990年后，实际上每年预算工作人员都被迫削减或改正《计划目标备忘录》的相关内容。由于这些以及其他一些原因，预算和《计划目标备忘录》团队间会有摩擦。《计划目标备忘录》与预算过程同时进行，也许能缓解一下这种紧张关系，但截至2003年，还未产生这种效果（见第12章小结）。

在太平洋舰队司令部，副主计长的观点得到了预算部门负责人和主计长的有力支持，他们都认为这种改变能促进计划者和预算者之间的更好合作。太平洋舰队司令部主计长指出：

> 国防部长拉姆斯菲尔德谈及转型及新的工作方法，他说我们不能老按照过去的方式想问题。对我而言，这是用于资源分配、计划、预算和需求决定的转型。他们（国防部长办公厅）希望简化办事流程，并更有效率，以便消除繁文缛节，问题只问一次而不是在两个以上不同的过程中都问……在并行工作时，你将被迫与他人一起工作。（Reed，2002，62）

预算部门负责人对这些评论的回应是：

> 我认为，目的在于简化流程，以便没有这么多的波次。以前，一旦计划被锁

定，你就不得不等待一个整周期或在预算中盯住该计划。现在，我们正试图改变在预算中尽力盯住（计划）的做法，而是在计划阶段就使该计划可执行，我们自己只需关心预算中的价格和"跳出"的问题……因而也没有过多需要说明的。（Reed, 2002, 62~63）

尽管太平洋舰队司令部工作人员同意同时进行计划/预算过程改变背后的理由，但也有一些反对者。观察家注意到，对新过程如何执行的指导很少，唯一的指导是由国防部长提供的仅一页的备忘录。太平洋舰队司令部主计长指出，要改变一个按相同方式执行多年的过程，自然会引起舰队计划和预算组织内人员的焦灼和不安，但他"现在还不想过早得出结论"（Reed, 2002, 65）。其他方面人员对新过程的评价也有不都是正面的，一名分析师把该新过程描述为"混乱"。临近2002年6月底的最后几天，太平洋舰队司令部以《计划目标备忘录》草稿控制数为基础向海军部预算办公室提交原始《2004年计划目标备忘录》预算后，对太平洋舰队司令部的工作人员来说，新过程如何运行仍存在很多问题。

最终，太平洋舰队司令部能够在议题文件、评论，海军部预算办公室、海军作战部长评估处（N80）和其他层次审查结果所致计划和预算改变的基础上，完成相关的并行计划、预算工作，并按时向海军部提交其2003财年预算。

思考规划－计划－预算－执行系统（PPBES）过程改变所引起的这些关系如何改变是有益的。按照汤普森（Thompson, 1967）和纳德勒、托什曼（Nadler & Tushman, 1988）的观点，在复杂组织中，存在三种类型的相互依存关系，即联营式相互依存关系、序列式相互依存关系以及互动式相互依存关系。

当不同单位独立运作，但它属于同一组织的部分，或要分享某种稀缺资源时，联营式相互依存关系就产生了。如同拥有多家分支机构的银行一样，单个分支机构在功能上相互独立，但分享法人实体一定的资源，如广告和市场，但这些银行分支机构在其功能上并不相互依赖。

当单位或任务的"下游"工作有赖于前一个单位的产出或任务完成时，序列式相互依存关系就产生了。序列式相互依存关系相比联营关系，对合作程度的要求更高，一个单位的工作可能受"上游"单位的影响，必须协作以确保工作流持续。序列式相互依存关系的最好例子是石油公司。首先，石油从地下抽上来，然后，石油被提炼加工成不同产品，最后产品被装船运送给客户。一个任务无法先于前个任务完成，任务间协作是确保工作流顺利进行的保证，必须投入资源以维持这种协作。这种类型的依存关系是2001年前分离的《计划目标备忘录》与预

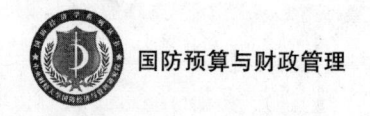

算审查过程的特点。

在互动式相互依存关系中，在普通产品生产中，工作团队必须与其他单位持续互动。互动式相互依存关系赋予单位间解决实质问题的要求，因为单个单位如果没有其他单位的主动贡献，自身任务无法完成。新《计划目标备忘录》-预算审查同时进行的过程，是互动式相互依存关系的例子。随着工作任务依赖性的日益紧密，任务间协作和交流量越来越多。互动式相互依存关系是最高程度的依存，因此，对单位间的交流和协作要求程度也最高。

2001年《计划目标备忘录》与预算审查过程改变前相比，在规划-计划-预算-执行系统（PPBES）准备阶段，计划和预算间的体系运转具有很高程度的序列式相互依存关系，各连续过程（计划，然后预算）都取决于前一阶段的工作。一旦接到投入，"下游"任务对其之前阶段的结果没什么影响。也就是说，预算的变化不会对现存《计划目标备忘录》带来变化。但如同我们已证实的，这不是对实际情况的准确描述。2001年的变化是建立了并行计划—预算审查过程，该做法的逻辑是认识到计划和预算职能间具有很高程度的互动式相互依存关系，对规划-计划-预算-执行系统（PPBES）预算阶段的行为，"上游"计划过程有显著影响。

太平洋舰队司令部工作人员认识到规划、预算间的互动性已有很长时间。如果威胁环境或预算环境是稳定的，也许就没必要对规划-计划-预算-执行系统（PPBES）进行改变。但情况并非总是如此。威胁环境是不稳定的，而且20世纪90年代，预算环境也是波动的。随着反恐战争的开始，对突发事件需保持很高的反应速度。结果，整个系统总是存在着摩擦。旧的规划-计划-预算（PPB）系统最为突出的问题是无法尽快达到国防部长拉姆斯菲尔德所希望的结果。十多年来一直被批评者所诟病的规划-计划-预算系统（PPBS）问题惹恼了拉姆斯菲尔德，促使他决定做出改变。

总之，无论这个正式系统的结构如何，大量非正式的协同与沟通对国防部各层面计划和预算工作的有效进行十分必要。很多是非正式接触，参与者暗指他们在工作时建立起来的"沟通感觉"。这些接触每天都在发生，已经成为太平洋舰队司令部规划、计划、预算人员之间，以及太平洋舰队司令部与下级单位和其五角大楼同行间工作的一部分。

经验丰富的参与者们认为，在资源决策方面做得好的人都非常擅于使用非正式工作关系。尽管规划-计划-预算-执行系统（PPBES）是高度程式化的流

程，但在这个过程中参与者间的日常互动却并不那么正式。不同层次的分析人员，在日常总是相互协作，而不只是在需要提交递呈时才这样做。他们在影响其下属的议题上与高级人员建立了深刻的谅解。这有助于他们所在的办公室参与相关过程，并在出现问题时知道应和谁去谈。

与非正式关系网有关的是，在资源有限时，基层单位在编制计划和预算时会采取不同的策略。这些策略使分析者在尽量争取资源最大化时，不会让那些特定账户或问题条项引起不必要的注意。分析人员也学会了从其他层次参与者可能尽力隐藏的地方寻找资源。参与者们学会了贸易"诡计"，如避免出现大的"冒出来"的资金，账户的资金增加总是比照以前年度的情况仔细"打磨"，或"埋藏"账户中一些由于自身特点使其不容易看出来的资源需求。这些策略是在该过程中经验和在非正式知识上长期"耕耘"的产物。

年中预算审查

接下来这部分，我们说明海军太平洋舰队年中审查如何用于帮助建立预算基础，以及准备下个海军部、国防部和总统预算递呈。在这些情况下，国会处于预算决议争论的中心，这时说拨款案如何被处理还往往太早。年中审查基本上是根据实际情况调整当年预算执行、运行节奏改变、新进装备和修理成本的过程，还涉及预算提交后，计划的其他变化以及一些无法预知的支出。年中审查也常包括从一个账户中找出一点钱，来帮助另一个账户或申请人等等。申请人要自己解决问题，但有时主计长会阻止，或知道另外申请人那里还有些未执行的资金，这些资金可重新分配。年中审查也提醒各申请人在夏季预算审查过程中要面对的争议问题。削减开支总是"地平线"上时隐时现的问题。而且，在操作层面，资源相对任务预期总显不足。到了年中，我们发现，预算分析人员和申请人既要算出预算当年发生的情况，同时也要准备夏末提交海军预算办公室的预算提请。

很多预算从业者对国防预算不太熟悉，其中充斥着大量的术语缩写，不太熟悉的指挥链，以及相对复杂的决策技术，尤其是在采办账户中。人们往往忘记国防部也有大笔的用于供应和服务的运营预算，这些运营预算的建立和审查基本上如威尔达夫斯基在 1964 年及其后所描述的一样（Wildavsky, 1964, 1988）。威尔达夫斯基抓住了那些发生在制定预算的人和审查预算的人（"花钱者"和"削钱

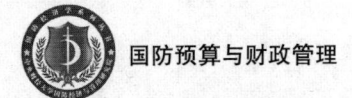

者")之间对话的本质,他对预算博弈上取得成功的那些观察,现在仍然正确,包括国防领域。自信、才干和客户在预算过程中作为普遍主题的认识仍具说服力。权变战略认识,用利润和工作量作为预算对话中阐述需求的方式,仍然绝对有用。威尔达夫斯基注意到,"置入其中的一些信息几乎是相同的词汇,'重要的不是你估计了什么,而是你如何成为一位优秀政治家'"。要成为一位优秀的政治家,按他的说法需要三个条件:活跃客户的培养、其他政府官员自信的培养、最大限度利用机会的战略技巧。工作出色被看做优秀政治家的一部分(Wildavsky,1984,64~65),威尔达夫斯基起初关注的重点可能集中在行政和立法交叉的领域,他也关注行政领域内基于专业知识和信任所采取的复杂决策情况,对申请人进行预算审查的论述也说明了威尔达夫斯基的分析仍是对的。

背景

接下来是对年中预算审查听证的分析,该听证发生在海军太平洋舰队(CPF)主计长层面。分析基于1990年年中审查(McCaffery,1994)和2002年实施的最新追加拨款采访情况和相关材料。我们的经验表明,预算审查所讨论的都是与时间无关的最基本的问题,因此一直在进行,正如威尔达夫斯基(1964)对立法者与行政预算制定者之间互动的描述。为清晰起见,我们在举例中,更新了组织名称和财年排序。

这些年中预算审查听证的目的是,审查当期预算,在国会建立对近期预算合适的控制数,因为这些都是作为预算基础的目标数字。该听证会也对下一年度预算进行第一次削减,这将由太平洋舰队在6月申请者讨论当年资金缺口和未来需求时召开,这种情况是由于预期不断增加的资源稀缺造成的。到5月,国会开始就防务资金以及总统所提国防预算的增加或减少开始辩论。对可能增加到多大或削减多少的讨论结果,太平洋舰队主计长层次的期望是不同的。但总的情况是,考虑海军作战和维持账户支出资产重组的需要,以及其他账户,加上在反恐战争中持续高节奏作战的影响,预期未来大部分年度都不会如当前年很好地提供资金。因此,对太平洋舰队来说,未来年度看起来总是缺钱,主计长希望预算分析团队向下属申请人传达这个信息。因此,审查当中的基调是确保多申报的会从下属部队预算中剔除,他们需要为来年准备提交更严格、更准确的预算。

太平洋舰队主计长也希望申请人提出可执行的预算,因为控制数是从舰队层

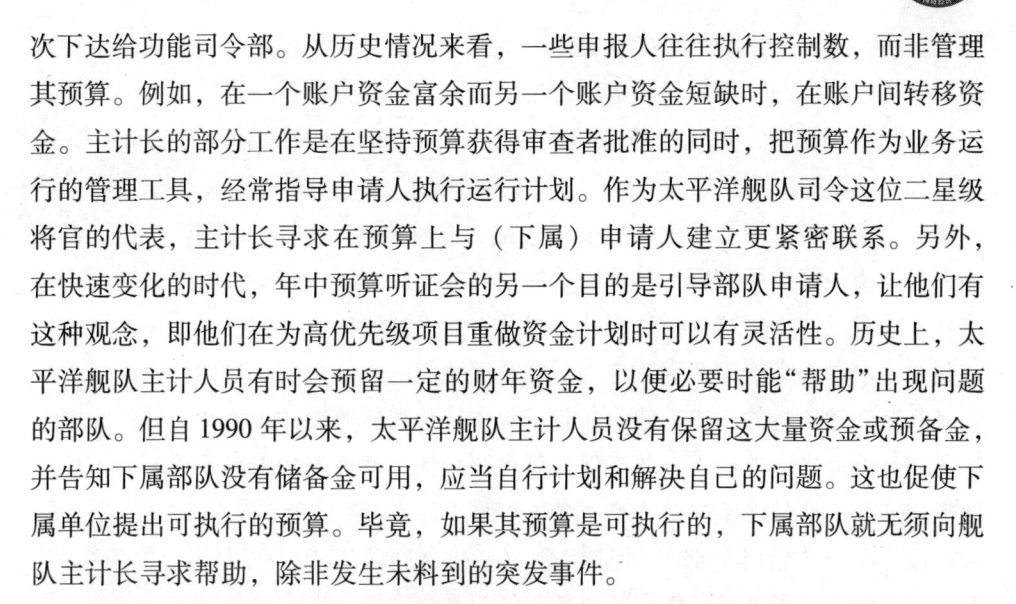

次下达给功能司令部。从历史情况来看，一些申报人往往执行控制数，而非管理其预算。例如，在一个账户资金富余而另一个账户资金短缺时，在账户间转移资金。主计长的部分工作是在坚持预算获得审查者批准的同时，把预算作为业务运行的管理工具，经常指导申请人执行运行计划。作为太平洋舰队司令这位二星级将官的代表，主计长寻求在预算上与（下属）申请人建立更紧密联系。另外，在快速变化的时代，年中预算听证会的另一个目的是引导部队申请人，让他们有这种观念，即他们在为高优先级项目重做资金计划时可以有灵活性。历史上，太平洋舰队主计人员有时会预留一定的财年资金，以便必要时能"帮助"出现问题的部队。但自1990年以来，太平洋舰队主计人员没有保留这大量资金或预备金，并告知下属部队没有储备金可用，应当自行计划和解决自己的问题。这也促使下属单位提出可执行的预算。毕竟，如果其预算是可执行的，下属部队就无须向舰队主计长寻求帮助，除非发生未料到的突发事件。

总之，年中预算听证会的目的是确保申请人：

- 制定预算，该预算是可执行的财政规划。因此，经常遇到的问题是，"你们能否执行该预算，或你们是否仅把我们的控制数返给我们？"
- 证明变化是合理的，而且证据充分。会问及证据应多长？答案是两个词肯定太少了，但多于一段话（50个词）又太长了。而且"你必须在第一行就抓住他们的注意力"。
- 明白计划（工作规划）驱动预算数字。还要明白，预算审查不仅仅是对主计长提出的少量可操控数字的审查。
- 明白资源是有限的，自身的预算问题要依靠自己发现和解决。预算过程中所形成的框架，包括资源分配方式，已为未来年（预算）过程和架构。如果所做的预算仅是为太平洋舰队预算办公室专门准备的数字，那就是在浪费时间。

典型情况是，年中预算听证会持续几天时间，每位申请人做公开陈述，然后，太平洋舰队分析人员对各功能司令部申请人预算相关领域进行检查和提问。听证会通常从太平洋舰队首席分析师关于使用预算作为管理工具重要性的陈述——可执行的工作规划开始，此后，可能持续2~3个小时，参与者包括申请单位的主计长、（舰队）副主计长和太平洋舰队首席预算分析师。其间，太平洋舰队主计长——那位海军上校，通常不出席听证会，由舰队副主计长——一名文职人员主持听证会,问题被摆到桌面上。如果可能,在分析师和功能司令部代表层面解决这些问题。如果无法解决,主计长才会出席会议。

在预算文献中,角色的概念被广为认同。正如"迈尔斯定律"(Miles Law)所言,"职位决定立场"。申请人会采取一种姿态,而预算分析人员会采取另一种姿态。参与者也揣测其他人的表现,这也被称为"发送"或"感知"角色。当主计人员希望他们按照有别于其控制数的规划提交预算时,申请人就会表现得非常诧异。毕竟,作为预算执行过程的一部分,太平洋舰队主计长已在年初给了他们控制数。申请人会认为,舰队应当乐意收回他们所给的数额。对申请人来说,这是对其感知的角色的违犯,他也违犯了对主计长如何履职的观察。另外,太平洋舰队主计人员告诉申请人,要确保预算可执行性,即使他们不得不重新分配控制数也应如此。这是希望申请人必须符合新的"发送"者角色,这使其工作更加复杂。没有哪个功能司令部想"捏造"数字来迎合舰队需求,因为一旦他们造假,在当年和将来的预算递呈中,就要负责证明其合理性。大多数功能司令部希望把钱转向最高优先级(计划)。问题是通常舰队和功能司令部的优先事项并不一致,这种不一致必须经过双方协商解决。有时,需要由海军预算办公室来仲裁,但通常舰队和功能司令部官员宁可自行解决这些问题,也不希望海军预算办公室参与进来。然而,功能司令部也知道有时可绕过舰队去海军预算办公室,这可为他们赢得支持。发生这类情况的时候,舰队主计长和主计人员就会有不满意见。

在每年的年中审查中,除了老问题和人们所熟知的问题,还会出现一些新的复杂问题。比如,某些争议问题在审查期间就会时不时"冒"出来。这包括:

- 技术考虑,如平均薪水波动。在不同报表中条目不一致,如一个表格中显示减少 18 人,而另一个表格显示的则是 11 人。还有条目错误,如文职职位条目错行等。

- 分析难题时引出的新问题,比如:"这是一次性支出还是持续性支出?""舰船的数量在减少,你为什么能增加保障?""如果你能在 2002 财年和 2004 财年用这么少的钱,那为什么在 2003 财年会有这么高的数字?""为什么你们超过舰队其他飞行小时计划预算用于旅行(TAD)?"

- 在听证会的讨价还价中会形成一系列政策指南。比如准备精确工作规划。证明改变的合理性,因为海军预算办公室会发现不一致。讨论正确的事,"不是讨论推迟备件问题,而应转向讨论储备金预算"。显示你的预算在减少。记住数字告诉两个故事:问你自己一些人用这些数字做什么,如果

2003 财年预算增长，你必须证明它的合理性，证明你为什么要超过 2002 财年预算，而按 2002 财年情况在今年就过不下去？否则，2003 财年增长就会被看做"有点儿多了"。

许多听证会上的相关主题都需要考虑时间，而时间总是不够，申请人不得不使其论点简短精练。因此，舰队分析人员总是告诫他们，"分析人员只有一个月的时间看预算……他们想找的是好的章节……分析师没时间看附件……因此，最好把它们放在前面"；"寻找有联系的科目——耗材就是构件组成部分，这两个应放在一起（上挪或下移在一起）"；"避免不适当的字眼，旅行就不是一个好词，海军预算办公室不希望看到旅行费用增加，所以我们需要看到理由……""这里已经出现红'旗'……"各申请人有其要考虑的特殊问题。

为进一步理解角色的特点和预算审查细节，下面，我们考察对三种功能司令部申请人所进行的典型年中审查。我们以太平洋舰队司令部主计长办公室近期的一些年中审查听证会为例。该节引用的观点与太平洋舰队预算审查的观察和文件中的官方口径不一定完全一致，因此对于参与者采取了匿名方式。

潜艇部队申请人

太平洋潜艇部队（SUBPAC）的预算策略在开始就很清楚，"我们是不一样的"，他们说。这也就等于是说整个预算系统应给予他们不一样的对待，或可以说，目前的预算系统对潜艇部队的关心不够。"运行节奏对我们没有意义，因为我们停泊潜艇时需要支付泊位使用费，但我们航行时却不需花钱（因为电是由核反应堆产生的）"。而舰队减少运行成本的预算策略是通过停泊，减少运行节奏，这就减少了蒸汽发动时间，减少了所用的油料，从而降低了油耗成本及其他相关成本。太平洋潜艇部队的另一个不同之处在于，它需要的资金超出了其他战略力量预算行为体。许多海军人员认为，正是这些弹道导弹核潜艇在冷战时代阻止了苏联，维持了和平。

太平洋舰队权威分析人士在公开评论中，态度十分明确。他注意到，太平洋潜艇部队在备件方面的预算执行不足。该分析师警告说，"你们实际执行的是 400 万美元，却要求 1000 万美元，这很难满足。"该信息有两方面含义：一是告诉太平洋潜艇部队主计长和分析人员，这是一个典型的预算差错，预算审查中主计长的角色是审查其合理性；二是对预算执行者来说，没有多余的钱，这是另一

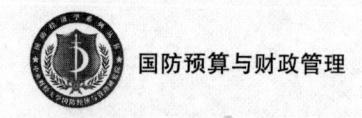

个典型的预算信息。

太平洋潜艇部队辩解说,他们执行不足仅在于会计系统中资金到账延迟,备件也需要返回库存。双方因此陷入了繁杂的争论,但预算背景中的角色设置已清楚告知,预算执行不足的单位不会得到额外的钱。因此,太平洋潜艇部队被告知,你们并非与众不同。一系列技术性的批评强化了该观点。

- 开火/力保:"你们不能削减这些计划,要知道这些是你们最高优先级项目中的两个……因此,你们要确保没有削掉提交的高优先级项目。"
- 要警惕特定年度的一次性支出,特别是,"确定你们是否在下年度剔除它(一次性支出)"。
- 现实点,包括"没有好做的项目,只有必须做的项目"。
- 看看趋势线上的"亮点":"你们必须就该亮点给我们一个解释。"太平洋潜艇部队争辩说,该亮点是层层传给他们的控制数,可追溯指挥链至海军部预算办公室。"你们给了我们控制数",太平洋舰队回应道,"好吧,然后你必须告诉我们下年度你们不想做什么。或者,你们今年做而上年没做的,你必须解释这个'亮点'。另外,预算控制数是个起点,而不是终点。"
- 在做价格调整时,要确认按正确的路线执行:"这方面我们损失了许多钱……"价格调整通常需要提供资金,因此,其中任何数字输入差错可能意味着一些资金削减,相反可能会很快得到资金。
- 确定变化都给出了合理解释:"所有变化都需要证明其合理性。"
- 解释不合逻辑的模式。例如,"你们显示资金在减少,但你们却显示运行小时在增加,你必须解释一下"。回应是,"我们有实际运行的日志",这也许不符合逻辑,但却是事实,因为现在有更好的航标。而反驳是:他们不应该改变绩效标准,除非另有原因,但如果他们改变了考核标准,那么他们"就应在预算陈述中说明,以免其他人对我们心存不满"。这也警示,太平洋舰队的工作由其他人审查,因此帮助其角色合法化,也要证明他们坚持立场的合理性。
- 两个表格上的内容不一致:"这可能是拼写错误或四舍五入引起的误差,但如果两表中计划数和价格不一致,就不应该了。当然这种情况并不多,但在预算的很多重要方面,如公共设施方面,确实存在这样的问题。因为你们是预算账户中仅有的一支部队,这很惹人注目。"这里的问题是本应

一样的项目和数字，但在两个不同的表格中，数字却不相同。如果这类差别被带至预算审查阶段，预算分析人员将自动选择较小的数字，削减较大的数字，而不考虑该数字是否正确。预算分析人员甚至还会将这个数字进一步削减为比该较小数字更小的数字，因为这类差错似乎表明，预算单位既不知道用它做什么，也没有认真对待预算系统。

- 没有对失去的资金给出合理解释："每日津贴平均成本突增 10 美元，却没有给出合理的解释。首先'一刀'（审查）你就会失去这 10 美元，你要想得到就必须证明其合理性。"这里，申请人仅因为没有对变化给出合理解释，这是最容易被审查者砍掉的。

- 一个计划在 5 个财年框架内波动。太平洋舰队评注道，"该框架不好，你们能按这个水平执行吗？你们执行这个计划最少需要多少？"潜艇部队的回应是，这是指挥员和工作人员科类，这种情形并不多，但这些钱用于交流。"一些人要与发射导弹的人员联络，参谋长联席会议主席也要与这些人谈话"。通过把这些看起来模糊的保障科类与主要任务联结起来，即通信指令与导弹发射联结起来，太平洋潜艇部队基本把该科类变为了法定支出，尽管他们仍需写出叙述性说明，解释用它们干什么。我们也注意到，太平洋舰队关注太平洋潜艇部队开展计划的能力，一线主计人员在预算中比仅削减（资金）做得更多，他们必须关注申请人执行计划的能力。

随着听证会进行，太平洋潜艇部队对这些细节层面的审查很不耐烦，他们曾放话，"如果他们要求我们为 5000 美元到 1 万美元的项目做合理性解释，我们要去看一看太平洋航空兵是怎么做的，为什么我们得证明仅占我们预算 0.5% 的项目呢？"由于太平洋舰队主计长原是飞行员出身，太平洋潜艇部队这样讲暗示太平洋舰队可能偏心，对航空部队控制得宽一些。团体竞争是长期存在的，但太平洋舰队权威分析人员再次选择不在这些基础问题上争论，而是从预算本身来找答案。"我们经常接到海军部预算办公室关于 2000 美元的质疑"。另一人说"我们可能接到来自海军部预算办公室的质疑，但如我们不做事先准备，到时我们肯定通不过对我们的质疑。"另外，有人补充，"预算科类、本该如此"。"小的"争议也不能绕道，意指对小项的询问是正常预算路径的一部分，太平洋舰队也被海军预算办公室询问此类问题，为了应对这种询问他们就不得不打扰太平洋潜艇部队。因此，这是账户本身的问题，是它产生了问题。所以，事实是太平洋潜艇部队并没有在此被区别对待。在讨论了几个与预算科类有关的技术错误之后转向另外的方向，或是在不同的报表中本应相同的数字却不相同，主计长说，"预算不过是一份文件或几页纸的那个时代已经结束了，你们必须支持并执行。你们一定要仔细查看预算是否平衡——如果航行小时增加了，燃油肯定增加——这就是对合理性的证明。"因此，太平洋潜艇部队被督促要像对待实际执行的工作文件或商业计划那样对待其预算。

虽然听证会的内容在变化，但预算分析人员却遵守这种哲学。有人小心翼翼地"反对"大幅度缩短在航时间，"航行真的要减少吗？你们应该就此想一想，因为，假如我们减少了航行时间，我们就要做更多的资金削减"。申请人普遍想了解变化后面的因素，而得到的警告总是要给出变化的合理性。申请人也知道削减必须得到证明，而且证明还要详细，不能三言两语就完了，究竟需要多少理由更成问题。"200海里的航程缩短，这几个字的解释不够"，但那些根本没有理由的会更糟。"今年计划中，你们准备（明年）取消哪些？你们没有对年复一年的减少给出理由，我们会回到当年预算并拿走资金"。这是一种为未来事项工作而转向现在的方式，因为没有为其未来年预算写出理由，对申请人当年进行惩罚。

审查从非常细节性的东西到更一般性的东西都有。在细节方面，典型的差错出在诸如报表之间有交叉错误、数字应一致的不一致、每年发布的比例做错了、一次性计划做成了连续的。审查人员有时候会抱歉地指出这些问题，"这看起来像是挑刺，实际上不是……因为它使我们陷入了其他问题。你们的作战规划32（OP-32）（另一份预算表）在其他所有项目上都显示（预算）减少，可是，油料方面却上升了……为什么会这样？"

另一项必须要做的事是保障计算机战争模拟训练。该计划和预算上报告的数字不一样。太平洋舰队预算分析人员认为，你们刚谈到将要减少的训练数字还不够好："你们要说明如拿走 x 量的资金，我们需保障多少比例的合同……尽力打消海军部预算办公室的质疑。"

申请人回应道，"战争模拟不与资金联系，前提是人活动的时间使支出波动……我们必须在预算中首先仔细考虑这类数据，因为它是'商业敏感'信息"。在这里，申请人提醒太平洋舰队，把所有信息呈现出来是不合法的，这可能使另外的承包商得到这里面的信息。如果另外的承包商知道正在进行的民用预算部分的所有支出，他就可能使其投标报价刚好低于这个数，这样就可以在合同进行过程中赢得优势。

预算分析人员回答道，"我们不能在战争模拟方面提供的（数字）忽上忽

下，资金不能太波动……海军部预算办公室也会问。"这是在强调趋势分析——看一段时间的变化轨迹，预期的是计划的变动应引起资金变化。这是预算分析人员经常使用的两个基本概念：寻求和质询。舰队预算管理机构提出的问题，是太平洋舰队必须问的正当问题，是良好预算管理的需要。

太平洋舰队司令部

太平洋舰队自身也有小的申请，以保障一些舰队作战单位。公开化加重了财政环境的苛责性，继而强调预算办公室想要的是在资源和计划需求间尽可能平衡的预算，没有钱再用于未提供资金的需求，因此，建议申请人，"如果在你们预算外还有无资金的高优先级计划，那么，请重新计划"。决策规则很容易确定：

- 不要仅把控制数返给我们，要做个能执行的预算。
- 寻找资金变化地方，职能变化情况，询问变化的原因。
- 看看受益者，如果不是太平洋舰队，就把其从预算中剔除，或责令它们以某种方式收回，从自己的预算中去除。
- 解释所有的计划变化，我们（太平洋舰队）不想因为不知道变化而在海军部预算办公室出洋相。
- 长期没有得到更高层提供资金的计划应被删掉。"看看有没有每年都提出资金要求，但每年都没有争取到资金的计划？如果在下个预算中该计划仍未得到支持，那么就应该剔除它。"
- 申请人也要严守承诺，做出承诺就要说话算数。"10月1日当他们敲我办公室门，说，'你没有认识到我的亏空'，我想这样说'我明白，你已经做了一些好的合并，他们是有意义的，现在就开始做它们吧。'"
- 要了解交叉趋势项。"你们怎么可能每年增加3个人，但费用却减少8万美元？难道有许多年他们是免费的？"
- 检查单位的平均薪金。"这里每人30万美元很惹人注目……那里只有每人6.4万美元，该单位的平均工资太高。"
- 确定你们的锚定数正确无误。"我查了你们今年预算中的数字，以及与今年相对的去年数字，你们呈报的去年数字不正确。如果你开始是对的，然后调整才会是对的。"
- 按你说的做。"你告诉我（叙述），变化的是车辆租用保障，我检查了它

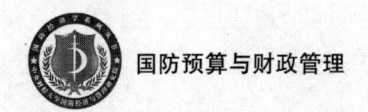

但没有找到……这会让分析人员问该计划的一些问题。"

- 使用正确的数字。"你们的计划表和预算表在支付增加上的数字不一致，哪个是对的？你们必须从老的预算表得出每年报表，并对新预算表进行价格变动。"

- 推断预算年的情况。"在 2002 财年与 2003 财年之间有 200 万美元的增加额，这些钱是用来做什么的……因为它们已经进了预算，并留下来了。"

- 对不寻常的数字提出质疑。"2000 财年和 2002 财年的数字看起来是适合的，2001 财年看起来就有些出格，比 2000 财年多了 5 万美元，哪一个是真正的基数？你们必须向我证明 2001 财年数字的真实性……"申请人回应道，"我们也深陷麻烦…（在这些账户中）"，预算分析人员很快打断，"看看数字，我不知道是你们在 2002 财年陷入了麻烦，还是 2001 财年的资金太多了……"。

- 清除无资金需求项。"太平洋舰队正在减少舰船，但你们没有减少资金需求，无资金需求项也没有清除"。

- 让实际操作者做决定，但要坚持让他们做下去，"操作者决定需要多少训练时间就够了，管钱的人不能做此决定"。

- 好好打磨（紧预算），防止最终跑偏。"如果我们说这个计划很棘手（不好做，但必须做到），那么我们可以折回，通过操作者向上将提出，改变某些细小的预算决定"。

- 把变化与《计划预算决定》（《计划预算决定》是在国防部长层面上做出的）连起来，解释《计划预算决定》。"当《计划预算决定》改变你账户之一时，告诉我们《计划预算决定》的逻辑，不仅是《计划预算决定》的数字……除非是交叉削减的《计划预算决定》明显不可理解，例如，对油料4%的通胀调整"。

- 首先做出细节层次的计划，然后合成总计划，这是先做什么和如何开始预算编制过程最实际的指导。

- 听证会即将结束时的一般性讨论，主要集中在申请人由于寻找历史记录困难，影响预算项变化解释，以及理由怎样才能充分。申请人问需要提供多少叙述性内容，"我们知道太平洋航空兵有一页接一页的叙述"，申请人说。这种评论指出，申请人在听证会之前互相谈论，并采取一些策略。预算分析人员回复道，"好吧，一页接一页的叙述不需要，需要的只是"肉"……仅

9 预算过程参与者：申请人

一段（紧扣主题，不要细枝末节）……我们没时间一页接一页地去读。如果在开头两行你没有得到我们（吸引住我们），就'完蛋'了（资金会被砍掉）"。

关于这次听证会的结论，预算分析人员告诉申请人，他们的基本预算文件做得不错，因为"与其他的人没什么关联"。申请人回应说，他们建立了专门的预算工作组，安排在单独的房间，"只在下午接电话，其他什么都不做，专门做预算，他们做得很努力"，但有一些难以回答的问题，一些基本问题甚至高层人士也难以回答。当资金减少，组织试图把资源下降与舰队计划结构支出相匹配时，这些基本问题仍将存在。

海军太平洋航空司令部

太平洋舰队预算主管在听证会上对太平洋舰队航空司令部（AIRPAC）的引导与其他的几乎一样，强调年中没有可拨付的资金。因此，那些无资金来源的"硬"需求是要太平洋舰队航空司令部自己考虑解决的。另外，太平洋舰队航空司令部也被警告说问题还更糟。"我现在知道我们正在走向最严重的困境"，在年初（一月）控制数发布后，为突发情况准备的预备金被海军预算办公室抽出，"我们不仅不能要回它，而且还可能失去另外一些资金"，因此为该阶段组织听证会。

太平洋舰队航空司令部负责为太平洋舰队中所有航母和陆基飞机（海军陆战队）提供油料、维护和相关费用保障。太平洋舰队航空司令部的基本任务是管理海军飞行小时计划（FHP），保障飞行员和舰载机（保持）战备（状态），可随时从舰上起飞以应对突发威胁或训练需求，保障航空母舰战备工作周期以训练和保持飞行员技能。各航母编队训练任务量都很大，太平洋舰队航空司令部在部署时，通过计划和预算过程确定的类型、型号和系列保障太平洋舰队航空司令部武器系统，保障飞机，也需提供飞机装备。海军作战和维持（OMN）账户与海军陆战队作战和维持（OMMC）资金通过自海军作战部长评估处（OPNAV）发布的《作战规划20》（OP-20）提供预算给太平洋舰队航空司令部保障其任务。太平洋舰队航空司令部主计长和工作人员的主要任务是管理年度飞行小时计划现金流，飞行小时计划除支付油料费用，还包括几乎所有的飞机维护费和多个其他支出，如航行（TAD）以及来自其他飞行小时（FO）账户的其他支出。太

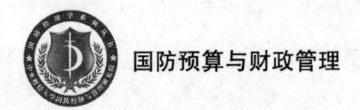

平洋舰队航空司令部主计工作人员也必须在所有《计划目标备忘录》和财年中向舰队提交计划与预算细节。

太平洋舰队航空司令部的预算过程要求严格重视定价、时间和执行问题，在财政年度和当年有精确的资金数。除主计长预算办公室和从功能司令部到舰队、海军预算办公室这样的财务管理指挥链外，还有一个资源出资人指挥链。包括：功能司令部层级的飞行小时计划管理者（海军指挥官职位）、舰队层级的资源出资人（N-41文职职位，舰队对该职位的分派这段时间变动较多），以及海军作战部长评估处层级（OPNAV）的N-78（海军上校职位）。所有各方在计划和预算执行过程中都作为作战和资源保障的出资人参与。如果资源是飞机，出资人的兴趣包括飞机类型、应做什么、应如何对其进行配置来满足任务要求、如何和何时对其进行部署，这也是代表消费者的作战团队空中指挥官所关心的重点。飞行小时计划管理者保障所需的各项飞机任务，并按资金要求对飞机进行保养升级，但这些使用资产的飞行联队并不负责资产的长期维护与管理。

因为资源出资人（手里"握有"飞机）和预算资金持有人（保障他们）间存在摩擦，因此对这种听证会的管理结构有所了解是必要的，这些不同的视角必须加以协调。这无特殊之处，因为功能司令部的主计长、工作人员和预算官员负责管理当年的账户和资金，而飞机资源的出资人根据长期考虑负责飞机资产的配型。更进一步来说，海军作战部长办公室（OPNAV）资源出资人的管理工具是《作战规划20》（OP-20），还有根据历史记录提出的用于飞行小时计划的费用预算报告——一种以历史（数据）为基础对现金管理目标还不足够准确（典型的资金不足）的为太平洋航空司令部（AIRPAC）飞行小时计划提供资金的预算报告。因此，有时舰队出资人（以及与此有关的主计长）与功能司令部主计长和工作人员往往在与资金保障和飞行小时计划管理有关的大量问题上产生不同意见。现金管理在执行上要求功能司令部主计长和工作人员能及时应对由预算、任务和资产变化所引起的成本压力和成本削减，例如，在财年执行比《计划目标备忘录》预算所计划的更多或更少的航空母舰和飞行联队部署（McCaffery & Jones，2001，423~440；Phillips，2001）。

此处的关键是资源出资人控制向《计划目标备忘录》的投入。《计划目标备忘录》是对所有飞行资产与作战的资源分配计划，包括按飞机类型确定各年飞行时间的飞行小时计划。预算随后进行精确、详细支出匡算。太平洋航空司令部是两件事的主人，一是飞行小时计划执行；二是预算执行。在年中审查时，太平

洋航空司令部与海军作战部长办公室（OPNAV）和舰队资源出资人讨论飞行小时计划，将结果纳入《计划目标备忘录》，并由此在随后预算中得到某种程度保证。然而，在太平洋航空司令部作战资源受限时，这里的一些细节与太平洋舰队所看到的并不一致。

太平洋航空司令部预算团队没有选择开放陈述，这表示他们更愿意弄清细节。随着听证会的进行，越来越清楚的太平洋航空司令部主计长代表处于不利地位，认识到原本应做开放陈述，声明或许已超控制数执行，认识到这会是个糟糕的年份，但其资源出资人在几个关键点上仍强硬坚持。因此，太平洋航空司令部可能会在"岩石"（资源出资人）和"硬地"（舰队主计长及最终的海军预算办公室）间据理力争，同时感谢得到的所有帮助。

听证会从制定的计划开始，该计划将在来年全面运行。太平洋舰队预算分析人员问道："你们已做了什么来削减该计划中不必要的支出？"他想得到一个例子说明计划管理者已"真正重视此方面，看看如果未被削减，能做什么。必须说明在提高资金使用效益上采取了哪些措施以控制成本"。太平洋航空司令部的回应是，成千上万资金的项目已经建成、计划正在进行中。太平洋舰队回应道，"我们需要就此对华盛顿强调，'嗨，当其进入排队时，我们没有钱为该计划提供资金'。"太平洋航空司令部争辩说，他们刚从计划出资人处知悉资源已被纳入《计划目标备忘录》，下周发布。预算分析人员对此怀疑，指出该出资人已没多少钱，可能也没有资源安排。太平洋航空司令部争论说其已被安排。因为《计划目标备忘录》尚未出台，没有人知道真正的情况，太平洋航空司令部必然争论说他们被告知的确实是真的。太平洋舰队只好无奈放弃，"好吧，如果你的出资人已安排进《计划目标备忘录》，我们也许不用发愁了"，太平洋航空司令部的回应很简洁——"我保证他这么做"。然而，预算分析人员仍保持怀疑，说"我们等着瞧"。

《计划目标备忘录》过程的最终游戏是，当最终决定出来时，太平洋航空司令部的提请可能已向更高和最新发展的优先级让步，因此舰队回应说"我们走着瞧"。这种争论凸显了预算不断下降和计划不断增多的难题。这个听证会首先出现了一个问题，即资源出资人出现在预算办公室及其任务的对立面。太平洋航空司令部就该问题没有给出任何理由，这是因为他认为自己是对的，并将在随后的经历中证明是对的。另外，到那时，资源出资人主管职位领导的军衔高于作为海军预算办公室领导（N-80）的军衔，所以太平洋航空司令部主计长认

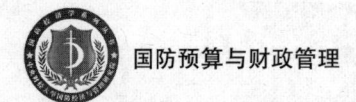

为，情况不妙时，资源出资人会赢。太平洋航空司令部预算分析人员知道，预算审查权归根到底来自 N80 领导下的海军预算办公室。所以，他们知道谁比谁的地位高。2003 财年《计划目标备忘录》、预算重构及其随后的并行运行将会减少此类争论。

听证会的下个阶段涉及一些典型的预算议题。包括，可能仅因为打印错误的40%支出增长，当资金从一个账户转向另一个账户时没有给出理由。太平洋航空司令部解释道，"我们显示重新计划的证据"。舰队分析人员回应道，"每个证据应当有理有据"，随后紧接的是对"多余"的典型搜寻，例如，"你们从这个账户中拿钱了吗？为什么那里有多余的钱呢？"

随后，太平洋舰队提出更实质性的建议，"要是你用更多的模拟飞行替代实际飞行去实现你的首要战备任务（PMR）会怎样？那里2%的传统飞行能通过模拟时间满足，如果你使用10%的模拟时间，你能节省多少费用呢？"该建议已被海军部预算办公室分析师和其他人员推动多年。更现代的高技术模拟器使这种选择更吸引预算分析师和资源管理者，但并不吸引操作人员。太平洋航空司令部回应道，模拟器不是对实际飞行小时的替代，舰队分析人员听后则不以为然。这个问题也许是来年预算战的序曲，太平洋舰队分析人员似乎对太平洋航空司令部保有警惕，未来会进一步施压。在这一领域，未来预算决定的关键在于海军《计划目标备忘录》确定了什么。

太平洋航空司令部随后被训诫说，即便舰队自身改变了预算控制数，但还是要太平洋航空司令部"回头告诉你们将做什么（即他们如何适应预算削减或改变；如果无法适应的话，如何反对）"。这就又把争论带回到最初的对话中：

  太平洋航空司令部：要让我们像统计人员那样做，挺难……（预计到执行主计长资金削减决定可能要采取的行动）。

  太平洋舰队：我想你已经与你们的将军谈过这个预算了吧？

  太平洋航空司令部：他们不同意削减。

  太平洋舰队：好吧，找找看还有无其他的可以削减。你们（在预算中）的建议超过控制线了，这是不可接受的……所以要找其他的。不是每个东西都是金表（不能削减）……勇敢点。

  太平洋航空司令部：将军不想削减（计划或垂直削减），其他人也没有做类似削减（同样遭遇）。

9 预算过程参与者：申请人

太平洋舰队：如果他觉得不公平对待，可以呼吁。飞行小时计划（预算中的"肉"）必须保证。

但是，飞行小时计划直到最后并未被深入讨论，接着一系列的行为描述了通常的预算关切、不正确的定价、不充分的理由等。接下来进入系统的最初数据错误一直以不同方式出现，影响深远。

太平洋航空司令部：好吧，我们必须返回控制数，对吗？

太平洋舰队：我希望你们在账户间重新平衡，以便你们有个可执行的文件……因为我们将坚持这样做。

太平洋航空司令部：我想我们不得不达到控制数。

太平洋舰队：这是底线，你们要做……但我们都为此努力，我们想知道它的理由在哪儿……你们过去在预算刚好接近控制数时是怎么做的？你们是否制订了作业计划（内部计划）？

太平洋航空司令部：是的……例如，我做了自己的工作计划……然后，我们想到您，那我们必须重新计划。

这引起如何做飞机保障计划方法的讨论，并引入对其他飞行小时账户的审查。在该账户里，控制数似乎引起一些问题。

太平洋舰队：……看起来你们旅行（费）的执行得超支了（多年来的老问题）。

太平洋航空司令部：这是一个控制数的问题……

太平洋舰队：你们真正的数字是多少？真正执行文件的规划数是多少？你们怎么知道你们做得好还是不好？你们做反了……你们应当考虑对执行做个规划，然后做预算……如果你们年初就坐下来，做了一个真正的财政规划，你们现在就不会处于这种情况，说你们的旅行费用执行会超50%。

太平洋航空司令部的人沉默了。这时，舰队预算分析人员补充说："我要你们年初一开始就把你们认为能执行的预算归并在一起。"

太平洋航空司令部：我们不得不遵守我们出资人的飞行小时安排表……你的控制数不是我们的唯一指导 [在这种背景下，指导已经不意味着建议，而意味着目标。对太平洋航空司令部来说，飞行小时计划设定了目标（执行中的约束），他必须正好满足预算执行数]。

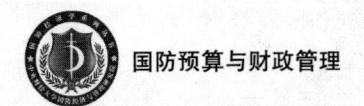

太平洋舰队：哦，先"打"飞行小时"战"。

太平洋航空司令部：你不能在2002财年就做出2005财年的飞行小时计划。

太平洋舰队：是的，你能……这并不意味着飞行小时计划不会改变12次。

太平洋航空司令部对此没有做出回应，因此太平洋舰队采取了另一种策略。

太平洋舰队：如果你无法得到追加的5000美元，你会怎么做？

太平洋航空司令部：减少飞行中队或停飞……

对太平洋航空司令部，这是最后的威胁。过去10年或更长时间，国防部预算审查员最喜好的策略之一，就是拿出一个大额、甚至一个没有理由的大数额，作为假设的削减建议。该策略在老布什政府时期国防部长迪克·切尼的领导下，国防部副主计长广泛运用（Bixler & Jones, 1992, 131~151）。在许多情况下，在冷战末期这种假定削减变成了真正削减，海军预算办公室在许多预算草案中也常常采用这种策略，寻求海军作战和维持（OMN）资金削减，将资金重新分配至采购方面。假如得到的回应是没有重大影响，那么审查人员可能就真的进行削减了。

但是，在年中预算审查听证会上，太平洋航空司令部也给出了回答，表示计划的重要部分，包括飞行中队或飞行小时，以及有关的任务能力都会被削减。对大的削减威胁的反对以不可接受的威胁结果出现，结果是"拖"。20世纪90年代初开始，太平洋航空司令部实际上每年都在用这一招，通过详述如未得到预算时不得不停飞和飞机停在机场的意义，在一定程度上保护了它的执行计划。当太平洋舰队主计长支持这种办法，并在1994财年实际中止了飞行中队飞行之后，这种威胁变得更加可信。在随后的预算中，飞行小时计划增加了。有时，设定削减任务绩效的日期似乎是强化预算执行估计的唯一方式，这表明它是真实数字而非策略性的捏造数字。

在听证会结束阶段，舰队预算分析人员用安慰的方式提醒大家："我们现在努力要做的是，确保任何报给海军部预算办公室的（预算）不因我们的疏忽而被退回标记（削减）……我们正在努力得到预算，我们将充分支持。"为解释细节打磨的程度，另一名分析人员说："海军部预算办公室告诉我们，《作战规划-32》（OP-32）（关键预算控制报告）的完美是至关重要的。"这

对太平洋航空司令部不大可能有说服力——他们的反应是，实际上，"那是你们的事"。

预算执行竞争仅在预算准备中明显，也许此时更明显是由于在执行中各单位是在用真正的资金而非拟议中的资金。在执行中，"车轮着地"，就如听证会结束后，一名太平洋航空司令部分析人员非正式告诉我们："我们在执行中安排的事在《计划目标备忘录》和预算中被打破，多亏我们努力执行（好）预算，却被舰队分析人员所拷问，他们根本不如我们了解我们的预算，盯着我们意味着他们不相信我们所做的工作。但真正激怒我的是，当他们直接打电话给我们的分析人员质疑数字或合理性时，甚至没有提醒主计长和预算官员他们想要什么。"为什么舰队分析人员要这样做？为了找到可以做削减的缺口是答案之一。还有，在整个预算过程中资金控制的竞争是很明显的。

在这次听证会上还有一项议题使舰队分析人员尤为头痛，太平洋航空司令部实际上承认，两组账户不得不维持，一组包含太平洋舰队数字，另一组有太平洋航空司令部真正的执行计划数字，该问题需要从舰队角度加以矫正。但是，太平洋航空司令部没有看到有效的替代办法。在更为基础层面，海军航空兵认为，如果做那样的计划无疑不明智且浪费时间。尤其在威胁四伏时，大幅削减预算就更是如此。

由于预算观念不同，在有关海军航空兵的听证会上，涌动着一股竞争和冲突的暗流，气氛也与其他两个听证会不同，更多地集中在错误数据和信任危机上。基本来说，海军航空兵在舰队分析人员质疑其做法时，更为确信自己执行飞行小时计划的计划是合理的。正如威尔达夫斯基所指出的，公共部门的预算人员通常会采用尚在争论中的数字，理性的人可以找到折中办法，并会认识到今年吃亏了，明年会得到更多。正如今年多占了可能会减少以后年度的预算。但是，这一点已表明，预算过程教会了理性的人们在数据上达到妥协。正如威尔达夫斯基所指出的，这就是钱的问题。

这次听证会很大程度上发现了思想观念上的不同，是一次不同寻常的预算听证会。但是，预算官员可以让资金申请人停止为预算的事争吵，就像潜艇部队说它与众不同，或者像海军航空兵声称，它的资源出资人所做的预算计划比预算官员的审查重要。舰队预算审查人认为，他们已经对审查程序失去了控制，这就是为什么舰队预算分析人员介绍的问题显然都是预算问题，希望由此重新强调预算领域。因此，关于薪金这样的小问题埋藏在一大堆模糊不清的表格里，它才与谁对什么拥有决策权这样的大问题有关。

总之,这些年中预算听证会是某种高强度的训练,使预算分析人员能搞清楚申请人需要什么,他们的话含义是什么。申请人会一再提到它们在海军部的上级,但预算审查员也会这么做,他们的老板是海军部预算办公室。申报人会一再使用应急战略,如火力安全训练。审查者和申报人要反复一起区分数字和报表,所有这些都与威尔达夫斯基所描述的预算协商与策略的情形相吻合(1994,63~126)。

自从1964年威尔达夫斯基的经典著作《预算过程中的政治》出版后,预算工作的技巧已经发生了变化。听证会上的绝大多数文件都采用电子表格文件,打印出的文本堆在桌上有几英尺高。但是,计算除了处理基础资料和数据外,并不会解决任何问题。做出所有涉及这些计划表的决定意见和审查决定意见的都是人为过程,即各个专家在各自领域提出预算建议,有些专家则专门审查这些建议。有时候也表明即使专家也并非无所不知,因为专家只是各有所长,或者因为有些事项在不同年份的情况也不一样。更重要的是,即使是本专业的专家有时也需要借鉴他人的意见,才能做出预算过程中最好的决定。

小　结

我们通过上面的观察对申请人预算的分析进行小结。这些在很大程度上以对预算听证会的观察为基础,来自对数年来在主计长办公室参与预算过程参与者的采访,一些情况也来自资源出资人办公室,包括在第一、二、三、四级司令部,即海军部预算办公室、太平洋舰队、功能司令部和现场司令部。

增量路径为主

尽管投入(解释、分析等等)极为复杂,与太平洋舰队预算过程(参与)人员讨论发现,在年复一年的资源需求和分配上有增量特征。多数账户的变化是增量的。另外,其制定和审查也是增量的,这意味着主计长和预算分析人员严重依赖于账户的历史情况和趋势线。大多数参与者都是老练的分析人员,他们了解以前的各种争议。他们知道什么是关键问题,什么问题应当浮出水面,他们也明

白解决问题的答案可能在哪儿。也就是说，他们知道听到的哪些方案不能接受，哪些答案在打擦边球，即使不如已制定好的文件那么明确。他们会在预算过程中充分发挥自己的技巧和洞察力。

资源有限，理由很关键

计划者和预算者在有限可用资源下工作，他们必须决定在彼此竞争的重点项目上如何分配可用的资源。近年来，纳入《计划目标备忘录》规划的计划量已超过了预算的计划量。也就是说，预算已不能满足规划（所需）的资源。在这种情况下，还有另一种紧张情况存在，如战备账户比保障账户优先。这可以在太平洋舰队的海军作战和维持（OMN）账户中看到，在此与战备有关的资金优先于保障有关的资金。在太平洋舰队，舰只运行和飞行小时计划在2003年都提供了其需求90%以上的资金，而其他设施的维持、整修和保养方面仅提供了其需求资金的54%。

太平洋舰队和其他地方的分析人员面临向海军预算办公室证明保障账户与战备账户资金合理性的困难。他们指出，在战备支出资源有限的情况下，预算制定时对保障账户增加资金提供的理由或者不存在，或者不充分。例如，为其他飞行小时计划账户预测制定的最好衡量标准尽管是过去3年资金的平均水平，但按太平洋舰队预算部门领导的话说，"你们拿出3年平均数，也不能保证资金需要"。功能司令部分析人员苦恼的是不能准确地预测其他飞行计划，正在探索完成该任务的方法。

预算过程处于转型当中

规划-计划-预算-执行系统（PPBES）过程的变化，从系统设计的序列任务流，到交互任务流的转型，增加了计划者和预算者之间沟通和协调的要求。改变之前，计划是固定的，预算编制建立在《计划目标备忘录》数字的基础上。但是，在很多情况下，主计长"试图在预算中安排计划"，并且因可行性，的确会实际改变已被海军作战部长和海军部长批准的计划。一些人指出，这意味着预算人员一开始就被计划人员贴上"战斗者"的标志。一些人认为，这是不合适的，预算人员也普遍赞同这种观点。一定程度上，发生这种情况，是因为预算人员认

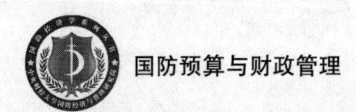

为他们被迫在最后期限前做出决定。否则，他们就或未准备好预算，或应在作战和/或财政管理指挥链更高层次上制定预算。修订后，规划－计划－预算－执行系统（PPBES）的并行计划/预算审查过程可能有助于解决这个问题，但这需要随改革的继续推进才能做出评估。

10 财务管理与国防预算

引 言

美国总主计长大卫·沃克（David Walker）在众议院政府改革委员会的小组委员会上说道：

  美国国防部及其领导的军事力量均堪称世界一流。这些武装力量在作战和赢得武装冲突上的效率无人能及，完全可以取得 A 等成绩。然而，在经济和效率方面，国防部却只能取得 D^+ 等级的成绩。事实上，仅国防部内部就有 22 个高风险领域中的 6 个。它面临人力资本带来的挑战，这也是全部政府机构面临的挑战；它还面临着信息技术风险，尤其是在计算机安全领域，而这也是所有政府机构面临的挑战；除此之外，它还面临着其他信息技术挑战、严重的财务管理挑战，以及采办过程从根本上被打乱，契约过程和后勤都出现了问题等挑战。（**Walker, 2001**）

在政府改革委员会下属的众议院国家安全、退伍军人事务及国际关系小组委员会 2001 年 3 月 7 日的听证会上，提到这些挑战已导致下列问题：

- 国防部 220 亿美元与其购买支出项不符。
- 海军对于价值 78 亿美元的舰船存货没有给出相关的财务信息，而且将 30 多亿美元的在途存货确认为损失。
- 2005 年 5 月，会计总署发现国防部有近 370 亿美元不需要的装备。
- 2000 年 3 月，国防部总检察长报告说，审计五角大楼 69000 亿美元的项目经费支付款中，有 23000 亿美元没有充分证据支持其有效性。
- 国防部主要部门无一能通过独立审计（Kucinich, 2001）。

国防预算与财政管理

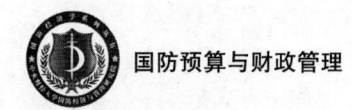

- 国防部在137个国家有500个基地,"每个(军种)都各行其是,自成体系。因此,许多信息系统都是相互独立的,无法整合在一起,彼此不能相互交流"(Walker,2001)。
- 每个军种都有他们自己的编码体系,"我们曾经发现过这样的现象,那就是在进入一个系统时需要输入66个字符,而这些字符及其设置方式每个部门都不同。部门之间存在许多竞争,各实体的风气是开发自己的系统"(Steinhoff,2001)。

关于上述最后一条,会计总署官员杰弗里·斯坦霍夫(Jeffrey Steinhoff)指出,各军种部门都开发自己系统的文化驱动,带来了严重的问题:

> 那么,你最终…将…有22个主系统不能沟通,这些系统在设计时就是相互独立的。你们有80%的基本财务信息来自非财务系统,其中大多数都不是财务系统,而这些信息才真正决定你想要控制的程度。所以,你们缺乏标准,你们处在复杂的环境中,你们有这22个主系统,你们还有一大堆其他系统为它们提供支持。1999财年,国防财务会计服务局进行了1570亿美元的支付交易,而这里面的510亿美元,也就是1/3是对以前年度交易的清算。你不可能在世界上任何商业活动中找到1/3的交易为清算(Steinhoff,2001)。

简单回顾一下,我们在1994年就发现了相似的一幕:1993年前6个月,国防部多付给承包商7.53亿美元,而由于承包商持有这部分资金时间过长,国防部在利息上就损失了约230万美元。陆军工资系统多支付了约780万美元,包括6个不存在的士兵和76个逃兵。另外,拨付的190亿美元与合同赋权不匹配。

财务管理系统的复杂性

事实上国防部是一个非常复杂的管理实体,纯粹的预算规模并不能初步描述某个财年所发生的事项。例如,1998财年底,国防财务与会计系统(DFAS)和国防部会计师月均支付国防部人员经费980万美元,120万张商业发票,45万份旅行收据或结算,50万张储蓄债券,还有12.2万张提货单,其月拨付近240亿美元(Hleba,2001,74)。国防财务与会计系统建立于1991年1月15日,旨在通过合并和规范国防部财务和会计程序、运营及系统来改善国防部的财务管理。1992年,国防财务与会计系统控制了338个由军种和国防部直属机构负责运营的国防部财务

和会计办公室。国防部已逐渐把这些办公室集中在 5 个中心和 20 个运营区域内，人员也从 1992 年的 31000 名减少至 1998 年的 20000 名。财务与会计系统也从 1991 年的 324 个减少到 1998 年的 109 个，直至 2003 年就只有 9 个财务系统和 23 个会计系统了（Hleba, 2001, 73~74；概览，见 www.dfas.mil）。

1992 年国防财务与会计系统接管的 324 个系统使用非标准业务和程序。这些系统都是为满足各军种组成部门的特别要求而开发的，体现拨款资金控制方面的高层政策、预算执行法律和法规，以及报告需求。这些系统因是由国防部不同部门的不同人员设计，随着非标准系统增多，数据进入主系统后，情况就变得非常糟。这些系统因与在纸上记录的电子表格自动应用不同，导致国防部的财务和会计操作与联邦会计和财务管理的要求不一致，无法通过独立审计检查。尽管国防部已对 1991 年《首席财务官法》做出回应，并采取行动进行现代化改革，但国防部及其主要组成部门在 12 年后仍不能通过独立审查，近期似也不会有解决办法。

尽管改进工作在不断进行，但是国防部财务管理者仍需处理 32 个不同的会计系统。如在写这本书时，进入（如采购）交易系统账户需要解开 11 个电子密码，有 48 个字符长。这些数字用于区分不同的部门、财年、拨款、管理机构（太平洋舰队）、科目类别（如旅游）、分配控制数、行动执行特征、交易类型、财产编码以及成本编码（Hleba, 2001, 75）。尽管会计核算中大部分为自动化操作，但因其复杂性和国防部处理交易的数量，所以必须至少进行一次人工操作，检查差错。另外，更为麻烦的是这些账目不止输入一次。合同支付系统发言人大卫·沃克（David Walker）说：

> 现在的情况是单笔交易需要多次录入。我们认为这应该用图解释一下，因为不像大部分现代公司都拥有综合系统，登录资料只需一次就可以完成，数据就可以在子系统中分享，这样才能避免多次输入出现差错。

结果是几百万笔交易现在必须用键盘敲入和重复敲入多个系统。图 10.1 显示了该财务系统以及它们在一个业务中的相互联系——合同方和卖主。交易使用了复杂的会计系统进行记录，包含来自不同军种和不同资金类型的累积拨款、预算和管理信息。在这样一个编码系统中，任何一个字母的差错都可能造成支付进程延误或影响用于支持管理、预算决策的数据的可靠性，由此也会引起相关系统的错误。

由于国防部行使财务管理职责掌控着数十亿美元资金，即使小小的差错也会造成令人尴尬的大额支付（或错误支付）。事实上，国防部已由于一些令人担心

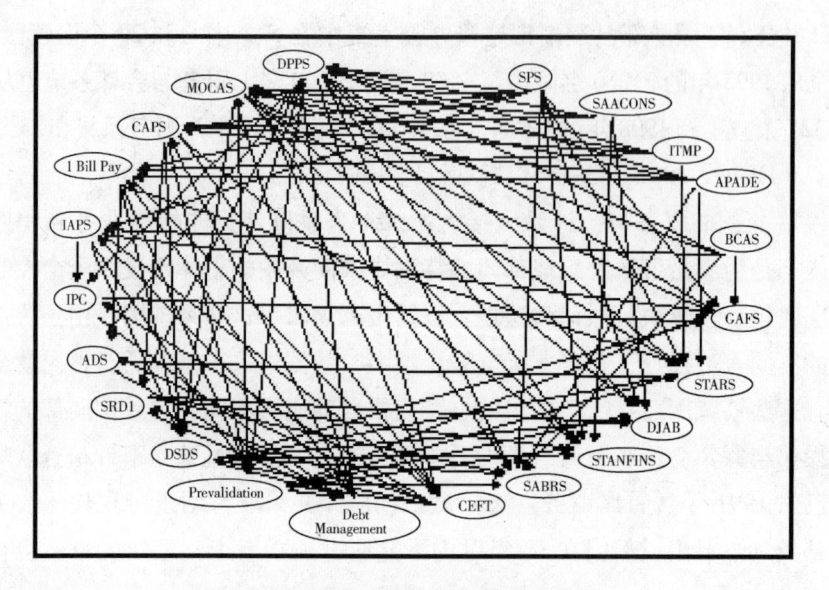

图 10.1　国防部当前系统环境的复杂性

资料来源：GAO, 2001e, 34。

的财务管理问题而受到指责。仅完全实现《首席财务官法》监督下的审计就还需 3~6 年的时间，更别说其他多年来一直备受民众诟病的大量问题了。在 2002 年的听证会上，国防部副总检察长罗伯特·利伯曼（Robert Lieberman）作证说，他对财务管理改革审慎乐观：

> 通过最终把资金管理改进当做一项计划——大计划应有的所有管理控制，部门资金管理已取得很大进展。包括主计划、管理责任明确、预算透明、定期绩效报告和资源许可，以及积极的审计覆盖面。（Lieberman, 2002）

议员谢斯（Shays）插话道，"你的意思是我们过去没有那样做吗？我指其他规划。当我们听证时，我以为这些东西都应该有。"利伯曼先生回应道，"不，先生，我认为在这些方面多年来规划不足，我们总是可以看到最远方的正确道路，但是实际执行上的细节问题如何解决，办法却不多"（Lieberman, 2002）。

会计总署注意到，国防部有严重的财务管理问题，而且它们"无所不在、复杂、存在已久并事实上深植于整个部门所有业务的运行"（GAO, 2002e, 1~4）。会计总署还注意到国防部缺乏对资产的追踪，坚持不可靠的预算和成本数据，由于对过多库存的低效管理导致数十亿美元的浪费，给承包商的错误支付也达数十亿美元，还有一些故意低价中标的跨年度项目成本（GAO, 2002f）。下

面我们讨论这些问题存在的原因,其中包括现代化的不成功、法规障碍、技术的虚假诱惑、缺乏适当控制、国防部领导换来换去、缺乏激励机制、不愿意跟随等,所有这些导致抵制的文化变化。

失败的现代化

国防部的财务管理显示了一些令人啼笑皆非之处。作战飞机与卫星精确制导武器的预算制定和会计处理系统与艾森豪威尔时代没什么两样,但也并不总是这样。会计总署的戴维·R·沃伦(David R. Warren)指出:

> 国防部里的业务流程大部分形成……在20世纪60年代和70年代,在那个时期,它们建立在现代化业务和实务的基础上,是非常好的系统。但随着时间流逝,它们没有进步和现代化,所以我们现在所使用的实际上是所谓的"蛮力系统"。虽然它能够完成工作,但在许多方面缺乏效率。(2002,15)

例行公事的中央指导未能开辟、激励、监督和使国防部财务(管理)架构标准现代化,所以各军种和独立司令部就他们面临的问题做出自己的解答,结果就是差不多开发了成千的非标准业务系统。现今情况是仍然履行相似任务的有多个系统,相同数据被存储在多个系统中,许多数据输入还是人工的(Kutz,2002a)。2002年6月,国防部确认了1127个不同的财务和非财务分支系统,这些系统包括诸如资产管理、存货管理、预算制定、采办、人力和工资等领域,有近3500个界面提供信息。负责财务管理的国防部副部长帮办蒂纳·乔纳斯(Tina Jonas)2002年6月证实:

> 在这种类型的业务环境下准确和及时是不可能的。人们无法理解为什么我们总拿不出清晰的审计报告……你离核心系统或会计系统越远,你就越容易出错。

系统的多样性已引起不常遇见的挑战。训练新人员来操作陈旧、神秘的系统,各系统互相都不一样,其接受的实践也不一样,这是时间和成本的浪费。另外,系统的多样性也增加了准确追踪整个(国防部)成本的困难。例如,2002年,会计总署研究了两项物品的会计路径。

第一项是一种称作"三军联合轻型集成服装技术(JSList)"的生化防护服,之所以选择该项目是因为对国防部而言,这种产品是独一无二的。第二项是可用国防部采购卡购买的商用电脑。研究结果揭示了国防部"蛮力"会计系统的一些后果。对生化防护服,会计总署发现对其采办、控制存货、支付等用了128个步骤，其中78%是人工的。不仅过程过于烦琐，而且人工操作过多为差错出现打开了大门（Kutz，2002b，13）。乔治·库兹说，"生化防护服的清点过程是典型的烟道式、非集成系统，有许多成本高且易出错的人工过程。在我们确定的这128个步骤中有100个，或78%左右的过程是人工操作"（2002b，第7页）。

与此形成强烈反差的是，国防部的采购卡过程令人印象深刻。库兹评价说，"该系统大部分都是自动的，为日常所需商品和服务的采办提供了灵活性"（Kutz，2002b，8）。可是，库兹补充说，国防财务与会计服务局（DFAS）每个月仍会收到主要通过电子邮件或传真方式传过来的信用卡结算单，需要人员来手工重新输入这些采购卡结算单资料，因为国防财务与会计服务局还不能接受信用卡电子数据。

尽管这看起来似乎是个小问题，但它成本很大，每笔人工操作交易的过程费用达17美元。对海军月度采购卡结算单的分析显示海军当月有228笔这种交易，这就使国防财务与会计服务局每月要从海军收近3900美元的额外操作费用。可以想象，现代商业做法则完全不一样。例如，沃尔玛、西尔斯（Sears）公司就广泛利用其内部系统和供应商进行电子数据传送（Kutz，2002b，8）。

国防部并不是没有意识到其中的问题，正在不断地进行现代化改造。例如，国防合同管理局就使用了一种称为"合同管理服务机械化"（Mechanization of Contract Administration Services，MOCAS）的系统。该系统能自动处理合同和自动接收发票，每张发票的电子处理比人工处理便宜20美元。但是为了便于电子化处理，所有的合同和发票都必须以电子接收（Boutelle，2002，33）。在上面提到的生化防护服例子中，国防财务与会计服务局使用了"合同管理服务机械化"（MOCAS）系统来支付和传递发票，但国防财务与会计服务局只能接受74%的电子化发票。剩余26%的各种发票，每张都需多付20美元。

在现存环境中可做一些简单的改变。议员库钦奇（2002b）引用了一个例子来说明电子代替人工进行数据处理可节省一笔可观的费用。在一笔采购卡结算单中，可看到如下的采购项记录：

- 供应商，订书钉：采购额4.37美元，处理费17.13美元。
- 供应商，康丽根软水机：采购额5.5美元，处理费17.13美元。
- 供应商，办公用品：采购额8.59美元，处理费17.13美元。

不仅处理费是单笔采购额的两倍以上，而且如果用电子处理代替人工录入，

处理费将只有 6.96 美元，而不是 17.13 美元（Boutelle，2002，36）。

合同超支是财务结构复杂性的另一个产物。国防财务管理研究小组的主席史蒂文·弗里德曼（Steven Friedman）2002 年 6 月表示：

> 这些系统已经使用了几十年，还有成百上千的分系统，典型的是在服务层或更低层，都老旧了。大约有 80% 的系统没有在国防部中央财务管理的控制下，这些分系统向国防部中央财务管理和会计系统汇集信息。多年来，标准化和兼容性问题一直没有解决，这些系统实际上不能相互对话。（第 5 页）

这种失败的后果是严重的。会计总署注意到，1994 财年到 1999 财年，承包商返还了国防部 12 亿美元多多付的钱，这意味着问题账户已经被解决了。但合起来上万亿资金的问题仍未解决。例如，国防部总检察长说过，国防部可能有多达 1.2 万亿美元交易中的资金不能准确被国防部列入预算（Kutz，2002，14）。这是多个系统老旧、独有和分系统半独有所造成的后果。有悖常情的激励也是政府有待改进之处，国防部如果没有及时支付，就要加收利息，但给承包商多支付了却无类似的惩罚。实际上，国防部成了一个无息贷款者。总主计长大卫·沃克注意到：

> 我们有一些有悖常情的激励。我们存在这样一种情形，就是政府部门没有及时付款最终会受到支付处罚。另一方面，如果多付给了承包商，他们却没有责任必须向政府报告给他们多付了。除此之外，假如他们最终没有向政府报告，也没有在一个合理的时期退还这些钱，他们不会被加收任何利息。这样一来，在该领域的游戏规则就不公平了。

沃克还注意到，2000 年由承包商们退还给政府多付的钱有 9 亿多美元。他说，这个数目比通常情况要少，情况正在好转。2001 年以前，当时的国防部财务管理系统无法提供付错的资金总额，或者不知它是否已全部返还，也不知道在没有支付利息情况下这些钱被占用了多久。随着电子资金转移的使用，多付的资金将会使收款方迅即受益。如果该公司与政府没有业务往来，但政府却错误地拨付给该公司一笔款项，则是明显的错误，当然应在利息产生的合理时间（即 30 天）内返回资金，因为这是政府的错误。

如果对正在进行的合同多支付了，这种差错可能更难发现。这样，不仅政府丧失了对这笔资金的使用，而且有些公司还由此获得了"无息贷款"。9 亿美元如果按 5% 的利息，每个月政府可收取 375 万美元利息，加上公众为了筹集这笔资金而支付的国债利息，这一切都源于不合适的系统。当然，根据《迅即支付

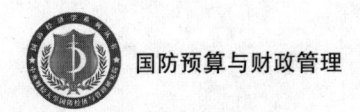

法》，国防部每月要向承包商支付 200 万美元，因为其系统不允许向承包商迅即支付（Jonas，2002）。很显然，尽管取得了一些进步，但问题依然存在。

领导的失败

另一个在国防部具有讽刺意味的是领导层未能将国防部财务与管理系统带入现代化。国防部高层领导至少在近 10 年已致力于改变，自 1991 年起，《首席财务官法》必须履行的责任也在推动这样做。但实际上，如上文所提，国防部仍未能实现"清洁"审计，在许多其他财务方面也未能通过适当的检验。

例如五角大楼 2002 年估计，尽管《首席财务官法》已实行了 10 多年，但要获得"清洁"审计鉴定可能仍需 8～10 年（Kucinich，2002a，3）。为什么这些难题未能在领导承诺期间解决呢？部分答案是尽管领导可能承诺，但他们工作的任期太短，这种更迭延缓了改革进程。这么大规模的国防部财务管理修复需长期的努力，但体制因素使该承诺很难坚持。新管理者带来自己的团队，而国防部（这样）的规模意味着需要花相对较长的时间使团队替代完。填补高层几个职位可能很快，但执行还要靠军种部门和国防部以及其自身的二级、三级政治职位。他们才是真正见证改革推动和实施的人，但让他们"上道"，知道什么是需要的并齐心协力需要时间。但团队几乎还未替代完，新的更迭就又开始了。

国防部顶层的政治职位平均任期仅有 1.7 年，这阻碍了长期规划及其后续行动（Kutz，2002，25）。一些人认为缺乏长期改革的拥护者是之前各种改革行动不成功的主要原因，如"计算机集成制造"（CIM）和"国防业务运行资金"（DBOF）。即便出现全能的领导者，他也需要在岗位上停留一段时期才能把事办成。

另一个具讽刺意味的是，新上任者在开始可能对国防部及其系统还不够了解，无法迅即推进改革，加上在该职位所剩时间太短而不能做得很好。极具讽刺意味的是，那些在大的变革上能真正做得好的人经常最先离开，升迁到更好的岗位，因为事实证明他们有能力和可信赖。乐观情况下，他在新岗位上可能做得更好，在该职位的时间可能一样短又会面临另一次升迁。就如国防部战术空军分析师富兰克林·斯平尼所言，"我们没有那种共事记忆，因为他们总是来了一批，又走了一批，相处得很短，他们甚至还没真正相互熟悉就离开了"（Spinney，29）。

政治阶层领导的更迭对长期文职雇员的态度也有直接影响。当谈及改革努力缺乏持续性时，斯蒂芬·弗里德曼说："如果国防部里的人相信这是'本月流行色'，他们的老板就要离开，高级官员就会掐着指头算时间，一年还是半年？而后（改革）就不会成持续的优先项，你也不会坚持努力"（Friedman，2002，11）。

另外，高层领导也往往留下一些问题让别人去解决，这对改变五角大楼的合谋传统尤为有害。大卫·沃克评论道：

> 我们需要任务团队或组织去集中解决这6个高风险领域，而且这应成为他们（国防部）整体战略规划的内在部分。这涉及行政部门的其他人，包括管理与预算局，以及与此有重大利益关系的其他"玩家"，它还需定期向国会提交报告，确保取得满意进展。你们知道，仅仅提供政策指导，坦率地说并不能做好这项工作。我的意思是，我们需要在更高层级持续关注此工作。这是一项难度挺大的工作，你们不能指望靠单个机构做好——如果那样的话，绝对做不好。他们在下面做具体工作，但需要从上层加以推动。

另一个影响因素是军人在这些职位上时间的长短。空军对财务管理人员有职业发展（规划），但陆军部和海军部每2~3年就大规模轮换其财务管理职位官员，更换的人员从野战司令部的副主计长，到其华盛顿该部预算办公室下的预算分析师，以及这些办公室的主管。他们的任期像其文职领导一样，都不够长，以至于他们无法做出推行和维持重大改革的决定。尽管这是问题，但并非关键，因为重大财务管理改革不是他们的职责。

美国在军队文职控制方面所做的努力，意味着发起和坚持财务管理改革大部分是高级文职政治领导人的责任。改革在国防部外受《首席财务官法案》或管理与预算局的支持指导，部内受新政府人员更有效行动的推动。许多"模范"的私营部门公司都认识到领导在该过程中是多么重要，诸如通用电气公司、辉瑞公司（Pfizer）和波音公司都把领导看做文化变革和建立有效财务管理的最重要因素（Kutz，2002，5）。具有讽刺意味的是，国防部的最高层领导虽对任务进行了估计，但结构因素却使领导人对该任务的投入不足。

属下不作为

领导层如此重要的原因之一在于，国防部显然存在抵制变革的文化，许多人

国防预算与财政管理

认为，不进行审计或不使无效率的财务系统取得进展与他们关系不大，因此，属下们觉得没必要一定向领导希望的改革方向努力。一些人说，在整个国防部里有一种文化，就是国防部不愿自找麻烦去进行改革。国防部总检察长罗伯特·利伯谈及在部内实施新财务架构的悲观情绪时说："国防部可能在坚持其蓝图上缺乏原则，国防部也没有好的记录历史的大型信息系统，这样的系统能完全满足用户需求、符合适应的标准、保持在预算估计限定范围内并符合规划的时间进度"（Lieberman，2002，24）。

会计总署引用了来自20世纪80年代后期整合信息管理（CIM）计划失败的原因之一：

> 整个计划大约花了8年时间，花费了200亿美元，但还是放弃了。会计总署称其放弃的原因之一是由于国防部各组成单位意见不一，并对该计划缺乏持续支持。它还指出，有些军种部门不想参加该整合信息管理（计划），他们认为他们的财务管理系统比整合信息管理得要好。（Tierney，2002，17）

这种认为各自系统优越的认识使"烟道式系统"、军种甚至办公室独有的支线系统剧增，军种和国防部机构按业务需求解决开发的系统冗余，有时也存在冲突。在谈及国防部内各组成部分采用标准现成软件解决方案和定制倾向时，大卫·沃克（2001）指出：

> 我们需要把这些问题提升至国防部最高层次，这样就能有符合行为准则的行为确保通用性。我们正关注一些通用需求，尽力拒绝各自为政，采取一些措施旨在使其尽量采用和定制标准软件。事实上，我们还没有实现我们想要的目标。

这种依赖各军种解决方法的优越性所导致的另一个后果，是形成了对完全有效的系统进行改变的文化。如当国防部试图改进信用卡支付计划时，格里高利·库兹，这位会计总署的财务管理与保障主管表示：

> 系统并没有什么问题，问题在于工作人员没有按部就班地按要求操作。我们每月都支付信用卡账单，但却没有人实际去复查这些账单，因此我们发现了一些政府不该支付的款项……我认为有很多人都希望能蒙混过关。（2002，第37页）

雇员们不愿跟随的部分原因与国防部奇怪的激励制度有关。文职人员的陈规是，只要勉强过得去就行，不愿意投入太多热情；如果被惹恼，就进行沉默反抗。尽管有些夸张，但其中有些是真的，变革之路是建立更好的激励制度。必须激发国防部财务管理雇员的积极性去寻求变革。把国防部的管理人员与私人部门

10 财务管理与国防预算

管理人员比较后，弗里德曼说：

> 如果大家看一下对管理者的激励，会发现管理者并不会因为更好的工作而得到任何物质奖励。事实上，也难以衡量是否工作得更好。如果某个雇员不称职，要解雇也很难。人们最终会发现，除了预算管理外，没有什么激励机制真正能使你脱颖而出。(2002，第11页)

有些人认为，正是由于奖励很难，所以惩罚也很难。他们说，没有遵从现代财务管理实践对国防部强加惩罚，只因为防务职能太重要了，强化对国防部的预算惩罚会有损国家安全。例如，议员丹尼斯·库钦奇曾说：

> 我不相信国防部自身会修复这种破碎的、无法维持的制度。什么能激发它这样做呢？尽管其绩效非常难如人意，国会却几乎从来没有拒绝过五角大楼要更多钱的提请。国会现在到了如市场对任何商业企业那样对待国防部的时候了，就如投资者不会继续向没有满足其预期的公司提供资本一样，国会必须在国防部的账目符合要求后才向五角大楼提供另外的资金。如果国会对这些令人震惊的实际问题不管不顾，还继续给越来越多的拨款，五角大楼改革的动力又何在？(2002a，第3页)

议员谢斯补充道："我们继续是因为我们需要防务，但如我们认识到不一起行动就无法发挥功能，我想它（改革）就会发生得更快。"

上面谈到的是组织上的不成功，但一些观察者认为，这些问题的出现，更多责任应在具体人员身上。例如，按会计总署的说法，国防部丢失了25000套有瑕疵的生化防护服，并有120万套新服装去向不明，其中一些服装被发现在网上以每件3美元的价格进行拍卖。谈到谁该对这些问题负责时，议员詹尼斯·苏卡斯琪（Janice Schakowsky）评论道，"这些问题的责任不在人，是采购卡本身有问题……对采购卡的错误使用很少采取措施，因此也没有人对此负责。国防部继续在错误地对待我们，而我们继续在通过越来越多的预算"（Schakowsky，2002，25）。在说到不作为问题时，议员蒂尔尼说："结果是他们晋升了，这不是碰巧，他们得到晋升因为他们在该岗位上供职时间长"（Tierney，2002，8）。不管是否确实是真的，但它是政府内、外普遍的看法，而这恰恰阻碍了我们的改进努力。

数以万计的国防部雇员做得很好，但有些却差强人意。很显然，那些做得不好的并没有玷污对所有人的看法。另外，改革确实是领导的重要任务，首先应与大部分人的薪酬等级联系起来，如果不是所有人，国防部职业雇员也应与之联系。而且，当变革时，下属必须按新规则行事，忠实履行新程序，不抱怨说"它

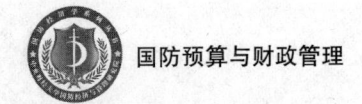

不如我们的系统好","这太复杂了",或"这样没有效果"。"它不是在这里首创的"不是忽视它的正当理由。

实践上的失败

国防部没能采用和实施最好的运营管理实践。例如，大型商业公司如沃尔玛和西尔斯都有优秀的存储管理实践，包括数据标准化、很少甚至没有人工处理，以及系统提供完全的资产可视性。沃尔玛要求所有的组成部分和分支网点在一个框架下运作，不鼓励开发"烟道式"系统。会计总署发现在沃尔玛和西尔斯公司的货物配给中心，所有库存都是可视化的，零售店也是。会计总署注意到，与此相反，国防部目前在部、军种或单位层面上尚未达到可视化。

整合或交互的系统，以及标准化数据使西尔斯和沃尔玛能具体分类确定库存项。沃尔玛公司总部工作人员能快捷地确认在弗吉尼亚费尔法克斯门店提供的6.4盎司名牌牙膏的数量，其他信息如日销售额等也可获得（Kutz, 2002b, 8）。国防部却无类似系统，也很难运行这种系统，因为国防部系统的复杂性和规模很大。国防部仓库中充斥着各种各样国家仓储编码（NSN）的物品。在会计总署的研究中，国防财务与会计服务局正在处理180万个独一无二的库存。通过比较，这种典型的"家得宝"有7万个（Coyle, 2002, 23）。

专家们知道，在现代商业界，可靠及时的信息需要互联的系统。例如，国防供应中心有2.2万个客户，许多系统互不兼容。约翰·科伊尔（John Coyle）说，"像戴尔或沃尔玛这样的公司，其成功的关键是它们有可视性库存，他们知道存货在供应链上下游的什么地方"（Coyle, 2002, 18）。这个问题是可以解决的，但在得到可靠的存货管理系统前，首先必须建立信息系统架构。

缺乏经过检验的存货控制系统对国防部有重要影响。会计总署认为不能准确跟踪物品情况直接导致准备不足、浪费文化以及更容易上当受骗。2001年，会计总署发现，国防部不能准确地说明和报告具体的武器系统及其辅助装备（GAO, 2001f）。例如，陆军不知道运输舰船损失或失窃情况，海军对价值高达30亿美元的运出存货不能给出解释，包括一些保密和敏感设备（Kucinich, 2002a, 22~23）。这些存货控制过程中的薄弱环节使得许多国会议员担心美国的战争物资可能落入敌人手中（Shays, 2002, 17）。

会计总署大卫·沃克警告道：

10 财务管理与国防预算

> 在采办领域，国防部的实践与最佳商业实践完全不一样，结果导致数十亿美元的浪费、明显的延误和被扭曲的绩效准则……除非有从国家安全立场的明显的、令人信服的理由说不，否则我们必须学习最佳商业实践。不幸的是，国防部总是热衷于要钱、花钱，达到几年前设定的里程碑而不顾检查结果、不顾及在更进一步的评估中是否因延误而成为问题。正如我所说，导致了大量浪费和其他的不良后果。

会计总署"联合军种轻便综合集成防护服技术"（JSList）研究揭示了国防部面临的许多问题。五角大楼的一份 14 年期的 440 万份两件套生化服合同中，每件防化服价格多了 100 美元。会计总署发现该问题的最初线索是他们发现，第一批 120 万套防化服中有 429 套以每件低于 3 美元的价格在网上拍卖（Kutz, 2002b, 9）。会计总署还发现一些军种单位对其所有的防护服库存量没有记录，另一些部队使用白板来做记录。当谈到这些滥用时，"联合军种轻便综合集成防护服技术"计划管理者道格拉斯·布莱斯（Douglas Bryce）说："对这种转手买卖情况，我没有办法解决"（Bryce, 2002, 3）。尽管这只占该服装的一小部分，但发生这种情况就表明控制系统的失灵。国会调查也暴露了"联合军种轻便综合集成防护服技术"计划的问题。许多防护服丢失，或需从存货中移除，但 2002 年 6 月，五角大楼却找不到那 25 万件瑕疵品了（Kucinich, 2002b, 4）。发生这种情况是因为给部队分发完这些装备后，五角大楼就把各个单位的责任和跟踪记录的方式都下放到基层单位，而这些单位的管理方法各不相同，而且大多是人工管理。计划管理者道格拉斯·布莱斯说："他们最初建立了一些 Excel 表、Windows 表格或其他一些表来进行管理，但这些都是人工过程完成的"（2002，第 39 页）。军事人员穿上那种有缺陷的生化防护服后果可想而知。幸运的是，这没有发生在 2003 年的伊拉克战争中，但国防部保持这样的库存已经太久了，这是必须解决的问题。

私营部门在如何使库存管理标准化和利用跟踪系统解决问题方面提供了很好的范例。例如，90 年代早期，强生公司（Johnson & Johnson）有召回"商标"（Kutz, 2002b, 13）。其系统能跟踪所有零售商货架上的产品，采取快捷的（召回）行动，国防部已被证实有能力对优先项维持严格的存货管理。会计总署国防能力与管理小组主管大卫·沃伦证实，像枪支弹药类敏感项物品的库存比其他项物品控制得更好（2002，第 23 页）。似乎"联合军种轻便综合集成防护服技术"不被视为进行严格库存管理的足够优先级项。教训在于，可能从不知道什么是重要的，因此也就无从谈起必须设计考虑所有库存物品和供应的系统架构的重

国防预算与财政管理

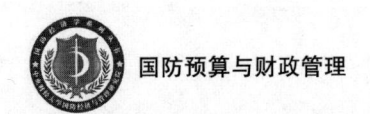

要性。尽管这似乎是一个艰巨的任务,但实现它只需要建立一个拥有足够好的标准化的二级系统主系统,使下属部队没有必要再企图创建各自的反馈系统。

存货管理是国防部的重要任务。按国防部的估计,2002年度,在各个储存点(国防部)大约有价值2000亿美元的存货。另外,这些并不全是当前和有用的装备。议员苏卡斯琪说道,"国防部不断地储备大量无用的物资和装备。另外,国防部的跟踪采办和采购程序既陈旧,又有严重问题。通常,国防部找不到采购、会计、控制和支付记录"(Schakowsky, 2002, 5)。好的实践会在这种情况下销毁和处理多余的存货,这样至少会节约存储经费;在一些特殊情况下,根据弹药衰变期的不同及时处理可以防止对环境的破坏。

该问题的另一部分原因是计划管理者也可能对计划缺乏整体认识。例如,布莱斯就其"联合军种轻便综合集成防护服技术"采购经历作证说:

> 该过程涉及24个大的步骤,其中5个步骤我可以通过一些系统来跟踪、监视或输入,剩下的19个就做不到。控制其余19个步骤的包括国防部各机构,可能是国防财务与会计服务局,可能是国防后勤局、国防部……它们的过程和工作都很少在计划管理者的视野内。(2002,第39页)

复杂性导致的责任问题不是好迹象,但在国防部却经常发生,这是因为国防部各个部分都拥有"烟道式"系统,分工和责任不明确。如果主信息系统全面、经过良好维护,并为所有参与者所使用,那么分布式的各子系统就可依赖主系统进行决策、评估决策及进行审计。如果信息系统支离破碎又靠不住,那么下属单位就会开发和使用自己的并行系统。

国防部的财务管理如此困难,一定程度上要归咎于合同混乱、不合理的激励系统、缺乏训练有素的人员,以及国会的过度控制等许多环境因素。

合同混乱

国防部的合同混乱引起支付上的差错,纠正这些差错使财务一直需要成千小时的人工成本。国防部1999财年数据显示:几乎每3美元的合同支付交易中就有1美元需要调整到先前的支付记录——1570亿美元的交易额中就有510亿美元需要调整(GAO, 2002f, 3)。会计总署发现,国防部合同中包含多种自己引用和复杂的支出分配条款,更容易引起支付错误,因此手工输入数据的量太大,因此人工处理出错的机会太多。

10　财务管理与国防预算

在审查结算合同调整的一个案例中，会计总署发现有 548 个不同的会计分类参照号（ACRN）。该合同已被修改了 150 多次，并进行了两次全面的合同调整来纠正支付问题，包括一次有 15322 项的会计调整。国防部说它有进一步的计划来对该合同进行第三次一致性修改，以纠正约 300 万美元非法和不合理的会计调整，估计这将需要花费 9000 个小时完成（GAO，2002f，3）。这超过 4 个人/年的劳动成本，但收益可能仅有几百万，进一步调整甚至可能一点收益都没有。

在减少结算账户调整方面，国防部已取得了进步。当开始拨付时，下列调整被认为是不合法的：（1）要求的拨款已取消后发生的；（2）被要求拨款执行前发生的；或（3）先前要求纠正拨款，而后在没必要调整时又进行了调整。也包括调整不足以证明其是合理的（GAO，2002f，5）。2002 年财年，国防部撤销了包含价值 6.15 亿美元的 45 个合同中非法和其他不正确结算账目调整中的 5.92 亿美元，其中有 30 个合同仍存在其他会计错误需要改正。因为合同的复杂性和重新完成审计需要很长时间，国防财务与会计服务局官员估计，大约需要花费 21000 个小时去更正这 30 个合同中的会计差错（GAO，2002f，4）。

2001 年 7 月，会计总署建议实时控制以增加管理监督，并重新使用 1990 年会计结算法的效力，禁止调整。2001 年 9 月，国防财务与会计服务局升级了合同调节体系（CRS）来确认和防止非法调整，该措施规定任何款项的拨付都必须预先获得批准。在 2001 财年的结算拨款账户调整例子中发现在 2.91 亿美元中有 1.72 亿美元（占 59%）是非法的或不正当的，相对于前一年的 96% 有所改善。会计总署格里高利·库兹说："我们在核查过程中发现合同调和系统（CRS）日常拥有数十亿美元的结算拨款账户调整，这些调整都无视 1990 年会计结算法的要求"（GAO，2002f，5）。但改善也是明显的，2002 财年前 6 个月，国防部报告说做了 2 亿美元的结算账户调整，其中只有 25.3 万美元的调整是非法的，而 2001 年财年同期却有 10 亿美元的结算账户调整，相对减少了 80%（GAO，2002f，3）。库兹总结道："缺乏基本的控制和管理监督，已使国防部合同和会计人员养成了这样的想法，即通过调整会计记录，花光结算账户中未用的资金，最大限度地利用可得的资金，而不顾及这样做是否妥当"（GAO，2002f，3）。

有人怀疑国防部财务管理者可能习惯性地认为他们需要花光所有钱，这恰恰反映出他们在实际工作中合法或非法的使用结算账户中未支出资金的情况。

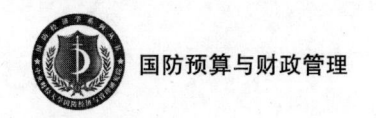

技术失败

采用现代化技术也没能解决国防部在财务管理上的问题,这不是因为没有尝试,而是因为在安装使用新系统之前无法进行检验和系统再造。一个老旧系统即使通过最新技术转化为机械系统也仍是老旧系统。约翰·科伊尔评论道:"你们必须重新设计,如果仅限于技术,解决不了问题。我曾经工作过的许多公司在旧系统中应用新技术,都以花了不少冤枉钱结束,他们不得不从基础过程开始"(Coyle,2002,23~24)。

另外,还要重建整体架构,零散的信息技术(IT)投入并不能解决什么问题。格利高里·库兹表示:"信息技术(IT)投入正被分割在国防部内各个地方,这就是为什么系统激增,各部门都建立各自系统的原因。国会能做的一件事就是像美国国税局(IRS)一样,努力实现对资金的全面控制"(Kutz,2002b,27)。他认为,"各个部门疯狂地在信息技术(IT)的改进或升级方面花钱,而这根本不能很好地控制"(Kutz,2002a,33)。劳伦斯·兰齐洛塔(Lawrence Lanzillotta)以国防部在整合小信息技术方面的失败教训证明,试图将小系统放在一起运作不会有什么效果,而是需要一个整体架构或规划,让大家去遵守执行(2002,第15页)。

采用当前技术作为解决方案存在的另一个问题是,由于技术发展如此之快,而且这些系统的采购程序存在滞后和延时,等到这些技术投入应用时也许已经过时了(Shays,2002,35)。另外,即使是国防部的专家顾问团也可能跟不上技术发展的步伐,因为这些专家都是从高知名度的候选人中挑选出来的,而他们都早已脱离了技术前沿。正如约翰·科伊尔所说,"问题是有时像我这样退休的人被任命为专家顾问,他们中的许多人并不总是能跟上技术发展的步伐"(2002,第28页)。

国会监督和信息需求妨碍改革

国防部进行改革的努力被那些费时和限制性规则所阻碍,这包括烦琐的拨款会计要求、复杂的记录保存和报告要求,以及在本质上属商业领域问题上对与私营公司建立伙伴关系的限制。约翰·科伊尔总结说,政府的政策"实际上妨碍了

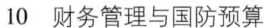

一些类型的战略采办实践,如发生在私营部门像戴尔这样的公司所做的"(2002,第29页)。为了实施重大改革,国防部必须克服预算语言和严格的采购规则限制,但前提是必须接受国会拨款监督控制,而且采购过程应确保无欺诈、滥用,并确保采购周期有效。

激励失败

上文我们已经讨论过年末花光费用和对已结算合同的激励。另外还有与武器系统合同相关的反常激励例子。无论在国防部内部还是外部,国防部的规划人员和承包商都知道,在其他条件大致相同情况下,价格低的系统比价格高的系统更受青睐,这就产生了"低价竞标"的博弈策略。国防部内部人士称之为"政治工程过程",其中一部分就是在投标时叫出最低价格,试图在合同变化时以加价作为必要条件。另一部分还包括大面积发布某一合同,以创造广泛的选民基础,让许多国会议员有绝对兴趣支持该项目。

"低价竞标"成本估计会对整个国防工业产生严重后果,富兰克林·斯平尼指出:

有失偏颇的数字掩盖了当前决策的未来不良后果,并使过多计划填充到多年的长期预算规划中。这为以下事情埋下了隐患:无法承受的预算冲击波、反复支出——成本增长的循环和采购延期、老式武器现代化比例降低、战斗力减弱,以及通过掠夺战备账户来维持"自我毁灭"中的武器装备现代化计划的持续压力。(2002,第10~11页)

以 F/A18 大黄蜂战斗机计划为例。这种王牌战斗机是海军的顶级舰载机,在所有低成本的战斗机中无人能敌。然而,如斯平尼(2002)所说,"从我提供的表格中,大家可以看到战机的预估生产成本很低。虽然 F-18 战机的成本确实有所下降,但其售价却没有降到预期的那么低,因此我们能购买的战机比我们想得要少。事实上,真正支出是预期的两倍。"由于对单机成本的错误估计,海军只能比预想负担更少购买量的资金,生产率也比预计要低。这样一来,战机替换率也随之降低,这意味着无力购买足够数量来及时替换老装备。因此,装备的平均服役年限延长,运营成本激增。这种情况一旦发生,后果即非常严重。最终导致国防部军力结构缩水,潜在战备水平下降。

对国防部 C-130 运输机计划的研究揭示了"政治工程过程"的高昂代价。在国会证词中,斯平尼发现 C-130 是一种非常简单的飞机,在佐治亚州一个生产能力闲置的工厂生产。使他感到惊讶的是,机身部分本来可以在这家工厂生产,但却外包给了其他厂商。当问及这种外包方式是否经济时,一位生产线上的工人说:"一点也不经济,我们这样做是出于政治原因"(Spinney,2002,32)。结果是,成本连年猛增,从1969年每架1100万美元上涨到1993年每架4100万~4200万美元(已剔除通胀因素),而实际上最后一架组装的C-130战机与第一架一模一样(Spinney,2002,32)。在这次听证会上,众议院议员库钦奇和国防部斯平尼之间的连续对话勾勒出问题的一些片段:

众议员库钦奇:你们提到了国防力量博弈、不平衡报价策略以及政治工程,看到这些,你们是否确实认为防务规划者和承包商歪曲这些计划以后年度的成本,并寻求在国内进一步扩大分包合同来保证这些武器计划的生存?

斯平尼先生:是的,先生,我认为这确实是故意的。我已经和许多承包商谈过这方面的事,虽然他们不会站出来作证说他们是那样做的,但他们告诉我他们确实是那样做的。

众议员库钦奇:那是否意味着国会也参与其中了?

斯平尼先生:是的,先生。国会一直参与其中。我希望……确实和一位公司副总裁交流过。他是一家重要航空航天公司的执行副总裁,我与他讨论过整个不平衡报价策略。这个策略也是我做的5小时演讲的一部分,我们也给了公司的全体员工。谈及基本的底线问题时他说:"你知道,我们不得不这样做,其他人都这么做,如果我们不遵守游戏规则就得不到合同。"这就是所谓的两难境地,同样的事情也存在于五角大楼内部。由于对资源的持续竞争,机构内各部门之间为它们认为最好而努力想做的事相互斗争。我这里谈的不是存心不良的行为,而是自然地想努力赢得竞争,而且往往过于乐观。当你身处其中时,这是最基本的信条,因为(他们会认为)如果我不这样做,就会在竞争中出局(Spinney,2002,30)。

这个问题之所以复杂,是因为同样的竞争也存在于五角大楼内部,那里的各个部门也在为资源持续进行不断斗争,他们为了其自身生存都使其计划看起来最有吸引力。通常这意味着以最小成本满足当前所有需求。这样一来,计划一旦启动,他们就充满斗志,很难停下来,即使增加成本也在所不惜。众议院议员库钦奇评论道,"问题是一旦跨过年度,真正的成本增加明显,但已经不再有取消该计划的政治意愿"(2002a,第29页)。

在某种程度上，2002年陆军"十字军战士"火炮系统研制计划的取消就是这样的事例。当时"十字军战士"计划已发展到无法满足许多要求的境地，而且太大、太昂贵，即使这样，国防部长拉姆斯菲尔德要终止该计划仍非常困难。

改进障碍

有些人只是简单地要求国防部借鉴私营部门的最佳做法，但真正实施起来却并非那么简单。即便最大的民营公司在国防部面前，无论在规模还是人员上，都相形见绌，国防部的业务是独一无二的。美国主要的大公司近年来都经历了相似的财务重组，这些公司包括吉列公司（Gillette）、思科（Cisco）公司以及好时（Hershey）公司，它们一般要花费3~4年时间来完成转型。谈到这些公司，负责管理改革的国防部副部长帮办劳伦斯·兰齐洛塔结合国防部面临的情况对这些变化进行了对比分析。他说，"私营企业都需要3年时间来完成转型，可想而知我们（国防部）面临的复杂问题会有多棘手"（2002，第9页）。

对国防部更为复杂的挑战是：在它寻找可以模仿的公司时，它们也正在发生变化，因此国防部追逐的是正在变化的目标。例如，20世纪90年代，商业领域就发生过一次翻天覆地的业务组织变化，诸如供应链整合、全球化、政府管制撤销增多、技术的突飞猛进以及信息增多（Coyle，2002，17）。人力资本问题使国防部的问题进一步复杂化。国防部可能不拥有足够的技术人员去运作尖端技术和从事前沿管理。斯蒂芬·弗里德曼观察到，"员工们都受训于我们正在努力弃之不用的那些系统，我们需要更多高水平的专业人员，以及更多在商务实践上训练有素的人员"（2002，第12页）。人力资本问题一定程度上是由于20世纪90年代的裁员。大卫·沃克（2001）说：

> 20世纪90年代，（国防部）进行了大规模裁员，但裁员前并未制定出有效的劳动力规划。结果，50%以上国防部劳动力都超过了50岁。其劳动力中相当大一部分文职雇员在未来4年内将面临退休。国防部面临着重大的人员连续性规划挑战，而且在军人和文职人员中也面临着吸引和保留熟练技术人员的挑战。

我们迄今为止的分析已表明，财务管理改革事关重大，包括依法运作，防止欺诈、浪费、滥用，以及从低效系统解放数十亿美元经费。然而，最主要的障碍

之一是要与根深蒂固的强大结盟、独立、半自主的军种部门文化打交道，保障其作战，并通过建立财务和非财务系统来提供这种保障。这种文化认为作战力量至关重要，一切后援部门必须尽其所能为其提供保障，这最终导致了系统的多重性及相关的问题。

表 10.1 中的原始数据取自国防部设计财务架构的程序行动小组的工作。表中将工作分为 5 个方面：会计、人力资源、后勤、采办和预算，表中还显示了结构考虑（必须做的）、推动力（如何做）、作用、改革障碍，因此集中的国防部会计实践有利于行政的资助行为，对减少数字调节，以及不匹配拨付等有影响，同时还需要克服局部失控的变革障碍。该表也是一个必须做、该开始做、希望的可能结果、必须克服什么的记分卡。在 30 多个着重号标示的栏目中，大约有一半（14 个）集中在控制问题上，8 个集中在需要的技能改变上，4 个集中在法律或政策变化上。尽管表中多处明确或暗示性地提到追加资金，但资金却很少作为问题被提出，文化变革是问题所在。你可能注意到在推动力栏中频频提到"标准化"和"标准的"这两个词。很明显，改进来自国防部层面的集中控制加强。在这一点上，国防部"程序行动小组"（PAT）也是清楚的，报告指出：

> 随着权力基础转移，预期会出现大范围的组织阻力，权力、程序、系统和信息控制也从军种和机构转向统一、综合和标准的企业式运行环境。

所有程序行动小组都有这个特别的发现，因为在当前环境中，权力、程序、标准和技术在所有军种和机构中均不尽相同。改变意味着失去权力、资金和信息，这将会影响国防部各层面，包括文职行政人员、作战指挥官乃至基层单位、预算计划人员和会计。这些组织自主可追溯至许多年前，并反映各军种和机构内的决策、预算授权以及购买公约。"这代表了国防部文化的显著变化"（BMMP, Annex G, 2003, 14）。

从"作用"一栏中可明显看出利害关系重大，但是否重大到足以克服建立在分权基础上的军事文化，尚不明显。

10 财务管理与国防预算

表 10.1　　　　　　　　　　组织战备原始数据概要

结构考虑	推动力	作用	变革障碍
财政、会计操作和财务管理			
• 集中式国防部会计程序、政策、过程和规范。 • 整个国防部按一致、标准方式计算成本。 • 改变组织行为以阻止数据（错误）判读。 • 新的角色和职能来保障领先的工业实践——扩展的信誉。 • 收回债务的新方法。 • 申请现金和允许小额冲销的新规定。 • 国防部企业泛数据战略和管理。	• 通过行政行为促成政府结构调整，执行新程序和系统。 • 国防部集中式教育和训练。 • 建立标准的成本会计模型和方法，拥有标准的数据采集和访问方法。 • 明确业务规则和一体化系统支持下的标准化数据模板和会计代码。 • 立法/行政补助来推动诸如即期信贷这样的新行动。 • 战略性收集策略/治理来保障战略性收集。 • 改变政府范围内对收取债务和滞纳金预算的不利因素。 • 允许起始点冲销而非零余额的业务规则。 • 国防部长提供明确和可见资助的标准的业务规则。 • 支持新战略、政策和业务规则的沟通与治理。 • 合作、整合和治理的训练及激励。	• 减少调整、不匹配拨付和国际基金账单的数量。 • 减少重复，提高效率以节约资源。 • 便于产生可证实的财务报告，便于使用标准尺度衡量进展。 • 对国防部支出的更大责任。 • 数据来源改变，将消除整个核算过程中的数据修正。 • 促进卖主/供给商之间更大的竞争。 • 未付债务（40亿美元赊账）和滞纳金的主动收取。 • 减少交易、成本和支出的不匹配。 • 更及时、准确、可靠、详细的可用数据，以保障更好的决策，并符合《首席财务官法案》。 • 显著地降低或消除数据缺口、数据收集和不相干数据的解释。 • 可电子化实时提取数据，电子化获得数据证明。 • 改进的财务管理报告的跟踪和提交。	• 对更低层控制力的失去，无力影响自身的会计结构。 • 国防部缺乏成本会计技能。 • 该领域的成本问责阻力与为积累资金的预算不利方面联在一起。 • 训练职能与资金的整合。 • 明显的文化改变，而数据未调整，需要新技能。 • 获得立法或行政补助。 • 获得联邦预算政策改变，允许收集机构保留收费，保留原有的预算授权。 • 新业务规则的认可。 • 清晰的审计报告不被认为有价值。 • 作战力量的认可。 • 数据所有权仍不明晰，数个系统没有整合。 • 大量的档案需要整理。 • 训练资金。

续表

结构考虑	推动力	作用	变革障碍
人力资源管理			
• 国防部范围内统一的人力资源指导、规则和政策。	• 允许自助服务的标准系统和数据。 • 统一的训练和训练要求。 • 适当的保障治理模型。	• 合理化的系统和过程。 • 从招募到退休的完整人事数据——国防部人均一份的雇员个人资料。 • 提高能力以满足组织需要的雇员技能。	• 基础设施资助。 • 降低数据控制和信息分享的文化阻力。 • 老系统中遗留的数据,维护技能需要的欠缺。 • 各式各样的训练要求和方法存在。
后　勤			
• 国防部中综合、集中、标准的购买需求。购买能力,后勤规划、能力和指导。 • 综合性战略来源和合同管理的使用。 • 国防部范围内平衡的后勤绩效目标和措施。 • 国防部范围内的整合后勤训练。 • 公共不动产指导、政策、规则、程序以及训练、环境和空间管理。	• 扩大联合后勤局（JLB）的权限、作用和责任,以推动国防部范围内后勤观的领先实践。 • 如果外包可以节省成本,则采用外包形式。 • 使用统一数据和潜在失效模式以及后果分析（FMEA）架构来促进数据共享,进行能力和需求管理。 • 标准化的数据馈入联合后勤局可为实现后勤计分卡提供条件。 • 不动产中心卓越计划。 • 集中化的不动产存量数据库,拥有支持信息请求和"如果"分析有的标准化存量信息。 • 独一无二的识别码。	• 提升的协调性和可靠性,更好的后勤需求和行动校准,以获得国防部能力利用的最大化。 • 保障组织效率更高。 • 集中决策。 • 促进更大责任的计分卡。 • 理解和处理公共训练需求,共享需求与人力资源管理。 • 使用一致、可比、数据准确的不动产记录。 • 当前存货估值。 • 增加政府所有资产的管理责任,改进计划和预算估计。 • 使用与任务影响相连的分析来重新配置/减少/共享设施。 • 降低不动产支出。	• 放弃能力和分享信息的文化阻力,潜在的第九章问题。 • 计分卡、级联目标和措施校准。 • 一些训练会保持独特性,如作战需要。 • 妨碍最具成本-效益解决方案的规则,例如,外包和移动、储存产品和物资的实时存货。 • 对不动产信息必要的控制和所有的文化阻力。 • 不动产盘查要求和其他信息标准的校准。

续表

结构考虑	推动力	作用	变革障碍
采办与采购			
• 通过使用共同的战略采购和合同，实现国防部范围采购需要和能力的整合。 • 国防部中的大量财务管理（FM）、采办以及采购系统。 • 财务管理（FM）、采办、采购与合同管理间多个审查、调节以及数据按比例分配的行为反映。	• 初期利益相关者参与，以使控制阻力最小化。 • 综合采办、采购以及财务管理（FM）生命周期业务规则。	• 价格更好、降低成本和管理费用，以及缩短交货时间。 • 对资金更加紧密的跟踪和控制，使财务报表审计更方便。 • 改善国防部范围的过程控制，提升买卖交易的更大透明度。 • 有利于财务报表审计和提供及时业务信息，以支持更好决策的自动化综合系统。 • 更有效的拨付。	• 失去控制的认可。 • 获得具备信用管理技能的人（新角色）。 • 法律或政策或两者都有的变化。 • 部门间资金不联系。 • 大量存在合同的积压，处理存档数据。
战略计划与预算			
• 使用度量标准将预算和绩效联系起来，整个国防部各个不同的优先权来自不同的政策。 • 无能力限定标准能力和度量。 • 非标准政策、非国防部视角。 • 预算批准会与国防部需求联系起来，而非军种"份额"。 • 改变四年防务审查的时间要求——限制影响。	• 对变革的强力领导和资助，强化对变革行为的激励。 • 标准化的绩效度量、预算，以及与资源配置的关联。 • 在支持预算解释激励方面的变革。 • 立法或行政补助。	• 对国防部预算制定更好的信息和指导，以反映当前管理的优先方面。 • 优化国防部资源。 • 通过预算反映任务。 • 增加国防部与财务利益相关者的公信力。 • 与战略目标紧紧联结，反映实际执行的平衡和可执行预算。	• 对现存程序的显著改变。 • 文化变革表示丧失权力和资金控制权——军种内历史自治权的失去。

资料来源：DOD Response to P. L. 107 - 314, National Defense Authorization Act for FY2003, Transition Plan, Annex G, Organizational Readiness Assessment, Table 2. 1, Organizational Readiness Summary of Raw Data, page 13, from the DOD Business Management Modernization Program, May 2003, at www. dod. mil/comptroller/bmmp.

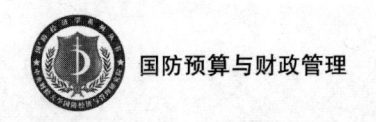

小 结

尽管预算执行和财务管理工作看上去可能单调而沉闷，但任何差错都会产生严重后果。谈及国防部的计划和会计过程，富兰克林·斯平尼说：

> 历史账目无法通过法规所要求的例行审计，规划数据系统扭曲当前决策的未来结果。信息联结上的这种双重失败，使决策者不可能收集到所需的信息来合成有条理的防务规划，而这个规划不仅关乎美国的国计民生，还要应对不确定世界不断变化的威胁、机会和约束。(Spinney, 2002)

国防部财务管理方面的问题既是长期的，也是持续存在的。在2002年6月4日召开的另一次开放听证会上，会议主席库钦奇（2002a）在其开场白中说：

> 今天我们召开第107届国会本小组委员会与国防部财务管理和管理不善问题的第八次听证会。在政府效率、财务管理和国际关系小组委员会上，在霍恩（Horn）议员的主持下，也举行过有关该议题的听证会。众议院军事委员会也召开了关于五角大楼会计问题的听证会，参议院军事委员会及参议院其他小组也就该问题进行过听证，但我们不必拘泥于此。1990年《首席财务官法》建立了联邦机构的基本财务报告要求，生效后，这个小组委员会已举行了数十个关于国防部财务管理不善方面的听证会。在所有这些会议中，不论谁在作证，不管是总主计长、总检察长，还是如弗里德曼先生这样的独立委员会主席，今天他也和我们在一起，总的一条是不变的，那就是国防部财务管理不善情况和管理情况处于踉跄前行的状态。国防部主要部门没有一个通过独立审计检验。五角大楼无法适当地解释数千亿美元的交易……五角大楼不少于6个部门，多于其他政府机构，处于浪费、欺诈和滥用的高风险之中，而且显示出很少的改进前景。国防部勾销了丢失的价值数百亿美元的在途货物，国防部还储存了价值数十亿美元不需要的备件。要想改变这种状况，必须在国防部进行彻底的观念转型，并在五角大楼最高层领导那里全面承诺解决问题。

结果，这些看上去不起眼的财务管理问题使我们在国防建设上准备不足，付出了比需要更高的代价。本章我们试图理解这些问题的严重性，以及改革为什么如此困难。1994年在国会作证时，国防部主计长约翰·哈姆雷（John Hamre）注意到，国防部在1993年向承包商多支付了13亿美元，同时国防部还在给1100名已离开的军人发饷，其中包括一些逃兵，有190亿美元的拨付与采办合同不匹

配。约翰·哈姆雷说，国防部的系统出了问题，但是他却没有指责他的前任。他指出，这个问题实际上早已存在。

> 我不想攻击我的前任，因为他接手的本来就是一个不完善的系统。的确，这种根深蒂固的缺陷可以追溯至合众国建立的时候。1775年，大陆会议任命詹姆斯·沃伦（James Warren）为首位总出纳，他实际上是国防部的首任主计长，是我的前辈。在工作6个月之后，他写信给大陆国会，说他无法胜任这个工作，因为他继承的财务管理系统有缺陷。他抱怨说，13个殖民地中每一个都坚持自己的工薪系统，而且都没有标准化，整个系统极易发生滥用。你经常可以发现：一个人加入一个殖民地的国民警卫队而得到一些签约补贴，然后他退出这个殖民地的国民警卫队，又参加另一个殖民地的国民警卫队以获得另一份补贴。工资不标准，制服不统一，都是混乱的。当佩里博士（时任国防部长——译者注）要求我对我们的财务管理系统进行全面评估时，我只能汇报说两百年来我们实际上已经取得了巨大的进步。我们已经增加了37个州加入联邦，却仅增加了5个工资系统。（Hamre, 1994）

哈姆雷继续指出，1947年国防部建立时，保留了当时已存在的军种部（陆军、空军和海军），这些部门按照垂直指挥链模式运行。哈姆雷认为这种垂直指挥链组织对战时赢得胜利是必要的，但在和平时期这样运作，结果却迥然不同：

> 管理系统，包括财务管理系统，需要通过这些垂直渠道层层上报信息。当计算机开始广泛应用时，各个机构都寻求其过程的自动化，这些组织当时并没有强制要求在这些功能上相互连接，诸如支付系统或合同系统。相反，计算机只是对以前人工程序的自动化取代。财务管理系统是在指挥链系统内设计，以保障作战指挥官的。（Hamre, 1994）

这非常形象地说明了相互独立的垂直系统的演变过程，这被生动地描述为"烟道式"。哈姆雷解释说，该过程并没有停下来。尽管国防业务需要一体化，但国防财务管理仍处于分散状态："随着国防部日趋成熟，特定行为如合同管理，已在国防部内共同（采用）。但这种标准化过程也附带产生了从垂直指挥链机构要信息的问题"（Hamre, 1994）。

所有不良后果均源于此。1991年，当国防财务与会计服务局建立时，共有66个主要的财务管理系统，161个主要的会计系统。尽管这些数字已大为减少，但最初那种"烟道式"倾向一直存在，并一直体现在国防部运行之中，特别是那些独立和分散的支系统，这些支系统为主会计系统和管理系统输送信息。尽管专家们的看法有分歧，但2003年5月《业务管理现代化计划》接受的系统数量是

2274 个（如表 10.2 所示）。我们注意到，在人力资源领域，系统数量最多，但平均来看，后勤系统最昂贵，系统数量的变化反映了国防部架构的变化。

表 10.2　2003 年 4 月 30 日国防部系统清查：按领域的系统数量和资金费用

领　域	数　量	费用（美元）	2003 年平均费用（美元）
采办与采购	143	135281	946
财政、会计与财务管理	542	726080	1140
人力资源管理	665	1524809	2293
设施与环境	128	229899	1796
后勤	565	2044490	3619
战略、规划与预算	210	215405	1026
技术基础	21	37728	1797
总计	2274	4913692	2161

资料来源：Business Management Modernization Program（BMMP），2003,"Organizational Readiness Assessment, Table 2.1", and "Organizational Readiness Summary of Raw Data", May, www.dod.mil/comptroller/bmmp.

　　国防部要继续应对和削减其预算所面临的问题，但这些问题的耐久性使人们对改革的前景持怀疑态度。糟糕的数据、过于复杂而冗余的系统、相互独立的支系统，这些系统中，有些可靠性较好，有些则不然，过时的业务实务、"使用或失去"规则、有用的管理数据难以得到，妨碍审计，国防部将继续面对这些问题。更令人困扰的是这样一种观念，即认为预算和拨款系统是大多数国防部财务系统使用者的主要驱动因素，但这些运用和系统与好的管理信息系统格格不入，也不符合《首席财务官法》所要求的公认会计准则（GAAP），并阻碍现成商业软件的使用。有些使用者感到甚至它们很难适合好的预算系统（Friedman，2002），尽管其他的人不同意："它们是按拨款和国会报告的要求设计的……而且，它们做得很好"（Lanzillotta，2003）。尽管改革非常诱人，这不仅是要顺从法律的要求，而且财务管理系统改革估计每年能节约 150 亿 ~ 300 亿美元，而这些资金在没有采用现代业务系统时都被浪费了（Friedman，2002；Platts，2003），这些钱应该用来采购那些迫切需要的军力构成资产。

　　改革者是认真的，不用怀疑这一点，但先行者似乎注定要失败。另外，国防部的文化是顽固的，很难有明显改变。会计总署的格里高利·库兹注意到，迄今

为止，因为"缺乏持续的高层领导和责任，以及原有观念的抵制，包括军种保护主义、缺乏面向绩效的考核和不适当的变革激励"，国防部的改革是艰难的（Kutz，2003）。所有这些似乎都说明：军事作战可以得到"A"等成绩，而财务管理现代化仅能得到"D"等成绩，而不是相反。然而，国防部财务管理改革仍在不屈不挠地坚持着，而且信心空前高涨。

一些积极成果

在谈到国防部时，负责管理改革的国防部副部长帮办劳伦斯·兰齐洛塔给予了鼓励，并描述了改革将怎样进行：

> 过去，国防部各个大的机构都允许去设计和管理自己的系统，而没有把它们纳入国防部的广义框架中。这就形成了"烟道式"的支持结构，效率低，不能有效满足领导的需要……我们计划利用国防部的广义架构来描述标准业务和财务规程，在国防部高级领导人的指导下，利用国防部的监督过程实施该架构、指导支出、改进和扩展该架构建立与其他联邦机构的无缝连接、进行国防部转型并在近期解决关键的财务问题，尤其是财务报告。（Lanzillotta，2003）

劳伦斯·兰齐洛塔还描述了国防部财务管理如何划分为后勤、采办和采购等7个领域，各个部分都经过专家研究，旨在对国防部各领域进行流程再造。"各领域领导将通过再造业务流程来实施该架构，开发与企业架构一致的系统解决方案。在这种情况下，各领域的领导都是该领域的专家，他们将重新设计本部门的业务方法，规划业务改进"（Lanzillotta，2003）。

尽管劳伦斯·兰齐洛塔对未来结果持乐观态度，但是政府改革委员会成员仍希望对达不到要求的绩效和"烟道式"系统进行长期跟踪，认为要变革属于不同军种部门独有的支系统时，进展不会那么快，结果也不如那些属于国防部中央层面的系统变革那样确定。兰齐洛塔还指出，预算将有严格的约束力，但他也承认时间会拖得比较长，因为计划已有10年之久，而所处环境是技术每18个月更新一次。当然，他还说到，"我从不相信……今天错误的观点明天会变成正确的观点，错的只会走得越来越远。改革将是渐进的，我们会强化问责……我们会触动更多国防机构。我们希望不用太久，军种机构会响应，接下来改革将全面铺开"（Lanzillotta，2003）。

大多数国会成员对国防部财务管理的监督持悲观态度，但事实是国防部财务管理已有明显进步。2003年，国防部长拉姆斯菲尔德继续为转型和财务管理改进而战，他把改革放在优先地位，并建立了高层领导团队。当年4月，由6个承包商组成的"IBM"团队向国防部报告了它们的财务管理架构。国防审计局局长保罗·格瑞奈特（Paul Granetto）说："2003年4月30日，'商业管理现代化计划'向我们递交了最初的商业企业架构，这是现在实行的架构。该构架基本上是一个蓝图，描述了国防部未来的财务管理系统和流程"（Granetto，2003）。尽管会计总署发现该结构存在这样或那样的不足，但一直在改进。保罗·格瑞奈特补充道，国防部把改革进程看做计划，就如国防部其他大型计划一样，必须考虑到"所有拨款控制需要非常大的计划，包括精心规划、明确的管理责任、预算的全能见度、定期绩效报告和全面的审计覆盖"（Granetto，2003）。

国防部已取得了巨大进展。为证明这一点，我们看看国防财务与会计服务局的成功案例。国防财务会计服务局局长托马斯·布莱曼（Thomas Bloom）首次披露了国防财务与会计局行动的范畴：

> 国防财务会计服务局承担着世界上最大的财务与会计工作。2002财年，国防财务与会计服务局团队为570万人进行了支付。我们处理了1120万份来自承包商的发票，记录了1.24亿笔会计交易，拨付了3466亿美元。我们支付了730万份旅行支票，管理着超过1760亿美元的军队退休信托基金，进行了125亿美元的对外军售。同时，我们还促成267项有效的国防部拨款。（Bloom，2003）

作为世界上最大的财务管理与会计工作，布莱曼接着说："我为国防财务与会计服务局系统在减少纳税人负担方面的成功感到骄傲。2002财年相比2001财年，我们给国防部客户节省开支超过1.44亿美元。我们预计今年（2003财年）会继续节省1.08亿美元。"他指出，尽管工作量持续增加，但是国防财务与会计服务局的运作成本却在减少。他举了三个例子。第一个例子，军人和文职人员工薪服务系统已能经由网络（"MyPay"网站）查询工资信息。布莱曼注意到，大约170万个客户正在使用该系统，而且数目每天还在增加。第二个例子，布莱曼注意到，在近12个月，商业工薪服务系统使每100万美元的利息支出量减少30%，办法是减少过时的发票数，目前处于国防财务与会计服务局历史的最低水平，从2001年4月的9.03%降低到2003年1月的4.1%。2003财年预计比2001财年利息支付节省近350万美元。第三个例子，布莱曼指出，在2002财年，会计服务系统部门即时数据传送率达99.96%，生成会计报表和报告的日期也从平均14天缩短为13天（Bloom，2003）。布莱曼还提到了其他方面的进步：

与1998年的基数相比，拨付差错减少了90%。我们在2002财年进行了国防财务与会计服务局第三次直接的"洁净"审计，我们准予国防合同审计局、国防物资局、军人与退休信托基金和国防威胁降低局实现其合并财务报表的无保留意见审计报告……由于效率提高了，国防部在各军种预算工作上的花费也少于0.5%。从1999财年到2002财年，就减少了20%，预计这一趋势还将持续。（Bloom, 2003）

他还注意到，国防财务与会计服务局系统的成功已获得国防部外的认可：

如我们就文职人员工资系统及其运行与私人部门竞争时，没人能跟我们"叫板"。最近，人事管理局选择国防财务与会计服务局作为整个行政部门中提供薪资服务系统的4个机构之一，在所选的4个机构中，我们的薪资系统运行的单位成本最低。（Bloom, 2003）

布莱曼发现，国防财务与会计服务局在数据自动化方面已取得了跨越式发展。他注意到，审计财务报表（DDRS-AFS）能快速地从大量数据资源中收集数据，并将其自动转换成财务报表，改善了部门报告的时效性。他解释说："数字数据记录系统（DDRS）使人工处理转为以网络为基础的解决方案，这推动了流程的标准化，改变了基于单一数据库的国防部报告生成方式……这种数字数据记录系统预算程序块可向财政部和国防部提供所需的财年报告和拨款进展报告。该程序块把国防部设备层次的会计系统与财务报告紧密地联系在了一起。今天，数字数据记录系统已经完全改变了国防部财务报告流程"（Bloom, 2003）。

这些都是改革的重大成果，它们源于有责任感的领导人坚持不懈的努力。由于国防部财务管理挑战的规模和数量，除了坚持和努力外别无他途。财务管理改革取得进展的关键是：当前的管理团队能完整无缺地在国防部待多久，未来的领导团队能在多大程度上采用这些方法。总的来说，似乎国防部财务管理改革会进行下去，但看来也是一个不断变化的目标，其间充斥着对基础规范的尖锐批评，不管如何都迫切需要更多更好的系统、信息和领导。这也是一种好现象，因为归根结底，没有批评和对系统问题的提出，就不会有改进的动力。

11. 武器采办预算与管理

引言：采办预算概览

为武装力量采办诸如飞机、坦克、军舰等武器平台和武器支持系统是国防部的中心任务之一。作为国防部预算的一部分，总统每年都会提交国防采办预算供国会审查和拨款。对国家安全的威胁、感知或现实的政治倾向，都会驱动大量的武器采办防务资金提请和拨款。国会、来自行政部门和国防部的代表、产业界的游说者、防务思想库的分析人员、媒体专家和大量其他机构的人员，就支出的合理性、计划选择和获得资源的策略进行争论。国会希望国防部能提供高质量的能满足战争所需的产品，同时维持计划的稳定发展，并最大限度缩短采办计划周期，以更创新性的方法进行武器研制、开发、设计、试验、评估、生产、保障和应用。

国防部的计划管理者在每年的预算过程中推动并试图为其计划获得资金。拨款后，国会和国防部下达指令和指导，帮助军种进行武器采办。有限的武器资产投资预算被相对稳定的国防预算上限所制约，被与日俱增的武器系统运行和保障费用以及自 2001 年 9 月 11 日之后的反恐战争支出所挤压。

在过去十几年里，不断增长的采办支出导致对私营部门产品和流程增效更为依赖。采用更好的商业惯例是克林顿政府时期国防部率先发起的运动的一部分，持续至乔治·W·布什政府，在 21 世纪初被称为"商业革命"（RBA）。"商业革命"在采办领域有四个主要目标。第一，宗旨是促进高质量的防务产品生产；第二，打算把所有重大采办计划的平均采办系统周期时间缩短 25%（从 132 个月

降至99个月）；第三，想达到更低的防务产品总拥有成本（TOC），实现重大武器采办计划年均成本增加不超过1%的目标；第四，提供比较便宜的武器平台，降低管理成本。在一些情况下，这些目标可通过从通用（非国防专用）市场购买私营部门生产的产品（典型的是武器和系统的元件或支持部件）来实现。鉴于2003年及以后年份的预算赤字规模，可以预期国防预算受到制约。然而，当美国面临新的多种多样的恐怖主义威胁时，国防部的使命会持续扩展。

采办资金的历史趋势

我们的首要任务是明确采办资金的趋势，此部分提供了与军队保障账户相对的武器采办预算数据。包括1988~2000年间的预算授权审查、预算授权总额和国防部支出。简要回顾一下前几章所提到的内容，国防部通过国会拨款来取得预算授权，预算授权为国防部提供制造或购买所需防务资产资金支出的许可。预算授权会在一年或数年内拨款。例如，飞机生产在3年内拨款，舰船建造在5年内拨款，预算授权要求部门或机构对计划赋权和资金支付。因此，预算授权立即引起当前财年或未来财年的赋权和支出。预算授权总额（TOA）是个预算概念，指在当前财年对防务计划支出可用的来自以前财年和当前财年的所有资金总量。通常，资产采办必须用当年和以前年的所有拨款来支付，它会延伸数年时间。

事实上，预算授权总额（TOA）是每年预算授权的累积，与所有联邦部门和机构一样，国防部尽力花费所有其拨款资金来达到国会要求的目标。从法律上讲，赋权发生前，那些支出授权期满的未花出去的预算授权（资金）将回流国库，国防部不能再使用其支付。来自国会的新预算立法可以对期满的预算授权重新拨款，从而继续原先授权的计划，或对那些原始资金目的已改变的未赋权预算授权进行转变，总统的废止也可能削减已存在的预算授权。（对）直接从公众那里募集的资金——净补偿收入，国会可以将其用于替代（补偿）预算授权。

预算授权通过赋权过程来支出。人员雇佣、签订服务合同、购买设备、租赁合同等都是根据预算授权进行赋权支付的。1989财年国防授权和拨款法案通过前，以前年未赋权余额仅作为计划适用年度预算授权总额的调整。然而，自那时起，国会预算局和管理与预算局已记下（或记录）这些余额作为当年预算授权的削减。以前，重新拨款被视为年度立法中的新预算授权。然而，在准备修正的

1989 财年预算时，国会预算局和管理与预算局直接把所记的重新拨款作为第一年可利用的预算授权（Department of the Navy, 2002a），这种改变减少了来年国防部支出的灵活性。

图 11.1 显示了按 2003 财年不变美元的各军种预算授权总额。数据显示，1988~1994 年财年，预算授权总额下降，直到 1999 年又恢复上升，自那以后有略微的上升。国防部所面临的最严重问题是怎样对那些已远超其预计折旧期的还在服役的二手资产替换提供资金。在理想状态下，国会为新武器资产的支付进行新的资金拨款。然而在现实生活中，在国防部其他领域预算开支持续增加的情况下，国防部不可能获得足够资金来为新资产的采办提供资金，这已经并将继续迫使国防部缩减那些非采办账户、计划和活动的支出，来为资产替换提供资金。例如，就像我们在这一章中常见的那样，为了使采办资金宽松一些，过去几年里作战和维持资金已被缩减。

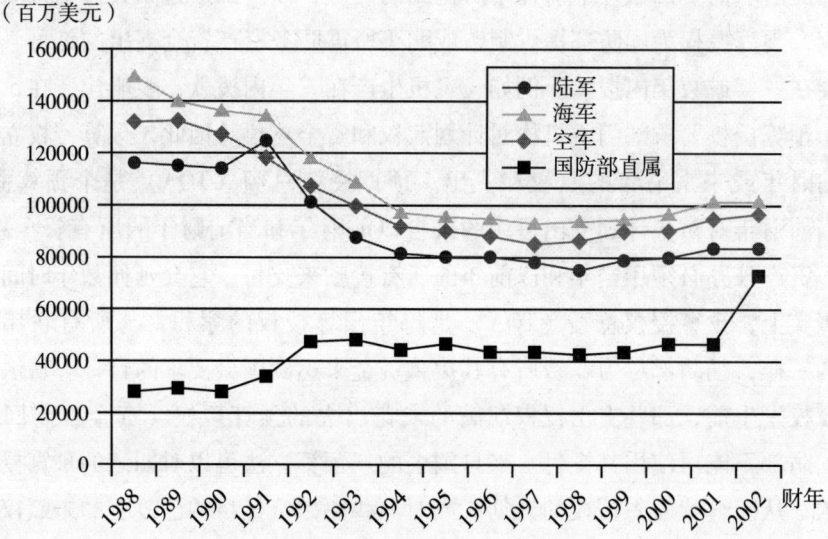

图 11.1　各军种和国防部直属机构预算授权总额（2003 财年不变美元）
资料来源：Knox, 2002, 20。

图 11.2 提供的数据显示了资产采办拨款与作战和维持（O&M）拨款授权支出的对比。该图显示了以 2003 年不变美元表示的海军的采办、作战和维持拨款。作战和维持、采办资金自 1988 财年至 1994 财年一直呈下降趋势，仅在 1995 财年到 1998 财年有小幅回升。采办资金以及作战和维持资金在 1992 财年以后有明

11 武器采办预算与管理

显下降，1998 财年以前下降得更快，自那以后采办资金和作战维持资金开始增长，但采办资金比作战和维持资金增长得更快。

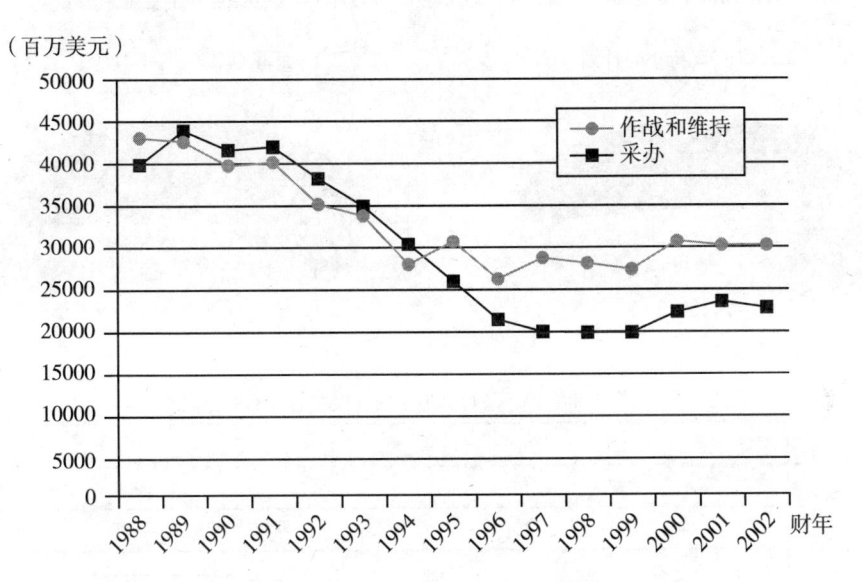

（百万美元）

图 11.2　2003 财年不变美元价格海军作战和维持、采办支出趋势

资料来源：Knox，2002，22。

这些数据显示，采办预算授权自 1988 财年至 1996 财年一直在下降，在作战和维持费用增加之前又平缓维持了大约 3 年。这只是粗略的度量，但这种增加部分是由于保障 1996～1999 财年那些老旧舰船和飞机所需的越来越多的维护和维修费用造成的。2000 财年采办资金有所增加，但是作战和维持费用与采办资金之间差额的比率一直相对稳定。

图 11.3 的饼图指出了 1988～2003 年各种支出在海军部预算中预算份额的变化，线图显示了海军作战和维持资金、采办资金占预算授权总额的比例是如何改变的。从在预算授权总额中所占的比例看，作战和维持费用大体上持平，而采办资金除在近几年反弹之外，20 世纪 90 年代中期份额从 35% 下降至 20%。尽管作战和维持费用一直维持在 30%，但采办资金在 20 世纪 90 年代中期的下降却非常明显。

国防预算与财政管理

1988财年
1500亿美元
（2003财年不变美元）
- 2%
- 军队建设/飞行小时计划 30亿美元
- 9% 研究、开发、试验与评估 130亿美元
- 采购 490亿美元 33%
- 人事 420亿美元 28%
- 作战和维持 420亿美元 28%

2003财年
1080亿美元
（2003财年不变美元）
- 2%
- 军队建设/飞行小时计划 30亿美元
- 12% 研究、开发、试验与评估 130亿美元
- 采购 250亿美元 23%
- 人事 330亿美元 31%
- 作战和维持 340亿美元 32%

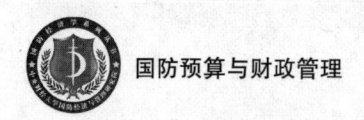

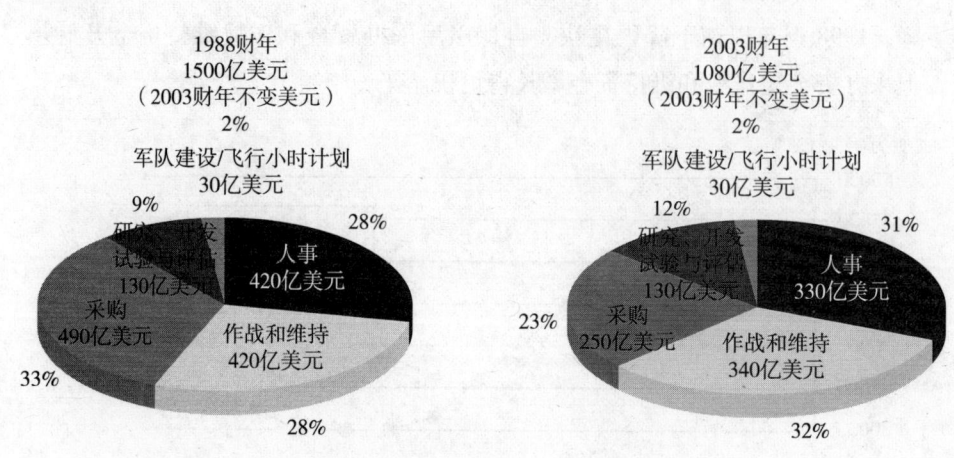

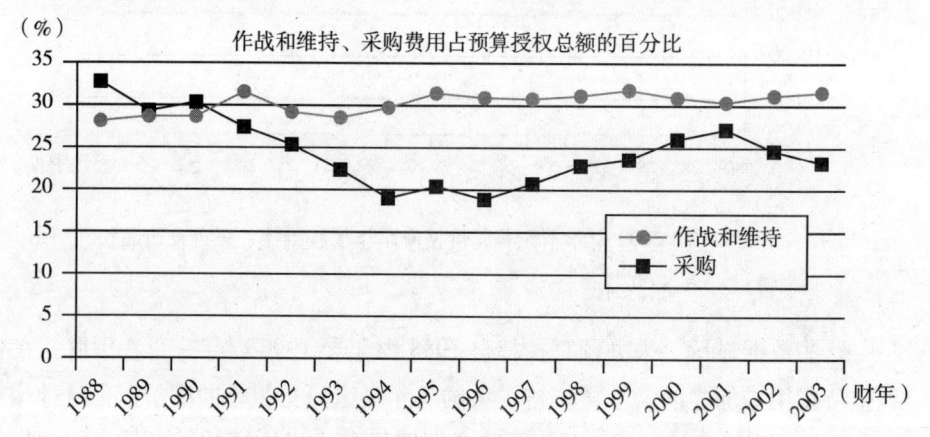

图 11.3 1988~2003 财年海军预算授权总额和采办费用

资料来源：Knox，2002，22。

采办规划-计划-预算-执行过程

第4章指出，采办预算与规划-计划-预算-执行（PPBE）系统同时进行。国防采办预算过程整合两大主要的国防部决策支持系统进入规划-计划-预算-执行系统（PPBES）（Bendorf，2000）。在整个规划过程中，需求生成系统确认任务，并使资产与现存系统增强的军事能力相配。因此，在规划-计划-预算-执行系统（PPBES）的计划阶段，采办管理系统把新作战能力需求转化为作战系统的硬件需求，即实施任务的具体武器和系统需求，诸如航空母舰上的舰载机、

新坦克或舰船等。该过程提供基于支付能力约束和作战能力需求的可靠决策基础。

规划－计划－预算－执行（PPBE）系统意在为研究、开发、试验、评估以及新武器或改装武器系统生产，野战使用，维护的规划、计划和预算提供稳定和例行的决策流程。然而，目前将两个支持系统整合进规划－计划－预算－执行系统（PPBES）过程是复杂的，它会延误和引起采办过程的动荡（Bendorf, 2000）。采办规划、计划和预算把任务需求和采办管理需求的定义整合进规划－计划－预算－执行系统（PPBES）里。未来所需的应对潜在威胁的武器系统预测是由规划的主要工具——《未来年防务规划》来表述。另外，武器采办系统需要结合一系列里程碑阶段决定，这些决定以法令（由国会通过）和管理条例（由国防部制定）的形式表达。

为了在下面的分析中表述得更清楚，有必要定义一些术语。采办Ⅰ类（ACAT Ⅰ）计划是重大防务采办计划（MDAP），重大防务采办计划和采办Ⅰ类在这里交替使用。重大防务采办计划被界定为：主管采办、技术、后勤的国防部副部长估计最终所需的研究、开发、试验与评估支出高于3.65亿美元（2000财年不变美元）的计划，或采办支出超过21.90亿美元（2000财年不变美元）的计划，以及其他由主管采办、技术、后勤的国防部副部长指定为采办Ⅰ类的计划。国防部条例中规定有三种主要的采办类别：采办Ⅰ类（ACAT Ⅰ）、采办ⅠA类（ACAT ⅠA）以及采办Ⅱ类（ACAT Ⅱ）、采办ⅠD类（ACAT ⅠD）（防务）和采办ⅠC类（ACAT ⅠC）（组成部分或单个军种），这在后面将进行更详尽的分析。

协调采办资金各组成部分的责任最终落在单个计划管理者头上。作为计划牵头人的采办官员，计划管理者负责整合规划－计划－预算－执行系统（PPBES）的管理需求（如在预算过程中提出多少请求）与采办过程的管理需求（如在武器和武器支持系统采办中满足里程碑要求）。重大采办计划（ACAT Ⅰ）流程复杂，具有最高级别的重要性，通常也要进行最大程度财务披露。因此，这类采办计划会受到来自国防部各办公室和国会最大程度的监督（Bendorf, 2000）。采办Ⅰ类（ACAT Ⅰ）的计划管理者必须符合严格的资格要求，比那些非采办Ⅰ类（ACAT Ⅰ）计划管理者要高很多。计划管理者要有丰富的培训和经历，拥有广泛的采办经验基础，必须成为管理采办技巧方面的高手，也必须在计划制定和预算过程中有效推动和捍卫其计划。如果在规划－计划－预算－执行系统（PPBES）流程中没有合适的位置，武器系统可能能设计和测试，但仍然不能采购，它没有

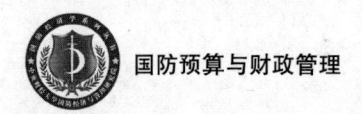

经历规划-计划-预算-执行系统（PPBES）和国会审查与决定过程的严酷考验。

在规划-计划-预算-执行系统（PPBES）中，一旦系统被确认必须满足任务需求（在规划-计划-预算-执行系统的规划阶段），就必须包含在《计划目标备忘录》中接受审查。《计划目标备忘录》由各军种和部门独立构建。例如，海军负责准备《计划目标备忘录》的官员是海军作战部长（CNO）和海军作战部长的幕僚机构（OPNAV）。《计划目标备忘录》和预算过程过去常常是分开运行的。然而，2001年根据国防部长拉姆斯菲尔德的要求，《计划目标备忘录》和预算过程被整合在一起，计划和预算审查同步进行。

按照新流程，一旦合并后的《计划目标备忘录》和预算被军种长官批准，例如海军的需经海军作战部长批准，随后《计划目标备忘录》就会被送往军种部长（海军部长），然后送往国防部长办公厅计划审查员处。军种部门（MILDEP）采办主管（负责采办和相关职能的助理部长，也被称为所属机构采办执行官，简写为CAE）汇总和审查国防采办计划和预算需求，而后再将《计划目标备忘录》和预算送往国防部长幕僚，尤其是主管采办的国防部副部长（UCDA，或者其他头衔，这些头衔一直在变化，目前的头衔是负责采办、技术和后勤的副部长，简写为USD AT&L）审查。

负责采办的国防部副部长（AT&L）及其幕僚负责审查来自各军种部门的预算提请，以建立国防部的采办计划基线（APB）和预算。该步要求负责采办的国防部长办公厅里程碑决策机构（MDA）的管理者和计划管理者在所有采办计划的成本、时间表、绩效目标和限额之间达成一致。采办计划基线包含最重要的成本、日程、绩效参数，要求升级到最新。

武器计划官员建立采办计划基线以记录其计划成本、日程表、绩效目标以及限额。计划管理者在采办类计划开始，随后的重要里程碑决策，以及紧接着的计划重构和不可补救的计划偏差时，准备采办计划基线。采办计划基线包含成本、日程表、绩效参数。随着计划更明确，绩效参数的特征和数量也在演化。日程表参数包括计划开始、重大里程碑决策点、初始作战能力以及其他关键系统事件。这些关键事项由计划管理者提出，并由里程碑决策机构（MDA）批准。

从计划办公室的视角看，最大限度地保证计划管理者在成本、绩效、日程等方面进行权衡的灵活性，而没有"太多的"更高层审查和微观管理，被认为是达成计划目标的关键。因此，建立可执行的协议和与采办计划基线一致，坚持一贯

的里程碑报告制度，是计划管理者至关重要的任务。采办类别（ACAT）的级别设定（如Ⅰ、Ⅱ等）通常在军种部门（MILDEP）和负责采办的国防部副部长（USD AT&L）批准了作战需求文件（ORD）后确定。在需求文件里提供采办类别（ACAT）建议。

防务采办委员会、防务计划和预算

在采办资源决策过程中，有意向的武器用户（如陆军）提出作战需求，该需求只有通过购置固定资产（武器、系统或平台）才能解决，产生《任务需要说明》（MNS）。一旦该《任务需要说明》被军种参谋长批准或被参谋长联席会议（JCS）联合需求监督委员会（JROC）认可，负责采办的国防部副部长就会召集防务采办委员会（DAB）讨论。防务采办委员会是国防部的高级论坛，就与采办Ⅰ类（ACAT Ⅰ）计划有关的重要决策为负责采办的国防部副部长提供咨询建议。一些计划由国防部层次管理，另一些由军种部门管理。负责采办的国防部副部长是"采办 ID 类（ACAT ID）"计划的里程碑决策机构（MDA），该类中的"D"代表防务。军种组成部门是"采办 IC 类（ACAT IC）"计划的里程碑决策机构，这里的"C"代表组成部门，例如陆军、海军、空军，如海军助理部长（研究、开发和采办）是海军的里程碑决策机构。

防务采办委员会由国防部高级采办官员组成。防务采办委员会审查《任务需求说明》（MNS），并通过最小化选择范围向里程碑决策机构提出概念研究建议。这种审查和里程碑决策机构批准构成了里程碑"0"的决策点，里程碑决策机构监督"概念研究"和批准过程，以《采办决定备忘录》（ADM）指导"0"阶段启动、概念探索和定义。

里程碑是武器系统的重要决策点，里程碑审查过程通过验证其满足规定的技术绩效指标和绩效门槛，使系统发展到更高阶段。对所有采办Ⅰ类（ACAT Ⅰ）计划，计划管理者在计划保障开始和所有接下来的里程碑审查中准备全寿命周期成本估计。例如，海军计划管理者制定的对采办计划和系统自身显著特点的描述作为全寿命周期成本（LCC）估计的基础（Department of the Navy，2002b）。全寿命周期估计在采办计划管理中起着至关重要的作用。在各计划里程碑决策点，包括计划启动决策、全寿命周期成本、绩效以及时间安排上，成本动因和可负担能

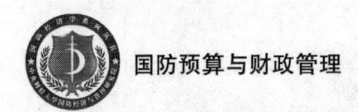

力约束是主要的考量。其主要目的就是在相互竞争的重要系统选择中为采办决策提供支持。全寿命周期成本（LCC）帮助决定需求，成本动因在选择时得到确认。全寿命周期成本也提供对设计、后勤、制造评价的综合价值指数，以及总成本控制基础。

在预算准备中，组成部门启动程序并说明其支出和执行的优先级。例如，海军组成部门采办执行官——海军负责研究、开发和采办的助理海军部长（ASN RD&A）在里程碑Ⅱ和里程碑Ⅲ的支持下，为海军采办Ⅰ类（ACAT Ⅰ）计划准备预算清单。一旦预算颁布，助理海军部长（ASN RD&A）对计划执行办公室和直接报告的计划管理者（PEO）进行一条线管理（Department of the Navy，2002b）。计划执行办公室主要依靠硬件系统指令进行管理支持，包括负责财务管理的主计长职能。一旦预算开始进入执行阶段，计划执行办公室和硬件系统指令的资金流就成了单向传送，并通过正常的拨款渠道进行，计划执行办公室在硬件系统指令分配内实施对设定资源的控制。

一旦各军种部门的计划和预算被防务采办委员会审查通过，它们就被纳入批准的《国防部长计划目标备忘录》，并随后纳入国防部预算。国防采办预算由国防部副部长、主计长融入所有支出账户，国防部长批准后，交送总统管理与预算局，进入每年呈交国会的文件中。包括采办决策在内，国防预算流程周期的运行如前几章所述。

武器采办预算和管理中的问题

立法和行政部门成员，包括国防部、军种部门、防务机构、计划管理者以及特殊工业利益集团，都被卷进国防武器采办预算中。在采办过程中，必须特别关注计划管理者们在面对外部政治和预算环境时所做的行动和反应。计划管理者是其计划在政治过程中的第一道也是最后一道防线。然而，采办预算的复杂性要求关注该过程中的所有参与者。一大堆问题似乎在采办预算工作中长期存在，接下来会讨论其中一些较重要的问题。

就国防和采办上花费多少达成共识

每年 2 月,总统预算提交给国会。国会把总统预算看作致力于国家利益和选民需要的执行重点声明。在各新财年,预算被争论和修改,达成最后妥协才能够支出。2003 财年为国防另外增加了 480 亿美元预算(见表 11.1)。以不变美元计算,代表增长 13%,这是自 20 世纪 80 年代以来国防建设最大的年度增长(Department of the Navy,2002b)。国防支出预计接近 2003 财年国内生产总值的 3.5%,是自 1995 年以来的最高水平。与此相比,在 20 世纪 80 年代中期,国防支出平均占 GDP 的 6%。在这些提请中,包含被赋权给阿富汗或其他地区,包括伊拉克等反恐作战"战时突发情况"的 100 亿美元。在 2003 财年预算中,采办资金增加 13.2%。

表 11.1　2002 财年实际资金、2003 财年估计资金、2004~2005 财年提请资金

	2002 财年实际资金	2003 财年估计资金	2004 财年提请资金	2005 财年提请资金
采购	62227.2	70430.9	72746.5	77187.3
变化百分比		13.2%	3.3%	6.1%

资料来源:Department of Defense,2003e.

2003 年后,总统 2003 财年预算预期的国防预算授权增长放缓——至 2012 年年均增长率为 3.2%(Department of Defense,2003c)。最后,国会在防务鹰派、减税鹰派和其他方面的压力下,对拨款法案做了细微修改,基本接受了总统预算。同时,通过一系列重大追加拨款法案,以满足特殊防务与国土安全需求。国防部所有拨款自 1998 财年至 2003 财年增加了 29%。同期,采购账户增加了 42%(CRS,2003,27)。这是自 20 世纪 80 年代初里根国防建设以来最大的增长。虽然如此,这并没有解决国防部老旧武器系统以及资产重组的需求(例如,按计划替换日程表购买舰船、飞机和坦克,使存量现代化)。同时,国防部长拉姆斯菲尔德继续进行转型努力,并把它作为摆脱财政困境的方法。这些事件及其解决方案显示,在为国防提供资金时,在多少资金才能满足需要和可安排多少资金之间存在着不可避免的矛盾。如前所述,对威胁的感知至关重要,对此可有多种解释。另外,对国防支出的选民需求,尤其是对采办资金的需求,总不乏代表者——新采办计划通常意味着新工作和国防工业公司

收益的增加。

在武器资产采办支出上不存在"神奇数字"。为与应对威胁和现实计划开发和执行需求相称，五角大楼需要的资金越多越好。然而，国防部不可能得到所有想要的，国会也会明确表达并就"黄油和大炮"间取舍进行辩论。一些知情人士认为，国防采办预算流程最好被理解为对突发事件的反应。人们希望预算能对外部威胁环境中的突发事件，以及总统和国会的政治优先级变化做出反应。另外，与总统未来几年预期的提请表现趋势和《国会预算决议》未来几年的支出目标相比，每年国防预算变化是次要的。

多少支出才够的争论导致了防务与采办事实上的多年度预算方式，并在每年进行修正。其他全权预算则通常只需更多关注每年的拨款，从这个方面看，国防预算是不一样的。当多年期积累的预算决定超年度支出成百上千亿美元时，风险就更高了。只有总体联邦赤字或盈余，以及公民权利性计划支出才可能达到对防务和采办这类预算的关注。由于支出数量过于庞大，行政和立法部门要想在"花多少"和"花在哪里"问题上达成一致非常困难。未取得共识就会引起长时期的摇摆不定，这使军事资产采办更难规划、预算和执行（Jones & Bixler, 1992, 9）。

维持国防资产生产的工业基础

总统2003财年和未来几年的国防采办支出规划，意在帮助恢复冷战末国防支出的削减，这引起了工业集团的关注，其中大多数声音来自国防工业主管，包括前助理海军部长、现航空工业联合会主席约翰·道格拉斯（John Douglas）、退休空军中将、现国防工业联合会主席拉里·D·法雷尔（Lary. D. farrell）以及前国会议员、现电子工业主席戴夫·麦柯迪（Dave McCurdy）。例如，道格拉斯对舰船建设资金评论道："只建造5艘舰船是不能维持国防（工业）基础的"（Douglas, 2002）。国防工业代理人的忧虑由预期的每年仅5艘舰船的建设速度引起，这在他们的眼里根本就不够！他们说国家需要为战时保持切实可行的国防工业，并指出主要国防平台制造商数量减少的隐忧。

为了与战船建造能力下降作斗争，以及保持310艘舰船的战力水平，海军采办规划包括平均每年建造9艘船。然而，从国防部预算中按照这个速度获取建造资金并不总是成功的。在2003财年总统预算提请建造宙斯盾驱逐舰DDG-51

后，船舶建造联合会要求国会在 2003 财年增加 9.35 亿美元预算，购买第 3 艘宙斯盾驱逐舰 DDG-51，并预付 2004 财年采办宙斯盾驱逐舰 DDG-51 的资金。这种增加将"使海军更接近"（farrell，2002）每年采购 4 艘宙斯盾驱逐舰 DDG-51 的需求，按照国防工业联合会的说法，这个速度才能维持 116 艘驱逐舰和其他水面战斗舰的水平。作为对工业游说者的回应，国会把第 3 艘宙斯盾驱逐舰 DDG-51 加进了 2003 财年预算。

合并、兼并和破产使主武器系统承包商减少了。1990~2000 年，为海军建造水面舰船的承包商从 9 个减缩到 3 个，生产固定翼军用飞机的公司数量也是如此（Ahearn，2002）。2003 年，仍有 2 个潜艇制造商，尽管这仅仅是因为诺斯罗普公司（Northrop）赢得了与通用动力公司（General Dynamics）的竞标。直升机和 v-22 鱼鹰倾转旋翼飞机的制造商从 4 个减少到 3 个，而此期间战略导弹制造商从 3 个减缩至 2 个（Ahearn，2002）。可承担水下区域战斗武器合同的公司下降了 2/3，从 15 个降至 5 个，水雷生产商从 3 个减至 2 个（Farrell，2002）。

法雷尔估计"船坞开工率不到 50%"，这是低效的。与海军每年"成百上千亿"的支出和更高的船坞运行支出比，产出水平应更有效率。国会议员、国会国防拨款小组委员会成员诺姆·迪克斯（Norm Dicks）谴责布什政府预算短缺，因为一些研究显示必须补足数年来的采办资金不足。这些研究的可靠来源——国会预算局，发现至少应增加 940 亿美元采办拨款（Selinger，2002）。

国会议员迪克斯写道："国防部采办预算处于危机中"（Selinger，2002）。国会议员说采办水平不仅不够维持军力结构，而且也提高了作战和维持的成本，因为老旧武器系统没有被很快替换掉。他举例说，老旧的海军 F-14 雄猫战斗机每飞行小时的维持成本自 1992 年到 1999 年上升了 227%。老旧装备、装备的日益复杂性和寿命质量问题已增加了作战和维持支出。尽管国防部和军种部门在过去 5 年里已持续削减作战和维持资金，将资金转到采办中，图 11.4 仍显示出由于设备老化、环境清理成本、医疗救护成本增加等导致的作战和维持总费用的继续增长。而且不仅是作战和维持支出增加，增长比预期的还快。从图中可以看出，1998 年到 2001 年每年总统预算都预计国防部人均作战和维持支出下降，但实际是继续增加，且远高于它在 1981 财年到 1998 财年年均 3% 的历史增幅。

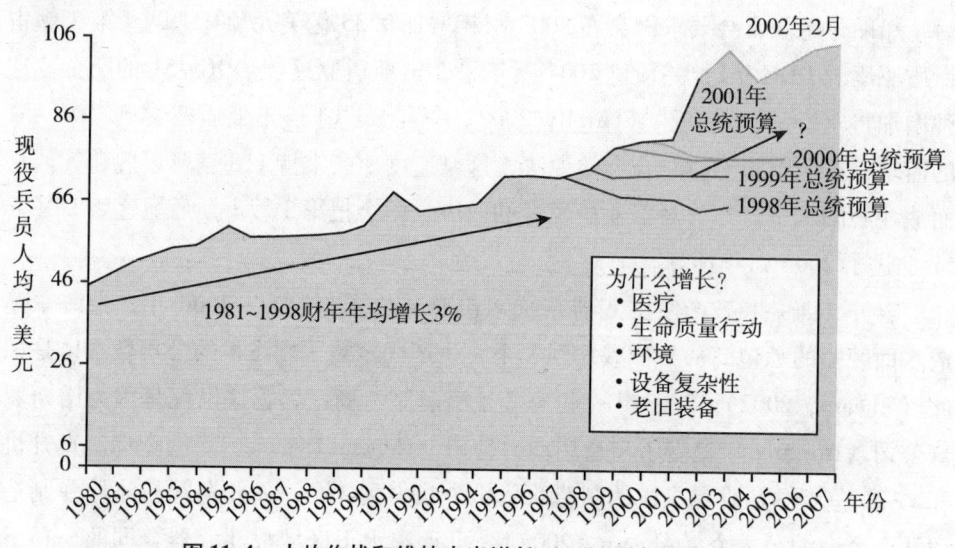

图 11.4　人均作战和维持支出增长（2003 财年不变美元）

资料来源：Knox, 2002, 26。

国防部长拉姆斯菲尔德指出近期舰船建造率低并不是个问题，因为舰船的使用年限都还不长，2002 年平均使用年限才 16 年（Wolfe, 2002）。然而，如图 11.5 所示，舰船的期望平均使用年限预期将增长，舰船建得越少，舰船的平均使用年限越长。国防部长拉姆斯菲尔德支持 2003 财年总统预算，是国防部放任海军战斗资产老化趋势的关键（Rumsfeld, 2002）。国会尽力在总统的预算提请外加上更多采办资金，因为资产重组已经指向减少舰船平均舰龄，也会降低一些作战和维持支出。海军必须在其预算中做出艰难选择，从而全面满足零配件、军需品、出航时间，以及通过改造增加舰船能力的资金需求。

《未来年防务规划》呼吁的战舰建造速度是 2004 财年 5 艘，2005 财年 7 艘，2006 财年 7 艘，2007 财年 10 艘。拉姆斯菲尔德指出，承包商问题和更严重的国防部武器系统实际成本估计问题增加了成本，导致 2003 财年更少的舰船（预算）提请（Defense Daily International, 2002, 23）。拉姆斯菲尔德注意到，军种习惯性低估了合同支出。例如，在 2003 财年，海军就因为以前的成本低估，为过去的船只建造支付了 6 亿美元的账单。议员吉恩·泰勒（Gene Taylor）提醒拉姆斯菲尔德注意，真正的问题并不是造船的合同不足或资金不足。泰勒告诉拉姆斯菲尔德，在如今船坞运行回报低的情况下，没有公司会尽力建造船坞（Defense Daily International, 2002, 23）。

图 11.5　舰船期望平均使用时间

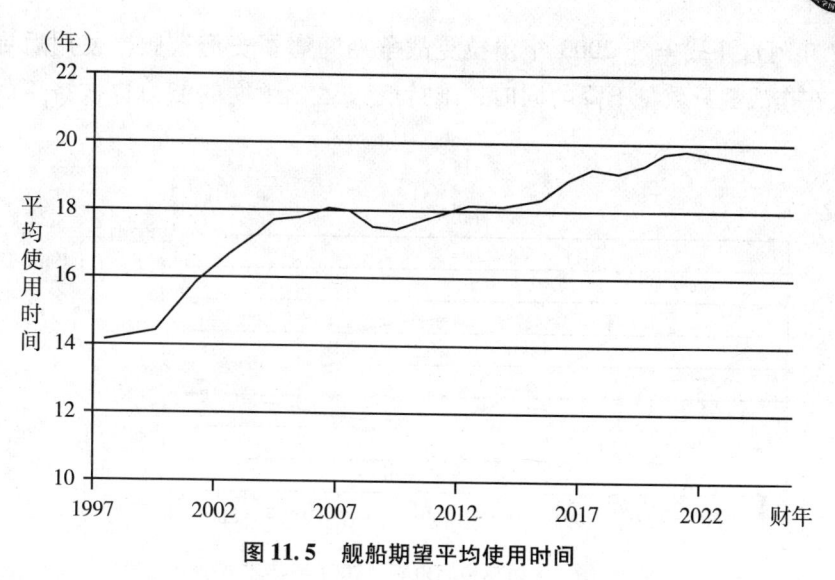

资料来源：Knox，2002，27。

作战和维持支出增加与采办投资

如图 11.6 所示，作战和维持成本自 1997 年就已开始增加。2002 财年，作战和维持成本占了国防部预算的 39%，大大高于冷战时期所占比例。冷战后采购水平的下降是很明显的，按照会计总署的说法，《国防部 2001 年未来年防务规划》一直少报作战和维持方面的支出，夸大节省预测（GAO，2000c）。核心问题是，规划的采办支出增加可能因为作战和维持费用的短缺而被压缩。例如，在陆军表述的需求和国防部规划的对"爱国者－3"导弹的采办间有一定差距。按照会计总署的说法，对成本、收益以及国防部保护美国军力和资产选择的分析非常不足，需要进一步增强（GAO，2001a）。会计总署认为，更好的分析对于国防部和国会决策者进行购买多少导弹决策是必要的。图 11.6 也显示了自冷战时期到 2002 年，按 2001 年不变美元计的国防部主要账户支出以及该支出占总支出的百分比。

与水面舰船脆弱性类似的问题也可能没有在国防舰船计划预算中充分反映出来。例如，关于建造和维护，按照管理与预算局的说法，海军舰船库维护预算能保障 95.5% 的作战和维持需求、100% 的建造和改造需求，2003 财年海军（SCN）账户要求对舰船需求进行彻底修订。然而，根据国防部和海军的看法，管理与预算局的估计过于乐观，没有准确反映海军舰艇的战备状态。这在

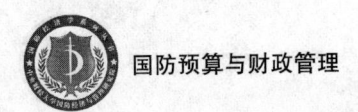

2002年阿富汗战争和2003年伊拉克战争期间海军资产被频繁使用后更成问题。在作战舰只数量下降的同时，维持舰只运行频度的能力也被挤压到最低限度。

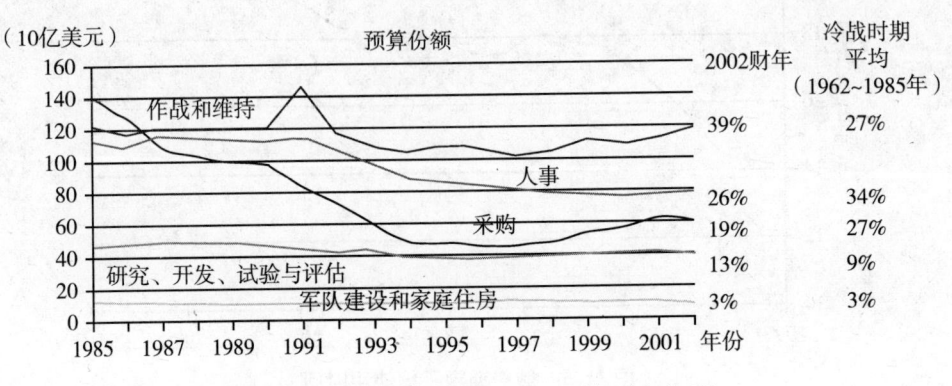

	2002财年	冷战时期平均（1962~1985年）
作战和维持	39%	27%
人事	26%	34%
采购	19%	27%
研究、开发、试验与评估	13%	9%
军队建设和家庭住房	3%	3%

图11.6　国防部资源份额（2001财年不变美元）

资料来源：Knox，2002，28。

舰艇在反恐战争中运行节奏剧增已引起船库中舰艇维护成本的增加（Department of the Navy, 2002a）。1993年，海军有108艘舰船靠前部署，占其458艘作战舰船的24%。2003年，海军计划对308艘舰艇中的87艘进行部署——占作战舰船的28%（Department of the Navy, 2002a）。事实上，这一估计远低于支持伊拉克战争所需的战力（舰）规模。老旧资产的高使用率，不可避免地使舰船和其他资产在库中的维护远超预算预计的支出（Department of the Navy, 2002a）。显然作战和维持支出以及人事拨款减少是必要的，这样才能节省需求，为舰船和其他武器现代化提供资金。2003年由国会提供的伊拉克战争追加资金对此有帮助，但还不能充分弥合差距。2003年夏天，已经出现陆军需要更多人员的说法，这肯定会进一步减少重组预算，增加作战维持以及人员预算。

有限资金迫使采办寻找替代方案

2002年，海军作战部长维恩·克拉克（Vern Clark）上将认为，海军每年需120亿美元来购买飞机、舰船和其他主武器系统，比其实际所获更多。克拉克指出，海军每年在舰船建造上应有120亿美元的赋权，以满足未来海军需要。"我们不能消除在这几年中发生的采办账户资金不足的情况"。克拉克说坚决主张

《未来年防务规划》海军采办账户资金必须增加,"我们必须购买更多的飞机和舰船来应对未来海军的需要"(Aerospace Daily International,2002,10)。年复一年武器采办计划资金不足也是造成飞机老化的原因。图 11.7 按类显示了海军飞机平均机龄增长。

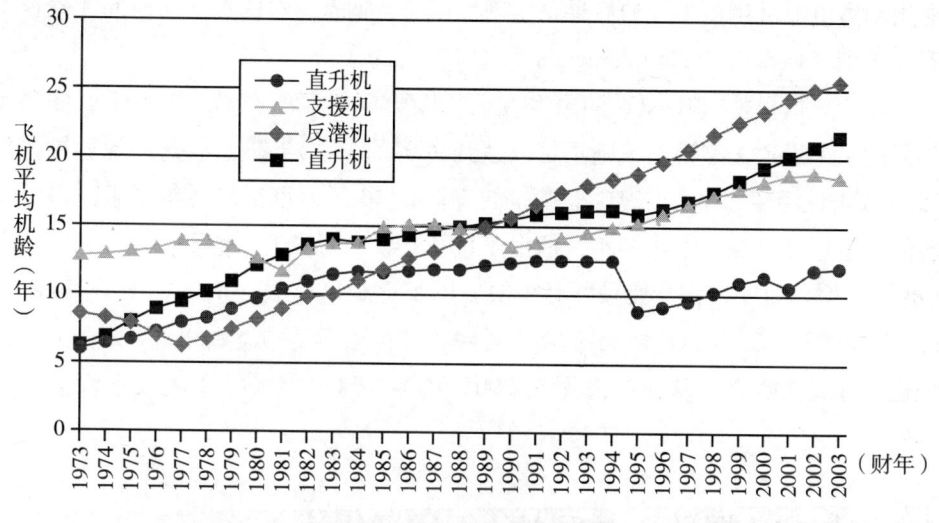

图 11.7　海军飞机平均机龄

资料来源:Knox,2002,30。

由于采办资金有限所迫的权衡引起国会和五角大楼内的热烈讨论。例如,对联合攻击战斗机(JSF)采办的争议已引起竞争,并将逐出资金用于所有军种其他资产的采办。本质上,联合攻击战斗机采办是国防部创新,试图通过购买满足所有军种打击能力需求的一种飞机来节省资金。联合攻击战斗机的资金取自各个军种的预算,因此,减少了开发其他系统的资金。前海军部长戈登·英格兰(Gordon England)在 2002 年告诉参议院军事委员会,海军已给联合攻击战斗机计划提供了充足的资金。海军提供了 17 亿美元用于洛克希德·马丁公司联合攻击战斗机,本来可以用这些钱来购买 F/A-18 大黄蜂以及其他飞机和舰船。联合攻击战斗机意在加强海军在未来战争中的打击能力。然而,问题是海军和其他军种如何能在维持其他资产采办的同时,还能为如此昂贵的计划付费。

对海军,舰船建造计划资金仍是严峻问题。在众议院国防拨款听证会上,国会议员乔·安妮·戴维斯(Jo Anne Davis)注意到,将未来航空母舰采办推迟 1

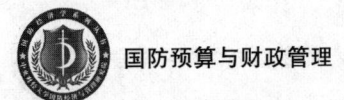

年，或把 DD-21 驱逐舰采办计划转为研制和开发计划而不是实际购买计划，会使诺斯洛普·格鲁门纽波特纽斯造船厂未来的劳动力"陡降"。"现在，他们的劳动力已经出现了问题"，她补充说，"一旦解雇，就很难再雇到这些有特殊技能的船坞工人"（Davis，2002）。国会议员罗布·西蒙斯（Rob Simmons）说，解雇通用动力电船潜艇厂工人的后果是重新雇用时，通常至少需要 2 年时间才能返回安全级别（Defense Daily International，2002，23）。

国会议员里德（Reed）的家乡在通用动力电船厂所在州。他表示，如果每年只购买 1 艘攻击型潜艇，则不足以达到 2001 年《四年防务审查》规划维持的 55 艘攻击性潜艇水平。1 艘攻击潜艇的寿命是 30 年，里德说每年 2 艘攻击性潜艇的采办速度已提议了很多年，但由于预算吃紧一再推迟。他警告说如果再延误（潜艇）增加速度，将会使采办更短缺，困难更难以克服（Defense Daily International，2002，23）。造船协会推动国会在布什政府预算中增加 4.15 亿美元，为先进采办提供资金，从而使海军在 2005 财年达到每年采办 2 艘攻击性潜艇的速度。

《未来年防务规划》对采办的不适当估计

在过去十多年里，减少和精简国防部基础设施的提议一直在争论，一些已产生的节省的开支用于现代化的武器系统（GAO，2001a）。国防部官员们在国会预算听证会上反复强调，作战和投资需求这些最优先领域使用资源的重要性。基础设施的减少是艰难和痛苦的，这是因为要实现大的成本节省需要前期投资、关闭设施以及减少军人和文职人员职位。再者，已承诺的基础设施缩减并未成为现实，预计在 2005 年新一轮基地关闭和重组中会解决这个问题。然而，过去关闭军事基地的努力并未产生预期的节省。

1988 年、1991 年和 1993 年，基地关闭和重组委员会（BRAC）做出完全或部分关闭 70 个主要国内基地的决定，导致设备重置价值下降 15%。在 1996 财年和 2001 财年间，并无明显节省来自基础设施改革，国防部预算中基础设施的花费比例仍然未变。1995 年基地关闭和重组委员会建议至少减少国内总体结构的 15%，总共实现国防部设备重置价值下降 30%。然而，1995 年关闭和重组引起的总减少量近 21%，比国防部的目标低了 9%（GAO，2001e）。

国防部试图重新调整采办支出的时间安排。国防部已相继减少了《未来年

防务规划》中规划的采办，在《未来年防务规划》外又重新计划了一些年的采办。过于乐观的《未来年防务规划》引起国防优先级的不确定性。所有这些结果都导致决策艰难、交易取消或推至将来（GAO，2001a）。图 11.8 显示，根据国会预算局的说法，增加的巨额投资被要求用来弥补延缓的资金，该情况和军种部门的情况一样。对国防部高级官员和计划管理者的挑战是在竞争需求多，不确定的资金条件下，如何最好地发挥武器采办资金的作用。

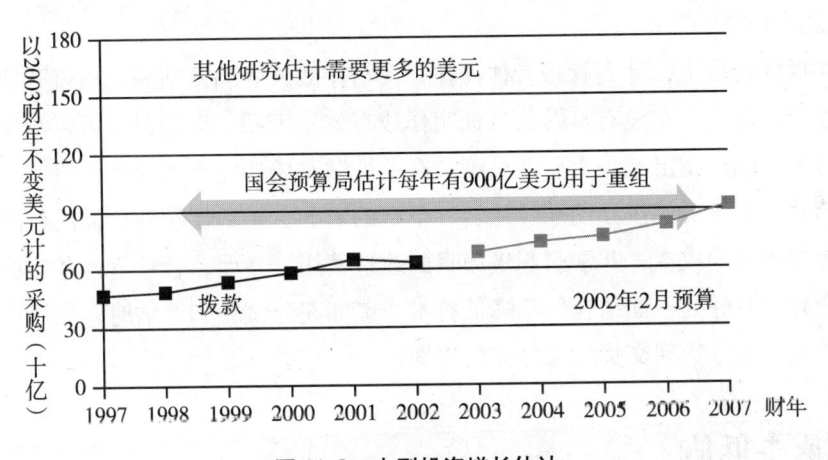

图 11.8 大型投资增长估计

资料来源：Knox，2002，32。

不确定性和初始小批量生产

因为不能证明武器系统会按设计那样运作，计划管理者们被迫选择军事装备的小批量初始生产（LRIP）。然而，在很多国防部交易中，仍有许多重大和一般武器在没有首先确定系统是否满足关键绩效需求时，就开始大批量生产。例如，F-22 飞机计划就包含大量技术风险，如嵌入的先进技术能否成功运行至关重要。而且，国防部和空军在完成 F-22 飞机初始作战试验前就开始生产了，并承诺在初始作战试验完成后，以 140 亿美元购买 70 架飞机（GAO，2003c）。会计总署报告说国防部在武器很少和没有进行作战试验和评估（OTE）的情况下，就开始小批量初始生产的政策，在许多情况下造成不符合要求武器的大量采购（GAO，2003c）。

作战试验和评估（OTE）是在类似战斗环境里评估武器系统绩效的主要方

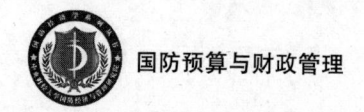

法，它借助现地试验，即在模拟"真实"条件下运行，来判定某个资产在战斗使用时的有效性和适应性。当系统被证明有缺陷时，国防部和国会的可选择性显然会受限。如果使用有效，作战试验和评估可作为有用的内部控制工具，确保决策者有武器系统绩效的更好信息（GAO，2003b）。进行生产的决策应在有作战试验和评估数据的基础上做出。在许多情况下，小批量生产"事实上"大批量生产。初始小批量生产的主要问题是单位成本更高，这给本已资金不足的计划增加了额外的压力（GAO，2003c）。

在现今实践中，计划管理者往往在开发与作战试验和评估完成前就开始武器系统生产。这样，在没有足够信息证明作战有效、可靠、后勤保障可行和生产准备就绪时，就已做出至关重要的决策。在关键试验成功完成前就匆忙投产，导致购买的武器系统不能按预期那样运转。早熟的采购会导致比预期更低的作战可行性、更高的维护成本，并常引起极昂贵的改造费用。然而，合理管理和实施小批量生产有很多好处，如结合风险降低技术，诸如充分试验和评估时，利用小批量生产能缩短从订货到交货的采办交付周期。

计划成本低估

国防部武器采办的主流文化是继续生成和支持新的武器采办。这是预算过程中支出机构所期盼的角色（McCaffery & Jones，2001，164~165）。另外比较典型的是激励的存在，特殊利益游说集团的增强，推翻了在最小成本下满足武器需求的要求。结果，为了不低估成本和在预算上掌握一些自主权，计划管理者经常显示出高估未来资金、低估计划成本的趋势，这就导致形成更多无法执行的计划。估计不足往往破坏了对计划管理者和计划的信任。

如上所述，计划管理者为小批量生产预算辩护称，预算受限导致运营成本上升。例如计划管理者经常不得不减少、推迟和延伸计划，这会大大增加系统采办和寿命周期成本。除了由计划延伸所导致的更高单位成本外，错误估计所带来的主要消极影响，是无力保障有效需求，因为资源已消耗在低优先级项目上。由于糟糕的成本估计，误以为这是资源可以承受的（GAO，2003b）。

减少采办周期时间的压力和不可靠的成本估计

国防部有强大的动力来压缩武器系统采办周期,这样可以更快地采购新武器。作战部队对需15年才从规划走向实用的武器装备不感兴趣。减少周期时间的另一个动机是降低平均单位生产成本,国防部有个目标,即在下一个10年中,通过"重组"从其他账户向采办账户每年转移大约100亿美元资金用于增加采办支出。国防部总检察长(IG)对此表示怀疑,总检察长说,在武器系统现代化需求规划和规划好的资金转移和节省资金间存在明显缺口(Department of Defense, 2003b)。

使事情变得更糟的是,在某些情况下,计划出资人对技术进步的速度和程度、物资成本、生产率和节省的不切实际的乐观假定。因加强行业竞争带来成本下降,产生节约,使里程碑计划看起来有吸引力,但其依据却并不充分。当武器系统支出高于估计,花费更长时间用于实战,或者达不到预期性能时,预算问题就不可避免。当部署新武器速度的考虑压倒仔细的成本估算时,这一定会发生(GAO, 2002b)。这里,计划管理者面对"两难选择":或者满足快速采办要求,或者满足减少成本要求——要求计划管理者同时满足这两项,但这是不可能的。

国防部持续推动一系列重大防务采办计划,其假设是实现经济采购所需要的节约会成为现实。太多的武器采办规划建立在对实现性技术成熟度和可用性过度乐观假定的基础上,结果是国防部计划和支出规划在可用资金内不能实行(GAO, 1997b)。在国防部和国会的武器系统采办预算和支出上许多问题一直存在。这表明,在可负担的限度内想要的和需要的(之间)没有实现平衡。

例如,空军动用数十亿美元扩展预期的空间系统的可行性高度不确定(GAO, 1997b)。图11.9显示了空军飞机的平均机龄,证明其对新系统的需求。如果新资金不很快到位,新飞机采办将改为投资更优先、更高级的空基武器系统,从而取代飞机任务需求。然而,2002年底,国防部、总统和国会并没有同意在未来18年《未来年防务规划》军力计划的头6年(2000财年到2005财年)给国防部或按军种增加总经费(《未来年防务规划》军力规划预计18年的军力结构和6年的资金)。除了这个问题,在《未来年防务规划》预计剩下的12年

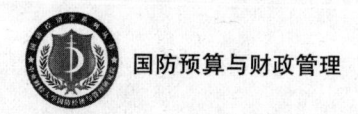

（2006财年到2017财年），空军已计划对武器现代化增加资金，但未确定资金来源，这样会造成更大的不确定性，并将太空系统扩展置于危险境地。未来飞机采办支出很可能不得不减少，为太空作战提供资金，以及为规划和预算估计不足的额外需求（如系统维护）出资。

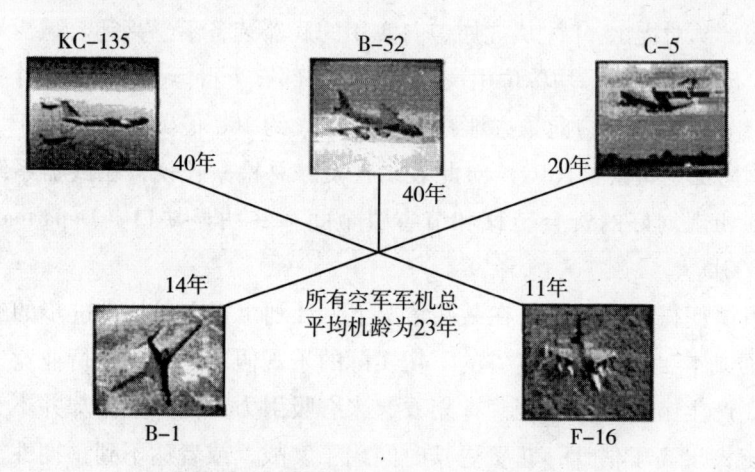

图 11.9　美军空军飞机的平均机龄

资料来源：Knox, 2002, 35。

过时的系统需求

　　一些武器系统仍按过去10年或更长时期满足战斗人员需要设计的速度开发和生产。即使冷战威胁已经消失，但国防部仍在采购许多针对苏联设计的武器系统。过时的需求和解决方案造成浪费，也消耗了其他领域采办预算所需的资金（GAO, 1997b）。继续采购不能满足现在和未来关键武器需求的武器和系统，实施不能满足未来需求的采办计划（可能根本不会按计划造出来），阻碍了国防部资源的有效配置。随着过时武器系统的成本持续增加，而对作战人员的用途却越来越差，这种状况将进一步恶化。不仅如此，现代化中交货的日程不断拖延，其中有一些不能满足当前需要。表 11.2 显示了武器更换不断上升的平均成本。

表 11.2　　列装与替换系统成本的比较

列装系统单位成本*		替换系统单位成本*	
		军种估计	成本分析改进小组估计
F-15C 鹰式战斗机	45.2	F-22"猛禽"战斗机	99.8	124.0
SSN688 洛杉矶级核动力攻击潜艇	845.0	SSN774"弗吉尼亚"级攻击型核潜艇	1615.1	1620.0
A/V-8B"鹞"式战斗机	29.9	JSF（联合攻击战斗机）	51.6	70.0
OH-58D 奇奥瓦侦察直升机	9.8	RAH-66"科曼奇"武装直升机	23.3	27.5

注：*平均采购单位成本按 2000 年不变美元计（单位：百万美元），成本分析改进小组（CAIG）估计由国防部成本分析改进小组给出。

资料来源：Knox, 2002, 36。

国防部继续提出和支持现有的武器采办，假设（对其）进行现代化改造能够满足未来需求。然而，当系统升级工作失败或没有升级，资金就会浪费。固有的采办文化影响和鼓励被该过程参与者——军种部门、国防部长办公厅、国会和工业界称为"不正常的自利行为"，结果是采办资金的浪费。

并不少见的是，国防部有动力抵制军力全面现代化，进行迎合特殊利益集团压力的资产替换，而不顾最为关键的新武器需求。例如，空军的 C-17 运输机在继续生产，尽管分析显示如果只生产 40 架 C-17，64 架宽体商用机就能加入现有的空运机队。与采办 120 架 C-17 飞机相比，在寿命周期内估计可节省 60 亿美元。空军承认与全部生产 C-17 运输机相比，这是满足空运需求的更经济的选择。但空军却推迟做出该改变，相反，发起新研究，确定飞机的优化组合以满足空运需求（GAO, 1994a）。尽管存在明显的日程延迟、性能不足（如机翼、副翼和板条问题）以及成本超支，但 C-17 运输机仍在继续生产。来自国会议员对国防部的政治压力帮助保持了生产线的存在，导致空军更大的资金机会成本。对改变的文化抵制、军种的狭隘观念、公众和国会关注的减少或取消武器后的经济影响等，都造成不愿去考虑削减那些不再有效的计划。更有甚者，既然那些成功计划的管理者得到晋升，个人职位进步的需要使一些计划管理者致力于赢得对其计划的支持，而不管它是否满足武装力量的需求。

在继续推进现有武器计划前，采办过程存在的一些决策点支持对替代系统的研究需要。替代分析（AOA）是决定武器系统是否需要的工具，替代分析通过与各种能满足任务需求的替代系统比较，对拟议系统与其寿命周期成本联系的作战效能进行分析。但即便军种对主采办计划的合理性进行了广泛分析，其范围也很小，没有全面考虑替代方案。

计划管理者的工作是对国防部采办主管提供分析、建议和忠告，尤其是在建议替代的选择和可执行方面（Department of Defense，2002b），直到计划确定并到达风险控制阶段，研究和技术工作才能从武器计划中脱离出来。历史上，军种分析不包括与其他军种的系统联合采办（GAO，1997b）。早先在诸如TFX战斗机等项目上的联合武器开发尝试失败，就是因为山头主义、文化偏见以及不准确的需求造成的。相反，如联合攻击战斗机计划则可被证明为联合采办的成功案例。

因为国防部不能按期就联合任务需求和集合能力开发信息，这就很难在对所有恰当选择全面评估的基础上，确保购买、修改或系统退役决定的正确性。规划–计划–预算–执行系统（PPBES）的规划部分及与采办决策系统相关的流程等领域急需转型。

过时的采办预算和财务保障系统

美国的防务支出购买了许多世界上最先进的武器系统。然而，许多采办合同管理系统和过程昂贵且无效率。国防部继续依赖一些很少协调和复杂的财务、后勤、人事、采办的网状系统以及其他一些管理信息系统，这些系统近80%都没有在国防部主计长和其他任何国防部官员的控制下，包括负责采办、技术和后勤的国防部副部长。这些系统收集和储存保障日常管理决策所需的数据，《政府绩效与结果法》（GPRA）和《首席财务官员法》（CFOA）都不能证明这个迷宫式的支持系统能有效推进国防部改革，尽管已取得了一些进展（见第10章）。

许多国防部业务活动使用旧的、无效的流程和过时的"遗留"信息系统，这里面许多都是很久以前如20世纪50年代或60年代开发的。例如，国防部仍然依赖合同管理服务机械化（MOCAS）系统，该系统可追溯至1968年，尚未设计开发网络系统。相反，如国防部许多信息系统一样，该系统已演变为过度复杂和

容易出错的实体，在使用中出现了许多问题。其中包括跨国防部组成部分的猜疑、缺乏标准，多个系统实施同样的任务、存储在多个系统的重复数据、手工数据进入多个系统，以及大量数据被编译和交互结合，降低了数据的完整性。

标准采购系统（SPS）有望代替现在由合同管理服务机械化（MOCAS）系统所实施的合同管理功能。会计总署报告说，国防部并未证明在标准采购系统上投资的经济合理性，因为其成本和收益分析并不可靠（GAO，2001e）。尽管国防部承诺在 2000 年 3 月 31 日全面实行标准采购系统，但该目标却被推迟了 3 年半，即推迟到 2003 年 9 月 30 日。一旦全面运行，标准采购系统是否能像预期那样仍需拭目以待。

另一个不合适辅助系统的例子是国防部财务管理信息系统。国防部财务系统不能准确追踪和报告 11 亿美元专项资金（是否用对），这些资金是由国会提供，用于零部件和相关后勤保障目的（GAO，2002a）。但这些资金近 92% 被转入军种作战和维持账户。一旦资金被转入作战和维持账户，国防部就不能单独跟踪资金的使用。结果，由于国防部不能确保其接到的用于购买零部件的资金（真正）购买零部件，国会失去对其能力的信任，这仅是国防部财务管理系统诸多缺陷的一个例子。

国防部财务管理运行的问题远不止会计、财务系统和流程，合同管理和实际操作增加了数十亿美元的防务采办支出浪费。下一节，我们转向旨在改进规划、预算和管理的采办流程近期改革。

近期采办改革行动

在采办国防资产过程中存在各种各样的问题，包括支付能力、成本控制、保持进度以及绩效估计错误等。计划支付能力和武器采办的准确估计建立在先进技术成熟度和可行性乐观假设的基础上（GAO，1997b），过时信息系统的使用使准确跟踪和测量采办成本更难。因此，武器采办改革由各种因素所驱动，都希望以最少的钱购买最好的武器。除技术因素外，采办的政治因素更复杂，也带来额外的难以克服的挑战。总之，在包括国会、国防采办主管，以及国防部中层官员，包括计划管理者、主计长等面对有限资源、争夺政治优先性的高层采办政策和预算流程的参与者间，存在着持续的紧张关系。

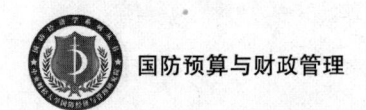

下面回顾近期对国防采办流程一些较重要的程序、规则和立法变革，一些变革已完成，但对现行流程仍有影响。尽管这些变革中的一些已经不再实行，但理解其意图有助于描绘该系统如何演化到今天。例如，《联邦采办改革法》（FARA）和《联邦采办精简法》（FASA）已被并入国防部其他采办管理法中（在国防部里，按指令的编号提及，如国防部 5000.2R）。在各个改革例子中，决策和立法都意在解决明显的采办改革问题。

1994 年《联邦采办精简法》

国防部在 1994 年 10 月 13 日公布了更新后的主武器系统采办管理规章，合并更新了新的法律和政策，其中有《联邦采办精简法》（FASA），自由裁量行为中分开了法定政策和程序，减少了规章数量和复杂性。1994 年《联邦采办精简法》要求国防部长为所有主国防采办计划（MDAP）及其采办周期的各阶段定义成本、日程表和绩效目标。最重要的包括精简提案信息或页数、缩短提案呈交时间、减少评估组规模或评估时间，限制关于成本、以往经验、绩效或质量内涵等来源选择因素。当"所有责任来源方都被允许为竞争性提案提交密封投标时"，《联邦采办精简法》呼吁进行全面和开放竞争（Federal Acquisition Regulations，2000）。通过开放规范程序，实现全面和开放竞争 [USC 253a (1)(A)]。

《联邦采办精简法》在联邦政府为商业项目采办建立了清晰的选择。它要求机构减少购买商业产品的障碍，并训练合适的人员采办这种产品。这种障碍之一就是规格设计，它限制了竞争并使商业产品采办更难。设计规格通常告诉卖方产品如何生产，服务如何实行。商业卖方，其产品已为公众使用开发出来，很少符合政府的设计规格。《联邦采办精简法》将灵活性和时效性注入采办流程。

《联邦采办改革法》/《克林格－科恩法案》

影响采办和信息技术的主要法律是《联邦采办改革法》和《信息技术管理改革法》。尽管最初这两个法案是单独通过的，但它们之间的相互影响使其不可能单个分开考虑，这两个法案后来被整合并重新命名为《克林格－科恩法案》（Clinger-Cohen Act，1996）。对信息技术的主要冲击是《布鲁克斯法》（Brooks

Act）及其对资源采办约束的废止。《克林格-科恩法》鼓励商业现货（COTS）信息技术产品的采购，并允许联邦采办政策办公室（OFPP）在联邦机构进行计划试点，以检验信息技术资源采办方法的选择，该法案指导机构在"兼容性渐增"连续采办的基础上使用"模块化合同"（Federal Register，1996，27）。《克林格-科恩法》为国防部创设了首席信息官，并将武器系统寿命周期批准和信息技术系统合并进单一指令，即国防部5000.1系列。

《联邦采办改革法》和《联邦采办精简法》已被国防部应用于主防务采办计划和武器采办的其他改革行动所超过或取代，但《联邦采办改革法》和《联邦采办精简法》均仍有效、可执行。此外，将"商业项"概念扩展到不仅包括那些卖给普通大众的东西，而且包括那些提供给普通大众的东西。这些行动主要由工业界所推动，主要是因为在这两个法案下，拥有"商业"产品资质的政府采办参与公司，可免除100多个法令和管理要求。例如，公司在多于550000美元时，可免除《诚实谈判法》在谈判中要求公司确认成本和价格数据的行为（Yoder，2003）。

另外的改革包括促进可计量成本、日程安排和绩效目标的制定，以及对达到这些目标的采办人员的激励。此外，计划管理者以及国防部和军种部门高级官员，现在必须建立采办计划成本、日程安排和绩效目标，以及满足这些目标的年度进展报告，他们必须建立与这些目标实现相联系的个人绩效激励。计划执行办公室也必须提交立法建议，以方便采办计划和采办劳动力管理。

在这方面，应当注意到，除了别的以外，各军种采办主管负责采办和合同劳动力的教育和训练。例如，在海军，采办管理主任（DACM）负责所有海军采办职业管理问题，包括军人和文职人员，包括但不限于：

- 均势促销分析
- 预备役军人政策
- 国会和立法教育/训练事宜
- 国防采办大学法定训练
- 采办劳动力学费补助
- 业务和财务管理

自2000年开始，在管理与预算局指导下，合同外包服务是一个主要行动。2000年，联邦机构在物品和服务上的采购超过了2350亿美元。总体上，用于物

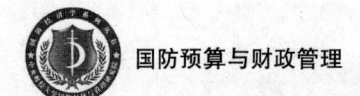

品和服务的合同约占联邦政府 2001 财年可自主决定资金的 24%（OMB, 2003a）。大约 38% 的政府采办人员要么已符合退休条件，要么在 2007 年 9 月 30 日就会达到（OMB, 2003a）。在国防部和能源部（DOE）这两个最大的合同（订立）机构，39% 的采办劳动力在 2008 财年会达到退休条件（OMB, 2003d），这意味着随着老人退休和新人雇佣，人力资本技能组合将急剧改变。与此同时，联邦和采办规章改变的结果是，新、旧采办管理者都需要新的需求、任务和所要求的技能，随后会对这些变化中的一些进行讨论。

商用现货采办

《联邦采办条例》（FAR）适用于所有的合同管理。关于《联邦采办条例》以及与商用现货（COTS）改革相关的内容在第 12 章。它指出，本质上，联邦政府机构应当进行市场化探索以最大限度地使用商业产品。在过去 5 年里，国防部实施《联邦采办条例》第 12 章已引导武器计划管理者去评估，如适合，购买商业或非开发项（CNDI），只要是它们来自工业界并满足机构需要。防务承包商被要求结合商业或非开发项，使采办范围尽可能最大化。

对该行动的初步反馈是高度肯定的，看上去这种转变已允许商业公司通过开发满足国防部需要的新产品以产生某种结果。特别是，那些开发复杂产品的公司在比其前任耗时更短、成本更低时，已经获得合同回报。然而，在某种程度上，防务采购决策者能否获得有资质和有信用商业公司的成本信息仍是一个问题，与潜在快速过时的商业项使用相联系的长寿命周期支持成本尚未完全进入文件（Yoder, 2003）。

成本作为自变量

国防部指令 5000.1 指导开发了新的成本分析（法），被称为"成本作为自变量"，或简写为 CAIV。在成本绩效权衡的基础上，进行系统绩效和目标成本的分析。"成本作为自变量"（CAIV）过程意在对系统有效性和适应性的分析中，将成本变为更显著的约束变量。"成本作为自变量"意在减少采办成本，在沙漠风暴后和 2001 年 9 月 11 日恐怖主义战争前，威胁并没有如感知能力那样以很快的速度增加，国防部采办预算也相应下降了。在这些条件下，由于预算减少，在

制度设计中使成本成为强的驱动就更合适了，该方法也与商业实践相一致，市场力量决定新系统的价格。

"成本作为自变量"帮助计划管理者认识到大多数成本早在计划生命周期初就已决定了。因此，减少寿命周期成本的最佳时间应在采办过程早期。成本减少应通过成本和绩效权衡分析来实现，这在采办方法最后确定下来前进行。政府和工业部门都会应用很多激励来实现"成本作为自变量"的目标，利用奖励计划和"结余分享"计划来鼓励寿命周期成本所有阶段成本节约的产生。激励性计划面向私人、政府和工业团队，计划管理者与使用者紧密合作，在确保系统可负担、成本有效的同时，在成本、日程和绩效之间建立适当平衡。计划管理者和使用者一道提出成本目标和门槛，待里程碑决策机构（MDA）批准，这些随后通过采办计划基线过程控制（寿命周期成本）。计划管理者持续寻找减少寿命周期环境成本和责任的创新实践。

库珀、莱布兰德（Coopers & Lybrand）根据对承包商的调查，确认多达120个法规意义上的"成本驱动因素"，使国防部付给商品和服务的价格多出18%（Lorell & Graser，1994）。一些更触目惊心的"成本驱动"包括政府强制性会计和报告标准，以及诸如成本会计标准、复杂合同需求要件和工作说明书等系统（Lorell & Graser，1994）。该研究的基本目的是开发更"商业化"的防务采办流程，包括减少管理负担，把更多计划成本、设计、技术控制的权利和责任转给承包商，利用商业开发部件、组成部分、技术和流程，以及使成本/价格成为关键要件，该研究与克林顿执政时期和乔治·W·布什总统执政时期的"商业革命"目标相一致。

单一进程倡议

2002年，国防部长拉姆斯菲尔德指示国防部在适当的时候，把现有的合同管理和生产需求，整合为一个工具（Rumsfeld，2002）。这种行动被称为"块修改"或单一进程行动（SPI），要求计划管理者被赋予任务确保单一进程倡议减少武器采办成本。相对于《联邦采办精简法》采用的一个合同接一个合同消除军种特有规格和标准流程，允许防务承包商应用单一进程。这当然是个进步，承包商会有一些过渡费用，相当或多于近期节省的费用。从更广泛的意义上看，单一进程倡议希望在长期减少政府和承包商的支出。

国防预算与财政管理

国防部 5000.2R 从管理到政策指南的转型

2002 年,国防部长拉姆斯菲尔德指示国防部 5000.2R 从管理工具转为更具功能性和灵活性的政策指南文件。国防部 5000 系列在过去被视为行政法律,要求用户需求,包括准备作战需求文件(ORD)和对初始作战能力进行估计,5000.2R 采办是刚性的,没有特定弃权声明书就不会修改(Rieg,2000)。然而,国防部长、军种和计划管理者认识到管理采办需要极大的灵活性。

新的国防部 5000.2-R 文件表示坚持最近采办改革的"焦点",允许更大的灵活性和采办领导的控制权。国防部 5000.2-R 被修订,建议在计划定义时使用一体化过程团队(IPT),为需求和系统保障性定义提供帮助。另外,计划结构变得包容开放、系统。为使计划效益最大化,计划管理者被指示使用商业资源、风险管理和"成本作为自变量"。计划管理者应把计划设计整合进集成产品与流程开发(IPPD),并将系统工程重点放在生产能力、质量、采办后勤和开放系统的设计上(Oberndorf & Carney,1998)。

采办计划倡议主管

每年,采办计划一体化主管决定在与采购计划基线门槛相比时,各主防务采办计划(MDAP)是否达到成本、日程和绩效参数的 90% 或更多。拨款决定当局必须对非主采办计划做出同样决定。如 10% 或更多的计划参数丢失,就需要进行及时审查。该审查解决成本、日程、绩效上的任何偏差,推荐合适行动,包括终止计划建议。

主采办防务计划基线必须在批准前,由国防部主计长进行协调。成本参数受研究、开发、试验与评估的制约,也受含作战和维持资金的采购项采办成本、总量、平均单位采办成本的制约。当计划进展到最后的采办阶段,采办成本会在计划定义的承包商真正成本、风险减少(PDRR)、工程、制造、开发以及最初签订生产的基础上进行改进。成本、日程和绩效目标被首先用于描绘作为自变量过程的成本,以设置采办计划基线,成本、日程和绩效在没有获得里程碑决策机构(MDA)批准时,也被计划管理者在目标和门槛间的幅度内进行权衡。该行动意在改进管理层监督和计划管理者汇报(制度)。另外,也能增强管理者和计划管理者的灵活性，更好地使用可利用的资金。

小　结

很久以来，国防采办就被与政策和效率有关的问题所困扰。自20世纪50年代开始，很多改革都试图改进采办流程。最近的改革包括更开放的竞争、精简采办程序、取消过时规章制度以及更有效的计划管理。这是国防部在近十年改善采办预算和管理方面所进行的一些重要变革，建立开放竞争也是最近采办转型行动的重要部分。采办信息技术的变革源自《克林格－科恩法》的通过，"作为自变量的成本"是减少采办成本途径的另一个变革，预期会产生正面效果。

国会和国防部的改革行动聚焦于更多依靠商业产品和过程，以及更及时地把新技术植入新的或现存系统。基于对商业产品使用的一系列复杂影响的理解，实施了商业产品利用计划（Oberndorf & Carney，1998），将绩效评估写进了甄别要求。如果需要特定的军事规格，首先要得到豁免证书。包括特定军事规格的采办项目，鼓励投标人提出替代方案（Secretary of the Defense，2002a）。通过取消、合并，转为指南手册，或替换为绩效规范及非官方标准，国防部在处置大量现存军事规范和标准方面已取得了显著进步。

一些改革已产生了未曾预期的后果。例如，除少数例外，《联邦采办改革法》和《联邦采办精简法》按照《诚实谈判法》取消了"确认成本和定价数据"的要求，这是工业界幸事的预兆，但却给那些在合同授予前授权决定"公平合理"成本和价格的合同官员带来很多问题。具体来说，假如有厂家声称根据《诚实谈判法》它有"商业项豁免"，但它没有一个单独项目曾出售给普通大众，因此，这里就很少或没有决定合理价格的标准。没有《诚实谈判法》和成本分析，合同官员就可能颁授没有"公平合理"的可靠实际基准、标准和措施（Yoder，2003）。

国防采办组织已增加了对关键职位，如重要采办职位（CAP）的教育和训练要求。重要采办职位是国防采办劳动力中的最高级职位，包括计划管理办公室、计划管理者、重大防务采办计划（MDAP）采办I类（ACAT I）的计划管理副手，以及重要的非重大防务采办计划（MDAP）的计划管理者。在没有（或没必要）获得高层允许时，最大限度地保证计划管理者和承包商进行成本－绩效权

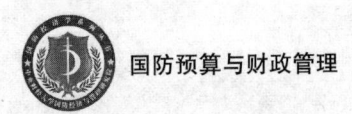

衡的灵活性,对实现成本目标是必要的。因此,在计划需求文件和采办计划基线中,门槛项数量已减少了,所有这些变化对国防部采办系统转型都有重要意义,尽管这只是逐步实现的。

对采办流程的主要批评是其太复杂、太慢、成本太高。当威胁变化,最终投入实战时,其生产的武器也可能相对任务"过好",或与手中的任务不匹配。年度预算周期政策增加了这种复杂性,因为持续购买武器,对其所在的国会选区有利,但这种不顾国防需要的购买却十分浪费。另外,在20世纪90年代有个实际调整,采购出现空挡,这已引起老旧武器系统维护成本增加。结果增加的作战和维持预算与采购预算的缺口达数十亿美元,近期这么大的缺口难以填平。更糟的是,2008年几乎40%的联邦和国防采办人员将达到退休条件,这似乎马上会带来巨大的问题。然而,如上所述,这些并非新问题。

国防采办流程看起来一直处在崩溃状态。但具讽刺意味的是,尽管如此,它生产的产品在世界上却是最好的。这就是为什么海军陆战队员在父辈年代的直升机上进入战场,一些飞行员还在伊拉克战争中投下祖父辈年代炸弹的原因,这也是为什么美国主战坦克已在战场独领风骚数十年的原因。另外,这个崩溃的流程在阿富汗战争进行时,制造和部署发射导弹的无人驾驶飞机,该系统能很快做出反应。美国是个一次性社会、有快餐、微波炉式的烹饪,但也能生产出色和耐用的武器。该过程冗长、过于昂贵、复杂和高度政治化,但还在运行。

在最好的情况下,国防部在资金和管理稳定的环境下采办武器。过去10年里,采办流程改革在尽可能提供更稳定的环境,在其中采办更好、更有效的武器。然而,随着冷战结束,反恐战争的出现,武器采办变得更困难。更进一步说,采办改革以及规划-计划-预算-执行系统(PPBES)随不断的变化,已经使其自身产生了影响。有时,现在计划管理者和国防部采办流程的其他人员,很难跟上变化的形势,因为一波一波的变化接踵而来。不断改善的武器采办预算估算、执行和管理已经并将继续对流程的所有参加者带来更多挑战。在过去数十年里,武器系统的采办和预算持续变革这个模式是无法改变的事实,为什么有人会期望未来不是这样呢?

12 国防、联邦政府预算和管理改革：历史、转型及未来

引　言

国防部转型最好理解为，在联邦政府改革背景下，引进更有效的商业管理实践，改善财务和会计程序与系统，改善战略规划和预算，并对绩效和结果进行更直接管理。如本书第4章对规划－计划－预算－执行系统（PPBES）的讨论，国防部在进行相当大程度上的转型改革。在本章，我们试图阐述改革的方向，以及一些超出国防预算的改革。然而，所有的政策、组织和资源流程变化最后都会对国防预算产生影响。本章首先描述分析国防转型行动如何在国防部长拉姆斯菲尔德的领导下开始。然后，概述在国土安全部领导下，建立国土防卫所面临的一些问题。最后，我们评估联邦政府财政管理和计划预算改革及其对国防部现实和潜在的影响。我们尤其探讨了作为国防部商业转型一部分的绩效测量和管理行动。

国防转型倡议

2003年5月6日，支持"21世纪国防转型法案"（DTA）声明由国防部副部长保罗·沃尔福威茨提交众议院政府改革委员会（Wolfowitz, 2003）。沃尔福威

茨指出，布什政府和国防部长拉姆斯菲尔德在国防部有很强的管理、财政和预算改革的愿望。提交不久，国会以2003年《国防授权法案》一部分的形式通过了"21世纪国防转型法案"，但它不愿给国防部一直寻求的在某些领域广泛的自主决定权。在2003年4月10日"21世纪国防转型法案"最后版本正式提交国会之前的数月内，国防部召集了不下100次国防部成员和参谋人员参加的会议来制定和讨论各条款。

《21世纪国防转型法案》（以下简称《法案》）代表了在国防部管理系统内解决严重问题的综合性改革，《法案》旨在为军种部门提供更大的灵活性，使其能对变化的威胁快速反应，能更快调拨资源及使新武器系统尽快投入战场。《法案》还包括对国防部内资金流和人员流更灵活的管理规定，便于对威胁需求做出回应。

《21世纪国防转型法案》包括要求把多年前赋予国防部的一些非军事职能转给其他适当部门，授权废除了那些使小公司很难与国防部进行业务往来的规章制度，包括扩大竞争性外包，把非军事岗位外包给非军人，非军人重返战场等，以及保护军事训练设施的措施。

《21世纪国防转型法案》的内容非常详细，我们在这里只概述其主要内容。沃尔福威茨在其报告中引用了下面一些需要改革的方面。

◆ 没能力引入文职人员，使现役军人承担了成千上万不需要由军人完成的工作。这给军人带来了压力，也使他们无法在作战行动中得到使用。国防部大约有32万名军人基本从事非军事工作，但国防部在对恐怖主义的战争中却不得不启用预备役力量。

◆ 国防部管理系统的无效率意味着浪费了纳税人的资金。而且，也未能很好地支持军事力量。例如，尽管有128项采办改革研究，但国防部自1975年以来一直使用同一采办系统，这种系统使新型武器系统生产时间增加了1倍；而在这个时代，私人部门的技术可在几年、甚至几个月而非数十年出来。

◆ 训练对美国相对于现实和潜在对手的军事优势至关重要，而美军的训练能力却下降了。能力的削弱使美军不能进行充分的军事训练，对作战能力构成威胁。

◆ 对国防部文职人员管理灵活性的限制，使美军很难与私企竞争特殊专业招揽人才，而信息时代军队需要以这样的人才为支撑。

◆ 无法在冗长的国防部采办管理过程中推动新想法，这意味着军队在战场使用的装备已比可能的技术落后了一两代，甚至更多。在阿富汗和伊拉克战争中，大量的先进武器系统拯救了许多人的生命，但如果利用更好的技术还能做得更好。对美军来说，非常需要对威胁美国安全的事件更好更快地做出反应。基于这个考虑，沃尔福威茨说"我们的目标不仅仅是取得胜利，还要具有决定性优势，这有助于我们在第一时间阻止战争；如果无法避免，我们争取在人员损失最少的同时以最快的速度赢得战争"（2003，第2~3页）。

沃尔福威茨指出国防部已经开始进行一些重大转型，包括减少11%的管理和总部人员。采办过程已取消了几百页没必要的条文和国防部规章。另外，也正在实施新的财务管理结构，以把国防部所有财务系统整合进一个系统。他补充道：

> 但这些内部改变是不够的。国防部需要立法救援……帮助怎样管理人员、怎样购买武器以及怎样管理训练等……其中一个关键领域……就是改进我们的人力管理系统，这样我们可以获得更多的灵活性和敏捷性，从而更好地管理70多万名文职人员，他们给国防部提供最重要的支持——或更有效地管理那些未给我们提供支持的人。提出这些能力需求并不亚于国家安全需求，因为这直接关系到我们在未来如何能更好地保卫我们的国家……事实上，这并非新问题，也不是党派问题。不少于三个政府部门试图解决这个被严重破坏了的系统。当今世界恐怖分子以电子邮件速度传输信息，以电流传输的速度转移资金，以商用飞机的速度运送人员，国防部却陷入困境，在一定程度上还处于工业化时代的微观管理和官僚程序，而世界早已步入信息时代。（2003年，第1页）

为了解释对人力管理的有关看法，沃尔福威茨引用了国防信息系统局的例子。该局发现很难招募人员从事与信息时代相关的业务工作，如电子通信、信息技术、专业工程和科学领域。这主要是因为联邦和国防部的职业以及招募规则不灵活且费时，工业界能当场提供最好最棒的工作，国防部却需要数月时间来完成人员雇佣程序。因此，这个系统想要雇用最优秀的人才，效率很低。要想解雇出现问题的人员，效率也很低。在国防后勤局的一个案例中，一个员工早就被怀疑在工作时打瞌睡，后来也有证据证明这一点，却要花9个月时间解雇该员工。

沃尔福威茨解释说在其他的联邦政府机构中，大部分劳动力已从"规章制度中解放了"（2003，第4页）。他补充道：

> 我们认识到，实现国防部文职人员服务系统改革的目标，需要一些大胆的动作，

从而形成真正的转型。我们现在请求你帮助我们走出这大胆的一步。正在进行的艰难反恐战争，使我们改革人力管理系统面临更大的压力。我们必须现在解决这一问题，我们已经不能再等了。（第4页）

为了支持《21世纪国防转型法案》，国防部长拉姆斯菲尔德向国会请求更大授权和取消国会的微观管理（Rumsfeld，2003，35）。他指出：

◆ 国防授权法案已从1962年的1页剧增到2001年不可思议的534页。
◆ 国防部每年要向国会准备和提交26000页的证明和多达800份报告，许多东西没什么价值，也没人看。1975年以来，虽然新技术在几年甚至几个月而非数十年，时间就会更新换代，但用于生产新武器系统的时间却翻倍了（Rumsfeld，2003，35）。

20世纪60年代晚期以来，国防部预算分析师和改革者逐渐被剥夺了从国会获取更多授权的可能。与20世纪60年代前相比，虽然越南战争时期"鹰派"和"鸽派"在国会上争吵，但国防计划和预算很少有争议，很容易得到支持。对越南战争的反对和林登·约翰逊总统的支出规划，使国会的授权和拨款越来越具体详细，预算执行监督也更严。在预算执行过程中从国会获得更多管理灵活性和授权，十多年来始终受到国会国防预算和管理批评者的支持（Augustine，1983；Fox，1988；Gansler，1989；Jones & Bixler，1992；Kanter，1983；Luttwak，1982）。

预算执行授权非常重要，因为它和以下几个方面高度相关：（1）国防预算流程改革评估；（2）重构国防优先级的分析；（3）国防支出的变化。预算执行授权问题在国防部领导层依然存在。例如，前国防部长卡卢奇（Carlucci）在1988年里根政府末期，向国会要求增加管理权限。前国防部长迪克·切尼在1991~1994年间提出在没有国会监督的情况下执行6个采办计划，以检验国防部在没有外部微观管理时的有效运行能力，但国会没有批准这些请求。

在采办领域，《21世纪国防转型法案》提出的一些基本变革是按国防部长拉姆斯菲尔德的风格设计的，并已付诸实践。其中变化之一是在国防部其他地方事实上已形成最终决定之前，将重大采办决定尽快呈国防部长。该变化提议在《21世纪国防转型法案》中允许国防部长在正式的规划-计划-预算-执行系统（PPBES）和采办循环流程外做出这样的决策。显然，假如国防部长愿意并擅长做出这样的决策，这是有好处的，该方法契合唐纳德·拉姆斯菲尔德的集中决策方式。

12 国防、联邦政府预算和管理改革：历史、转型及未来

例如，取消陆军的"十字军"（Crusader）重型火炮系统就是国防部长拉姆斯菲尔德转型决策的一个例子，这是在有体制性反对意见情况下赢得的，但这也是一次难分高下的斗争。如果所有大型采办谈判都这么难的话，当然没有理由期望谈判会更容易，那么这样的成功对未来国防部长而言是要付出代价的，次数也会减少。如同其他强势领导人，拉姆斯菲尔德这方面的国防建设决策使他在五角大楼、国会以及工业界树敌甚多，并不是每个人都希望转型。

国防部长拉姆斯菲尔德通常亲自处理关于国防部管理的一大堆问题，包括改变采办流程以使武器购买决策和武器能更快投入使用，解决把规划和战略的焦点从地理位置转向能力，填补在功能和绩效上的跨军种差距，从而使军种间互动更顺畅。拉姆斯菲尔德通过强化国防部长办公厅相对于军种部、参谋长联席会议和其他国防部机构的权威，通过亲自牢牢抓住决策控制权干成了这些事。但为了赢得战争，军队和官僚机构不仅需要领导者，还需要大量的士兵。在2002年1月海军军事学院的演讲中，拉姆斯菲尔德指出，相比谁被任命为五角大楼新领导人来说，没有什么比转型改革成功更重要。因为拉姆斯菲尔德与陆军领导人在转型问题上发生了冲突，2003年转型进展得并不顺利（Schlesinger，2003，1）。总之，所有这些都说明在管理改革中，风格和实质之间的关系。更多问题将在本章接下来的部分提到。

关于制定《21世纪国防转型法案》的争斗，在众议院对《国防转型法案》（作为2003年国防授权法案的部分）投票之前，2003年5月，两位重要的众议院预算委员会副主席（民主党），拨款委员会的议员大卫·奥贝（David Obey）、预算委员会议员约翰·斯普拉特（John Spratt）给众议院发言人、议员丹尼斯·赫斯特（Dennis Hester）寄了一封信，批评该行动（Obey & Spratt，2003）。这封信指出了《21世纪国防转型法案》争论的症结所在，提出国防部在《国防转型法案》中所提请的改变会妨碍国会实施监督的能力，而监督责任是《宪法》第七卷第九节第一条明文规定的。"除法律规定的拨款外，任何资金都不能从国库拨出；所有公共资金账目和账户的收支应时时公开"（Obey & Spratt，2003，2）。该封信承认联邦人员在（管理）实践中存在短处，但由于没有新的国防部系统来用于审查，因此反对国防部的请求。他们认为，这些授权将使国防部长自由地重新制定管理国防部70万文职雇员的规则，"几乎完全不用与国会磋商"（Obey & Spratt，2003，4）。

《21世纪国防转型法案》也提议取消100份给国会的报告，并在5年后取消

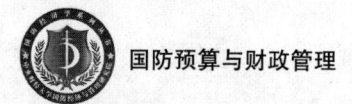

余下的国会所需报告。在采办领域,《代表性采办报告》不再提交给国会。奥贝、斯普拉特的信认为,这些(报告)对国会及其机构会计总署获取信息,从而履行其监督职责是非常关键的。他们着重指出,《代表性采办报告》提供关于武器开发中的成本超支、技术失败以及日程延迟等信息。他们还认为,所提议的《21世纪国防转型法案》会引起"国会监督与责任前所未有的削弱,而在一些情况下,国防部长的权利无限地增大"(Obey & Spratt, 2003, 2)。

总之,国会议员奥贝、斯普拉特质疑国会为何"匆忙对已在战场按最高标准一再证明其能力的组织进行彻底革新"(Obey & Spratt, 2003, 12)。尽管共和党普遍支持沃尔福威茨的《21世纪国防转型法案》倡议,但随着改革所引起的潜在危及国会履行宪法赋予的法定监督作用的严重问题,有关该问题的争论已超越了党派界限。历史表明,国会在国防授权方面推进得非常缓慢,有时甚至完全没有授权。

可以看到许多拟议(其中一些在21世纪初已实施了)的国防转型并不需要国会批准,除非国会特别反对。例如,国会议员可以呼请特别委员会或常设委员会就任何他们感兴趣的议题举行听证会。在过去,关于规划-计划-预算系统(PPBS)的大多数变革都是在没有国会明确批准的情况下实现的。然而,国防部的行动也有很快被压制的时候。例如,20世纪60年代的国防部主计长罗伯特·安东尼的"精品项目"(Jones, 2001b; Jones & Thompson, 1999)。将规划-计划-预算-执行(PPBE)系统调整为按总统选举周期线性运作,不需要国会的批准。规划-计划-预算-执行系统(PPBES)是国防部内部预算系统,习惯上国防部可按其愿望随意重组该系统。

因为2001~2003年规划-计划-预算-执行系统(PPBES)改革并未明确获国会批准,我们不禁要问,这对国防部进一步向国会请求授权意味着什么?在我们看来,规划-计划-预算-执行系统(PPBES)周期时间安排上的改变是明智的,因为在新政府的第1年很难有合适的人选或必要的远见来制订计划,准备预算(罗纳德·里根政府是个明显的例外)。因此,分派第一年审查国家安全战略,进行《四年防务审查》,为第二年的全面预算编制拉开帷幕。分派"小年"作为最小改变的年份,允许分别进行计划改变方案和预算改变方案,看来是明智的,会减少每年完全重订《计划目标备忘录》和预算所导致的混乱。因此,我们认为,在没有国会监督和监管的情况下,国防部这些变革行动的方向是正确的。实际上,如果牵涉国会,不知是否还会有这些积极的变化。从行政视角看来

的非党派性问题，往往在递交国会时会变成政党政治。

总之，《国防转型法案》所要求的广泛授权引发了长期存在的国会授权问题的又一轮争论。批评者质疑的重要问题包括：国防部长真的需要拥有70多万文职人员吗？国会要求提交的报告都要放弃吗？国防部要像提请的一样对训练地域的环境保护法不强制执行吗？《21世纪国防转型法案》面临的最明显威胁是国防部在推行反对者人数会超过支持者。因此，国会反对者会从劳工组织、文职机构代表、环保主义者和一些高级军队领导人（那些没有被晋升的）那里寻找支持。事实上，几乎所有政党在2004年都反对乔治·W·布什重新当选。这些团体和其他团体联合起来尽力延缓改革。然而，在2004年国防授权法案中，国防部最终得到了大部分所希望的东西。

国防转型倡议总结

历史告诉我们管理改革的周期性，国防部长麦克纳马拉（McNamara）的集权式管理风格（Thompson & Jones，1994）最终被梅尔文·莱尔德（Melvin Laird）的分权式管理风格（Armed Forces Management，1969；Laird，2003）所取代；拉姆斯菲尔德的集权式管理风格也会在将来被其他不同的风格所取代。这对我们观察布什、拉姆斯菲尔德政府所发起的国防转型未来提供了警示。在我们看来，拉姆斯菲尔德、沃尔福威茨及其同事所提议的国防部全面转型是正确的，大多数改变是必要的，与规划－计划－预算－执行系统（PPBES）有关的部分转型在2003年看似有良好的开始，尤其是那些能在五角大楼管辖范围内运行的因素。就所关注的国防预算和国会对国防部的监督变革而言，可以预期变革会更少而不是更多。当总统预算中的国防部预算在国会通过后，仍需考虑和通过年度拨款案。然而，国防部的规划、计划以及流程的新方法，及对预算执行的强调会进行下去。

《21世纪国防转型法案》的许多其他因素看上去绝对是必要的。例如，加快采办流程，确保采购联合生产的装备供部队联合使用，某些文职事务改革如能以渐进式和国防部内部行动的方式推进，见效会更快，而不是以《21世纪国防转型法案》那样全面的"一揽子"改革，必须获得政党和充满不同观点国会的批准。现在我们转向对规划－计划－预算－执行系统（PPBES）改革的评估。

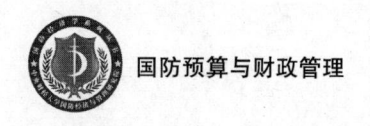

国防部近期规划-计划-预算-执行系统改革评估

关于规划-计划-预算-执行系统（PPBES）第一阶段的长远国防部规划，我们从开始就观察到，在20世纪90年代，很明显冷战思维向新框架的转变很缓慢。尽管有大量关于非对称威胁、连续准备的讨论和对《四年防务审查》的独立审议，但后"冷战"世界的战略指针却从未明晰过。2001年9月11日的恐怖袭击终结了这个困惑混乱的时期。

通常认为，最近几十年里规划是规划-计划-预算系统（PPBS）最薄弱的环节，部分原因是由于威胁评估的偶发性，其他障碍还包括信息绝对数量和数据协调的缺失。为使国防部规划能有效应对威胁，似乎在规划-计划-预算-执行系统（PPBES）中以能力为基础的规划过程，好于以威胁为基础的方法，后者是一种将注意力集中在苏联、亚洲或其他地方潜在敌人的两极时代方法。相反，寻找美国应对任何地区发生威胁所需的能力才是关键，尤其是假定恐怖分子的威胁以个人或团队为基础，很少受地理位置约束的情况下。

2001年9月11日后，美国在军力使用上展示了传统军力传统方式支援下的联合作战的新概念、特种部队的应用以及独一无二的联合作战方式。然而，它是新的组合。自20世纪90年代中期以来，几乎每天都会出现的新威胁驱动许多领域军事转型。所有这些都指向军队作战变化与规划-计划-预算-执行系统（PPBES）规划之间的联系。

始自2001年8月的计划-预算变革，构成重新设计的规划-计划-预算-执行（PPBE）系统，时任国防部长拉姆斯菲尔德宣布《计划目标备忘录》和预算周期同时进行，以加速审查和决策过程（Rumsfeld, 2001）。2003年5月国防部宣布进行进一步改革。此时，军种部门已开始转变其规划和预算系统，看来数年之后国防部将实施全面变革。然而，对军种来说，接受创新的周期可能更短，因为它们已开始改革。下一节我们以一个军种——海军为例来探讨。

海军部在2002~2003年开展了自己的规划-计划-预算-执行系统（PPBES）改革。对海军部预算办公室、舰队主计长和其他国防部财务主管的采访显示，他们对"老"的规划-计划-预算系统（PPBS）各阶段有大量看法。采访表明，旧系统以下列问题为特征：

1. 无合适的指导：感觉到由国防部长发布的，旨在开启《计划目标备忘录》过程的《防务规划指南》经常推迟，且无足够资源，也未澄清国防部长的重点。
2. 并行流程缺陷：计划和预算流程并发进行，却未进行很好协调。
3. 不断改动：《计划目标备忘录》和预算每年都要遭受拆解、重建和审查。
4. 错误的准确性：采办流程的计划需要太多细节，对未来预测过远。
5. 重复决策：在一个周期做出的决定并不总在下个周期得到承认和尊重。
6. 不断变化的规则：海军在前面所遵从的规则、预期、标准在随后却因削减而被改变。

最后，海军部预算办公室主任认为，国防部长的监督应限定在那些真正重要或具有政策意义的事上。实际情况是，海军预算制定者正试图通过对相关决定范围的抗争，保持军种的一些自主权，其中有些决策权应归国防部长，另一些应归军种部门。

尽管有这些批评和 2001 年 8 月的指令，但实施国防部指示的方式却鲜有改变。海军推动了自身的新规划－计划－预算－执行（PPBE）系统改革。第一步是将所有规划－计划－预算－执行系统（PPBES）过程置于海军主计长的监督下，这给了主计长在《计划目标备忘录》和预算过程中的管辖权，目的是对流程中的规划和预算环节施加更严格的控制和协调，在预算过程中建立更清晰和更直接的联系。第二，认识新行动所需的财政增长余地不大。2003 财年和 2004 财年，预算安排大约增加 30 亿美元，从 1110 亿美元增加至 1140 亿美元，但其中有超过 91% 的增加用于军事抚恤增长（19 亿美元）、通货膨胀和文职人员薪水增加（12 亿美元）。

作为策略，海军主动寻求减少预算基础，削减了 19 亿美元支出，包括诸如取消 70000 个遗留的信息技术岗位申请，继续 7 项灵巧管理行动提高效率，使 11 艘舰船和 70 架飞机提前退役，放弃 50 个系统，如 MK-46 鱼雷和"凤凰"导弹系统。海军的工作量验证过程由高层功能领域专家团队承担，包括维护、基地保障、研发中心以及补给运行的工作量检查，寻求提高效率、放弃或外包，以及在部内取消重复功能，近 75 项行动结果带来近 6.7 亿美元的预算节省。这些努力累计节省了 19 亿美元，这些资金被重新配置用于购买舰船、飞机或投资于变革型武器系统。

同时，海军预算流程本身也相应发生了变化。2003 年冬，海军预算办公室走出了简单却又非同寻常的一步。它注意到投资账户都与武器、舰船和飞机采办有关，占了海军预算的36%，其余部分可以分为与历史基数有关的账户（预算的11%）和与绩效模型有关的账户（53%），这由公式决定。其中包括诸如飞行小时计划、舰船作战计划、训练工作量、海军陆战队运行、飞机保养、舰船保养、备件以及海军陆战队补给站维护、设施和基地运行。第二个模型账户包括军队人事（现役和预备役）和文职人员。这些模型产生成本数字，但却不像第一组那样考核绩效。每个公式驱动的模块都有专门的管理者，有专门的校验过程来确保所用的模型准确、输入正确。

该变化的目标是在随后的预算中，这些模型会自动提供其预算提请，绩效模型能详细说明其投入美元的产出。那些既不由公式也不由投资决定的支出被界定为"努力程度计划"。这些计划以3年实际支出及依努力程度的开支增减滚动平均数为基础。这就是海军继续进行改革的情况下，海军当前预算流程运转计划的要点——首先，有更公式化驱动的预算；其次，关注投资账户；最后，盯住基数，节省更多资金用于投资。这里隐含的含义似乎是，在突发事件导致军事作战需求（作战节奏）增加而引起战备账户出现不平衡时，由追加拨款来填充。

国防部的规划和预算流程显然已发生了重大改变，即同时进行《计划目标备忘录》和预算审查，将其合并为一个数据基础，这是个重大变化。在旧系统中，好的《计划目标备忘录》在成为最终预算的过程中仍可能失去。而且，有时预算流程最终做很多的重新计划和决策。例如，2003年《计划目标备忘录》过程从舰船建造预算的价格审查开始。这是预算操练，在旧规划-计划-预算（PPB）系统中是在预算流程做出的，而这时《计划目标备忘录》已完成很长时间了。观察家评论说这种操练（由于通货膨胀对船只建造的重新定价）引起的要支付的账单可能很大，因此最好在《计划目标备忘录》过程开始前就考虑和付清账单，因为这时更易做出大额资金变化。他们也认为与过去相比，《计划目标备忘录》和预算会降低突然性，预算过程中《计划目标备忘录》中的变化会更少。他们认为该过程必须更快，但不是线性加快，应是分层而不是依次进行。将《计划目标备忘录》和预算的所有产物整合进一个数据库的路径看起来有助于解决这些额外的复杂性。

第二，聚焦产出的过程是重要的改变。国防部长拉姆斯菲尔德强调结果，海军以两种途径实现了这种关切：采购账户聚焦于购买的各武器系统提供的效果，航行小时和飞行小时的绩效模型也是结果聚焦。就如前面所提到的，这覆盖了

90%左右的海军预算。然而，国会仍按条项拨款，国防部必须能将能力转换成预算细目，并为这些转换赢得争议。事实是预算细目（条项）使国会容易做出决策，没有改变的是谁掌管钱袋。按一位国防部预算"玩家"的话："变得很多，但没变的是宪法。因为当有东西撞上宪法时，改变就会结束。拨款过程仍是国会过程，不论五角大楼流程怎么改都必须对国会的要求做出回应，五角大楼所能谋求改变的'菜单'不是无限的。"

第三，新过程使国防部长在过程的早期阶段就介入，用一位预算编制者的话说就是"坐在主驾驶座上"。新规划－计划－预算－执行系统（PPBES）中，必须在实质性决策形成之前送达部长，尽管这时决策仍然对选择开放，尽管仍可能做出重要和重大的改变。当国防部长在末端介入时，某些决定可能已抢先占位，或改变它们可能引起对其他计划的太多破坏，或因为人人已经承诺遵守可能的决定结果。国防部长拉姆斯菲尔德对转型有明显兴趣，但并非所有部门都同样认可转型，甚至根本不接受拉姆斯菲尔德的构想。我们注意到，将国防部长尽早引入决策流程已很久了，能坚持这么长时间是因为历史证明国防部长做出的决定才是有份量的。尽管国防部长早介入好还是晚介入好还是个问题，过早介入规划－计划－预算－执行系统（PPBES）过程会给国防部长带来很大负担。有经验的观察家将这些变化看做演进的过程，那些在五角大楼摸爬滚打多年的有经验的官员，在实际使用之前不会费心地去记住新流程，因为自2001年起已有了重大变化，而且这种变化还会继续下去。

最后，对执行的新强调看来是重要改变，但据此推测产生怎样的结果还为时太早。显然，没有人愿意以节约的名义来降低军事效率。整个2003年批评政府的主题一直是美国企图在还没有足够部队和足够适当部队的情况下"以最少的付出"解决伊拉克问题。如果对执行的新强调成为效率的代名词，进而被理解为"以最小的付出做事"，那么这种强调不会有重要和持久的效果。如同我们在第10章对国防财政管理问题持久性的分析一样，这是一个很难解决但又必须解决的问题。

国防部2003年预算流程有了重大的改变。这是渐进主义取胜的例证，2003年仅实施了《计划目标备忘录》和预算的改变。与过去相比，这是重大改变。艾伦·威尔达夫斯基在渐进主义理论中，可能忽视了防务，但国防部显然已转向威尔达夫斯基理论。2003年预算过程的结果是，除非预算改变提议被明确批准，否则一个单位的预算与前一年相同。用威尔达夫斯基的话说，基数被再拨款。因

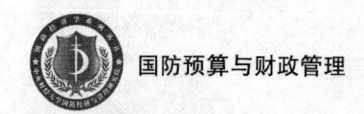

此，如果一个单位在"大年"周期中做得好（第二年和第四年），将会使整个"小年"都"吃得很好"。这使"大年"过程的斗争更激烈，因为赌注更大了，胜利者被回报两年，失败者被惩罚两次。要记住发生在"小年"的预算改变，必须提供弥补，因此使"小年"更好的唯一方法是放弃其他一些东西。在"小年"周期中，仅在《计划目标备忘录》的《计划改变建议》（金额很大，但数量很少）和预算的《预算改变建议》（金额很小，但数量很大）中，基数改变才会被明确考虑。然而，也存在一些有意思的例外。改变可能来自有人提问的任何地方，如军种、作战指挥官、助理国防部长和副国防部长。

规划－计划－预算－执行系统和国防预算改革总结

预算过程通常将焦点放在所有权上。例如，申请人的想法或预算递交办公室确定由谁来提交预算，他们掌控着要进入此递呈的内容。该新流程就像给朋友和邻居赋权检查邻居怎样管理其财产，以及在邻居做错事时，比如改变预算用于更频繁地修剪草坪，或改变计划建造可容纳两辆车的车库等时，提交计划或预算改变建议。假如国防部副部长认为陆军应为空军基地提供更多武力保护，并为此提交了《计划改变建议》，因为这必须有补偿，谁会成为"埋单者"就是一个问题。副部长不可能有很多资金，因此陆军或空军就必须支付该账单。不管谁是埋单者，他必须对其预算做出调整，就像你的邻居会强行命令你经常粉刷你的屋子一样，你得减少你的娱乐预算来支付该费用。因此，这个新系统是渐进式的并有很强的多元性，有好主意又无利害关系的邻居有机会介入其他人的预算。一些观察者会说这一切一直都是这样，但现在该过程已正式化，参与者已扩展至国防部多个层面。接着，在新规划－计划－预算－执行系统（PPBES）周期的第二年和第四年，在《四年防务审查》和《国家安全战略》基础上，引入了零基预算。这似如注定要失败的脚本，因为复杂组织在适应完全不同的路径时有困难。例如，增量（预算）和零基程序。对国防部，必须记住，如威胁没有急剧变化，全年（预算）周期大体上是渐进的。这个新过程仅在顶层才运转得令人满意，或顶层"玩家"某种程度上能克制自己，不进入其他"玩家"的领地时，才会很好运转。

该流程的混乱已给更低层级的司令部制造了一些麻烦。2003年年底，从太

平洋舰队和功能司令部的角度看，新规划－计划－预算－执行系统（PPBES）过程就像它过去那样，并未很好地运转。一个例子是截至 2003 年 8 月，海军预算办公室（FMB）没有把 2004 财年（开始于 2003 年 10 月 1 日）预算控制额发布给太平洋舰队和功能司令部。2003 年 4 月国防部将计划和预算审查整合进规划－计划－预算－执行系统（PPBES）之前，预算控制额通常会从最终《计划目标备忘录》审查得到，用以指导舰队和功能司令部的预算执行规划。然而，随着计划和预算决策的融合，由于重大资源配置决定完全由最终的《计划目标备忘录》做出（例如，考虑削减海军维持和作战资金以给采购提供资金），计划的完成时间被推后。因此，最后的预算控制规划数不能由海军预算办公室制定和发布——他们对此无可奈何。直至 8 月舰队和功能司令部主计长都没有可使用的预算控制数，这些官员在报告和回应在新财年能负担和不能负担什么作战保障能力时，遇到了大难题。这是一个压力源，在某些情况下也是尴尬源，因为主计人员面临着来自沮丧的司令（舰队司令）的问题，司令想知道他们能给下级指挥官，包括那些作战部队指挥官，下达什么样的行动命令，以在来年执行和保障任务。

可以预料，规划－计划－预算－执行系统或国防部长办公厅层级指导下的其他主要系统的全面改革，都会出现这类问题。国防部层级规划、计划、预算工作宏观变革的全面和圆满实施滞后时间可能为 2~4 年，尽管许多难点在首个新周期末后会由军种部门想办法解决。然而，对老练的观察家来说，这样理解这种改革：由军种部门制订的解决方案和新流程会因军种而不同，因此不同军种解决方案有一定程度的冲突不可避免，尽管国防部决策者想避免这种情况的发生。国防部希望保持统一，但这是不可能的，可能也不是大家希望的，因为不同军种使用高度差异化的资源管理系统和流程。

在多元化的国防中，国防部开发的任何系统都应满足其组成部门，即军兵种部门的需要。从国防部长办公厅的角度看，改革实施中的多样化往好说是烦恼，往坏了说是公然抗命，都应示众惩处和消除。然而，国防部长办公厅并没有支配军种部的权利，各军种部是半自治运行的实体，国防部长办公厅不能强制军兵种部门实施国防部指导的任何改革，或如《首席财务官法案》或《政府绩效与结果法案》要求，国会在这些问题上的法定改革。

该结论不是基于国防部授权和管理控制的正规说法考察改革（如《13 号管理改进决定》）得出的，也不是来自五角大楼那些五花八门的简报所说的新旧系

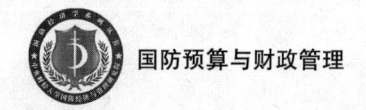

统之间的差别。相反，它来自对实际情况的分析。国防部是高度分权和多样化的机构，在以主计人员为核心的财政管理的真实世界里，过程变化在实际上只能融入现有系统里。不言自喻，无论各届国防部长希望实施什么样的改革，在现实中实际发生的只能是以军兵种部门现有系统基础上的演进，而非集中统一的转型。实际上，国防部不可能被集权管理和控制，那些想要进行这种控制的不是一厢情愿就是疯了。

国土安全及对防务的启示

国土安全显然是联邦政府国防规划和预算的内在组成部分。2003年，在国防部内，领导人把赢得反恐战争称为"客场作战"，在阿富汗、伊拉克和其他地方所做的努力就是这种形式的典型。然而，为国土防御采取措施进行准备就是"本土作战"。2001年9月11日以来，联邦的主要国土安全事件表明，恐怖袭击是目标、战略和资金聚焦点（Caudle, 2003）。

这些事件包括长久以来为人们所期待的国土安全国家战略的制定和颁布。它是一种协调一致的国家努力，要完成3个主要使命：（1）防止美国国内的恐怖袭击；（2）降低美国在恐怖主义方面的脆弱性；（3）当恐怖袭击发生后将损失降至最低并从恐怖袭击中尽快恢复。在联邦层面，最近成法的《国土安全法案》（P. L. 107-296）对组织机构作了系统安排，由国土安全部（DHS）进行联邦努力，并协调州、地方和私人行动来执行国家战略。其他立法，如《美国爱国者法案》为法律执行和监督提供了新工具。在其他政府和私人部门层面，强化了组织和政策变化以适应新的安全需求。要求联邦管理与预算局说明如何增强对国土安全规制的成本-收益分析。这些事件及相关活动表明，使国土安全成为长期的主要使命领域是困难的，这有多方面的原因。

官员们需要在目标、可计量与度量形式等方面对预防、保护与回应等各个国土安全结果进行界定，联邦机构一直在努力为长期计划设定目标和度量结果，也得在此新使命领域继续努力。而且，国土安全是国家使命，它需要从最低的地方层面和最高的联邦层面来反映其绩效。其他目标，如经济安全，要求货物的自由流通，克服边界壁垒和运输安全上的困难。

在政策和执行机构内部及之间建立伙伴关系，分享情报和信息是非常困难

的,如边境控制、公共卫生、运输等机构。另外,国土安全计划主要是政府间的,因此需要联邦、州以及当地政府之间的长期相互理解,也不要忘记私人部门和国际社会在其中所起的重要作用。

对公共管理者来说,为国土安全提供资金问题是很难的。联邦预算提请自2001年9月11日恐怖袭击后已大为扩展。例如,2004财年总统预算为国土安全部提请的资金是362亿美元,比2003财年增加了7.4%,比2002财年增加了64%,2003财年的追加拨款已在总量上增加了数十亿美元。州、地方政府和私人部门也承担了巨大的国土安全成本。例如,《国家战略》估计各州自2001年9月11日到2002年末增加的国土安全活动资金达到60亿美元,各城市估计达到26亿美元,私人部门的反恐支出相比2001年9月11日前每年550亿美元的经费,增加了50%~100%。最近美国市长会议估计,当国家威胁级别达到"橙色",相比其"黄色"级,城市每周用于国土安全的支出总和要多7000万美元。

试图把非国土安全任务和国土安全任务区分开,以提供更多的资金信息,分清国土安全的真实成本及其对非国土安全任务的影响,使资源问题更为复杂化。在某些情况下,这样做的实际动机是把许多的任务和行动打上国土安全标签以更好地争取资金。另外,官员们也会增加防范措施(如对旅客筛查、包裹筛查、运输工具上禁止携带项、随机检查、一般监视、机舱门加固、武装飞行员等),这些措施可能并没有经过仔细评估、权衡危险等级所需资源,与并行或重复措施之间的关联。当前和预期的恐怖主义威胁性质,并不能清晰地界定恐怖突发事件结束的时间。因此,不可能准确预测国防部、国土安全部及其他联邦政府机构国土安全任务的资金成本。

成立国土安全部的重要因素是其人力资源管理可灵活由国会和行政部门来承担,这对国防部很重要。因为在2003年《国防转型法案》提请中,国防部寻求与国土安全部拥有同样的人力资源管理灵活性。然而,正如本章早前部分所指出的,国会中的民主党人并不支持《21世纪国防转型法案》所提的人力资源管理请求。尽管如此,2004财年《国防授权法案》批准了国防部要求的条款,其中包含《21世纪国防转型法案》的相关内容。

成立国土安全部是政府在过去50年里最大的机构重组,22个代表着不同组织文化的不同机构,包含100多个不同的办公室被整合进这个新的实体。保护美国人的生命及其生活方式,(运行的好坏)在一定程度上取决于将不同和独立运行程序的多个现存政府机构成功地集成融合,国土安全部将至少包括以前的18

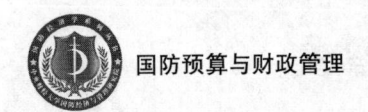

万名雇员，并在100多个独立的人力管理系统中被管理。

国土安全部的管理者必须至少和18个工会，包括3.3万名美国联邦政府雇员和1.2万名财务人员公会成员进行重新谈判签约。在这样存在争议要素的重组中，新部长有权利设计新的，比现在的联邦文职人员服务系统更灵活的人员系统。国土安全部进行人力资源管理很重要，因为新的联邦部门允诺通过降低和取消雇员的文职身份、减少工会代表来增加管理的灵活性。这些在国土安全部门和国防部的努力表明，大的改革已在对国家至关重要的两个大的政府管理实体中逐步实施了。现在我们在联邦政府更大的背景下，具体评估一下预算改革。

联邦政府和服务绩效：结果预算和相关改革

财务管理、预算和会计改革在1988～1992年乔治·H·W·布什总统政府时期、1993～2000年克林顿政府时期和自2001年开始的乔治·W·布什政府时期治下的过去15年里已在进行。改革得到国会赞同，国会于1990年通过《首席财务官法案》，与绩效管理相关的最重要立法是1993年国会通过的《政府绩效与结果法案》。在总统管理与预算局指导下，《政府绩效与结果法案》已在行政部门实施，已推动了十多年的绩效管理改革。

在克林顿执政期间，国家绩效审查（NPR）要求绩效导向的组织，以及任务驱动、结果导向的预算。2001年8月，乔治·W·布什总统对其政府引入了初始管理和预算改革，这其中就有把绩效和预算联系起来的。《政府绩效与结果法案》授权联邦政府所有部门和机构试行在这里所谓的责任预算、会计和报告（RBA）。管理与预算局在20世纪90年代开发了专门收集这些试点案例结果的方式，管理与预算局与各机构向国会监督委员会报告这些结果。

在总统布什和国防部长迪克·切尼的领导下，《防务管理报告行动》自1989～1992年一直在进行，国家绩效审查也都旨在为国防部中的会计、财务管理和绩效评估改革催生相当的努力。国防部在20世纪90年代早期布什和切尼政府下，比在克林顿政府时期进行了更大的改革（如补偿交易会计和预算的引入），但所有的成功和失败都源于这些行动。很明显，政府的进步并不快，因为有最大和最复杂的组织，美国联邦政府的变革一直很缓慢。现在变革的推动力来自《首席财务官法案》、《政府绩效与结果法案》以及总统倡议。

12 国防、联邦政府预算和管理改革：历史、转型及未来

《首席财务官法案》要求复式记账法和权责发生制会计，而这两个都不是美国联邦政府的"标准作业流程"。为了从实施《首席财务官法案》审计的总检察长那里获得清晰的审计报告，这些会计变革需在联邦部门和机构会计系统中实施。但是，很少有联邦机构能满足复式记账法和权责发生制会计的要求，联邦预算和国会拨款会计还主要采用单式记账法和现金收付制，也有对这些要求的抵制。联邦拨款法和国会拨款程序的改变，至少看上去要求推动联邦机构进一步遵从《首席财务官法案》。

《政府绩效与结果法案》要求进行战略规划（SP），并提出绩效衡量标准，这些已在政府中推行了，在战略规划、资源规划和预算之间建立联系也已在国防部尝试，并取得了一些进展。另外，《政府绩效与结果法案》还在自愿基础上对绩效预算在一些机构进行了试点，由国会对其进行评估。到目前为止，这些试点的结果并没有使国会或总统管理与预算局信服，应更广泛地应用绩效预算，或尝试在新西兰和其他地区使用的以委托代理理论为导向的契约系统。相关机构报告它们的规划、执行计划和判断预算的能力，由于战略规划和绩效标准的制定，在一些情况下有所加强，而这正是管理与预算局所需要的。

很少有机构或部门在其会计系统和程序中有能力准确、可靠地（或在某些情况下）把绩效或结果数据与成本或预算联系起来。因此，无论要求的任务是报告相关组织单位、功能、账户或子账户，还是《首席财务官法案》所要求的工作量，或《政府绩效和结果法案》所要求的与成本有关的绩效（如结果），对大多数联邦政府，这些国家包括国防部，在短期很难有大范围的成功。然而，由于管理与预算局自2001年开始在计划和预算审查中使用了"计划评估分级工具"（PART），国防部也进行了更好的商业实践行动，到21世纪头十年中期，进展可能会更快。

绩效和结果导向预算改革

2002年2月，当2003财年总统预算提交国会的时候，在总统管理与预算局的支持下，乔治·W·布什总统宣布预算改革行动。该预算引入"基于绩效的预算"，把联邦部门和机构的资金与绩效标准和完成情况联系起来。管理与预算局打算进行审查，以改进5个管理领域的绩效：人力资源管理生产力、竞争性资源（如外包）、财务管理、电子政务以及**绩效方法**和预算的融合。

国防预算与财政管理

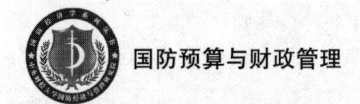

在发起基于绩效的联邦政府预算时，布什政府试图将美国带入世界上在这个方面更先进的国家行列中，这些国家包括新西兰、澳大利亚、加拿大、瑞士和英国。它们已在过去十多年或更长时期采用绩效与产出，或结果导向的预算实践（Jones, 2002a, 2002b, 2003）。不仅如此，在2002年2月5日参议院军事委员会听证中，管理与预算局局长米切尔·丹尼尔斯注意到布什政府的改革兴趣不仅局限于绩效预算。当他在成功的基础上强调计划评估的重要性时，丹尼尔斯表示获得了一些委员会议员的认可，这些议员还问了其他预算改革的问题（Daniels, 2002）。

第一个要解决的争议即新预算是否需要"帽子"或支出上限，因为这种上限最先在20世纪90年代成法，并在期满后于1997年《平衡预算法案》中"重新背书"。也要提到一个事实，即便支出上限仍有效力，但国会经常突破此上限。丹尼尔斯同意委员会一些议员的观点，即新的支出上限必须成法以控制国会的支出嗜好（Daniels, 2002）。

第二个有关的争议是是否应在国防支出中包括新的支出上限。丹尼尔斯指出政府强烈希望在国家同全球"恐怖主义"全面作战时，反对给国防拨款设限（Daniels, 2002）。在反对为国防支出设限方面，丹尼尔斯与美国联邦储备银行主席艾伦·格林斯潘（Alan Greenspan）在同周国会听证时观点相同。当国会预算委员会成员直接问格林斯潘是不是应在联邦预算中对某些可自行处置的部分设置上限时，格林斯潘回答说，他认为除了国防领域，应在其他所有领域设置新的限额。格林斯潘和丹尼尔斯的话都反映出布什政府把反恐战争作为其政策和预算中最高的优先级。

在对国会议员问题的回应中，丹尼尔斯也表达了政府在推行两年预算和结果契约预算方面的兴趣（Daniels, 2002）。虽然两年预算改革并不是总统2003年预算的组成部分，但布什政府所表达的对两年预算兴趣的事实，显然打开了讨论更深入改革的大门，例如在英国使用的那种多期预算流程。这种预算3年制定一次，2年审查一次。在澳大利亚，3年"运行成本"（Running Cost）预算在20世纪90年代就已应用并取得一些成功。在写本书时，澳大利亚已转向更长的5年期预算制定和审查周期。长时以来预算批评者一直在争论年度预算周期的无效率（McCaffery & Jones, 2001, 87~90）。

年度预算满足了国会的（预算）周期偏好，该周期提供了以支出慷慨回报选民的最大机会。事实上，就像政治学家几十年来所观察的那样，几乎所有的国

12 国防、联邦政府预算和管理改革：历史、转型及未来

会政治都是地方政治，都受满足特定地域或州成员的利益需求驱动。尽管这给民选代表和响应提供了利益，但并没有使其在支出或计划绩效的支出控制、财务纪律或效率方面做得更好，而且，预算办公室和学界都知道，年度支出鼓励花掉或浪费掉预算。不仅如此，由于政府面对的困难并不局限在一年，根据军事需求特点，支出需求往往有多年期特征。年度预算周期造成了预算中的各种反常行为和战略误读（Jones & Euske，1991）。也许最合理的认识是年末"花光"现象，即在匆匆支出或赋权可用的每块"银子"时经常忽略真正的支出重点，也无视购买项或提供的服务是否真正需要。

不幸的是，年度支出周期鼓励国会、行政部门以及联邦审计机构，包括会计总署，表现出令人生厌的行为。这种要么花掉要么浪费掉的预算动机隐含着将把在其他方面谨慎的预算执行人推向违反《反赤字法案》的边缘，包括支出未经国会授权或拨款的资金，或将用于某些目的的预算账户用于未经法律授权的其他目的。年度花费显然在鼓励超支而非支出不足，因为没有花掉的钱在下个预算中就没有了。

由于种种原因，各国，包括上文所提到的那些国家都已转向多年预算拨款和执行。授权计划可在某特殊年超支或少花，但长期必须符合总的拨款额。这给预算和计划主管更大机会来使预算执行更有效率，更多关注管理"指导"以实现所希望的结果，并增加灵活性来调整短期和中期支出规划，从而满足有效预算执行的需要。

与多年期结果预算相联系的争议是为结果签契约。在其他国家，写进预算的结果契约包括立法机构和生成一部分结果和后果的计划机构之间的协议（例如在新西兰），还包括行政部门内部控制机构，如管理与预算局和其他部门或机构间的合同。英国在首相、内阁和议会的监督下，财政部负责这类合同。然而，财政部官员所作的实际工作是合同把持服务提供机构（Jones，2001a）。在澳大利亚、瑞士、瑞典、丹麦和其他一些地方也有在预算中为结果订立合同的其他例子（Wanna, Jensen & de Vries，2003）。

全面评估布什政府基于绩效预算审查中成功之处是不可能的。然而，也有一些证据可以评判管理与预算局的工作和成功之处。按此方法2003年有超过20%的联邦计划和几乎所有部门和机构都遵从管理与预算局的预算递呈要求来进行。据统计，2004财年有231个计划使用计划评估分级工具（PART）系统进行了分级。然而，计划评估分级工具审查是否能和在多大程度上能提高部门的效率和结果尚不确定。我们能说的是，管理与预算局使用计划评估分级工具试图在某些情况下减少预算，这不奇怪，因为它是行政预算控制机构在管理和绩效审查技术方面所用的标准方法（Jones, 2001a；McCaffery & Jones, 2001, 203 ~ 224, 281 ~ 320；Wanna et al., 2003）。

在布什政府准备2003财年和2004财年的总统预算时，继续进行绩效评估。布什政府的绩效评估可认为是管理与预算局始于20世纪90年代趋势的延续（Rodriquez, 1996）。通过使用被称为基于绩效的预算审查，把部门和机构资金的绩效评估与联邦计划完成情况联系起来，准备和分析预算。管理与预算局利用计划评估分级工具分析了包含在2003年总统预算中的67个计划。计划评估分级工具亦用于2004财年总统预算中231个计划（约占联邦预算计划总量的20%）的绩效打分，另外还有20%会被管理与预算局在准备2005财年预算时进行审查。

计划评估分级工具通过约30个变量组成的多变量指标来对计划进行打分。最初（2003财年）以"红绿灯"系统为特征：红色表示绩效差，黄色表示绩效一般，绿色表示绩效好。2004财年，该系统级别选择范围已扩展至5类：有效、中等有效、完全有效、结果不明、无效。2004财年，14个计划被列为有效，54个计划被列为中等有效，34个计划被列为完全有效，11个计划被列为无效，118个计划结果不明。最后这类这么多表明，许多计划没有尽力或不能开展有效的绩效评估，结果报告在总统预算中单独提供（《美国政府预算：2004财年》之《绩效和管理评估》，见http://www.whitehouse.gov/omb/budget/fy2004/pma.html）。计划被划为4个绩效领域：计划目的和设计、战略规划、计划管理与计划结果。

计划评估分级工具的总体目标是：（1）测量和判断计划的绩效；（2）用系统、一致和透明的方式来评估计划；（3）向机构以及管理与预算局通报管理决定、立法、规制改进和预算决策；（4）关注计划改进，评估计划较之前一年分级的进步。管理与预算局打算在未来预算审查中在所有预算计划上扩展使用计划评估分级工具。如果这样做，对那些分项预算审查者来说是极其耗时的工作。预算分析者的任务是审查具体计划，也就是说，他们在一定程度上拥有所审查预算的所有权（McCaffery & Jones, 2001, 203 ~ 224）。因此，普遍存在预算和绩效的行政控制机构审查评估标准应用一致性的问题。

在这种环境下，被审查的行政与预算幕僚会聪明地听从威尔达夫斯基的忠告（Wildavsky, 1964, 20 ~ 31），敏锐地把握预算分析师的重点和偏好。一般来说，

同一分析师审查一到两次预算后，机构预算官员对该分析师的喜好及其服务的管理（部门）的喜好有所了解。如果没有读懂这种反馈，在预算博弈中将会失去竞争优势。相对原先的预算审查方法，计划评估分级工具系统的优点是它可提供更多的反馈。也就是说，可以确认更高级别上的更多信号。事实上，2003年计划评估分级工具已变得相当制度化了，而"环路"里的咨询公司也提供课程教那些计划员工如何提高他们的分数。有这么多的反馈和帮助，还有那么多计划在2004财年预算中被列为无效率或结果不明种类（审查的231个计划中有129个这类计划，约占56%），这实在令人难以理解。

在2003财年和2004财年中，许多计划的得分是失败的。但在2004财年，一些计划报告的得分提高了。部门和机构在员工的时间和精力上投资以实现等级提高，从而试图在总统预算中得到回报。支持计划评估分级工具系统的主要动力是管理与预算局局长以及工作人员想将绩效评分与预算审查整合起来。很可能，等级提高的计划会在预算中得到回报。计划评估分级工具的优点显然有两个：第一，分数相对容易理解，因为它简单——仅有5类；第二，计划评估分级工具得分与表示计划战略、年度规划、管理和执行绩效的一系列变量成比例关系。所用数据由机构开发并报给管理与预算局，管理与预算局不为计划评估分级工具审查提供数据。因此，如果他们想，并能衡量和量化结果的话，计划想获得更高分是有很多机会的。然而，除了上面所提到的与评判可信度有关的不可避免的争议外，在大部分绩效分级系统中还易造成两个偏差。第一，一些计划的绩效结果（或产出）比其他更容易衡量和报告；第二，成功测评和预算决策之间的关系不确定。例如，如果计划解决了一些他们的主顾组织（威尔达夫斯基的"概念"）所面临的问题，预算是该增加还是减少呢？一方面，认为应对提高进行奖赏。但另一方面，如果主顾的需要已经满足了，这是否意味着计划需求减少而需要削减预算呢？

对部门和机构进行原本由管理与预算局分级的计划评估分级工具系统审查，有几种常见的批评（Jones，2003b）。计划评估分级工具的调查问卷需对大量关于绩效的问题做出"是"或"不是"的选择，有建议认为更好的系统是让部门或机构以大小列示其答案，如1（最低）到5（最高），大小数据比"是"/"不是"的回应更经得起分析。第二个批评关注的是管理与预算局界定分析单位的方式——以计划来替代部门或机构管理实体，由管理与预算局界定的计划不同于那些由部门和机构管理的计划（很多计划机构管辖权交叉），这使得做绩效报告更难。由此看来，计划评估分级工具和《政府绩效和结果法案》是不相容的。计划评估分级工具评估计划，而《政府绩效和结果法案》评估机构——这些实体由不同方式定义，这会给那些受评估者带来很多困惑。第三个批评是当管理与预算局对其问卷调查评估和希望的计划绩效改进提供一些反馈时，还需更多信息。而且，许多计划官员表示他们想搜集更多数据，但许多规则阻止他们这样做，包括《文书削减法》（Paperwork Reduction Act）的要求，管理与预算局坚持减少用于评估和报告大量各种数据要素。第四个批评是，计划人员报告了效率等级与预算决定间的反向关系现象，这比原来好多了但还不够丰富。

美国政府总主计长大卫·沃克给国会的证词、会计总署代表的评论，总检察长办公室和国会议员都指出制度性监测的重要性，包括国会委员会的关键监督。他们审查了管理与预算局对 2003 财年和 2004 财年预算计划执行和管理实践的评估。整个 2003 财年，包括美国总主计长在内的许多实体都慎重地支持政府的努力（Walker，2002）。

会计总署明确表示它已顺利审查了支撑计划评估分级工具和管理与预算局对相关部门和机构绩效评估的标准（Posner，2002）。就像在上文提到的那样，会计总署的克里斯托弗·米姆（Christopher Mihm）表示，在他看来，这种方法及其执行在方法上是合理的（Mihm，2002）。会计总署自 20 世纪 90 年代末到 2002 年对绩效管理的审查已得到支持（GAO，1996a，1997a，1998，1999b，2000a，2000b；Mihm，2002）。会计总署支持把绩效评估扩大到 2002 年所建议的范围，国会采用"绩效解决"流程来评估，并每年报告行政机构的进展情况（Posner，2002）。这种对绩效预算审查的支持（有别于大范围的绩效预算）可能变化，但显然国会中的每个人事实上都严肃地关注和回应布什政府管理与预算局对和预算相连的绩效评估和结果报告的行动。可以预料，国会和行政部门将会继续关注《政府绩效和结果法》的实施。

联邦预算流程崩溃了吗

为了在 2003～2004 年将布什政府的行动放到联邦预算的更大背景下，国会预算流程的观察者已表达了这样的观点：没有支出限额，没有到期的 1993 年《预算执行法》的其他限制，包括对公民权利性计划的"现收现付"，以控制非全

权预算账户的大量增加（大约占到每年联邦总支出的70%），包括社会保障和医疗，联邦预算流程已"崩溃"，需要改革（Joyce，2002；Meyers，2002）。大量证据显示联邦政府预算陷入困境，包括程序和本质。1998～2001年连续四年盈余后，联邦预算又重返赤字，2002财年赤字达到1600亿美元，2003财年达到近4800亿美元。2003年，国会通过了布什总统提请的额外减税计划，并在2003年增加了4750亿美元的医疗支出，这更加剧了未来赤字。

2003年年底，国会预算局预计年度预算赤字情况至少要持续至2013年。国会在2002年未能通过《预算决议》（国会的预算规划），1999年也曾遭遇失败——人们不禁要问是否真正需要《预算决议》。2002年10月1日财年开始前，国会在通过为2003年政府提供资金的13个常规拨款法案时都失败了。这还不算太不正常，2002年更引人注目的是在财年开始前由于拨款委员会的原因国会没有通过这些法案。然而，更糟糕的是自1985年《格拉姆-鲁德曼-霍林斯法案》第一次实行以来，国会中就预算是否应平衡从未有达成共识的迹象（Joyce，2002；Meyers，2002）。

这种在过去15年中建立并得到巩固的两党共识怎么消失得这么快呢？首先，尽管有很多复苏的信号，但美国经济自2003年中期开始持续衰退下滑。尽管联邦储备银行进行货币刺激以加速恢复，并使20世纪90年代的经济过热实现了"软着陆"，但经济低迷一直存在，经济放缓已急剧减少了2002财年的联邦收入。

2001年，基于上期盈余预测和坚信财政政策对经济复苏的必然推动，布什总统提议大幅减税计划并得到国会批准，该计划立即实行并持续至2010年。2003年，另一个3500亿美元的减税计划也被共和党控制的国会通过了。而且，2001年9月11日恐怖袭击后，在总统提请和国会的全力支持下，国防和安全上的支出急剧增加。反恐战争和伊拉克战后的成本支出继续受到行政部门、立法机构和美国公众的关注。国家支持所有必要支出以增加国内安全和打击全球恐怖主义，就像在阿富汗战争、伊拉克战争追加拨款批准时所显现的那样。2003年，国会出现了党派控制之分，共和党控制了众议院，而民主党在参议院占微弱多数，因此在2003年预算重点上更难取得共识。2004年总统选举前，选举政治的干扰使预算争论更为激烈。

参议院的民主党领导已经拒绝在2002年11月选举前推动2003财年预算。由于哪个党派都可能在国会选举中胜出，因此两边的政治家们都在选举前对该支出议案投票持怀疑态度。民主党认为2001年减税计划应被撤销，但没有足够的

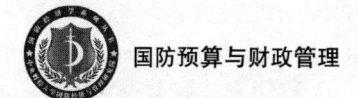

选票使该议题被认真考虑。2001 年或 2003 年选举之前，两党许多议员都不喜欢增税。因此，在这段时期，混乱和预算无作为占据了主导地位，近期的预算平衡共识也失去了。把一些规则引入联邦预算过程是必要的观点在财政政策顾问中很受欢迎，包括格林斯潘，他继续向国会建议应该重新设置支出上限（Greenspan, 2002；亦见 Joyce, 2002）。

布什政府继续对绩效和结果导向预算改革表现出浓厚兴趣，这个事实显然激起了讨论，预算流程中引入实施力度更大的改革，为支离破碎的预算流程注入迫切需要的规矩。政府部门预算在全权预算账户减少，是总统减少开支的可用工具。总统没有权力为国会创建支出上限，在缺少该上限时，为了转向预算平衡，总统可能会尽力减少预算，或增加税收。而布什政府在增加国防和国土安全支出的同时发起减税。2003 年政府的希望是经济会如 20 世纪 90 年代那样增长，从而减少赤字。国会预算局认为这种结果在中期看来是不可能的，在经济恢复期的增税或减税，以及在 2004 年选举前的反恐战争，对选举官员没有什么吸引力。

不能确定国会和总统在长期如何控制支出。国会是否将投入更多力量用于预算的绩效审查也未可知，短期看来不可能，因为国会近期不可能像它假设的那样控制过程。尽管会计总署建议国会采用绩效决议（Posner, 2002），但国会既没有意愿也没有机制性能力在预算中使用绩效评估。拨款委员会回避该方法，因为他们认为这会减少他们在支出中的自主性。只有少数国会议员希望像所看到的绩效预算那样"按照公式进行预算"。

国会是否会按照 1993 年《政府绩效和结果法案》进一步实施绩效评估和管理、战略规划和预算，同样不确定。你可能会问国会采纳或忽略绩效预算与绩效审查之间有多大差别？从某种程度上说，20 世纪 50 年代及之前，绩效评估就已经常被国会用于预算审查和成法。大量的绩效替代评估被引入行政部门计划的联邦预算，事实上所有部门，从国家林务局、土地管理局到国防部等都在用。通过使用不变美元准则，如威尔达夫斯基在很多年前解释的那样，国会中绩效预算的复杂性有所减少。我们还能期望国会做得更多吗？谁知道呢？问题是关于行政部门的预算改革和国会预算并没有太大关系。

行政部门可以采用它认为合适和有用的改革类型，这其实并不新鲜。第二次世界大战后的大多数主要预算改革都在行政部门中制定和实施，例如，20 世纪 50 年代的计划预算，60 年代的规划－计划－预算系统（PPBS），70 年代的按目标管理、按目标预算以及零基预算，80 年代早期的"自上而下"（TOP-DOWN）

12　国防、联邦政府预算和管理改革：历史、转型及未来

预算，20世纪80年代中期和90年代通过1985年《格拉姆－鲁德曼－霍林斯反赤字法》、《预算实施法》和其他相近法案后的固定上限预算，以及2000年后的绩效/结果导向预算。尽管可能会认为《政府绩效和结果法案》是国会的行动，但其执行和实施却受总统管理与预算局控制。

当前在国防部，正在制定一系列倡议来评估绩效和结果与产出的校准成本。这些工作的绩效导向与在美国联邦政府其他部门、地方政府和其他国家所尝试的一致（关于绩效评估与管理，见Behn，2003）。然而，正如第10章中提到的那样，除非国防部账户的数据变得更可靠、系统可用性更强，否则，想要完成结合产出评估的准确成本分析，也是很难的。

国会监督委员会、会计总署、管理与预算局以及审计机构也许会批评国防部缺少绩效评估和准确的成本分析，但建立各类评估和分析方法需要许多年才能完成。当然，在某种程度上仍有理由乐观，因为国防部是非常庞大、非常复杂的组织，许多创新在悄无声息中进行。然而，除非国防部领导认为遵从《政府绩效和结果法案》及类似的国会和管理与预算局的行动要求是重要的（除了使用《四年防务审查》满足《政府绩效和结果法案》的要求），否则就不会优先考虑绩效评估和管理。

在商业世界，创新由市场力量驱动。私人公司在绩效管理系统上进行投资，因为相信它最终会在他们的盈亏总额中反映出来。对国防部，没有此类创新的市场力量存在。因此，国防部领导层必须意识到绩效管理是值得的，从而可以实施。领导指望但仅敦促重设会计系统和重构评估系统，却不向此类努力投入资金，就不会带来实际结果。

因为国防部和美国联邦政府鼓励绩效管理，许多在美国和世界其他地方应用的预算类型和预算流程就可能在美国政府行政部门中应用，以实现绩效/结果导向。在英国，预算以3年为期成法，并使用绩效评估两年一审查（Jones，2001a）。在澳大利亚，使用5年期的预算法律和审查，包括产出评估和审查。相似过程也在新西兰、瑞典、其他欧洲国家和其他地方运行（Carlin & Guthrie，2001，89～100；Guthrie，Olson & Humphrey，1999，209～228；Guthrie，Olson，Humphrey & Jones，2004；Jones & Steane，2000，1～26；Olson，Guthrie & Humphrey，1998；Pallot，1998，156～184；Wanna et al.，2003）。布什政府比以往任何一届政府都更重视绩效预算审查，可能在管理与预算局的指导下，正在酝酿更多行政部门的预算改革。

对改革和预算授权，艾琳·鲁宾（Irene Rubin）和其他人忠告：最重要的是看政府做什么，而不是他们说什么（Jones，2002b）。另外，如鲍克阿尔特（Bouckaert）、波利特（Pollitt，2000）和其他人所说，政府光说不做——因为这经常发生。这显然是常事，而非例外。然而，2004年，布什政府和管理与预算局似乎说到做到。由于很明显的理由，政府的政治对手很难接受这个事实。毕竟，几乎所有政府行动都牵涉"政治"，美国两党之间政策重点和喜好是不同的。事实上，政治喜好的优先性影响到热情或不热情，因为布什政府的绩效预算改革本应无可异议地实施。政府内的程序改革也很少是政治中性的。如果你相信（改革是政治中性的），就只能说明你在政治上还是个可怜的"学生"，实际上所有的程序改革都会产生赢家和输家（McCaffery & Jones，2001，333；Wildavsky，1961，183~190）。预算和所有类型的管理改革都涉及政治优先权的实施，而这些在取悦一些人的同时又会使另一些人失望，这就是联邦政府和国防部改革的情况。民主社会就是这样，不能指望有另外的情形。

小结：预算改革的未来

为什么美国联邦政府在实施以绩效为基础的预算和管理方面落后于世界上其他国家呢？新西兰、澳大利亚、瑞典、瑞士和英国以及其他国家将相似的绩效评估应用到预算中已有数十年的历史（参见如Wanna et al.，2003）。对该问题的第一个回答是许多美国预算流程的参与者和批评者都不认为绩效预算与会计能与美国预算立法过程调和一致。有些人甚至宣称，它们只能在威斯敏斯特模式中央集权制政府中运用，尽管该主张与瑞士、瑞典和其他国家成功实施的例子相左。

虽然承认绩效预算和会计与国会预算过程的调和性并非那么容易（见Anthony，2002），我们并不认为他们一定是不相容的。如果运行的是多年预算，那么就要以部门和机构前一年所得到的基数为基础进行资金安排，也就是近几年大部分联邦预算所做的那样。但在1年周期中，预算可能与国会拨款者和授权者所喜好的任何绩效标准相联系。好的绩效会收到回报，不好的绩效会受到制裁——也如最近所做的这样。部门和机构会从更可预期的税收基数中获益，这种稳定会给民众提供更好的服务，国会拨款者不会在这种改革中失去对预算的影响力。

绩效预算下的资本预算最好能在运营预算之外单独准备和审查，如国防部许

12 国防、联邦政府预算和管理改革：历史、转型及未来

多资本预算账户的情况那样。然而，最好的资本预算过程应在开放和连续的多年期而不是年度周期内分配经费，对部门需求、管理与预算局和国会的正当需求做出及时反应。

劝说国会议员放弃每年的"政治分肥"机会去推动有利于更稳固、长期资源配置方法并不容易，因为议员们通过年度预算过程，对忠诚者进行回报，在一些情况下，回报嗷嗷待哺的选民。或许参议院更可能接受多年份拨款，因为参议院选举每6年进行一次，经常多次当选。另一方面，众议员2年一选，这意味着他们只有很短的时间为支持者提供利益。因此很清楚，多年预算很难在众议院"兜售"。然而，众议员并不面临任期限制（参议员也没有），而且大多数人都重新当选了好多次。因为众议员重新当选率很大，国会下议院的预算事务有较好的连续性。众议员也许会认为高比例的重新当选部分归功于议员的能力，体现为对计划和预算结果回应迅速。但这些并没有减轻在预算中对使用绩效评估的反对。事实上，对需求的回应似乎支持预算的结果导向，任期长短仅与阻碍或接纳长期或连续预算有关。我们可以得出结论，国会在其预算过程中的所做所为（相对其在拨款和伴随报告中的实质作为）几乎没有对行政部门和机构的绩效会计、预算或管理起作用。

与最近管理与预算局一定程度成功的做法相比，国会《政府绩效和结果法案》的实施，并没有什么有意义的成果出现，似乎支持了该结论。如本书解释，国会预算过程更关心谁得到了什么，更少关心政府绩效效率或结果。国会议员确实想要结果——他们在预算中的作为都直接与获得某些高度具体的结果有关。然而，有时希望通过预算实现特定结果与民主决策中的透明、参与的价值观念相冲突。如果这是真的，那谁会在意、识别和评测结果呢？

国防部在21世纪头十多年里所面对的财政管理和预算挑战令人望而生畏。预计国防部会在未来5~10年中继续遵从《首席财务官法案》和《政府绩效与结果法案》，获取国防部账户清晰的审查意见仅是遵从《首席财务官法案》的开始。正如《政府绩效和结果法案》中所指出的，预算和管理转向更多绩效导向本身很复杂。然而，作为商业转型的一部分，国防部已在防务组织大量范围内采用绩效评估和管理、基准（预算）、平衡计分卡、成本价值最大化、企业资源规划（ERP）以及各种形式的其他改革。在本书写作时，所有这些都在实施中。国土安全部的建立增加了国防部和军种建立工作关系网的责任。不仅如此，2003年5月国防部宣布的规划－计划－预算－执行系统（PPBES）和国防部的其他转

— 391 —

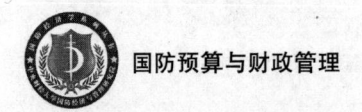

型变革带来了挑战。正如我们已注意到的，军种部门正在实施规划－计划－预算－执行系统（PPBES）变革。然而，即使转型继续得到总统、国会以及国防部长的支持，该过程仍需许多年才能成形。在这个问题上，所有观察者所能做的，就是尽量跟上变革，在实施过程中问题随出现随解决。

附录：缩略语

ACAT：Acquisition Category　　　　　　　采办分类
ADM：Acquisition Decision Memorandum　　《采办决定备忘录》
AOR：Area of Responsibility　　　　　　　责任区
APB：Acquisition Program Baseline　　　　采办计划基线
APN：Aircraft Procurement Navy　　　　　海军战机采购
ASD：(SO/LIC) Assistant Secretary of Defence for Special Operations and Low Intensity Conflict　　负责特种作战和低烈度冲突的助理国防部长
ASN（R&D）：Assistant Secretary of the Navy for Research, Development and Acquisition　　负责研究、开发与采办的助理海军部长
ATN：Alliance Test Network　　　　　　　联盟测试网络
BA：Budget Authority　　　　　　　　　预算授权
BAH：Basic Allowance for Housing　　　　房屋基本津贴
BAM：Baseline Assessment Memorandum　　基本评估备忘录
BCP：Budget Change Proposal　　　　　　预算变更提案
BES：Budget Estimate Submission　　　　　预算估计递呈
BGM：Budget Guidance Memorandum　　　预算指导备忘录
BOR：Budget OPTAR Report　　　　　　预算运行目标报告
BOS：Base Operating Support　　　　　　基地作战支持
BR：Concurrent Resolution on the Budget　　共同预算决议
BRAC：Base Reorganization and Closure Committee　　基地重组与关闭委员会
BSO：Budget Submitting Office　　　　　　预算递交办公室
C4I：Command, Control, Communications, Computers and Intelligence　　指挥、控制、通信、计算机和情报
CAD：Computer-Aided Design　　　　　　计算机辅助设计

国防预算与财政管理

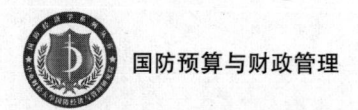

CAE：Component Acquisition Executive	组件采办主管
CAIG：Cost Assessment Improvement Group	成本评估改进小组
CAIV：Cost as an Independent Variable	以费用/成本作为自变量
CAP：Critical Acquisition Position Description	关键采办职位描述
CBO：Congressional Budget Office	国会预算局
CCR：Concurrent Resolution on the Budget（also CBR，BR）	共同预算决议（亦写为 CBR 或 BR）
CEB：CNO Executive Review Board	海军作战部长执行审查委员会
CENTCOM：Commander in Chief，Central Command	中央司令部司令
CFE：Commercial Furnished Equipment	商业供应装备
CFFC：Commander Fleet Forces Command	舰队司令部司令
CINC：Commander in Chief	总司令
CIVPERS：Civilian Personnel	文职人员
CLF：Commander, U. S. Atlantic Fleet	美国大西洋舰队司令
Clinger-Cohen Act of 1996：Information Technology Reform Act of 1996	1996 年《克林格－科恩法案》（《信息技术改革法案》）
CNDI：Commercial or Non-developmental Items	商业或非开发项
CNO：Chief of Naval Operations	海军作战部长
COMNAVAIRPAC：Commander Naval Air Forces Pacific	太平洋舰队海军航空部队司令
COMNAVSUBPA：Commander Naval Submarine Forces Pacific	太平洋舰队海军潜艇部队司令
COMNAVSURFPAC：Commander Naval Surface Forces Pacific	太平洋舰队水面舰艇部队司令
COMOPTEVFOR：Commander, Operational Test and Evaluation Force	作战测试与评估部队司令
COTS：Commercial off the Shelf	商用现货
CP：Capability Plan	能力规划
CPA：Chairman's（of the Joint Chiefs）Program Assessment	（参谋长联席会议）主席计划评估
CPAM：CNO Program Assessment Memorandum	海军作战部长计划评估备忘录
CPF：Commander, U. S. Pacific Fleet	美国太平洋舰队司令
CPR：Chairman's（of the Joint Chiefs）Program Recommendation	（参谋长联席会议）主席计划建议
CRA：Continuing Resolution Appropriation	《延续拨款决议》
CVN 68：NMITZ Class Nuclear-Powered Aircraft Carrier	尼米兹级核动力航空母舰
DAB：Defense Acquisition Board	国防采办委员会
DDG 51：Arleigh Burke Class Aegis Destroyer	阿利伯克级宙斯盾驱逐舰
DFAS：Defense Finance and Accounting Service	国防财务会计服务局
DIT：Design Integration Test	设计集成测试

附录：缩略语

DOD：Department of Defense		国防部
DoDD：Department of Defense Directive		国防部指令
DODIG：Department of Defense Inspector General		国防部总检察长
DON：Department of Navy		海军部
DPG：Defense Planning Guidance		防务规划指南
DUSD：Deputy Under Secretary of Defense		国防部副部长帮办
DW：Defense-Wide		国防直属
EA：Executive Agent		执行机构
EMD：Engineering, Manufacturing, and Development Phase		工程、制造和开发阶段
ESPC：Energy Savings Performance Contracts		节能绩效合同
EUSA：Eighth United States Army		美国陆军第八集团军
FAD：Funding Authorization Document		资金授权文件
FARA：Federal Acquisition Reform Act of 1996		1996年《联邦采办改革法案》
FASA：Federal Acquisition Streamlining Act of 1994		1994年《联邦采办精简法案》
FASAB：Federal Accounting Standards Advisory Board		联邦会计准则咨询委员会
FFMIA：Federal Finance Management Improvement Act		联邦财务管理改进法案
FHCR：Flying Hour Cost Report		飞行小时费用报告
FHMP：Family Housing Master Plan		家庭住房总体规划
FHP：Flying Hour Program		飞行小时计划
FHPS：Flying Hour Projection System		飞行小时预测系统
FMB：Navy Budget Office		海军预算办公室
FMB：Director, Navy Budget Office		海军预算办公室主任
FO：Flying Hours Other		额外飞行小时
FP：Force Protection		军力保护
FY：Fiscal Year		财年
FYDP：Future Years Defense Plan		未来年防务规划
GAO：General Accounting Office		会计总署
GFE：Government Furnished Equipment		政府供应设备
GPRA：Government Performance and Results Act		政府绩效与结果法案
HAC：House Appropriations Committee		众议院拨款委员会
HASC：House Armed Services Committee		众议院军事委员会
HQ：Headquarters		总部
H.R.：House Resolution		众议院决议
IA&I：Industrial Affairs and Installations		工业事务与设施

国防预算与财政管理

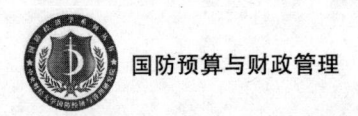

IDTC: Inter-Deployment Training Cycle　　　　部署间隙训练周期
IG: Inspector General　　　　总检察长
IMD: International Institute for Management Development　　　　管理开发国际研究所
IPDE: Integrated Product Data Environment　　　　一体化产品数据环境
IPPD: Integrated Product and Process Development　　　　一体化产品与过程开发
IPT: Integrated Process Team　　　　一体化过程小组
ISPP: Integrated Sponsor Program Proposal　　　　一体化资助人计划建议书
IT: Information Technology　　　　信息技术
IWAR: Integrated Warfare Architecture　　　　一体化作战架构
JCS: Joint Chiefs of Staff　　　　参谋长联席会议
JP: Joint Publication　　　　联合出版
JROC: Joint Requirements (of JCS) Oversight Committee　　　　(参联会)联合需求监督委员会
JSF: Joint Strike Fighter　　　　联合攻击战斗机
LAN: Local Area Network　　　　局域网
LBTE: Design Integration in a Land-Based Test Environment　　　　陆基测试环境下的设计集成
LPD 17: Marine amphibious ship used for embarking, transporting, and supporting troops　　　　用于搭载、运输和支持部队的海军陆战队两栖攻击舰
LRIP: Low Rate Initial Production　　　　小批量试产
MDA: Milestone Decision Authority　　　　里程碑决定机构
MDAP: Major Defense Acquisition Program　　　　主防务采办计划
MEB: Marine Expeditionary Brigade　　　　海军陆战队远征旅
MFP: Major Force Program　　　　主军力计划
MHPI: Military Housing Privatization Initiative　　　　军队住房私有化行动
MILCON: Military Construction　　　　军队建设
MILPER: Military Personnel　　　　军队人事
MIPR: Military Interdepartmental Purchase Request　　　　军种跨部门购买提请
MOCAS: Mechanization of Contract Administration Services　　　　机械化合同管理局
MOU: Memorandum of Understanding　　　　谅解备忘录
MS: Milestone　　　　里程碑
MSA: Master Settlement Agreement　　　　大和解协议
MUHIF: Military Unaccompanied Housing Improvement Fund　　　　单身军人住房改善基金
MWR: Morale, Welfare and Recreation　　　　士气、福利与娱乐
NAVAIR: Naval Aviation Systems Command　　　　海军航空系统司令部
NAVSEA: Naval Sea Systems Command　　　　海军海上系统司令部

附录：缩略语

NDI：Non-developmental Item	非开发项
NHBS：Naval Headquarter Budgeting System	海军总部预算系统
NMCI：Navy and Marine Corps Intranet	海军和海军陆战队局域网
NMS：National Military Strategy Document（NMS/NMSD）	国家军事战略文件
NOR：Net Offsetting Receipt-collections from the public	净抵消收入—取之于民
NO：Number	第
NSS：Nation Security Strategy	国家安全战略
OAC：Operating Agency Code	运营机构代码
O&M：Operations and Maintenance	作战和维持
O&S：Operation and Support Costs	作战和保障费用
OBAD：Operating Budget Activity Document	运营预算活动文件
Obligation：legal, set-aside funds for a future payment, as in letting a contract	赋权
ODC（P/B）：Office of the Deputy Comptroller（Program、Budget）	（计划/预算）副主计长办公室
OFPP：Office for Federal Procurement Policy	联邦采购政策办公室
OGA：Other Government Activity	其他政府活动
OMB：Office of Management and Budget	管理与预算局
OPNAV：Office of the Chief of Naval Operations	海军作战部长办公室
OPTEMPO：Operational Tempo	作战节奏
ORD：Operational Requirements Document	作战需求文件
OSD：Office of the Secretary of Defense	国防部长办公厅
Outlay：An expenditure or liquidation of obligations	赋权支出或清算
PACFLT：U. S. Pacific Fleet	美国太平洋舰队
PACOM：U. S. Pacific Command	美国太平洋司令部
PBAS：Program Budget and Accounting System	计划预算与会计系统
PBCG：Program Budget Coordination Group	计划预算协调小组
PBD：Program Budget Decision	计划预算决定
PCP：Program Change Proposal	计划变更提案
PDM：Program Decision Memorandum	计划决定备忘录
PDRR：Program Definition and Risk Reduction	计划定义与风险降低
PE：Program Element	计划要素
P. L.：Public Law	公法
PM：Program Manager	计划主管

国防预算与财政管理

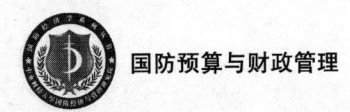

POM：Program Objective Memorandum　　　　　　计划目标备忘录
PPBS：Planning, Programming and Budgeting System　　规划－计划－预算系统
PPBES：Planning, Programming, Budgeting and　　规划－计划－预算－执行系统
　　Execution System
PR：Program Review　　　　　　　　　　　　　计划审查
PRESBUD：President's Budget　　　　　　　　　总统预算
QDR：Quadrennial Defense Review　　　　　　　四年防务审查
R3B：Resource Requirements Review Board　　　　资源需求审查委员会
RBA：Revolution in Business Affairs　　　　　　商业革命
Reappropriations-Extending previously appropriated funds　延长拨款
RDT&E：Research, Development, Training, and Engineering　研究、开发、训练与工程
Rescissions-Canceling new Budget Authority or　　取消新预算授权或未赋权余额
　　Unobligated Balances
RMA：Revolution in Military Affairs　　　　　　军事革命
ROE：Return-on-Equity　　　　　　　　　　　　股本收益率
SAC：Senate Appropriations Committee　　　　　参议院拨款委员会
SASC：Senate Armed Services Committee　　　　参议院军事委员会
SECDEF：Secretary of the Defense　　　　　　　国防部长
SECNAV：Secretary of the Navy　　　　　　　　海军部长
SGL：Standard General Ledger　　　　　　　　　标准总分类账
SLAN：Secure Local Area Network　　　　　　　安全局域网
SO：Special Operations　　　　　　　　　　　　特种作战
SOC：Special Operations Command　　　　　　　特种作战司令部
SOF：Special Operations Forces　　　　　　　　特种作战部队
SPI：Single Process Initiative　　　　　　　　　单一进程倡议
SPP：Sponsor Program Proposal　　　　　　　　资助计划方案
SPS：Standard Acquisition System　　　　　　　标准采办系统
SRM：Sustainment, Restoration and Maintenance　　维持、恢复和维护
SSBN：Strategic Ballistic Missile Submarine　　　战略导弹核潜艇
SSGN：Tomahawk Launch Capable Converted Strategic　具备战斧式导弹发射能力的战略
　　Ballistic Missile Submarine　　　　　　　　　　导弹核潜艇
Sub-unified：Subordinate Unified　　　　　　　次级联合
TOA：Total Obligational Authority Value of the direct defense　总预算授权
　　program in a given year from this year and previous year

TOC：Total Ownership Costs　　　　　　　　总持有成本
T-POM：Tentative Program Objective Memorandum　　临时计划目标备忘录
TSOC：Theater Special Operations Command　　战区特种作战司令部
TSP：Thrift Savings Plan　　　　　　　　节俭储蓄规划
TYCOM：Type Commander　　　　　　　功能司令部司令
UFR：Unfunded Requirement　　　　　未资助需求
UMD：Unmatched Disbursement：payment that cannot　　不正当拨付
　be matched to an existing obligation
USARSO：United States Army South　　美国南方集团军
USC：United States Code　　　　　　　美国法典
USCENTCOM：United States Central Command　　美国中央司令部
USCINCSOC：Commander in chief, United States　　美国特种作战司令部司令
　Special Operations Command
USD（AT&L）：Under Secretary of Defense for　　负责采办、技术与后勤的
　Acquisition, Technology, and Logistics　　　　国防部副部长
USD（C）：Under Secretary of Defense（Comptroller）　　国防部副部长（主计长）
USEUCOM：United States European Command　　美国欧洲司令部
USFK：United States Forces Korea　　美国驻韩部队
USJFCOM：United States Joint Forces Command　　美国联合部队司令部
USNORTHCOM：U.S. Northern Command　　美国北方司令部
USPACFLT：United States Pacific Fleet　　美国太平洋舰队
USPACOM：United States Pacific Command　　美国太平洋司令部
USSOCOM：United States Special Operational Command　　美国特种作战司令部
USSOUTHCOM：United States Southern Command　　美国南方司令部

参考文献

Adelman, K. & Augustine, N., 1990. *The Defense Revolution: Strategy for the Brave New World*. San Francisco: Institute for Contemporary Studies Press.

Aerospace Daily, 2001. Washington, DC, AD 54, p. 4.

Aerospace Daily, 2002. Washington, DC, AD 55, p. 10.

Ahearn, Dave, 2002. Lawmakers Seek More Funds for Ships; CBO Outlines Cuts. *Navy News Week*, 23(13), 31.

Anthony, Robert N., 2002. Federal Accounting Standards Have Failed. *International Public Management Journal*, 5(3), 297 – 312.

Armed Forces Management, 1969. Mel Laird: Coach, Quarterback, or Both? *Armed Forces Management*, p. 34.

Art, Robert, 1985. Congress and the Defense Budget: Enhancing Policy Oversight. *Political Science Quarterly*, 100(2), 227 – 248.

Augustine, Norman, 1982. *Augustine's Laws*. New York: American Institute of Aeronautics and Astronautics.

Bath Iron Works, 2001. *An Overview: DDG51 1998 – 2001*. www.gdbiw.com/company_overview/shipbuilding/lpd17/default.htm.

Bath Iron Works, 2001. *Overview: LPD171998 – 2001*. www.gdbiw.com/company_overview/shipbuilding/lpd17/default.htm.

Behn, Robert D., 2003. Why Measure Performance? Different Purposes Require Different Measures. *Public Administration Review*, 63(5), 586 – 606.

Bendorf, Craig, 2002. *Can the Current Acquisition Process Meet Operational Needs?* Maxwell Air Force Base, AL: Air War College, Air University.

Bloom, Thomas R., 2003. Statement by the Director, Defense Finance and Accounting Service to the Subcommittee on National Security, Emerging Threats, and International Relations of the House Government Reform Committee, U. S. House of Representatives, March 31.

Bouckaert, Gert and Christopher Pollitt, 2000. *Public Management Reform: A Comparative Analysis*. Oxford, UK: Oxford University Press.

Boutelle, JoAnn, 2002. Hearing of the Subcommittee on National Security, Veteran's Affairs and International Relations of the House Government Reform Committee, U. S. House of Representatives, June 25.

Boutelle, JoAnn, 2003. Testimony by the Director of Commercial Pay Services, Defense Finance and Accounting Service, to the Subcommittee on National Security, Emerging Threats, and International Relations of the House Government Reform Committee, U. S. House of Representatives, March 31.

Bowsher, Charles, 1994. Testimony by the U. S. Comptroller General to the Senate Governmental Affairs Committee, U. S. Senate, April 12.

Brunsson, N. ,1989. *The Organization of Hypocrisy-Talk, Decisions and Actions in Organizations*. New York: Wiley.

Bryce, Douglas, 2002. *Joint Service Lightweight Technology Suits-JLIST*. Testimony by the Program Manager, Nuclear, Biological and Chemical Defense Systems, Marine Corps System Command to the Subcommittee on National Security, Veterans Affairs, and International Relations of the House Government Reform Committee, U. S. House of Representatives, June 25.

Budget of the United States FY2004, 2003. Historical Tables. Washington, DC: Government Printing Office, Tables 1. 2: (23), 3. 1 (44 −45), 6. 1 (109 −115).

Buell, Richard C. ,2002, March. *An Analysis of Improvisational Budgeting from Calendar Year1990 to1999* . Master's thesis, Naval Postgraduate School, Monterey, CA.

Burkhead, Jesse, 1959. *Government Budgeting*. New York: Wiley.

Burlingham, D. M. ,2001. Resource Allocation: A Practical Example. *Marine Corps Gazette*, 85, 60 −64.

Business Management Modernization Program (BMMP), 2003. *DOD Response to P. L. 107 −314, National Defense Authorization Act for FY2003*, Transition Plan [Online]. Washington, DC: Department of Defense. www. dod. mil/comptroller/bmmp.

Business Management Modernization Program (BMMP), 2003, May. *Organizational Readiness Assessment, Table2. 1 , and Organizational Readiness Summary of Raw Data* www. dod. mil/comptroller/bmmp.

Carlin, Tyrone and James Guthrie, 2001. Lessons From Australian and New Zealand Experiences with Accrual and Output-Based Budgeting. In Lawrence R. Jones, James Guthrie and Peter Steane, eds. ,*Learning From International Public Management Reform*. New York: Elsevier Press, pp. 89 −100.

Caudle, Sharon, 2003. Implications in Establishing the Department of Homeland Security. *PA Times*, 26(5), 22.

Cheney, Eric D. ,2002. Analysis of the Anti-Deficiency Act in the Department of the Navy. Master's thesis, Naval Postgraduate School, Monterey, CA.

参考文献

Chiarelli, Peter W. ,1993. Beyond Goldwater-Nichols. *Joint Forces Quarterly*, pp. 71 – 81. http://www. dtic. mil/doctrine/jel/jfq_pubs/index. htm.

Chief of Naval Operations,2002a. *Chairman's Program Recommendation* [Online]. Available at: http://cno – n6. hq. navy. mil/ n6e/ppbs/ppbsprocess/planning/cpr. htm.

Chief of Naval Operation, 2002b. *N6E Analysis of Alternatives*. Washington, DC: U. S. Navy.

Chief of Naval Operations, 2002c. *Summer Review and POM/PR Issue Papers*. http://cno-n6. hq. navy. mil/n6e/ppbs/ppbsprocess/programming/sumrevw&pomprispprs. htm.

Chief of Naval Operations, 2002d. *OPNAV Notice5400* . Standard Naval Distribution List. Washington, DC: Department of the Navy.

Chief of Naval Operations, 2002e. *Chairman's Program Assessment*. http://cnon6. hq . navy. mil/N6E/PPBS/ppbsprocess/Programming/ChrmnsPrgrmAssmnt. htm.

Chief of Naval Operations, 2002f. *Joint Planning Document*. http://cno-n6. hq. navy. mil/N6E/PPBS/ppbsprocess/planning/jpd. htm.

Chief Financial Officer (CFO) Act, 1990. Public Law 101 – 576. www. gao. gov/policy/ 12_19_4. pdf.

Citizens Against Government Waste, 2002. *Pigbook2002* . Washington, DC. www. cagw. org.

Clinger-Cohen Act, 1996. Information Technology Management Reform Act, Public Law 104 – 106, U. S. Congress.

Congressional Budget Office, 1997. *Reducing the Deficit: Spending and Revenue Options*. http://www. fas. org/man/congress/1997/cbo_deficit/def07. htm.

Congressional Budget Office, 1999. *Emergency Funding Under the Budget Enforcement Act: An Update*. Washington, DC: Author.

Congressional Budget Office, 2001. *Supplemental Appropriations in the 1990 s*. Washington, DC: CBO. www. cbo. gov.

Congressional Budget Office, 2003. *The Long Term Implications of Defense Plans*. Exhibit 2. 2, p. 18. Washington, DC: CBO.

Congressional Quarterly Almanac (CQA), 1975 – 2001. Washington, DC: CQ.

Congressional Quarterly Almanac (CQA), 1990 – 1999. Lifecycle Costs. Washington, DC: CQ.

Congressional Quarterly Weekly (CQW), 1998. Washington, DC: CQ.

Congressional Record, 1997. S11817 – 8, November 6.

Coyle, John, 2002. Testimony by the representative from the Center for Supply Chain Research, Department of Business Logistics, Pennsylvania State University, to the Subcommittee on National Security, Veterans Affairs, and International Relations of the House Government Reform Committee, U. S. House of Representatives, June 25.

Daggett, Stephen and Belasco, Amy, 2002. *The Defense Budget for FY 2003*: Data Summary. Washington, DC: Congressional Research Service.

Daniels, Mitchell, 2001. A-11 Transmittal Letter from the Director of OMB to Agencies. Washington, DC: OMB, February 14.

Daniels, Mitchell, 2002. Testimony to the Senate Armed Services Committee, U. S. Senate, February 5.

Davis, Jo Anne, 2002. Statement to the House Defense Appropriations Subcommittee, U. S. House of Representatives, May 23.

Defense Daily International, 2002. Untitled, 3(14), p. 23.

Defense Daily International, 2002. Untitled, 3(15), p. 12.

Defense Daily International, 2002. Untitled, 2(13), p. 53.

Defense Finance and Accounting Service, n. d. *Overview*. www. dfas. mil.

Defense Link, 2002. *Navy Announces DDG 51 Multiyear Contract*, 470 - 402. September. http://www. defenselink. mil/news/Sep2002/b09132002_bt470 - 02. html.

Department of the Air Force, 2002a. *Budget Process*, Deputy Assistant Secretary (Budget) November. http://www. saffm. hq. af. mil.

Department of the Air Force, 2002b. *The Planning, Programming, and Budgeting System and the Air Force Corporate Structure Primer*. November. http://www. saffm. hq. af. mil.

Department of the Army, 2002. *Budget Process*, Deputy Assistant Secretary of the Army, Budget Office. http://www. asafm. army. mil/budget/budget. asp.

Department of Defense, 1998. *The Road Ahead*: Accelerating the Transformation of Department of Defense Acquisition and Logistics Processes and Practices for FY98. Washington, DC: DOD.

Department of Defense, 1999. *Thirty Second Annual Department of Defense Cost Analysis Symposium*. http://www. ra. pae. osd. mil/adodcas/slides/lpd_17. pdf.

Department of Defense, 2000. *Defense Acquisition Regulations*: DOD 5002. 2 R. Washington, DC: DOD.

Department of Defense, 2002a. *Defense Acquisition Regulations*: Part 217. Washington, DC: DOD.

Department of Defense, 2002b. *Critical Acquisition Position Description, and DAC Qualification Requirements*. Washington, DC: DOD.

Department of Defense, 2003a. *Transformation Planning Guidance*. Washington, DC: DOD, April.

Department of Defense, 2003b. *News Release, Office of the Secretary of Defense*, 353 - 403. Washington, DC: DOD, May 22.

Department of Defense, 2003c. Greenbook: 2003: *National Defense Budget Estimates for FY 2004*,

Office of the Principal Deputy Under Secretary of Defense (Comptroller). Washington, DC: DOD. www. dod. mil/comptroller/defbudget/fy2004.

Department of Defense, 2003d. *Financial Management Modernization Program: Transition Plan Strategy Version 2. 1*, Program Management Office. Washington, DC: DOD, March.

Department of Defense, 2003e. *Procurement Programs P – 1: DOD Component Summary*. Washington, DC: DOD, February. http://www. dtic. mil/comptroller.

Department of Energy, 1996. *Budget Execution Manual: Legal Bases for Budget Execution*, DOEM 135. 1 – 1. Washington, DC: Office of the Chief Financial Officer, Budget Execution Branch, CR – 131.

Department of the Navy, 1998. *Financial Guidebook for Commanding Officers*, NAVSO, P – 3582: IV – 1. Washington, DC: DON.

Department of the Navy, 2001, December. *Budget Highlight Book*, Office of Budget. Washington, DC: DON.

Department of the Navy, 2002a. *Operation and Maintenance, Navy BSS4 Base Support, FY 2003 Budget Estimate Submission*, Exhibit OP – 5. http://navweb. secnav. navy. mil/pubbud/03pres/db_u. htm.

Department of the Navy, 2002b. *Special Acquisition Considerations*, Office of Budget. http://www. navweb. secnav. navy. mil.

Department of the Navy, 2002c. *Budget Highlights Book*, Office of Budget. Washington, DC: DON, February.

Department of the Navy, 2002d. "Department of the Navy Budget Guidance Manual", Chapters 3 and 61, http://dbweb. secnav. navy. mil/guidance/bgm/bgm_frame_u. html.

Department of the Navy Budget Office, 2003a. *FY03 Program Budget Decision 130*. Washington, DC: DON.

Department of the Navy Budget Office. 2003b. *FY03 Program Budget Decision 721 – Reduction in Total Ownership Costs Initiatives*. Washington, DC: DON.

Department of the Navy, 2003c. *Exhibit: From National Security Strategy to Budget Execution, PPBES Briefing Materials*. Washington, DC: DON.

Department of the Treasury, 2002. *Financial Report of the U. S. Government 2001*. Washington, DC: DOT.

Douglas, John, 2002. *Statement on Defensive Acquisition Spending*, AEROSPACE Industries Association. Washington, DC: AIA.

Doyle, Richard and McCaffery, Jerry L. ,1991. The Budget Enforcement Act of 1990—The Path to No-Fault Budgeting. *Public Budgeting and Finance*, 20(2), 25 – 41.

Doyle, Richard and McCaffery, Jerry L. ,1992. The Budget Enforcement Act After One Year. *Public Budgeting and Finance*, 21(2), 3 – 22.

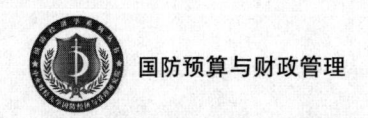

Duma, David, 2001. *A Cost Estimation Model for CNAP TACAIR Aviation Depot Level Repair Costs*. Master's thesis, Naval Postgraduate School, Monterey, CA.

Deputy Assistant Secretary of the Army, 2002. *Budget Office of the Army*. http://www.asafm.army.mil/budget/budget.asp.

Farrell, Larry D., 2002. *Statement by the President of the National Defense Industries Association*. Washington, DC: NDIA.

Federal Acquisition Regulations, 2000. Washington, DC: U. S. Government Printing Office. *Federal Register*, September 1996. p. 27.

Feinstein, Diane, 2003. *Senator Feinstein's Votes: Defense, News From Senator Diane Feinstein of California*. September. http://feinstein.senate.gov/votes/defense.htm.

Feltes, Lorentz A., 1976. January-February. Planning, Programming, and Budgeting: A Search for a Management Philosopher's Stone. *Air University Review*. www.airpower.maxwell.af.mil/airchronicles/aureview/1976/jan-feb/feltes.html.

Friedman, Stephen, 2001. *Transforming Department of Defense Financial Management-A Strategy for Change, Report to the Secretary of Defense* April 13. www.dod.mil/news/jul2001/d20010710finmngt.pdf.

Friedman, Stephen, 2002. Testimony to the Subcommittee on National Security, Veterans Affairs, and International Relations of the House Government Reform Committee, U. S. House of Representatives, June 4.

Fox, Ronald, 1988. *The Defense Management Challenge*. New York: Harper & Row.

Gaebler, Ted and Osborne, David, 1993. *Reinventing Government*. New York: Penguin Books.

Gailey, C., Reig, R. and Weber, W., 1995. *A Study of the Relationship Between Initial Production Test Articles Used in A System Development Program and the Success of the Program*. Technical Report TR2 - 95. Fort Belvoir, VA: Defense System Management College Press.

Gansler, Jacques, 1989. *Affording Defense*. Cambridge, MA: MIT Press.

Garfield, James, 2001. Statement by the Chairman of the House Appropriations Committee in 1879. In Congressional Budget Office, *Supplemental Appropriations in the 1990s*. Washington, DC: Congressional Budget Office.

General Accounting Office, 1984. *Improper Use of Industrial Funds by Defense Extended the Life of Appropriations Which Otherwise Would have Expired*. AFMD - 84 - 34. Washington, DC: GAO.

General Accounting Office, 1991. Principles of Federal Appropriations Law (2nd edition, OBC - 91 - 5, I, Chapter 2). Washington, DC: GAO.

General Accounting Office, 1994a. *The C - 17 Program Update and Proposed Settlement, Military Update*, GAO/T - NSIAD - 94 - 166. Washington, DC: GAO.

参考文献

General Accounting Office, 1994b. *Acquisition Reform: Implementation of Title V of the Federal Acquisition Streamlining Act of 1994*, GAO/NSIAD - 97 - 22BR. Washington, DC: GAO.

General Accounting Office, 1994c. *Weapons Acquisition: Low Rate Initial Production Used to Buy Weapon Systems Prematurely*, GAO/NSIAD - 95 - 18. Washington, DC: GAO.

General Accounting Office, 1996a. *Managing for Results: Achieving GPRA's Objectives Requires Strong Congressional Role*, Testimony, GAO/T - GGD - 96 - 79, March 6.

General Accounting Office, 1996b. *Defense Infrastructure: Budget Estimates for 1996 - 2001 Offer Little Savings for Modernization*, GAO/NSIAD - 96 - 131. Washington, DC: GAO.

General Accounting Office, 1997a. *Managing for Results: Analytic Challenges in Measuring Performance*, HEHS/GGD - 97 - 138. Washington, DC: GAO.

General Accounting Office, 1997b. *Defense Weapon System Acquisition Problems Persist*, GAO/HR - 97 - 6. Washington, DC: GAO.

General Accounting Office, 1997c. *DOD Budget: Budgeting for Operation and Maintenance Activities*, GAO/T - NSIAD - 97 - 222. Washington, DC: GAO.

General Accounting Office, 1997d. *Defense Weapon Systems Acquisition*, GAO/HR - 97 - 6. Washington, DC: GAO.

General Accounting Office, 1997e. *High Risk Areas: Eliminating Underlying Causes Will Avoid Billions of Dollars in Waste*, GAO/T - NSIAD/AIMD - 97 - 143. Washington, DC: GAO.

General Accounting Office, 1997f. *The Government Performance and Results Act: 1997 Governmentwide Implementation Will Be Uneven.* Washington, DC: GAO.

General Accounting Office, 1998. *Managing for Results: Measuring Program Results Under Limited Federal Control*, GGD - 99 - 16. Washington, DC: GAO.

General Accounting Office, 1999a. *Managing for Results: Opportunities for Continued Improvements in Agencies' Performance Plans*, GGD/AIMD - 99 - 215. Washington, DC: GAO.

General Accounting Office, 1999b. *Increased Accuracy of Budget Outlay Estimates*, GAO/AIMD - 99 - 235R. Washington, DC: GAO.

General Accounting Office, 2000a. *Managing for Results: Views on Ensuring the Usefulness of Agency Performance Information to Congress*, GGD - 00 - 35. Washington, DC: GAO.

General Accounting Office, 2000b. *Managing for Results: Challenges Agencies Face in Producing Credible Performance Information*, GGD - 00 - 52. Washington, DC: GAO.

General Accounting Office, 2000c. *Future Years Defense Program: Risks in Operation and Maintenance Acquisition Programs*, GAO - 01 - 33. Washington, DC: GAO.

General Accounting Office, 2001a. *Defense Infrastructure: Budget Estimates for 1996 - 2001 Offer Little Savings for Modernization.* Washington, DC: GAO.

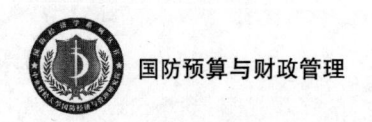

General Accounting Office, 2001b. *Defense Inventory: Information on the Use of Spare Parts Funding*, GAO - 01 - 472. Washington, DC: GAO.

General Accounting Office, 2001c. *Navy Inventory: Parts Shortages are Impacting Operations and Maintenance Effectiveness*, GAO - 01 - 771. Washington, DC: GAO.

General Accounting Office, 2001d. *Defense Systems Acquisitions*. Washington, DC: GAO.

General Accounting Office, 2001e. *Major Management Challenges and Program Risks: Department of Defense*, GAO/01 - 244. Washington, DC: GAO.

General Accounting Office, 2001f. *High Risk Update*, GAO - 01 - 263. Washington, DC: GAO.

General Accounting Office, 2002a. *Weapons Systems Support*, GAO - 02 - 306, Washington, DC: GAO.

General Accounting Office, 2002b. *DOD High Risk Areas: Eliminating Underlying Causes Will Avoid Billions of Dollars in Waste*. Washington, DC: GAO.

General Accounting Office, 2002c. *DOD Financial Management: Important Steps Underway But Reform Will Require a Long Term Commitment*, GAO - 02 - 784 - T. Washington, DC: GAO.

General Accounting Office, 2002d. *Defense Acquisitions Navy Needs a Plan to Address Rising Prices in Aviation Parts*, GAO - 02 - 565, Washington, DC: GAO.

General Accounting Office, 2002e. *DOD Financial Management: Integrated Approach, Accountability, Transparency and Incentives are Keys to Effective Reform*. Washington, DC: GAO.

General Accounting Office, 2002f. *Canceled DOD Appropriations: Improvements Made but More Corrective Actions are Needed*. Washington, DC: GAO.

General Accounting Office, 2002g. *DOD Financial Management: Important Steps Underway But Reform Will Require a Long Term Commitment*, GAO - 02 - 784 - T. Washington, DC: GAO.

General Accounting Office, 2002h. *OMB Leadership Critical to Making Needed Enterprise Architecture and E-government Progress*, GAO - 02 - 389T. Washington, DC: GAO.

General Accounting Office, 2003a. *Defense Inventory*, GAO - 03 - 18, Washington, DC: GAO.

General Accounting Office, 2003b. *Defense Systems Acquisitions*, GAO - 03 - 150, Washington, DC: GAO.

General Accounting Office, 2003c. *Low Rate Initial Production Used to Buy Weapon Systems Prematurely*. Washington, DC: GAO.

General Accounting Office, 2003d. *Federal Procurement: Spending and Workforce Trends*, GAO - 03 - 443. Washington, DC: GAO.

General Dynamics Corporation, n. d. *General Dynamics Awarded $3.2 Billion Contract to Construct Six New DDG 51 - Class Destroyers*. Washington, DC: G. D.

Giddens, Anthony, 1984. *Structuration Theory*. Cambridge, MA: Harvard University Press.

Global Security, 2002, October. *AAAV Specifications: Lifecycle Costs*. Alexandria VA: GS.

Godek, Paul, 2000. *Emergency Supplemental Appropriations: A Department of Defense Perspective*. Master's thesis, Naval Postgraduate School, Monterey, CA.

Government Management Reform Act of 1994, 2003. www.npr.gov/npr/library/misc/s2170.html.

Government Performance and Results Act of 1993, 2003. www.doi.gov/gpra.

Granetto, Paul. J. ,2003. Statement to the Subcommittee on Government Efficiency and Financial Management of the House Government Reform Committee. Washington, DC: Defense Financial Auditing Service, Office of the Inspector General of the Department of Defense, June 25.

Greenspan, Alan, 2002. Testimony to the Senate Budget Committee, February 5.

Grossman, Elaine M. ,2002. House Panel Irate at Pentagon Sluggishness in Cleaning Up Accounting. Inside the *Pentagon*, p. 6.

Gullo, Theresa A. ,1998. How States Budget and Plan for Emergencies, Testimony to the House Budget Committee. Washington, DC: Congressional Budget Office, June 23.

Guthrie, James, Olson, Olov and Humphrey, Christopher, 1999. Debating Developments in New Public Financial Management: The Limits of Global Theorising and Some New Ways Forward. *Financial Accountability and Management*, 15(3 – 4), 209 – 228.

Guthrie, James, Olson, Olov, Humphrey, Christopher and Jones, L. R. ,2004. *Debate on Public Financial Management Reform: An International Perspective*. Greenwich, CT: Information Age.

Hadley, R. T. ,1988. Military Coup: The Reform that Worked: The Goldwater-Nichols Military Reform Act of 1986. *The New Republic*, 198(3), 17 – 18.

Hagar, George,1991a. Relevance of Process: A Tricky Question on the Hill. *Congressional Quarterly Weekly*, p. 962.

Hagar, George, 1991b. The Budget Resolution: Appropriators Come Close to Matching Guidelines. Congressional Quarterly Weekly, pp. 1360 – 1362.

Hamre, John J. ,1994. Testimony to the House Armed Services Committee, U. S. House of Representatives, April 14.

Harrison, J. S. and St. John, C. H. ,2002. Foundations in Strategic Management (2nd ed.). Denver, CO: South-Western Press.

Helicopter History Site, 2000. Senate Panel Approves Defense Bill. May 18. http://www.helis.com.

Hinricks, Harley and Taylor, Graeme, eds. ,1969. *Program Budgeting and Benefit-Cost Analysis*. Pacific Palisades, CA: Goodyear.

Hleba, Ted, ed. ,1999. *Practical Financial Management: A Handbook of Practical Financial Management Topics for the DOD Financial Manager. Monterey, CA: Naval Postgraduate School.

Hleba, Ted, ed. ,2002. *Practical Financial Management: A Handbook of Practical Financial Management Topics for the DOD Financial Manager* (3rd ed.). Monterey, CA: Naval Postgraduate School.

Holcombe, R. ,1998. Rainy Day Fund. In J. Shafritz, ed. , *International Encyclopedia of Public Policy and Administration.* Boulder, CO: Westview Press.

House Government Reform Committee, 2001a. Federal Government Acquisition, Subcommittee on Technology and Procurement of on Federal Government Acquisition, U. S. House of Representatives, May 22.

House Government Reform Committee, 2001b. DOD *Financial Management Reform*, Hearing of the Subcommittee on National Security, Veterans Affairs and International Relations, U. S. House of Representatives, March 7.

Hughes, Thomas, 2003, July. *Interview with former N82* , Monterey, CA: NPS.

Hyde, Al C. ,1978. A Review of the Theory of Budget Reform. In A. Hyde and J. Shafritz, eds. , *Government Budgeting.* Oak Park, IL: Moore, pp. 71 – 77.

Intergraph Corporation, 1998. *Avondale Alliance Uses Intergraph Systems To Deploy Production Integrated Product Data Environment For LPD* 17. Huntsville, AL: IC. http://www. intergraph. com/press98/f_avon. htm.

Intergraph Corporation, 2003. *Solutions for Integrated Data Environments.* Huntsville, AL: IC. http://www. intergraph. com/solutions/profiles/documents/lpd17. pdf.

Jensen, Lotte, 2001. Constructing the Image of Accountability in Danish Public Sector 9 Reform. In L. Jones, J. Guthrie and P. Steane, eds. ,*Learning From International Management Reform.* New York: JAI-Elsevier Press, pp. 479 – 498.

Joint DoD/GAO Working Group on PPBS, 1983, May 26. *The Department of Defense Planning, Programming and Budgeting System.* Washington DC: DOD/GAO.

Jonas, Tina, 2002. Defense Department Financial Management, Testimony by the Deputy Undersecretary of Defense for Financial Management to the House Government Reform Committee, Subcommittee on National Security, Veterans Affairs and International Relations, U. S. House of Representatives, June 4. Jones, David C. ,1982. Why the Joint Chiefs Must Change. *Armed Forces Journal International*, March, p. 64.

Jones, David C. ,1996. Past Organizational Problems. *Joint Forces Quarterly*[Online], pp. 23 – 28. http://www. dtic. mil/doctrine/jel/jfq_pubs.

Jones, L. R. ,2001a. *UK Treasury Use of Performance Measures, Interview with Jeremy Jones*, UK Treasury official, Rome, Italy, December 12.

Jones, L. R. ,2001b. *Management Control Origins, Interview with Robert Anthony, North Conway,*

New Hampshire, November 17.

Jones. L. R. ,2002a, February 7. An Update on Budget Reform in the U. S. *IPMN Newsletter*, 2, 1.

Jones, L. R. , 2002b. IPMN Symposium on Performance Budgeting and the Politics of Reform: Analysis of Bush Reforms in the U. S. *International Public Management Review*, 3(2), 25 – 41.

Jones, L. R. , 2003. IPMN Symposium on Performance Budgeting and the Politics of Reform. *International Public Management Journal*, 6(2), 219 – 235.

Jones. L. R. and Euske, Kenneth, 1991. Strategic Misrepresentation in Budgeting. *Journal of Public Administration Research and Theory*, 3(3), 37 – 52.

Jones, LR. and Bixler, G. C. ,1992. *Mission Budgeting to Realign National Defense*. Greenwich, CT: JAI Press.

Jones, L. R. and Thompson, F. ,1999. *Public Management: Institutional Renewal for the 21st Century*. New York: Elsevier Science.

Jones, L. R. ,Guthrie, James and Steane, Peter, 2001. Learning From International Public Management Reform Experience. In L. R. Jones, J. Guthrie and P. Steane, eds. ,*Learning From International Public Management Reform*. New York: Elsevier, pp. 1 – 26.

Jones, L. R. ,Thompson, F. and Zumeta, W. 2001. Developing Relevant and Integrated Curricula in Public Management. *International Public Management Review*, 2(2), 23. http://www. ipmr. net.

Jones, Wilbur, 1996. *Congressional Involvement and Relations: A Guide for DoD Acquisition Managers*. Fort Belvoir, VA: Defense Systems Management College Press.

Joyce, Philip G. ,2002. *Federal Budgeting After September 11th: A Whole New Ballgame or Deja Vu All Over Again?* Paper presented at the conference of the Association for Budgeting and Financial Management, Kansas City, MO. October 10.

Kanter, A. ,1983. *Defense Politics: A Budgetary Perspective*. Chicago: University of Chicago Press.

Korb, Lawrence, 1977. Department of Defense Budget Process: 1947 – 1977. *Public Administration Review*, 37(4), 247 – 264.

Korb, Lawrence, 1979. *The Rise and Fall of the Pentagon*. Westport, CT: Greenwood Press.

Kozar, Mark J. ,1993, December. *An Analysis of Obligation Patterns for the Department of Defense Operations and Maintenance Appropriations*. Master's thesis, Naval Postgraduate School, Monterey, CA.

Kozar, Mark J. and Jerry McCaffery, 1994. DOD O&M Obligation Patterns: Some Reflections and Issues. *Navy Comptroller*, 5(1), 2 – 13.

Kucinich, Dennis J. ,2001. *Hearing of the Subcommittee of the National Security, Veterans Affairs, and International Relations Committee of the House Government Reform Committee*, U. S. House of Representatives, March 7.

Kucinich, Dennis J. ,2002a. *Opening Statement, Subcommittee on National Security, Veterans Af-

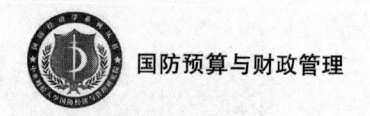

fairs and International Relations of the House Government Reform Committee, U. S. House of Representatives, June 4.

Kucinich, Dennis J. ,2002b. *Hearing of the Subcommittee on National Security, Veterans Affairs and International Relations of the House Government Reform Committee*, U. S. House of Representatives, June 25.

Kutz, Gregory,2002a. Defense Department Financial Management, Director, GAO Financial Management and Assurance Team, *Hearing of the National Security, Veterans Affairs, and International Relations Subcommittee of the House Government Reform Committee*, U. S. House of Representatives, June 4.

Kutz, Gregory, 2002b. Defense Department Financial Management, Director, GAO Financial Management and Assurance Team, *Hearing of the National Security, Veterans Affairs and International Relations Subcommittee of the House Government Reform Committee*, U. S. House of Representatives, June 25.

Kutz, Gregory, 2003. *Testimony to the Subcommittee on Government Efficiency and Financial Management of the House Government Reform Committee*, Director, GAO, Financial Management and Assurance Team, U. S. House of Representatives, June 25.

Laird, Melvin R. ,2003. *Melvin R. Laird, Secretary of Defense, January 22, 1969 – January 29, 1973.* www. dod. mil/specials/secdef_histories/bios/laird. htm.

Lanzillotta, Lawrence, 2002. Defense Department Financial Management, Testimony by the Principal Deputy Undersecretary of Defense(Comptroller), and Deputy Undersecretary of Defense for Financial Management Reform to the Subcommittee on National Security, Veterans Affairs and International Relations Subcommittee of the House Government Reform Committee, U. S. House of Representatives, June 4.

Lanzillotta, Lawrence, 2003. Statement to the Subcommittee on Government Efficiency and Financial Management of the House Government Reform Committee, U. S. House of Representatives, June 25.

Lee Robert D. and Johnson, Ronald, 1983. *Public Budgeting Systems*. Baltimore: University Park Press.

Library of Congress, 1997, November 6. *Congressional Record* S11817 – 11818. Washington, DC: Congressional Research Service.

Library of Congress, 2000. *Exhibit: Defense Appropriation Bill in 2000 – Passed on Time*[Online]. Available at: www. thomas. gov.

Lieberman, Robert, 2002. Testimony by the Deputy Inspector General, Department of Defense to the Subcommittee on National Security, Veterans Affairs, and International Relations of the House Government Reform Committee, U. S. House of Representatives, June 4.

Lindsay, James, 1987. Congress and Defense Policy: 1961 – 1986. *Armed Forces and Society*, 13 (3), 371 – 401.

Locher, James R. ,1996. Taking Stock of Goldwater-Nichols. *Joint Forces Quarterly*, pp. 10 – 17. http://www.dtic.mil/doctrine/jel/jfq_pubs/index.htm.

Locher, James R. ,2002. *Victory on the Potomac: The Goldwater-Nichols Act Unifies the Pentagon.* College Station: Texas A&M University Press.

Lorell, Mark A. and Graser, John C. ,1994, December. *An Overview of Acquisition Reform Cost Savings Estimates.* Washington, DC: Coopers & Lybrand.

LPD – 17 News, 2002. www.lpd17.navsea.navy.mil/news/main.asp.

Luttwak, Edward, 1982. Why We Need More Waste, Fraud and Mismanagement in the Pentagon. *Commentary*, 73, 17 – 20.

Marks, Robert A. ,1989. *Program Budgeting within the Department of Navy.* Master's thesis, Naval Postgraduate School, Monterey, CA.

McCaffery, Jerry L. ,1994. Confidence, Competence and Clientele: Norm Maintenance in Budget Preparation. In A. Khan and B. Hildreth, eds. ,*Public Budgeting and Financial Management Casebook.* Boston: Kendall, Hunt and Co.

McCaffery, Jerry L. and Jones, L. R. ,2001. *Budgeting and Financial Management in the Federal Government.* Greenwich, CT: Information Age.

McCaffery, Jerry L. and Mutty, John, 1999. The Hidden Process in Budgeting: Budget Execution. *Public Budgeting, Accounting, and Financial Management*, pp. 233 – 258.

McGrady, E. D. ,1999. *Peacemaking, Complex Emergencies and Disaster Response: What Happens, How Do You Respond?* Alexandria, VA: Center for Naval Analysis.

Merewitz, Leonard and Sosnick, Stephen H. ,1972. *The Budget's New Clothes.* Chicago: Markham.

Meyers, Roy, 1997. Late Appropriations and Government Shutdowns. *Public Budgeting and Finance*, 17(3), 23 – 42.

Meyers, Roy, 2002. Comments on the Federal Budget 2002. Presentation at the conference of the Association for Budgeting and Financial Management, Kansas City, MO. October 10.

Mihm, Christopher J. ,2000. *Testimony to the House Committee on Government Reform, Subcommittee on Government Management, Information and Technology, U. S. House of Representatives*, Washington, DC: General Accounting Office, July 20.

Mihm, Christopher J. ,2002. *Testimony to the House Committee on Government Reform, Subcommittee on Government Management, Information and Technology*, U. S. House of Representatives, Washington, DC: General Accounting Office, February 5.

Mosher, Frederick C. ,1954. *Program Budgeting: Theory and Practice.* New York: Public Administration Service.

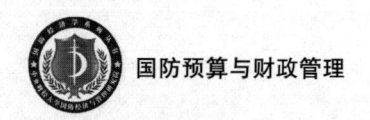

Mosley, Everett L. ,2001, March 21. *Statement to the House Committee on Appropriations*, Subcommittee on Foreign Operations, U. S. House of Representatives, Washington, DC: USAID.

Nadler, D. and Tushman, M. ,1988. *Strategic Organization Design: Concepts, Tools and Processes.* New York: Scott, Foresman.

National Defense Authorization Act for FY 2003. 2002. P. L. 107 – 314, U. S. Congress. Naval Fleet Requirements/Shipbuilding Policy, 2003. http://www.americanshipbuilding.com/init-NavyReqShip.html.

Naval Postgraduate School, 2002. *MN – 4159 PPBS Brief.* Monterey, CA: Author.

NAVSEA News, 2002. www.lpd17.navsea.navy.mil/news/main.asp.

Newberry, Susan, 2003. New Zealand's Responsibility Budgeting and Accounting System and Its Strategic Objective: A Comment on Jones and Thompson (2002). *International Public Management Journal*, 6(1), 75 – 82.

Northrup Grumman Ship Systems, 1996. Press Release. Available at: http://www.ss.northrupgumman.com/pressrelease/press.cfm.

Novick, David. ,ed. ,1969. *Program Budgeting.* New York: Holt.

Oberndorf, Patricia and Carney, David, 1998. *A Summary of DOD COTS – Related Policies*, SEI Monographs on the Use of Commercial Software in Government Systems. Washington, DC: SEI, September.

Obey, David and Spratt, John, 2003. Letter to the Speaker of the House of Representatives, May 13.

Office of Management and Budget,2001a. *Statement of Administration Policy*, *Department of Defense Appropriations Bill for FY 2002.* Washington, DC: OMB.

Office of Management and Budget, 2001b. *Statement of Administration Policy*, *Department of Defense Appropriations Bill for FY 2002.* Washington, DC: OMB.

Office of Management and Budget,2002a. *FY03 President's Budget* 2002, *Exhibit P – 27 LPD 17*, *Ship Production Schedule.* Washington, DC: OMB.

Office of Management and Budget. 2002b. *Citizen's Guide to the Federal Budget*, FY 2003. Washington, DC: OMB.

Office of Management and Budget. 2003a. *Budget of the United States Government FY 2004*, *Analytical Perspectives.* Washington, DC: OMB.

Office of Management and Budget, 2003b. *Budget of the United States Government FY 2004*, *Balances of Budget Authority.* Washington, DC: OMB.

Office of Management and Budget. 2003c. *Mid-Session Review*, *July 15, 2003 Summary.* Washington, DC: OMB. www.whitehouse.gov/omb/budget/fy2004/summary.html#table1.

Office of Management and Budget, n. d. *Circular A – 34: Federal Budget Execution.* Washington, DC: OMB.

Olson, Olov, James Guthrie and Christopher Humphrey, eds., 1998. *Global Warning: Debating International Developments in New Public Financial Management*. Bergen, Norway: Cappelen Akademisk Forlag.

OPNAV, 1999, October 27. *N6 PPBS Online Tutorial*. Washington, DC: Department of the Navy. http://cnon6.hq.navy.mil/N6E/PPBS/ppbs_process.htm.

OPNAV, 2002a, March 8. *N801E Memorandum: Mid-Year Review of the FY 2002 O&MN Appropriation*. Washington, DC: Department of the Navy.

OPNAV, 2002b, October 29. *N801E Memorandum: Program Review Support Capability Procedures*. Washington, DC: Department of the Navy.

Pacific Command, 2002, October 1. *Area of Responsibility*. http://www.pacom.mil/pages/siteindex.htm.

Pacific Fleet, 2000. Instruction 5400.3q, Staff Regulations. Makalapa, HI: Department of the Navy.

Pacific Fleet, 2001. *Mission Statement* [Online]. Makalapa, HI: Department of the Navy, July. www.cpf.navy.mil/facts/mission.

Pacific Fleet, 2002a. *BSS4 Base Support FY2003 Budget Estimate Submission*, Exhibit OP-5. Makalapa, HI: COMPACFLT, November.

Pacific Fleet, 2002b. *COMPACFLT Comptroller Brief*, N00F1. Makalapa, HI: COMPACFLT, October 3.

Pacific Fleet, 2002c. *COMPACFLT Program and Budget Overview*, N001F1. Makalapa, HI: COMPACFLT, September 17.

Pacific Fleet, 2002d. *Issue* 65079. Makalapa, HI: Department of the Navy, June 26.

Pallot, June, 1998. The New Zealand Revolution. In O. Olson, J. Guthrie, C. Humphrey, eds., *Global Warning: Debating International Developments in New Public Financial Management*. Bergen: Cappelen Akademisk Forlag, pp. 156–184.

Perry, William. 1996. *Annual Report to the President and Congress by William J. Perry, Secretary of Defense*. Washington DC: USGPO, March.

Philips, W. E., 2001. *Flying Hour Program Cash Management at Commander Naval Air Forces Pacific*. Masters thesis, Naval Postgraduate School, Monterey, CA.

Pitsvada, Bernard, 1983. Federal Budget Execution. *Public Budgeting and Finance*, 3(2), 83–101.

Platts, Todd R. 2003. Statement to the Subcommittee on Government Efficiency and Financial Management of the House Government Reform Committee, U.S. House of Representatives. Washington, DC: U.S. Congress, June 25.

Posner, Paul, 2002. *Performance-Based Budgeting: Current Developments and New Prospects*. Paper presented at the conference of the Association for Budgeting and Financial Management, Kansas City,

MO, October 10.

Puritano, Vincent, 1981. Streamlining PPBS. Defense, pp. 20 – 28.

Quadrennial Defense Review Report, 2001. www.defenselink.mil/pubs/qdr2001.pdf.

Reed, James E., 2002. *Budget Preparation, Execution and Methods at the Major Claimant/Budget Submitting Office Level*. Master's thesis, NPS, Monterey, CA.

Reynolds, Gary K., 2000. *Defense Authorization and Appropriation Bills: A Chronology*. Washington, DC: CRS, November 21.

Riedl, Brian M., 2003. *Ten Guidelines for Reducing Wasteful Government Spending*, Heritage Foundation Backgrounder. Washington, DC: HF, February 12.

Rieg, Raymond W., 2000. Baseline Acquisition Reform. Acquisition Review Quarterly, Winter, pp. 23 – 26.

Roberts, Lee, 1996. *Shalikashvili Grades Goldwater-Nichols Progress*, Armed Forces Press Service News. www.dod.mil/news/Dec1996/n12181996_9612182.html.

Rodriquez, Justine, 1996. Connecting Resources with Results. Budget and Finance, 16(4), 2 – 4.

Rumsfeld, Donald H., 2001. *Concurrent Defense Program and Budget Review*, Memorandum to Secretaries of the Military Departments. Washington, DC: Department of Defense, August 2.

Rumsfeld, Donald H., 2002. Interview by Thelma LeBrecht, Associated Press Wire Service, September 11.

Rumsfeld, Donald H., 2003. Taking Exception: Defense For the 21st Century. Washington Post, May 22, p. 35.

Savas, E. S., 2000. *Privatization and Public-Private Partnerships*. New York: Chatham House.

Schakowsky, Janice D., 2002. Statement to the Hearing of the Subcommittee on National Security, Veterans Affairs and International Relations of the House Government Reform Committee, U.S. House of Representatives, June 25.

Schick, Allen, 1966. The Road to PPB: The Stages of Budget Reform. *Public Administration Review*, 26, 243 – 258.

Schick, Allen, 1973. A Death in the Bureaucracy: The Demise of Federal PPB. *Public Administration Review*, 33, 146 – 156.

Schick, Allen, 1990. *The Capacity to Budget*. Washington, DC: The Urban Institute Press.

Schlecht, Eric V., 2002. Dodging Pork Missiles. *National Review Online*, November 6.

Schlesinger, Robert, 2003, September 1. Rumsfeld, Army Leaders in Discord. *Boston Globe*, p. 1.

Scott, Randall, 2002, September 27. *Interview, CPF Aviation Budget*. Makalapa, HI: COMPACFLT.

Secretary of Defense, 1990. *Interviews by authors with DOD Comptroller Officials*. Washington, DC:

Department of Defense, January 17 – 26.

Secretary of Defense, 2002a. *Specifications and Standards—A New Way of Doing Business*. Washington, DC: Department of Defense.

Secretary of Defense, 2002b. Defense Planning Guidance Study #20. Washington, DC: Department of Defense.

Secretary of Defense, 2002c. *Acquisition Program Baselines*. Washington, DC: Department of Defense.

Secretary of Defense, 2003a. *Management Initiative Decision* 913. Washington, DC: Department of Defense, May 22.

Secretary of Defense, 2003b. *National Defense Budget Estimates, DOD Office of the Comptroller*. Washington, DC: Department of Defense.

Secretary of the Navy, 1990. Interview by authors with Navy Comptroller official. Washington, DC: Department of the Navy, January 18.

Secretary of the Navy, 2001 – 2003. Interviews with Navy FMB Officials, Office of the Assistant Secretary of the Navy, Financial Management and Comptroller. Washington, DC: Department of the Navy.

Secretary of the Navy, 2002a. *Department of the Navy Budget Guidance Manual*. http://dbweb.secnav.navy.mil/guidance/bgm/bgm_frame_u.html.

Secretary of the Navy, 2002b, April. *Instruction* 7000.27. Washington, DC: Department of the Navy.

Secretary of the Navy, 2002c. *SECNAV Instruction* 7000.27: *Comptroller Organizations*. Washington, DC: Department of the Navy, April 8.

Secretary of the Navy, 2002d. *FY 2004/2005 DON Budget Review Process, Office of the Assistant Secretary of the Navy, Financial Management and Comptroller*. Washington, DC: Department of the Navy, April 4.

Secretary of the Navy, 2002e. *Interview with Navy FMB official, Office of the Assistant Secretary of the Navy, Financial Management and Comptroller*, Office of Budget, March 13.

Secretary of the Navy, 2002f. *Navy Budget Manual Instruction* 7102.2a. Washington, DC: Department of the Navy.

Secretary of the Navy, 2003. Interviews with Navy FMB Officials. Washington, DC: Department of the Navy, January.

Selinger, Marc, 2002. F/A – 18E/F, C – 130J, Helicopters Could Get Increases in Congress. *Aerospace Daily*, February 15, 201 – 232.

Senate Committee on Appropriations, 2003. *FY2004 302 b Allocations*, Press Release, July 19.

Shays, Christopher, 2001. *Statement to the House Committee on National Security, Veterans Affairs, and International Relations of the House Government Reform Committee*, U.S. House of Representatives,

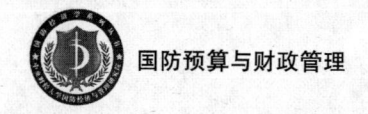

March 7.

Shays, Christopher, 2002. *Statement to the Hearing of the Subcommittee on National Security, Veterans Affairs and International Relations of the House Government Reform Committee*, U. S. House of Representatives, June 25.

Skarin, John W. ,2002, December. *The Horizon of Financial Management for the Department of Defense.* Master's thesis, NPS, Monterey, CA.

Smart, James D. and Schumaker, Carl W. , 1986. *Decision Making in the Navy Budget Office.* Master's Thesis. NPS, Monterey, CA.

Smith, Hedrick, 1988. *The Power Game: How Washington Works.* New York: Random House.

Snook, J. S. , 1999. *An Analysis of the Planning, Programming and Budgeting System (PPBS) Processes of the Military Services within the Department of Defense.* Masters thesis, Naval Postgraduate School, Monterey, CA.

Spinney, Franklin. 2002. Defense Department Financial Management, Testimony by Tactical Air Analyst, Department of Defense to the Subcommittee on National Security, Veterans Affairs and International Relations Subcommittee of the House Government Reform Committee, June 4.

Steinhoff, Jeffrey, 2001. Testimony before the Subcommittee on National Security, Veterans Affairs, and International Relations of the House Government Reform Committee, U. S. House of Representatives, March 7.

Stevenson, Richard W. , 2002. Bush Budget Links Dollars to Deeds with New Ratings. *New York Times*, February 2, p. A12.

Stockman, David, 1986. *The Triumph of Politics.* New York: Avon Books.

Sullivan, Bruce, 2002. *Joint Purchase Card Program Management, Testimony to the Subcommittee on National Security, Veterans Affairs and International Relations of the House Government Reform Committee*, U. S. House of Representatives, June 25.

Taylor, Brian, 2002. *An Analysis of the Departments of the Air Force, Army and Navy Budget Offices and Budget Processes.* Master's thesis, Naval Postgraduate School, Monterey, CA.

Thompson, James D. ,1967. *Organizations in Action.* New York: McGraw-Hill.

Thompson, F. and Jones, L. R. ,1994. *Reinventing the Pentagon.* San Francisco: Jossey-Bass.

Tierney, John F. ,2002. Statement to the Hearing of the Subcommittee on National Security, Veterans Affairs and International Relations of the House Government Reform Committee, U. S. House of Representatives, June 4.

Tyszkiewicz, Mary and Daggett, Stephen, 1998. *A Defense Budget Primer.* Washington, DC: CRS.

U. S. Air Force, 2002. *The Planning, Programming, and Budgeting System and the Air Force Cor-

porate Structure Primer. http://www.saffm.hq.af.mil/.

U. S. Code 253(a)(1)(A).

U. S. Marine Corps, 2002. *Program Objective Memorandum 2004 Guide*. http://www.usmcmccs.org/Director/POM/home.asp.

U. S. Senate, Budget Committee, 1998. *Overview of Appropriations and the Budget Process*, Senate Budget Committee, August.

U. S. Senate, Committee on Appropriations, 2003. *FY2004 Section 302 b Allocations*, Press Release, July 19.

Utt, Ronald, 1999. *How Congressional Earmarks and Pork-Barrel Spending Undermine State and Local Decisionmaking*, Heritage Foundation Backgrounder. Washington, DC: HF.

Utt, Ronald D. and Summers, Christopher B., 2002. *Can Congress Be Embarrassed into Ending Wasteful Pork-Barrel Spending?* Heritage Foundation Backgrounder. Washington, DC: HF.

Walker, David, 2001. *Testimony by the Comptroller General to the Subcommittee of the National Security, Veterans Affairs and International Relations Committee of the House Government Reform Committee*, U. S. House of Representatives, March 7.

Walker, David, 2002. *Testimony by the Comptroller General to the House Committee on Government Reform, Subcommittee on Government Management, Information and Technology*, U. S. House of Representatives, February 7.

Wanna, John, Jensen, Lotte, and de Vries, Jouke, eds., 2003. *Controlling Public Expenditure*. Northampton, MA: Edward Elgar.

Warren, David, 2002. *Testimony by the Director, Defense Capabilities and Management Team, GAO to the Subcommittee on National Security, Veterans Affairs and International Relations of the House Government Reform Committee*, U. S. House of Representatives, June 25.

Wheeler, Winslow, 2002. *Mr. Smith is Dead: No One Stands in the Way as Congress Laces Post-September 11 Defense Bills with Pork*, Government Executive. http://www.d-n-i.net/fcs/spartacus_mr_smith.htm.

Wildavsky, Aaron, 1961. *Political Implications of Budget Reform. Public Administration Review*, 21, 183–190.

Wildavsky, Aaron, 1964. *The Politics of the Budgetary Process*. Boston: Little, Brown.

Wildavsky, Aaron, 1984. *The Politics of the Budgetary Process*. Boston: Little, Brown.

Wildavsky, Aaron, 1988. *The New Politics of the Budgetary Process*. Glenview, IL: Scott, Foresman.

Wildavsky, Aaron and Caiden, Naomi, 1997. *The New Politics of the Budgetary Process*. New York: Addison Wesley Longman.

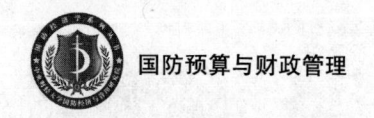

Wildavsky, A. and Hammann, A., 1956. Comprehensive versus Incremental Budgeting in the Department of Agriculture. *Administrative Sciences Quarterly*, 10, 321 – 346.

Wlezien, Christopher, 1996. The President, Congress, and Appropriations. *American Politics Quarterly*, 24(1), 62.

Williams, M. J., 2000. Resource Allocation: A Primer. *Marine Corps Gazette*, 84, 14 – 15.

Wolfowitz, Paul, 2003. *The Defense Transformation Act for the 21st Century*, Statement prepared for delivery to the House Government Reform Committee. Washington, DC: Department of Defense, May 6.

Wolfe, Frank, 2002. Seven Ship Build Rate Needed In FY03. *Defense Daily International*, 3(14), 8.

Yoder, Corey, 2003. *Comments on Acquisition Reform*. Monterey, CA: Naval Postgraduate School, September 2.

Zakheim, Dov, 2003. *Revised PPBES Process*, DOD Office of the Comptroller. Washington, DC: Department of Defense, February 3.

后 记

国防财政治理是现代财政治理的重要组成部分，国防预算在各国的公共预算中也都占有很大比重，但有关国防财政治理和国防预算的研究却经常成为预算学者和财政学者"遗忘"的角落。对中国学者来说，PPBS、PPBE 不是一个陌生的词汇，但到底美国具有怎样的国防财政治理架构，PPBS、PPBE 具体是如何运作的恐怕还不是特别熟稔，因此这本详细介绍美国国防预算和国防财政管理的《国防预算与财政管理》就弥足珍贵。两位作者在美国预算与财政学界久负盛名，不但非常熟悉美国的财政治理与预算流程，而且长期致力于美国国防预算研究，擅长以专业性的语言，介绍美国国防预算的基本事实和发展变迁，因此，要了解美国的国防财政治理和国防预算的具体情况，无疑本书是最好的选择之一。

本书作为中国财政发展协同创新中心重大协同创新任务支持项目和中央财经大学国防经济与管理研究院国防经费系列研究的首部出版，之后我们还会围绕该议题进行一系列持续研究，事实上，许多研究也已展开或同步进行。本书的翻译工作是在陈波、邱一鸣共同主持下，由中国财政发展协同创新中心、中央财经大学国防经济与管理研究院"应对重大国家安全挑战的国防财政经济能力建设研究团队"部分研究人员共同合作完成。

自 2007 年开始组织本书引进、翻译以来，迄今为止已过去了近九年的时间，这期间无数的艰辛、徘徊，也许非亲历者所难以体会。这不仅源于中、美两国在预算、财政以及国防、军事术语等方面的诸多不同，也源于这其中充斥着大量的缩写和专有名词，翻译中不仅需要对中、英文语言的较好驾驭，而且需要对中、美之间财政、预算和国防、军事等方面背景知识的深入把握，有时文化的差异和修辞的运用也都会增加不少的难度。在这期间无数个日子里有时我们为了一个单

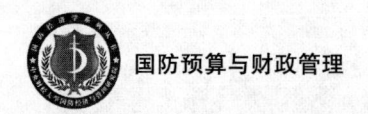

词的翻译，都需要讨论数日才能找到满意的表达，更别说我们为了找到一段英文所对应的最适当的汉语译法所付出的苦苦思索。但我们也非常享受在我们终于找到合适的表达和现在面对已译完的稿子后，那种难以言说的愉悦与感动。之所以不畏艰难坚持翻译完这本书，既有我们共同对战略管理、国防预算与财政管理理论与实践现状的冷静观察和思考，又有译者内心深处那么一点理想主义的夙求，正所谓"位卑未敢忘忧国"。

　　我们衷心感谢在翻译过程中给予我们支持、鼓励和帮助的所有人。特别感谢军队战略规划咨询委员会副主任刘继贤中将、财政部项怀诚原部长对翻译工作的关心并拔冗作序。感谢中央财经大学副校长、中国财政发展协同创新中心主任李俊生教授对我们团队建设和研究工作的大力支持，也感谢他在繁忙的工作间隙仍不厌其烦地与我们就有关翻译词汇进行的耐心讨论；感谢政府会计和预算管理领域的国际知名学者、中央财经大学客座教授、美国伊利诺伊大学芝加哥分校陈立齐教授和北京大学经济学院许云霄教授在翻译过程中所给予的帮助。感谢中国国际战略研究基金会吕德宏主任对若干问题的把关。感谢中国财政发展协同创新中心2014年重大协同创新任务支持和中国财政发展协同创新中心执行主任、中央财政大学财政学院院长马海涛教授，副主任王俊教授的热诚支持。感谢中央财经大学国防经济与管理研究院办公室张海燕主任在出版过程中的反复协调、沟通和经济科学出版社侯晓霞编辑耐心、细致的编辑工作。我们也特别感谢参与初稿翻译、讨论的中央财经大学国防经济与管理研究院2007级全体博士、硕士研究生，当年我们曾一同在那间密不透风的地下小会议室里进行过无数个讨论、争论而开心的日子，愿我们值得记住这段难忘的岁月！

译　者
2015年3月

图字号　01-2009-4722

ⓒ 2009 IAP-Information Age Publishing, Inc., Charlotte, NC28271
ⓒ 2014 中国大陆地区简体中文专有版权属经济科学出版社
版权所有　翻印必究

图书在版编目（CIP）数据

国防预算与财政管理／（美）杰里·L·麦卡菲，L. R. 琼斯著；陈波，邱一鸣主译．—北京：经济科学出版社，2013.12
（国防经济学系列丛书．精品译库）
ISBN 978-7-5141-4268-6

Ⅰ.①国… Ⅱ.①麦… ②琼… ③陈… ④邱… Ⅲ.①国防预算-研究②财政管理-研究　Ⅳ.①F810.454 ②F810.2

中国版本图书馆 CIP 数据核字（2014）第 018140 号

责任编辑：侯晓霞
责任校对：杨晓莹
责任印制：李　鹏

国防预算与财政管理
杰里·L·麦卡菲　　L. R. 琼斯　　著
（Jerry L. McCaffery）（L. R. Jones）
陈　波　邱一鸣　主译
经济科学出版社出版、发行　新华书店经销
社址：北京市海淀区阜成路甲 28 号　邮编：100142
教材分社电话：010-88191345　发行部电话：010-88191522
网址：www.esp.com.cn
电子邮箱：houxiaoxia@esp.com.cn
天猫网店：经济科学出版社旗舰店
网址：http://jjkxcbs.tmall.com
北京密兴印刷有限公司印装
710×1000　16 开　28 印张　500000 字
2015 年 5 月第 1 版　2015 年 5 月第 1 次印刷
ISBN 978-7-5141-4268-6　定价：72.00 元
(图书出现印装问题，本社负责调换．电话：010-88191502)
(版权所有　侵权必究　举报电话：010-88191586
电子邮箱：dbts@esp.com.cn)

国防经济学系列丛书

（"十二五"国家重点图书出版规划项目）

1. 《国防经济学》
   陈　波/主编，郝朝艳、余冬平/副主编，2010年12月出版，88.00元
2. 《国防经济学前沿专题》
   陈　波/主编，郝朝艳、侯　娜/副主编，2010年12月出版，35.00元
3. 《冲突经济学原理》
   ［美］查尔斯·H·安德顿、约翰·K·卡特/著，郝朝艳、陈波/主译，
   2010年12月出版，39.00元
4. 《战争与和平经济理论》
   ［法］范妮·库仑/著，陈　波、阎　梁/主译，2010年12月出版，39.00元
5. 《国防采办的过程与政治》
   ［美］大卫·S·索伦森/著，陈　波、王沙骋/主译，2013年12月出版，38.00元
6. 《现代国防工业》
   ［美］理查德·A·毕辛格/主编，陈　波、郝朝艳/主译，2014年3月出版，76.00元
7. 《国防经济思想史》
   陈　波、刘　群等著，2014年4月出版，78.00元
8. Arms Race, Military Expenditure and Economic Growth in India
   Na Hou（侯娜）/著，2015年4月出版，36.00元
9. 《国防预算与财政管理》
   ［美］麦卡菲、琼　斯/著，陈　波、邱一鸣/主译，2015年5月出版，72.00元
10. 《城堡、战斗与炸弹：经济学如何解释军事史》
    ［美］于尔根·布劳尔、休帕特·万·蒂尔/著，陈　波等/译，即出
11. 《和平经济学》
    ［美］于尔根·布劳尔、［英］保罗·邓恩/著，陈　波、侯娜/主译，即出

此系列丛书联系方式：
联系地址：北京市海淀区学院南路39号　中央财经大学国防经济与管理研究院
邮　　编：100081

序　一

一

文学艺术,是一种心灵的表述,更是一种生命的感受。古往今来,但凡一个伟大的作家,一部伟大的作品,都是作者对生命的礼赞,都是自我心灵的表白,对时代的感受。

儿童文学,无论作者是成年人还是少年儿童,其创作内容与艺术风格,都应该是少年儿童的心灵感悟,以童心、童趣、童真为艺术旨归与基本特征。童心者,属于少儿自身存在的一种心灵之美,以纯净自然为特征;童趣者,属于少儿笔下的一种情趣之美,以纯粹之趣与率真之味为艺术旨趣;童真者,是少儿心绪表露所能够达到的一种纯真境界之美,以想象与梦幻、真实与天然、坦诚与率直为艺术之境。

二

一部名为《点亮心灵的灯》的书稿摆在我的书桌上,作者是张道一,他是我的茶友谢付亮君的小孩子。2016年,还在读小学的张道一,第一本新诗集在上海三联书店出版,特请我题写书名《喜鹊先生的信》,让我为之刮目相看。2018年初夏,我随同光明日报出版社与上海游读会的朋友们来到大运河岸边的杭州,参加拙著《世界茶王》第三场全国读者见面会。付亮夫妇带着他们的儿子张道一来到会场,我与小作者是第一次见面。这是一个朴实而又睿智、好学而又聪慧的小学生。我们大人说话之间,他一双黑眼睛时而瞪着我转动着,手里时而翻动着我签名的长篇小说思索着,并不插言。问他的志趣,他却说"是火车",他爸曾不辞辛劳,带着他寻访全国著名的火车旧迹。

三

勤奋用功,笔耕不辍,是小作者张道一的为学之道。如今即将付梓的《点亮心灵的灯》,是他的又一部新作,收录其初中阶段写作的散文,凡137篇(含附录7篇),厘为六辑,每辑各以其中一篇代表作为标题,即辑一题为《春天的足迹》,辑二题为《平凡的光芒》,辑三题为《风水向来好》,辑四题为《消失的沙子》,辑五题为《我爱丰收季》,辑六题为《何处不春风》,附录题为《蚂蚁爱吃口香糖》。这些大小不一的散文篇什,是文,是诗,是云霞,是阳光,点点滴滴,吉光片羽,长短随宜,应变作制,是随笔,是体验,是小作者成长的岁月,是读书的感悟,是儿提时代的遐想,也是春天的足迹,是心灵的感受,更是丰收的季节,是平凡的光芒。

四

一个孩子的成长,离不开家庭父母,也离不开学校老师,更离不开整个社会环境。小学生心目中的家庭,是温馨的港湾,是家族文化的摇篮,父母是这个港湾中的船帆;学校是实施义务教育的神圣殿堂,老师知识的化身,是学生德智体美劳的开发者,以言传身教为宗;社会环境是人生的大熔炉,每个人都要经受社会的磨炼,才能百炼成钢,人才辈出。小作者生活在一个温馨的港湾,沾溉伟大祖国改革开放的雨露阳光,在一个个"风水向来好"的社会环境中学习成长,这本书的文化价值,不仅仅在于以少儿之笔,抒写自己从小学到初中阶段的所见所闻、所思所感,以童心、童趣、童真点亮心灵的灯;更难能可贵者在于小作者"心中也有一盏灯",所感所思,随着妙龄芳华增长,由感性而理性,初步感觉到"何处不春风"之意,富有生活情趣与时代气息,故能够以自己的妙笔"致敬奋斗的时光"。

区区此言,言不尽意,是为序。祝福张道一健康成长!

蔡镇楚

2023 年 12 月 9 日识于岳麓山

序二:沐浴阳光,闪闪发光

道一的第三本书,终于要出版了!

作为一名初中生,在极致"内卷"的今天,睡眠都显得有点"奢侈",道一却依然笔耕不辍,在短短三年的时间里,积累这么多的作品,实属不易。

回看与道一的微信聊天记录,从疫情开始的 2020 年 1 月到初中毕业前的 2022 年 5 月,除了"过年好"的问候,一律都是"你问我答"的模式——"徐老师,打扰您一下",这样的开场白;"谢谢徐老师",这样的结尾;中间,则是具体的问题。

无疑,道一首先是个不折不扣的学霸,一个孜孜不倦的求学者,但,道一更是一个"反求诸己"的思考者。例如,面对考试失利,他劝告自己,"接受现实才能改变现实";又如,面对语文学习的"扑朔迷离",他认真总结,理性地写出《浅谈如何学语文》,与自己对话,以提醒自己继续努力。

再回看道一近半年的朋友圈,10 条动态,四条关于体育,足球、篮球、乒乓球;五条关于自然美景,幽静淡然,正如心境,如,"阳光转了个弯,选择了春天的岔路",充满诗意与哲理;还有一条,是配有"粘鼠板"图片的小调侃,令人不禁微微一笑。看来,酷爱火车的小男孩,在慢慢长大,不急不燥。

作为道一初中三年的班主任,我享受着道一和道一一家带给我的种种感动。

道一是个特别的男孩,一米八六的个子,安安静静,文质彬彬,却又酷爱运动。校运会上,道一是个"超级明星",跑步、跳远都可以拿第一;日常生活中,道一则最爱打篮球。在其爸爸的"镜头"下,球场奔跑、起跳投篮的儿子,出镜率最高。或许,繁忙的功课之余,篮球运动已经成为道一最好的"解压神器"。

道一是个火车迷,很小就爱上了火车,可惜初中三年学业紧张,又恰逢疫情,没有太多机会亲近火车。但是,爸爸妈妈全力支持,旅游或回老家,都尽可能安排火车出行,甚至带着道一,单纯地为了坐火车而坐火车。道一则会利用这些宝贵的机会观察火车、解读火车。

道一对生活琐事体察入微,常常有感而发。例如,在《"逼茶"记》一文中,他由洗茶联想到英国铁轨,再联想到飞人苏炳添,进而发出"功亏一篑并不可怕"的感慨;再如,在《把房间变乱也是一种进步》一文中,他由整理房间时的短暂杂乱,联想到王安石变法乃至日本明治维新,发出"愿意改变现状,承受阵痛,也是一种进步"的感叹;又如,在《不虞之誉与求全之毁》一文中,他因为左脚摔伤不能参加运动会,由此反思人性,发出"不能只盯着结果来论是非成败"的感叹。

诸如此类的思考很多很多,不仅体现了道一是个极其用心之人,也体现了他读书内容广泛,知识储备丰富。

道一的许多文章,充满了对亲情友情的感悟和反思。《别让爱,成为"甜蜜的无奈"》《奶奶眼中的宝贝》《双聋会》,写的都是对爷爷辈老人的爱与孝,而《心中也有一盏灯》一文,我读完就被深深地感动了。他称爸爸为"点灯人",是多么地贴切!道一爸爸无时无刻不在引导他,道一则在谦虚地聆听、切实地体悟,如此坚持,何愁孩子不成材?

这可能是因为道一爸爸是位国学专家,且将国学精髓融入了其工作与生活。道一从小深受爸爸的影响,循序渐进研读国学经典,偶尔也会谈谈自己读《大学》《论语》《中庸》的感想。尤其是,道一认为多读《论语》,多体谅他人,大家都可以做得更"仁",从而发出"我欲仁,斯仁至矣"的呼声。

异国他乡,相隔万里,读着道一的文章,仿佛就坐在他的对面,各自手中捧了一杯茶,聆听他内心的倾诉:茶香扑鼻,温情满溢……

祝福勤奋善良的道一,踏实走在追逐人生梦想的大道上,沐浴阳光,闪闪发光!

徐云燕

杭州市教坛新秀

杭州市萧山区优秀班主任

2023 年 9 月 1 日于迪拜中国学校

目　录

第一辑　春天的足迹

不任性于自己的喜恶 …………………………………… 3
Rap 究竟是什么意思？ ………………………………… 5
把房间"变乱"也是一种进步 …………………………… 7
雨后的微观世界 ………………………………………… 9
不如换个方式来说话 …………………………………… 11
捕鱼者说 ………………………………………………… 13
不给糖？我就哭！ ……………………………………… 15
不要急于下结论 ………………………………………… 17
不虞之誉与求全之毁 …………………………………… 19
春天的足迹 ……………………………………………… 21
大桥离我们有多远 ……………………………………… 23
不堪一击的"马蜂" ……………………………………… 25
当房间变成了"南极" …………………………………… 27
情感的味道 ……………………………………………… 29

当树上"洒"下香樟果 …………………………… 31
关于梦的遐想 ………………………………… 33
洪水上的穿越 ………………………………… 35
班主任真不好当 ………………………………… 37
疫情这三年 …………………………………… 39
不负所爱,才能满足期待 …………………… 41

第二辑 平凡的光芒

率直的人有错吗? …………………………… 45
难易之间 ……………………………………… 47
期待有条不紊的初中生活 …………………… 49
"逼茶"记 ……………………………………… 51
"笔"较之下 …………………………………… 53
平凡的光芒 …………………………………… 55
"反求诸己"并不是"只怪自己" ……………… 59
别让爱,成为"甜蜜的无奈" ………………… 61
被自己"帅"醒 ………………………………… 63
"破笋"的内心 ………………………………… 65
被误解的"百家水" …………………………… 67
不是抄袭,而是"致敬" ……………………… 69
不认错的人,知道自己的错吗? …………… 71
别怕,向前再迈一步 ………………………… 73
爱唱歌的平板 ………………………………… 75
宝贝,快乐的一天 …………………………… 77
在模棱两可的时候 …………………………… 81
不因别人的成就而失落 ……………………… 83

大门往哪推? ……………………………………………… 85
仁者,先难而后获 ……………………………………… 87
孟子与孔子的三个差距
　——读《论语》《孟子》有感 ……………………… 89
生活中是否需要"好好先生"? ……………………… 93
多花钱,多止损 ………………………………………… 95
牙齿和舌头 ……………………………………………… 97
谈怎样交友 ……………………………………………… 99
下周要回家 ……………………………………………… 101
这真的是节俭吗? ……………………………………… 103
守护儿子的睡眠 ………………………………………… 105

第三辑　风水向来好

你的样子,就是中国的样子 …………………………… 109
好的传球手远比得分手重要 …………………………… 111
社会的成长 ……………………………………………… 113
画一扇窗 ………………………………………………… 115
夹缝中的二胡声 ………………………………………… 117
红包中的吝啬与大方 …………………………………… 121
相信排行榜的后果 ……………………………………… 123
苦钱的司机 ……………………………………………… 125
人是要有一点精神 ……………………………………… 127
通过敬畏谦卑看午睡 …………………………………… 129
好球员不等于好教练 …………………………………… 131
这个人值得我宽容吗? ………………………………… 133
国以民为本,民以国为家 ……………………………… 135

奶奶眼中的宝贝 ················· *137*

蜂王,"疯亡"? ················· *141*

风水向来好 ···················· *143*

放风筝的启示 ·················· *145*

深层次的照顾 ·················· *147*

欢"蝇"光临 ···················· *149*

高效的提问 ···················· *151*

双聋会 ······················· *153*

第四辑 消失的沙子

潜在的风险也是危险 ············· *157*

来自"第一印象"的震慑 ············ *159*

接龙太难了 ···················· *161*

炫耀的层次 ···················· *163*

主动"放弃"体育课 ··············· *165*

莫相忘,共相望,盼相旺 ··········· *167*

真"圈套" ······················ *169*

课间的"羊群效应" ··············· *171*

来自"远方"的倾诉 ··············· *173*

韩国球王带来的启示 ············· *175*

食饼筒,你来自哪里? ············ *177*

脑海里的"佛祖" ················ *179*

接受现实才能改变现实 ··········· *181*

那些被混淆的因果关系 ··········· *183*

消失的沙子 ···················· *185*

礼貌,还是强硬? ··············· *187*

理解能力≠传授能力	189
路与河的纠葛	191
排名高的歌曲真的好听吗?	193
请理解我的"收藏家"外婆	195
千里之堤,一失万无	197
浅谈如何学语文	199
请不要为了贬低而赞美	201

第五辑 我爱丰收季

殊不知,我们也在叶公好龙	205
时刻要有"大局观念"	207
为什么这么多人爱看《老娘舅》?	209
小溪与大河	211
说话是门大学问	
——读《论语》有感	213
祥子会有另一种命运吗?	
——读《骆驼祥子》有感	215
误解,只因不沟通	219
慎用你的谦虚	221
我欲仁,斯仁至矣	
——读《论语》有感	223
习惯中的学问	229
写出完美诗句的不完美诗人	231
唯天下至诚,为能尽其性	
——读《中庸》有感	233
似睡非睡的盹儿	237

球场、求场、囚场……………………………… *239*

舍近求远的臆断……………………………… *241*

山花烂漫香满路

  ——云石山村的美丽蜕变…………… *243*

我爱丰收季…………………………………… *247*

是差了一小步,还是差了一大截?………… *249*

时光轮转下的樟叶…………………………… *251*

若《囧妈》今年上映,《唐探3》能否夺冠?… *253*

第六辑　何处不春风

"杭杭"出状元………………………………… *257*

越穿越"少"的袜子…………………………… *261*

祖国,柳暗花明"必逢春"…………………… *263*

心中也有一盏灯……………………………… *267*

找笋记………………………………………… *269*

真没"文化"…………………………………… *271*

一段未开启的旅程…………………………… *273*

在香槟金与深空灰间选择…………………… *277*

珍惜所拥有的………………………………… *279*

支付宝、马云和男孩幻梦…………………… *281*

一时不便,只为"长久畅通"………………… *283*

火车站,原来你不再是"吴下阿蒙"………… *285*

致敬奋斗的时光……………………………… *287*

在广告上"打广告"…………………………… *289*

有你相伴……………………………………… *291*

大明革新下的真相

  ——读《显微镜下的大明有感》 ········· 293
何处不春风 ································ 295
猜职业 ···································· 297
"司机"还是"师傅" ························· 299
丑八怪,原来我错怪了你 ····················· 301
劝君少尽一杯酒 ····························· 303
擦亮"良知" ································ 305
我终于明白了"心态"一词 ····················· 307
附录:蚂蚁爱吃口香糖 ························· 309

后记:点亮心灵的灯,开启快乐的灯 ············· 321

第一辑

春天的足迹

不任性于自己的喜恶

这段时间再读《大学》后,感触很多,尤其是对"修身"二字的体悟更深了。

《大学》依据"仁"的思想,阐明了儒家"修己以安人"的圣王之道。作为我们立身处世的指南,它开篇就提出了"三纲领"和"八条目"。"三纲领"可以说是"三条基本原则",即"明明德"、"亲民"、"止于至善",而八条目则是"八个具体步骤",即"格物"、"致知"、"诚意"、"正心"、"修身"、"齐家"、"治国"、"平天下"。为什么我要讲一讲对"修身"的体会呢?因为从字面意思可见,在"八条目"中,前四项是"修身"的前提,而后三项是"修身"的目的,修身的重要性可见一斑。

关于修身,《大学》中花了许多笔墨去讲述。我认为之中最令我深思的是"所谓修身在正其心者,人之其所亲爱而辟焉,之其所贱恶而辟焉,之其所畏敬而辟焉,之其所哀矜而辟焉,之其所敖惰而辟焉"一句。这句话让我想起了表弟蛋蛋,虽然已经上了五年级,但身高没有达到预期。难道他家伙食太差?不,他的外婆厨艺很好,每顿饭都会烧丰盛的菜肴,只是因为蛋蛋本人挑食。可是蛋蛋生来挑食吗？不，因为他家人对他过于宠溺，每顿饭只烧他爱吃的，导致没有意识到"挑食"这个缺点，从而造成一个比较严重的后果。

同时想到的还有我的一位小学同学，她学习很差，再加上跑步也慢，总是成为大家取笑的"头号对象"，我们因此认为她一无是处。实则不然，后来我才了解到，她在家里对父母很是孝顺，常常做饭、拖地。令我既惊讶又愧疚，与上述完全相像的事，生活中还有很多，但我们真的可以做到中正公平地看待一个人吗？

就像我们平时谈论一个人，如果此人是所亲爱的，比如好朋友，那么我们就会认为他样样都是好的，而他身上的缺点就不会去看；相反，如果此人是我们所厌恶的，比如仇人，那么我们就会理所当然地认为他一坏到底。只管任性地去讨厌他，那么即使他身上有优点，我们也会自动地视而不见。

因此《大学》里又说："故好而知其恶，恶而知其美者，天下鲜矣！"是啊，对自己喜欢的人，还能看见他的恶，而对自己讨厌的人，还能看见他的好，始终至公至明地看待与处理事物，这样的人实在是太少了！

因此，我们要学会修身，不任性于自己的喜恶，时常省察自己，并且"择其善者而从之，其不善者而改之"，这样才是最明智的做法啊！

Rap 究竟是什么意思？

前些日子学校举办文艺汇演，其中有一个班的男生表演了说唱，台上酷炫的舞步令人叹服，大家对照着节目单议论纷纷。

当时节目介绍上有 Rap 一词（即中文中的说唱），由于我当时不了解这个单词的意思，但又碍于面子不想问同学，便先悄悄地听着周围同学的交谈。

一个胖子故作失望地说："没想到这几个男生这么厉害，技术挺精湛呀！比我还要厉害一点点呢。"

一个瘦子顿时轻蔑地笑了："那是，他们前天还找我交流过 Rap 方面的经验呢！"

坐我身后的"眼镜男"不服气地反驳："你也会 Rap？我都不好意思说自己会，你竟然还有脸去教别人。"

听了半天，我还是不知 Rap 是什么，便凑近问胖子："Rap 的意思到底是什么呀？"胖子似乎有些尴尬，连声咳嗽，"就是……就是那个……"

我又悄悄地问瘦子，结果瘦子一转身："呃……你去问别人吧！我有点健忘。"

眼镜男一听，觉得机会来了，顿时振振有词："嗯……至于Rap，就是一种……音乐。"接着说了一大堆无关紧要的话。

我不禁很扫兴，Rap究竟是什么意思呀？你们又是什么意思呢？

把房间"变乱"也是一种进步

我家所处的境地总是不尴不尬。说乱吧,其实沙发餐桌这些大物件摆放得很整齐,不算杂乱;可若是细细查看,很多细节似乎做得不够格,比如报纸放得很杂乱、许多物品没有归还原位,算不上干净。

就这样,我们陷入了一个尴尬的境地。日常的打扫,虽然能让房间大体看上去整整齐齐,但并不能彻底解决杂乱的问题。若想要彻底解决,就得动用很大的力气,家里人又没有这个决心。

终于我忍不住了,不顾妈妈的劝阻,决定先对自己的房间"下手"。

但不得不说,整理的过程是剧痛的,也是尴尬的。当我把一大堆垃圾杂物摊在地板上时,妈妈见状赶紧让我物归原位,还批评说:"你怎么越理越乱呢?"说着准备把地上的杂物一并塞回储物箱里。我想阻止,但又被问得哑口无言。

后来,我想很多事情就像理房间,敢于把房间"变乱"也是一种进步。房间的整洁程度最初处于中等,而想要把其变为高等水平,必将经历过一段阵痛期,即十分杂乱的时段。可旁人看到后,往往会因为这"短时间的杂乱"而加以阻止,因此房间的整洁水平总是得不到提高。

历史也证明了这一点,如果你想有大的进步,必须得经历一段阵痛期。比如北宋王安石变法的时候,承受了巨大的社会压力,但在变法的阶段中还是改善了积弱局面。再比如日本的明治维新,遭到了旧士族的强烈反对,但明治政府顶住了压力,在政治、经济和社会等方面实行大改革,促进了日本的现代化和西方化。

萧规曹随未尝不可,但敢于走出自己的"舒适区",愿意改变现状,把房间"变乱",承受阵痛,也是一种进步。

雨后的微观世界

刚下过一场春雨,漫步在小区里,心情惬意。

有些像水稻似的野草,眺望过去,杂乱无章地长在小径旁,蹲下观瞧,却是另一番风味:顶头的淡黄,连着嫩绿的茎秆,瘦弱的花骨朵像是一个个小手掌,有五指的,也有四指的,顺着茎秆向下排列,像是有准备地向我招手,令人欢喜。

旁边的一丛丛野花,像极了百合,依附着长椅,点缀在石板边缘,花瓣是剔透的,而花心是白色的,好似把珍珠盛上刚烧制的陶瓷碗中,再不经意散点在浮萍似的草间,美妙极了;又像是一盏盏长着嘴的台灯,令人不得不着迷。

最富有特色的要数苔藓了,趁着春雨一下,太阳一出,平常感觉很不起眼,现在忽然争先恐后地冒了出来,布在了石板路上。

苔藓滑溜溜、水灵灵的,脚踩上去仿佛时刻会出水似的,但水泡刚冒出又被一种不知名的力量吸了回去。或许,这是苔藓的一种储水方式——它正在为炎炎夏日的到来做准备呢。

苔藓软绵绵的,若是拾起一点儿,又像是一片小松树林;远远望去,又像是一大片一大片的绿斑块,宛若树荫下的绿洲。

雨后的微观世界或许没有那么惊艳,但绝不会令你我失望。

不如换个方式来说话

在生活中，我们在说话时要经常变换表达方式，以便找一个合适的角度来表明自己的意思。写到这，我不禁想到了前些天去食堂加菜一事。

学校食堂的"吝啬"众所周知，工作人员盛菜时就惜菜如金，想让他们给你加点儿菜更是难上加难，就像前些天有梅干菜扣肉，好几个同学去加扣肉都空手而归。我不禁思考，会不会是他们的表达方式有问题呢？比如，他们一到窗口就问"加不加扣肉"，会让"不愿意给肉"的工作人员很反感。可如果我问"给不给梅干菜"，工作人员或许会给，还说不定，梅干菜中夹杂着几块扣肉呢！

于是，我跑到窗口问："阿姨，加点儿梅干菜，可以吗？"不出所料，工作人员爽快地给了我一瓢梅干菜，而在梅干菜中，夹杂着三四块扣肉！我不禁笑出了声。

所以，在生活中，许多事就跟"加扣肉"一样。如果你开始问"给不给扣肉"，对方可能不情愿给你；一旦你换种方式问，如"给不给梅干菜"，对方就会十分乐意、愉快地把扣肉给了你。

  我不禁想起一个故事:有个人在祈祷时来了烟瘾,便问神父能不能在祈祷时抽烟。神父回答:"不能,这是对神的不尊敬。"另一个教徒也想抽烟,便问神父:"我在吸烟时,能顺便祈祷吗?"神父回答:"当然可以,这是时刻不忘祈祷。"

  由此可见,同样一件事情,就看你的表达方式。往往不同的表达方式,带来的结果会大不一样,而在这之中,折射出的就是那极其微小、却效果显著的语言智慧。

捕鱼者说

刚才,我和爸爸在河边散步,偶然发现有个人的举止十分奇怪:有规律地往水草丛中抛鱼线,每隔三秒五秒,就能拉上来一个小东西,远看上去黄中有白,我们加快脚步,想一探究竟。

到了捕鱼者身边,发现他戴着副眼镜,大概五十多岁,挺有文化的样子。他手里拿了根鱼竿,只不过竿上面装了个可以旋转的把手,很是特别。

我忍不住问:"叔叔,你这个鱼竿可不一般啊!"

捕鱼者挺和善:"是啊,我正在钓黑鱼。钓黑鱼需要很好的鱼竿,但我看市场上卖的都不够精巧,所以我自己研究做了一根。你看,这个旋转把手用的是日本轴承,还有这个是水滴轮,能使转动平稳……去年,我为这种鱼竿申请了专利,现在市场上也在销售呢!"一言一语中洋溢着自豪之情。

外行的我只听懂了一点——这鱼竿很厉害!可这么好的鱼竿,为什么偏要把鱼线抛到水草丛里呢?

捕鱼者接着说:"我钓的是黑鱼。这种肉食性动物,爱好躲在水草丛里伏击,猎物一经过就会出来追击,但从不会追出一米之外。说白了,它的习性就跟蛇一样,所以黑鱼也被称作'蛇鱼'。"

他又指着吊在鱼钩上的黄色物体说:"这是一个小黄蛙玩具。黑鱼常会捕捉黄蛙这种猎物,所以我买了个来以假乱真。我借助鱼竿把它抛到水草丛中,上下抖动鱼竿来模仿黄蛙跳跃,黑鱼就会来追击。等到它出了水草丛咬到黄蛙,嘴就被鱼钩卡住了。这时候我借助轴承,迅速收回鱼线,黑鱼就被我捕到了!"

说着他把鱼竿一挥,鱼线迅速、无声地拉长,准确抛在了水草丛中。接着捕鱼者上下抖动鱼竿,小黄蛙在操纵下上下跳动起来。捕鱼者又说:"黑鱼见到黄蛙在挑衅,肯定会恼羞成怒,肯定会凶猛出山。"果然,只见水草丛间突然一阵骚动,捕鱼者见状,赶紧抓住机会收线,只见一条大黑鱼扑腾而出,在空中划过一条完美的弧线,捕鱼者露出了笑容……

唉!黑鱼一味贪图小利,结果丢了性命,得不偿失,这真的值得后人警醒啊!

不给糖？我就哭！

今天去电影院，坐电梯时，有件事我印象很深。

当时有个小女孩哭着进了电梯，后面跟着她妈妈。刚进去，我就听她妈妈批评她说："都到饭点了，你怎么还要买棒棒糖呀？"就听这四五岁的小女孩回了句："哎呀，你不给我买棒棒糖，我会哭的！"这是什么理由？电梯里的人全笑了，包括我。

其实，生活中很多事跟这个小女孩一样。像考试差就说老师改错了，若不给自己个"说法"就大吵大闹；再像顾客批评自己店的菜难吃，马上就说顾客没品味，若不给个五星好评就不罢休。

去年我去看足球比赛，开场主持人就在喊"客队垃圾"，中场休息时又在喊"主队必胜"，最后主队被客队绝杀了，球迷又在大喊"裁判畜生"，这不就是刚开始耍威风，最后尝不到甜头就哭闹的表现吗？

虽说大家都明白"不给糖？我就哭！"是无理取闹，但为何还是要不依不饶地去做呢？

不要急于下结论

在生活中，我们常常会因"急于下结论"而错误理解一件事物。

（一）

前些天有个亲戚送了我一支钢笔，据说还是欧洲的名牌，想必价格不菲吧。

可当我看到贴在上面的价格后，顿时大跌眼镜：CHF，24.00。怎么只要 24 块钱呀？

于是我拿着笔去问爸爸："这笔只要 24 块钱，是不是假的呀？"

爸爸反问："你觉得 CHF 一定指人民币吗？"

我一时不敢确认，一查才知道，CHF 是指瑞士法郎，而 24 瑞士法郎相当于人民币 170 多元。比 24 元高多了。

（二）

还有更夸张的，昨天历史课讲美国独立的经过。

旁边有个同学不屑地说事："这种小国家有什么好讲的？"

我起初以为他在讽刺，谁知他还真有理有据，指着地图跟我说："你看，我没说错吧，美国这个国家这么小，连中国的十分之一都不到。"

我正想说话，那个同学又振振有词："再说，这个国家气候条件也不好，离北极这么近，很冷，打仗太艰苦！"

原来，他把阿拉斯加当成了美国全境。事实上，阿拉斯加只是美国的一个州。

因此，急于下结论真的很不好！我们还是要慢一点，多想想，或许这样更务实一点。

不虞之誉与求全之毁

学校在九月底开了一次运动会,很不巧,我和班里另一个男生都出了些状况,我左脚摔伤了,他发了高烧,只好高挂"免战牌"。偏偏我和他都是前两届运动会的金牌得主(不同项目),这样的结果真是令人惋惜。

不过,这个男生最终还是决定出战,顶着高烧跑完了400米和800米的比赛,其中,800米还在20个人的角逐中突出重围,获得了第四名。毕竟800米比赛中有不少田径队的人参赛,再加上高烧,这个名次可以说是很棒了,但班里很多人依旧对他很不满,认为他应该得金牌。不得不说,"喷子"真是无处不在。

反倒是休战的我,意外地得到了那些人的"吹捧","如果你去参加,肯定就是金牌了。看来你还是比那个男生厉害多了。"说实话,就算我正常参赛,也不一定能拿到金牌,因此,这些人的话听得我十分尴尬。

带病出战的人不仅没得到鼓励,还坏了自己"金牌收割机"的名声;反倒是我,什么事都不干,还有人主动来"吹捧"

我。这是多么的可悲啊!

　　孟子曾说过:"有不虞之誉,有求全之毁。"意思是在生活中,我们常会受到意料之外的赞赏,也会受到苛求完美的诋毁。我想,从吃瓜群众的角度而言,真不能只盯着结果来论是非成败了,这背后所发生的同样值得去探求呀!

春天的足迹

　　草地上少了人,麻雀多了起来,行走在小径上,往往不由得沉醉。

　　都说麻雀机灵,的确:往往只能听其叫唤,却不见其身影,好不容易见到,也只是一瞬的鸟影儿,我赶忙窜到樟树间,又找不到了。

　　如果要追根求底,想一睹麻雀的真面容,不如悄悄溜到树下,俯着身、抬着头、伸长脖颈,朝上一探究竟。这个计划很完美,对吧?但是,令所有人万万没想到的是,脚下的落叶竟然是麻雀派来的内应,若是稍不小心一踩,哗啦声就暴露了你的踪迹。

　　俗话说得好,既然来了,那就"不见麻雀不死心"。赶紧蹲在草地上,屏息敛声,然后轻轻一抖眼前的枝叶,不过一会儿,就会有几只好奇的麻雀飞出,见四周没动静,才一溜烟地躲进树林。这下,你赶紧趁机四周张望,没准就可以"一睹真颜"。

　　水,有龙则灵;山,有仙则名;林,有鸟则宁。远望鸟儿栖息的树林,深与浅一会儿交错,一会儿分离,五彩的叶子之间,鸟儿不停地穿梭、盘旋,默默守护这片树林的安宁。可以说,这片树林,就是麻雀的"桃花源",而麻雀,就是桃花源里的歌手,每天尽情歌唱。

　　就在这一唱一和中,春天悄然留下了足迹。只不过,喧嚣的城市中,人们没有时间探寻……

大桥离我们有多远

暑假天天宅家的我实在感到乏味,爸爸便提议带我去江边散步。

来到江边后,我发现右手方向有一座大桥,雨雾中隐约能看见桥上的高铁,满打满算也就一公里多,我心里暗自窃喜,"那我们就走到那座桥吧,反正并不远!"爸爸意味深长地笑了笑,但还是点头默许了。

可令我惊讶的是,走了十多分钟后,感觉大桥的位置只移动了些许,甚至没动,我便问爸爸:"这也太奇怪了吧!刚开始我看这桥挺近的呀,现在看怎么这么远。你看,这桥一动也没动呢?"爸爸想了一会儿,猜测道:"因为我们走的这条步道有点儿窄,看起来可以延伸很远,再加上那座大桥跨度很大,所以刚开始看起来很近。"我听着似乎有点儿道理,但毕竟这只是一种理论上的猜测,要想走到大桥,我们需要更多的思考……

又走了将近二十分钟,步道旁的高楼大厦慢慢褪去,取而代之的是一座座建筑工地以及无垠的荒草地,江上的雾也慢慢浓重,大桥上高铁的灯光也有些昏黄。望着看不到终点的步道,再加上刚才预判错误的教训,我不禁对爸爸说:"我们回去吧!别看这大桥近了不少,实际上还有好远的距离呢!"爸爸听了反问我:"我们都走到这个份上了,干吗要回去呢?就跟学习一样,'知止而后有定'呀!"我只好耐着性子继续向前走。

可令我吃惊的是,没过多久,大桥就走到了,上面的高铁也比远看时跑得快得多,真让我过了把"火车迷"的瘾!我顿时感到很幸运,便扭头对爸爸说:"真是'行百里者半九十'呀!就像这座大桥,开始时,自信的我觉得很近、实则很远;快到时,劳累的我觉得很远、实则很近,可以说,心理上的波动总会大大影响对实际距离的判断啊!这真是一次既奇怪又奇妙的散步啊!"爸爸又意味深长地笑了……

后来,我们遇到了几个跑步的人,领头的问我们:"那座大桥有多远啊?"听到这个问题,我心里很纠结,到底是告诉他们大桥的"心理距离",还是"实际距离"呢?(2020年8月29日)

不堪一击的"马蜂"

昨天和外曾祖母在山里吃饭,大家挺悠闲。突然,有只"大马蜂"打破了宁静:它在纱窗外东撞一头,西撞一头,还叫着刺耳的嗡嗡声,仿佛下一秒就会把纱窗撞出个大窟窿。

可我只能是干着急,一会儿把门关了,一会儿把窗帘拉了,反倒是外曾祖母和妈妈,无动于衷,又说又笑,无论我怎么催,她们只看了眼,又继续谈笑。我只好挺着,直到这只马蜂撤去……

刚刚,又有一只马蜂光临了厨房,除了地点,其他都没变。它对纱窗开始了"狂轰滥炸",还挤着窗缝,钻进了屋,我又叫住妈妈:"这马蜂怎么又来了?你打死它呀!"妈妈一笑,说:"它又不会咬人。"说着,妈妈拿起块抹布挥了挥手,马蜂竟掉到地上,挣扎着。

马蜂不会咬人,还这么不堪一击?我一下子大跌眼镜。妈妈笑了好半天才告诉我:"这虫子不是马蜂,而是金乌虫虫,也就是金龟子,别看它来头这么大,但笨重得很,更谈不上咬人了。你怕什么呢?"

原来金龟子就是个"雷声大,雨点小"的虫子呀!它表面上像马蜂一样可怕,实际上连苍蝇都不如。很多人、很多事不也一样吗?

当房间变成了"南极"

又是一个炎热的夏天,怕热的我自然不会忘了开空调,且几乎是从早开到晚。于是,我的房间多了一个新称号:南极。

不过令我奇怪的是,最近一直困扰自己的小蚊虫,现在竟然每天都有数十只四脚朝天地躺在书桌上,而它们的身体都完好无损。

我忍不住问爸爸:"这些小蚊虫是怎么了呀,难道是被我的个人魅力征服了?"爸爸一咧嘴:"不是吧,那是因为你房间里太冷,它们都被冻死了!"

唉,这些蚊虫原来是被空调征服了呀!所以,炎炎夏日消灭蚊虫的最好方法不是花露水,不是蚊香,也不是蚊帐,而是空调,尤其是开着超级低温的空调。

不如,我明天就把空调开到16度,然后人出去,就可以彻底剿灭蚊虫了。真是个好主意啊!

情感的味道

吃蛋糕对我来说,印象深的,一年里大概只有一次,那就是我的生日。我生日之外的吃蛋糕,好像都没什么特别的记忆。

可今天是个例外,国学课结束,居然还可以吃蛋糕,这幸福来得太突然了。看上去,这个蛋糕没有多大,但是它包含的情感却很多很多,有惊喜,有感动,还有兴奋……

我试着伸出鼻子,远远就闻到了一阵杏仁香,也许,这就是情感的味道,它在向我发出鼓励:这几天你和同学们辛苦学习,认真思考,积极辩论,努力可没白费呀!我甚至在想,这蛋糕还有知识的味道吧!

其实,这个蛋糕的外表很普通,无非是外面一层杏仁片,上面一层奶油,奶油上面缀了些水果片。不过没什么事,只要味道好吃就行。接过刚刚切好的蛋糕,一口咬下去,首先是一阵奶油味,甜甜的;其次是一股水果味,酸酸的;最后是藏在最里面的蛋糕味,咀嚼起来,酥酥的。众多味道混杂在一起,使我仿佛跟蛋糕融为一体了。

不知不觉中,蛋糕吃完了,味道还在空气中"转圈"。再细细闻一闻,这味道依然很甜、很蜜、很浓,这就是蛋糕的味道,也是情感的味道。(注:这篇文章写于2018年1月,当时在读小学五年级。)

当树上"洒"下香樟果

我家楼前有一排香樟树,四季常青。枝头间,错落有致地挂着香樟果,只不过,因为它与生俱来的绿色,总是被冷落,"火"不起来。真正把它捧红的,缘于秋天的到来。

秋天来了,香樟果由绿转黑,少了一份绿色的清秀,但也多了一份黑色的成熟。也许就是"成熟"的原因吧,此时平常低调的香樟树总会"洒"下许多香樟果,满地滚动,仿佛是秋天流下的汗水,预示着这是一个丰收的季节。

这些香樟果的样子很是奇特:从树上掉落下来后,它仿佛戴了一顶尖尖的"青箬笠",那本是它连接树枝用的;那么"绿蓑衣"在哪儿呢?瞧,就在它那圆圆的身体上:黑色中带着黄色小斑,仿佛黑暗夜空中那几颗至亮的星星,有条不紊地排列着。

你若试着"欺负"一下它,想试试它的抗压能力,它总能让你大吃一惊:看似弱小的身体硬邦邦的,就像一个小石头,反倒是自己的手指会被它"防"得疼痛难忍。若是还不服,不如试着踩一踩香樟果。可它的顽强总会给你惊喜,让你总是发自内心地感慨:看来,这些香樟果都没少去健身啊!因为只有长期锻炼,才会积累这么结实的肌肉呀!

  我曾是个踩香樟果的狂热爱好者,因为总觉得他是个解压神器。每当踩过那香樟果的一瞬间,它便会发出"咯哒咯哒"的响声。这声音虽不如嚼薯片那般清脆,但我总会发自内心地赞美:这是世上最美妙的声音。为什么呢?

  因为每当香樟树"洒"下香樟果时,我就会明白:秋天,已经悄悄到来了……

关于梦的遐想

关于梦,我对它的记忆只是朦朦胧胧:明明前一刻还激情万丈,刚到下一秒就消失得无影无踪。

想到这儿,我不禁想追寻起古人的梦,他们的梦总是上天入地,气势恢宏:他们有时望见山间挺立的青松,有时窥见水中舞动的黄龙,有时听见洞中仙人的指点,还有时望见天穹之下的彩虹。古人梦见这些东西后,似乎都会变得幸运许多。

我常渴望梦见这些事物。或是梦见鱼跃龙门,一下子金榜题名;或是在梦里听见仙人的指点,顷刻间学问大长。这一切似乎是那么简单,但离我却是那么遥远。

我想着想着突然明白了:梦只能起到一个指引的作用,真正的努力还是得靠自己。秦始皇曾经梦见一个老神仙对他说:"只要铸造十二个金人,天下就能太平。"但秦始皇铸造了十二金人后,依旧施行暴政,秦朝在不久后还是覆亡了。所以说,好梦不代表好运,关键还在于自身。

生活,其实就是一场梦。它既蕴含欢喜,也包庇忧愁;它既存在束缚,也提供自由,一切都在瞬息万变,我们必须学会见微知著,学会未雨绸缪。

  当然,梦还是要一如既往地做,因为它确确实实寄托着对未来的追求。请不要再对未来充满恐惧,谁总会像守株待兔般幸运呢?充满希望吧,赶紧趁须发未白,奋起直追,再上层楼!

洪水上的穿越

列车接近南京后,雨渐渐下得大了起来。

连串的雨滴在玻璃上勾勒出了一条条细线,在风的吹拂下,斜着身子飞速向玻璃下方延展,多多少少有斜风细雨的意思。

可这真的是斜风细雨吗?显然不是,窗外的雨大着呢,只不过是飞速的列车带给你的假象而已。果然没过多久,细线相互交错、汇聚,积少成多,积水成渊,一条条粗线几乎占领了整片窗户,自上而下激情喷涌。紧接着,随着车外狂风的愈发猛烈,雨滴流动的方向逐渐由倾斜向下变化成与水平面相平行。

此时的窗外,仿佛成了雨滴的宇宙,雨滴不仅到处都是,而且还都在有条不紊地转动。列车刚好通过长江大桥,长江的水已经蔓延到了岸边,淹没了马路,也淹没了房屋。桥上的江水,似乎要漫上铁路。虽然我知道这是视觉上的偏差,但视觉效果不亚于在洪水中穿越。那这次旅行,不如叫洪水上的穿越吧!

其实很多事物也是一样,起先给你斜风细雨的效果,实际上当你看到事情的全局时,内心会颇受震撼,甚或有些惊恐。但,这或许是更美好的开始吧,我们唯一能做的,就是保持淡定,不以物喜、不以己悲吧。

班主任真不好当

最近,由于我们班经常有人带东西来学校吃,于是班主任颁布了一条班规:从今天起谁带东西来学校吃,发现后就得给班上每个人发一份相同的。可不嘛,我旁边那"胖子"被发现,偷偷在教室角落喝可乐,结果被罚给每人发一瓶。

可是我们班的班长被人发现带了一瓶纯牛奶,大家不知道应该如何裁决,便问班主任,班主任听后先是一愣,缓了缓才说:"纯牛奶有益于身体健康的,当然可以带!"于是第二天,班上每个同学都带了纯牛奶来学校。

不过,细心的人发现,有一个教师子女带了酸奶,于是就把他给告了。班主任听后也很犹豫,因为她也不知道是否应该处罚教师子女,于是她说了一句:"凡是在可控范围之内,带健康的饮品都是可以的。"至于什么是可控范围,哪些饮品是健康的,又该如何界定呢?很难说!所以,大部分人都选择带更为保险的酸奶。

谁知开头提到的胖子,又带来了一瓶果粒橙,自称果粒橙含有许多营养物质,十分健康。这一举动看似没有什么问题,但总感觉很奇怪。因为,有些果粒橙加了各种各样的添加剂,并不是那么健康。于是,班上同学又找到了班主任。

那么请问,这一次班主任怎样进行裁决呢?唉,这年头班主任这个职务真是不好当啊!

疫情这三年

  疫情这三年，我们的生活变化很大。恰如《周易》所言，要"与时偕行"，每天都要做好自我防护，每天都有些提心吊胆，生怕病毒的入侵让本就特殊的生活变得更加繁杂。但现在回首三年，疫情教给了我们许多，其中有契机，也有挑战。

  疫情是一次契机，它让我们感受到了人间的温暖。当病毒的魔爪伸向一个个城市时，忙碌的我们才恍然明白，看似平和的生活在病毒面前简直不值一提，它不论大小，不论多少，所到之处不是行业停摆的哀叹，就是家庭分离的悲伤。眼前的风呼呼作响，却挑不起整个城市往日的繁忙。但在危急时刻，是那一个个医护人员。如果不是疫情来袭，他们或许不会变得如此劳累，但他们义无反顾挑起了肩上的重担，日日夜夜地忙碌，承载着上亿人民的期盼。城市就像被装上了几个新的引擎，虽说不如往日那样自由洒脱，却也显得更加成熟稳重。

  疫情也是一次挑战，它让我们看到了世间的变化无常。可能前一秒还是人潮汹涌的商场，一下子就成了被封锁的区域;可能前一秒还是欢声笑语的公园,转眼之间人便无影无踪。这的确很难令人相信,但这或许就是生活最原本的面貌:挑战不知何时降临,危机不知何时浮现。作为普通人,我们要做的,应该就是调整好情绪,以平和的心态面对瞬息万变的生活,疫情应该如此,平日的大小事情我们也该如此。

  疫情虽然打破了我们平静的生活,但我也因此明白了生活的真谛,任何时候,我们的生活都是契机与挑战并存的。正如这一次疫情,虽然妨碍了我们的生活,但让我们感受到了人性的无私与美好;虽然它带给我们一个又一个难题,但让我们竭力平和自己的心态,除去心中的浮躁。

  正如孔子要杜绝的四种毛病:"毋意,毋必,毋固,毋我。"任何事情都具有两面性,我们不要凭空猜测,不要绝对肯定,不要固执拘泥,也不要自以为是。这就是疫情告诉我们的一个道理吧!

不负所爱，才能满足期待

在生活中，期待无处不在，我们总是被别人期待着什么。可能是被父母期待考上重高，可能是被老师期待学习进步，也有可能是被同学期待变得完美。但我认为，只有我们坚持自己所爱的事物，才更有可能去满足别人的期待。

孔子是中国古代儒家学派的开创者，想必大多数人对他的印象都是"学识广博，喜爱读书"。但事实上，孔子可不是一个死读书的人，他曾对自己的弟子说："吾少也贱，故多能鄙事。"意思是说，各位不要认为我只会读书，其实我在年少的时候，还是会许多别的本领的。的确如孔子所讲，他并不希望人们把他看作一个只会读书的老学究。事实上，孔子不仅会骑马射箭，还精通音乐，且会弹奏多种弦乐器，的确是一个多才多艺的人。

所以说，一个人只有在刻苦学习的基础上，充分发展自己所爱的事物，才能像孔子一样全面发展，同时真正满足别人的期待。

晚清重臣曾国藩也曾经在家书中谈到自己对两个儿子的

期待,他说自己对两个儿子的确抱有期望,但自己会顺应两个儿子的爱好去教导他们。后来,在曾国藩的谆谆教导下,擅长交际的儿子曾纪泽当上了外交官,帮助中华民族从俄国人手中收回上百万平方公里被占领土;另一个爱好数学的儿子曾纪鸿,则成了一名数学家,在数学上取得许多突破性的成就。

所以说,无论是什么人,只要适当发展自己的爱好,加以自身的勤奋,还是很有希望取得成功的。当然,顺道也满足了别人的期待。

最后以我自己为例,虽然现在中学的学习压力很大,每天都得对付五门功课,但我可以提高学习效率,趁着空闲之余打打篮球,适当发展自己的爱好,做到劳逸结合。这样一来,既提高了学习上的效率,也发扬了自己的运动精神,提高了自己的身体素质。

总而言之,作为一个中学生,我不可避免地受到了众多人的期待。但我也要在刻苦学习之外发展自己的爱好。我想,这无论从现在还是长远的角度看,都是有利于学习与身体的。

所以,期待与爱好并不冲突。不负所爱,才能满足期待!

第二辑

平凡的光芒

率直的人有错吗？

生活中不缺率直之人，很多人对率直之人的看法都是负面的，但我并不这么认为，想通过下面这个故事来谈一谈。

这令我想起初中班上的一个男同学，由于说话太直爽，经常得罪同学，甚至是老师。虽然大多数同学习惯了他的性格，宽容他的举动，但遇到那些较真的同学或者是老师，他很容易被针对甚至被"穿小鞋"。经历了数次吃亏后，他决定改变自己的说话方式。

但毕竟"江山易改，本性难移"，次日上课时，他的直言不讳又给他带来了麻烦。他对这个任课老师说："你怎么和昨天穿了一样的衣服？"其实他这么说也无可厚非，毕竟江南地区的初夏时节，也有接近30度的气温，一天换一件甚至两件短袖很正常。不幸的是，这个任课老师很较真，感觉自己伤了自尊，竟要把他罚到教室外面去。这个男同学换作之前早就要大声反驳了，但毕竟刚刚决定要改变说话方式，于是他急忙说："老师，我错了，对不起。"

可惜，这个老师很较真，根本不搭理他，旁边的同学知道老师理亏,但又不知道怎么帮助解围。求情吧,谁也不想引火上身;支持老师吧,良心上又说不过去;支持男同学吧,可男同学自己也不反驳老师。

尴尬的男同学心里很矛盾:既不想得罪老师(其实已经得罪了),又不想被欺负。

他愣了一下,情急之下憋出了一句话:"这件事我有错,但不至于罚我出去,由于你是老师,我得尊重你,但我想说,我是冤枉的。"旁边同学见他语气缓和,也纷纷为他辩护,最终还了他清白。

为什么这个男生向老师求情时,没有人愿意帮他;但当他指出老师的问题后,那么多的同学站出来为他发声?

我想是由于说话方式。当他向老师求情时,他处于弱势的一方,换句话说,他把自己当作了弱势的一方,只要是"明白人",应该都不会在此时选择帮助他吧。而当他指出老师的问题后,他和老师处于一个相对平等的位置,在这个时候为他辩护,风险就没那么大。再者,此时指出老师问题的是男同学,不是其他同学,相对而言风险更要小一些。

有些人可能认为我在过度解读,但事实上,经过我事后的调查,大多数当事人都有相似的想法。我们大脑做出判断可能很快,但之前的思索,恐怕是很复杂的。

说回正题,大多数场合,率直往往能为我们赢回主动权,让大家意识到事情的前因后果;相反,说话太委婉,很容易理亏,至少看上去显得"理亏"。

所以,在合适的场合,请一定要率直,它会为你赢得更多的机会。

难易之间

昨天,我和爸爸去小区的河滩捞鱼,因为前几天我们发现,这条河里有许多鱼在岸边游来游去,捞个几条想必是极其容易的。

刚到时,正好有一群鱼在岸边游来游去,可以说是唾手可得,更巧的是,由于正值枯水期,原本被水淹没的部分河滩显露了出来,仿佛一条小路通向了河中央,可谓是天助我也。

在这样的情况下,爸爸为达到出其不意的效果,突然拿起网兜往水中"哗"地一捞,只见网兜捞起的淤泥中竟有五六条小鱼,还有条七八厘米长的大鱼,真是旗开得胜。可这样一来,鱼儿们全都闻风逃遁,之后我无论是往水草中捞,还是往空旷的水域捞,都一无所获。

无奈之下,我对爸爸说:"你刚才这么一捞,把鱼都吓跑了,搞得我现在什么也捞不到。"爸爸正蹲在岸边:"你才不对呢,总跟鱼打'游击战',这种莽撞的做法,怎么捞到鱼呢?我们等鱼儿回到岸边后,再来个'突袭战'……"果然,没过多久,又有鱼儿游到岸边,爸爸猛地一捞,又是一次"大丰收"。

之前还有一次,我去楼下取快递,遇见邻居大叔戴着副眼镜在刷手机,还边刷边"喝彩":"好看!好看!"在我印象中,这位大叔可是位跑步健将呢,怎么现在……我忍不住问:"大伯伯,你怎么戴眼镜了呀?"他摇了摇头:"没办法呀,我不戴眼镜刷手机,眼睛就疼死了!""那你眼睛疼就别刷了啊?"我强忍住笑。"那有什么办法,根本停不下来。嘿!这个好看!还有那个!"大叔又顾不上与我聊天了……

唉——其实,生活中许多事也一样:有的像捞鱼,看起来容易得很,但如果用错了方法,那就会变得很难;相反,有的像刷手机,看起来戒掉很难,但如果自律一点儿,那就会变得很容易;而在这难易之间,最重要的,我想是在看清问题之后如何选择吧!

期待有条不紊的初中生活

初中生活过得很快,"快"得令我吃惊,转眼间,一星期结束了。其中,给我留下的第一印象就是:"匆匆而来,匆匆而去"。

一,既然提到"快",那么关于"时间安排"问题的讨论就不可避免。由于初中的学习节奏很快,课堂环节十分紧凑,有时候我稍不留神,就跟不上老师的节奏了,我不禁想:怎么安排才能让自己更有效率呢?

首先,我觉得下课时,得预留出上厕所和休息的时间,无论你有多忙。因为做完这两件事,就不用担心上厕所和疲劳的问题,才能保证时刻高效。

其次,上课尽量不要走神,往往一走神,就会跟不上老师的思路。所以说,宁可认真听,不懂再下课去问老师,也不要因为容易懂而不认真听。

二,我想说一说关于"整理"的问题。记得从上幼儿园起,我就经常来北干初中玩,受爸爸的影响,我有一个独特的癖好:随机参观几个教室里的抽屉。几次下来,竟发现了一个十分有趣的现象:有的抽屉里书堆得很乱,有的抽屉里连一本书也没有,当时,我对此感到很吃惊:"简直是两个极端!"

现在,我亲身体会过,当然就明白了,初中的节奏快得惊人,很多人由于没时间,宁可让自己抽屉乱着。而那些抽屉空着的,又是怎么回事呢?因为他们嫌自己抽屉乱,放学时怕忘带东西,就把东西一股脑全带走了。

这周的前三天,我理东西一直很慢,因为我总得保证抽屉不乱,只能不断地分类,但这显然不是什么好方法。后来两天我琢磨了一下,决定将每个学科都单独装一个文件袋,这样上什么课就只需拿相应文件袋出来,收拾时也只需物归其位。

我不禁期望:虽然当下对我来说,初中是个"快"的世界,但通过不断地调整和适应,相信这会是一个"有条不紊"的世界!

"逼茶"记

懂茶的人都知道,有些茶在泡之前得用水洗一遍,这并不难,却难倒了我。

由于茶壶太小,洗茶洗得没那么彻底。爸爸为了锻炼我的洗茶能力,便把开水倒进杯子,又盖上杯盖,说:"你要把这里面的水倒出来,但得把茶叶'逼'在里面。"

说说挺简单,实则不然,我先把杯盖稍稍打开,留出一点儿"水缝",然后把整个杯子倾斜过来,可茶和水就像装了磁铁似的,每当水呼之欲出时,茶叶也会紧随其后。真的很恼人!尝试几次无果后,我抱着尝试的心态,想通过加快杯子的转速,将茶"逼"在杯里,谁知这样一来,茶水流出的方向就不可控了,我的手也被流出的开水烫得失去了知觉。

无奈之下,我去请教爸爸,他没说什么,演示了起来。他先把杯盖稍稍打开,但随后多做了一步,把杯盖往里轻轻一按,令人惊奇的是,正是这一小小的步骤,竟隔离了茶与水!

一缕水流从杯盖下的小缝缓缓流出,可以隐隐约约地看到,细小的灰尘在里面尖叫。这之中没有茶叶!

任何事情的成败，往往就是差了这么一步。我们常会嘲笑"功亏一篑"故事里的那个人，认为他竟傻到少了最后的关键一步。实际上，任何人都不可避免地会"功亏一篑"，有的可能是短期的，有的可能是长期的，甚至是永久的。

比如英国工程师史蒂芬森曾经制造了一种铁轨，申请了专利，而他参与设计的铁路即将开通，若使用自己的铁轨，就有机会收取大量的专利费。但他的这种铁轨强度较差，很容易被火车压断。于是，他毅然忽视专利费，不顾家人反对，决定采用另一位工程师发明的高强度铁轨，使这条铁路成功开通。试想，如果他使用自己的铁轨，那结果很可能是功亏一篑了。

再比如中国飞人苏炳添，他虽然步频很快，接近顶尖水准，但由于黄种人的身高劣势，在职业生涯遭遇瓶颈。他经过琢磨，不顾周边人反对，把起跑脚换成了左脚。正是这一小小的改变，不仅改善了他的跑步节奏，更是使其多次打破了亚洲记录。

所以说功亏一篑并不可怕，也不傻。重要的是我们要正确认识到自身问题，找出合适的解决方法，从而取得进步。

"笔"较之下

在文房四宝中,我独爱笔。想当初,崖山海战,宋军兵败,大势已去,惟文天祥挥笔写下《正气歌》,震惊朝野,振奋军民。想当初,李氏衰微,皇族不保,武曌登基,惟骆宾王挥笔写下《讨武曌檄》,表决天下,力保正统;想当初,戊戌变法,百日而终,内忧外患,惟谭嗣同在狱中挥笔提诗,大笑而死,为国捐躯。

墨,在时代的浪潮中终究会灰飞烟灭;纸,在历史进程中终究会破碎不堪;砚,在人世的烟火中终究会被冷落孤立。唯有笔,只要有思想,只要有学识,它都能将你的想法一一记录下来,流传后世,泽被众生。我爱笔,爱它的外观,爱它的实用,爱它的低调,更爱它的高瞻远瞩,心系苍生。

平凡的光芒

不知何时，小区里新来了一个清洁工，大概五六十岁的样子，成天穿一件衬衫和一条长裤，头戴蓝色小帽，脚踏灰色布鞋，每天一大早就在小区里干活，但令人奇怪的是，其他清洁工都有正常的作息时间，例如早上六点开工，到了傍晚就收工回家，而他却不一样，起早的人会发现，才凌晨三、四点钟，他就一手拉着一个大垃圾桶，往集中点送；等到垃圾车来过之后，又把几十个空垃圾桶送到每幢楼下。这时候，仅仅是六点左右，紧接着他又拿了把大扫帚在樟树下扫落叶。正值春天，香樟树开始大规模地换叶，他扫啊扫，无论地上有多少叶子，总能被他打理得洁净如初；到了晚上，他见有些垃圾桶装满了，又特意拿了些空的来换，然后把装满的桶一齐拉到集中点，迎接新一天的到来。不知为什么，无论要干多少事，他总是笑呵呵的。

小区里的业主们见他每天这么做，议论纷纷。有的赞扬说："这大伯太勤劳了，我每天晨练时都见到他！"有的替他担心："他每天起得早睡得迟，会不会劳累过度啊？"有的提出了猜测:"他会不会家里出了什么变故,才迫不得已这么做,可他为什么每天都这么快乐呢?"

直到有一天早上,我在窗边看书时,突然听到楼下新闻播报的声音:"社交隔离对于减缓病毒传播至关重要……"原来,那位清洁工拖完垃圾桶后又在楼下扫地呢!他边扫边聆听着衣袋里小收音机播放的新闻。看!他一会儿摸着额头愁眉不展,一会儿又拍打衣裤喜笑颜开;一会儿突然停下脚步低头冥想,一会儿又马上加快步伐满面春风,他整个人似乎已经沉醉其中了。

我忍不住跑下楼去问他:"爷爷,你这么勤劳,每天早上几点起来呀?""还早上呢!"他露出自豪的神色,"我半夜两点半就起来了。"我心里先是一惊,又惊讶地问:"你这么早起来困不困?"他"呵呵"笑了两声,看样子他并不觉得两点半起床是件稀奇事。"那你早起不累吗?"我惊奇地看着他,瘦小的身材比大垃圾桶高不了多少。他不禁笑出了声:"这有什么累的,怎么会累呢?"然后又拿起大扫把干起活来,我一时呆在了原地,心中泛起阵阵酸楚。

唉——可是在生活中,有多少人能像他一样把工作当作乐趣,并且成天乐呵呵的呢!平时走在路上,很少有人是真正快乐的。有人在悠闲地打电话,大脑却在高速运转:过会儿,万一和客户谈不成怎么办?我怎么向老板交代呢?有些人在自在地喝奶茶,内心却在焦虑地想:今天还有好多事没有干,过会又该干什么事,还有些孩子聚在一起嬉戏,喉咙口却在自顾自地念叨:我还有一大堆作业欠着,会不会到深更半夜还做不完呢?

但这位清洁工不一样,或许他有比我们更多的困苦和烦闷,他每天依旧乐在其中。每个时间段去做自己该做的事情,再来点儿适当的放松,而不是老想着"这件事没干,那件事也没干",成天闷闷不乐,最终一事无成。

如此看来,这位清洁工带给我们许多启发:其实,如果我们用乐观的思维方式对待眼前每一项任务,那么即使有堆积如山的试卷作业,又怎么会令我们感到烦恼呢?

刚才,我在楼下锻炼时又遇见了他。他一手拎着把破竹椅,另一只手提着工具箱,哼着小曲儿往自己的小屋走去,一路上还用花坛边的水龙头,洗了个脸,看着就感到神清气爽。

或许,这就是另一种意义上的"贫而乐者",看似贫穷却又快乐无穷吧!

"反求诸己"并不是"只怪自己"

"君子求诸己,小人求诸人",孔子这句话想必许多人都知道,其用意之一就是,想让我们犯错后先检讨自己,而不是一味地指责别人,即"反求诸己"。

由此看来,"反求诸己"是一件好事,因为这能让每一个当事人都先反省自己,实际则未必,有时"反求诸己"也会造成一定的误会,变成坏事。

小学时,几个同学中饭后背着班主任去打篮球,结果被发现了。班主任询问是谁组织去打球的,他们都互相推脱,只有一个人检讨自己:"别的人没有责任,是我不该提议去打篮球。"实际上,打篮球这件事是他们一致赞成的。这下好,班主任被蒙在了鼓里,着重批评了那位"勇于认错"的同学。

这样看来,稍有不慎,"反求诸己"就会成为一种名义上很好听,但会把自己坑惨的做法。但,我并不赞同这一观点,只是那位同学的做法还不够妥当而已。

"反求诸己"并不是指,犯错后要"大包大揽"、"只怪自己",而是要在尊重事实的前提下,适当地去看待自己、评判自己。比如,打篮球一事中,那位同学可以说:"我是有责任的,因为我也赞同去打篮球……"

当然,如果自己没有责任,或绝大多数责任都在于对方,那也不要不好意思,该指出、该批评的时候,还是要果断一点的,关键得看你的说话方法和批评的度。

"反求诸己"并不是"只怪自己",这样才能渐渐理解"反求诸己"的真正含义。

别让爱,成为"甜蜜的无奈"

  由于疫情的缘故,爸爸趁着长假,孤身一人回到老家与爷爷奶奶相聚。回城那天,手里提着大包小包,其中有个红袋子特别显眼,鼓鼓囊囊的,不知里面装了什么宝贝。
  我按捺不住内心的疑惑解开袋子一看,发现里面的东西可不同寻常:首先看到的是三个保鲜袋,似乎装满了"鸭肉",可是这比鸭肉要厚实不少;随后又看到了三个矿泉水瓶,似乎灌满了"鸡汤",可是这汤的颜色比鸡汤要浓重;之后,我又发现调料包中竟含有香菜、大蒜,很明显,平时吃鸡肉和鸭肉是用不上这些调料的。莫非,这"肉"是食物界的"四不像"?
  爸爸见我蹲在这肉旁老半天,笑嘻嘻地拍了拍我的肩:"这不就是鹅肉吗?你的爷爷奶奶特意买了三份,一份给我们,其余给叔叔和外公外婆,而且……"爸爸突然愣住了,直盯着三袋鹅肉,吃惊地说:"你奶奶怎么让我带了这么多鹅肉,一定是偷偷加了量!别说一家分一袋了,三家分一袋都足够了。哎!不及时吃完,放着就不新鲜了,还可能会变质。"听了这番感叹,我也有些埋怨爷爷奶奶的意思。

吃中饭时,我们把鹅肉倒入碗里,更是傻了眼——原来,鹅肉中竟有一大部分是内脏,虽然营养很好,但胆固醇也高,吃多了会有副作用。若是不吃,自然会加重浪费的程度,何况内脏的价格可不便宜,这对当下以种田为主的爷爷奶奶来讲,真的是一笔很大的开销。我们再次沉默了……

爸爸忍不住打了个电话给奶奶:"阿妈呀,你和阿爸买这么多老鹅,根本吃不光,而且我和我弟都有高血压,根本吃不了这么多内脏,到时候浪费了……"可是奶奶的一番话却让爸爸深深叹了口气:"你们小时候,鹅的内脏不都抢着吃吗?怎么现在就……"

唉!有多少珍贵的东西就像这鹅肉:长辈始终记着晚辈喜欢吃什么,想尽办法买给他们,但世易时移,晚辈已不想吃,或身体已不宜吃,却又舍不得浪费,只能强忍着吃下,以不负长辈的那份爱和牵挂。

或许,这也是一种甜蜜的无奈吧!身为子女的我们,真该与父母多多沟通了,让他们及时了解我们的变化,及时知晓健康常识,让他们对我们的爱随着年岁一同改变,跟着时间一同成长!

被自己"帅"醒

前些日子与小学同学打球,偶然聊起了现在班上的趣事。

他讲了一个,说他们班有一次课堂讨论,话题是"我的优点"。有个特爱耍酷的男生举手说:"我每天早上都是被自己帅醒的。"全班都笑了。

"那该有多'帅'呀!难不成他是个'当代周瑜'?"我也憋住笑。

"还周瑜呢!不如说他是黑米 zhōu(周,粥)。"同学回答道,这些话,简简单单几个字,却早抵得上千万"好词好句"了。

"破笋"的内心

正值清明节,我和表弟跟着大人上山扫墓。趁着大人摆放祭品、点燃香火的工夫,我和表弟拿了把锄头,想去周围转转。

或许是平日来山间的次数较少吧!眼前的一切是那么陌生,但又有些许熟悉,尤其是遍地的竹笋。我二话不说,叫上表弟开挖。

我们先挑了一个刚露尖的笋,因为,据说这种笋的口感比较好。我本想观察一下周边地形,看看从哪边开挖比较合适,可表弟心急如焚,生怕这一片的竹笋马上消失,硬是逼我开工。

我只好拿起锄头向土地挥去,转眼间,锄刃深深地嵌入了土壤。可表弟还嫌不够,他为了保证挖笋成功,两脚直接踩在了锄柄上。据他所说,这种方式是"全球首创"。

我可不管他的挖笋方式是不是"全球首创",马上顺势把锄头一翘,结果只听"咔嚓"一声,笋被锄刃弄断了,成了破笋。可能是因为经验不够,一连好几次,挖出来的都是破笋。即便如此，我和表弟依然心满意足，因为这记录了我们的"成绩"。

可令人奇怪的是，下山后我才发现"破笋"不见了。问了好几个大人才得知，外公竟背着我们把"破笋"扔掉了。理由很简单：这些笋又小又破，放袋子里占空间。

应该把这件事告诉表弟吗？我也不确定，但不得不说的是，长辈们应该适时与孩子交流，而不是一味固执于自己的见解。否则，失去的就不仅仅是那些"破笋"，更是孩子那颗"破笋"的内心。

最终，我还是没有把这件事告诉表弟，但他会清楚的……

被误解的"百家水"

常常听人说,某人是吃百家饭长大的。正巧我有一个习惯,每天早上把所有杯内的隔夜水混合,再用电热水壶烧开,不如把这种水叫"百家水"吧!

前些天,我把喝剩的咖啡也误倒进了"百家水",结果导致烧出来的水又黑又黄,属实把家里人吓了一大跳。结果我就被禁止烧"百家水"了,爸爸指着这壶色彩浓重的水,说:"这种隔夜水中含有大量的亚硝酸盐,经常喝会中毒的。"我听后觉得有道理,但对他的胸有成竹还是有所疑惑,决定上网查一查。

查了很多资料才明白,中国对饮用水本身的亚硝酸盐含量十分严格,上限为 0.1mg。其次,隔夜水内的亚硝酸盐含量并不会明显升高,就算放置 24 小时,含量也只有 0.00237mg/L,远低于上限。所以,隔夜水是可以喝的,只不过不能放置三天以上。

我又想到了一些其他的谣言,比如"千滚水"不能喝,"吃辣椒会刺激长痘,酵素减肥,醋可以软化血管以及众所周知的骨头汤补钙",其实都是不正确的。

所以,生活中被广泛接受的,并不一定是真理,正如孔子所讲,"君子和而不同",真正明智的人追求和谐,但必须有自己的认知,不会随意跟风。这还是有一定道理的,我们当常常提醒一下自己。

不是抄袭，而是"致敬"

下课，我们几个人聚在一起，偶然聊到一首最近很火的歌曲。其中有一个人说："这首歌明明是抄袭美国歌手的，连伴奏都一模一样！"结果马上被另一个人反驳："谁说的，这是向前辈致敬，怎么能说是抄袭呢？"抄袭与致敬，这两个词语有着天壤之别呀！

小学时，有个男生趁下课在抄数学作业，结果被他同桌发现了。正当他的同桌想告状的时候，他满脸冤枉地说了一句："我明明是在誊写嘛！"顾名思义，誊写是指"工整地抄录文稿或笔记"。

由此可见，同样的事情，若是用不同的词语来形容，给人的感觉完全不同。

就像水果店会把樱桃称作"车厘子"，鳄梨称作"牛油果"，小番茄称作"圣女果"，莽吉柿称作"山竹"。只是一个名字的改变，就让这种水果高了不少档次。真是一字值千金呀！

所以，我们看待事物一定要时刻保持清醒，客观地去评判每一件事物，而不是被表面现象冲昏了头脑。

不认错的人，知道自己的错吗？

当看到这个标题，可能很多人的答案都是：不认错的人肯定知道自己的错误，只不过爱狡辩罢了。但事实上，我感觉还有一种极其普遍的情况：不认错的人压根不知道自己错在哪儿。

这个话题源于我见过上百次的生活场景：一个人对犯了错的人说："你真的不知道你错在哪里？"然后犯错的人点点头，结果双方就闹得很不愉快。

就像前几天，我在整理屋子时发现厨房放了很多塑料袋，全塞在篮子里，很杂乱。我就问妈妈："你为什么不把这些东西理一理呢？"妈妈说："哎呀，这些东西你不用管，我向来这样呀！"结果过了几天，篮子里塞的塑料袋数量不降反升。

起初，我认为妈妈压根儿不知道自己这么做很乱，但后来细细品味对话过程才发现，既然妈妈表态说"你不用管"，这便说明她知道自己这样很乱，进而才会把我打发出去。但由于她只知道很乱，但不知道乱带来一系列后果，所以最终也没有将"整理"付诸行动。

所以说，不认错的人并不都是狡辩，也并不都是"真不知道错误"，而是他们对自己的错误有一点儿认识，但既不知道自己错误的根源，也不知道错误带来的后果，所以，当我们面对不愿认错的人，不要一上来就说他是狡辩或者真傻，而是要告诉他这一错误的根源及可能产生的后果，如此做，才可能让当事人真正地心悦诚服。

别怕,向前再迈一步

刚上初中那会儿,由于我对新环境的极度不适应,各方面都令我十分害怕,尤其是考试。开始时,我考得有好有差,激动过,也失望过,但自从有一个星期连续考出傲人的高分后,我的心一下子像被铁索缠住了似的。为什么?因为我怕之后的考试不能像前几次那么好,心里很是紧张,以至于做作业时,看一道极其简单的题也会看得手心直冒汗,生怕出一丝差错。

我便把这个情况告诉了爸爸,因为他在初中时成绩很好,想必有什么"让人做题不紧张"的秘籍,所以我张口就是:"嘿!你有没有什么好的学习方法,能让我考试不紧张,而且还能考得很好?"爸爸听了我这番急于求成又带有些忧虑的话,微微皱了皱眉头,但马上笑着对我说:"考试就是做题嘛!紧张干吗呢?你考差,我和你妈妈又不会像有些家长一样打你、骂你,也不会批评你,尽力就好了呀!"

的确,我的爸爸不会因为我考差而骂我,但我真的很想考好,最好每张试卷乃至每次作业都能全对。设立这样"高大的目标"以来,即使我心里不想紧张,又怎么会不紧张呢?

爸爸又劝导我说:"你考差会怎么样,天会塌下来吗? 就算真塌了,我也会为你顶着。都可以从头再来!比如,我读高一时,有一次化学考试只考了 37 分,但高考也能考出令人满意的高分;再比如,我以前的几门课中,语文算是差的,但现在照样能写书、写文章去帮助别人呀!"

我听了觉得很有道理,但不知为什么又哭了出来:"可我没有你这样的好心态呀,我真的很怕考差呀!"但爸爸依然很耐心:"来,让我给你跳支舞吧!"说着站起身来,边挥舞手臂边摇摆了起来,还边跳边喊:"考试就是做题,换个场所而已;考试就是练习,不要紧张着急……"这一支舞虽然很是滑稽,但不知为什么我的内心舒坦了许多,之后的考试心态也好了许多。

最近,我偶然读到了晚清重臣曾国藩说的一段话:莫问收获,但问耕耘。是啊,曾国藩这个天资愚钝的人,好不容易考上进士,又遭到皇帝的猜忌与群臣的排挤,但为何又能名扬天下? 因为他有好的心态,有"再进再困,再熬再奋"的心。我们考试也不过如此,不要只去一味追逐满分,而是要看自己"耕耘努力"了没,这样一来,即使考差了,又有什么忧虑呢?

感谢爸爸,是你让我在人生道路上战胜了"心魔",在你的帮助下,我不仅在考试成绩上迈出了一大步,更在心态上迈出了历史性的一步。因为,对于人生道路上的险阻,我不再惧怕。

爱唱歌的平板

不知是什么原因,这几天我的平板总会时不时地唱起歌来,还是同一首歌:Dream is possible。

我起初并不是十分在意,觉得平板爱唱就唱,估计它也像人一样,唱多了不就累了吗?可平板似乎不这么想,只要有一小点儿电在,它就会一展歌喉。本来这也没什么,只要平板一唱歌,我把歌关了即可,可谁知这平板得寸进尺,半夜三更还在放声高歌。我顿时坐不住了,决定一探究竟。

最开始我认为这是华为官方的问题,因为平板唱的这首歌是华为宣传曲,可我家其他华为手机从未出现此情况。之后,我又认为是平板上某些音乐 APP 的问题,但我多次调查发现,声音的来源并不是这些 APP,我一筹莫展。

事情的转折出现得很偶然,有一次我和同学在微信上聊天,结果同学那边每发来一条信息,平板就要唱一次歌,会不会我的信息铃声被误调成了一首歌?如果真的是这样,那么无论是百度 APP 给我推荐一条新闻,或是其他软件有新消息,平板都会唱歌,真是太可怕了!我记得自己前几天刚刚调过一次,会不会是那时误调了?!查看后,果真如此!

  现在,平板终于不再随便唱歌了。但不知为什么,我竟有点儿怀念它唱歌的那段日子。

宝贝,快乐的一天

生活中的很多事情,都是千变万化的。从小学到初中,从春天到秋天,从上学到放学,从早晨到夜间,在学习的这条漫漫长路上,似乎一成不变的事情少之又少。但是,爸爸每天在我上学前说的那句话,不知为什么,似乎"千百年"都没有改变,不断地鼓励着我奋勇向前……

进入初中之后,每天都像是在沙场上战斗,每一次上学都像是出征的仪式,而那在旁边"摇鼓助威"的人,总是我爸爸。他似乎已经习惯了这个属于他的"职位",每天"出征"前都要从屋里探出头来:"宝贝,快乐的一天!"这句话从小学到初中,从春夏到秋冬,不知已经重复了多少遍。我从来都不清楚爸爸为什么要说这句话,或许是一段鼓励,或许是一次约定,或许是一个暗号。在不知不觉中,我对它已经从陌生到熟悉,把它当作了一项每天都要做的"作业",如果哪天没说,我都会感到有些不习惯呢!

为什么一句如此简单的话,能有如此大的魔力?我想这是因为,不只是这段话给了我力量,其中更蕴含着许多慈爱……

记得初中刚开学的那几个星期,我感到十分的不适应,无论是在学校,还是在家中,我总是无法融入这一新的强度中去,尤其是我差不多每天回家都要面对海量的作业。

由于我在学校太"劳累"了,我每天回家都想直接趴在床上睡大觉,可是心里却想着那作业,于是一下子陷入了进退两难的地步:睡觉吧,可是作业万一做不完怎么办?做作业吧,可是现在实在是没有力气,怎么办?每当我站在那儿犹豫时,爸爸总会走过来笑着对我说:"先去睡觉吧!身体是最要紧的!""不要,我想睡觉,可是作业不允许啊!"我一耸肩,无奈地对爸爸说道,语气是那样的可怜。"怎么会不允许呢?"爸爸笑着问我:"去吧,睡完觉,好好吃饭,然后我们一起来把时间'分块'好吗?"听完后,还没等我说完,爸爸就把我"硬生生"地给"搬"到床上了,并轻轻地帮我盖好被子,随后"飘然而去"……

这似乎像是一个大人在"哄"一个读幼儿园的小朋友,十分有意思,也充满了浓浓的亲情。但在有意思的同时,我也在这种"潜移默化"的教育中学会了"如何更高效率地学习"——回家先睡觉……

但是,有时候我非得逞强,总是固执地说自己"精神抖擞",还吹牛说一点也不累,整个人在"劳累"的状态下"艰苦前行"。爸爸见状后不停地劝我,有时让我在床上躺一会儿,有时让我在桌上趴一会儿,有事让我在椅背上靠会儿,结果我不听,导致效率很低,一直到十点还没做完。这时候爸爸忍不住了,命令我马上停笔,还语重心长地对我说:"道一,你十点之前必须睡觉,宁可明天早起把剩余的做完。"尽管我十分不愿意,但是在他严厉的督促下,只好赶紧洗漱上床睡觉……

我想,爸爸每天早上都要对我说"宝贝,快乐的一天",不仅是希望我能快乐,更是表达了他对我的爱,这些爱分布在一天中的角角落落,从而形成了快乐的一天。

　　每当他在早上笑着对我讲这句话时,我都会想:他就是那"先儿子之忧而忧,后儿子之乐而乐"的人吧!

在模棱两可的时候

今天我观看了冬奥会的短道速滑比赛,选手们会穿着冰鞋绕着冰场滑行,由于滑行速度超过 40km/h,再加上每一小组都有四到五个人,选手间的碰撞、摔倒是不可避免的。那么,在上述情况下应该判谁犯规呢?我感觉奥运会裁判也挺模棱两可的。

由于中国是东道主,中国的运动员还是会在某种程度上获得些许优待,比如,同样的阻挡或越线犯规,对不同国家的尺度确实不一样。很多人因此认为裁判有黑幕。其实客观上来讲,如果仔细阅读裁判手册可知,一场比赛大大小小的拉扯阻挡,在手册中均可以视为犯规,只不过为了观感,总不能把所有人都罚出去吧?所以裁判会有选择性的判罚。这些判罚本身是没有什么问题,但是疑义在于相似的拉扯阻挡"判了我犯规却不判别人"。这样就造成如果多次判罚都偏袒同一个队,很容易被人怀疑有黑幕。

类似的事情还发生在学校的语文考试中,语文本身就是一门很主观的学科,比如在赏析题中,基本没有人可以与答案答得一模一样,但总不能扣所有人的分吧!所以老师只能看你答的相似程度,但相似程度是很难界定的,比如你的意思表达到了,但表述方式不一样,依然可以扣你分。

所以,无论是短道速滑还是语文考试,判罚的尺度都是很难把控的。我觉得无论作为裁判还是改卷老师,还是要以德为本、持守公义,做到相对公正,正如《论语》所讲:"大德不逾闲,小德出入可也。"

不因别人的成就而失落

丁真走红的事件引起大家的热议,因为他的走红似乎有些侥幸。就像今天闲聊时,同学提到了电竞的职业选手,只要游戏打得好,就能月入千万。这真的让人感到极不公平!

起初我是一脸震惊,这竟然能为选手带来巨大的收益!可之后,我静下心来又心生疑惑,便问那个同学:"月入千万的选手,打的是什么比赛?""那肯定是KPI的全国赛呀!如果得了冠军,收益还不止千万呢!"同学嘟嚷着,"像我们这些打游戏的,一分钱也拿不到啊!"我又问:"为什么那些职业选手可以打全国赛,而你们却获得不了资格呢?""因为他从城市联赛打起,只有成绩优异的才能获得层层选拔的资格,从而'打'到全国赛。"

听完这些我若有所思:"难道说,那些电竞选手真的只是因为会打游戏吗?恐怕不是!他们在打游戏的方面有过人的能力,可能还得'日复一日'地训练以及不断地寻找方法。由此看来,他们是游戏界的学霸,而不是单纯只会打游戏的'老粗'啊!"

由此，我们可以再来讨论一下丁真的事。有人可能会说："丁真只是个放牧的，连'打游戏'的能力都没有，难道不应该说他很侥幸吗？"我认为并不是这样，有时候某些能力不足的人真的会比我们幸运，甚至会得到更好的机会。但我们要怎么做呢？

首先就是别抱怨——千万别抱怨说"自己命差"或者"自己福分少"，其次，我们应该脚踏实地地去寻找方法，提高自己的能力。我们更不要抱怨没人赏识自己，因为孔子不早就说过"不患人之不己知，患其不能也"吗？等到我们能力提高后，干吗还要忧虑没人赏识呢？

因此，当我们看到别人取得一些成功后，无论他们是否有能力（比如电竞选手与丁真），千万不要妒忌，也千万不要失落。我们只要反复提醒自己，"莫问收获，但问耕耘"，随即脚踏实地地默默努力就行了呀！

大门往哪推?

楼里新来一对夫妻,开单元门时犯了难。

明明开了锁,向前挤、向后拽,大门晃得嘎吱响,仍纹丝不动。妈妈哭笑不得:"别推左边,门在右边。"

后来,几位匆忙的外卖小哥、快递员,在这儿困住;妈妈的几位同学,也不知怎么开门,竟打电话询问。原来,他们都在推左边。

难道他们是左撇子?难道他们不聪明?当然不是!

其实,类似的事很多,正如"山不过来,我就过去",解决方法都挺简单,只不过思维存在惯性,我们要及时换个方向而已。

仁者，先难而后获

我们班有一个同学，他总喜欢把好事留给自己，盘算着自己的"收获"，至于困难，则是毫不犹豫地留给别人，正违背了孔子那句"仁者，先难而后获，可谓仁矣"。

去年运动会时，他和我作为 4×100 米的成员到操场训练。在讨论棒次时，他非常积极，第一个发话："今年我来跑最后一棒吧！"听起来似乎很自信，难道他是一个勇于承担的人？实则不然，他是我们四个人中跑得最慢的，根本不适合跑最后一棒。后来，我才了解到：他跑最后一棒纯粹是想提高自己的曝光度。

与此相反，体育课上，由于他是体育委员，老师便叫他示范一下三级跳。可他就没那么积极了，先是犹豫了好一阵子，然后"鼓动群众"——想让旁边的同学先跳，说自己要压轴出场。结果等所有同学跳完后，他又说前几天打过篮球后脚痛，还说"今天穿了双板鞋，脚感不好"。最后，居然是不了了之……

其实,在生活中,我们也可能犯类似的错误,我们当引以为戒,凡事先付出艰苦努力,不要计较"收获",只把"收获"当作顺其自然的结果。

孟子与孔子的三个差距

——读《论语》《孟子》有感

说起儒家,大家都会想到"孔孟之道",把孔子与孟子相提并论。但是平心而论,孔子的名气比孟子大得多。这是为什么呢?近日再读《论语》和《孟子》,又将孔子与孟子作比较,感触良多,二者确实存在一定的差距。

首先,孔子掌握的技能更丰富。

就好比大人买车,喜欢选择功能多的车子;老头老太太去买菜,也要选择蔬菜种类多的店。同理,孔子就是那个"功能齐全"的人,正如他自己所言:"吾少也贱,故多能鄙事。"意思就是说,我年少时很贫贱,因此掌握了许多技艺,比如奏乐、耕作,甚至是赶车。更令人惊叹的是,孔子曾经给鲁国的乐师讲述奏乐过程,要知道,鲁国是当时的礼乐之邦,其乐师在全中国来看也是顶尖水平。但孔子的话,鲁国的乐师十分佩服,即:"乐其可知也。始作,翕如也;从之,纯如也,皦如也,绎如也,以成。"一番话行云流水,高度概括了好音乐的特点,可见孔子在音乐方面的造诣。

反观孟子,总体来讲还是不如孔子的。他曾听说齐宣王很喜欢音乐,本来这是一次展示自我的机会,结果孟子刚见到齐王就说:"王之好乐甚,则齐其庶几乎!"意思是说,如果齐王你真的喜欢音乐,那齐国恐怕能治理得很好了。这令齐王很是尴尬,为他放弃任用孟子埋下了导火线。

其次,孔子更擅长忍耐。

都说"忍一时风平浪静,退一步海阔天空"。想当初,有个叫公山弗扰的人想要叛乱,欲召请孔子协助。孔子听后,十分生气,但他心平气和下来,转念一想:若叛乱成功,自己也可以借此复兴周公之道,忍一忍还是准备去投奔。

反观孟子,他可没有孔子的耐性,他是一个典型的"直男"。比如有一次,齐宣王在自己的度假别墅里召见孟子。为了炫富,齐宣王问孟子:"我这别墅怎么样啊?"换作是别人,早就说一些赞颂的话了,结果孟子丝毫不给齐王面子:"你作为一国之主,不想着让百姓共同享乐,自己倒是在这显摆!"幸亏齐宣王脾气好,否则孟子早就被"五马分尸"了。

最后,孔子更精于营销。

比如,孔子因为在鲁国被人质疑自己的身份,很难受到重用。要知道,孔子已故的父亲叔梁纥是陬邑大夫,为鲁国三虎将之一。可父亲死了,怎么证明呢?

于是孔子在母亲去世后,将母亲的棺材停在路上,边哭边询问人们自己父亲的墓地在哪儿,想把自己的父母亲合葬。鲁国不是很大,这下子民众们不仅知道孔子是一个大孝子,还顺道了解了孔子的家世背景,就连鲁国国君闻讯也派人前来吊唁。最后,孔子不仅找到了墓地,证明了自己的身份,还趁机"营销"了一把,让大家都知道了自己孝顺的好形象。

反观孟子,虽然能力也很出众,但显然不会营销自己。每次见到国君都不顾当时的天下局势,大谈仁义之道,导致国君们都不买他的账,无论是齐威王、梁惠王还是齐宣王,都没有实质性地任用他,顶多打着"尊贤重士"的名头,把孟子当作一个"吉祥物"供着。

  写到这里,我不禁暗自感叹:难怪孔子被称为"圣人",并且是"圣之时者",而孟子只是被称为"亚圣"。不得不说,孟子原来与孔子差距这么大呀!我们应该择其善者而从之,其不善者而改之。如此对比,我相信可以真正领略儒家文化的魅力。

生活中是否需要"好好先生"?

"好好先生",一般是指那些一团和气、不愿得罪人的人。

说到"好好先生",相信每个人的脑海中都会浮现出几个人。据我观察,大家对"好好先生"的印象十分负面。有人认为这是一种"阿谀奉承"的表现,有人认为这是一种没有主见的表现,还有人认为这是一种歪曲事实的表现。

但我觉得,我们可以换个方式去看"好好先生"。

首先,我觉得不得罪人并不是一件错事。清朝著名文学家郑板桥有言"难得糊涂",意思是说有时要揣着明白装糊涂,不得罪对方;有的时候则需要一针见血,直言不讳。难道,我们非要把这种处事方式贬得一文不值吗?

显然不能。往往是这种"暂缓冲突"的处事方式,使我们能够找到更好的解决矛盾的方法。因为,发生冲突的人越少,意味着解决问题的渠道越多,毕竟多一个朋友多一条路,在这个个性化越来越突出的社会中,这显得尤为重要。

其次,我认为"好好先生"的做法能够平衡不少关系。比如,当两个人在激烈争吵,"好好先生"可以扮演一个打圆场的角色,制止争吵进一步升级。或者,当一个人被批评时,"好好先生"可以利用自己"一团和气"的特点,及时安慰这个人。试想,如果生活中缺少了这样的"好好先生",世界可能就会增加一些不安定的因素了。

　　人与人之间是这样,国家与国家之间更是如此。几个国家之间的关系,因为历史文化不同,我们并不能简单粗暴地用对与错来形容,而是要看到各国国情的差异,相互尊重,求同存异,全面地、辩证地去看。

　　可见,尽管有时"好好先生"的做法的确存在问题,也容易引起我们对"好好先生"的误解,但我想,在这个日趋多元化的世界里,暂缓冲突、尽力平衡也不失为一种相对合适的处事态度。所以,生活中还是需要这一类"好好先生"的。

多花钱,多止损

四月底,学校组织去杭州一乐园春游。为了让我们少花点钱,学校事前为大家买了套票,每人花了将近两百块钱。套票之外的一小部分项目,则是要付费的。

那天进入游乐园的人特别多,屏幕显示将近20000人,拥挤的人群连成一片,交织成一张混乱的纱布。尤其是那些套票内包含的"免费项目",排队的人像是一条超长的蛇,只有头,没有尾……

我们组有位同学开始时提议:"先去玩点儿'免费项目'吧,否则,那两百块钱就白花了!"我马上反驳:"你为了一个项目排队两三个小时,这值得吗?还不如去玩付费项目,虽然要花钱,但排队的人可能就少得多!"

组内其他同学起初并不同意,他们认为若不玩点儿免费项目就亏大了,但他们尝试了一两次排队,均因队伍太长而放弃,便只好听了我的建议,无奈地去玩付费项目。令我们惊讶的是,付费项目虽然要付钱,但排队的人几乎没有。

就这样,我们玩了一个又一个项目。

返校后,同桌抱怨说,因为"免费项目"排队的人太多,自己所在的组只玩了一个项目。我很惊讶:"我们组玩了六七个项目呢,不过都是额外付费的。"

　　同桌摇摇头:"那你们之前的一百多块钱不是白花了?你们太亏了!"我笑了笑,没有作声,只是心里暗想:亏的究竟是谁呢?是我们玩付费项目的,还是她们玩免费项目的,或者是游乐园呢?

　　表面上看,那一天,除了游乐园大赚特赚之外,游客都不同程度地亏了。而我们只是额外花了些钱,及时止损,从而赢得了"时间",也赢得了一份游玩的快乐!

　　若是再往深处想一想,游乐园也亏了,因为,这近两万游客可能再也不相信他们了。

牙齿和舌头

古话早就说，人老后，坚硬的牙齿没了，而柔软的舌头还在，以此告诉我们为人不要太"强硬"，要学会"柔和"。

但不得不说的是，在某些事面前，"牙齿"更合适。

试想，我们在吃坚果，而坚果比较硬，难道此时我们得依靠舌头？正如生活中，我们发现同学或亲人的大错误，比如，高薪兼职、刷单挣钱等等，还是要在适当的场合下，一针见血地告诉他，而不是碍于面子。

这样说，难道舌头并不重要？非也。

例如，油条作为老少皆宜的食物，由于里面含有明矾，便有些不健康，不宜多吃。如果长辈想吃油条，就应该"柔和"些，先帮他买来，事后再考虑该用什么方式委婉地提醒他日后少吃或尽量不吃。

管子说："多言而不当，不如其寡也。"我们时刻要记住这句话，因为无论是"牙齿"还是"舌头"，无论是"强硬"还是"柔和"，我们说话时都要把握其中的度，以在错综复杂的人际关系中摸索出适合自己的说话方法。

谈怎样交友

说到交友,可能很多人的第一反应就是与学霸交朋友,因为在他们的思想中,与学霸交上朋友后就像攀上了高枝,成绩肯定会突飞猛进。但交朋友真的这么简单吗?显然不是。

孔子就说"道不同,不相为谋",意思就是交友的首要原则是同道,若彼此不是同道中人,即使对方是学霸也没用。可以说,交友的过程就是识人的过程,那么,应该怎样交友呢?

首先,自大的人,要谨慎交往。孔子就说"其言之不怍,则为之也难",说白了就是大言不惭的人,往往实现不了自己所说的话。这一点想必大家都明白,但有些人往往把这些大话信以为真,屁颠屁颠地和这些人称兄道弟。这也是很多人上当受骗的原因。

其次,死读书的人,要谨慎交往。孔子曾经痛心地说:"诵《诗》三百,授之以政,不达;使于四方,不能专对;虽多,亦奚以为?"意思就是,若有个人熟读《诗经》三百篇,派他从政,却不能把事办成;派他当外交使节,却不能独立应对;这种人虽然读了很多,但又有什么用呢?

与这类人交朋友,我们要避免其"负面影响",最好是努力提醒他,协助他学以致用,而不是做个书呆子。

再次,没有分寸的人,要谨慎交往。孔子曾经非常直接地说:"侍于君子有三愆:言未及之,谓之躁;言及之而不言,谓之隐;未见颜色而言,谓之瞽。"借此批评三类人,即,别人还未说到这个话题,可他偏要抢着说;人家已经谈到这些话题,他又为了隐瞒故意不说;除此之外,说话时又不看别人的脸色。

很明显,我们与这类人交往,也要避免被"同化",并且,合适的时候还要以合适的方式做一些善意的提醒。

第四,我想说的是,朋友之间最重要的是真诚,我们对朋友的要求也不要太苛刻,要多替别人想一想,毕竟人无完人,金无足赤。

最后,"众恶之,必察焉;众好之,必察焉",自始至终,我们都要保持自己的独立判断力,尽力避免受到别人的干扰。

下周要回家

这些天大爷爷来杭州看病,由于复查与疫情的缘故,转眼间他在城市里被迫多待两个月了。要知道,他刚来那会儿不停对我们说:"我看完病就回去了,不待了。"大爷爷成天闷闷不乐,真像一只被困在笼子里的鸟,有家不能回。那么,我们是怎样让这只鸟快乐地待在笼子里呢?

有人可能提议要劝说。不过你如果这么想那就太简单了,现在的老年人固执得很,可不是搬一堆大道理出来就能说服他的。你说大爷爷知不知道要复查,当然知道;你说大爷爷清不清楚目前疫情下的政策,当然清楚。但他总是揣着明白装糊涂,每天要不说是不放心家中茶叶店,要不说是担心家中的田地,总而言之,就是想回去。其实,茶叶店由爷爷代管着,田地去年就租给了邻居,根本不存在值得忧虑的地方。

于是,为了分散他的注意力,我们给他准备了许多娱乐活动,可大爷爷的脾气真是古怪,他看电视只看一个频道,准确来说只看这个频道中的一个节目,而且只要你给他换一个频道,他立马就说"备了吧"(关了吧);他外出散步只会在下午,就算上午很凉快,下午很热,他也宁可在下午顶着烈日到树荫下"乘凉",也不愿上午出去走一圈。他许多东西都不喜欢吃,于是在我们的长期试验中,终于为他找到了一个可以锻炼手指和咀嚼能力的活动——嗑瓜子。虽然不能说瓜子有多么好吃,但还是稍稍为大爷爷的城市生活增添了一抹色彩。

虽然大爷爷总是嘴上说着"下周要回家",但在一段时间后,他还是习惯了,再加上爸爸时常开车带他出去转转,他慢慢接受了现实。他忘记家乡了吧?并不是,在茫茫夜色中,璀璨的城市灯火,终不如家乡的星光耀眼;川流不息的大小马路,终不如家乡的田埂宁静,我知道,他不曾放下对家乡的执念,但在多事之年,他又无可奈何。

"下周要回家",虽然我知道很难实现,但经常说一说,对大爷爷来说,大概也是一种心理安慰吧!

这真的是节俭吗？

去年双十一，我妈妈买了几十包餐巾纸，这种餐巾纸比较高档，是三层的。但用了几天后，妈妈觉得用这种餐巾纸一抽就是很厚的一张，用起来太浪费了。于是，她就不时地买一些相对低档的餐巾纸，以减少"浪费"。

不过，这么做看似减少了浪费的现象，实际上细细想来，这种举动非但没有节约，反而更浪费了，因为这几十包高档餐巾纸直到现在还没用完，再不用就要过期了。这是一个看似好笑的事情，实际上，在生活中，我们也常会犯下类似的错误。为了帮助大家理解，我想讲一个小故事。

菲利普夫妇的节俭是远近闻名的，他们每天都吃冰箱里快要烂的蔬果，衣服也是要挑比较旧的穿，所以，他们到去世都没有尝过新鲜果的味道，而他们的穿衣习惯也一直都落后于常人二三十年，以至于每当他们一出门，街坊邻居们都会向他们投来异样的目光。请大家思考一下，这真的是节俭吗？

所以说，无论是在购买物品，还是淘汰物品上，表面上的节约都称不上是节俭，只有那些符合实际情况的节约，才是真正的节俭。

守护儿子的睡眠

我的父亲是一个极其爱阅读的人,经常清晨四五点就起床读书。以往他都是在客厅里读书,可这段时间竟跑到了厕所里读——没错!就是搬了张小椅子坐在厕所里。他经常会把厕所堵得死死的,连门都很难推开。这是为什么呢?

我不禁有些纳闷,也有些责怪父亲的意思:他为什么一大早不去客厅里看书,偏要占用厕所,搞得我起床后上个厕所都费事!我忍不住跑到他面前又是"责备",又是"数落",可父亲呢,就是乐呵呵的,一点也不吭声,摸了摸我的头,便悄悄地离开了……

我对父亲这样的做法不满得很!因为他既没有告诉我"在厕所里看书"的原因,也没有向我道歉。也许是当时火气太旺的缘故吧,我强压着心中的怒火,又去找母亲:"我爸也真是的,一大早读书,不去客厅里读,反而天天占用着厕所,你说烦不烦人?"妈妈听到我的话后愣住了,好半天才对我说:"儿子啊,你爸这么做是为了你呀!"我顿时愣住了:"我爸在厕所看书怎么会是为了我呢?为了'麻烦我'还差不多!"妈妈长叹了一口气，向我说了一长段话，我的内心顿时愧疚不已。

原来，几天前我曾告诉过父亲，他每天早上看书的动静吵到我休息了，父亲听后默默想了个主意：每天清晨起床后只穿袜子，不穿拖鞋，为了不发出"啪啪"的声响；同时跑到厕所里看书，为了不让客厅里的灯光照到我的房间里影响我的睡眠！这些都是父亲不曾告诉我的，我顿时想抽自己几个巴掌，悔恨的泪水打湿了脸庞。

这就是我的父亲，一个体贴他人却不溢于言表的父亲。他为了守护儿子的睡眠，宁可在大冬天，只穿一双袜子到厕所里看书；他为了守护儿子的睡眠，宁可顶着寒冷悄悄阅读却瞒着我；他为了守护我的睡眠，宁可……

没错，这就是我的父亲！他为我做的事受的苦，哪里是我这个儿子能够体会到的呢！

第三辑

风水向来好

你的样子,就是中国的样子

近日听到一则新闻,北京野生动物园内有两户家庭因琐事争吵,后来甚至演变成了打架,引来周边游客和动物的围观。事发当晚,就有一些"动物家庭"效仿打架,直到在饲养员的耐心劝导下才知道"打架不好,特别不好"。

这令我十分惊奇,动物虽然聪明,某些动作也要训练几年才能掌握要领,怎么一看到打架,就一学就会了呢?莫非真应了那句老话,"学好不容易,学坏一出溜"?我想未必如此。

首先,出于自身的偏好。就像当今教一个小孩,是教他怎么玩手机容易,还是叫他叠被子容易?理论上来讲叠被子容易得多,但事实上,像大多数人一样,当初我花了一两个星期才把被子叠得又快又好,但我只花了一会儿就能玩转手机上的一些 APP。动物也是这样,当饲养员教他一些技能时,它可能没有太大兴趣,但当看到人们打架后,它可能倍感新奇,便忍不住模仿起来。

其次,在于对未知结果的乐趣。当我们在学叠被子时,几乎每一个人都知道做这件事的结果——让被子变整齐;而我们学玩手机时,几乎没人知道学会它可以干吗,因此大家都抱有一颗好奇的心。

分析完了主要的两个原因,那么,应该如何避免吵架这一类事发生在我们身上呢?

首先是"责备自己",或许包括我在内的多数人都会想:我有什么错呢?如果我自己有错,我还指责对方干吗呢?

不得不说,"先责备自己",虽然不是万全的解决方案,但正如孔子所言,"躬自厚而薄责于人,则远怨矣",这能帮助你缓解情绪。

其次是沟通。法庭上要辩论,生意场上要谈判,监狱里要审讯,无一例外,沟通都是必需的,而且是解决分歧的有效方法。但沟通并不意味着盲目妥协,要讲究一定的方法,我们务必冷静,不可乱了阵脚。

最后,我觉得无论身处何地,尽量克制情绪,讲理且讲"礼",心平气和地解决问题,因为我们的样子,可能就代表了中国的样子。

好的传球手远比得分手重要

周末去打篮球时,遇到几个人,大伙儿合计了一下,决定各自练会儿就打比赛。我们队其他人员配置挺好的,就感觉有一位大叔"拖了后腿",在赛前的准备中可以看出,这个大叔身高不够高,投篮不够准,单打能力也不够强,让人感觉就是个"跑龙套的"。

比赛开始了,那个大叔自告奋勇说要当控球手,我们其他几个队友都有些迟疑,但为了避免尴尬,还是同意了。结果,随着时间的推移,我才发现这个大叔的能力——传球好。

他总能传出一些令对手想不到,但令队友可以轻松得分的球。就比如我正在篮筐下跑时,他传的球就来了;再比如一个队友埋伏在了三分线外,他用一个令对手猝不及防的脑后传球帮助队友轻松得分……他就像润滑剂,单独看他似乎没有什么特点,但他能让周围人变得更好。

反观对手,他们虽然每一个人的运球能力都很出色,但他们似乎都在单打独斗,没有一个人愿意传球。因此,他们得分越来越艰难。

现在我明白了，打篮球时，一个好的传球手远比一个得分手重要，因为他不仅能让自己变得更好，还能使队友变得更好，从而使整个队变得更好。

我想生活也是这样，个人能力强的人并不是最有用的，那些自身很强，还能帮助周围人变强的，才是最有用的。

社会的成长

我曾听说衡量一个国家是否发达,既要看这个国家的经济发展水平,更要看重其社会的文明程度,起初我对此还是有一些疑惑的,现在回想起来还是比较赞同此观点的。

比如,孔子曾说过"齐一变至于鲁,鲁一变至于道",字里行间表达出,鲁国比齐国更接近先王之道,可要知道的是,齐国无论是在经济水平、国土面积、还是城市数量、人口总量上,都是远超鲁国,那为什么孔子依旧认为鲁国较齐国而言更胜一筹呢?

我想这除了孔子是鲁国本地人的缘故外,还因为鲁国无论在礼乐制度的完善上,还是在民风的培育上,都是要胜过齐国的。这一点的差异在当今中国依然很明显,鲁国故都山东曲阜,当地民风十分淳朴,即使是路边赶马拉车的师傅,也会热情地招呼你,无论你是否坐他的车,他们的态度是始终如一的。相比于山东北部的一些城市,确实存在一定的区别。

事实上,中国大部分地区都与曲阜存在着一定差距,我曾在张家界连续遇到几个骗子,有的谎报车费,有的故意指错路,还有的故意抬高物价;我也曾在自己学校里几次看见有人跑步摔倒,但每一次都是一大堆人哄笑,甚至有人把其掉落的鞋子踢来踢去,而马上去扶摔倒者的人少之又少。

  以上两件事绝对不是个例,我相信非常多的人都曾有过冷漠待人或是被人冷漠相待的经历。但我想说的是,对于这种现象,我们并不能只是一笑而过,而是要深刻地去反思。只有这样,我们才能真正地成长,整个社会才能获得真正意义上的成长。

  诚然,当今中国的物质条件在世界上肯定名列前茅,但若缺乏真诚、热情和朴实,又与荒漠有什么区别呢?我们不应该总去指责那些所谓的"落后国家",而是应该想想,我们有悠久的历史文化,我们一定能做得更好,否则,我们自己在别人眼中又是怎样的呢?

画一扇窗

相信每个人都会遇到或大或小的问题,可能是一次挫折,可能是一些迷惑,还可能是一点儿无助。在这种情况下,虽然大多数人都声称:"自己会勇敢面对问题",但又有多少人如实做了呢?那么,我们不妨在自己的心上画一扇窗户,让外面的阳光照亮你、帮助你……

怎样理解呢?就是在自己的心灵深处画一扇窗,然后大胆地打开,敞开心扉,与别人分享自己的问题,或是父母,或是同学,或是老师。古话不是说"当局者迷,旁观者清"吗?有时别人看你,比你自己看自己还清楚,事实也的确如此。

就拿我们看电视、玩平板的例子来说吧,相信大多数人在做这些事时,不会主动查看自己玩了多久,包括我自己。往往是在爸妈的催促或是事后的告知下,我们才一头雾水地知道,"我竟然看电视看了这么久",或是"我竟然玩了这么长时间的平板"。

如果有人当时问我:"你以后看电视,还会看这么久吗?"我肯定会脱口而出:"当然不会啦!"但没准到了晚上,如果没有旁人的监督,我肯定还是会去"看一会儿"的。当然,这个"一会儿",是指我认知中的"一会儿",至于多久就很难说了。

因此,我们真的得在心上画一扇窗户了!

因为,只有这样,你才能乐意听进别人的意见,而不是永远迷失在那混沌的自我世界里。想一想清朝的"闭关锁国",不听取外面世界的声音,盲目自信,终究被外国列强的炮火所打开;想一想周朝的"道路以目",不听取天下苍生的声音,自以为是,终究以"暴君被放逐"的结果而告终。

我们怎能不在自己的心上画一扇窗呢?

可以说,画一扇窗的实质就是敞开心扉,真诚地听取外在的声音,不断看清自己,增强自己的抗挫能力,让自己变得更有勇气、更加坚强,从而解开迷惑、走出低谷、拥抱希望。

夹缝中的二胡声

这周末,由于快要期中考试了,妈妈便把二胡课停掉,让我好好复习。要是在以前,我当然是乐得连东南西北都分不清楚了,可是现在我的心里不但没有丝毫庆幸,反而多了一份异于平常的忧伤……

记得在小学二年级时,我第一次接触了这一件新乐器——二胡,当时我对它充满了好奇:雪白的弓毛,棕色的琴弓,细长的琴弦,小巧的琴码,二胡上的一切仿佛都像是一个个崭新的世界,等着我去探索,等着我去寻觅。我每天回家都会认真聆听二胡老师教的曲子的录音,反反复复,直到我自己感觉领悟到了曲子的"真谛"才罢手;听完录音之后,我总是会像二胡老师在一旁"监督"似的努力去拉,速度由慢到快,程度由生到熟,转眼间,半个多小时过去了,那琴声却依然在房间里悠长地回荡……

可能是我有"喜新厌旧"的性格吧!没过两年,我对二胡的兴趣就急速下降:以前的每天练习变成了"一曝十寒",以前的聆听录音变成了"子虚乌有",就连以前对二胡的保养工作也变得"可有可无"。妈妈见状,总会生气地批评我:"你只有坚持下去才能取得成功,可是,现在像你这样过一天算一天的样子,算什么呢?"我每次听到后,总是一言不发。妈妈每次让我在空闲的时候拉会儿二胡时,我总会拖拖拉拉,希望能把这段时间"消磨"过去,实在不行才拉个十多分钟。尽管我对此的兴趣已经跌落到了谷底,但是爸爸妈妈仍然努力去"维持"着这点"星星之火",让它不会熄灭,他们期望着未来的某一天,或许它会旺盛起来……

到高年级作业多了之后,本来就那点儿可怜巴巴的"二胡时间",变得更少了,可以说已经是在时间的夹缝中生存。眼看"二胡时间"就要消失的时候,我突然又对二胡起了很大的兴趣:因为忙碌的校园生活经常使我疲惫,我正需要二胡为我再打开一扇崭新的窗户。但是,此时紧张的学习生活并不容许我拉二胡呀!我便把这一烦恼告诉了爸爸妈妈,他们一听,十分高兴,便对我说:"道一,你现在对二胡产生兴趣,真是太好了!我们每天和你一起规划时间,你一定会有时间拉二胡的。"就这样,我每天回家都会和爸爸妈妈讨论今天的计划,规划好该做事情的先后次序。慢慢的,我也在一次次的安排中学会了时间管理,从而可以经常拉二胡,在学习之外的"悠闲时光"中,既提高了自己的二胡水平,也品味了二胡带给我的乐趣。

现在,每当回忆"我与二胡"的几年经历时,总会情不自禁地想起曾国藩说过的一段话:"困时切莫间断,熬过此关,便可少进。再进再困,再熬再奋,自有亨通精进之日。凡事皆有极困难之时,打得通的,便是好汉。"可以说,在我学二胡"最困难"的那段日子里,是爸爸妈妈协助我"熬"过去的,并慢慢坚持了下去。后来,在我对二胡再产生兴趣的时候,也正是他们对我的教导,才让我有了方法和信心。

或许,在生活中做事,也是这样吧!战胜了小困难,则有小成就;战胜了大困难,则有大成就。我们在生活中越往前走,困难就会变得越来越多,但是只要狠狠心"熬"过去,以自我精神胜过困难,就能如曾国藩所说的"亨通精进"一样,不被困难所阻挠,去迎接新的挑战!

现在,我每当遇到困难时,总会努力地"熬"过去,因为我领悟了爸爸妈妈对我的教诲——"再进再困,再熬再奋"!

红包中的吝啬与大方

说起民俗,大家最熟悉的莫过于春节了,尤其是我们小孩子,总能收到长辈们的红包。在众多红包中,我对二爷爷给的红包最有感怀,尽管他去年过世了,我依旧忘不了那段美好的回忆……

二爷爷这人成天乐呵呵的,搬了张小椅子到门口坐着,望望远处的田野,看看近处的池塘,日子过得很是滋润。可他有个令人诟病的性格——那就是"吝啬"。就拿春节来说吧,当一大家子聚在屋子里看电视时,他会指指电灯说:"看电视开灯,多费电啊,关掉吧。"当妈妈在厨房里用煤气灶炒菜时,他会大声说:"煤气这么贵,你还是用灶台上的大锅炒菜吧!"就连我在厕所里刷牙,他也会指指电灯叮嘱我:"道一,刷完牙赶紧把灯关掉,别亮着浪费钱"……

真是一个吝啬至极的"怪老头"!可是,他又是那样的大方。每逢春节,他总会拿上几张百元大钞,带我们去集市上买烟花爆竹,而且总是买最贵的"窜天猴";到了除夕夜,他又给每个孩子发了几百块的红包,要知道他的收入并不高,因为种种田、卖卖茶或做点别的小生意,根本没多少利润;甚至他还会在大清早骑车出去买几百元的鹅肉,想让大家在春节时吃得"阔绰"些;当然,最令人吃惊的是,他还会给我发几千元的奖学金……

真是一个大方至极的好爷爷!

我对此很不解,二爷爷难道具有"双重人格"吗?一会儿"花钱如流水",一会儿"省钱如难民",我便去问爸爸。

爸爸听后,先是笑了笑,之后又有些忧伤地对我说:"我小时候,二爷爷就是这样的人了,该花的,勒紧裤带也要花,比如,他对晚辈们,大方得很,上世纪90年代初,他就给我们买4元一支的雪糕;不该花的,一分钱也不浪费,比如,他对自己,向来是非常吝啬,早饭连个包子都舍不得买。至于,电费、煤气费,也都是该节省的。至于春节,二爷爷能见到晚辈一起回家团聚,自然是一年中最快乐的事情。他对晚辈的大方,就是对晚辈深沉浓郁的爱,哪里是'吝啬'和'大方'够形容的呢?"

我听后若有所思,二爷爷这样的人,或许就是那种"不考虑自己,只关爱别人"的高尚之人吧!我永远忘不了与他度过的每一个春节,不只是"拿红包"、"买爆竹"、"吃鹅肉",更是背后一位"中国式祖辈"无声无私的爱——看着吝啬,实则大方……

相信排行榜的后果

每到一个城市,体验当地的特色菜自然是必不可少的,但至于怎么选餐厅,询问当地的朋友是个不错的主意,但倘若没有当地的朋友,只能去"美团"等APP上看美食排行榜了。但是,这种排行榜真的靠谱吗?

虽然之前有多次被排行榜误导的经历,但这一次来建德,人生地不熟,还是决定再相信它一次。根据排行榜,我们选择了排在首位的"严州府",但在那儿吃完之后,感觉虽然不是特别差,但回想起来总感觉没什么特色。

其实,这个现象出现在了很多城市中,排行榜上高居前列的餐馆,虽然看起来很不错,但口味都比较大众,感觉这些菜在任何地方的高档餐厅都能吃到。正如"好看的皮囊千篇一律",真正的美食,往往当地人更清楚。后来问了几个当地的路人,他们也不常去"严州府"。

但是话说回来,如果真的让我们选择,我们会去看美食排行榜,还是选择相信当地人呢?我相信,可能现在大多数人都会选择去当地人所说的餐馆,但真正到了那时,为了朋友圈的晒照，或是出于请客的需要，再或是由于对排行榜的深信不疑，还是会有人选择去"严州府"这样的餐馆。

　　我想，这就是为什么"严州府"在多数本地人眼里并非首选，却还能长期存在并稳居第一的原因。因此，认清真相真的很重要。

苦钱的司机

在之前写云南的文章中,我提到了一位苦钱的司机。将近四年之后,我又在建德遇到一位司机,他也在"苦钱",只不过苦的方式有所不同,听起来有些惊奇,但更多的是心酸。

起初我们是在火车站外遇到他的,他当时放平车座,躺在上面睡觉,但又没有熟睡,头一晃一晃的,似乎有些心事,见有人来了,才缓缓起身,下了车,这宽大又臃肿的身躯,很显然是缺少锻炼的后果。至于他为什么候客时不下车动一动,却心事重重地躺在车上,这是后话。

这个司机刚踩下油门,便大声地叹息了一声,这声音,既沙哑又凝重,似咳嗽非咳嗽,似讲话非讲话。他又喘了好几口粗气,才上气不接下气地说:"这年头……啊,出租车的工作啊……不好干!"还伴随着一股浓重的烟草味,估计是常年攒下的烟瘾,对他的肺功能也造成了一定影响。爸爸听后,关切地问了他一句:"最近暑假开始了,学生们出来旅游了,你们的生意有没有好一些。"司机顿了一下:"没有啊,生意都被网约车抢走了,我们出租车烧油,他们网约车大部分都是电车,用电可比用油节省多了啊！"

"那你为什么不改行做网约车司机呢？把出租车换成新能源电车是不是可以？"我不解地问。司机一听直摇头，"不不不，啊，不是这样的，嗯！我们这出租车是私营老板的，如果退车，要付三万元的违约金。疫情前那几年，一辆出租车能卖七十五万元，现在卖二十五万都没人要。想当初我被老板忽悠，但由于签了合同，我还得干个两年。唉！现在天天辛苦地干，也赚不了多少。"他的一番话令我意识到，疫情不仅能够让城市按下暂停键，还会大大影响一个行业的发展，即使是出租车这样的老牌行业，也难以幸免。但任何事物都是这样，优胜劣汰。即使你居安思危，未雨绸缪，你依然会面对出乎意料的挑战。

下车时，爸爸准备付给司机六十六块钱，想多付六块，祝司机"六六大顺"，但司机沙哑着喉咙说："我们最开始不是定了六十块吗？我不好多收的。"我们顿时有些敬佩，但还是多付了六块钱。

生活中苦钱的例子很多，我们既要努力打拼，也要适时适当地去帮助别人，即使只是一次敞开心扉的沟通。

人是要有一点精神

在众多精神中,我认为"刻苦上进"是最为重要的。在这一点上,我最佩服的是我的爸爸,他不仅在学生时代十分刻苦上进,到现在还在持续地刻苦上进。

记得前几天我听到爸爸在和一个老同学打电话。只听见那个老同学自豪地对爸爸说:"自从我大学毕业,就几乎不看书了。每天就是去市场调研,写一些报告,十几年下来,公司慢慢做大了,我就可以退休了,每天看看电视,刷一刷短视频……"的确,爸爸的这一位朋友十分有商业头脑,公司在他的经营下业绩蒸蒸日上,即使他从来不看书。我听后真的很羡慕爸爸的这位朋友。

可爸爸听后眉头一皱,笑着反问道:"读书是一种增长知识的途径,并不只是为了学生时代的那些成绩。就拿我自己来说,虽然现在已经四十多岁,距离大学毕业已有二十多年了,但我每天刻苦读书。这种'持续学习、刻苦上进'的精神,难道不是每一个人都应该有的吗?"

的确,正如我的爸爸所说,虽然他学生时代的成绩很好,毕业后也有好的工作,但他始终保持着一种精神,那就是"持续学习、刻苦上进"。起初,我对他的这种精神很不理解,认为读书只是为了"考出一个好的成绩,进入一个好的学校",但是,当我看到他经常在冬日的清晨就起床背诵儒家经典,或是在静寂的深夜阅读那些学术性书籍后,我才明白"持续学习、刻苦上进"这一精神对于爸爸的影响十分深远。

  我想,这种精神对于我们中学生来讲也是十分重要的。我们不能只把学习定义为"做作业"或者"备战考试",我们更应该在平时多阅读一些书籍,丰富自己的知识储备。我相信这种"持续学习、刻苦上进"会适用于每一个中学生。

  感谢爸爸,他让我懂得人是要有一点精神——那种"持续学习、刻苦上进"的精神!

通过敬畏谦卑看午睡

说起午睡,我真是又爱又恨,为什这样说呢?

午睡,确实可以给我带来很好的休息,若是碰上我做值日班长的日子,午睡时还能写作业呢!但在那些睡不着的日子里就麻烦了,无论我自己如何困,如何想睡,还是一点儿睡意也没有。唉!这午睡,我真不知道要对它说什么好呢?

今天十分炎热,说实话,我坐在位子上就感到一阵热风将我包围,何况是午睡趴在桌上呢?午睡时的前半小时,我在贴眼罩,因此只听到周围的同学在小声说些什么,我自己没出声。这前半小时的时间是出奇的平静,也许,这也预示着后半小时的不平静……

眼罩贴完后,我正准备将眼包装进袋里时,前面的女同学忍不住发话了:"张道一,你爸爸是不是也有一个啊,中药味很浓的呀!把这个眼包交给我,我帮你装吧!"说着把眼包拿走了。我眯缝着眼睛,在隐约中发现,她先是将眼包在"27号"同学的鼻子旁边晃了晃。"27号"显然不高兴,哼了哼鼻子,女同学便无趣地装好,随即交给我。之后,女同学又找了个话题对我说:"哎,你有没有看见上面值日班长在做作业。"紧接着,她又指了指"1号"同学说:"她在做作业,值日班长都不管的!"

  我爱做作业可是谁都知道的,我本人最"讨厌"别人能做作业自己却不能,更"讨厌"值日班长在午睡时写作业,让别人睡不了安稳觉。为什么呢?因为我是个急性子,任何事都不允许自己慢一拍。于是,我顿时感到一阵不爽,像酒鬼醉酒后似的发出狂言:"哼,我最反感这种人了,真想在我当值日班长那天扣这种人的分!"说着说着,我就有些赌气的成分了,就忍不住故意多说了几句……

  后来,离下课还有二十多分钟的时候,我的内心顿时感到一阵恐慌,为什么呀?我怕到时候被人告了,根本没有反驳之言啊!怕的事终究还是来了!当时,"43号"同学正在旁边的抽屉里偷偷看动漫小说,一看说话的声音太吵了,影响他看书,便去老师那儿告了一状。告完后,他又躲在桌下看书了。现在想起来,我也不禁要感叹几声,事情居然这么巧。

  就这样,我在被批评的同时,猛然想到了爸爸经常教导我的两个词语——敬畏与谦卑。他经常对我讲,我们要时时刻刻敬畏规则、遵守规则,并且不要充满傲气,不要以为自己什么都懂了,要时刻反省自己,以做到谦卑。起初,我对这两个词语没什么感触,甚或有些不以为然,爸爸妈妈就看着我,严肃地说:"要给你个挫折,你才会长记性呢!"现在,我正因为不敬畏规则,不懂得谦卑,而在午睡时讲话,然后就栽了这么一个"大跟头"!唉!这难道不是天意吗?

  唉!多年教导不如一时之"罚",有了教训才明白一些道理。古今多少事,也是如此吧!(注:这篇文章写于2018年9月,当时在读小学六年级。)

好球员不等于好教练

今天听到一个故事,姚明当运动员时为了打磨自己的上篮技术,决定找一个老师。后来,选中了一个退役的美国篮球巨星当教练,不过这教练的学费高达八万美元一次,最后姚明还是硬着头皮答应了。但当教练把自己的技术全部传授给姚明后,姚明却始终掌握不了全套动作,他不管怎么练,转身的速度总是不够快。教练看后一摊手:"这动作不是很简单吗?我之前一学就会,你怎么就不会呢? 当然,八万美元可不能退给你。"

我很好奇,就去查了一下这位教练的身份,他是一个极其有天赋的运动员,很多动作是其他运动员学不会的,即使是姚明这样很努力的人。我不禁想到了生活中很多事,就像前些日子去舅舅家玩,我看到表弟正在教他两个六岁的妹妹数学,只听他大叫道:"你们是傻子吗? 一加一等于二都不会!我都教过你们好多次了,怎么就是不会呢?"不得不说,一加一等于二确实很简单,但对于还未上小学的小朋友来讲,的确有些费劲儿。

相信各位也一定遇到过类似的事,当别人来请教你时,你或许觉得,这种问题还用问吗?不就是这样的呀!但可能对于别人而言,这真的是一个大困惑。但在生活中,或是因为天赋的差距,或是因为年龄的差距,或是因为理解能力的差距,很多事情别人都不知道该怎么做。比如,现在很多学生说听不懂老师上课,也有很多学生表示老师不明白自己问的问题,这可能就是因为老师水平过"高",他们根本不觉得学生的问题是个"问题",因此解答得并不好。

所以在某种程度上,让爱迪生去教物理,可能还比不上一些中学生;让博尔特去教跑步,可能还不如一些体育老师。因此,我们在请教有些问题时,可能还是找一些水平相近的人比较好。

最后,想引用一下中国乒乓球大魔王张怡宁曾说过的一句话:"这个动作我觉得很简单呀,你们怎么就学不会呢?"

这个人值得我宽容吗？

说起宽容，大家想起的估计都是"唐太宗宽容魏征，蔺相如宽容廉颇，诸葛亮宽容孟获"之类的故事，其结局要么是"两人冰释前嫌，把国家治理得繁荣昌盛"，要么是"两人结下深情厚谊，从此没有战乱，一片安宁"。

每当看到这些故事时，无不对当事人的品质深感敬佩。不过仔细想想看，宽容别人并不意味着会有美好的结局。比如我们熟悉的吴王夫差，因为当时宽容了越王勾践，结果勾践卧薪尝胆，反过头来把吴国灭了，夫差也被迫自杀。再比如说，关羽在华容道把曹操放了，结果导致三国鼎立，最终关羽所在的蜀国正是被曹魏所灭。这些都是过度宽容带来的深刻历史教训。

但我们应该怎么办呢？我觉得最关键的是提高自己"观人"的能力，准确判断可以宽容哪些人，不可以宽容哪些人。比如，我们要有自己的主见，正如孔子所说："众恶之，必察焉；众好之，必察焉"，大家都夸这个人好，我要仔细考察；大家都骂这个人坏，我也要仔细考察。这样才能做到万无一失。再比如,我们考察一个人时,要着重从三个方面入手:"视其所以",即看这个人做每件事的动机;"观其所由",即看他做每件事的方法和依据;"察其所安",即看看他做了这些事后的心理状态如何。这三个方面,在判断一个人的时候是很有帮助的。

所以说,我们下次准备宽容某个人之前,要认真仔细地想想:这个人值得我宽容吗?

国以民为本，民以国为家

对于中国政府包机接乌克兰华侨一事，每一个中国人的心里都不由产生一种民族自豪感。若是联想到1960年的印尼撤侨、2011年的利比亚撤侨、2015年的也门撤侨，我们的民族自豪感会更浓。

这次乌克兰撤侨，中国政府做得非常人性化，比如，允许中国公民在撤离时携带外籍家属。此举真正做到了海纳百川，最大程度上维护了每个家庭的利益。

与之形成鲜明对比的是叙利亚，在目前动乱的局势下，丹麦政府以"中东地区已无危险"的理由，驱逐了上千名叙利亚人，其中大部分叙利亚人原本都在丹麦拥有合法身份。

要知道，昨天以色列军队还空袭了叙利亚首都及周边地区，造成多人死伤。在这样的情况下，很显然，叙利亚政府没有能力派专机撤离侨民，于是，丹麦政府就想了一招，准备在东南部波罗的海上的林霍姆岛上造一个"难民中心"，但绝大多数人不知道的是，这个岛目前是被丹麦的兽医研究所利用，专门研究狂犬病、非洲猪瘟等疾病，其危险程度可想而知。

所以说,一个国家的实力不仅决定其国内百姓的幸福程度,还决定了海外侨民的安全。想当初,美国修太平洋铁路导致了14000多名华工死去,日军侵华导致了中国军民伤亡达3500多万人,这些都是国家落后导致的。

"知不足,然后能自反也;知困,然后能自强也。"如今,中国渐渐强大起来,国以民为本,民以国为家,全国人民正在齐心协力为实现伟中华民族的伟大复兴而奋斗。

奶奶眼中的宝贝

这几个月奶奶在杭州看病,看完病后刚好是国庆节,于是奶奶便和我们一起回老家。

离开老家已经有好几个月了,奶奶这次回去自然十分激动,早早的就在那儿整理自己的行李。说是整理行李,不看不知道,一看奶奶的行李,还真把我给"吓了一跳",这简直是在"搬家"呐!

除了行李包外,奶奶竟把许多"垃圾"也给整理了进去:许多喝完的空矿泉水瓶,装过水饺的一次性托盘,还有两个装过杨梅的大竹篮以及一个大号的空牛奶瓶。吃惊的我忍不住问奶奶:"奶奶,你带这么多没用的东西干什么呀?"奶奶一晃头:"怎么会没用呢?空瓶子可以用来腌腊菜(注:'腊菜'指雪菜),托盘可以放我包的饺子,篮子可以放鸡蛋和鸭蛋,这不是挺好的吗?"

我一听,顿时感到哭笑不得,但是又不好当面说奶奶"太过时",只好委婉地说了几句:"奶奶,你这些东西至少得装四个大袋子,国庆节高铁站人这么多,过安检十分缓慢,拿这么多袋子很是麻烦;再说你的腿还没完全好,带太多东西影响我们照顾你,这些一次性产品到老家我们喝几瓶水、吃几袋水饺,不就都有了,何必这么带呢!"奶奶一听就急了:"这些东西我一定要带,我看你的行李别带了……"没办法,无奈之下我"上嘴唇——碰下嘴唇",咬咬牙,就铁下心回房间去了……

进房间后刚好碰上爸爸,我便生气地把这件事告诉了他。爸爸听完后沉思了好一会儿,才说:"那么就顺着奶奶的心意办吧!有时候,孝顺就是以'顺'为'孝'。"

后来,我们因为这几个袋子吃了不少"苦头"。由于奶奶腿脚不便,爸爸得去扶她走路;我和妈妈不仅要拉着自己的行李箱,还得分担奶奶的袋子。刚开始,我对此怀有很大的怨言,心想"奶奶实在是太坑人了",可是每当我想起爸爸说的那句话时,又把怨气硬生生地给"吞"了下去。

这一路上,真是如同"上刀山下火海"一般艰难:安检时一次次弯腰把几个袋子放进安检机,捡票时一次次坚持将几个袋子拎在手中,上车后一次次将袋子举过头顶放上行李架,下车出站后又一次次将脱手的袋子攥在手心。无论是哪一个阶段,这些袋子都给我们带来了不少麻烦,我甚至有些"恨"奶奶——为什么要带这么多"垃圾"呢?

直到到了老家门口,我忽然看见奶奶从屋里拿出一个矿泉水瓶,瓶里装着满满的腊菜,她边走边自言自语道:"用这种瓶子腌腊菜最香,等腌好了,我给宝贝道一带到杭州去……"我一听,心里咯噔一下,眼泪悄然而至……

《礼记》上说:"孝者,畜也。顺于道,不逆于伦,是之谓畜。"孝顺孝顺,"顺"即是"孝",何况长辈还在替我们这些晚辈着想呢?奶奶这种循环利用的做法十分环保,不正是值得我们学习的吗？她艰苦朴素的美好品德，不正是值得我们传承的吗？

　　现在，我不再对奶奶的行为怀有怨言，反而对此十分感激，同时也深感惭愧，因为我理解了：我理解了奶奶的做法，理解了爸爸的孝顺，更理解了家人之间相互关爱、相互体谅的美好亲情……

蜂王,"疯亡"?

上午,一只巨大的蜜蜂出现在窗外,想必是只"蜂王",不停地嗡嗡叫着,像疯子,烦人!

我一怒之下,拿起本书就想隔窗打跑它,不料爸爸见我要杀生,连忙制止。没办法,谁叫他成天以"慈悲为怀",我只好作罢。但"蜂王"依然"疯癫",我实在受不了,气得猛地把窗帘一拉。出乎意料的是,它被眼前突如其来的"黑暗"吓住了,顿时一愣,随之又溜走了,我一下子得意忘形。

别看它"五大三粗",心思可真够多的。我刚"放松警惕",它又来了,似乎忘记了刚刚的教训。我又"故伎重演",但这"蜂王"有点儿疯狂,接二连三地挑衅,我只好跟它对着干。谁知没过几个回合,它突然一扭头,不见踪影,想必是"疯狂逃亡"去了。

"蜂王"?"疯亡"? 我突然这样想,并感叹自己,居然不费一兵一卒,就大获全胜。

不对! 我冷静后才发现,其实,我并没有胜利,只是自以为是而已。

　　"蜂王"只不过及时意识到了危险,不愿意和"敌人"纠缠,及时离开了而已。

风水向来好

清明,我们一行人上山扫墓。由于距上次涉足此地已有一年之久,墓边的毛竹、灌木不少,大家决定把它们砍掉。

很奇怪,问一旁的舅舅:"照理说,竹子和树在晴天为坟遮阴,在雨天为坟挡雨,为什么偏要砍掉它们呢?"舅舅一笑:"这是因为风水。"我追问:"那怎样才算是风水好呢?"舅舅挺得意:"古话说'左青龙,右白虎,前朱雀,后玄武'嘛,你看这地方不就是吗?"可我左看右看,又前后观望,地形不起伏,四周没水流,别说青龙白虎了,就连壁虎也见不着。我只好又问:"那么你是怎么看出这儿藏龙卧虎呢?"舅舅刚才本想借机逞能,但没料到我刨根问底,被问得哑口无声,只好"顾左右而言他"了。

后来,外公一行人为坟墓采光好而砍掉坟墓右侧的一棵大树,由于没找准角度,只听"砰"的一声,树干压到了坟头上,在场的人议论纷纷:"压到了坟头上,这是不吉利呀!再说,为了坟墓采光而砍掉周围几棵大树,这不是破坏了风水吗?"爸爸故作微笑:"压一压,根基更扎实,后代更兴旺呀!"在场的人又都拍手叫好,我悄悄地叹了一口气……

唉!我该怎么评价呢?风水向来都是人自己说了算,说好就好,说坏就坏,再坏的事情,也能说成好的。这种乐观固然值得欣赏,但难道不也值得反思吗?

放风筝的启示

我和舅舅一家去放风筝。舅舅作为"放风筝"的老手,看准风向轻松就将风筝放上了天,接下来,就让我来操控风筝。

起先还好,我有条不紊地放线,谁知风向突然一变,风筝猛地一晃,随后快速下坠。为了不让风筝继续下坠,我向身体内侧猛拉了一下风筝线,想借助拉力的增大,让风筝改变方向,重新顺风上升。结果,没过多久,风筝下坠的速度越来越快了。

身旁的舅舅看到我的举动后,连连摇头,赶紧从我手中接过风筝线。我本以为舅舅有什么神奇的招术,谁知舅舅一个劲儿地放线。我见状大吃一惊:"舅舅,你在干吗?风筝都要掉了,你还在放线!"舅舅镇定自若,一副胸有成竹的样子:"看好了。"没过多久,风筝停止了下降的势头,彻底反弹,飞得更高了。

舅舅这时才解释道:"刚刚风筝在下坠时,收线或接线都不是明智之举。这种举动虽然能在短时间内止住下坠势头,但过了一段时间后,风筝由于没有足够的线作支持,下坠得反而会更厉害。"

"相反，如果放线，短时间风筝可能还会下降。但高空的风力比低空小得多，风筝不可能马上一坠到底。这样一来，还不如放线，给风筝自由的调整空间。过一段时间等风向改变了，风筝不仅不会下坠，反而能飞得更高更稳。"

我听到这番话后，不禁想到学生的学习。有的家长不停地给孩子报辅导班，短时间内能让他们的孩子更优秀、更稳定，但长期来看，这让他们的孩子失去了自学能力，反而得不偿失。相反，如果家长们选择信任孩子，给他们更多的自由，或许短期内成绩没有那么拔尖，但长期来看，反而有更大的进步空间。

或许，这就是放风筝带给我们的启示吧！

深层次的照顾

很多人觉得回老家看老人没有什么必要,只要电话上关心、询问一下老人就可以了。起初我也是这么认为的,但事后才发现并非如此。

到了老家后,我有点儿累,但在爸爸的极力建议下,我还是去了大爷爷店里。大爷爷已经年八十多岁了,独自经营着一家茶叶店。到了店里后,我本想打了招呼、寒暄几句后就走,因为店里蚊子的阵势几乎要把我吃掉了,但爸爸硬拉着我不肯走,说:"你应该在店里转一转。"

我忍不住抱怨:"转个屁,你这是给蚊子'搞促销'吗?"爸爸一脸严肃地摇了摇头,用手指了指电热水壶的加热底盘:"你看,这个底盘上全都是水,老人老了,不知道危险,这样下去后果不堪设想!"我顿时有些歉意,羞愧于之前的"大言不惭"。

之后,大爷爷拿着山竹问:"你知道这个水果是怎么剥吗?"爸爸在教授了剥山竹的方法后对我说:"其实,这也是一个典型案例,老人碰到的许多事情都像剥山竹一样。虽然很简单,但不好意思对子女讲。所以,作为子女的,应该经常到老人那里探望。"

  我听后深有感触。不要只在表面或浅层次上关爱老人,老人真正需要的是我们走进他的日常生活,给予深层次的关心与照顾。

欢"蝇"光临

之前爷爷奶奶还住在村里时,由于嫌苍蝇太多,我曾写过一篇《打苍蝇》,现在他们搬到了镇上,生活条件改善了许多,本以为那段艰苦的打苍蝇岁月已经过去,结果发现苍蝇不仅没有减少,反而变本加厉。

其实原因很简单,以前农村虽然条件差,但由于人少,厨余垃圾也比较少,可到了镇上,虽然硬件设施好多了,但由于厨余垃圾比较多,而且没有进行垃圾分类,苍蝇们自然就活得更富足安乐。

话不多说,我像以前一样拿起苍蝇拍就开干,结果发现镇上的苍蝇像是上了"安全补习班",一个个看似愚钝,实则机灵。每当我挥起拍子准备大干一场时,它们总会恰到好处地溜走。"到底是苍蝇进化了呢?还是我退化了呢?"我忍不住悄悄问自己。

苦思冥想了半天,我突然"龙场悟道":苍蝇之所以会逃,是因为发现了我的行踪,如果我从它们的背后进攻,成功率是不是高一些呢?于是,我悄悄地走到桌子后,见好些苍蝇在桌上漫无目的地爬动。机不可失,失不再来,我扬起苍蝇拍,如钢琴家弹琴键的手一般连拍两下,顿时两只倒霉的苍蝇四脚朝天、动弹不得。

有了这样的尝试,我突然想起了四个字:"欢'蝇'光临",也就是说,苍蝇来得越多,我就消灭得越多,但,苍蝇会这么呆傻吗?它们不会调整生存策略吗?世上的事情,有我想象得那么简单吗?

高效的提问

平日与别人的交流中,我们多多少少都会提问。可别小看它,因为决定你获取对方信息多少的,正是这一次次看似不起眼的提问,这真的非常重要!就像前些天我回家作业写到很迟,心里很不是滋味,便去找了几位同学交流,想了解他们的作业情况。

我先找到了坐在前排的两位男生,他们学习都很认真,便问:"你们昨天作业写到几点啊?"结果这两人先是犹豫了一阵,然后又"嗯"了好几声才说:"十点吧!"很明显,他们俩没说实话,估计也不好意思说实话。我便暗自思索,会不会是我问得太直接了。

到了下午,我趁其中一位男生在订正作业时,继续询问:"嘿,你昨天晚上是不是来不及准备英语听写啊?"我这么问的理由很简单,因为他听写的分数实在太低了,只有四十分,要知道满分可是一百分。

他听后难为情地笑了笑:"嗯,是的,昨晚作业做迟了!"果不其然,他主动分享了自己的情况。为了获取更多有效信息,我又同情地问他:"昨天这么多作业中,哪一门花费你的时间最多?"

他毫不犹豫地回答:"当然是数学了,单单试卷就做了一个多小时,搞得英语听写来不及准备。"我顺势抛出下一个问题:"这么说来,你的同桌也做得很迟?"他点了点头:"是的,他昨天作业做到了十二点呢!"而他的同桌,正是上文所提到的另一位男生。

后来,我又用类似的询问方式和技巧,发现许多同学跟我的处境大同小异,都是作业的"困难户",很难在十点之前完成,熬夜已成常态,并不像他们对外声称的那样。

现在,如果要问我为什么能问出这么多信息,其实原因很简单——只要你设身处地地站在对方的立场上去思考,尽可能洞见他们的苦衷,多一些关心和体谅,随后再去提问,别人自然会轻松愉快地和你分享实情。

双 声 会

　　"什么?""啊?""你说啥?"每当饭后听到大爷爷扯着嗓门,我便顿时明白,他又在和他的好朋友们打电话了。不过正所谓"不是一家人,不进一家门",他的几个好朋友似乎都和他一样,耳朵不怎么好使,所以经常是一通电话下来,话没聊几句,"啊""什么"的声音却是不绝于耳。

　　虽说这种聊天方式既费耳朵又费喉咙,但大爷爷却乐此不疲,谁叫他觉得城市里的生活实在太无聊了呢? 可不,今天刚吃完晚饭,他嘴都没来得及擦,就拨通了老家邻居的电话。不瞒你说,这邻居的耳朵甚至还比不上大爷爷的好使,大爷爷刚问一句"你们吃饭没有?"电话那头就传来一声"啥有没有",大爷爷估计没听清楚,扯着嗓门又说了一句:"你也吃过了呀!"结果电话那头爆出了一句言简意赅的话:"你说啥? 啊!"……就这样聊了三四分钟,估计两人的口水储量不够了,于是,两人"啊""嗯"的一阵"拟声词告别"后便挂了电话。

　　不过大爷爷似乎没有聊够,喝了一口茶润润口后,又与多个好朋友进行了多方面的对话,包括气候变化、疫情走势、生意好坏等各类关系民生的问题。只是这一次次"双聋会"开得可真够呛,因为大部分时候,双方都不清楚对面在说什么。于是,在一声又一声的"什么""啊""你说啥"中,大爷爷终于结束了他的聊天。

虽说我听他聊天都累,但他却乐在其中,因为,现在的老年人实在太缺少倾诉的对象了。孟子说:"不得乎亲,不可以为人;不顺乎亲,不可以为子。"生活中,类似"双聋会"的事情可能确实有些可笑,但这背后的原因,以及老人缺乏倾听者的现状,不是更加令人感到可悲吗?

所以,在长辈的有生之年,请多陪一陪他们吧!

第四辑

消失的沙子

潜在的风险也是危险

我之前在小区里转悠时,忽然发现近来小区河边垂钓的人越来越多,想必是这些天收成比较好吧!不过话说回来,我忽然觉得河里的鱼很傻,它们难道没有发现自己的伙伴因为"钩子"而凭空消失了吗?

出于好奇,我便在河边观察,结果令我惊讶的事情发生了!原来鱼儿在吃诱饵时并不一定会上钩,就算上钩也有机会挣脱,总而言之,对鱼儿们来说,被钓上来的概率很小。因此,对于那些没有教训的鱼儿来说,冒点儿风险吃诱饵何乐而不为呢?这或许就是这么多鱼儿会接连上钩的原因。

当然,我讲述这一故事的原因,并非想让大家"不冒风险"或是"安于现状",只是说,当我们面对一些关于生命安全问题的时候,决不要因为别人的做法而盲目跟风。

最典型的例子莫过于闯红灯了。若到路口观察,尤其是那些繁忙的路口,你很容易发现闯红灯的人,斜穿和横穿马路的人都有很多。但很显然,这些人中出事故的很少。对于那些闯红灯出事的人,说他们倒霉,似乎确实很倒霉,可闯红灯是他们自找的;说他们自作自受的话,可他们的运气是真的很差。那么,我们应该怎么办呢？还是那句老话,"红灯停,绿灯行"。

孔子说:"人皆曰予知,驱而纳诸罟擭陷阱之中,而莫之知辟也。"是啊！人们都觉得自己很聪明,以为自己闯了红灯、省了时间,但殊不知,他们已经度过了一段潜在的高风险期。而我们自己,不要再期望危险远离我,还是要时刻提醒自己远离危险。

来自"第一印象"的震慑

这几天正值五一假期,我便天天下午去打篮球。因为每天都在与不同的人切磋球技,我发现了一个惊人的现象。

这一发现始于我个人的一次观察,比赛开始后,我们队有一个人运着球就往篮下冲,势头很猛,这导致对手起先两次还企图防守他们,后来干脆不防了;相反,我们队有一个人不够自信,拿住球后就很紧张,根本就不敢投篮或上篮,结果,随着比赛的进行,对手对他的防守越来越紧。

有人可能会说,这不就是欺软怕硬吗?实际上并不是,据我的观察,前者的水平并不比后者的水平好,相反,后者的篮球基本功更加扎实。我认为原因就在于他们给对手带来的第一印象不同,前者虽然技术没那么好,但他起初的势头给对手带来了很大震慑;而后者给对手带来的第一印象是犹豫和胆怯,这就为他之后的比赛埋下了隐患。

相似的事情,也发生在我身上。如果我一开场就表现得十分主动,对手反而不会与我"硬碰硬",相反,如果我一开场就显得信心不足,对手在之后反而会针对我。"以偏概全"这个词虽然是个贬义词,但生活中,大多数人判断对方往往是从"偏"字开始的,也就是我们常说的第一印象。它在别人眼里,比你真实的水平更有"价值"。

因此,我们在生活中要争取给别人留下好的第一印象,相反,我们也不要只凭第一印象判断一个人。进一步而言,请不要惧怕,来自第一印象的震慑,因为你还没有完全了解对方;也请不要低估第一印象带给别人的冲击,因为对方并不完全了解你。

接龙太难了

开车去山里采茶,一路上,大家闲得无聊,便有人提议玩"词语接龙"。

可令人奇怪的是,在接龙时,总会接到"子"这个字,像我说"方面",对方接了个"面子",然后我接个"子孙",对方又接了个"孙子",搞得经过几轮之后,已经想不出可以接什么来了。

后来,我回家一翻字典,像"子弹"、"子房"都可以接,若再利用同音字,像"仔细""紫色"比比皆是,但为什么我当时想不到呢?

难道我不知道这些词?肯定不是。难道我太笨了?也未必如此,那是为何呢?

唉!大概只是把它当作打发无聊的游戏,没有静下心来认真思考罢了呀!

炫耀的层次

人们炫耀的水平有高低,层次更是有天壤之别,我们以朋友圈为例,简单谈谈。

先说黑铁水平的,"我不管穿什么衣服,同事都夸我好看",感觉太普通,没有冲击力。

再说白银水平的,"雨天,撑伞也有仪式感",再配张高档伞的图,但表现形式过于文艺,加之很多人无力分辨雨伞档次,所以,很难一下子明白其真正的用意。

黄金水平的是怎样的?"风景很美,就是路上的泥土太多,车子太脏了",下面附一张豪车照片,"一不小心"露出的车标,很亮眼,但又很"低调",似乎没有丝毫张扬。

最后看看黑金水平的,"我今天本想夸夸自己,但'西湖诗人'比我更会夸,干脆发一下他夸我的诗作!"夸自己能夸到这个程度,真是无话可说了。至于谁是"西湖诗人",倒不是最重要的,反正只是个符号而已。

唉!"炫耀"居然有这么多"层次",我该说些什么好呢?

主动"放弃"体育课

昨天课上,体育老师因几个男生不守纪律,就罚我们全体男生站了一节课,女生则可以自由活动,我们男生都很不爽。

有的人说老师"重色轻友",有的人说老师"见色忘友",还有的人说老师"不爱男生爱美人",只有我们班二百多斤的胖子高兴地说:"老师好人一个,罚了站就不用跑步啦!"大家见状都想"群殴"他。

后来,见数学老师和科学老师相继进了教室,有的男生对数学老师说:"老师,你把明天下午的体育占了吧!我们爱数学。"又有男生对科学老师说:"老师,你不是要考试吗?那就占了明天的体育课吧!"结果两个老师都不干,因为他们怕我们失去体育课而生气。

最后,老师被几个男生催促得没办法。数学老师不禁感慨:"我从没见过有这么爱数学的!"有几个同学附和:"是啊,我们长大后都想当数学家。"最终举手表决,男生们都举手了,因为他们不想再被罚站;女生们也都举手了,因为她们不想跑步。好不容易,体育课改成了科学课。

放学后,我遇到隔壁班的同学,他听我这么一说,惊奇地问:"我们副课全变主课了,你们竟然不想上体育课?"

唉——明明自己犯了错,反而不顾一切代价去掩饰错误,甚至还逃避错误,这岂不是很可笑吗?

莫相忘,共相望,盼相旺

本以为三年前开通的商合杭高铁能拉近我与老家的距离,可连续几次被疫情的肆虐无情阻断。老家的稻子,应该早换了三四季吧?门前的公路,柏油也更新了吧?通往周边城市的高速,应该也修好了吧?还有,家中的收成,茶叶店的生意,以及老人们的身体状况,还像之前那么好吗?

一切都似乎很模糊。不得不承认,在互联网如此发达的时代,当我们在为"海水稻的试种成功"欢欣鼓舞时,是否顾及过家乡的收成如何?当我们在为宇航员的升空祈求平安时,是否关心过家中长辈的身体如何?当我们在为高科技产品的研发满怀希望时,是否关心过我们送给老人的智能手机、平板,他们会用了吗?我们总是为那些大事牵动心弦,但家乡的一点一滴,难道不也同样值得我们去关心吗?

我不禁想起了每年春节,到了村口,就看见二爷爷搬了张小木凳坐在那儿招手;那热得发红的木炭,那冻得发白的青菜,是冷热交加最真实的写照。当火把的亮光划过漆黑的原野,原本空旷的土地仿佛成了喜庆的海洋;当鞭炮的巨响打破夜晚的宁静，原本无声的村庄仿佛成了摇滚的天堂，不过，这些都过去了，不知乡间小路上，还是否留有烟灰；或着在老房子里，还是否留有没用完的火把。真希望在寒冷的冬日过去之后，你我能够不再守望。

除此之外，真希望老家能够好好发展旅游业，它作为战国时楚国的都城，汉朝时十四个州级行政区之首，同时作为淝水之战、抗金战役以及奠定明朝建立基础的安丰之战的主战场，真应该好好挖掘历史文化，大力发展旅游业，使其兴旺发达。

家乡，借着春节，我想对你说：我与你不会相忘，必与你不再相望，衷心祝你重整旗鼓，重现往日的辉煌与兴旺。

真"圈套"

今天与爸爸下楼拿快递,我一不留神,突然感觉双脚被什么套住了,于是赶紧左脚一抬,谁知左脚又被这东西卡住了,我一下子向前踉跄了几下,才有惊无险地停了下来。

那这东西是什么呢?其实,只是几根塑料带围成的一个圆圈,大意的我,不小心踩了进去,就被它给套住了。

事后我想,这不就是现实版的"圈套"吗?不仅效果强烈,而且"实物"的样子也与其名称"圈套"的样子一模一样。

看来,每一个词语的出现,都有其独特的缘故,或者说独特的故事。甚至可以进一步猜想,多年前造出这个词语的人,就曾被"圈套"捉弄过啊!

课间的"羊群效应"

正值课间,我们班几个男生为了放松放松眼睛,就站在走廊上,双手扶着栏杆向下张望,好不惬意。

其他人看见我们的举动,感到很奇怪,很想知道我们究竟在看什么,纷纷凑了过来;很快,隔壁班的人见状,也忍不住效仿。但他们望着空荡荡的楼下,百思不得其解:下面并没有什么东西呀?

紧接着,一楼的班级见我们三楼的人都在向下看,有几个人耐不住性子,也一个劲儿地向上瞧,可惜,他们也一样,并不知道我们张望的原因。

又过了一两分钟,二楼的班级也忍不住了,涌出一大堆人来,纷纷朝下看,有个人还大声问:"一楼的,你们在看什么呀?"一楼的同学一听,满脸茫然,不知如何回答,只好不停地摇头。

这下好,全年级的学生们互相对望,但除了我们最初的几个人,谁也不知道在看什么。

终于,有人打破了尴尬:"三楼的那个,你是不是张道一呀？我们小学一个班的。"原来，我的几个小学同学正在下面呢。于是，原本一次普通的休息，变成了一场"认亲大会"。

莫非，这就是现实版的"羊群效应"？

其实，学习的道理也一样，我们不能盲目跟风，看见别人学什么，自己就学什么，而是要结合自己的实际情况，坚持独立思考，让自己在不断地探索与实践中找到适合自己的学习方法啊！

来自"远方"的倾诉

吃完晚饭后,我受妈妈的嘱托到同小区的舅舅家送鸡蛋。刚到舅舅家门口,就听到表弟蛋蛋招呼我:"哥哥,我们一起来拼'乐高'吧!"说着便把我拉到客厅里。可没过多久,突然听到了一阵急促的敲门声,加之一阵阵回声混在一起,似乎让蛋蛋那拼"乐高"的手变得不自然了……

门开后,原来是下班回来的舅舅:他左手提着公文包,右手肘夹着几份文件,头发有些乱糟糟的,想必是刚加完班,连饭都没来得及吃。蛋蛋见了他,嘴巴张了张,似乎想说什么,可劳累的舅舅哪有功夫看蛋蛋呢?一侧身,舅舅就半躺在了沙发上,拿起手机,边刷短视频边问蛋蛋:"嘿,你怎么还有闲工夫在这磨蹭?作业做完了没?""做完了呀!"蛋蛋有些胆战心惊。"英语课文有没有读过?""读了呀!"蛋蛋有些烦躁。"那我昨天给你的那套课外奥数题,做过没?""呃——没做过。"蛋蛋满脸扫兴,放下手中的乐高块,赶紧俯下身溜回房间去了。我歪头看了看旁边的舅舅,又望了望散落的乐高,心中默默叹了口气,便赶紧走进蛋蛋的房间……

蛋蛋正坐在书桌前的转椅上,身子扭来扭去的同时,手上还拿了几支水笔在转动,时不时还把其中一只狠狠地摔在地上。我赶紧走进拍拍他的肩:"你一定很委屈吧?""对呀!别烦了!"蛋蛋狠狠地用手砸了下书桌。"那么,你是否愿意与我聊聊呢?""哎呀,别烦啦!烦死人啦!滚出去——"蛋蛋叫得更大声了。我连忙耐下性子继续对他说:"好的,我滚出去,但在'滚出去'之前,我想对你说,你可以尝试与你爸爸沟通,尽管他加班回来非常累……"蛋蛋再也忍不住了,扑到我的怀里号啕大哭,边哭边向我诉说着过往的苦闷。其间,我望了望客厅,劳累的舅舅不知何时躺在沙发上睡着了,一切都是那么静寂,一切又是那么喧闹……

　　事后,我独自一人想了很久:其实人与人之间需要沟通,需要耐心地倾听,父母与孩子之间更不是例外。只有当你真正认真地与别人沟通时,别人才会真正认真地倾听;相反,只有你真正愿意倾听别人的话语时,别人才会真正发自内心地与你沟通。就像那回声,你对他"说"什么,他就会对你"说"什么。

　　想到这,我不由得望向了窗外,似乎看见了那一块块散落的"乐高",也听见了那一阵阵来自"远方"的倾诉……

韩国球王带来的启示

最近,我看了一部关于韩国足球运动员孙兴慜的纪录片,这位球员现在在英格兰的联赛踢球。照理说,在竞争力如此之大的环境之中,黄种人很难立足;但事实上,在接近千人的球员中,他的进球数排名第四,比很多非洲和欧洲球员还多。这与他父亲对他独特的教育有很大关系。

他的父亲曾经也是一名球员,因此他对足球训练非常了解。他认为,现在韩国足球强调"以赛代练",即"用实战来代替训练技术",这种方法会造成球员的基本功不够扎实。因此,他让自己的儿子在15岁之前不去参加同年龄段足球比赛,而是与自己练习"带球、射门"等基本功。最终,把儿子培养成当今韩国最优秀的足球运动员。

这让我联想到了我们老师的一些做法,她们一到期末就近乎疯狂地发卷子,号称用"做试卷来代替复习纠错",但事实上,这种方法不仅会加大学生的负担,效果也不见得比"复习纠错好"。相反,如果我们可以复习纠错,夯实自己的基础,那么在之后的做题中,就能更加熟练自如。

当然，我并不是说"复习纠错"这一方法能把每个人变成学霸，也并不是说孙兴慜父亲的方法能把每个小孩子都培养成球王。

　　但是，我们需要有这样一个意识：大多数人都在做的事，不一定是对的，我们要多一点思考，尽力去探索现象背后的本质和规律，同时，对自己也要有信心，敢于走一条与众不同的路。

食饼筒,你来自哪里?

昨天坐高铁去台州,在探访甬温线的同时,也顺便参观了台州市区。在街上闲逛时,偶然发现一家卖"台州食饼筒"的店,经不住妈妈的推荐,我们来到了这家店里。

说是食饼筒实际上就是卷饼,加上馅料,这么看来,食饼筒作为台州特产似乎不是那么"独特",因为别的地方也有类似的东西。果不其然,我上网一查才发现,不只是台州,"卷饼"还是福建长汀、湖北武汉、山东枣庄和陕西西安的特产,这是怎么回事呢?我想到了之前在丽江旅游时遇到的一件事。

我们住的民宿对面有一家店,专卖"纳西木锤酥",纳西即指纳西族,一种生活在丽江的少数民族。这么一看似乎没有什么不对劲儿,但上网一查,木锤酥的家乡可真不少,远到山西太原、河南焦作,近到四川成都、湖南凤凰。真是令人无语。后来一问才知道,店主来自湖南,便把家乡的特产搬到了丽江,并命名为"纳西木锤酥"。

这种现象十分有趣,但也令人深思,如果每一个人都把特产的原产地改变,那么还有所谓的特产吗?或许一百多年后,北京烤鸭会变成南京烤鸭,西安肉夹馍会变成安徽肉夹馍,甚或连可口可乐都成了江南特产……

脑海里的"佛祖"

刚才去表弟家吃饭,他外婆说了这么一件事:上周去普陀拜佛,在庙里念了一整天经,回来后只要一闲下来,耳边就会响起"阿弥陀佛"。是佛祖显灵了?显然不是。

表弟闲下来就看手机,我便把这事告诉了他,又问:"你每次抱着手机当放松,以后上课脑海里不会都是手机吧?"他头都没抬一下:"当然呀,我每次上课都会想起呢!"不知他是真傻、假傻,还是根本没听我说。

当然了,表弟的表现和"傻"无关。无论是谁,表弟或他的外婆,在脑海里强化一个行为,皆有成效,义理也差不多,只是结果相差甚远了。

接受现实才能改变现实

对期中考试的结束，我真不知道应该感到高兴还是难过。如果是高兴，可以看出我对前半学期的肯定；但如果是难过，可以看出我对一些举措的遗憾。不过我想：绝大多数人应该都有遗憾吧！

从现在回溯起来，学期初我的状态真的是差强人意，尤其是数学和科学，我始终没有寻找到"不让错题积压"的办法，主要原因有两个：心态比较差和时间利用率太低。现在看来，其实用不着一开始就把所有题目都弄会，因为在之后的不断积累中，这些题目总会被逐个击破的。事实证明，在期中的数学和科学考试中，真正不懂的题目只有极少数。

唯一令我遗憾的是社会和政治两门，因为早在七年级，我就认识到这两门容易拉分，但是，在我自诩的"精密复习"后，考出来的成绩依旧令人失望。如果说政治的失利是记背得不够好，那么社会考试出现的问题，则与语文相似：此前，我一直在琢磨语文和社会简答题应该怎么答，也看了一些模型，但前不久我才发现，上述举措收效甚微。

其实，我们应该去了解老师的"改卷思路"和"评分思路"，而不是整天围着标准答案找答题模型；同时，还可以厚着脸皮找语文、社会成绩好的同学帮忙，比如，向他们要卷子，看看他们的答题思路，我想适当的借鉴会有所成效。

总之，考试肯定是悲喜交加的，不论结果如何，我们都要接受现实。毕竟，考试不止这么一次。

那些被混淆的因果关系

前几天,有一个亲戚来我家做客,问及她丈夫的情况时,她说他最近开网约车总抢不到单子,或许是手机太旧了。可当问这个亲戚为何不帮他买个新手机时,结果她挺生气地说:"连单子都抢不到,还买新手机,这不是在浪费家里钱吗?"可事实上,因为手机旧,所以抢不到单。

还有一件事,刚放假那些时候,我与一个同学去打篮球,我和他分在了不同的队里。这个同学总喜欢自己运球,不喜欢传球给队友,结果他的队输得很惨。当问及为何不多和队友打配合时,他一晃头:"这些人又没进过球,我传球给他们干吗?"可事实上,因为不传球,所以队友没有投篮的机会,自然就没有进球。

很明显,在以上两件事中,主人公都犯了同样的错误——混淆因果关系。可能很多人会觉得他们的脑回路很奇特,但事实上,很多人也容易犯类似错误,只是他们自己不知道。

比如,有些家长看到小孩子经常在画画,但画得不够好时,就会说:"你又成不了画家,画这么多有什么用。"再比如,很多人在看青少年的足球比赛时,总会说:"这种比赛有什么用,反正中国男足这么弱!"

所以,因果关系真的很重要,搞清楚因果关系更重要,针对一些表面显现的"因为……所以……",我们务必深入思考,真正搞清楚前因后果,才可能找到解决问题的方法。

消失的沙子

五年前去沙漠时,我灌了瓶沙子,当时满到了瓶口。五年过去了,沙子少掉了将近六分之一,这是为什么呢?

刚开始挺不解,便去问爸爸,只见他把瓶子轻轻地上下一摇,沙子立即又多了些,尽管还是比五年前"少",但很令我吃惊,忍不住询问。爸爸很是得意:"你看这瓶沙子,一直放在书桌上没动过,沙子不断沉淀,间隙越来越小,但只要稍一摇动,间隙又会马上变大,这不就能解释了吗?"我顿时恍然大悟。

现在我们常说没时间,这是因为坏习惯的累积与侵蚀,被很好利用的时间越来越少,时间自然就没有了。可只要时常轻轻一摇,时间又会多了起来;我们也常说干一件事时间不够,这是因为长时间的懒惰,一会儿碰碰这,一会儿摇摇那,时间自然就"蓬松"了,但只要稍一抓紧,让它慢慢压缩,做一件事所花费的时间必然会少得多。

看来,记时的是熟悉的沙漏,而管控时间的,则是心中的那瓶沙子。

礼貌，还是强硬？

暑假回老家。一天饭后，我和妈妈去旁边的中学锻炼。其实，对于我来说，也不算是锻炼，只是打打篮球罢了。

妈妈先我一步进了学校。落在后头的我到了校门口，由于谨慎和尊重，就问了传达室师傅一句："可以进去打篮球吗？"结果师傅一挥手："外人不让进！"我又连着解释了好几次，师傅依旧拒绝放行。

奇怪了，那妈妈是怎么进去的呢？事后我才得知，妈妈没有理会保安师傅，径直进了学校，这种做法表面上看起来风险很大，实则不然。因为，保安师傅见状后，会默认你是"内部的人"，连吭也不吭一声。听到这儿，我顿时欲哭无泪。

类似的事情还有很多。比如火车站打车，你在和司机讨还价格时僵持住了，这时你如果恳求司机，司机往往会不屑一顾；但如果态度强硬点儿，抛出一句："这一单你爱干不干，反正就这个价钱！"司机往往会有所收敛。可是，我们都比较柔软，一般不会这样去还价。

再比如我们开车去朋友家，有时会遇到比较严格的保安。

如果你开车窗问保安是否能进,保安肯定会拒绝;但如果你一言不发,自顾自按几下喇叭,保安往往会放你进。只是和还价一样,我们也不会这样蛮横无理。

所以,有时候解决某些问题,并一定要**彬彬有礼**,偶尔的强硬或许效率更高。但,每个人都有自己的为人处世原则,我还是认为彬彬有礼更好,即便会遇到一些不如意。

理解能力≠传授能力

相信很多人都习惯说这么一句话:"你怎么连这都不会。"或是老板对员工的不满,或是老师对学生的焦虑,或是父母对孩子的失望,或是教练对队员的发泄,生活中方方面面都少不了这句话。

其实,大多数人说这句话的原因很相似,就是"我觉得这件事很简单,可你怎么就是不会呢?"本质上,这和每个人的天赋是有关系的。举一个简单的例子,如果数学老师的天赋很好,做题能力很强,所以在讲解题目时往往会忽略很多常人需要理解的地方。原因很简单,数学老师自认为这些地方很容易懂,但事实上,普通人在做这道题时还是需要理解的,这就是为什么很多学生说上课听不懂的原因。

那么,什么样的老师是适合学生的呢?假设有两个学生,小明和小刚。小明数学天赋极好,每次考试都接近满分;小刚天赋也不错,但考试时总会错几题,需要事后订正与理解。那么请问,如果你在数学上有困难,你会选择哪一位同学来帮助你呢?估计大多数人还是会选小明,但事实上,如果你不是天赋顶尖的人，我建议你选择小刚。

原因很简单，你不会的问题，人家小明根本没想过，他觉得这都算不上一个问题；相反，小刚在做题时也遇到过这样的问题，他更了解你不懂的地方，解答起来自然更易懂。

所以说，一个人的理解能力并不等于其传授能力，反而是那些理解能力稍差的，更容易与你产生共鸣。

路与河的纠葛

由于近些天的持续降水,原本毫不相干的路与河,一下子成了"孪生兄弟"。

首先是路,经长期的雨水冲刷,竟然变得晶莹剔透,就连不开车灯的汽车在柏油路上都能映出倒影,简直比河的"倒映能力"还强!更令人稀奇的是灰黄色的水泥路,只要浇点雨就会变得油亮油亮的,再加上原本就偏黄的底色,活脱脱成了一条"小黄河"。

再来说河,持续不断的降雨使它们像被充了气似的膨胀。在大幅度的变宽中,河流的表面看起来也越发平坦,仿佛是一条连车都能开上去的马路!更令人吃惊的是,它比马路还光滑平整,如果现实中真有这样一条路,汽车都能在这上面开得更快吧!

这下好了,路成了"河",河成了"路"!难道,世上本没有河,路上的积水多了,就变成了"河"?或者说,世界本没有路,河中的雨水满了,就漫成了"路"?

排名高的歌曲真的好听吗？

假期里，我每天都会听几首英文歌。为了听到那些更好听的，我总会打开 APP 上的排行，选择那些排名靠前的歌来听。但不知是为什么，我聆听了这些所谓点击量很高，且评价很好的歌，结果是越听越烦。真心觉得没有几首是好听的，这是为什么呢？

首先是点击率高的问题。我想是否会有一种极端情况，比如，有一首歌依靠各种炒作升到了一个靠前的排名，而像我这样的多数人往往会选择排名高的歌。因此，这首歌的点击量就会越来越高，即使它听起来很难听。这样一来，就会出现"马太效应"，排名越高的歌曲点击量会越来越多，而排名越低的歌曲点击量会越来越少。

其次是"评价很好"的问题。先不讨论花钱买评价的可能，只从写评价者的角度入手。比如，一首歌的排名很高，唱的歌手最近很红，那么，当人们听到这首歌后，即使觉得不好听，也会不由自主地想：这首歌是很红的歌手唱的呀，怎么会不好听呢？肯定是我自己的品味有问题。于是，人们就会拼命去找这首歌的"优点",然后写一番"发自肺腑"的好评,以证明自己跟上了当下的潮流。这或许就是"承诺一致原理"在现实生活中的体现吧!

  写到这里,我不禁想:我不如也创作一首歌,再想方设法弄个高点儿的排名,然后就能积累大量的点击量,从而"红"起来。之后,我的粉丝就会主动帮我写"好评",我就可以变得更加有名了!

  嗯,真是一个不错的主意啊!当然,我只是开个玩笑而已,绝对不会这样做,做人还是要脚踏实地。

请理解我的"收藏家"外婆

都说老一辈人生活简朴,十分节俭,但能比得上我外婆的,估计全市也找不出几个。

我的外婆与外公经营着一家小店,日子过得悠闲自在、衣食无忧,可外婆还是以前的老样子;我家前几周换了套新沙发,结果外婆不辞劳苦,非要把旧沙发搬到自己家里用,因为她觉得把旧沙发卖掉未免太过可惜。

他们去舅舅家吃饭,若是见他家有堆废弃的纸板,即使是冒雨,也会把纸板带走,希望可以卖个好价钱;更令人哭笑不得的是,前些天旁边的服装店老板想把卖不掉的旧款帽子处理掉,结果被我外婆要了来,分给我和表弟表妹戴,剩下的放了起来。由于外婆做过一大堆这样的事情,我干脆给她取了个外号——"收藏家"外婆。谁叫她这么喜欢"收藏"别人的丢弃品呢?

不久前,我们一家到外婆家吃饭,一进门就发现屋里堆着许多杂物。我忍不住向外婆建议到:"外婆呀,你这屋也太乱了,不如把那些没用的杂物丢掉吧!"结果外婆听后迟疑了好一会儿,才应付着点点头:"好好好,下次我就把没用的杂物丢掉,可以吧?"我只好一笑了之,有些尴尬地走开了。

  我与妈妈谈到了这件事,妈妈叹了口气:"唉——这与你外婆儿时的经历有关。"原来,外婆本来成绩突出,换作现在的词呢,就是"大学霸",可惜在她读到了小学六年级时,父亲突然去世了。我的外曾祖母为了减轻家中负担,就让她辍学在家照顾弟弟妹妹。就是这段儿时经历,让外婆变得十分勤俭,尽可能地为家庭减轻负担。所以,即使现在生活变好了,她还是改不掉"收藏他人丢弃物"的习惯。

  听到这里,我突然有些自责,有些悔恨,有些失落,也有些痛心,一时心里五味杂陈,说不出话来……

  我暗自想:我总想让外婆理解我们晚辈们的生活方式,却很少理解她的苦衷。请理解我的外婆,她是一个"收藏家",更是一个伟大的人。

  我终于理解了外婆……

千里之堤，一失万无

昨天和爸爸出小区办事，发现一个很有趣的现象：人们出小区时无人量体温，而进来时却被严格检查；在进小区时，只有大人要检查健康码，而小孩不用。

对此，我感到既不解又不安，便问爸爸："万一有些小区居民是无症状感染者，但他们出门无人知道，这岂不是会害惨很多人？还有，小孩不用健康码，那如果若干小孩从疫区回来，且当时无症状，工作人员不就全然不知吗？"

爸爸也无言以对，只好回答："防疫检测就像滤网，再小的网，也总有穿过滤网的'小沙粒'，不可能彻底检测，但大多数人的状况，还是被检测出来了！"

爸爸说得有道理，但俗话又讲：万无一失，一失万无。上述事实毕竟是一个不小的漏洞，为了防疫更精准，终究是得解决的呀！

浅谈如何学语文

关于如何学语文,个人认为有三个方面需要注意。

首先,要不断地去思考。"思考"并不是单指在做作业或阅读时思考,实际上,在生活中也要时刻思考。例如,我在小区里看到了一只"肥胖"的流浪猫,当时我就会发散性地想:流浪猫为什么这么胖?它是从哪里获取食物的?它是从垃圾堆里寻找食物的吗……此时我们就在不知不觉中思考了不少。

其次,有了想法要趁早记下来。刚才我建议要不断思考,那么在不断思考之后,我们得赶紧记录,千万不要为了一时的闲暇而把自己思考的成果抛弃。还是讲刚才"流浪猫"的例子,如果你当时只是简单记了"猫、肥胖"三个字,以后你再把这三个字拿出来,怎么还会想起那件事情呢?这会断绝了一次"深入探究"的机会。

再次,我们还要多阅读,不一定是文学巨著,像报纸、杂志、国学典籍都可以,前提是你得从中有所体悟,否则就算是世界名著,你阅读时不悉心感悟,读了也没用。

　　因此,学语文最基础的就是思考、记录、有体悟地阅读,若能加上老师的教诲与指点,那就会更有收获。

请不要为了贬低而赞美

前几天,中国女足战胜了对手获得了亚洲杯冠军,为风雨飘摇的中国足球界带来了久违的希望。不过,最令广大网友高兴的并不是夺冠这件事本身,而是借机去批评男足,谁让男足连越南、泰国、阿曼等国家都赢不了呢?

我由此想到了另外几个相似的情境。比如,考试成绩出来后,你的父母对你说:"你同桌考了满分呢!"表面上是在夸你同桌,实则在问你为什么考不到满分。再比如,运动会闭幕后,班上同学跟你说:"你去年不是拿了好几枚金牌吗?"表面上在夸你去年表现优异,实则在问你今年怎么表现这么差。

大家可能觉得上述事例挺正常的,但这种情况发生在中国男足上可就大不同了。女足夺冠,网友批评男足不像女足一样有斗志;苏炳添进百米决赛,网友批评男足没有毅力;谷爱凌夺金牌,网友批评男足不会"逆风作战"。中国人对金牌、对荣誉的渴望溢于言表。很多人并不是真正地在赞美运动员,只是喜欢金牌等荣誉带来的快感,以及借机痛骂男足的快感。

当然,男足的水平确实不行,但我们评价一项运动不能只看荣誉,不能只是为了一时的快感而去赞美或贬低。要知道,中国女足去年在东京奥运会上一场没赢,原主教练被人骂到辞职;而德国作为传统强队,在上届世界杯排名垫底,德国人依然坚持让主教练留任,随后德国队重整旗鼓。

　　"过则勿惮改",低谷并不可怕,可怕的是明知别人身在低谷却还要挖苦讽刺。对于任何人来说,正视问题永远是解决问题的最好途径。

第五辑

我爱丰收季

殊不知,我们也在叶公好龙

舅舅是一位资深的跑步爱好者,经常去运动。前些日子,他叫我去河边的步道跑步,给我留下了一段哭笑不得的回忆。

步道离小区很近,步行过去也花不了多长时间,结果舅舅说:"走路过去太费事了,直接骑车过去吧!"结果他用电动车把表弟和我带了过去。据舅舅解释说,"跑步是跑步,走路是走路,若走路到河边很费力,而且容易出汗,会影响到跑步"。这一解释没什么毛病,可对于一位资深跑者来讲,竟嫌走路费力,多少有点儿叶公好龙的味道吧!

大家听到这件事后,可能会觉得很好笑,但在不经意间,我们多多少少会做一些"叶公好龙"的事情。

比如,有些人自称很爱读书,可一闲下来,第一选择就是手机;有些人自称孝顺长辈,可面对长辈时,却是有一句没一句地聊天;还有些人自称要减肥,可见到奶茶店、快餐店,还是忍不住往里跑。

的确,我们是该好好反思了,不要只把要求落实在口头上。试着扪心自问:我是否"叶公好龙"了呢?

时刻要有"大局观念"

上了初中后,书面作业越来越多,我水笔笔芯替换的频率也越来越快,而正是在一次次的替换中,我接连碰上同一个看似简单,却足以令人为难的问题。

不知大家在做作业或写书法时,是否会碰上笔芯只剩最后一些墨的难题,此时如果你继续用下去,那么这支随时可能断墨的笔芯,在余下时间内会让你写字不那么顺畅,但如果你直接把它丢弃,似乎又显得有些浪费。这真的挺令人为难的!

在这种情况下,我认为"大局观念"就显得十分重要了。如果你是在做作业,那么为了效率,你宁可狠下心把这支笔芯扔了换支新的;相反,如果你只是单纯地练练字划划重点,时间并没有那么紧迫的话,节约点儿继续用也无妨。

其实,我认为学习也是这样,就像晚上作业做到十点半,宁可早点睡觉,也不要强撑把作业写完,而断送第二天的精神状态;就算在学校里感到很困,也不要强制自己在课间订正作业,宁可厚着脸皮在课间争分夺秒地打盹或睡觉,使自己在课堂中有一个好的状态。

　　古话说得好："若争小可,便失大道,人无远虑,必有近忧。"我们怎么能做那些舍本逐末,没有"大局观念"的人呢?

为什么这么多人爱看《老娘舅》?

《老娘舅》是一部调解民间纠纷的节目,说白了就是直播别人吵架,这本是令人羞愧的事。可令我惊讶的是,许多人依然很爱看这部节目,这是为什么呢?

首先,我觉得是庆幸感。人们看到他人在争吵时,会情不自禁地庆幸自己没有陷入各类纠纷,所以在看节目的过程中,会有一种额手称庆的感觉。

其次,是优越感。当人们感到庆幸,随之而来就是优越,认为自己所处的境地比节目中争吵的人好太多,从而默认这一节目带给自己的优越体验,结果就是越看越有味儿。

最重要的,就是吃瓜的快感。用俗话说,就是看热闹不嫌事大。可能看这一节目的人,不愿意承认自己是吃瓜群众,但事实上,他们就是在吃瓜。谁不想了解别人家里发生了什么呢?我们总想知道别人的事情。就比如考了满分,绝大多数人的反应都是"其他有满分吗",或是"我旁边的同学考了几分"。

由此看来,这么多人爱看《老娘舅》也就不足为奇了。

不过话又说回来了,正如《弟子规》所说的"彼说长,此说短;不关己,莫管闲",今后我们还是少管街长里短的事情为妙。

小溪与大河

周末去爬山,由于刚下过大雨,溪水挺是湍急。多条小溪在山脚下汇聚,奔向不远的村镇。

我忽然很疑惑:在旱季,许多大江大河常会断流,可是小溪从来不会,就是在炎热的夏天,依旧奔流不息。这是什么原因呢?

或许因为大河中,除去一些支流,就这么一条"主干道",就算是修筑大坝,也只需在一个地方动工即可;而小溪则不然,用坝堵得住吗? 它从源头可以分出许多条,虽然看起来不起眼,但每一条都可以渗入土壤,灌溉万物,到山下又重新汇聚,奔向远方,这不是真正的"风雨无阻"吗?

德行也一样,那些虚伪的,虽看起来雄赳赳、气昂昂,但只要稍稍诱惑,就会破绽全出;而那些真正高尚的,虽看起来微不足道,但却能在奔腾过程中,潜移默化地"灌溉万物",使其郁郁葱葱,这不是更伟大吗?

所以说,小溪的故事,也是德行的故事,更是人性的故事。

说话是门大学问

——读《论语》有感

说话,似乎人人都会,但会说话的人就很少。在生活中,不管是在辩论时,还是在与人交往时,我们都要时刻注意自己的言辞。由此看来,会说话真的太重要了。

《论语》的"主讲人"孔子,就是一个会说话的人,记得他曾说过这样一段话:"侍于君子有三愆:言未及之而言,谓之躁;言及之而不言,谓之隐;未见颜色而言,谓之瞽。"孔老师的意思就是,我们平时说话容易出现三种过失:不该说的时候就抢着说,叫做急躁;该说的时候闭口不说,叫做隐瞒;不看时机就贸然说话,叫做瞎子。由此可见,说话是门大学问,稍有不慎,就会犯错,让我们来品味一下孔子的这段话吧!

首先,我们不要急于发表言论,而是要根据情况而定。就比如说,老师上课时口误,说错了一道题,不要马上就打断老师,指责他讲评有误,因为这样会打断老师的思路,让他很尴尬;相反,我们应该举手或者下课单独请教,这样既给了老师足够的缓冲时间,又能让老师及时纠正错误。

其次,我们也不要一直缄默无言,故意不吐露实情。就像孔子说过的一句话："当仁,不让于师。"如果事情关乎仁,就算我面对老师,也不会谦让。言外之意说,我们可以指出老师错误,但要注意具体的方式方法。就像亚里士多德说的"吾爱吾师,吾更爱真理",两者有异曲同工之妙。

最后,我们说话要因地制宜、因人制宜,就像我们生活中常讲的"跟人说人话,跟鬼说鬼话",可以去除其中的消极成分,积极地理解为:对不同的人,在不同的场合,或在不同的时间,都要说适合的话。

那么,我们该如何才能做到这一点呢?这就需要我们提升察言观色的能力了。也就是说,我们要透过他人的言辞和表情,判断其为人到底怎么样,开个玩笑说就是,弄清楚其是"人"还是"鬼",再决定具体的说话方式。

比如,孔子说"巧言令色,鲜矣仁",意思是那些喜欢说花言巧语的,摆出一副和善脸色的人,多半是没有仁德的;再比如,孔子说"乡原,德之贼也",意思是那些不辨是非而到处讨好的人,是败坏道德的贼人。

由此看来,说话真是一门大学问,既包括对自己言辞的规范,也包括对他人言辞的洞察。不得不说,说话这门大学问,我们真该好好学学了!

祥子会有另一种命运吗?

——读《骆驼祥子》有感

看完祥子因旧社会的压迫而堕落,实在令人唏嘘不已。难道,外界风气能改变人性吗?

像我们排队上公交,或开车等红灯,总有人想趁机插个队,或快步抢在前面,或变道插了过来,都是常有之事。如果问他们,"插队"对吗?他们肯定会摇头。但为何还要插?我想是"风气"的缘故吧。

假如有几个人在路上开车,遇上红灯,大家都停了下来,但有个人为了在绿灯亮起后先走一步,就突然变道插在第一辆车前。这时候,其他车主就会觉得吃了亏,因此,今后只要有机会,他们都会想方设法地占便宜,企图弥补之前的"亏"。

很明显,这些车主都是为了自己的利益。从前梁惠王刚见孟子就问:"老人家,你一定能为我国带来很大利益吧?"孟子马上反驳:"如果全国上下都为了利而不择手段,那国家就危险了。"然后又劝道:"大王,你只讲仁义就好了,为何偏要逐利呢?"

正如祥子,他辛苦攒钱,但每次都因各种原因而导致血汗钱不翼而飞。为什么？因为社会风气太差了。差到什么地步？例如有一次，他被宪兵强抓去当壮丁，后来又被孙侦探搜刮走了积蓄。

为何要抓壮丁？因为军阀谋求战场上的"利"。为何孙侦探要肆意搜刮？因为他是个底层巡警，同样被上司压榨，无奈之下只能从更底层的人身上"攫利"。所以说，那个年代的人互相"攫利"，最终形成争相逐利的不良风气。

那么，有方法可以遏制这种风气吗？有！于成龙，百姓眼中的"青天大老爷"，他刚步入仕途做的是广西罗城知县，这地方不仅偏僻闭塞，而且匪盗横行，搞得民不聊生；有的百姓实在穷得不行，硬着头皮也干起了抢劫；有的百姓被匪盗逼得走投无路，逃进了深山老林。于成龙考察后颁布了一道法令：凡山中匪盗者，十日内自首，可重做安善良民，既往不咎。该法令一出，绝大多数匪盗自首了，并在其鼓励下，重做农民，种起了庄稼。如此匪患一消，山中逃难的百姓也都重返城内居住。

不得不说，于成龙这一做法十分高明：最初做贼的百姓只是因外界影响而被逼无奈，并非其本性所驱使，而于成龙正是以此"明明德"，引导他们向善，"作新民"，从而改变了社会风气，这不就是智者吗？

唉！看来外界风气对人的影响真是大啊！但积极点儿看，无论怎样，我们都能"明明德"，发展自己善良的本心。正如"尽其心者，知其性也"，像柳下惠侍奉君主，即使是昏君，他也不忧愁、不怨恨；再像伊尹，无论天下太平还是混乱，他都会出来做官；最令人敬佩的是孔子，他会根据时势作出正确判断：该归隐就归隐，该做官就做官，这就是"圣之时者"啊!

  由此观之,假使祥子能在乱世之中寻找一种更适合自己的生存方式,"克明峻德"、保持本性,或许就不至于有那么悲惨的结局吧!

误解,只因不沟通

透过货拉拉女孩坠亡事件,我们不难发现,有效沟通极其重要,不仅能让人们学会相互理解,避免误解,有时更能避免大大小小的冲突。

例如,上述事件中,司机与女孩之间始终缺乏交流,更不必说有效沟通了。无论是争执还是"冷战",他们始终对对方有不满的情绪,而在此之中,没有一个人愿意做出让步。

不妨从女孩一方想一想:如果她搬东西下楼时,主动和司机聊聊家常、唠唠嗑,询问"工作累不累"或"休息时间够不够"等等,司机可能会心生暖意;同时,若女孩愿意给他倒杯茶润润口,或给点儿零食垫垫肚子,司机焦躁的心情可能会有所缓解;除此之外,若女孩愿意放低自己的身段,对司机谦卑一点,比如诚恳地道个歉,后来司机可能就不会开启"冷战"。

再从司机一方想一想:司机可以催促女孩加快搬东西,但要适可而止;司机可以改变路线以节省时间,但必须提前给女孩一个简单的解释。还有,每个人的为人处世方式不同,司机最好不要斤斤计较女孩的冷漠,而是坚守职业道德,以诚待人,或许就能感化女孩那颗冷漠的内心,两者就能相对和谐地共处一车。

孔子曾经一针见血地说:"躬自厚而薄责于人,则远怨矣。"我们不要再一味地指责他人了,而是要反求诸己,先要求自己主动为他人着想,进而增加双方的有效沟通。果能如此,人世间会少掉多少误解,避免多少无心的伤害乃至摧残啊!

慎用你的谦虚

小学时，班里搞了个班干部竞选，其中英语课代表一职，有两个人参选。

其中一位同学在发言的最后说："你们把票投给另一位同学吧，不投我没关系的。""另一位同学"，即她的"对手"。结果班里人一听，最后几乎把票都投给了她的对手；而这位谦虚的，反而无人问津。

难道这么说有错吗？并没有。可这样妥当吗？还不够。

谦虚是好，但得看谦虚的对象是谁，如果"对象们"并不了解其用意，我想就是不妥的；相反，如果大家都懂用意，这么做无疑是再好不过了。

所以，我们在说话乃至行动前，都得知道对象是什么人，是否与自己想得一致，否则，只会像弹簧，拉得过长，超出了弹性极限，虽费了不少劲儿，最终却"收不回去"了。

我欲仁,斯仁至矣

——读《论语》有感

"仁"是儒家五常之首,《论语》一书更有109处谈及"仁",而我在读了很多遍《论语》之后,对"仁"的感悟越来越"小",即,生活中的很多小事情上,都能看出"仁"或"不仁"。

去年夏天,小区每天都在进行着改造工作。既然是改造,并且是一项大工程,所以会来很多工人;既然会来很多工人,所以整个小区在这几个月里就别想安静了。例如,我周末在家里做作业时,突然,一个工人开着辆"挖掘机","叫"着突突突的声音,慢吞吞地驶了过来。

正吵得我不得安宁之时,新的"考验"又来了。不知是哪个人拿了大电钻在钻地,"吱——"这一声可把我吓坏了。手一抖,原本拿着的笔竟都掉在了地上。照理说,连续两个声响,已经把我吓得不轻了。谁知,楼下又有三四个工人在用磨石机。我刚想把头伸出去仔细看看,结果才伸出去一半,磨石机就"生气"了,"训斥"我说:"嗞嗞——嗞嗞——"仿佛在对我讲:"你这个人啊,怎么这么不听话呢?一个人不专心做作业,反倒来窗户看这看那,看我不吓吓你,嗞嗞——"这下好了,我可被它吓得把头缩回屋里,一着急,整个头与窗框结结实实地来了个"亲密接触"。

仅做个作业都会成这样,看书、睡午觉就更不用说了。只被吓个两三次就不错了,可事实并非如此。正因为施工的吵闹,我从没对这项改造有什么"好感"。更为"严重"的是,由于工程日复一日的吵闹,我在安静的时候也会想:咦,怎么不吵了呢?我好"喜欢"每天早上有人"吵"我两下子啊!

直到有一天中午,我出门的时候看到了一个工人……这个工人在未完工的花坛里随便找了块木板一躺,倒头就睡。可是,就算是在花坛里的树阴下睡觉,太阳还是很大,空气还是很热,紫外线还是很强,他怎么能睡得着呢?我走近一看,那个工人已经打起了呼噜,就连旁边开过一辆汽车,他仍旧是无动于衷。我看见他的衣服已经湿透了,睡的木板已经有好多灰尘了,但是他似乎都不在乎,就连他刚用过的电钻,也静静地躺在他的身边。

走着走着,我又看到一个满头大汗的工人在干活。他穿的布鞋已经裂开了,但是他还在坚持干着活。干到一半,他似乎有些累了,停止了挖土,放下了铲子,缓缓地打开水杯,想要喝一口水,可是,这水他终究没有喝到。因为,杯子里没有水了。他咽了咽口水,有些失望,但没过几秒钟,他又慢慢地拿起了铲子,挖起土来……

"人而不仁,如礼何?人而不仁,如乐何?"此时此刻,孔子的这句话像一盆凉水浇在我的头上,刹那间让我看清了自己,不懂得体谅他人,表现得再有礼貌又有什么用呢?后来,听到施工的声音时,我再也没有生气过,更多的是敬佩。

当然,刚刚说到的这种"仁"比较容易做到,亦如孟子所说

"恻隐之心,仁之端也",仅仅是"仁"的开端,而能够舍去己利的"仁"就会难一点。一天早上,我起床感觉有点不对劲儿,摇摇头、搓搓手、眨眨眼,似乎都没事,我便捂了捂耳朵。谁知这一"捂"把我吓了一大跳,一阵刺骨的痛极速袭来,更糟糕的是,我还有点发热了。

由于这天要上学,所以妈妈在向老师请过假后,和爸爸一起带着我来到医院看病。早上医院里来看耳鼻咽喉科的人特别多,一个原因是耳鼻咽喉科汇集了不同症状的病人,人数自然就多;还有一个原因,明天就是国庆假期了,大家都想在假期前看完病。

不过,不管什么原因,人就是这么多,你总不能把这些跟我一样焦急的病人赶出去吧!正当轮到一位阿姨时,她竟然没有上前,反而对我说:"这位小朋友过会儿上学迟到太久不好,我先让他吧!"这种事我以前也听别人说过好几次,但今天让我遇到,真是"受宠若惊",我连忙说了声谢谢,阿姨只是笑笑,没说话。

这种事情虽然很小,甚至在一些人看来,"谁都知道","这种事情太多了",但真正会做的又有几个呢?这让我想起了爸爸开车时,总会遇上几个不走斑马线又横穿马路的人。有一次,当一个工人横穿过去时,我真想过去说他几句,但爸爸却说:"工人们很辛苦的,他们为了快点收工,都是十分着急的,宽容宽容吧!"

我想,"仁"的道理或许就是这样,"将心比心"四字而已,但要做到并不容易,需经常借助《论语》中的一句话,"君子无终食之间违仁,造次必于是,颠沛必于是",提醒自己"多替别人想一想"。

但生活中的"仁"和"不仁"并不是看上去那么简单,常常会"迷惑人"。

以前我去过一家面馆吃面,虽然这家面店烧得很一般,平平常常,但是招牌却给我留下了深刻的印象:"不放味精,矿泉水煮面!"看见这个招牌,如此之"仁",不吃味精的爸爸内心动摇了,很是高兴地说:"走,我们去不加味精的面馆尝一尝!"

在面店里吃了会儿面,一起来的阿姨问我们:"你们觉得这碗面里加味精了吗?"爸爸一听,赶忙把面条看了又看,疑惑地说:"不像是没加味精的样子吧!"由于阿姨以前做过餐饮行业,所以她很了解。于是爸爸问她:"你对餐饮很了解,你认为加了味精吗?"阿姨眯着眼睛轻声说道:"我认为这家店的面加了味精,不信你们看。"说着用汤勺把一点面汤轻轻捞起,用嘴吹了一口气,"呼——"这时,我们几人都明白了。原来,经阿姨这么一吹,面汤下露出了一层薄薄的油,在灯光下金光闪闪,不用说,这家店肯定加了味精。

经阿姨一点拨,爸爸赶紧找到了老板娘,笑着问:"你们的面是不是加味精了?""没有,没有,怎么可能啊!"老板娘镇定地说道,"你看门口都这么清楚地写着'不放味精,矿泉水煮面',怎么可能加味精呀!""真的吗?"爸爸笑着说。"哎呀,不会错掉的!"老板娘不耐烦地说道。

"那请您来看一样东西吧!"爸爸神秘一笑,把老板娘带到阿姨面前。随后,阿姨又把刚才的实验做了一遍。这下子,老板娘终于有些心虚了,万难之下说出了一句话:"我们没加味精,只是加了点鸡精。"鸡精不就跟味精一样吗?主要成分都是谷氨酸钠!我们几人都哈哈大笑起来。

后来,我每当想起此事都大笑不已,有几分嘲笑,也有几分好笑。这家店在宣传上做得很"仁"——不加味精,实际上却"不仁"——加了鸡精,若不深究,"仁"与"不仁"还真让人难以分辨!

那么,究竟如何才能做到"仁"呢?还是用孔子的话来回答吧!"仁远乎哉?我欲仁,斯仁至矣。"仁,远吗?我想做到"仁","仁"就随着心念到了,当然不远!

比如,我体谅工人们烈日下的辛苦,阿姨体谅我急着上课的心情,爸爸体谅工人过马路时的焦急,这些场景很小很多,想做到"仁"就能做到"仁",而餐馆老板也可以,只要他真心为顾客身体健康着想,决心做到"仁",自然就不会把味精替换成鸡精欺骗顾客了!

"我欲仁,斯仁至矣!"你,我,他,多读读《论语》,多体谅他人,我们都可以!

习惯中的学问

前些天我想约同学打乒乓球,便打电话问他爸爸,他爸爸非常客气,笑着对我说:"不好意思,事情是这样的,我们小区里的乒乓球会所,因疫情而关闭了,暂时就不能打了。"有点失望的同时,我忽然想到了两个字——习惯。

这位同学的爸爸从事新闻行业,若细细品味他的说话方式,"事情是这样的","因……而……",不难发现,这些话语在电视上的"记者采访"、"新闻播报"中常会听到。而正是这种表达方式,能够使听众们快速理解要传达的内容。这就是职业习惯吧!

之前还有件事,一个周末,我趁天气好去湘湖玩。许多父母带着孩子站在桥上,悠闲地把面包屑、饼干末丢给水中的鱼儿吃,而鱼儿们见人的手向哪挥,也就向哪游。我本来也想投食,但无奈身上没带东西,便随手丢了一片树叶下去,谁知,这些鱼儿见我手一挥,赶紧向我游来,你争我抢,毫不相让,直到发现异样后,才摆尾游去。

这倒是引起了我更大的兴趣:既然鱼儿能被树叶"蒙骗",

那如果我空着手一挥,会怎样呢?于是,我把手猛得一挥,鱼儿们见我挥的幅度这么大,连忙向我游来,可惜,它们哪知道这只是一个"忽悠鱼"的恶作剧,直到连着游了几圈,依然一无所获,才悻悻而去。没错,这也是习惯。

都说"习惯成自然",其实许多动作做久了、成习惯了,我们往往会习以为常,甚至压根儿就忽视了它们的存在。例如,如果问我们怎样刷牙洗脸,就是三岁小孩儿也知道,但如果要讲一讲具体步骤,可能还要细细思量;再如,若问我们什么时候会玩手机,虽然大多数人都不能把所有的时间列出来,但一有机会,就会情不自禁地拿出来玩一玩。

所以说,习惯中都蕴藏着许多学问,有的有益,有的有害,有的无所谓好坏。试问自己:我们是否真正了解自己的习惯呢?这个问题还是要认真反思的。

写出完美诗句的不完美诗人

说起唐诗,李绅的《悯农》自然是最广为流传的一首,"谁知盘中餐,粒粒皆辛苦",更是成为长辈教导晚辈的金句。这样看来,李绅应该是一个重视生产、爱惜民力的好官员,可事实上,李绅是一个生活奢侈、铺张浪费的人。据史实记载,因为李绅爱吃鸡舌头,经常在家里宰杀上百只鸡;有一次家里人要吃蛤蜊,他竟逼迫全城百姓去凿冰挖蛤蜊,人们苦不堪言。这就是所谓的说一套,做一套吧!

相似的事情还发生在明代奸臣严嵩身上,他曾写过一首诗叫做《斋中读书》,诗的开头就营造了高洁的气氛,"柳径柴门辟向东,竹垣高树引清风",引来了清风还不够,于是严嵩继续写到,"林中送客行常远,屋里看山兴不穷",以表明自己隐居山林的高洁,更令人啼笑皆非的是,他在最后还反问了一句"世事浮云哪足问",以表达自己超脱世俗。说这首诗是一位大奸臣写的,估计严嵩自己都不敢信吧?

更夸张的是南宋晚期的大奸臣贾似道,被后人戏称为"蟋蟀宰相",以"彰显"他的不务正业。他的专著有谈论如何斗蟋蟀的《促织经》，可即便如此，他也不忘吹捧自己的高贵品质，特意写了两首关于梅花的诗，一首称自己"忆著家山石桥畔，一枝冷落为谁开"，另一首又称自己"尘处冰姿世外心，宜晴宜雨更宜阴"，活生生把自己营造成了一个不追名逐利的完美人设，真是令知情者哭笑不得呀！

所以说，我们今后在欣赏诗歌时，不要只被其表层含义所迷惑，更要了解其背景，这样才能对一首诗作出更加准确的评价啊！

唯天下至诚，为能尽其性
——读《中庸》有感

正值中午，烈日当头，马路上车辆出奇得少。在北京游玩的我们焦急地四处张望，生怕到了圆明园景区后不能进园了。就这样等了十多分钟，终于有一辆出租车在一旁公交站下客了，我们赶紧跑过去。

上了车，爸爸就对司机说："师傅，去圆明园。"可这位师傅像是迷迷糊糊的，似懂非懂地点了点头，总感觉有些不对劲，但毕竟到达目的地才是最重要的，所以我们也没计较。妈妈在凉快的车里打起了盹儿，爸爸发起了微信，而我则无事可干，便拿起了刚买的面包，边吃边看着窗外，悠哉悠哉！不知是什么原因，这位师傅像是没睡醒似的，几乎没说过话，就连爸爸问他路旁河流的名称，他也先"嗯"了几声，然后又沉默了许久，才慢慢答道："应该是……护城河通往……昆明湖的支流吧。"不是去圆明园吗？可是，"昆明湖"在"颐和园"里呀？我感到十分奇怪，但我毕竟不了解，也不便多问，所以什么也没说。

过了将近二十分钟，师傅终于说了句："到了，三十元整。"

爸爸先是一愣，然后笑着扫码付钱给师傅。下车来到了景区大门口，我偶然瞥见一大张颐和园的宣传海报，心里先是一惊，但又转念一想：或许是颐和园的海报贴在了圆明园这儿吧。再向前走，就是正门。"颐和园"这三个大字在建筑上写着，爸爸见了先是睁大眼睛一看，又挠了挠头，转回身对我们说："不对，刚才那个司机把我们带到颐和园了！""我还以为他说昆明湖是口误呢！"我在一旁很懊悔，"看来他真的没睡醒。"爸爸点了点头："是呀，他真的是没睡醒，但塞翁失马，焉知非福？来都来了，明天再去圆明园吧。"

于是，爸爸买好了票，又到了服务中心，看了看价目牌问："您好，请一个导游多少钱？"里面有个四十多岁的人，冷冷地扫了我们一眼："四百五，环湖。"爸爸看过价目，心中有数，一听就明白其报的是最高价，又问："价目牌上有的短路线不是只要一百二吗？"那人一听，哑口无言，但有些不甘心："你到底请不请？"爸爸虽然不高兴，但为了大致了解颐和园历史，沉住气说："我选二百二十的！"令人不解的是，付完钱后，导游亭里几个导游竟起了争执，看来谁也不想在这大热天出来讲解。一两分钟后，终于有个年轻的小伙子气呼呼地出来了："走吧！"

进了景区大门，这个导游走得飞快，偶尔碰上几个有名的古迹，也只是粗略一讲，就连我问他问题，也不理会，仿佛他也不是在带我们环湖，而是在领着我们与时间赛跑。爸爸实在看不下去了，忍不住问："帅哥，这条线路走完全程需要多长时间呢？"导游一听，有些不想说的样子，遮遮掩掩，但又不好回避，只能淡淡地说了句："大概三十分钟吧。""可是这条线路价目表上写着，应该是一个半小时到两小时。"爸爸反驳道。这位导游听后,先是沉默了好一阵,才故作镇定地说:"价目表上的时间是针对残疾人,还有坐轮椅的,你们三个手脚都没事,所以是按三分之一的时间算的。""那你们可真够体贴残疾人的",我心里暗讽道,但又不便明说。

这时,妈妈叫住了我和爸爸,"后面有个亭子很漂亮,拍张照。"我刚摆了个姿势,只听身后的导游大声说:"不能拍,我有肖像权!"妈妈听后很奇怪,笑着说:"哪里拍你了?给你看看我刚刚拍的照片,里面没有你呀!"。导游被这么一说,不知道该怎样反驳了,只好说:"那我不干了,钱退给你们。"大家一听顿时明白了,原来他怕自己被拍,更怕被传到网上,丢了大脸。爸爸见状一笑:"你既然要退,我们也不能白浪费你的时间,对吧?我这儿有一把刚买的剃须刀和一瓶矿泉水,送给你,希望你以后不要再这样做了。"说着就把东西向前一递。导游一看,一下子变得沉默了,有些惭愧,也有些受宠若惊,慢慢接过……

也许是天意,第二天,天空格外的蓝,圆明园那儿比颐和园更好玩,不仅有丰富的史迹,更有醉人的风景,莫非,这就是"诚"的力量?!

"唯天下至诚,为能尽其性;能尽其性,则能尽人之性。"只有天下至诚的人,才能做到真诚无妄。像送我们去圆明园的出租车司机,由于没有认真聆听顾客说话,也没认真驾驶,导致其最终把我们放在了颐和园;再像颐和园的那位导游,由于一味想讲完了事,就会枉道待人,扭曲自己为游客讲解的目标,最终造成了欺骗;但爸爸一直坚持真诚对待他们,他们有的可能当场就有所醒悟、立即悔改,有的可能事后才明白其中的道理,慢慢地改过。

其实，也能说生活中各种各样的人，虽然有智也有愚，有贤也有不肖，但大家的本性都一样，我们可以尽自己的努力，推己及人，使每个人都可复其性之本然，我想这就是我们应该做的吧！

回杭后的一天，我去舅舅家玩，见到她的一对双胞胎女儿：非非和可可，她们刚刚入幼儿园，正在拍球，而且拍得都不错。尤其是可可，连续拍了十几颗，要知道前些日子整个班里就她俩不会，现在怎么进步如此大呢？我忍不住去问外婆，外婆一听，见我一脸震惊，笑着对我说："你不知道，自从你舅舅教了她拍球后，可可这些日子天天练习，就连睡觉前、醒来后都要坐在床上，空手巴拉巴拉地模拟拍球呢。刚开始只能拍一两个，但她一直在思考和努力，所以，现在最多能拍二十多个呢。"

我听后更吃惊了，惊叹这么小的孩子就有如此大的毅力，而我写字姿势不对，从小学开始爸爸妈妈就提醒我，持续不断地提醒我，我却一直没有诚心重视，反而不断逃避，直到初中还在不停犯错误，这显然是没有坦然面对自己的问题啊。

"诚者物之终始，不诚无物。是故君子诚之为贵。"很多人漫不经心地对待自己的工作，很多人想着不劳而获，很多人想低投入高产出，很多人想得到别人夸赞，很多人幻想着自己能够像别人那样优秀，但，又有多少人愿意"诚"下去面对自己，面对生活中的常识呢？

"自诚明，谓之明；自明诚，谓之教。诚则明矣，明则诚矣。"毕竟"生而知之者"少之又少，我们还是应该多读一读《中庸》，同时想一想学习和生活中的事情，慢慢地做到"自明诚"，争取达到"至诚无息"的境界，在这一过程中慢慢体会"诚"的力量。

似睡非睡的盹儿

做了一上午作业，头昏脑胀，爸爸让我睡个觉。但我怕耽误时间，一而再，再而三，忍着不睡，最终，还是没忍住，我"只好"在床上躺了下来。

说是睡觉，但很奇怪，这觉和平常睡一夜的大不同。整个人明明一动不动地躺着，却一会儿想作业，一会儿想运动。明明在胡思乱想，整个人却也睡得安稳；但虽觉得安稳，却又觉得没睡着；可虽说没睡着，自己的睡姿何时换了个样，也毫不知情。总之，似睡非睡，起来后却比之前精神好得多。

据说，丘吉尔累时也爱打盹儿，莫非，这就是？

球场、求场、囚场

在奶奶家的日子真的十分悠闲,但也真的十分无聊。百无聊赖之下,我从屋子里找了颗篮球,让爸爸领我去镇上的中学打球。

结果到了中学门口,只见一个精瘦的开门人坐在那儿,算是个老头,翘着个二郎腿,小眼睛机灵地转了几圈,直盯着我看。爸爸赶紧用方言解释道:"小孩打个球。"只见那老头一摆手:"不给进,不给进,外人不给进!"什么鬼?我苦于自己不会说方言,赶紧对爸爸说:"我妈妈前两天都来这操场上锻炼,直接一言不发走了进去,这老头怎么不说呢?"爸爸苦笑了一下,似乎对之前的做法有些后悔。问这老头:"周围还有球场吗?"老头用手一指:"文化广场那有一个。"

可我们到了文化广场才发现,那儿的两个篮球架令人啼笑皆非。一个少了篮筐,一个缺了篮板,正当我们纳闷篮球架是怎么变成这个样子时,有个经过的大叔说:"被一群小孩用砖头砸坏喽!你们去乡政府打吧,那儿新造了一个室内球馆。"

可我们到了那个球馆门口,发现并没有开门,便找到了这个球馆的开门人。这个开门人看了我们几眼,吸了几口烟才说:"你们可以进去打球,但我建议还是别进了。这球馆没造好几周,就被一群娃儿给搞坏了,你看那围墙、窗户全坏了。现在抓不到人,所以如果你们进去打球,被人拍下来,可能责任就全归你们了。"他又深吸了一口烟,"不过呢,我听别人讲旁边派出所有个球场,我也不知道是真是假。"

可我们到了派出所转了几圈,别说球场了,连个篮球架也没有。我顿时很扫兴,向爸爸抱怨道:"打个球实在是太难了,学校不准打,广场不能打,球场不敢打,现在又没场打!"爸爸拍了拍我的肩:"就当这是次'修身'的经历吧!"

的确,我承认这次四处"求场"——寻求球场——的经历可以帮助修养内心,可那些球场,为什么都被"囚禁"起来而成了"囚场"了呢?是因为人们的固执,人们的自私,还是人们的短浅呢?

舍近求远的臆断

生活中,爸爸很喜欢借助一些小事引导我们思考。一次去大姑姑家做客,爸爸想要包裹快递,但缺少大胶带,便带着我和表妹下楼找店买,趁机散散步,同时也可以给我们"上一课"。

首先看见的是楼下的便利店,虽然店面很小但挺精致,爸爸下意识地摇了摇头:"这种店一般卖的东西都很贵,再往前走走吧!"于是我们接着向前寻找。

一两分钟后,我们又看见了一家小杂货店。"这种店就不会太'杀猪'了。"爸爸高兴地说,可进去后才发现,这儿的大胶带一卷就要六块钱,但爸爸认为这较便利店的价格应该会便宜,便顺手买了。

可我不这么想:"或许便利店明码标价,反而更实惠呢!"爸爸若有所思地点了点头:"也许我是错的,现在做个游戏,你们猜猜便利店里的大胶带多少钱?"不自信的我马上出尔反尔:"可能要八九块吧!"表妹的答案出乎意料,她可能是想寻求点心里安慰,居然说:"便利店肯定不会卖胶带的!"

结果，便利店在不被看好的情况下，我们发现这里面不仅有大胶带，而且更厚、更便宜，只要四块钱，我们三人顿时大跌眼镜。

明明楼下就有实惠货，却偏要舍近求远。唉！我们怎么如此主观臆断呢？

山花烂漫香满路

——云石山村的美丽蜕变

> 小路,因为大路而有了方向;大路,因为小路而充满芬芳。
>
> ——题记

几天前,我到云石曾祖母家玩。

在房前的院子里玩着玩着,突然看见几个骑自行车的人在不远处东张西望。其中一位领头的叔叔跑到我眼前,问我:"小朋友,你知道附近有个XX民宿在哪里吗?我们是从杭州骑车过来的。""民宿?"我大吃一惊,"这深山老林里怎么还开民宿呀!"

还真有!后来,我才从妈妈口中得知,云石不同的村庄里,已经开了许多民宿了。那么,哪里有这么多人往农村跑呢?

这让我想起了妈妈对我讲的一个故事,在她小时候,村子里交通十分不便,去个火车站都要费尽周折,先是要走三里路到外面的公交车站,到了公交车站还要排上半个多小时的队伍,好不容易上了车,还得奋力抢位置。

若是小孩挤不上去怎么办?大人有"妙招"!不管三七二十一,提前把他们往车窗里塞。照理说,上了车总好了吧!但是,还要挤在闷罐里两个小时呢!乡村的路特别颠簸,一路开,一路有人晕车呕吐,这么折腾,连农村人都受不了,那个时候,自然很少有生活条件好的城里人挤公交车去农村玩。

但我又转念一想,现在离妈妈挤公交车的年代已经好多年了。村口也设了公交站,旁边就是民宿,更有热情的民宿老板亲自开着车到市区去接游客,如此周到的服务,和那些五星级酒店的接驾服务又有什么差别呢?

往日,村子里的人思想十分保守,认为开民宿接触的人太多太杂,存在这样那样的风险。但是在现在,许多人家都一改之前保守的思想——开门迎客。我曾在民宿里参观过,客房里的硬件设施十分齐全。孔子曾经说过:"近者悦,远者来。"村民们用最开放的心态来开民宿,电视机、网络等全都有,还有清新的空气,新鲜的有机蔬菜,甘甜的泉水,引得城市里的游客流连忘返,有的人一住就是一两个月。

民宿造在山沟中,山村也变得更有魅力了,所以,好几对杭州老人每逢夏天都会从市区赶来云石长住。也正因"忽如一夜春风来,千家万户民宿开"的趋势,农村里村民的生活水平普遍提高了,家家户户造起了漂亮的别墅。"绿水青山就是金山银山",村民们现在所拥有的不止是物质财富,还有绿水青山带来的精神财富。在一次次与外界的交往中,村民们过得既富裕又快乐。

数十年来,云石发展十分迅速。正是因为村民们都怀着开放的心态,与时俱进,让这本是光靠砍毛竹来维生的小山村,走上了致富的道路。伟大的祖国,不也正是这样吗?它是由千千万万个,像云石这样的美丽细胞所组成的。这也预示着,中国这朵鲜花会开得更加灿烂!中国人民也会在香气扑鼻的路上,走得更加自信、更加幸福!

注:云石是杭州市萧山区戴村镇下辖的一个乡。

我爱丰收季

说到丰收,大家最先想到的可能是秋天,谁叫古话说"春华秋实",其实春天也是一个丰收的季节,只不过丰收的东西不一样。在此之中最讨人喜欢应该算是荠菜了。

前些天,我跟着妈妈一行人去山间挖荠菜。原本以为荠菜作为一种遍地都是的野菜,应该很好找的,谁知荠菜的"遍地都是"有些不一样,并不是说它的数量不多,而是藏得太隐秘了,总是躲在那些杂草堆荒草丛里,一眼下去根本看不到,如果植物中要选"间谍",把它评为冠军一点也不稀奇。

最开始我选择用眼睛直接观察,结果眼睛像是戴上了有色眼镜,眼前全是无边无际、四处蔓延的翠绿色;我有些不服,又戴上了近视眼镜看,结果一刹那,眼前的翠绿色更加浓重了。我的头也更晕了,甚至怀疑自己来错了地方:哪有什么荠菜呀?

我又想到了一个技巧:闻气味。我先从大人那儿要来几株荠菜,反复地嗅闻,觉得闻出了"大概"后,便开始了尝试。俯下身先把几株长的像荠菜的挖出,再用鼻子仔细地"检验",

气味纯正的留下,不纯正的丢掉,这一方法起初效果显著,但闻久之后,我的嗅觉似乎没那么灵敏了,很难闻出谁的血统更纯正,再加上隔壁有个大叔正在浇粪施肥,闻到的也都是些骚臭味,我只好再度放弃。

我忍不住问大人找荠菜的技巧,可他们虽然会找,也说不出什么技巧来,只是说"熟能生巧"。无奈之下,我只好继续探索。

后来,我不再指望那些"看外表、闻气味"的小技巧了,而是在一次次失败中进行对比和分析,终于成功掌握了挖荠菜的技巧,取得了一次大丰收。只不过,正如大人所说的,这些技巧真的是很难表达出来,最主要的还是得靠自己摸索。

我想挖荠菜就跟学习一样吧?我们不要一开始就寄希望于那些所谓的技巧,而是要脚踏实地地去实践,从一次次失败中总结经验,或许,这才是对我们来说最有用的"技巧"吧!

是差了一小步,还是差了一大截?

前些天小区大门口升级改造,新装了一个"人脸识别"的门禁系统。只有系统识别到住户的脸,门才会打开。

昨天我放学回家,远远就看见大门前堵着几个人,他们都戴着头盔,坐在电动车上,一个个都像饥饿的长颈鹿一样,使劲地伸长脖子。他们这是在干什么呢?起初我以为他们都是外来人,可如果是外来人,怎会做出如此引人注目的动作?再细细观瞧,发现还有两个我旁边单元的邻居。真的是不可思议!

僵持了大约三分钟后,其中一个老伯吐了口痰,抱怨道:"哎呀,这个门禁系统太烂了,连戴头盔的人都识别不出!"另外一个小伙子附和道:"而且这个感应摄像头装得这么远,非逼着我这种骑电动车的人伸长脖子!"

我听后在一旁暗笑,想:他们为什么不把头盔摘掉,再下了电动车走近摄像头呢?于是我快步走近摄像头,门开了,我轻快地走了进去,而那几个骑电动车的人,愣在那儿……

其实生活中,很多事情的成功往往只差一小步,但很多人因为各种各样的原因,比如懒惰、推卸、抱怨,不知情中就与成功差了一大截。

时光轮转下的樟叶

  时光轮转,四季变换。

  樟树之下,太突兀,大簇大簇的绿叶中,又镶嵌着几片红叶,仿佛几条红色的小鱼在绿色的海洋间游泳,千姿百态;又仿佛几片调皮的绿叶自顾自地涂上了口红,令人忍俊不禁。

  在阳光的挥洒下,一片片樟叶像是一枚枚被眷顾的金色铜钱,一闪一闪地发着光,远看又像是一颗颗遗落的水珠掉在了上面,莫非这是医护人员抢救时的汗水,或是康复者感恩的眼泪?

  如果不是,那应该是风吹雨打后的纪念。而这一切,都是大自然的慷慨馈赠,我们都要感恩、珍惜。

若《囧妈》今年上映,《唐探3》能否夺冠?

本以为《唐人街探案 3》(以下简称为《唐探 3》)会在春节档独占鳌头,结果仅过三天单日票房便比不上《你好,李焕英》了,令人大失所望。这不禁使我思考,《唐探 3》怎会落入如此窘境? 如果《囧妈》也是今年春节上映,是否会改变春节档电影格局,又能否扭转《唐探 3》当下的落后局面呢?

简单对比《你好,李焕英》、《唐探 3》和《囧妈》,我们不难发现,《你好,李焕英》和《囧妈》都是主打母爱的喜剧,而《唐探 3》则是主打探案的悬疑片。由此,我们可以先将前两部进行比较。

首先,《你好,李焕英》和《囧妈》相对而言都更加通俗易懂,便于观众接受,但从情节构思上来看,《囧妈》更胜一筹,更有新意的情节会让人眼前一亮,容易出彩。相较而言,如果这两部电影同时上映,《囧妈》或许能取得更高的票房。

反观《唐探 3》,它的情节设置十分巧妙,人物间的关系也是错综复杂,直到影片的最后一刻才恍然大悟,疑凶和真凶是父女,背后隐藏着催人泪下的人间悲剧;更为重要的是,影片在对善与恶作了诠释后,体现了人性的复杂和纯粹,还把全片上升到了"祈愿世界和平"的高度。从这一层面来看,似乎远胜《你好,李焕英》和《囧妈》。但为什么《唐探3》的票房缺乏后劲呢?

因为真正深度思考的人太少了!之前我在观看时,周围有一大半人都在忙着拍照发朋友圈,想向大家表明自己来看电影了;而且在观影的过程中,多数人只是碰到有趣的片段笑笑,在最后升华时根本没认真看,反而抱怨"影片晦涩难懂",转身就给了个低分或差评。

这真的很普遍!生活中很多时候,正在流行的观点,或许并不是因为其正确才流行乃至成为"主流",而是这种观点,碰巧迎合了那些不懂得深度思考或压根就懒得思考的人。

现在来回答起初的问题吧:《囧妈》如果在今年春节档上映,春节档格局极有可能改变,甚至会扭转《唐探3》的落后局面,稳住票房冠军地位。因为《你好,李焕英》与《囧妈》的差距,能让人们更加冷静地评价《你好,李焕英》这部电影,从而更加客观地看待每一部电影,比如,《唐探3》也不会被"黑"得太惨……

"时来风送滕王阁,运去雷轰荐福碑。"人生也是这样吧,大成就不光是要有硬实力,要下笨功夫,更要靠时运啊,比如历史上的王阳明、曾国藩、左宗棠等皆是如此。但我们还是要脚踏实地,坚持深度思考,毕竟无论怎样评价,《唐探3》仍旧是众多影片中的佼佼者。

第六辑

何处不春风

"杭杭"出状元

  正值金秋时节,湘湖边的树林仿佛都被染上了许多说不出口的颜色,尤其是那枫树,它真的是太出众了。

  为什么放着这么多高大挺拔的树木不挑,偏偏选中了枫树呢?因为它的颜色实在是太丰富了:可以说是红色,却没有红得那么刚烈;可以说是橙色,却没有橙得那么宁静;也可以说是黄色,却没有黄得那么张扬。它仿佛是多元化的"调色树",一切美丽的颜色都在它身上体现得恰到好处。如果要问我谁是这片树林中的"状元",我必定会说枫树。但如果问我这位"状元"是什么颜色,我只能笑着回答:"这颜色是看得出,却说不出的,只有用心去体会,才能有所领悟的吧!"

  说完了树林中的"状元",再来说一说水中的"状元"吧!有人可能会说:"水中的状元不就是鱼吗?既可以赏,又可以吃。"但是在杭州,水中的"状元"可不是这样就能评选出来的,只有细细品味,细细观察以后,才可以拍板决定。正当我犹豫不决时,妈妈在湖边向我招手:"道一,快来听,湖水冲刷石头的声音,宛如美妙的音乐。"我十分奇怪:我在石头上使劲跳个几下,石头也不一定会"吭"一声,怎么湖水冲刷石头就立即发出声音了呢?我赶紧跑过去,趴到其中一块石头上,侧耳倾听:"咕咚!咕咚!"这声音,既深沉又空灵,虽然没有进行曲的激昂,却带有催眠曲的柔和;虽然没有风吹树叶声的轻盈,却有雨落石板声的稳重;再说得确切一些,就像那深山间古寺的钟声,既悠然又安适。

我不禁回忆起了苏轼的《石钟山记》,文中讲述了苏轼在探访石钟山时,为探究石钟得名的缘由,而引发的一系列举动。文末,苏轼自己总结说,因为两座山形势相向,有许多石穴,所以当风与水相冲击的时候便会发出时钟般的响声。对照起湘湖这块奇异的石头,莫非,这又是一座"石钟山"。在风的吹拂下,湖边的水不断涌进石头下的间隙,却又因为底部过于狭小而又回转了出来,冒出一串串大小不一的水泡。风越大,水声回荡的声音越大,时间越长,也越悠扬。而那石头,似乎也越稳重,一动不动地屹立在那,目视远方。要用苏轼的话来说,便是"又一石钟山也"。

看来,这可爱的石头就是水中的"状元"了。正想着,突然远处的湖中一条鱼高高跃起,随后伴着"扑通"一声,又跃入水中。这声音,仿佛是刚刚石钟山声音的放大版,莫非,这条鱼听到我的评判之后心生不满,也想当一回水中的"状元"。

现在"林中的状元"和"水中的状元"都说完了,还差哪一个"状元"没说呢?我不禁想起了之前发生了一件事……

有一次,我起床迟了,眼看临近二胡的上课时间,爸爸见状十分着急,就批评我说:"谁让你昨天晚上睡得那么迟,你看,二胡课都要迟到了!"匆忙吃完早饭后,爸爸赶紧开车带着我去上课。在一路畅通无阻的情况下,眼看就要到目的地了,只见爸爸突然一脚刹车,车子猛地停了下来。

我正在后座干着急呢,一看车停下来,不禁"火冒三丈":"爸爸,刚才不是你催促我吗?怎么现在倒是你不着急了,这里又不是红绿灯,也不是斑马线,你无缘无故把车停下干什么呀?这下好了,我的课真要迟到了。"爸爸一听,悄悄地指了指前方说:"你看前面是怎么回事。"

我伸长脖子一看,原来几个建筑工人正拎着几袋馒头,准备翻过马路中央的护栏,往对面的工地上赶呢!爸爸见我会意之后接着说:"建筑工人十分辛苦,可能从凌晨就得开始干活,早饭都来不及吃;有可能他们饿了一早上的肚子,临近九点才买了馒头,现在我们让他们先翻过护栏,早点回到工地,不就可以让他们早点吃上早饭吗?"

听完之后,我不禁为自己刚才的冲动之举而感到惭愧,再往四周一看,来往的车辆都像静止了一样自觉地等待,而那些建筑工人,在穿过马路之后,朝我们投向了会心的微笑。可以说,在这一刻,每一个人都在一念之间做出了小小的善举,都是仁爱世界里的"状元"。

正如俗话所讲:"三百六十行,行行出状元。"杭州就是一个"行行出状元"的城市,无论自然美景,还是世道人心,每一刻都有不同的人在做不同的好事;每一刻,都有不同的"状元"在涌现出来。

我想,这就是"知行合一"的力量吧!杭州承载着每一个人,而每一个人都尽心呵护着杭州。一年三百六十余天,杭州的每一个角落都充满着阳光和温暖,或许可以说"三百六十杭,杭杭出状元"!

来杭州吧,你一定不虚此行!

越穿越"少"的袜子

在大多数人的家中,常会发生许多莫名其妙的丢失事件:可能是刚买的小挂件,过了几天就找不到了;或者想打乒乓球时,又发现乒乓球拍不见了……以上事例看样子不足为奇,下面我来讲件更奇葩的事。

今天起床穿袜子时,我发现一个尴尬的事实,箱子内竟没有一双配套的袜子,全是一只只零散、颜色各异的。这就引出了一个不可回避的问题,剩下的袜子去哪儿了呢?

我先到阳台上寻找,发现那儿的袜子都是成对出现的。于是我又到了卫生间,发现水盆里未洗的袜子同样是成对的,这令我十分不解:"落单"的袜子究竟去了哪儿呢?

带着这个疑惑,我进了卧室,发现靠墙的桌上叠着一些衣服,便上前翻了翻,结果一不小心,有几件衣服滑落到了书桌与墙的缝隙里。没办法,我只好蹲下身,伸长手臂去捡,一番费力之下,我不仅捡出了那几件衣服,还有三四只手套,两条运动裤,一个丢失多日的眼罩以及那几只"落单"的袜子。

原来,妈妈每次洗完衣服后都会先把衣服叠在桌上,然后再分别放回对应的衣柜,而在一次次不经意间,部分衣物会滑落到缝隙间,尤其是体积较小的袜子。但当我们发现有几只袜子找不到后,总会抱有侥幸心理,认为总会有几对完整的袜子可以穿。日复一日,可穿的袜子便越来越少了。

后来我去问爸爸妈妈:"你们不觉得自己的袜子越穿越少吗?"他们不约而同地愣了一下,然后点了点头:"好像——是的。"我暗自得意,谁叫我破获了这么个"大案"呢?

爸爸沉思了会,给出了一个建议:"以后每个人买袜子都买相同颜色的吧,这样就算袜子'落单'了,剩下的袜子还可以随意组合,照常穿。"

我发自心底赞成这一想法,但若想根本性地解决这一问题,还是得逼着自己养成及时收纳整理的好习惯。

祖国，柳暗花明"必逢春"

自从家中跑步机前的墙上装了电视后，爸爸在跑步机上运动的次数随之增多了不少。每当我听到跑步机开启的声音，总会笑着摇摇头，然后悄悄对自己说："爸爸又看电视啦！"实际则不然，爸爸在大部分时间里都很忙碌，他看电视放松放松只是"偶尔为之"罢了。不过，爸爸爱看电视是我在开玩笑，他爱看电影可一点也不假。

最近几个月来，不是有部大片叫《我和我的祖国》吗？爸爸已经看过，但经不住妈妈的再次强烈推荐，他又用手机投屏，"温故而知新"。这几天，他都边跑边看，越看兴致越浓。这本是件好事，毕竟国庆档的大片最振奋人心；但他为了看电影而不陪我打乒乓球；真是让我心灰意冷，却又无可奈何。

这不，做完作业的我走出房门，刚准备找爸爸在餐桌上打乒乓球，可是一看他正跑步呢。我一想，找他陪我肯定没指望，便招呼妈妈，可刚叫了一声，不知爸爸怎么听见了："妈妈出门买菜了，过会儿我陪你打。"这真是破天荒第一回！我既好奇又暗自高兴，便问："你这'一会儿'有多长？""半小时左右吧，我把'夺冠'这一片段看完，你再学习会儿。"就这样，我又莫名其妙地被爸爸赶回了房间里，只好拿起了科学课本，预习起了下学期的内容。

但令我吃惊的是，别看七上和七下差一个学期，难度简直从地下升到了天上：入射角、反射角、还有那麻烦的折射角，害得我这半小时看得够呛，却只搞了个半懂都不懂。就这样，头昏脑胀的我边抱怨边走出了房门，刚好碰上了跑完步的爸爸，便借机大吐苦水："这科学简直不是给人学的呀，神仙看了都得想大半天。"爸爸一看急躁的我，微微摇了摇头，领着我来到电脑前，屏幕上是一则关于"疫情"的新闻，正文上方十几个大字异常醒目："38张图，张张让人想哭，建议让孩子一起看看！"我内心一震。

顺着标题往下看，一张比一张辛苦，一张比一张心酸！有的医生累了，往地上一躺就是休整；有的医生在一线拄着拐杖依然与病毒做抗争；还有的医生穿上了成人纸尿裤，12小时不喝水、不上厕所，只为提高工作效率。看着看着，爸爸不知何时早已泪流满面，而我的脑袋里仿佛被人灌进了好多沙子，沉甸甸的，远比刚才的头昏脑胀难受得多。爸爸用手抵住额头，边叹气边难过地对我说："道一呀，和这些医生的处境比起来，你这点儿小困难根本不值一提……"我听后，紧咬住嘴唇，没让即将流出的泪珠掉落……

过了好半天，我和爸爸才缓过神来。爸爸轻轻拍了拍我的背："抬起头来吧！来，我们打乒乓球吧！"就这样，乒乓球赛开始了，结果没一会儿妈妈戴着口罩，风尘仆仆地进来了，两手各提着一大袋蔬菜，想必是妈妈腾不出手来撑伞，从头到脚都湿漉漉的，衣角还不住地滴着水。我和爸爸见状，赶紧接过袋子放到地上。我忍不住问妈妈:"你怎么过了这么长时间才回家呀,真是太令人担心了!"妈妈笑了笑说:"那是因为买菜的人多,还有,每个人买菜的量也大呀,像我前面有位五十多岁的人,她还买了八个大白萝卜呢!"

"八个大萝卜,这位顾客买那么多是为什么呀?这明显是囤货,害得别人都没有了。"我感到十分气愤,妈妈听后又笑着摇了摇头,她这么做是有原因的:她的老母亲已经80多岁了,独自住在六楼,上下楼梯都得有人搀扶,十分不方便。这位阿姨为了让妈妈安心待在家里,就自己出门帮她买菜,又因为妈妈爱吃白萝卜,特意买了那么多白萝卜送上门去,让她每天都能享受到萝卜的美味。

听完后,我刚刚止住的眼泪又流了下来。爸爸也低下了头,妈妈一看赶紧又说:"我们打乒乓球吧?看谁的技术最高超!""好啊!"我全身又充满了能量,招呼爸爸:"家庭乒乓球赛即将开始,你刚才不是在看'夺冠'吗?现在你也有夺冠的机会哦!"爸爸一听,赶紧抬起头来,然后轻盈一转身,神气地说道:"大侠,来也!"我和妈妈被逗得哈哈大笑,欢乐顿时充满了整个屋子。

打完乒乓球,我走到窗边眺望,白云朵朵,天空湛蓝,鸟鸣悦耳,原来,春天已经来到人间。遭遇新型肺炎疫情的祖国,在全国人民的共同努力下,万众一心,众志成城,柳暗花明"必逢春",胜利的花朵一定会迎风绽放,芬芳四溢。

心中也有一盏灯

其实生活中,每个人的心里都有一盏灯,包括我们自己,也有一盏。只不过,这盏灯需要点灯人来点亮,或许对我而言,我的爸爸就扮演着点灯人的角色。

前几天他事务繁忙,经常几个小时坐在桌前工作,很少起身。有一次他向我招手,让我帮他倒一杯水,这虽是一件很小的事情,但我真的不怎么情愿去干,因为又得找杯子又得拿热水壶,还得亲手送过去,一系列过程对我而言实在太繁琐了。我便二话不说直接把杯子递给了他,反正杯子里还有点冷水,凑合喝吧!本以为他在繁忙之际不会细察,谁知他微微抿了一口,问我:"这水怎么是凉的?"我一听失望地叹了口气:"唉——"谁叫我服务的人"要求高"呢,我只好去拿电热水壶烧水。

这下好,过程更加繁琐了:找壶、接水,等水烧开再倒水。等水一开,我便把水往杯里一倒,"送"到爸爸面前:"这下总好了吧!"谁知他又微微抿了一口:"这水怎么是烫的?"太刁难人了,原以为这种爱刁难的人只有电影里才有,谁知现实中还有原型。我只好拿来另一个装凉水的玻璃壶，又往水杯里掺了点儿。刚想走，却突然愣住了，万一这次又被"刁难"，于是我变得细致起来，又找来一根吸管试着吸了几口，反复确认无误后，才送到爸爸的面前，恭敬地说："主公，请喝水！"

"主公"终于被我"逗"得一笑，大加赞赏说："哈哈！你知道我为何要反复让你倒水吗？"我一晃脑："当然是为了磨我性子呀！""主公"摇摇头："最主要的是，我想让你提高换位思考以及关心他人的能力，比如刚才，当你看到我长时间工作不起身，应该主动帮我倒水；而在倒水的时候，你也应该主动想到水的冷热程度，这种能力在今后的为人处事中是极其重要的。"

我听后若有所思，看来爸爸真的不是在故意刁难我呀，或许，这就是所谓的"言传身教"吧！

找 笋 记

说起笋,大家都熟悉不过,但至于怎么找,估计鲜为人知。

要问怎么找,其实我也不会。之前问小时候经常爬山的妈妈,她竟摇摇头:"我也不懂,以前和村里人上山,好像泥土裂开来的就是,但我没挖到过。"泥土裂开了?怎么个裂法?我听得一头雾水……

昨天去上坟,大人们抽空挖笋,我问舅舅:"你是怎么找笋的呢?"他听后,一指旁边的泥土:"这里不是有个绿芽冒出来了吗?这就是呀!"说着,拿起锄头一挖,果然,一颗大笋出现了。

后来,我也按他的方法找,可花了好半天工夫,仍旧一无所获,谁叫没有刚才的芽儿呢?

我又问外婆:"笋该怎么找呢?我就是找不到。"她见我一脸茫然,说:"笋出来后会顶着泥土,一顶就有裂缝,看裂缝就行了呀。"妈妈也是这么说的。我便更有信心去找,可是无论怎么样,我都找不到那块裂缝的土地。

古话说"闻一知十",也说"闻一知二",可我"闻二"还"不知一"，这是为什么呢？

或许，这就是知行要合一吧！仅靠方法不行，更得"学而时习之"，在一次次碰壁中摸索。像我这样死板地找，不就是那些"纸上谈兵"，还"不知变通"的人做的事吗？

真没"文化"

刚刚看了一则新闻,偶然瞥见有个网友的留言:"小便是真没文化啊,咋活下来的?"另一个网友跟在后头:"你可真有'文话'。"

很明显,这网友太没文化了,"小编"写成了"小便",我顿时狂笑不已,叫爸爸也来瞅瞅:"你瞧,他自己没文化,还说别人!"

爸爸看后也哈哈大笑,只不过,他的一句反问马上令我傻了眼:"道一,你觉得他是真没文化吗?他是通过这种方式来批评作者呢!"

啥?!我又仔细读了一遍,头瞬间大了三圈:搞了半天,还是自己没文化啊!

唉!看来,有时,"三思而后'言'",还是必要的。

一段未开启的旅程

> 有些旅程，虽未开启，却已开启。
>
> ——题记

转眼间，春节又到了。往年的这个时候，我都是在千里之外的奶奶家度过，但今年由于疫情防控，学生不便出省，这段回到故乡过年的旅程未能开启，我不禁倍感失落……

说实在的，十多年了，我回故乡的愿望从未如此强烈。记得早些年的春节，我对回故乡一事还有些不情愿，因为那里的生活条件与城市里相差甚远：首先村里大多都是坑坑洼洼的土路，只有少数几条水泥路，还是裂痕累累，至于柏油路，则从未有过。

其次是那儿的气候，每到冬天不仅河道会结冰，就连水龙头都会一连冻上好几天，偶尔有几滴想流出来的水珠，碰到寒风便会"吓"得变成尖锐的冰凌。最让人"诟病"的是那房间里的小灯泡，天一冷就会变得奇暗无比，别说在灯下写作业了，就连看会儿书都会受不了。这种地方，我哪能待得住呢？所以,每次爷爷都急着换成大灯泡,他们平常可舍不得用。

可奇怪的是,每年春节爸爸都会苦口婆心地开导我,还说:"树欲静而风不止,子欲养而亲不待,我们要常回家看看。"似乎就算眼前有刀山火海,他也孝心不改,印象最深的,也是真正改变我偏见的,正是2020年春节的那次旅程。

当时疫情突然爆发,人们惊慌失措,本想回家过年,却又不敢选择飞机、火车等公共交通工具,对于疫情走势更是难以判断,这一连串的难题也摆在了爸爸面前。后来,爸爸果断退了高铁票,正当大家纷纷劝他就地过年时,谁知他坚定地说了一句话:"算了吧,坐不成高铁,那就开车回去,万一疫情难以控制,就立即返回杭州!"

要知道,杭州和老家的距离将近600公里,是名副其实的千里之外。按爸爸谨慎的开车习惯,如果上午出发,天黑了才能到达,一路上闷在车里的感觉真是难受。但谁叫爸爸孝顺呢,我有些不情愿地坐上了汽车。这时,爸爸转过头跟我说:"二爷爷的病很重,或许,这是和他在一起过的最后一个年了。"

爸爸的成长环境非常特别,大爷爷、二爷爷待他都视如己出,在爸爸心中,他们都是自己的父亲。想到这,我又看了看爸爸的眼睛,似乎含着泪,这一瞬间,我突然真正理解了爸爸,还有他常常说起的那句:"父母之年,不可不知也,一则以喜,一则以惧。"

回到故乡,二爷爷正提着应急灯,坐在小凳子上等着我们。而2020春节,真的是二爷爷和我们一起过的最后一个年。因此今年,当爸爸要回故乡时,我第一时间就说:"带我一个呗!"可爸爸却一反常态地说:"你还是就地过年吧!"我顿时很惊讶,若有所失,这还是原来的爸爸吗?难道他不牵挂家中两位年近耄耋的爷爷以及腿脚不便的奶奶了?

只听他继续讲:"现在疫情防控依然很重要,你要听从学校的统一安排,还是不要去了。只有每个学生严格遵守了,学校才安全,国家才放心。舍弃小家团圆,为了祖国明天,这是每一个人都该明白的。"

是啊,有些旅程,虽未开启,却已开启。今年,我的回乡旅程虽然没有开启,但我重新认识了"小家"与"大家"的关系,"小家"固然重要,我们要时刻为长辈着想,在他们有生之年给予更多的陪伴;但"大家"更为重要,作为少年的我们一定要牢记"位卑未敢忘忧国",时刻为国家着想,在危机关头贡献自己小小的力量。

在香槟金与深空灰间选择

爸爸原先的笔记本电脑,连接蓝牙不畅,他便准备再买一台同型号的新电脑。不巧的是,卖家那儿没有他最喜欢的银色款,只有香槟金和深空灰两款。

毋庸置疑,香槟金的亮丽自然很讨人喜欢,可金得发粉的外观又令爸爸望而却步,哪位男士好意思用一台"粉色"的电脑呢?那么这样一来,只有深空灰一种选择了。顾名思义,深空灰给大多数人的第一印象并非成熟稳重,而是灰溜溜的感觉;再加上灰色的颜值远远比不上香槟金,这令爸爸心里不情愿却又无可奈何。

爸爸征求过我和妈妈的意见,可我们的意愿都偏向于买香槟金。爸爸的内心越来越纠结了:香槟金这款自己是较喜欢的,若带这款电脑去讲课、谈生意,给学生和客户的印象总有些说不出口的别扭;深空灰这款给大众的印象是较好的,可是其颜值和寓意总是有那么点儿意思——灰溜溜的,自己也是越看越不喜欢。哎!苹果公司干吗不多出几种颜色呢?

写到这里,我若是发动一次投票,问一问大家喜欢哪一款,深空灰还是香槟金,相信六七成的人都喜欢香槟金。但,如果问大家对用哪种款式的人第一印象好,恐怕六七成的人都会选择深空灰。

  可以说,我们在买东西的时候往往会优先考虑别人的感受,可能是无私,也可能是不自信,更可能是怕犯错。

  于是,我对爸爸说:"你很喜欢香槟金,但最终你大概率会买深空灰,不是吗?"爸爸晃了晃头:"也许吧!"不知他是在点头,还是在摇头呢?

珍惜所拥有的

自从我成为一名中学生后,初中留给我的印象就是三个"多":作业多、考试多、占课多。总而言之,这三个"多"从来没让我对初中有过美好的印象,直到一次谈话……

那天是周五,老师们布置的作业出奇的"多"——至少是在"爱抱怨"的我看来。于是,我一放学回家就向爸爸抱怨:"这周末作业真够多的,肯定要写死人了!"爸爸估计是听我抱怨次数多了,乐呵呵地问:"你为什么认为作业多呢?是因为它占用了你的休息时间,还是打乱了你的周末计划呢?""那肯定都有喽!看到作业就烦!"我狠狠地咬了咬牙。"那你下周一与班里同学交流交流,或许你会有特别的体会。"说完这意味深长的话语,爸爸便"飘然"而去,只留下了气鼓鼓的我……

到了周一,我忍不住拉住一旁的胖男生,他做作业的速度很快,想必周末闲得慌,于是我羡慕地问他:"你周末是不是很闲呀,做完作业就可以休息了?"谁知这个胖男生并没有我想象中那么快乐,反而边挠着头皮边向我诉苦:"怎么可能呀?我周末好多补习课,有时我只能趁两门补习课间的空隙做点作业呢！感觉我是班里最累的了！"随后，我又问了几个同学，通过与他们的交流才发现，其实我并不算累，至少我没有那么多的补习课，没有那么多的补习课作业，也没有那么多的奔忙与劳累。相比之下，我拥有的是一个相对自由的周末，我完全可以在完成回家作业后出去玩，或是复习巩固啊！

  当我把交流的结果告诉爸爸时，他并没有十分惊讶，反而十分平静地对我说："其实在生活中，每个人都会以为自己很累，而别人很轻松，实际上，没有人是不累的，只不过，你并不知道，他们所面对的是多大的困难。"

  是啊！我们要学会知足，珍惜当下所拥有的。正如曾国藩所说的"知足天地宽，贪得宇宙隘"。现在看来，我的初中生活也是美好的呀！

支付宝、马云和男孩幻梦

昨天晚上,我在小区里散步,走到广场时,刚好听到几个人在谈话,顺着声音望过去,原来是几个大男孩坐在长凳上闲聊。我正好觉得无聊,便坐在跷跷板上,一边欣赏着这美妙的夜色,一边听着他们聊天。

偶然间,我听见其中一个人拿着手机说:"我最近想到一个招儿,我们平时不是都用花呗付钱,等到月底再还钱吗?那么,我们只要在月底把支付宝 APP 卸载了,就可以不用还钱了呀!"另一个人听到后,惊喜地说:"有道理呀,我怎么没想到啊?这几个月我还都在老老实实还钱……"

之后,我便没有继续听下去,而是悄悄地站了起来,顺着石板小道往家走。我边走边想:支付宝这样的 APP 给我们带来了很多便利,他们却挖空心思,贪图不劳而获,妄想通过卸载 APP 来逃避还款责任。在情不自禁中,我又想起了另一件事情。

记得我上六年级时,曾经与爸爸去理发。在理发店里,刚好碰上两个大男孩,大概十六七岁的样子,应该是跟老板学手艺的吧！于是爸爸问理发店老板："你的技术这么好,这两个小伙子跟着你学习理发,应该很幸运吧！"老板一听直摇头,苦笑道："哪里呀！现在的年轻人都不愿意吃苦,就像这两小伙,他们的梦想可不是学好手艺,做一个技艺纯熟的理发师,而是一有空就玩游戏或刷抖音,还整天幻想着要当马云的弟弟,觉得如果幻想成真就可以享受生活了。"

马云的弟弟？当我听到后,感到十分可笑,他们成天想着只要当了"马云的弟弟"就可以"衣来伸手,饭来张口"了,但是,就算他们俩真当了马云的弟弟,马云会让他的弟弟游手好闲、不劳而获吗？

诚然,每个人曾经或多或少幻想过能不劳而获,但是,没有春耕,哪有秋收；没有风雨,那有彩虹；没有付出,哪有回报？不劳而获,终究只是一些懒惰之人糊弄自己的幻梦罢了！不喊累、不叫苦,刻苦学习、勤练本领,才是我们该有的想法和状态。

一时不便，只为"长久畅通"

自从上了初中以后，我每天上学都必经"甜心路"（化名），这是一条繁忙美丽的主干道，车辆川流不息，好一道风景！可自从前几个月修了地铁后，原本宽阔笔直的路面变得狭窄而弯曲，还时不时有星星点点的小坑散落在上面——这是工程车留下的"签名"。就这样，我对"甜心路"的好感渐渐消失了。

每天上下学时，取代而之的是一片灰蒙蒙的景象："咧着大嘴"的挖掘机将路边的美丽花草铲除，"伸着恶爪"的大吊车将古典的路灯吊走，还有那成群结队的工人，竟把路旁茂盛的香樟树放倒。看到这一切，我不禁有些想落泪：从前美丽的风景，气派的主干道，你们究竟去哪儿了？

后来，我实在忍不住了，有些恼怒地问爸爸："你说，修个地铁竟把原本好好的主干道毁了，真是有些得不偿失。难道，从前主干道上的风景就永远不复返了吗？"爸爸笑了笑，轻轻拍了拍我的肩："儿子，并不是这样的。你仔细地想想看，虽然地铁的修建给我们出行带来了不便，甚至还损失了美景，但是你再细细琢磨，地铁的修建不正是为了方便我们的出行吗？

到时候,地铁不就是那条亮丽的风景线吗?"我听完若有所思,虽有些迟疑,但还是点了点头……

几天后的一个下午,当我再次经过这条主干道时,忽然瞥见修筑地铁的工地上有一段显眼的标语——"施工暂时不便,只为长久畅通"!是啊!我顿时领悟到了之前爸爸所说的那段话:修建地铁并没有让往日美丽的风景褪去,反而能让明日的"风景"更加光彩夺目。

其实不只是"修筑地铁"这件事,我们日常的学习,不也正是如此吗?尽管有时我们会感到无比的乏累与厌倦,但当下的奋勇拼搏,不正是为了未来的"美丽风景",未来的"多彩人生"吗?

自此,我的心里就记下了一句话,"施工暂时不便,只为长久畅通",这句话激励着我奔向人生路上更美丽的"风景"!

火车站,原来你不再是"吴下阿蒙"

前几天乘火车去周边城市玩,到金华火车站的时候刚好赶上饭点,便和爸爸一同去找饭馆。那么,在站内吃呢,还是站外吃呢?由于40分钟后就要乘高铁离开,这一决定显得至关重要。

爸爸笃定地说:"除了几个大火车站,其他(小)火车站内也没有什么好吃的,要不我们去站外看看?"我虽然对这一观点持怀疑态度,但仔细一想也有道理,很多城市的火车站里确实缺乏餐饮店,便同意了他的提议。

可令人大跌眼镜的是,我们绕着火车站周围的街道走了一圈,也没有看见正规的餐饮店。一条条街道像是被按下了暂停键一样,毫无人间烟火气息,可能是受到修地铁的影响吧!没办法,只好在路边小店打包了两份蒸饺,走到店门外,马上打开饭盒,尝了尝,虽然很难吃,但还是狂塞了七八口,匆匆地进站候车了。

结果进站以后,我们才发现,站内的餐饮店真是琳琅满目:肯德基、麦当劳,还有新开的东方既白,叫得上来的餐饮店几乎都"藏"在了站内。在郁闷的同时,我只想说,一个人的思维定式真是太可怕了!

虽然这一次"找"晚饭令人十分后悔,但我想这也提醒了我们——井底的天空不是完整的天空,长辈口中的真理,不一定是正确的道理。

除此之外,我真想对火车站说一句:"卿今者才略,非复吴下阿蒙!"

致敬奋斗的时光

说到高福利、低压力的地方,除了陶渊明想象的桃花源外,现实中就要说北欧五国了,也就是丹麦、挪威、芬兰、冰岛和瑞典。那儿的生活有多么好呢?

出生了父母会全心全意地照顾你:因为你的母亲在产假里,可以照领全薪;就连父亲也可以有九个月的"产假"。

如果生病了,那也不用慌张,因为你不仅可以拿到病假补助金,还可以趁机休息好多天,至于医疗费用,绝大部分由国家承担。更夸张的是,孩子们只要到有关机构注册后就可以学习美术、音乐等课程,一个学期一百块,时长不限,爱学多长时间,就学多长时间。

如果长大以后不想工作,无事可干,那就去念大学呗,而且还是免费的;若实在不想读书也无妨,反正政府会给你失业金,大概是你失业前工资的62.4%,还可以白领两年。

本以为在那儿生活的人无忧无虑,可令人吃惊的是,北欧地区的自杀率和抑郁率均居世界前列,冰岛和芬兰位居世界第六和第八位,在瑞典每年也有2000人自杀。这是为什么呢？因为那儿没有奋斗的压力。

　　反观我们这儿的生活，每天有做不完的事情。比如作为一名学生，超多的作业、频繁的考试、不断变动的排名像是家常便饭、充斥着生活。

　　虽然我认为现在带给学生的压力过大了，但不得不说，适当的压力与竞争还是有好处的，因为它不断督促我们进步、探索，挖掘出自己的潜能，始终保持奋斗状态，始终朝着阳光奔跑。

在广告上"打广告"

爸爸工作室所在的楼层被"广告"攻陷了!

尤其是那些"开锁换锁"、"家电维修"的广告,贴得到处都是,不仅很难看,而且广告的材质是背胶纸,黏糊糊的胶水很难清理。经过我的长期观察,寻找到一个很好的解决方案。局面开始了大反转!

原来,贴小广告的人们有一个很不好的毛病,比如,B公司的人去贴广告时,会刻意用背胶纸把A公司的广告盖住;同理,C公司会用背胶纸把B公司的广告盖住,以此类推,循环往复,想想就有些"恐怖"。这真是一场极其艰难的持久战!

或许你会认为这种做法很巧妙:既推广了自家的品牌,又打压了对手的宣传。但事实上,这种方式是极其不明智的,因为几轮持久战后,同一区域贴了一二十张背胶纸,至少有几毫米厚,这就让居民可以轻松地把它们撕下来,十分方便!这下好,这些广告全都没用了。

唉,正如古话所言:"无欲速,无见小利。欲速则不达,见小利则大事不成。"若贴小广告之人从自身着手,做好自己的产品和服务,提高自己的宣传水平,而不是去一心干涉他人的宣传。或许,就不会有现在"一同覆亡"的结局了吧!

有你相伴

我向来不太喜欢喝茶，因为觉得没什么必要，但爱茶的爸爸从小到大一直"督促"着我，从最开始将牛奶与"大红袍"混合起来，做成"大红袍奶茶"，到后来"请"我品尝各种各样的武夷岩茶，几乎一刻也没停过，令我有少许淡淡的反感。

自从上了初中之后，由于学习压力的猛增和时间计划的紧凑，我原本就有些暴躁的性格一下子凸显了出来；有时在桌前大闹，有时在床上翻滚，还常常上火，爸爸见状叹了口气，悄悄对我说："你得坚持喝茶了，清清火气。"起初我没怎么在意，以为他只是这么说说罢了，不必当真，但后来我才发现，这次是"动真格"了。

第二天一大早，爸爸就为我泡了两罐满满的普洱茶，据说还是四大茶山之一——倚邦的生普。可尽管如此，对于我这种平日连水都不想多喝一口的人，哪会抽出时间去喝生普，于是两瓶热气腾腾的茶水几乎原封不动地留到了下午放学。

爸爸见自己用心泡的茶，我一口也没喝，既生气又奇怪地问："你怎么一口也没喝呀？"听了这番话，我顿时有些不好意思,忙找了个借口说:"今天没体育课,没能量消耗嘛!"爸爸听我理直气壮地这么一说,又叹了口气:"老师上不上体育课是老师自己的事,而你喝不喝茶是你自己的事。"在说的同时,他又悄悄地把生普换成了可以提神的高山绿茶,原因是他发现我最近老打哈欠,精神不好。

次日,我暗下决心一定要把茶喝完,但我也说不出其中的原因。似乎是天意,那天正巧有节体育课,当我打开保温杯才发现,里面的茶水滚烫滚烫,稍眠一口就会疼坏半个舌头。这下子,喝不完茶似乎有了个名正言顺的借口啦!

可当我把此事告诉爸爸后,他很是自责:"我早上竟没把茶凉好,真不应该!真不应该!"还轻轻拍打着自己的头,结果第二天一大早,他就把茶泡好,放在开强档的风扇前吹,自己则拿了本书在一旁读,就是这么一个小的举动,就花了他大约十分钟,令我心中愧疚了好一阵子,直到现在还没有完全消去。

令人惊奇的是,这看似普通的茶,一下子有了惊人的功效,我上课的精神状态也一下子好了不少,效率更是事半功倍,我的内心默默感激。

昨天爸爸见我嗓子有些发炎,说话有点沙哑,又泡了老白茶给我润润嗓子。世界上,还有一个孩子会受到这样的"特殊待遇"吗?

现在看来,茶是我必不可少的食粮,而为我带来这种食粮的,正是我的爸爸。成长路上,有茶相伴,更有你相伴,这是我一生最大的幸运与福分!

大明革新下的真相

——读《显微镜下的大明有感》

平常读历史题材的书籍,往往只能看到一些大事,至于普通百姓的生活,很多作者或是只字不提,或是提一些民间传说,抑或是一笔带过,于是,在很长一段时间内,我对古代百姓生活的印象就是"种田+交税",但这些天细读了《显微镜下的大明》之后,发现他们的生活并没有我猜想的那样轻松。

比如,令我印象最深刻的是一起发生在万历年间的徽州丝绢案:一位来自徽州歙县的数学天才帅嘉谟在偶然计算中,发现一笔本该让徽州府六县共同缴纳的税款,二百多年来竟让毫不知情的歙县人单独缴纳。消息一出,引发了歙县与其他五县的大辩论,后又演变成州府、户部,乃至内阁首府的博弈之局。

很多人说,从中可以看到官吏们复杂的手段;也有人说,从中也可以看见明代官场的平衡之术。但我想最根本的,还是因为明代的赋税过重,给普通百姓带来了沉重的负担。这就导致徽州府六县的百姓都想少交税,而当地除歙县以外的官员都想维持原本稳定的局面,进而引发了一场前后延续十余年的冲突。

经过查询资料可知,明朝的徭役杂税种类空前之多,更令人吃惊且气愤的是,很多记录田地数量的小吏被富人家收买,使得拥有良田千亩的富人家庭在官方记录上显示"无田",而根本没有田地的穷人家庭却被登记为田产丰富,需要承担更为沉重的赋税。

即便内阁首辅张居正在万历九年推行了"一条鞭法"制度,但这主要是简化了赋役制度,并规定了各种税征收的上限,遗憾的是,它并没有实质性地消除地方上的增派,再加上当地官员执行不到位,百姓的负担依然没有实质性的减轻。明末的李自成、张献忠都是因为负担过重,灾荒不断,为生活所迫而起义。现在看来,也是历史的必然。

兴,百姓苦;亡,百姓苦。窥"大明"而见"全貌",封建王朝统治下的百姓生活,的确值得我们深思啊!

何处不春风

　　爸爸在我幼儿园就开始培养我喝茶的习惯,常把牛奶倒入"大红袍",称之为"大红袍奶茶",但我毕竟没有他与茶那样深的渊源,也没他那样对茶有着深入的研究,即使喝了也是断断续续,再往后也就几乎不了了之……

　　直到上了初中后,由于学习压力的猛增和作息习惯的大变,我常常抱怨"人好困"之类的话,爸爸见状说:"道一呀,你要学会喝茶。"起初,我也没怎么在意,以为爸爸就说说罢了,但后来一连几天,我发现他都在给我泡茶,据说还是倚邦的"生普",但对于我这种一天连水杯都不会碰几次的人,就算是水也不会多加顾及,何况还是"生普"呢?

　　爸爸见一天下来,杯子里的茶几乎一点儿也没少,便问:"你怎么不喝啊?"我顿时很尴尬,赶紧找了个借口:"因为这几天没体育课,没消耗能量,所以就用不着喝了。"爸爸听了之后很不高兴:"上不上体育课是老师的事情,但喝不喝茶是你自己的事情,现在全球疫情这么严重,你连茶都不喝,还增强什么抵抗力呢?"我见状忙说:"明天我保证喝完,一定喝完!"爸爸笑了,又将杯子里的茶换成了高山绿茶,原因是我最近精神不好。

第二天早上,临走前爸爸又在我的衣袖上贴了张小标签,上面写了"喝茶"两字,为了时刻提醒我喝茶。本以为,这样一天下来,喝茶就不成问题了,但令我苦恼的是,杯子里的茶实在是太烫了,而我的杯子保温效果又太好,都放学了,杯中的茶依旧,热气滚滚,甚至抿一小口都会让舌头疼好一阵子。

爸爸知道后很是自责,次日清早就把茶给泡好,还特意将茶倒进大杯子放到强档的风扇前,这样算算总时间,他前前后后捧着书本足足守了十分钟。

昨天我连流了两次鼻血,他又把绿茶换成了清火的老白茶,更是特意准备了两杯让我带着,一杯喝完了再喝另一杯,这待遇,我想是世上绝无仅有的吧!

都说父爱如山,可父爱未尝不像茶呢?但凡有一丝春风拂过,清香就沁入心脾……

注:此文与《有你相伴》一文部分内容重复,因叙事角度不同,故一并收录。

猜 职 业

在建德的最后一晚,遇到了一个文质彬彬的网约车司机,看样子不像是专职开网约车的,倒是像一个高管。至于是技术管理,还是财务管理,抑或其他的,我很难判断出来。不过看他精明的样子,财务更有可能。

于是爸爸问他:"师傅不像是专职开网约车的,应该是做管理的吧?"司机有一个明显咽口水的动作,轻轻地"嗯"了一声才说:"确实。"不过可以看出,他的目光已经开始游离了,原本的瓜子脸也下拉得越来越长了。爸爸想缓和一下气氛,便又问司机:"师傅具体是做什么管理的,财务还是技术?"司机听后有些慌,忙说:"这是我私人问题,我把你们安全送到宾馆就好,实在是不方便说。"之后又自顾自地"嗯"了几声,便扯开了话题,向我们介绍起当地的餐馆来。

其实,我们并没有盘问司机的意图,只是为了打破双方的尴尬气氛,谁也没有想到他会有这么过激的反应。不过,这倒坚定了我最初的想法,他就是做财务管理的。因为,如果他是做技术管理的,完全可以大方地承认;而财务管理往往涉及许多方面,隐藏着许多企业机密,这个司机可能怕我们继续"追问",便慌忙扯开话题。

后来我问爸爸,当他问司机是做财务还是做技术,心里是不是已经有答案,爸爸笑了笑,应该表示了赞同。

可能有些人会说这个司机虚伪,毕竟古话说"不做亏心事,不怕鬼敲门",但我想,既不能过度指责这个司机,也无需去过度解读这件事,这个司机必然是"有口难言",毕竟,作为一个管理人员,却还要大晚上出来开网约车,自然有特殊的原因。再者而言,"常在河边走,哪有不湿鞋",我们可以做的,只能是在浅层次沟通上进行合理猜想,而不是硬要把人家问个底朝天。

这件事也给我了一个启示,那就是凡事都要"择乎中庸"。既不要主管臆断,也不要刨根问底;既不要苛求他人,也不要强迫自己。

"司机"还是"师傅"

今天和同学出去购物,打了一辆网约车。

当时有个急事,同学便对司机说:"司机,去 XX 城大概要多长时间?"谁知司机顿时不乐意了:"谁是你司机呀?司机是那种给老板开专车的,师傅叫起来才亲切。"

同学听后很尴尬,想要说几句但又不知怎么说,只好听他继续讲:"就像你们叫老师,总习惯叫 XX 老师吧,而不是叫教师吧?"似乎有点道理,但称呼这件事终究还是因人而异的,很难界定对错,所以我不对此事做评价。不过,我由此联想到了两件类似的事。

一件是,我和几个外教分别聊天,他们都提了一个相同的问题,即中国学生称呼他们总喜欢用"Teacher XX",但在他们看来,"Mr/Miss/Mrs. xx"(XX 先生/小姐/夫人)更加亲切。如果学生一直称他们为老师,他们会感到不自在。这有点类似于我们把好朋友的父母称作"令尊和令堂",虽然听上去的确很有礼貌,但确实疏远了双方的距离。

另一件是,我看到的一个策划案例,一家连锁酒店为了提升品牌形象,称酒店中的清洁工为清洁师,但事实上,"师"是用于传授专门知识技艺的人,并不是任何职业都可以称作"师"。因此,在我看来,这样的改变是不够妥当的。

  总之,称呼既要符合规矩,也要因人而异。

丑八怪，原来我错怪了你

放学回家后，我在桌上看到了一个橙色的水果，十分光亮，初看感觉像是桔子，但试着剥皮后发现，它的皮与果肉很难分离，和正常橘子有很大区别，倒是很类似橙子。可是好不容易把皮剥掉以后，里面的果肉一瓣一瓣的，界限分明，这与橙子也有很大区别。要知道，橙子的果肉得用工具才能分离，那这是什么水果呢？

问了妈妈才知道，这是"丑八怪"的一个品种。但我一想不对劲儿，前些日子丑八怪的皮肤还"干巴巴"的，怎么今天变得水灵灵的了？莫非丑八怪这几天贴了面膜或是跑去韩国整了个容？这当然是一种猜测，但毕竟之前有苹果梨、菠萝莓等奇异的"新物种"，这种猜想也不是不合理。

后来我上网一查才知道，原来这水灵灵的水果叫芦柑，而我们所吃的丑八怪，正是1972年日本将两种不同种类的芦柑杂交而成的。准确地打个比方，芦柑在日本整容成了"丑八怪"，不过这句话细细读来似乎有些问题，怎么越整越丑了呢？

话说回来,我还是错怪了丑八怪,它并没有去贴面膜或整容,相反,它是杂交界一个极其成功的案例,丰富了我们的味觉世界。

劝君少尽一杯酒

昨天我们班组织了一次毕业晚会,几个同学兴致很高,见桌上有几瓶雪花啤酒,便开始举杯畅饮。酒量好的人,连灌了两大瓶依旧谈笑风生;酒量不好的,喝了两杯便面红耳赤,说话都前言不搭后语。

但有一些人喜欢瞎起哄,明明有些人酒量不好,却还邀请他们喝。那些酒量不好的明知自己不行,却出于面子,硬是举杯痛饮,喝得那叫一个爽快。现在很多人看到这一幕或许会说,这种行为实在是太愚蠢了,但在当时的场合下,虚荣心的作祟,会让多少人失去自己的本心呢?

其实,作为一个旁观者,无论是置身事外,还是怂恿他人,都不是很好的选择,阻止那些酒量差的同学少喝,才是最有益的举动。比如我的一个好朋友,就让我与他一起偷偷把某些酒量差之人的杯中酒倒掉,以防止他们硬喝。

孔子曾说:"君子无终食之间违仁,造次必于是,颠沛必于是。"想必说的就是这个道理吧!

擦亮"良知"

孟子说，不虑而知，谓之良知，即我们与生俱来的道德情感，就是"良知"。但在现实生活中，与生俱来的道德情感有强有弱、有高有低，也就是说，"良知"并不是一成不变的，而是会随着事态的变化而呈现多面化。

前些天我们科学老师不在，便有年级里其他几个老师轮流来代课，本来以为这件事也就这样了，偏偏周五的那个老师讲评作业，特爱让学生报答案，一节课下来，每个学生都得回答一两次，搞得人心惶惶的。毕竟这是其他班的老师，谁也不想给他留下坏印象，所以大家听得都比以往专心，以防这老师突然问出个什么问题来。结果，这个老师无论问怎样刁钻的科学问题，无论问谁，每个人都像提前知道标准答案一样，说得头头是道，连几个前一秒还在睡觉的人，被叫起来后也是精神百倍、自信满满。结果，这个老师讲了两课作业，每个人讲的答案都是对的，搞得这老师既惊喜又失望："你们这么厉害？我教的班和你们差远了。"

其实，这个老师但凡想一想就知道，我们私下里肯定提前对过答案了呀！要知道，不仅是那几个平时上课睡觉的，就连那两个学霸，在被叫起来的前五分钟，也已经四处校对过了，以避免自己站起来回答错误，坏了自己的名声。

从"良知"的角度看，这样四处校对答案的行为自然不对，但转过头来想一想，"良知"并不是一成不变的，在刚才那样的处境下，有些人会"本能地"认为，"诚信"并不是最重要的，"正确回答"可能才是应该努力追求的。于是，很多时候，保全自己的面子比追求高尚的品质更加现实。因此，谈"良知"并不能局限于"善良的想法"，还要看我们一切出于本能所做的事情。

但不得不承认，出于本能所做的事情不一定是对的，刚刚谈到的科学课"报答案"就是一例。其他的例子还有很多，比如，大多数人的本性是占小便宜，就像前段时间，盒马鲜生超市搞了一个"持有会员卡者，每日可免费到店领蔬菜"的活动，结果出现了一大堆每天不买东西，专门前去领菜的老头老太太；再如，新闻中常常报道一些帮助老人的事例，但当看到有老人在路上突发疾病倒地时，人们想到的是避而去之，而不是帮忙报警或打120求助。

所以，正如《大学》所言，"大学之道，在明明德"，我们既要时时刻刻检点自己，也要找时间总结，以发扬光明的德性，也就是擦亮自己的"良知"，生活才会变得更美好！

我终于明白了"心态"一词

为什么会有抱怨？因为我们内心与现实状况间总有偏差，但是，每个人总想活在一个完美的世界里。这可能吗？至少我从未感受到过。

我曾经听说，一个人如果降低自己的目标，那么他就会觉得世界近乎完美了。但事实上，几乎没有人会一直降低自己的目标，因为山外有山，人外有人，一旦降低自己的目标，就等同放弃了追求进步的机会。正因为如此，从前的我才会感到如"千层卷"般的压力，层复一层，圈复一圈，让人整日心神不宁。

但现在，我想明白了。一个人最大的对手不是别人，而是自己，准确地来说，是自己的心态。可怎样才算是真正的好心态呢？并不是说要时刻"保持"所谓的好心态，而是要有好的心态调节能力。正如海绵，我们不能苛求它时刻保持湿润柔软，但它只要能收放自如、张弛有度：吸水，放水，再吸水，再放水……这就足够了。

好了，我真的明白了，一个人的自我调节能力比所谓的智商、成绩、荣誉更重要。从前我觉得心态不能决定一切，但现在我发现一切都取决于心态。

附录:蚂蚁爱吃口香糖

　　道一进入初中后,极少写诗,这里选出五首,同时补录小学一年级和幼儿园大班时的诗各一首。虽然合计只有七首,却碰巧跨越了幼儿园、小学和初中三个阶段,这里称之为《蚂蚁爱吃口香糖》,既是简单记录成长轨迹,也是提醒我们时刻保有诗心、童心和爱心。

渴求进步

我渴望进步,
但总追不上别人的脚步。
每当面对一次次挑战,
心中不免有几分酸楚。

飞扬的试卷司空见惯,
零落的课本熟视无睹,
可无论是哪件事物,

都体会不到我失意的无助。

我想,
或许那仅剩的几颗星辰,
虽寥寥无几,
还能为我照亮前路;
或许那仅有的几片落叶,
虽屈指可数,
还能为我伴奏归途。

即使如此,
倘若还剩一点儿机遇,
哪怕只剩半点儿,
我怎敢不管不顾。

若成功抓住它们,
并继续辛勤努力,
或许之后的我,
便可胜却人间无数!

元宵·繁星·月亮

今天是农历十五,
国人期盼已久的元宵。
圆月像往年一样爬上了天际,
繁星也像以前那样装点四方。

可是不得不说,
疫情带来的冷清,
实在令它们扫兴和失望。

不知在隔离的日子里,
有多少人也像它们一样倍感沮丧,
往日间的自由自在、无忧无虑,
一下子荡然无存、火灭烟消。

激情的鞭炮不再为狂欢呐喊,
醉人的烟花不再把星空点亮,
火红的灯笼不再让大地喜庆,
取代而之的是一望无际的凄凉:
或是窗外那张牙舞爪的树枝,
或是屋内人们或浓或淡的忧伤。

终于等到有一刻,
街边的路灯闪现出微弱的光,
尽管与天上的梦幻比起来,
这显然有点儿微不足道,
但这对于千家万户来说,
它足以照亮那即将沉睡的心房。

抗击疫情的号角已经打响,
自身的安全似乎已微不足道;
无怨无悔地奔赴战场,

义无反顾地投入战斗,
"我请战"就是发起总攻的集结号。

或许,
那一位位冲锋陷阵的战士
不就是那漫漫黑夜中的路灯吗?
因为,对于这一夜,
对于在窗边守候的人来说,
这足以让他们不再彷徨,不再悲伤:
不远处的角落,
已经闪起了星星点点的亮光……

勇　　敢

你见过什么样的勇敢,
是奋勇斗争的雄壮,
还是举杯痛饮的豪迈?
是见义勇为的坚定,
还是身先士卒的表率?
这些,似乎都是勇敢,
但对于毫无作为的我来说,
又是显得那样的陌生与奇怪。

我想变得像别人那样勇敢,
却苦于没有机会的到来。
我不能像他们那样做出宏伟功绩,

更不能像他们那样得到赞誉崇拜。
我有些茫然,也有些失落,更有些无奈。

突然,我终于想到,
一个人勇敢的体现,
并不止于功绩和能耐。
古话不是说"知耻近乎勇"吗?
我们若能每天及时反省,
勇于面对自己的是非成败,
这不也是一种勇敢?
哪用得上一心追逐那遥不可及的英雄气概。

我想生活也是一样,
我们不要为了学习,
就失去了生活本该有的轻快。
我们不要为了成绩,
就失去了"尽力而为"的心态。
别再老想着看你没得到的东西,
多想想你已经拥有的吧!
这样的话,你就能感到前所未有的自在。

疫情中的鸟儿
——一个孩子对疫情的思考

病毒在进攻,

街道上，
几乎空无一人，
偶尔，
一辆车疾速驶过，
也发不出多大声响。

以往，鸟儿，
只有在稍稍宁静的清晨，
才会趁机出来闲聊。
可是，
等到人们一个个从家里出来，
它们又慌慌张张，
好像不知在何处躲藏。

而这些日子，
对人们来说，
是惶恐，是紧张；
对鸟儿来说，
却有点儿不一样。
你瞧，
它们把一簇簇绿叶当作山洞，
尽情穿越；
你瞧，
它们把一根根树枝当作蹦床，
飞越云霄！

就这样,
窗前依旧长青的香樟树,
成了鸟儿梦寐以求的舞会现场,
成了鸟儿自由自在的快乐天堂。
你听,它们不再说,
清晨的那点儿宁静,只是杯水车薪;
你听,鸟正在和串门的朋友说,
多聊会儿,多玩会儿,又有何妨?
你听,一整天,树林中,
都洋溢着无忧无虑的欢笑……

我,
听着,想着,
在不远的将来,
病毒,无影无踪,
人们,继续奔跑,
鸟儿,又将逃向何方?
不!不!不!
人类已经醒了,
鸟儿,一定不用再逃了。
我相信,
书桌前的香樟树,
依然是它们的舞会现场,
依然是它们的快乐天堂。
写完作业,抬起头,
我就能看见它们,

依然在自由舞蹈,尽情歌唱。

2020 年 2 月

阳　　光

阳光照在大地上,
大地很温暖。

阳光照在城市里,
城市很快乐。

阳光照在山上,
树像亮晶晶的金,有了好朋友。

阳光照在我身上,
我很喜欢,就出汗了。

阳光照在人们脸上,
人们就旅游,带上墨镜,奔向了远方。

注:这首诗写于 2013 年 5 月,当时道一在读幼儿园大班。

蚂蚁爱吃口香糖

昨天,我放学回家,

爸爸在校门口打电话。
我看到粘在地上的口香糖，
一群蚂蚁围着它。

我盯着它们，
然后我用树枝把口香糖一翻，
就像厨师翻大饼一样。

过了一会儿，
更多的蚂蚁来了，
我又用树枝一翻，
口香糖粘在树枝上，
好像一串可口的棒棒糖。

看来，
蚂蚁爱吃口香糖……
真香啊！

注：这首诗写于 2013 年 9 月，当时道一在读小学一年级。

胶州湾往事

百年前的胶州湾，
远近一片凄凉，
无际的沙滩，
伴随着层层雨雾的迷茫。

外国商船的进入，
内外一片繁忙，
无数的租界，
伴随着一纸条约的荒唐。

蒸汽机车在运行，
人群一片哗然，
无数的恐惧，
伴随着被迫开埠的风浪。

树林中的幽静处，
丹麦皇室在建造，
迎接公主的楼房，
悄然出现在路旁。

远眺胶州湾，
海鸥在翱翔，
它们不像受困的民族，
它们不愿吞声忍让。

公主没有来，
因为人民在反抗，
曾经的耻辱，
终究会还到侵略者手上。

百年后的今天，
海上又恢复了宁静，
不是因为凄凉，
而是因为自强。

后记:点亮心灵的灯,开启快乐的灯

"草地上,有一群黑色的蚂蚁,它们在搬食物。食物一点一点地被它们搬完,小蚂蚁渐渐变多,我觉得它们很辛苦。"

"大海上,有海岛,白色的沙滩,拿着贝壳,映着阳光,享受大海的滋养。/大海上,有海岛,翠绿的椰树,脚踏红土,面对蓝天,观看海鸟的翱翔。/大海上,有海岛,可爱的海星,一次旅行,一阵欢笑,孩子的笑声,一直在海岛上回荡。"

这是10年前,道一写下的两段文字,前者只是随心而写的两句话,后者是一首小诗,名为《海岛奇缘》,原稿上都有一些拼音。当时,道一刚读小学一年级。以成人的眼光来看,文字、画面和寓意都很简单,但我们能够感觉到,幼小的道一喜欢观察,也喜欢思考。

没过多久,道一又写下一篇短文《绿萝姑娘真神奇》——

绿萝姑娘是一个空气净化器,每当房子装修好后,主人总会请她来帮忙,因为她的"眼睛"总能看见"坏蛋",让新房空气清新。

绿萝姑娘是一个眼科医生,每当小朋友眼睛疲惫时,总会去看看她,因为她的"眼睛"里有叶绿素,总能让我们的眼睛得到"照顾"。

绿萝姑娘还是个小风景区,每当客人来时,主人总是把她摆在最显眼的位置,因为她的茎像吸管,她的叶子像"眼睛",总能让客人看到微笑。

绿萝姑娘真神奇,空气净化器、眼科医生、迷你风景区,她都样样数第一。

就这样,一天又一天,道一观察着、思考着、成长着,字里行间充满着仁爱和快乐。

进入初中后,学科多、课程多、作业多,学习和生活都发生了极大的变化,加之我们犯了一个"错误",没有让他在六年级暑假期间提前学习初中知识,也没有在初一、初二期间给他报课外辅导班,这就直接导致他的初中学习非常辛苦。到了初三上学期结束时,我们才醒悟过来,应该给他找一找辅导老师。

小学时,道一已经养成自己安排学习的习惯,不巧的是,这与当下的一些理念并不合拍,有的学校中午休息时间都被安排了上课或考试,甚至吃饭时间也被框定在某个数字之内,所以,种种原因汇聚在一起,道一的初中三年是紧张的、焦虑的,甚至是有些煎熬的。

让我们略感欣慰的是,尽管如此,道一还是坚持观察、坚持思考,并及时写下了自己的各种感悟。有的长,有的短;有的基于现实,有的出于幻想;有的是深思熟虑,有的是即兴发挥,但都是一个孩子真实的想法,同时,写着写着,紧张、忧虑、烦躁等负面情绪得到了释放,心情自然就好了很多。

今天再回头看道一初中三年的文字,我依然非常感慨。

这些文字,大多是从生活琐事开始,无论是谈孝顺、谈亲情、谈故乡,还是谈学习、谈历史、谈人性,都像一盏盏小小的灯,都由他自己从内心深处"点亮",帮助他看清当下的诸多问题,缓解情绪、破解困惑,从而一步步与现实和解。

例如,他在《珍惜所拥有的》一文中写道:"其实在生活中,每个人都会以为自己很累,而别人很轻松,实际上,没有人是不累的,只不过,你并不知道,他们所面对的是多大的困难。"虽然他是引用爸爸的话,但这也表明他自己体悟到了,遂有了如下感叹:"是啊!我们要学会知足,珍惜当下所拥有的。正如曾国藩所说的'知足天地宽,贪得宇宙隘'。现在看来,我的初中生活也是美好的呀!"

如今,初中三年已经成为往昔,道一正在接受高中生活的历练。书中的文字,收录在一起,既是对过去的总结,也是对未来的期盼。同时,也希望它可以成为一盏"灯",照亮前行的路,看见沟坎,看见快乐。若有更多的人从中获得启发,看到心灵之光,愉悦前行,那则是我们最美的期盼。

最后,感谢蔡镇楚教授作序,他学富五车,是当代国学泰斗、中国诗话第一人,亦是钱锺书得意门生;感谢徐云燕老师作序,她爱心满满,一路包容、一路关爱。还有很多朋友,不能一一列出,在此一并致谢!

爱你的妈妈:陈晓霞
2023 年月 12 日 22 日

图书在版编目(CIP)数据

点亮心灵的灯/张道一著.
—上海:上海三联书店,2024.8
ISBN 978-7-5426-8598-8

Ⅰ.H194.5

中国国家版本馆 CIP 数据核字第 2024ZU4524 号

点亮心灵的灯

著　　者　张道一

责任编辑　钱震华
装帧设计　汪要军

出版发行　上海三联书店
　　　　　中国上海市漕溪北路 331 号
印　　刷　上海颛辉印刷厂有限公司

版　　次　2024 年 8 月第 1 版
印　　次　2024 年 8 月第 1 次印刷
开　　本　889×1194　1/32
字　　数　235 千字
印　　张　10.75
书　　号　ISBN 978-7-5426-8598-8/H·138
定　　价　78.00 元